简体横排

前四史

史記

上册

〔汉〕司马迁 撰
〔宋〕裴　骃 集解
〔唐〕司马贞 索隐
〔唐〕张守节 正义

中華書局

图书在版编目（CIP）数据

前四史（简体横排）：全十册/（汉）司马迁等撰. —北京：中华书局，2015.1
ISBN 978 – 7 – 101 – 10495 – 0

Ⅰ. 前… Ⅱ. 司… Ⅲ. 中国历史 – 古代史 – 纪传体 – 史籍 Ⅳ. K204.2

中国版本图书馆 CIP 数据核字（2014）第 236865 号

书　　名　前四史（简体横排）（全十册）
撰　　者　〔汉〕司马迁　〔汉〕班固　〔宋〕范晔　〔晋〕陈寿
责任编辑　周　旻　宋凤娣　王守青　舒　琴
　　　　　刘胜利　王水涣　张彩梅
出版发行　中华书局
　　　　　（北京市丰台区太平桥西里 38 号　100073）
　　　　　http://www.zhbc.com.cn
　　　　　E-mail:zhbc@ zhbc.com.cn
印　　刷　北京天来印务有限公司
版　　次　2015 年 1 月北京第 1 版
　　　　　2015 年 1 月北京第 1 次印刷
规　　格　开本/787×1092 毫米　1/16
　　　　　印张 566¼　字数 6000 千字
印　　数　1 – 2200 册
国际书号　ISBN 978 – 7 – 101 – 10495 – 0
定　　价　2280.00 元

出版说明

一

《史记》原名《太史公书》，司马迁撰。司马迁字子长，汉左冯翊夏阳（今陕西韩城县）人，生于汉景帝中五年（公元前一四五）或者更后一些。他的父亲司马谈，熟悉史事，懂天文地理。汉武帝建元（公元前一四〇——一三五）初年，做了太史令（《史记》中称为太史公）。他早就有意论载"天下之史文"，但始终没有如愿。

司马谈死后，司马迁继任太史令，开始搜集史料。汉兴以来的"百年之间，天下遗闻古事靡不毕集太史公"，他又能读到皇家所藏的古籍，即所谓"石室金匮之书"，所以掌握的史料相当丰富。他到处游历，结交的朋友也很多，实地调查得来的，向师友采访得来的，都可以用作补充。经过了一个准备阶段，到武帝太初元年（公元前一〇四），他跟公孙卿、壶遂等人共同修订的有名的《太初历》已经正式颁布，就着手编写《史记》。过了五年，他因为给投降匈奴的李陵辩护，被处腐刑。武帝太始元年（公元前九六）他被赦出狱，做中书令（中书令是皇帝身边的秘书，论职位不比太史令低，可是当时的中书令都是由所谓"刑馀之人"的阉官充任的）。在他做中书令的期间，著书的工作一直没有停止，到武帝征和二年（公元前九一），他在写给他的朋友任少卿的信里开列了全书的篇数，可见那时候基本上完成了。大概再过一二年或者三四年，他死了，卒年无从查考。

二

《史记》是我国第一部通史。在《史记》之前，有以年代为次的"编年史"如《春秋》，有以地域为限的"国别史"如《国语》、《战国策》，有以文告档卷形式保存下来的"政治史"如《尚书》,可是没有上下几千年,包罗各方面,而又融会贯通,脉络分明,像《史记》那样的通史。

唐刘知几的《史通》分叙六家,统归二体。所谓"二体",就是"编年体"和"纪传体",而《史记》是纪传体的创始。从此以后,历代的所谓"正史",从《汉书》到《明史》,尽管名目有改变(例如《汉书》改"书"为"志",《晋书》改"世家"为"载记"),门类有短缺(例如《汉书》无"世家",《后汉书》、《三国志》等都无"表"、"志"及"世家"),但都有"纪"有"传",绝无例外地沿袭了《史记》的体例。

据司马迁自序,《史记》全书本纪十二篇,表十篇,书八篇,世家三十篇,列传七十篇(包括《太史公自序》),共一百三十篇。今本《史记》一百三十卷,篇数跟司马迁自序所说的相符。但《汉书·司马迁传》说其中"十篇缺,有录无书"。三国魏张晏注:"迁没之后,亡《景纪》、《武纪》、《礼书》、《乐书》、《兵书》(按:即《律书》)、《汉兴以来将相年表》、《日者传》、《三王世家》、《龟策列传》、《傅靳列传》。元成之间,褚先生补缺,作《武帝纪》、《三王世家》、《龟策》、《日者列传》,言辞鄙陋,非迁本意也。"可见司马迁编写《史记》,只能说是基本上完成,其中有若干篇,或者没有写定,或者已经定稿而后来散失了。

补《史记》的褚先生名少孙,是汉朝元成间的一个博士。今本《史记》中凡是褚少孙所补的大都标明"褚先生曰",极容易辨识。张晏所认为褚少孙补的《武帝本纪》可没标明"褚先生曰",全篇又是从《封禅书》里截取的,褚少孙也不至于低能到那个样子。清人钱大昕在他写的《廿二史考异》中说:"少孙补史皆取史公所缺,意虽浅近,词无雷同,未有移甲以当乙者也。或晋以后少孙补篇亦亡,乡里妄人取此以足其数耳。"《傅靳蒯成列传》所叙三侯立国的年代都跟《功臣表》相符,文章格调又很像司马迁,褚少孙补作不会那样完密,他也未必写得出那样的文章。所以张晏的话也未可全信。总之,今本《史记》中确有后人补缀的文字,但不尽是褚少孙的手笔。褚少孙在他所补的《三王世家》中说:"臣幸得以文学为侍郎,好览观太史公之列传。列传中称《三王世家》文辞可观,求其世家终不可得。窃从长老好故事者取其封策书,编列其事而传之,令后世得观贤主之指意。"这里他说明了补《史记》的动机和材料的来源。他所补的如《外戚世家》、《三王世家》、《日者列传》、《龟策列传》等篇,都保存了一些第一手材料,对我们研究汉代社会还有一定的用处。

三

现存《史记》旧注有三家,就是刘宋裴骃的《史记集解》、唐司马贞的《史记索隐》和张守节的《史记正义》。三家注原先都各自单行,跟《史记》卷数不相合。《隋书·经籍志》和《唐书·经籍志》著录《史记集解》八十卷,《新唐书·艺文志》著录《史记索隐》、《史记正义》各三十卷。单刻的八十卷本《史记集解》早已失传,现在有把《集解》散列在正文下的《史记集解》一百三十卷。《正义》旧本失传,卷帙次第无可考。惟独《索隐》有明末毛氏汲古阁覆刻本,卷数仍旧。

据清《四库全书总目提要》说,把三家注散列在正文下,合为一编,始于北宋,但旧本都已失传。现存最早的本子有南宋黄善夫刻本,经商务印书馆影印,收入《百衲本二十四史》中。此外有明嘉靖、万历间南北监刻的《二十一史》本,有毛氏汲古阁刻的《十七史》本和清乾隆时候武英殿刻的《二十四史》本。其中武英殿本最为通行,有各种翻刻或影印的本子。

清朝同治年间,金陵书局刊行《史记集解索隐正义合刻本》一百三十卷(以下简称"金陵局本")。这个本子经张文虎根据钱泰吉的校本和他自己所见到的各种旧刻古本、时本加以考订,择善而从,是清朝后期较好的本子。

现在我们用金陵局本作为底本,分段标点。为便利读者起见,把原来散列在正文之下的三家注移到每段之后,用数字标明(十表除外)。其他编排格式也有所改动。金陵局本依照宋刻本及其他旧刻本的格式,每篇小题(即篇名)在上,大题(即书名)在下,我们依照武英殿本的格式,每篇大题排在前面,小题排在后面。金陵局本把司马贞的《史记

索隐序》和《史记索隐后序》，张守节的《史记正义序》和《史记正义》的
"论史例"等等，裴骃的《史记集解序》，排在正书之前，我们全移到后面，
并且依照年代先后排列次序，把原来排在后面的《史记集解序》移到《索
隐序》的前面。这样一改动，眉目比较清楚些。又，黄善夫本以及其他
本子如武英殿本都有司马贞补的《三皇本纪》，金陵局本没有，我们认为
金陵局本是合理的，所以没有把《三皇本纪》补上。

　　标点符号照一般用法。惟括弧（圆括弧和方括弧）一般都作为夹注
号用，我们却用来表明字句的删补。我们没有采用破折号，凡是可以用
破折号的地方都用句号。我们也没有采用删节号来标明某处有脱文，
用删节号恐怕引起读者误会，以为是删节了原文。

　　这个本子由顾颉刚先生等分段标点，并经我们整理加工，难免还有
错误和不妥之处，希望读者多提意见。

中华书局编辑部

一九五九年七月

史记目录

下　册

史记卷一

五帝本纪第一

【集解】凡是徐氏义，称徐姓名以别之。馀者悉是骃注解，并集众家义。 【索隐】纪者，记也。本其事而记之，故曰本纪。又纪，理也，丝缕有纪。而帝王书称纪者，言为后代纲纪也。 【正义】郑玄注《中候敕省图》云："德合五帝坐星者，称帝。"又《坤灵图》云："德配天地，在正不在私，曰帝。"案：太史公依《世本》《大戴礼》，以黄帝、颛顼、帝喾、唐尧、虞舜为五帝。谯周、应劭、宋均皆同。而孔安国《尚书序》，皇甫谧《帝王世纪》，孙氏注《世本》，并以伏牺、神农、黄帝为三皇，少昊、颛顼、高辛、唐、虞为五帝。裴松之《史目》云"天子称本纪，诸侯曰世家"。本者，系其本系，故曰本；纪者，理也，统理众事，系之年月，名之曰纪；第者，次序之目；一者，举数之由：故曰《五帝本纪》第一。

> 《礼》云："动则左史书之，言则右史书之。"《正义》云："左阳，故记动。右阴，故记言。言为《尚书》，事为《春秋》。"案：春秋时置左右史，故云《史记》也。

黄帝者，①少典之子，②姓公孙，名曰轩辕。③生而神灵，弱而能言，④幼而徇齐，⑤长而敦敏，成而聪明。⑥

> ①【集解】徐广曰："号有熊。" 【索隐】案：有土德之瑞，土色黄，故称黄帝，犹神农火德王而称炎帝然也。此以黄帝为五帝之首，盖依《大戴礼·五帝德》。又谯周、宋均亦以为然。而孔安国、皇甫谧《帝王代纪》及孙氏注《系本》并以伏牺、神农、黄帝为三皇，少昊、高阳、高辛、唐、虞为五帝。注"号有熊"者，以其本是有熊国君之子故也。亦号轩辕氏。皇甫谧云："居轩辕之丘，因以为名，又以为号。"又据《左传》，亦号帝鸿氏也。 【正义】《舆地志》云："涿鹿本名彭城，黄帝初都，迁有熊也。"案：黄帝有熊国君，乃少典国君之次子，号曰有熊氏，又曰缙云氏，又曰帝鸿氏，亦曰帝轩氏。母曰附宝，之

祁野,见大电绕北斗枢星,感而怀孕,二十四月而生黄帝于寿丘。寿丘在鲁东门之北,今在兖州曲阜县东北六里。生日角龙颜,有景云之瑞,以土德王,故曰黄帝。封泰山,禅亭亭。亭亭在牟阴。

②【集解】谯周曰:“有熊国君,少典之子也。”皇甫谧曰:“有熊,今河南新郑是也。”【索隐】少典者,诸侯国号,非人名也。又案:《国语》云“少典娶有蟜氏女,生黄帝、炎帝”。然则炎帝亦少典之子。炎黄二帝虽则相承,如《帝王代纪》中间凡隔八帝,五百馀年。若以少典是其父名,岂黄帝经五百馀年而始代炎帝后为天子乎? 何其年之长也! 又案:《秦本纪》云“颛顼氏之裔孙曰女脩,吞玄鸟之卵而生大业,大业娶少典氏而生柏翳”。明少典是国号,非人名也。黄帝即少典氏后代之子孙,贾逵亦谓然,故《左传》“高阳氏有才子八人”,亦谓其后代子孙而称为子是也。谯周字允南,蜀人,魏散骑常侍征,不拜。此注所引者,是其人所著《古史考》之说也。皇甫谧字士安,晋人,号玄晏先生。今所引者,是其所作《帝王代纪》也。

③【索隐】案:皇甫谧云“黄帝生于寿丘,长于姬水,因以为姓。居轩辕之丘,因以为名,又以为号”。是本姓公孙,长居姬水,因改姓姬。

④【索隐】弱谓幼弱时也。盖未合能言之时而黄帝即言,所以为神异也。潘岳有《哀弱子》篇,其子未七旬曰弱。　【正义】言神异也。《易》曰“阴阳不测之谓神”,《书》云“人惟万物之灵”,故谓之神灵也。

⑤【集解】徐广曰:“《墨子》曰‘年逾十五,则聪明心虑无不徇通矣’。”骃案:徇,疾;齐,速也。言圣德幼而疾速也。　【索隐】斯文未是。今案:徇,齐,皆德也。《书》曰“聪明齐圣”,《左传》曰“子虽齐圣”,谓圣德齐肃也。又案:《孔子家语》及《大戴礼》并作“叡齐”,一本作“慧齐”。叡,慧,皆智也。太史公采《大戴礼》而为此纪,今彼文无作“徇”者。《史记》旧本亦有作“濬齐”。盖古字假借“徇”为“濬”,濬,深也,义亦并通。《尔雅》“齐”“速”俱训为疾。《尚书大传》曰“多闻而齐给”。郑注云“齐,疾也”。今裴氏注云徇亦训疾,未见所出。或当读“徇”为“迅”,迅于《尔雅》与齐俱训疾,则迅濬虽异字,而音同也。又《尔雅》曰“宣,徇,遍也。濬,通也”。是“遍”之与“通”义亦相近。言黄帝幼而才智周遍,且辩给也。故《墨子》亦云“年逾五十,则聪明心虑不徇通矣”。俗本作“十五”,非是。案:谓年老逾五十不聪明,何得云“十五”?

⑥【正义】成谓年二十冠,成人也。聪明,闻见明辩也。此以上至“轩辕”,皆

《大戴礼》文。

　　轩辕之时,神农氏世衰。①诸侯相侵伐,暴虐百姓,而神农氏弗能征。于是轩辕乃习用干戈,以征不享,②诸侯咸来宾从。而蚩尤最为暴,莫能伐。③炎帝欲侵陵诸侯,诸侯咸归轩辕。轩辕乃修德振兵,④治五气,⑤蓺五种,⑥抚万民,度四方,⑦教熊罴貔貅䝙虎,⑧以与炎帝战于阪泉之野。⑨三战,然后得其志。⑩蚩尤作乱,不用帝命。⑪于是黄帝乃征师诸侯,与蚩尤战于涿鹿之野,⑫遂禽杀蚩尤。⑬而诸侯咸尊轩辕为天子,代神农氏,是为黄帝。天下有不顺者,黄帝从而征之,平者去之,⑭披山通道,⑮未尝宁居。

　①【集解】皇甫谧曰:"《易》称庖牺氏没,神农氏作,是为炎帝。"班固曰:"教民耕农,故号曰神农。"　【索隐】世衰,谓神农氏后代子孙道德衰薄,非指炎帝之身,即班固所谓"参卢",皇甫谧所云"帝榆罔"是也。　【正义】《帝王世纪》云:"神农氏,姜姓也。母曰任姒,有蟜氏女,登为少典妃,游华阳,有神龙首,感生炎帝。人身牛首,长于姜水。有圣德,以火德王,故号炎帝。初都陈,又徙鲁。又曰魁隗氏,又曰连山氏,又曰列山氏。"《括地志》云:"厉山在随州随县北百里,山东有石穴。(曰)〔昔〕神农生于厉乡,所谓列山氏也。春秋时为厉国。"

　②【索隐】谓用干戈以征诸侯之不朝享者。本或作"亭",亭训直,以征诸侯之不直者。

　③【集解】应劭曰:"蚩尤,古天子。"瓒曰:"《孔子三朝记》曰'蚩尤,庶人之贪者'。"　【索隐】案:此纪云"诸侯相侵伐,蚩尤最为暴",则蚩尤非为天子也。又《管子》曰"蚩尤受卢山之金而作五兵",明非庶人,盖诸侯号也。刘向《别录》云"孔子见鲁哀公问政,比三朝,退而为此记,故曰《三朝》。凡七篇,并入《大戴记》"。今此注见《用兵篇》也。　【正义】《龙鱼河图》云:"黄帝摄政,有蚩尤兄弟八十一人,并兽身人语,铜头铁额,食沙石子,造立兵仗刀戟大弩,威振天下,诛杀无道,不慈仁。万民欲令黄帝行天子事,黄帝以仁义不能禁止蚩尤,乃仰天而叹。天遣玄女下授黄帝兵信神符,制伏蚩尤,帝因使之主兵,以制八方。蚩尤没后,天下复扰乱,黄帝遂画蚩尤形像以威天下,天下咸谓蚩尤不死,八方万邦皆为弭服。"《山海经》云:"黄帝令应龙攻

蚩尤。蚩尤请风伯、雨师以从,大风雨。黄帝乃下天女曰'魃',以止雨。雨止,遂杀蚩尤。"孔安国曰"九黎君号蚩尤"是也。

④【正义】振,整也。

⑤【集解】王肃曰:"五行之气。"　【索隐】谓春甲乙木气,夏丙丁火气之属,是五气也。

⑥【集解】骃案:蓺,树也。《诗》云"蓺之荏菽"。《周礼》曰"谷宜五种"。郑玄曰"五种,黍、稷、菽、麦、稻也"。　【索隐】艺,种也,树也。五种即五谷也,音朱用反。此注所引见《诗·大雅·生民》之篇。《尔雅》云"荏菽,戎菽"也,郭璞曰"今之胡豆",郑氏曰"豆之大者"是也。　【正义】蓺音鱼曳反。种音肿。

⑦【集解】王肃曰:"度四方而安抚之。"　【正义】度音徒洛反。

⑧【索隐】《书》云"如虎如貔",《尔雅》云"貔,白狐",《礼》曰"前有挚兽,则载貔貅"是也。《尔雅》又曰"貙獌似狸"。此六者猛兽,可以教战。《周礼》有服不氏,掌教扰猛兽。即古服牛乘马,亦其类也。　【正义】熊音雄。罴音碑。貔音毗。貅音休。貙音丑于反。罴如熊,黄白色。郭璞云:"貔,执夷,虎属也。"案:言教士卒习战,以猛兽之名名之,用威敌也。

⑨【集解】服虔曰:"阪泉,地名。"皇甫谧曰:"在上谷。"　【正义】阪音白板反。《括地志》云:"阪泉,今名黄帝泉,在妫州怀戎县东五十六里。出五里至涿鹿东北,与涿水合。又有涿鹿故城,在妫州东南五十里,本黄帝所都也。《晋太康地里志》云'涿鹿城东一里有阪泉,上有黄帝祠'。"案:阪泉之野则平野之地也。

⑩【正义】谓黄帝克炎帝之后。

⑪【正义】言蚩尤不用黄帝之命也。

⑫【集解】服虔曰:"涿鹿,山名,在涿郡。"张晏曰:"涿鹿在上谷。"　【索隐】或作"浊鹿",古今字异耳。案:《地理志》上谷有涿鹿县,然则服虔云"在涿郡"者,误也。

⑬【集解】《皇览》曰:"蚩尤冢在东平郡寿张县阚乡城中,高七丈,民常十月祀之。有赤气出,如匹绛帛,民名为蚩尤旗。肩髀冢在山阳郡钜野县重聚,大小与阚冢等。传言黄帝与蚩尤战于涿鹿之野,黄帝杀之,身体异处,故别葬之。"　【索隐】案:皇甫谧云"黄帝使应龙杀蚩尤于凶黎之谷"。或曰,黄帝斩蚩尤于中冀,因名其地曰"绝辔之野"。注"皇览",书名也。记先代冢墓

之处，宜皇王之省览，故曰《皇览》。是魏人王象、缪袭等所撰也。

⑭【正义】平服者即去之。

⑮【集解】徐广曰："披，他本亦作'陂'。字盖当音诐，陂者旁其边之谓也。披语诚合今世，然古今不必同也。"　【索隐】披音如字，谓披山林草木而行以通道也。徐广音诐，恐稍纤也。

东至于海，登丸山，①及岱宗。②西至于空桐，③登鸡头。④南至于江，登熊、湘。⑤北逐荤粥，⑥合符釜山，⑦而邑于涿鹿之阿。⑧迁徙往来无常处，以师兵为营卫。⑨官名皆以云命，为云师。⑩置左右大监，监于万国。⑪万国和，而鬼神山川封禅与为多焉。⑫获宝鼎，迎日推筴。⑬举风后、力牧、常先、大鸿⑭以治民。顺天地之纪，⑮幽明之占，⑯死生之说，⑰存亡之难。⑱时播百谷草木，⑲淳化鸟兽虫蛾，⑳旁罗日月星辰水波㉑土石金玉，㉒劳勤心力耳目，节用水火材物。㉓有土德之瑞，故号黄帝。㉔

①【集解】徐广曰："丸，一作'凡'。"骃案：《地理志》曰丸山在郎邪朱虚县。
【索隐】注"丸，一作'凡'"，凡音扶严反。　【正义】丸音桓。《括地志》云："丸山即丹山，在青州临朐县界朱虚故县西北二十里，丹水出焉。"丸音纨。守节案：《地志》唯有凡山，盖凡山丸山是一山耳。诸处字误，或"丸"或"凡"也。《汉书·郊祀志》云"禅丸山"，颜师古云"在朱虚"，亦与《括地志》相合，明丸山是也。

②【正义】泰山，东岳也。在兖州博城县西北三十里也。

③【集解】应劭曰："山名。"韦昭曰："在陇右。"

④【索隐】山名也。后汉王孟塞鸡头道，在陇西。一曰崆峒山之别名。　【正义】《括地志》云："空桐山在肃州福禄县东南六十里。《抱朴子内篇》云'黄帝西见中黄子，受九品之方，过空桐，从广成子受自然之经'，即此山。"《括地志》又云："笄头山一名崆峒山，在原州平高县西百里，《禹贡》泾水所出。《舆地志》云或即鸡头山也。郦元云盖大陇山异名也。《庄子》云广成子学道崆峒山，黄帝问道于广成子，盖在此。"案：二处崆峒皆云黄帝登之，未详孰是。

⑤【集解】《封禅书》曰："南伐至于召陵，登熊山。"《地理志》曰湘山在长沙益阳

县。 【正义】《括地志》云:"熊耳山在商州上洛县西十里,齐桓公登之以望江汉也。湘山一名艑山,在岳州巴陵县南十八里也。"

⑥【集解】《匈奴传》曰:"唐虞以上有山戎、猃狁、荤粥,居于北蛮。"【索隐】匈奴别名也。唐虞已上曰山戎,亦曰熏粥,夏曰淳维,殷曰鬼方,周曰猃狁,汉曰匈奴。 【正义】荤音薰。粥音育。

⑦【索隐】合诸侯符契圭瑞,而朝之于釜山,犹禹会诸侯于涂山然也。又案:郭子横《洞冥记》称东方朔云"东海大明之墟有釜山,山出瑞云,应王者之符命",如尧时有赤云之祥之类。盖黄帝黄云之瑞,故曰"合符应于釜山"也。 【正义】《括地志》云:"釜山在妫州怀戎县北三里,山上有舜庙。"

⑧【正义】广平曰阿。涿鹿,山名,已见上。涿鹿故城在山下,即黄帝所都之邑于山下平地。

⑨【正义】环绕军兵为营以自卫,若辕门即其遗象。

⑩【集解】应劭曰:"黄帝受命,有云瑞,故以云纪事也。春官为青云,夏官为缙云,秋官为白云,冬官为黑云,中官为黄云。"张晏曰:"黄帝有景云之应,因以名师与官。"

⑪【正义】监,上监去声,下监平声。若周邵分陕也。

⑫【集解】徐广曰:"多,一作'朋'。"【索隐】与音羊汝反。与犹许也。言万国和同,而鬼神山川封禅祭祀之事,自古以来帝皇之中,推许黄帝以为多。多犹大也。

⑬【集解】晋灼曰:"策,数也,迎数之也。"瓒曰:"日月朔望未来而推之,故曰迎日。"【索隐】《封禅书》曰"黄帝得宝鼎神策",下云"于是推策迎日",则神策者,神蓍也。黄帝得蓍以推算历数,于是逆知节气日辰之将来,故曰推策迎日也。 【正义】筴音策。迎,逆也。黄帝受神筴,命大挠造甲子,容成造历是也。

⑭【集解】郑玄曰:"风后,黄帝三公也。"班固曰:"力牧,黄帝相也。"大鸿,见《封禅书》。 【正义】举,任用。四人皆帝臣也。《帝王世纪》云:"黄帝梦大风吹天下之尘垢皆去,又梦人执千钧之弩,驱羊万群。帝寤而叹曰:'风为号令,执政者也。垢去土,后在也。天下岂有姓风名后者哉?夫千钧之弩,异力者也。驱羊数万群,能牧民为善者也。天下岂有姓力名牧者哉?'于是依二占而求之,得风后于海隅,登以为相。得力牧于大泽,进以为将。黄帝因著《占梦经》十一卷。"《艺文志》云:"《风后兵法》十三篇,图二卷,《孤虚》

二十卷,《力牧兵法》十五篇。"郑玄云:"风后,黄帝之三公也。"案:黄帝仰天地置列侯众官,以风后配上台,天老配中台,五圣配下台,谓之三公也。《封禅书》云"鬼臾区号大鸿,黄帝大臣也。死葬雍,故鸿冢是"。《艺文志》云"《鬼容区兵法》三篇"也。

⑮【正义】言黄帝顺天地阴阳四时之纪也。

⑯【正义】幽,阴;明,阳也。占,数也。言阴阳五行,黄帝占数而知之。此文见《大戴礼》。

⑰【集解】徐广曰:"一云'幽明之数,合死生之说'。"【正义】说谓仪制也。民之生死。此谓作仪制礼则之说。

⑱【索隐】存亡犹安危也。《易》曰"危者安其位,亡者保其存"是也。难犹说也。凡事是非未尽,假以往来之词,则曰难。又上文有"死生之说",故此云"存亡之难",所以韩非著书有《说林》、《说难》也。【正义】难音乃惮反。存亡犹生死也。黄帝之前,未有衣裳屋宇。及黄帝造屋宇,制衣服,营殡葬,万民故免存亡之难。

⑲【集解】王肃曰:"时,是也。"【索隐】为一句。【正义】言顺四时之所宜而布种百谷草木也。

⑳【索隐】为一句。蠕音牛绮反。一作"豸"。(豸)言淳化广被及之。【正义】蠕音鱼起反。又音豸,豸音直氏反。蚑,蚑蛷也。《尔雅》曰:"有足曰虫,无足曰豸。"

㉑【集解】徐广曰:"一作'沃'。"

㉒【索隐】旁,非一方。罗,广布也。今案:《大戴礼》作"历离"。离即罗也。言帝德旁罗日月星辰水波,及至土石金玉。谓日月扬光,海水不波,山不藏珍,皆是帝德广被也。【正义】旁罗犹遍布也。日月,阴阳时节也。星,二十八宿也。辰,日月所会也。水波,澜漪也。言天不异灾,土无别害,水少波浪,山出珍宝。

㉓【正义】节,时节也。水,陂障决泄也。火,山野禁放也。材,木也。物,事也。言黄帝教民,江湖陂泽山林原隰皆收采禁捕以时,用之有节,令得其利也。《大戴礼》云"宰我问于孔子曰:'予闻荣伊曰黄帝三百年。请问黄帝者人耶?何以至三百年?'孔子曰:'劳勤心力耳目,节用水火材物,生而民得其利百年,死而民畏其神百年,亡而民用其教百年,故曰三百年也。'"

㉔【索隐】炎帝火,黄帝土代之,即"黄龙地螾见"是也。螾,土精,大五六围,长

十餘丈。螾音引。　【正义】螾音以刃反。

黄帝二十五子,其得姓者十四人。①

①【索隐】旧解破四为三,言得姓十三人耳。今案:《国语》胥臣云"黄帝之子二十五宗,其得姓者十四人,为十二姓,姬、酉、祁、己、滕、葴、任、荀、僖、姞、儇、衣是也。唯青阳与夷鼓同己姓"。又云"青阳与苍林为姬姓"。是则十四人为十二姓,其文甚明。唯姬姓再称青阳与苍林,盖《国语》文误,所以致令前儒共疑。其姬姓青阳当为玄嚣,是帝喾祖本与黄帝同姬姓。其《国语》上文青阳,即是少昊金天氏为己姓者耳。既理在不疑,无烦破四为三。

黄帝居轩辕之丘,①而娶于西陵之女,②是为嫘祖。③嫘祖为黄帝正妃,④生二子,其后皆有天下:其一曰玄嚣,是为青阳,⑤青阳降居江水;⑥其二曰昌意,降居若水。⑦昌意娶蜀山氏女,曰昌仆,生高阳,高阳有圣德焉。⑧黄帝崩,⑨葬桥山。⑩其孙昌意之子高阳立,是为帝颛顼也。

①【集解】皇甫谧曰:"受国于有熊,居轩辕之丘,故因以为名,又以为号。《山海经》曰'在穷山之际,西射之南'。"张晏曰:"作轩冕之服,故谓之轩辕。"

②【正义】西陵,国名也。

③【集解】徐广曰:"祖,一作'俎'。嫘,力追反。"　【索隐】一曰雷祖,音力堆反。　【正义】一作"傫"。

④【索隐】案:黄帝立四妃,象后妃四星。皇甫谧云:"元妃西陵氏女,曰累祖,生昌意。次妃方雷氏女,曰女节,生青阳。次妃肜鱼氏女,生夷鼓,一名苍林。次妃嫫母,班在三人之下。"案:《国语》夷鼓、苍林是二人。又案:《汉书·古今人表》肜鱼氏生夷鼓,嫫母生苍林,不得如谧所说。太史公乃据《大戴礼》,以累祖生昌意及玄嚣,玄嚣即青阳也。皇甫谧以青阳为少昊,乃方雷氏所生,是其所见异也。

⑤【索隐】玄嚣,帝喾之祖。案:皇甫谧及宋衷皆云玄嚣青阳即少昊也。今此纪下云"玄嚣不得在帝位",则太史公意青阳非少昊明矣。而此又云"玄嚣是为青阳",当是误也。谓二人皆黄帝子,并列其名,所以前史因误以玄嚣青阳为一人耳。宋衷又云:"玄嚣青阳是为少昊,继黄帝立者,而史不叙,盖少昊金德王,非五运之次,故叙五帝不数之也。"

⑥【正义】《括地志》云:"安阳故城在豫州新息县西南八十里。应劭云古江国

也。《地理志》亦云安阳古江国也。"

⑦【索隐】降，下也。言帝子为诸侯，降居江水、〔若水〕。江水、若水皆在蜀，即所封国也。《水经》曰"水出旄牛徼外，东南至故关为若水，南过邛都，又东北至朱提县为卢江水"，是蜀有此二水也。

⑧【正义】《华阳国志》及《十三州志》云："蜀之先肇于人皇之际。黄帝为子昌意娶蜀山氏，后子孙因封焉。帝颛顼高阳氏，黄帝之孙，昌意之子，母曰昌仆，亦谓之女枢。"《河图》云："瑶光如蜺贯月，正白，感女枢于幽房之宫，生颛顼，首戴干戈，有德文也。"

⑨【集解】皇甫谧曰："在位百年而崩，年百一十一岁。"【索隐】案：《大戴礼》"宰我问孔子曰：'荣伊言黄帝三百年，请问黄帝何人也？抑非人也？何以至三百年乎？'对曰：'生而人得其利百年，死而人畏其神百年，亡而人用其教百年。'"则士安之说略可凭矣。【正义】《列仙传》云："轩辕自择亡日与群臣辞。还葬桥山，山崩，棺空，唯有剑舄在棺焉。"

⑩【集解】《皇览》曰："黄帝冢在上郡桥山。"【索隐】《地理志》桥山在上郡阳周县，山有黄帝冢也。【正义】《括地志》云："黄帝陵在宁州罗川县东八十里子午山。《地理志》云上郡阳周县桥山南有黄帝冢也。"案：阳周，隋改为罗川。《尔雅》云：山锐而高曰桥也。

帝颛顼高阳者，①黄帝之孙而昌意之子也。静渊以有谋，疏通而知事；养材以任地，②载时③以象天，依鬼神以制义，④治气⑤以教化，絜诚以祭祀。北至于幽陵，⑥南至于交阯，⑦西至于流沙，⑧东至于蟠木。⑨动静之物，⑩大小之神，⑪日月所照，莫不砥属。⑫

①【集解】皇甫谧曰："都帝丘，今东郡濮阳是也。"【索隐】宋衷云："颛顼，名；高阳，有天下号也。"张晏云："高阳者，所兴地名也。"

②【索隐】言能养材物以任地。《大戴礼》作"养财"。

③【索隐】载，行也。言行四时以象天。《大戴礼》作"履时以象天"。履亦践而行也。

④【索隐】鬼神聪明正直，当尽心敬事，因制尊卑之义，故《礼》曰"降于祖庙之谓仁义"是也。【正义】鬼之灵者曰神也。鬼神谓山川之神也。能兴云致雨，润养万物也，故已依冯之劓义也。劓，古制字。

⑤【索隐】谓理四时五行之气以教化万人也。

⑥【正义】幽州也。

⑦【正义】阯音止,交州也。

⑧【集解】《地理志》曰流沙在张掖居延县。　【正义】济,渡也。《括地志》云:"居延海南,甘州张掖县东北千六十四里是。"

⑨【集解】《海外经》曰:"东海中有山焉,名曰度索。上有大桃树,屈蟠三千里。东北有门,名曰鬼门,万鬼所聚也。天帝使神人守之,一名神荼,一名郁垒,主阅领万鬼。若害人之鬼,以苇索缚之,射以桃弧,投虎食也。"

⑩【正义】动物谓鸟兽之类,静物谓草木之类。

⑪【正义】大谓五岳、四渎,小谓丘陵坟衍。

⑫【集解】王肃曰:"砥,平也。四远皆平而来服属。"　【索隐】依王肃音止蜀,据《大戴礼》作"砥砺"也。

帝颛顼生子曰穷蝉。①颛顼崩,②而玄嚣之孙高辛立,是为帝喾。

①【索隐】《系本》作"穷係"。宋衷云:"一云穷係,谥也。"　【正义】帝舜之高祖也。

②【集解】皇甫谧曰:"在位七十八年,年九十八。"《皇览》曰:"颛顼冢在东郡濮阳顿丘城门外广阳里中。顿丘者城门,名顿丘道。"　【索隐】皇甫谧云:"据《左氏》,岁在鹑火而崩,葬东郡。"又《山海经》曰:"颛顼葬鲋鱼山之阳,九嫔葬其阴。"

帝喾高辛者,①黄帝之曾孙也。高辛父曰蟜极,②蟜极父曰玄嚣,玄嚣父曰黄帝。自玄嚣与蟜极皆不得在位,至高辛即帝位。③高辛于颛顼为族子。

①【集解】张晏曰:"少昊以前,天下之号象其德。颛顼以来,天下之号因其名。高阳、高辛皆所兴之地名;颛顼与喾皆以字为号:上古质故也。"　【索隐】宋衷曰:"高辛地名,因以为号。喾,名也。"皇甫谧云:"帝喾名夋也。"　【正义】《帝王纪》云:"侸母无闻焉。"

②【正义】蟜音居兆反。本作"桥",音同。又巨遥反。帝尧之祖也。

③【集解】皇甫谧曰:"都亳,今河南偃师是。"

高辛生而神灵,自言其名。①普施利物,不于其身。聪以知远,明以察微。顺天之义,知民之急。仁而威,惠而信,修身而天下服。取地之财而节用之,抚教万民而利诲之,历日月而迎送之,②明鬼神而敬事之。③其色郁郁,其德嶷嶷。④其动也时,其服也士。⑤帝喾溉执中而遍天下,⑥日月所照,风雨所至,莫不从服。⑦

①【正义】《帝王纪》云:"帝喾高辛,姬姓也。其母生见其神异,自言其名曰夋。龁龀有圣德,年十五而佐颛顼,三十登位,都亳,以人事纪官也。"

②【正义】言作历弦、望、晦、朔,日月未至而迎之,过而送之,上"迎日推策"是也。

③【正义】天神曰神,人神曰鬼。又云圣人之精气谓之神,贤人之精气谓之鬼。言明识鬼神而敬事也。

④【索隐】郁郁犹穆穆也。嶷嶷,德高也。今案:《大戴礼》"郁"作"神","嶷"作"俟"。

⑤【索隐】举动应天时,衣服服士服,言其公且廉也。

⑥【集解】徐广曰:"古'既'字作水旁。'遍'字一作'尹'。"　【索隐】即《尚书》"允执厥中"是也。　【正义】溉音既。言帝喾治民,若水之溉灌,平等而执中正,遍于天下也。

⑦【正义】以上《大戴》文也。

帝喾娶陈锋氏女,①生放勋。②娶娵訾氏女,生挚。③帝喾崩,④而挚代立。帝挚立,不善(崩),⑤而弟放勋立,是为帝尧。

①【索隐】锋音峰。案:《系本》作"陈酆氏"。皇甫谧云"陈锋氏女曰庆都"。庆都,名也。　【正义】锋音峰。又作"丰"。《帝王纪》云"帝喾有四妃,卜其子皆有天下。元妃有邰氏女,曰姜嫄,生后稷。次妃有娀氏女,曰简狄,生卨。次妃陈丰氏女,曰庆都,生放勋。次妃娵訾氏女,曰常仪,生帝挚"也。

②【正义】放音方往反。勋亦作"勛",音许云反。言尧能放上代之功,故曰放勋。谥尧。姓伊祁氏。《帝王纪》云:"帝尧陶唐氏,祁姓也。母庆都,十四月生尧。"

③【索隐】案:皇甫谧云"女名常宜"也。　【正义】娵,足须反。訾,紫移反。

④【集解】皇甫谧曰:"在位七十年,年百五岁。"《皇览》曰:"帝喾冢在东郡濮阳

顿丘城南台阴野中。"

⑤【索隐】古本作"不著",音张虑反。俗本作"不善"。不善谓微弱,不著犹不
著明。卫宏云:"挚立九年而唐侯德盛,因禅位焉。" 【正义】《帝王纪》云:
"帝挚之母于四人中班最在下,而挚于兄弟最长,得登帝位。封异母弟放勋
为唐侯。挚在位九年,政微弱,而唐侯德盛,诸侯归之,挚服其义,乃率群臣
造唐而致禅。唐侯自知有天命,乃受帝禅。乃封挚于高辛。"今定州唐
县也。

帝尧者,① 放勋。② 其仁如天,③ 其知如神。④ 就之如日,⑤ 望之如
云。⑥ 富而不骄,贵而不舒。⑦ 黄收纯衣,⑧ 彤车乘白马,能明驯德,⑨ 以
亲九族。九族既睦,便章百姓。⑩ 百姓昭明,合和万国。

①【集解】《谥法》曰:"翼善传圣曰尧。" 【索隐】尧,谥也。放勋,名。帝喾之
子,姓伊祁氏。案:皇甫谧云"尧初生时,其母在三阿之南,寄于伊长孺之
家,故从母所居为姓也"。 【正义】徐广云:"号陶唐。"《帝王纪》云:"尧都
平阳,于《诗》为唐国。"徐才《宗国都城记》云:"唐国,帝尧之裔子所封。其
北,帝夏禹都,汉曰太原郡,在古冀州太行恒山之西。其南有晋水。"《括地
志》云:"今晋州所理平阳故城是也。平阳河水一名晋水也。"

②【集解】徐广曰:"号陶唐。"皇甫谧曰:"尧以甲申岁生,甲辰即帝位,甲午征
舜,甲寅舜代行天子事,辛巳崩,年百一十八,在位九十八年。"

③【索隐】如天之函养也。

④【索隐】如神之微妙也。

⑤【索隐】如日之照临,人咸依就之,若葵藿倾心以向日也。

⑥【索隐】如云之覆渥,言德化广大而浸润生人,人咸仰望之,故曰如百谷之仰
膏雨也。

⑦【索隐】舒犹慢也。《大戴礼》作"不豫"。

⑧【集解】徐广曰:"纯,一作'纳'。"骃案:《太古冠冕图》云"夏名冕曰收"。《礼
记》曰"野夫黄冠"。郑玄曰"纯衣,士之祭服"。 【索隐】收,冕名。其色
黄,故曰黄收,象古质素也。纯,读曰缁。

⑨【集解】徐广曰:"驯,古训字。" 【索隐】《史记》"驯"字徐广皆读曰训。训,
顺也。言圣德能顺人也。案:《尚书》作"俊德",孔安国云"能明用俊德之

士”，与此文意别也。

⑩【集解】徐广曰："下云'便程东作'，然则训平为便也。"骃案：《尚书》并作
　　"平"字。孔安国曰"百姓，百官"。郑玄曰"百姓，群臣之父子兄弟"。　【索
　　隐】《古文尚书》作"平"，此文盖读"平"为浦耕反。平既训便，因作"便章"。
　　其今文作"辩章"。古"平"字亦作"便"，音婢缘反。便则训辩，遂为辩章。
　　邹诞生本亦同也。

　　乃命羲、和，①敬顺昊天，②数法③日月星辰，④敬授民时。⑤分命羲
仲，居郁夷，曰旸谷。⑥敬道日出，便程东作。⑦日中，星鸟，以殷中春。⑧
其民析，鸟兽字微。⑨申命羲叔，居南交。⑩便程南为，敬致。⑪日永，星
火，以正中夏。⑫其民因，鸟兽希革。⑬申命和仲，⑭居西土，⑮曰昧谷。⑯
敬道日入，便程西成。⑰夜中，星虚，⑱以正中秋。⑲其民夷易，鸟兽毛
毨。⑳申命和叔，居北方，曰幽都。㉑便在伏物。㉒日短，星昴，以正中
冬。㉓其民燠，鸟兽氄毛。㉔岁三百六十六日，以闰月正四时。㉕信饬㉖百
官，众功皆兴。

①【集解】孔安国曰："重黎之后，羲氏、和氏世掌天地之官。"　【正义】《吕刑
　　传》云："重即羲，黎即和，虽别为氏族，而出自重黎也。"案：圣人不独治，必
　　须贤辅，乃命相天地之官，若《周礼》天官卿、地官卿也。

②【正义】敬犹恭勤也。元气昊然广大，故云昊天。《释天》云："春为苍天，夏
　　为昊天，秋为旻天，冬为上天。"而独言昊天者，以尧能敬天，大，故以昊大
　　言之。

③【索隐】《尚书》作"历象日月"，则此言"数法"，是训"历象"二字，谓命羲和以
　　历数之法观察日月星辰之早晚，以敬授人时也。

④【正义】历数之法，日之甲乙，月之大小，昏明递中之星，日月所会之辰，定其
　　天数，以为一岁之历。

⑤【正义】《尚书考灵耀》云："主春者，张昏中，可以种稷。主夏者，火昏中，可
　　以种黍菽。主秋者，虚昏中，可以种麦。主冬者，昴昏中，可以收敛也。"天
　　子视四星之中，知民缓急，故云敬授民时也。

⑥【集解】《尚书》作"嵎夷"。孔安国曰："东表之地称嵎夷。日出于旸谷。羲
　　仲，治东方之官。"　【索隐】旧本作"汤谷"，今并依《尚书》字。案：《淮南子》

曰"日出汤谷,浴于咸池",则汤谷亦有他证明矣。又下曰"昧谷",徐广云"一作'柳'",柳亦日入处地名。太史公博采经记而为此史,广记异闻,不必皆依《尚书》。盖郁夷亦地之别名也。　【正义】郁音隅。阳或作"旸"。《禹贡》青州云:"嵎夷既略。"案:嵎夷,青州也。尧命羲仲理东方青州嵎夷之地,日所出处,名曰阳明之谷。羲仲主东方之官,若《周礼》春官卿。

⑦【集解】孔安国曰:"敬道出日,平均次序东作之事,以务农也。"【索隐】刘伯庄传皆依古史作平秩音。然《尚书大传》曰"辩秩东作",则是训秩为程,言便课其作程者也。　【正义】道音导。便,程,并如字,后同。导,训也。三春主东,故言日出。耕作在春,故言东作。命羲仲恭勤道训万民东作之事,使有程期。

⑧【集解】孔安国曰:"日中谓春分之日也。鸟,南方朱鸟七宿也。殷,正也。春分之昏,鸟星毕见,以正仲春之气节。转以推孟、季,则可知也。"【正义】下"中"音仲,夏、秋、冬并同。

⑨【集解】孔安国曰:"春事既起,丁壮就功,言其民老壮分析也。"乳化曰字。《尚书》"微"作"尾"字。说(文)云"尾,交接也"。

⑩【集解】孔安国曰:"夏与春交,此治南方之官也。"【索隐】孔注未是。然则冬与秋交,何故下无其文?且东嵎夷,西昧谷,北幽都,三方皆言地,而夏独不言地,乃云与春交,斯不例之甚也。然南方地有名交阯者,或古文略举一字名地,南交则是交阯不疑也。　【正义】羲叔主南方官,若《周礼》夏官卿也。

⑪【集解】孔安国曰:"为,化也。平序分南方化育之事,敬行其教,以致其功也。"【索隐】为依字读。春言东作,夏言南为,皆是耕作营为劝农之事。孔安国强读为"讹"字,虽则训化,解释亦甚纡回也。　【正义】为音于伪反。命羲叔宜恭勤民事。致其种殖,使有程期也。

⑫【集解】孔安国曰:"永,长也,谓夏至之日。火,苍龙之中星,举中则七星见可知也,以正中夏之〔气〕节。"马融、王肃谓日长昼漏六十刻,郑玄曰五十五刻。

⑬【集解】孔安国曰:"因,谓老弱因就在田之丁壮以助农也。夏时鸟兽毛羽希少改易也。革,改也。"

⑭【正义】和仲主西方之官,若《周礼》秋官卿也。

⑮【集解】徐广曰:"一无'土'字。以为西者,今天水之西县也。"骃案:郑玄曰

"西者,陇西之西,今人谓之兑山"。

⑯【集解】徐广曰:"一作'柳谷'。"骃案:孔安国曰"日入于谷而天下冥,故曰昧谷。此居治西方之官,掌秋天之政也"。

⑰【集解】孔安国曰:"秋,西方,万物成也。"

⑱【索隐】虚,旧依字读,而邹诞生音墟。案:虚星主坟墓,邹氏或得其理。

⑲【集解】孔安国曰:"春言日,秋言夜,互相备也。虚,玄武之中星。亦言七星皆以秋分日见,以正三秋也。"

⑳【集解】孔安国曰:"夷,平也。老壮者在田,与夏平也。毨,理也。毛更生(曰)整理。"

㉑【集解】孔安国曰:"北称幽都,谓所聚也。" 【索隐】《山海经》曰"北海之内有山名幽都",盖是也。 【正义】案:北方幽州,阴聚之地,命和叔居理之。北方之官,若《周礼》冬官卿。

㉒【索隐】使和叔察北方藏伏之物,谓人畜积聚等冬皆藏伏。《尸子》亦曰"北方者,伏方也"。《尚书》作"平在朔易"。今案:《大传》云"便在伏物",太史公据之而书。

㉓【集解】孔安国曰:"日短,冬至之日也。昴,白虎之中星。亦以七星并见,以正冬节也。"马融、王肃谓日短昼漏四十刻。郑玄曰四十五刻,失之。

㉔【集解】徐广曰:"酕音茸。"骃案:孔安国曰"民入室处,鸟兽皆生酕氄细毛以自温也"。

㉕【索隐】夫周天三百六十五度四分度之一,是天度数也。而日行迟,一岁一周天;月行疾,一月一周天。日一日行一度,月一日行十三度十九分度之七。至二十九日半强,月行天一匝,又逐及日而与会。一年十二会,是为十二月。每月二十九日过半。年分出小月六,是每岁馀六日。又大岁三百六十六日,小岁三百五十五日,举全数云六十六日。其实一岁唯馀十一日弱。未满三岁,已成一月,则置闰。若三年不置闰,则正月为二月。九年差三月,则以春为夏。十七年差六月,则四时皆反。以此四时不正,岁不成矣。故《传》曰"归馀于终,事则不悖"是也。

㉖【集解】徐广曰:"古'勅'字。"

尧曰:"谁可顺此事?"①放齐曰:"嗣子丹朱开明。"②尧曰:"吁!顽凶,不用。"③尧又曰:"谁可者?"讙兜曰:"共工旁聚布功,可用。"④尧曰:

“共工善言,其用僻,似恭漫天,不可。”⑤尧又曰:“嗟,四岳,⑥汤汤洪水
滔天,浩浩怀山襄陵,⑦下民其忧,有能使治者?”皆曰鲧可。⑧尧曰:“鲧
负命毁族,不可。”⑨岳曰:“异哉,试不可用而已。”⑩尧于是听岳用鲧。
九岁,功用不成。⑪

①【正义】言将登用之嗣位也。

②【集解】孔安国曰:“放齐,臣名。”　【正义】放音方往反。郑玄云:“帝尧胤嗣
　之子,名曰丹朱,开明也。”案:开,解而达也。《帝王纪》云:“尧娶散宜氏女,
　曰女皇,生丹朱。”《汲冢纪年》云:“后稷放帝子丹朱。”范汪《荆州记》云:“丹
　水县在丹川,尧子朱之所封也。”《括地志》云:“丹水故城在邓州内乡县西南
　百三十里。丹水故为县。”

③【集解】孔安国曰:“吁,疑怪之辞。”　【正义】《左传》云:“口不道忠信之言为
　嚚,心不则德义之经为顽。”凶,讼也。言丹朱心既顽嚚,又好争讼,不可
　用之。

④【集解】孔安国曰:“讙兜,臣名。”郑玄曰:“共工,水官名。”　【正义】兜音斗
　侯反。

⑤【正义】漫音莫干反。共工善为言语,用意邪僻也。似于恭敬,罪恶漫天,不
　可用也。

⑥【集解】郑玄曰:“四岳,四时官,主方岳之事。”　【正义】嗟叹鸿水,问四岳谁
　能理也。孔安国云:“四岳,即上羲和四子也。分掌四岳之诸侯,故称焉。”

⑦【集解】孔安国曰:“怀,包,襄,上也。”　【正义】汤音商,今读如字。荡荡,广
　平之貌。言水奔突有所涤除,地上之物为水漂流荡荡然。案:怀,藏,包裹
　之义,故怀为包。《释言》以襄为驾,驾乘牛马皆在上也。言水襄上乘陵,浩
　浩盛大,势若漫天。

⑧【集解】马融曰:“鲧,臣名,禹父。”

⑨【正义】负音佩,依《字通》。负,违也。族,类也。鲧性很戾,违负教命,毁败
　善类,不可用也。《诗》云“贪人败类”也。

⑩【正义】异音异。孔安国云:“异,已;已,退也。言馀人尽已,唯鲧可试,无成
　乃退。”

⑪【正义】《尔雅·释天》云:“载,岁也。夏曰祀,周曰年,唐、虞曰载。”李巡云:
　“各自纪事,示不相袭也。”孙炎云:“岁,取岁星行一次也。祀,取四时祭祀

一讫也。年,取禾谷一熟也。载,取万物终更始也。载者,年之别名,故以载为年也。"案:功用不成,水害不息,故放退也。至明年得舜,乃殛之羽山,而用其子禹也。

尧曰:"嗟! 四岳:朕在位七十载,汝能庸命,践朕位?"① 岳应曰:"鄙德忝帝位。"② 尧曰:"悉举贵戚及疏远隐匿者。"众皆言于尧曰:"有矜在民间,曰虞舜。"③ 尧曰:"然,朕闻之。其何如?"岳曰:"盲者子。父顽,母嚚,弟傲,能和以孝,烝烝治,不至奸。"④ 尧曰:"吾其试哉。"⑤ 于是尧妻之二女,⑥ 观其德于二女。⑦ 舜饬下二女于妫汭,⑧ 如妇礼。尧善之,乃使舜慎和五典,⑨ 五典能从。乃遍入百官,百官时序。宾于四门,四门穆穆,诸侯远方宾客皆敬。⑩ 尧使舜入山林⑪ 川泽,暴风雷雨,舜行不迷。尧以为圣,召舜曰:"女谋事至而言可绩,三年矣。⑫ 女登帝位。"舜让于德不怿。⑬ 正月上日,⑭ 舜受终于文祖。文祖者,尧大祖也。⑮

① 【集解】郑玄曰:"言汝诸侯之中有能顺事用天命者,入处我位,统治天子之事者乎?"　【正义】孔安国云:"尧年十六,以唐侯升为天子,在位七十载,时八十六,老将求代也。"

② 【正义】四岳皆云,鄙俚无德,若便行天子事,是辱帝位。言己等不堪也。

③ 【集解】孔安国曰:"无妻曰矜。"　【正义】矜,古顽反。

④ 【集解】孔安国曰:"不至于奸恶。"　【正义】烝,之升反,进也。言父顽,母嚚,弟傲,舜皆和以孝,进之于善,不至于奸恶也。

⑤ 【正义】欲以二女试舜,观其理家之道也。

⑥ 【正义】妻音七计反。二女,娥皇、女英也。娥皇无子,女英生商均。舜升天子,娥皇为后,女英为妃。

⑦ 【正义】视其为德行于二女,以理家而观国也。

⑧ 【集解】孔安国曰:"舜所居妫水之汭。"　【索隐】《列女传》云二女长曰娥皇,次曰女英。《系本》作"女莹"。《大戴礼》作"女匽"。皇甫谧云:"妫水在河东虞乡县历山西。汭,水涯也,犹洛汭、渭汭然也。"　【正义】饬音敕。下音胡亚反。汭音芮。舜能整齐二女以义理,下二女之心于妫汭,使行妇道于虞氏也。《括地志》云:"妫汭水源出蒲州河东南山。许慎云:'水涯曰汭。'案:《地记》云'河东郡青山东山中有二泉,下南流者妫水,北流者汭水。二

水异源，合流出谷，西注河。妫水北曰汭也'。又云'河东县二里故蒲坂城，舜所都也。城中有舜庙，城外有舜宅及二妃坛'。"

⑨【集解】郑玄曰："五典，五教也。盖试以司徒之职。"

⑩【集解】马融曰："四门，四方之门。诸侯群臣朝者，舜宾迎之，皆有美德也。"

⑪【索隐】《尚书》云"纳于大麓"，《穀梁传》云"林属于山曰麓"，是山足曰麓，故此以为入山林不迷。孔氏以麓训录，言令舜大录万几之政，与此不同。

⑫【集解】郑玄曰："三年者，宾四门之后三年也。"

⑬【集解】徐广曰："音亦。《今文尚书》作'不怡'。怡，怿也。"【索隐】古文作"不嗣"，今文作"不怡"，怡即怿也。谓辞让于德不堪，所以心意不悦怿也。俗本作"泽"，误尔，亦当为"怿"。

⑭【集解】马融曰："上日，朔日也。"【正义】郑玄云："帝王易代，莫不改正。尧正建丑，舜正建子，此时未改，故依尧正月上日也。"

⑮【集解】郑玄曰："文祖者，五府之大名，犹周之明堂。"【索隐】《尚书帝命验》曰："五府，五帝之庙。苍曰灵府，赤曰文祖，黄曰神斗，白曰显纪，黑曰玄矩。唐虞谓之五府，夏谓世室，殷谓重屋，周谓明堂，皆祀五帝之所也。"【正义】舜受尧终帝之事于文祖也。《尚书帝命验》云："帝者承天立五府，以尊天重象也。五府者，黄曰神斗。"注云："唐虞谓之天府，夏谓之世室，殷谓之重屋，周谓之明堂，皆祀五帝之所也。文祖者，赤帝熛怒之府，名曰文祖。火精光明，文章之祖，故谓之文祖。周曰明堂。神斗者，黄帝含枢纽之府，名曰神斗。斗，主也。土精澄静，四行之主，故谓之神斗。周曰太室。显纪者，白帝招拒之府，名显纪。纪，法也。金精断割万物，故谓之显纪。周曰总章。玄矩者，黑帝汁光纪之府，名曰玄矩。矩，法也。水精玄味，能权轻重，故谓之玄矩。周曰玄堂。灵府者，苍帝灵威仰之府，名曰灵府。周曰青阳。"

于是帝尧老，命舜摄行天子之政，以观天命。舜乃在璇玑玉衡，以齐七政。①遂类于上帝，②禋于六宗，③望于山川，④辩于群神。⑤揖五瑞，择吉月日，见四岳诸牧，班瑞。⑥岁二月，东巡狩，至于岱宗，柴，⑦望秩于山川。⑧遂见东方君长，合时月正日，⑨同律度量衡，⑩修五礼⑪五玉⑫三帛⑬二生⑭一死⑮为挚，⑯如五器，卒乃复。⑰五月，南巡狩；八月，西巡狩；十一月，北巡狩：皆如初。归，至于祖祢庙，⑱用特牛礼。五岁一巡狩,群后四朝。⑲遍告以言,⑳明试以功,车服以庸。㉑肇十有二州,决川。㉒象以典刑,㉓流宥五刑,㉔鞭作官刑,㉕扑作教刑,㉖金作赎刑。㉗眚灾过,赦;㉘怙终㉙贼,刑。㉚钦哉,钦哉,惟刑之静哉!㉛

①【集解】郑玄曰:"璇玑,玉衡,浑天仪也。七政,日月五星也。"【正义】《说文》云:"璇,赤玉也。"案:舜虽受尧命,犹不自安,更以璇玑玉衡以正天文。玑为运转,衡为横箫,运玑使动于下,以衡望之,是王者正天文器也,观其齐与不齐。今七政齐,则已受禅为是。蔡邕云:"玉衡长八尺,孔径一寸,下端望之,以视星宿,并县玑以象天,而以衡望之,转玑窥衡,以知星宿。玑径八尺,圆周二丈五尺而强也。"郑玄云:"运转者为玑,持正者为衡。"《尚书大传》云:"政者,齐中也。谓春秋冬夏天文地理人道,所以为政也,道正而万事顺成,故天道政之大也。"

②【集解】郑玄曰:"礼祭上帝于圜丘。"【正义】《五经异义》云:"非时祭天谓之类,言以事类告也。时舜告摄,非常祭也。"《王制》云:"天子将出,类于上帝。"郑玄云:"昊天上帝谓天皇大帝,北辰之星。"

③【集解】郑玄曰:"六宗,星、辰、司中、司命、风师、雨师也。"骃案:六宗义众矣。愚谓郑说为长。【正义】《周语》云"精意以享曰禋"也。孙炎云:"禋,絜敬之祭也。"案:星,五纬星也。辰,日月所会十二次也。司中、司命,文昌第五、第四星也。风师,箕星也。雨师,毕星也。孔安国云:"四时寒暑也,日月星也,水旱也。"《礼·祭法》云:"埋少牢于大昭,祭时也。禳祈于坎坛,祭寒暑也。王宫,祭日也。夜明,祭月也。幽禜,祭星。雩禜,祭水旱也。"司马彪《续汉书》云:"安帝立六宗,祀于洛阳城西北亥地,礼比大社。魏因之。至晋初,荀颛言新祀,以六宗之神诸家说不同,乃废之也。"

④【集解】徐广曰:"名山大川。"【正义】望者,遥望而祭山川也。山川,五岳、四渎也。《尔雅》云:"梁山,晋望也。"

⑤【集解】徐广曰:"辩音班"。骃案:郑玄曰"群神若丘陵坟衍"。【正义】辩音遍。谓祭群神也。

⑥【集解】马融曰:"揖,敛也。五瑞,公侯伯子男所执,以为瑞信也。尧将禅舜,使群牧敛之,使舜亲往班之。"【正义】揖音集。《周礼·典瑞》云:"王执镇圭,尺二寸。公执桓圭,九寸。侯执信圭,七寸。伯执躬圭,五寸。子执谷璧,男执蒲璧,皆五寸。言五瑞者,王不在中也。"孔文祥云:"宋末,会

稽修禹庙,于庙庭山土中得五等圭璧百馀枚,形与《周礼》同,皆短小。此即禹会诸侯于会稽,执以礼山神而埋之。其璧今犹有在也。”

⑦【集解】马融曰:“舜受终后五年之二月。”郑玄曰:“建卯之月也。柴祭东岳者,考绩。柴,燎也。”【正义】案:既班瑞群后即东巡者,守土之诸侯会岱宗之岳,焚柴告至也。王者巡狩,以诸侯自专一国,威福任己,恐其壅遏上命,泽不下流,故巡行问人疾苦也。《风俗通》云:“太,山之尊者,一曰岱宗,始也,长也,万物之始,阴阳交代,故为五岳之长也。”案:二月,仲月也。仲,中也,言得其中也。

⑧【正义】乃以秩望祭东方诸侯境内之名山大川也。言秩者,五岳视三公,四渎视诸侯。

⑨【集解】郑玄曰:“协正四时之月数及日名,备有失误。”【正义】既见东方君长,乃合同四时气节,月之大小,日之甲乙,使齐一也。《周礼》:“太史掌正岁年以序事,颁正朔于邦国。”则节气晦朔皆天子颁之。犹恐诸侯国异,或不齐同,因巡狩合正之。

⑩【集解】郑玄曰:“律,音律;度,丈尺;量,斗斛;衡,斤两也。”【正义】律之十二律,度之丈尺,量之斗斛,衡之斤两,皆使天下相同,无制度长短轻重异也。《汉·律历志》云:“《虞书》云‘同律度量衡’,所以齐远近,立民信也。律有十二,阳六为律,阴六为吕。律以统气类物,一曰黄钟,二曰太蔟,三曰姑洗,四曰蕤宾,五曰夷则,六曰无射。吕以旅阳宣气,一曰林钟,二曰南吕,三曰应钟,四曰大吕,五曰夹钟,六曰中吕。度者,分、寸、尺、丈、引也,所以度长短也。本起黄钟之管长,以子谷秬黍中者一黍为一分,十分为一寸,十寸为尺,十尺为丈,十丈为引,而五度审矣。量者,龠、合、升、斗、斛也,所以量多少也。本起黄钟之龠,以子谷秬黍中者千有二百实为一龠,合龠为合,十合为升,十升为斗,十斗为斛,而五量嘉矣。衡权者,铢、两、斤、钧、石也,所以称物轻重也。本起于黄钟之重,一龠容千二百黍,重十二铢,二十四铢为两,十六两为斤,三十斤为钧,四钧为石,而五权谨矣。衡,平也。权,重也。”

⑪【集解】马融曰:“吉、凶、宾、军、嘉也。”【正义】《周礼》“以吉礼事邦国之鬼神祇,以凶礼哀邦国之忧,以宾礼亲邦国,以军礼同邦国,以嘉礼亲万民”也。《尚书·尧典》云“类于上帝”,吉礼也;“如丧考妣”,凶礼也;“群后四朝”,宾礼也;《大禹谟》云“汝徂征”,军礼也;《尧典》云“女于时”,嘉礼也。

女音女虑反。

⑫【集解】郑玄曰："即五瑞也。执之曰瑞，陈列曰玉。"

⑬【集解】马融曰："三孤所执也。"郑玄曰："帛，所以荐玉也。必三者，高阳氏后用赤缯，高辛氏后用黑缯，其馀诸侯皆用白缯。"【正义】孔安国云："诸侯世子执纁，公之孤执玄，附庸之君执黄也。"案：《三统纪》推伏羲为天统，色尚赤。神农为地统，色尚黑。黄帝为人统，色尚白。少昊，黄帝子，亦尚白。故高阳氏又天统，亦尚赤。尧为人统，故用白。

⑭【正义】羔、雁也。郑玄注《周礼·大宗伯》云："羔，小羊也，取其群不失其类也。雁，取其候时而行也。卿执羔，大夫执雁。"案：羔、雁性驯，可生为贽。

⑮【正义】雉也。马融云："一死雉，士所执也。"案：不可生为贽，故死。雉，取其守介死不失节也。

⑯【集解】马融曰："挚：二生，羔、雁，卿大夫所执；一死，雉，士所执。"【正义】挚音至。贽，执也。郑玄云："贽之言至，所以自致也。"韦昭云："贽，六贽：孤执皮帛，卿执羔，大夫执雁，士执雉，庶人执鹜，工商执鸡也。"

⑰【集解】马融曰："五器，上五玉。五玉礼终则还之，三帛已下不还也。"【正义】卒音子律反。复音伏。

⑱【正义】祢音乃礼反。何休云："生曰父，死曰考，庙曰祢。"

⑲【集解】郑玄曰："巡狩之年，诸侯见于方岳之下。其间四年，四方诸侯分来朝于京师也。"

⑳【正义】徧音遍。言遍告天子治理之言也。

㉑【正义】孔安国云："功成则锡车服，以表显其能用也。"

㉒【集解】马融曰："禹平水土，置九州。舜以冀州之北广大，分置并州。燕、齐辽远，分燕置幽州，分齐为营州。于是为十二州也。"郑玄曰："更为之定界，浚水害也。"

㉓【集解】马融曰："言咎繇制五常之刑，无犯之者，但有其象，无其人也。"【正义】孔安国云："象，法也。法用常刑，用不越法也。"

㉔【集解】马融曰："流，放；宥，宽也。一曰幼少，二曰老耄，三曰蠢愚。五刑，墨、劓、剕、宫、大辟。"【正义】孔安国云："以流放之法宽五刑也。"郑玄云："三宥，一曰弗识，二曰过失，三曰遗忘也。"

㉕【集解】马融曰："为辨治官事者为刑。"

㉖【集解】郑玄曰："扑，榎楚也。扑为教官为刑者。"

㉗【集解】马融曰："金,黄金也。意善功恶,使出金赎罪,坐不戒慎者。"

㉘【集解】郑玄曰："眚灾,为人作患害者也。过失,虽有害则赦之。"

㉙【集解】徐广曰："一作'众'。"

㉚【集解】郑玄曰："怙其奸邪,终身以为残贼,则用刑之。"

㉛【集解】徐广曰："今文云'惟刑之谧哉'。《尔雅》曰'谧,静也'。"　【索隐】注"惟形之谧哉",案:古文作"恤哉",且今文是伏生口诵,恤谧声近,遂作"谧"也。

　　讙兜进言共工,①尧曰不可而试之工师,②共工果淫辟。③四岳举鲧治鸿水,尧以为不可,岳强请试之,试之而无功,故百姓不便。三苗④在江淮、荆州⑤数为乱。于是舜归而言于帝,请流共工于幽陵,⑥以变北狄;⑦放讙兜于崇山,⑧以变南蛮;迁三苗于三危,⑨以变西戎;殛鲧于羽山,⑩以变东夷:四罪而天下咸服。

①【正义】讙兜,浑沌也。共工,穷奇也。鲧,梼杌也。三苗,饕餮也。《左传》云"舜臣尧,流四凶,投诸四裔,以御魑魅"也。

②【正义】工师,若今大匠卿也。

③【正义】匹亦反。

④【集解】马融曰："国名也。"　【正义】《左传》云自古诸侯不用王命,虞有三苗,夏有观扈。孔安国云："缙云氏之后为诸侯,号饕餮也。"吴起云："三苗之国,左洞庭而右彭蠡。"案:洞庭,湖名,在岳州巴陵西南一里,南与青草湖连。彭蠡,湖名,在江州浔阳县东南五十二里。以天子在北,故洞庭在西为左,彭蠡在东为右。今江州、鄂州、岳州,三苗之地也。

⑤【正义】淮,读曰汇,音胡罪反,今彭蠡湖也。本属荆州。《尚书》云"南入于江,东汇泽为彭蠡"是也。

⑥【集解】马融曰："北裔也。"　【正义】《尚书》及《大戴礼》皆作"幽州"。《括地志》云："故龚城在檀州燕乐县界。故老传云舜流共工幽州,居此城。"《神异经》云："西北荒有人焉,人面,朱髪,蛇身,人手足,而食五谷禽兽,顽愚,名曰共工。"

⑦【集解】徐广曰："变,一作'燮'。"　【索隐】变谓变其形及衣服,同于夷狄也。徐广云作"燮"。燮,和也。　【正义】言四凶流四裔,各于四夷放共工等为中国之风俗也。

⑧【集解】马融曰："南裔也。"　【正义】《神异经》云："南方荒中有人焉，人面鸟喙而有翼，两手足扶翼而行，食海中鱼，为人很恶，不畏风雨禽兽，犯死乃休，名曰驩兜也。"

⑨【集解】马融曰："西裔也。"　【正义】《括地志》云："三危山有三峰，故曰三危，俗亦名卑羽山，在沙州敦煌县东南三十里。"《神异经》云："西荒中有人焉，面目手足皆人形，而胳下有翼不能飞，为人饕餮，淫逸无理，名曰苗民。"又《山海经》云《大荒北经》"黑水之北，有人有翼，名曰苗民"也。

⑩【集解】马融曰："殛，诛也。羽山，东裔也。"　【正义】殛音纪力反。孔安国云："殛，窜，放，流，皆诛也。"《括地志》云："羽山在沂州临沂县界。"《神异经》云："东方有人焉，人形而身多毛，自解水土，知通塞，为人自用，欲为欲息，皆（曰）云是鲧也。"

尧立七十年得舜，二十年而老，令舜摄行天子之政，荐之于天。尧辟位凡二十八年而崩。①百姓悲哀，如丧父母。三年，四方莫举乐，②以思尧。尧知子丹朱之不肖，③不足授天下，于是乃权授舜。④授舜，则天下得其利而丹朱病；授丹朱，则天下病而丹朱得其利。尧曰"终不以天下之病而利一人"，而卒授舜以天下。尧崩，三年之丧毕，舜让辟丹朱于南河之南。⑤诸侯朝觐者不之丹朱而之舜，狱讼者不之丹朱而之舜，讴歌者不讴歌丹朱而讴歌舜。舜曰"天也"，夫而后之中国践天子位焉，⑥是为帝舜。

①【集解】徐广曰："尧在位凡九十八年。"骃案：《皇览》曰"尧冢在济阴城阳。刘向曰'尧葬济阴，丘垅皆小'。《吕氏春秋》曰'尧葬穀林'。皇甫谧曰"穀林即城阳。尧都平阳，于《诗》为唐国"。　【正义】皇甫谧云："尧即位九十八年，通舜摄二十八年也，凡年百一十七岁。"孔安国云："尧寿百一十六岁。"《括地志》云："尧陵在濮州雷泽县西三里。郭缘生《述征记》云'城阳县东有尧冢，亦曰尧陵，有碑'是也。"《括地志》云："雷泽县本汉城阳县也。"

②【正义】《尚书》"三载，四海遏密八音"是也。

③【索隐】郑玄云："肖，似也。不似，言不如父也。"皇甫谧云："尧娶散宜氏之女，曰女皇，生丹朱。又有庶子九人，皆不肖也。"

④【索隐】父子继立，常道也。求贤而禅，权道也。权者，反常而合道。　【正

义】五帝官天下,老则禅贤,故权试舜也。

⑤【集解】刘熙曰:"南河,九河之最在南者。"　【正义】《括地志》云:"故尧城在濮州鄄城县东北十五里。《竹书》云昔尧德衰,为舜所囚也。又有偃朱故城,在县西北十五里。《竹书》云舜囚尧,复偃塞丹朱,使不与父相见也。"案:濮州北临漯,大川也。河在尧都之南,故曰南河,《禹贡》"至于南河"是也。其偃朱城所居,即"舜让避丹朱于南河之南"处也。

⑥【集解】刘熙曰:"天子之位不可旷年,于是遂反,格于文祖而当帝位。帝王所都为中,故曰中国。"

虞舜者,①名曰重华。②重华父曰瞽叟,③瞽叟父曰桥牛,④桥牛父曰句望,⑤句望父曰敬康,敬康父曰穷蝉,穷蝉父曰帝颛顼,颛顼父曰昌意:以至舜七世矣。自从穷蝉以至帝舜,皆微为庶人。

①【集解】《谥法》曰:"仁圣盛明曰舜。"【索隐】虞,国名,在河东大阳县。舜,谥也。皇甫谥云"舜字都君"也。　【正义】《括地志》云:"故虞城在陕州河北县东北五十里虞山之上。郦元注《水经》云干桥东北有虞城,尧以女嫔于虞之地也。又宋州虞城大襄国所封之邑,杜预云舜后诸侯也。又越州馀姚县,顾野王云舜后支庶所封之地。舜姚姓,故云馀姚。县西七十里有汉上虞故县。《会稽旧记》云舜上虞人,去虞三十里有姚丘,即舜所生也。周处《风土记》云舜东夷之人,生姚丘。"《括地志》又云:"姚墟在濮州雷泽县东十三里。《孝经援神契》云舜生于姚墟。"案:二所未详也。

②【集解】徐广曰:"皇甫谥云'舜以尧之二十一年甲子生,三十一年甲午征用,七十九年壬午即真,百岁癸卯崩'。"　【正义】《尚书》云:"重华协于帝。"孔安国云:"华谓文德也,言其光文重合于尧。"瞽叟姓妫。妻曰握登,见大虹意感而生舜于姚墟,故姓姚。目重瞳子,故曰重华。字都君。龙颜,大口,黑色,身长六尺一寸。

③【正义】先后反。孔安国云:"无目曰瞽。舜父有目不能分别好恶,故时人谓之瞽,配字曰'叟'。叟,无目之称也。"

④【正义】桥又音娇。

⑤【正义】句,古侯反。望音亡。

舜父瞽叟盲,而舜母①死,瞽叟更娶妻而生象,象傲。瞽叟爱后妻子,常欲杀舜,舜避逃;及有小过,则受罪。顺事父及后母与弟,日以笃谨,匪有解。

①【索隐】皇甫谧云:"舜母名握登,生舜于姚墟,因姓姚氏也。"

舜,冀州之人也。①舜耕历山,②渔雷泽,③陶河滨,④作什器于寿丘,⑤就时于负夏。⑥舜父瞽叟顽,母嚚,弟象傲,皆欲杀舜。舜顺适不失子道,兄弟孝慈。欲杀,不可得;即求,尝在侧。

①【正义】蒲州河东县本属冀州。《宋永初山川记》云:"蒲坂城中有舜庙,城外有舜宅及二妃坛。"《括地志》云:"妫州有妫水,源出城中。《耆旧传》云即舜厘降二女于妫汭之所。外城中有舜井,城北有历山,山上有舜庙,未详。"案:妫州亦冀州城是也。

②【集解】郑玄曰:"在河东。"【正义】《括地志》云:"蒲州河东县雷首山,一名中条山,亦名历山,亦名首阳山,亦名蒲山,亦名襄山,亦名甘枣山,亦名猪山,亦名狗头山,亦名薄山,亦名吴山。此山西起雷首山,东至吴坂,凡十一名,随州县分之。历山南有舜井。"又云:"越州馀姚县有历山舜井,濮州雷泽县有历山舜井,二所又有姚墟,云生舜处也。及妫州历山舜井,皆云舜所耕处,未详也。"

③【集解】郑玄曰:"雷夏,兖州泽,今属济阴。"【正义】《括地志》云:"雷夏泽在濮州雷泽县郭外西北。《山海经》云雷泽有雷神,龙身人头,鼓其腹则雷也。"

④【集解】皇甫谧曰:"济阴定陶西南陶丘亭是也。"【正义】案:于曹州滨河作瓦器也。《括地志》云:"陶城在蒲州河东县北三十里,即舜所都也。南去历山不远。或耕或陶,所在则可,何必定陶方得为陶也?舜之陶也,斯或一焉。"

⑤【集解】皇甫谧曰:"在鲁东门之北。"【索隐】什器,什,数也。盖人家常用之器非一,故以十为数,犹今云"什物"也。寿丘,地名,黄帝生处。【正义】寿音受。颜师古云:"军法,伍人为伍,二伍为什,则共器物,故谓生生之具为什器,亦犹从军及作役者十人为火,共畜调度也。"

⑥【集解】郑玄曰:"负夏,卫地。"【索隐】就时犹逐时,若言乘时射利也。《尚书大传》曰"贩于顿丘,就时负夏",《孟子》曰"迁于负夏"是也。

舜年二十以孝闻。三十而帝尧问可用者,①四岳咸荐虞舜,曰可。于是尧乃以二女妻舜以观其内,使九男与处以观其外。舜居妫汭,内行弥谨。尧二女不敢以贵骄事舜亲戚,②甚有妇道。尧九男皆益笃。③舜耕历山,历山之人皆让畔;④渔雷泽,雷泽上人皆让居;陶河滨,河滨器皆不苦窳。⑤一年而所居成聚,⑥二年成邑,三年成都。⑦尧乃赐舜絺衣,⑧与琴,为筑仓廪,予牛羊。瞽叟尚复欲杀之,使舜上涂廪,瞽叟从下纵火焚廪。舜乃以两笠自扞而下,去,得不死。⑨后瞽叟又使舜穿井,舜穿井为匿空⑩旁出。⑪舜既入深,瞽叟与象共下土实井,⑫舜从匿空出,去。⑬瞽叟、象喜,以舜为已死。象曰:"本谋者象。"象与其父母分,⑭于是曰:"舜妻尧二女,与琴,象取之。牛羊仓廪予父母。"象乃止舜宫居,⑮鼓其琴。舜往见之。象鄂不怿,曰:"我思舜正郁陶!"舜曰:"然,尔其庶矣!"⑯舜复事瞽叟爱弟弥谨。于是尧乃试舜五典百官,皆治。

①【正义】可用,谓可为天子也。

②【正义】二女不敢以帝女骄慢舜之亲戚。亲戚,谓父瞽叟、后母、弟象、妹颗手等也。颗音若果反。

③【正义】笃,惇也。非唯二女恭勤妇道,九男事舜皆益惇厚谨敬也。

④【正义】《韩非子》"历山之农相侵略,舜往耕,期年,耕者让畔"也。

⑤【集解】《史记音隐》曰:"音游甫反。"骃谓窳,病也。　【正义】苦,读如盬,音古。盬,粗也。窳音庾。

⑥【正义】聚,在喻反,谓村落也。

⑦【正义】《周礼》郊野法云"九夫为井,四井为邑,四邑为丘,四丘为甸,四甸为县,四县为都"也。

⑧【正义】絺,敕迟反,细葛布衣也。邹氏音竹几反。

⑨【索隐】言以笠自扞己身,有似鸟张翅而轻下,得不损伤。皇甫谧云"两缴",缴,笠类。《列女传》云"二女教舜鸟工上廪"是也。　【正义】《通史》云:"瞽叟使舜涤廪,舜告尧二女,女曰:'时其焚汝,鹊汝衣裳,鸟工往。'舜既登廪,得免去也。"

⑩【索隐】音孔。《列女传》所谓"龙工入井"是也。

⑪【正义】言舜潜匿穿孔旁,从他井而出也。《通史》云:"舜穿井,又告二女。

二女曰：'去汝裳衣，龙工往。'入井，瞽叟与象下土实井，舜从他井出去也。"
《括地志》云："舜井在妫州怀戎县西外城中。其西又有一井，《耆旧传》云并
舜井也，舜自中出。《帝王纪》云河东有舜井，未详也。"

⑫【索隐】亦作"填井"。

⑬【集解】刘熙曰："舜以权谋自免，亦大圣有神人之助也。"

⑭【正义】扶问反。

⑮【正义】宫即室也。《尔雅》云"室谓之宫"。《礼》云"命士已上，父子异
宫"也。

⑯【索隐】言汝犹当庶几于友悌之情义也。如《孟子》取《尚书》文，又云"惟兹
臣庶，女其于予治"，盖欲令象共我理臣庶也。

昔高阳氏有才子八人，①世得其利，谓之"八恺"。②高辛氏有才子八
人，③世谓之"八元"。④此十六族者，世济其美，⑤不陨其名。至于尧，尧
未能举。舜举八恺，使主后土，⑥以揆百事，莫不时序。⑦举八元，使布五
教于四方，⑧父义，母慈，兄友，弟恭，子孝，内平外成。⑨

①【集解】名见《左传》。

②【集解】贾逵曰："恺，和也。"　【索隐】《左传》史克对鲁宣公曰："昔高阳氏有
才子八人，仓舒、隤敳、梼戭、大临、尨降、庭坚、仲容、叔达。"

③【集解】名见《左传》。

④【集解】贾逵曰："元，善也。"　【索隐】《左传》："高辛氏有才子八人，伯奋、仲
堪、叔献、季仲、伯虎、仲熊、叔豹、季狸。"

⑤【索隐】谓元、恺各有亲族，故称族也。济，成也，言后代成前代也。

⑥【集解】王肃曰："君治九土之宜。"杜预曰："后土地官。"　【索隐】主土。禹
为司空，司空主土，则禹在八恺之中。　【正义】《春秋正义》云："后，君也。
天曰皇天，地曰后土。"

⑦【正义】言禹度九土之宜，无不以时得其次序也。

⑧【索隐】契为司徒，司徒敷五教，则契在八元之数。

⑨【正义】杜预云："内诸夏，外夷狄也。"案：契作五常之教，诸夏太平，夷狄向
化也。

昔帝鸿氏有不才子，①掩义隐贼，好行凶慝，天下谓之浑沌。②少暤

氏③有不才子,毁信恶忠,崇饰恶言,天下谓之穷奇。④颛顼氏有不才子,不可教训,不知话言,天下谓之梼杌。⑤此三族世忧之。至于尧,尧未能去。缙云氏⑥有不才子,贪于饮食,冒于货贿,天下谓之饕餮。⑦天下恶之,比之三凶。⑧舜宾于四门,⑨乃流四凶族,迁于四裔,⑩以御螭魅,⑪于是四门辟,言毋凶人也。

①【集解】贾逵曰:"帝鸿,黄帝也。不才子,其苗裔谨兜也。"

②【正义】愿,恶也。一本云"天下之民,谓之浑沌"。浑沌即谨兜也。言掩义事,阴为贼害,而好凶恶,故谓之浑沌也。杜预云:"浑沌,不开通之貌。"《神异经》云:"昆仑西有兽焉,其状如犬,长毛,四足,似黑而无爪,有目而不见,行不开,有两耳而不闻,有人知性,有腹无五藏,有肠直而不旋,食径过。人有德行而往抵触之,有凶德则往依凭之。名浑沌。"又《庄子》云:"南海之帝为儵,北海之帝为忽,中央之帝为浑沌。儵、忽乃相遇于浑沌之地,浑沌待之甚善。儵与忽谋欲报浑沌之德,曰:'人皆有七窍以视听食息,此独无有,尝试凿之。'日凿一窍,七日而浑沌死。"案:言谨兜性似,故号之也。

③【集解】服虔曰:"金天氏帝号。"

④【集解】服虔曰:"谓共工氏也。其行穷而好奇。"【正义】谓共工。言毁败信行,恶其忠直,有恶言语,高粉饰之,故谓之穷奇。案常行终必穷极,好谄谀奇异于人也。《神异经》云:"西北有兽,其状似虎,有翼能飞,便剿食人,知人言语,闻人斗辄食直者,闻人忠信辄食其鼻,闻人恶逆不善辄杀兽往馈之,名曰穷奇。"案:言共工性似,故号之也。

⑤【集解】贾逵曰:"梼杌,顽凶无畴匹之貌,谓鲧也。"【正义】梼音道刀反。杌音五骨反。谓鲧也。凶顽不可教训,不从诏令,故谓之梼杌。案:言无畴匹,言自纵恣也。《神异经》云:"西方荒中有兽焉,其状如虎而大,毛长二尺,人面,虎足,猪口牙,尾长一丈八尺,搅乱荒中,名梼杌。一名傲很,一名难训。"案:言鲧性似,故号之也。

⑥【集解】贾逵曰:"缙云氏,姜姓也,炎帝之苗裔,当黄帝时任缙云之官也。"【正义】今括州缙云县,盖其所封也。字书云缙,赤缯也。

⑦【正义】谓三苗也。言贪饮食,冒货贿,故谓之饕餮。《神异经》云:"西南有人焉,身多毛,头上戴豕,性很恶,好息,积财而不用,善夺人谷物。强者夺老弱者,畏群而击单,名饕餮。"言三苗性似,故号之。

⑧【集解】杜预曰:"非帝子孙,故别之以比三凶也。"【正义】此以上四处皆《左传》文。或本有并文次相类四凶,故书之,恐本错脱耳。

⑨【正义】杜预云:"辟四门,达四聪,以宾礼众贤也。"

⑩【集解】贾逵曰:"四裔之地,去王城四千里。"

⑪【集解】服虔曰:"魑魅,人面兽身,四足,好惑人,山林异气所生,以为人害。"【正义】御音鱼吕反。魑音丑知反。魅音媚。案:御魑魅,恐更有邪谄之人,故流放四凶以御之也。故下云"无凶人"也。

　　舜入于大麓,烈风雷雨不迷,尧乃知舜之足授天下。尧老,使舜摄行天子政,巡狩。舜得举用事二十年,而尧使摄政。摄政八年而尧崩。三年丧毕,让丹朱,天下归舜。而禹、皋陶、①契、后稷、伯夷、夔、龙、倕、益、彭祖②自尧时而皆举用,未有分职。③于是舜乃至于文祖,谋于四岳,辟四门,明通四方耳目,命十二牧论帝德,行厚德,远佞人,④则蛮夷率服。舜谓四岳曰:"有能奋庸⑤美尧之事者,使居官相事?"皆曰:"伯禹为司空,可美帝功。"舜曰:"嗟,然!禹,汝平水土,维是勉哉。"禹拜稽首,让于稷、契与皋陶。舜曰:"然,往矣。"⑥舜曰:"弃,黎民始饥,⑦汝后稷播时百谷。"⑧舜曰:"契,百姓不亲,五品不驯,⑨汝为司徒,而敬敷五教,在宽。"⑩舜曰:"皋陶,蛮夷猾夏,⑪寇贼奸轨,⑫汝作士,⑬五刑有服,五服三就;⑭五流有度,⑮五度三居;⑯维明能信。"⑰舜曰:"谁能驯予工?"⑱皆曰垂可。于是以垂为共工。⑲舜曰:"谁能驯予上下⑳草木鸟兽?"皆曰益可。于是以益为朕虞。㉑益拜稽首,让于诸臣朱虎、熊罴。㉒舜曰:"往矣,汝谐。"遂以朱虎、熊罴为佐。㉓舜曰:"嗟!四岳,有能典朕三礼?"㉔皆曰伯夷可。舜曰:"嗟!伯夷,以汝为秩宗,㉕夙夜维敬,直哉维静絜。"㉖伯夷让夔、龙。舜曰:"然。㉗以夔为典乐,教稚子,㉘直而温,㉙宽而栗,㉚刚而毋虐,简而毋傲;㉛诗言意,歌长言,㉜声依永,律和声,㉝八音能谐,毋相夺伦,神人以和。"㉞夔曰:"於!予击石拊石,百兽率舞。"㉟舜曰:"龙,朕畏忌谗说殄伪,振惊朕众,㊱命汝为纳言,夙夜出入朕命,惟信。"㊲舜曰:"嗟!女二十有二人,㊳敬哉,惟时相天事。"㊴三岁一考功,三考绌陟,远近众功咸兴。分北三苗。㊵

①【正义】高姚二音。

②【索隐】彭祖即陆终氏之第三子，钱铿之后，后为大彭，亦称彭祖。　【正义】皋陶字庭坚。英六二国是其后也。契音薛，殷之祖也。伯夷，齐太公之祖也。夔，巨龟反，乐官也。倕音垂，亦作“垂”，内言之官也。益，伯翳也，即秦、赵之祖。彭祖自尧时举用，历夏、殷封于大彭。

③【正义】分音符问反，又如字。分谓封疆爵土也。

④【正义】舜命十二牧论帝尧之德，又敦之于民，远离邪佞之人。言能如此，则夷狄亦服从也。

⑤【集解】马融曰：“奋，明；庸，功也。”

⑥【集解】郑玄曰：“然其举得其人。汝往居此官，不听其所让也。”

⑦【集解】徐广曰：“《今文尚书》作‘祖饥’。祖，始也。”　【索隐】古文作“阻饥”。孔氏以为阻，难也。祖阻声相近，未知谁得。

⑧【集解】郑玄曰：“时，读曰莳。”　【正义】稷，农官也。播时谓顺四时而种百谷。

⑨【集解】郑玄曰：“五品，父、母、兄、弟、子也。”王肃曰：“五品，五常也。”　【正义】驯音训。

⑩【集解】马融曰：“五品之教。”

⑪【集解】郑玄曰：“猾夏，侵乱中国也。”

⑫【集解】郑玄曰：“由内为奸，起外为轨。”　【正义】亦作“宄”。

⑬【集解】马融曰：“狱官之长。”　【正义】案：若大理卿也。

⑭【集解】马融曰：“五刑，墨、劓、剕、宫、大辟。三就，谓大罪陈诸原野，次罪于市朝，同族适甸师氏。既服五刑，当就三处。”　【正义】孔安国云：“服，从也，言得轻重之中正也。”案：墨，点凿其额，涅以墨。劓，截鼻也。剕，刖足也。宫，淫刑也，男子割势，妇人幽闭也。大辟，死刑也。

⑮【正义】度音徒洛反。《尚书》作“宅”。孔安国云“五刑之流，各有所居”也。

⑯【正义】案：谓度其远近，为三等之居也。

⑰【集解】马融曰：“谓在八议，君不忍刑，宥之以远。五等之差亦有三等之居：大罪投四裔，次九州之外，次中国之外。当明其罪，能使信服之。”

⑱【集解】马融曰：“谓主百工之官也。”

⑲【集解】马融曰：“为司空，共理百工之事。”

⑳【集解】马融曰："上谓原,下谓隰。"

㉑【集解】马融曰："虞,掌山泽之官名。"

㉒【索隐】即高辛氏之子伯虎、仲熊也。　【正义】孔安国云："朱虎,熊罴,二臣名。垂、益所让四人,皆在元凯之中也。"

㉓【正义】为益之佐也。

㉔【集解】马融曰："三礼,天神、地祇、人鬼之礼也。"郑玄曰："天事、地事、人事之礼。"

㉕【集解】郑玄曰："主次秩尊卑。"　【正义】若太常也。《汉书·百官表》云"王莽改太常曰秩宗",依古也。孔安国云："秩,序;宗,尊也。主郊庙之官也。"

㉖【正义】静,清也。絜,明也。孔安国云："职典礼,施政教,使正直而清明。"

㉗【正义】孔安国云："然其推贤,不许其让也。"

㉘【集解】郑玄曰："国子也。"案:《尚书》作"胄子",稚胄声相近。　【正义】稺,胄雉反。孔安国云："胄,长也。谓元子以下,至卿大夫子弟,以歌诗蹈之舞之,教长国子中和祇庸孝友。"

㉙【集解】马融曰："正直而色温和。"

㉚【集解】马融曰："宽大而谨敬战栗也。"

㉛【正义】孔安国云："刚失之虐,简失之傲,教之以防其失也。"

㉜【集解】马融曰："歌,所以长言诗之意也。"　【正义】孔安国云："诗言志以导其心,歌咏其义以长其言也。"

㉝【集解】郑玄曰："声之曲折又依长言,声中律乃为和也。"　【正义】孔安国云："声,五声,宫、商、角、徵、羽也。律谓六律六吕,十二月之音气也。当依声律和乐也。"

㉞【集解】郑玄曰："祖考来格,群后德让,其一隅也。"　【正义】八音,金、石、丝、竹、匏、土、革、木也。孔安国云："伦,理也。八音能谐,理不错夺,则神人咸和,命夔使勉也。"

㉟【集解】郑玄曰："百兽,服不氏所养者也。率舞,言音和也。"　【正义】於音乌。孔安国云："石,磬。音之清者。拊亦击也。举清者和,则其馀皆从矣。乐感百兽,使相率而舞,则神人和可知也。"案:磬,一片黑石也。不音福尤反。《周礼》云"夏官有服不氏,掌服猛兽,下士一人,徒四人"。郑玄云"服不服之兽也"。

㊱【集解】徐广曰："一云'齐说殄行,振惊众'。"骃案:郑玄曰"所谓色取仁而行

违,是惊动我之众臣,使之疑惑"。　【正义】伪音危睡反。言畏恶利口谗说
之人,兼殄绝奸伪人党,恐其惊动我众,使龙遏绝之,出入其命惟信实也。
此"伪"字太史公变《尚书》文也。《尚书》伪字作"行",音下孟反。言己畏忌
有利口谗说之人,殄绝无德行之官也。

㊲【正义】孔安国云:"纳言,喉舌之官也。听下言纳于上,受上言宣于下,必
　　信也。"

㊳【集解】马融曰:"稷、契、皋陶皆居官久,有成功,但述而美之,无所复敕。禹
　　及垂已下皆初命,凡六人,与上十二牧四岳,凡二十二人。"郑玄曰:"皆格于
　　文祖时所敕命也。"

㊴【正义】相,视也。舜命二十二人各敬行其职,惟在顺时,视天所宜而行
　　事也。

㊵【集解】郑玄曰:"所审三苗为西裔诸侯者犹为恶,乃复分析流之。"

此二十二人咸成厥功:皋陶为大理,平,①民各伏得其实;伯夷主
礼,上下咸让;垂主工师,②百工致功;益主虞,山泽辟;③弃主稷,百谷时
茂;契主司徒,百姓亲和;龙主宾客,远人至;十二牧行而九州莫敢辟
违;④唯禹之功为大,披九山,⑤通九泽,决九河,定九州,各以其职来贡,
不失厥宜。方五千里,至于荒服。南抚交阯、北发,⑥西戎、析枝、渠廀、
氐、羌,⑦北山戎、发、息慎,⑧东长、鸟夷,⑨四海之内⑩咸戴帝舜之功。
于是禹乃兴《九招》之乐,⑪致异物,凤皇来翔。天下明德皆自虞帝始。

①【正义】皋陶作士,正平天下罪恶也。

②【正义】工师,若今大匠卿也。

③【正义】焯亦反,开也。

④【正义】禹九州之民无敢辟违舜十二牧也。

⑤【正义】披音皮义反。谓傍其山边以通。

⑥【索隐】一句。

⑦【索隐】一句。

⑧【集解】郑玄曰:"息慎,或谓之肃慎,东北夷。"

⑨【索隐】此言帝舜之德皆抚及四方夷人,故先以"抚"字总之。北发当云"北
　　户",南方有地名北户。又案《汉书》,北发是北方国名,今以北发为南方之

国,误也。此文省略,四夷之名错乱。"西戎"上少一"西"字,"山戎"下少一"北"字,"长"字下少一"夷"字。长夷也,鸟夷也,其意宜然。今案:《大戴礼》亦云"长夷",则长是夷号。又云"鲜支、渠搜",则鲜支当此析枝也。鲜析音相近。邹氏、刘氏云"息并音肃",非也。且夷狄之名,古书不必皆同,今读如字也。　　【正义】注"鸟"或作"岛"。《括地志》云:"百济国西南海中有大岛十五所,皆置邑,有人居,属百济。又倭国西南大海中岛居凡百馀小国,在京南万三千五百里。"案:武后改倭国为日本国。

⑩【正义】《尔雅》云:"九夷八狄七戎六蛮谓之四海。"

⑪【索隐】招音韶,即舜乐《箫韶》。九成,故曰《九招》。

　　舜年二十以孝闻,年三十尧举之,年五十摄行天子事,年五十八尧崩,年六十一代尧践帝位。①践帝位三十九年,南巡狩,崩于苍梧之野。葬于江南九疑,是为零陵。②舜之践帝位,载天子旗,往朝父瞽叟,夔夔唯谨,③如子道。封弟象为诸侯。④舜子商均亦不肖,⑤舜乃豫荐禹于天。⑥十七年而崩。三年丧毕,禹亦乃让舜子,⑦如舜让尧子。诸侯归之,然后禹践天子位。尧子丹朱,舜子商均,皆有疆土,⑧以奉先祀。服其服,礼乐如之。以客见天子,⑨天子弗臣,示不敢专也。

①【集解】皇甫谧曰:"舜所都,或言蒲阪,或言平阳,或言潘。潘,今上谷也。"　　【正义】《括地志》云:"平阳,今晋州城是也。潘,今妫州城是也。蒲阪,今蒲州南二里河东县界蒲阪故城是也。"

②【集解】《皇览》曰:"舜冢在零陵营浦县。其山九溪皆相似,故曰九疑。传曰'舜葬苍梧,象为之耕'。《礼记》曰'舜葬苍梧,二妃不从'。《山海经》曰'苍梧山,帝舜葬于阳,丹朱葬于阴'。"皇甫谧曰:"或曰二妃葬衡山。"

③【集解】徐广曰:"和敬貌。"

④【集解】《孟子》曰:"封之有庳。"音鼻。　　【正义】《帝王纪》云:"舜弟象封于有鼻。"《括地志》云:"鼻亭神在营道县北六十里。故老传云,舜葬九疑,象来至此,后人立祠,名为鼻亭神。《舆地志》云零陵郡应阳县东有山,山有象庙。王隐《晋书》云本泉陵县,北部东五里有鼻墟,象所封也。"

⑤【集解】皇甫谧曰:"娥皇无子,女英生商均。"　　【正义】谯周云:"以虞封舜子,今宋州虞城县。"《括地志》云:"虞国,舜后所封邑也。或云封舜子均于

商，故号商均也。"

⑥【索隐】谓告天使之摄位也。

⑦【正义】《括地志》云："禹居洛州阳城者，避商均，非时久居也。"

⑧【集解】谯周曰："以唐封尧之子，以虞封舜之子。"　【索隐】《汉书·律历志》
　　云封尧子朱于丹渊为诸侯。商均封虞，在梁国，今虞城县也。　【正义】《括
　　地志》云："定州唐县，尧后所封。宋州虞城县，舜后所封也。"

⑨【正义】为天子之宾客也。

　　自黄帝至舜、禹，皆同姓而异其国号，以章明德。①故黄帝为有熊，
帝颛顼为高阳，帝喾为高辛，帝尧为陶唐，②帝舜为有虞。③帝禹为夏后
而别氏，姓姒氏。契为商，姓子氏。④弃为周，姓姬氏。⑤

①【集解】徐广曰："《外传》曰'黄帝二十五子，其得姓者十四人'。虞翻云'以
　　德为氏姓'。又虞说以凡有二十五人，其二人同姓姬，又十一人为十一姓，
　　酉、祁、己、滕、葴、任、荀、釐、姞、儇、衣是也，馀十二姓德薄不纪录。"【正
　　义】釐音力其反。姞音其吉反。儇音在宣反。

②【集解】韦昭曰："陶唐皆国名，犹汤称殷商矣。"张晏曰："尧为唐侯，国于中
　　山，唐县是也。"

③【集解】皇甫谧曰："舜嫔于虞，因以为氏，今河东大阳西山上虞城是也。"

④【索隐】《礼纬》曰："禹母脩己吞薏苡而生禹，因姓姒氏。"而契姓子氏者，亦
　　以其母吞乙子而生。

⑤【集解】郑玄《驳许慎五经异义》曰："《春秋左传》'无骇卒，羽父请谥与族。
　　公问族于众仲，众仲对曰：天子建德，因生以赐姓，胙之土而命之氏。诸侯
　　以字为氏，因以为族。官有世功，则有官族，邑亦如之。'公命以字为展氏'。
　　以此言之，天子赐姓命氏，诸侯命族。族者，氏之别名也。姓者，所以统系
　　百世，使不别也。氏者，所以别子孙之所出。故《世本》之篇，言姓则在上，
　　言氏则在下也。"

　　太史公曰：①学者多称五帝，尚矣。②然《尚书》独载尧以来；而百家
言黄帝，其文不雅驯，③荐绅先生难言之。④孔子所传宰予问《五帝德》及
《帝系姓》，⑤儒者或不传。⑥余尝西至空桐，⑦北过涿鹿，⑧东渐于海，南

浮江淮矣,至长老皆各往往称黄帝、尧、舜之处,风教固殊焉,总之不离古文者近是。⑨予观《春秋》、《国语》,其发明《五帝德》、《帝系姓》章矣,⑩顾弟弗深考,⑪其所表见皆不虚。⑫《书》缺有间矣,⑬其轶乃时时见于他说。⑭非好学深思,心知其意,固难为浅见寡闻道也。余并论次,择其言尤雅者,故著为本纪书首。⑮

①【正义】太史公,司马迁自谓也。《自叙传》云"太史公曰先人有言",又云"太史公曰余闻之董生",又云"太史公遭李陵之祸"。明太史公,司马迁自号也。迁为太史公官,题赞首也。虞喜云:"古者主天官者皆上公,非独迁。"

②【索隐】尚,上也,言久远也。然"尚矣"文出《大戴礼》。

③【正义】驯,训也。谓百家之言皆非典雅之训。

④【集解】徐广曰:"荐绅即缙绅也,古字假借。"

⑤【正义】系音奚计反。

⑥【索隐】《五帝德》、《帝系姓》皆《大戴礼》及《孔子家语》篇名。以二者皆非正经,故汉时儒者以为非圣人之言,故多不传学也。

⑦【正义】余,太史公自称也。尝,曾也。空桐山在原州平高县西百里,黄帝问道于广成子处。

⑧【正义】涿鹿山在妫州东南五十里,山侧有涿鹿城,即黄帝、尧、舜之都也。

⑨【索隐】古文即《帝德》、《帝系》二书也。近是圣人之说。

⑩【索隐】太史公言己以《春秋》、《国语》古书博加考验,益以发明《五帝德》等说甚章著也。

⑪【集解】徐广曰:"弟,但也。《史记》、《汉书》见此者非一。又左思《蜀都赋》曰'弟如滇池',而不详者多以为字误。学者安可不博观乎?"【正义】顾,念也。弟,且也。太史公言博考古文,择其言表见之不虚,甚章著矣,思念亦且不须更深考论。

⑫【索隐】言《帝德》、《帝系》所有表见者皆不为虚妄也。

⑬【正义】言《古文尚书》缺失其间多矣,而无说黄帝之语。

⑭【索隐】言古典残缺有年载,故曰"有间"。然帝皇遗事散轶,乃时时旁见于他记说,即《帝德》、《帝系》等说也。故己今采案而备论黄帝已来事耳。

⑮【正义】太史公据古文并诸子百家论次,择其言语典雅者,故著为《五帝本纪》,在《史记》百三十篇书之首。

【索隐述赞】帝出少典,居于轩丘。既代炎历,遂禽蚩尤。高阳嗣位,静深有谋。小大远近,莫不怀柔。爰洎帝喾,列圣同休。帝挚之弟,其号放勳。就之如日,望之如云。郁夷东作,昧谷西曛。明敭仄陋,玄德升闻。能让天下,贤哉二君!

史记卷二

夏本纪第二

夏禹,①名曰文命。②禹之父曰鲧,鲧之父曰帝颛顼,③颛顼之父曰昌意,昌意之父曰黄帝。禹者,黄帝之玄孙而帝颛顼之孙也。禹之曾大父昌意及父鲧皆不得在帝位,为人臣。

①【集解】《谥法》曰:"受禅成功曰禹。"　【正义】夏者,帝禹封国号也。《帝王纪》云:"禹受封为夏伯,在豫州外方之南,今河南阳翟是也。"

②【索隐】《尚书》云"文命敷于四海",孔安国云"外布文德教命",不云是禹名。太史公皆以放勋、重华、文命为尧、舜、禹之名,未必为得。孔又云"虞氏,舜名",则尧、舜、禹、汤皆名矣。盖古者帝王之号皆以名,后代因其行,追而为谥。其实禹是名。故张晏云"少昊已前,天下之号象其德;颛顼已来,天下之号因其名"。又按:《系本》"鲧取有辛氏女,谓之女志,是生高密"。宋衷云"高密,禹所封国"。　【正义】《帝王纪》云:"父鲧妻脩己,见流星贯昴,梦接意感,又吞神珠薏苡,胸坼而生禹。名文命,字密,身九尺二寸长,本西夷人也。《大戴礼》云'高阳之孙,鲧之子,曰文命'。扬雄《蜀王本纪》云'禹本汶山郡广柔县人也,生于石纽'。"《括地志》云:"茂州汶川县石纽山在县西七十三里。《华阳国志》云'今夷人共营其地,方百里不敢居牧,至今犹不敢放六畜'。"按:广柔,隋改曰汶川。

③【索隐】皇甫谧云:"鲧,帝颛顼之子,字熙。"又《连山易》云"鲧封于崇",故《国语》谓之"崇伯鲧"。《系本》亦以鲧为颛顼子。《汉书·律历志》则云"颛顼五代而生鲧"。按:鲧既仕尧,与舜代系殊悬,舜即颛顼六代孙,则鲧非是颛顼之子。盖班氏之言近得其实。

当帝尧之时,鸿水①滔天,浩浩怀山襄陵,下民其忧。尧求能治水者,群臣四岳皆曰鲧可。尧曰:"鲧为人负命毁族,不可。"四岳曰:"等之未有贤于鲧者,愿帝试之。"于是尧听四岳,用鲧治水。九年而水不息,功用不成。于是帝尧乃求人,更得舜。舜登用,摄行天子之政,巡狩。行视鲧之治水无状,②乃殛鲧于羽山以死。③天下皆以舜之诛为是。于是舜举鲧子禹,而使续鲧之业。

①【索隐】一作"洪"。鸿,大也。以鸟大曰鸿,小曰雁,故近代文字大义者皆作"鸿"也。

②【索隐】言无功状。

③【正义】殛音纪力反。鲧之羽山,化为黄熊,入于羽渊。熊音乃来反,下三点为三足也。束晳《发蒙纪》云:"鳖三足曰熊。"

尧崩,帝舜问四岳曰:"有能成美尧之事者使居官?"皆曰:"伯禹为司空,可成美尧之功。"舜曰:"嗟,然!"命禹:"女平水土,维是勉之。"禹拜稽首,让于契、后稷、皋陶。舜曰:"女其往视尔事矣。"

禹为人敏给克勤;其德不违,其仁可亲,其言可信;声为律,①身为度,②称以出;③亹亹穆穆,为纲为纪。

①【索隐】言禹声音应钟律。

②【集解】王肃曰:"以身为法度。"　【索隐】按:今巫犹称"禹步"。

③【集解】徐广曰:"一作'士'。"　【索隐】按:《大戴礼》见作"士"。又一解云,上文声与身为律度,则权衡亦出于其身,故云"称以出"也。

禹乃遂与益、后稷奉帝命,命诸侯百姓兴人徒以傅土,行山表木,①定高山大川。②禹伤先人父鲧功之不成受诛,乃劳身焦思,居外十三年,过家门不敢入。薄衣食,致孝于鬼神。③卑宫室,致费于沟淢。④陆行乘车,水行乘船,泥行乘橇,⑤山行乘檋。⑥左准绳,右规矩,⑦载四时,⑧以开九州,通九道,陂九泽,度九山。令益予众庶稻,可种卑湿。命后稷予众庶难得之食。食少,调有余相给,以均诸侯。禹乃行相地宜所有以贡,及山川之便利。

①【集解】《尚书》"傅"字作"敷"。马融曰:"敷,分也。"　【索隐】《尚书》作"敷随土山刊木"。今案:《大戴礼》作"傅土",故此纪依之。傅即付也,谓付功属役之事。若《尚书》作"敷",敷,分也,谓令人分布理九州之土地也。表

木,谓刊木立为表记,与孔注《书》意异。

②【集解】马融曰:"定其差秩祀礼所视也。"骃案:《尚书大传》曰"高山大川,五岳、四渎之属"。

③【集解】马融曰:"祭祀丰絜。"

④【集解】包氏曰:"方里为井,井间有沟,沟广深四尺。十里为成,成间有减,减广深八尺。"

⑤【集解】徐广曰:"他书或作'橇'。"骃案:孟康曰"橇形如箕,擿行泥上"。如淳曰"橇音'茅蕝'之'蕝'。谓以板置(其)泥上以通行路也"。【正义】按:橇形如船而短小,两头微起,人曲一脚,泥上擿进,用拾泥上之物。今杭州、温州海边有之也。

⑥【集解】徐广曰:"樏,一作'桥',音丘遥反。"骃案:如淳曰"樏车,谓以铁如锥头,长半寸,施之履下,以上山不蹉跌也"。又音纪录反。【正义】按:上山,前齿短,后齿长;下山,前齿长,后齿短也。樏音与是同也。

⑦【集解】王肃曰:"左右言常用也。"【索隐】左所运用堪为人之准绳,右所举动必应规矩也。

⑧【集解】王肃曰:"所以行不违四时之宜也。"

禹行自冀州始。冀州:既载①壶口,治梁及岐。②既修太原,至于岳阳。③覃怀致功,④至于衡漳。⑤其土白壤。⑥赋上上错,⑦田中中。⑧常、卫既从,大陆既为。⑨鸟夷皮服。⑩夹右碣石,⑪入于海。⑫

①【集解】孔安国曰:"尧所都也。先施贡赋役载于书也。"郑玄曰:"两河间曰冀州。"【正义】按:理水及贡赋从帝都为始也。黄河自胜州东,直南至华阴,即东至怀州南,又东北至平州碣石山入海也。东河之西,西河之东,南河之北,皆冀州也。

②【集解】郑玄曰:"《地理志》壶口山在河东北屈县之东南,梁山在左冯翊夏阳,岐山在右扶风美阳。"【索隐】郑玄曰:"《地理志》壶口山在河东北屈县之东南,梁山在左冯翊夏阳,岐山在右扶风美阳。"【正义】《括地志》云:"壶口山在慈州吉昌县西南五十里冀州境也。梁山在同州韩城县东南十九里,岐山在岐州岐山县东北十里,二山雍州境也。"孔安国曰:"从东循山理水而西也。"

③【集解】孔安国曰:"太原今为郡名。太岳在太原西南。山南曰阳。"【索

隐】岳,太岳,即冀州之镇霍太山也。按:《地理志》霍太山在河东彘县东。凡如此例,不引书者,皆《地理志》文也。　【正义】《括地志》云:"霍太山在沁州沁原县西七八十里。"

④【集解】孔安国曰:"覃怀,近河地名。"郑玄曰:"怀县属河内。"　【索隐】按:河内有怀县,今验地无名"覃"者,盖"覃怀"二字或当时共为一地之名。

⑤【集解】孔安国曰:"漳水横流。"　【索隐】案:孔注以衡为横,非。王肃云"衡,漳,二水名"。《地理志》清漳水出上党沾县东东北,至阜城县入河。浊漳水出上党长子县东,至邺入清漳也。　【正义】《括地志》云:"故怀城在怀州武陟县西十一里。衡漳水在瀛州东北百二十五里平舒县界也。"

⑥【集解】孔安国曰:"土无块曰壤。"

⑦【集解】孔安国曰:"上上,第一。错,杂也,杂出第二之赋。"

⑧【集解】孔安国曰:"九州之中为第五。"

⑨【集解】郑玄曰:"《地理志》恒水出恒山,卫水在灵寿,大陆泽在钜鹿。"　【索隐】此文改恒山、恒水皆作"常",避汉文帝讳故也。常水出常山上曲阳县,东入滱水。卫水出常山灵寿县,东入虖池。郭璞云"大陆,今钜鹿北广河泽是已"。为亦作也。

⑩【集解】郑玄曰:"鸟夷,东(北)〔方〕之民(赋)〔搏〕食鸟兽者。"孔安国曰:"服其皮,明水害除。"　【正义】《括地志》云:"靺鞨国,古肃慎也,在京东北万里已下,东及北各抵大海。其国南有白山,鸟兽草木皆白。其人处山林间,土气极寒,常为穴居,以深为贵,至接九梯。养豕,食肉,衣其皮,冬以猪膏涂身,厚数分,以御风寒。贵臭秽不絜,作厕于中,圜之而居。多勇力,善射。弓长四尺,如弩,矢用楛,长一尺八寸,青石为镞。葬则交木作椁,杀猪积椁上,富者至数百,贫者数十,以为死人之粮。以土上覆之,以绳系于椁,头出土上,以酒灌酹,绳腐而止,无四时祭祀也。"

⑪【集解】孔安国曰:"碣石,海畔之山也。"

⑫【集解】徐广曰:"海,一作'河'。"　【索隐】《地理志》云"碣石山在北平骊城县西南"。《太康地理志》云"乐浪遂城县有碣石山,长城所起"。又《水经》云"在辽西临渝县南水中"。盖碣石山有二,此云"夹右碣石入于海",当是北平之碣石。

济、河维沇州:①九河既道,②雷夏既泽,雍、沮会同,③桑土既蚕,于是民得下丘居土。④其土黑坟,⑤草繇木条。⑥田中下,⑦赋贞,作十有三年乃同。⑧其贡漆丝,其篚织文。⑨浮于济、漯,通于河。⑩

①【集解】郑玄曰:"言沇州之界在此两水之间。"

②【集解】马融曰:"九河名徒骇、太史、马颊、覆釜、胡苏、简、絜、钩盘、鬲津。"

③【集解】郑玄曰:"雍水沮水相触而合入此泽中。《地理志》曰雷泽在济阴城阳县西北。"　【索隐】《尔雅》云"水自河出为雍"也。　【正义】《括地志》云:"雷夏泽在濮州雷泽县郭外西北。雍、沮二水在雷泽西北平地也。"

④【集解】孔安国曰:"大水去,民下丘居平土,就桑蚕。"

⑤【集解】孔安国曰:"色黑而坟起。"

⑥【集解】孔安国曰:"繇,茂;条,长也。"

⑦【集解】孔安国曰:"第六。"

⑧【集解】郑玄曰:"贞,正也。治此州正作不休,十三年乃有赋,与八州同,言功难也。其赋下下。"

⑨【集解】孔安国曰:"地宜漆林,又宜桑蚕。织文,锦绮之属,盛之筐篚而贡焉。"

⑩【集解】郑玄曰:"《地理志》云漯水出东郡东武阳。"　【索隐】济水出河东垣县王屋山东,其流至济阴,故应劭云"济水出平原漯阴县东,漯水出东郡东武阳县北,至千乘县而入于海"。

海岱维青州:①堣夷既略,②潍、淄其道。③其土白坟,海滨广潟,④厥田斥卤。⑤田上下,赋中上。⑥厥贡盐绤,海物维错,⑦岱畎丝、枲、铅、松、怪石,⑧莱夷为牧,⑨其篚酓丝。⑩浮于汶,通于济。⑪

①【集解】郑玄曰:"东自海,西至岱。东岳曰岱山。"　【正义】按:舜分青州为营州、辽西及辽东。

②【集解】马融曰:"堣夷,地名。用功少曰略。"　【索隐】孔安国云:"东表之地称堣夷。"按:《今文尚书》及《帝命验》并作"禺铁",在辽西。铁,古"夷"字也。

③【集解】郑玄曰:"《地理志》潍水出琅邪,淄水出泰山莱芜县原山。"　【索隐】潍水出琅邪箕县,北至都昌县入海。淄水出泰山莱芜县原山北,东至博昌县入济也。　【正义】《括地志》云:"密州莒县潍山,潍水所出。淄州淄川县东北七十里原山,淄水所出。俗传云,禹理水功毕,土石黑,数里之中波若

漆,故谓之淄水也。”

④【集解】徐广曰:“一作‘泽’,又作‘斥’。”

⑤【集解】郑玄曰:“斥谓地咸卤。” 【索隐】卤音鲁。《说文》云:“卤,咸地。东方谓之斥,西方谓之卤。”

⑥【集解】孔安国曰:“田第三,赋第四。”

⑦【集解】孔安国曰:“缔,细葛。错,杂,非一种。”郑玄曰:“海物,海鱼也。鱼种类尤杂。”

⑧【集解】孔安国曰:“畎,谷也。怪异好石似玉者。岱山之谷出此五物,皆贡之。”

⑨【集解】孔安国曰:“莱夷,地名,可以牧放。” 【索隐】按:《左传》云莱人劫孔子,孔子称“夷不乱华”,又云“齐侯伐莱”,服虔以为东莱黄县是。今按:《地理志》黄县有莱山,恐即此地之夷。

⑩【集解】孔安国曰:“畲桑蚕丝中琴瑟弦。” 【索隐】《尔雅》云“檿,山桑”,是蚕食檿之丝也。

⑪【集解】郑玄曰:“《地理志》汶水出泰山莱芜县原山,西南入济。”

海岱及淮维徐州:①淮、沂其治,蒙、羽其蓺。②大野既都,③东原底平。④其土赤埴坟,⑤草木渐包。⑥其田上中,赋中中。⑦贡维土五色,⑧羽畎夏狄,⑨峄阳孤桐,⑩泗滨浮磬,⑪淮夷蠙珠臮鱼,⑫其筐玄纤缟。⑬浮于淮、泗,⑭通于河。

①【集解】孔安国曰:“东至海,北至岱,南及淮。”

②【集解】郑玄曰:“《地理志》沂水出泰山盖县。蒙,羽,二山名。”孔安国曰:“二水已治,二山可以种蓺。” 【索隐】《水经》云淮水出南阳平氏县胎簪山,东北过桐柏山。沂水出泰山盖县艾山,南过下邳县入泗。蒙山在泰山蒙阴县西南。羽山在东海祝其县南,殛鲧之地。

③【集解】郑玄曰:“大野在山阳钜野北,名钜野泽。”孔安国曰:“水所停曰都。”

④【集解】郑玄曰:“东原,地名。今东平郡即东原。” 【索隐】张华《博物志》云:“兖州东平郡即《尚书》之东原也。”【正义】广平曰原。徐州在东,故曰东原。水去已致平复,言可耕种也。

⑤【集解】徐广曰:“埴,黏土也。”

⑥【集解】孔安国曰:“渐,长进;包,丛生也。”

⑦【集解】孔安国曰:"田第二,赋第五。"

⑧【集解】郑玄曰:"土五色者,所以为大社之封。"　【正义】《韩诗外传》云:"天子社广五丈,东方青,南方赤,西方白,北方黑,上冒以黄土。将封诸侯,各取方土,苴以白茅,以为社也。"《太康地记》云:"城阳姑幕有五色土,封诸侯,锡之茅土,用为社。此土即《禹贡》徐州土也。今属密州莒县也。"

⑨【集解】孔安国曰:"夏狄,狄,雉名也。羽中旌旄,羽山之谷有之。"

⑩【集解】孔安国曰:"峄山之阳特生桐,中琴瑟。"郑玄曰:"《地理志》峄山在下邳。"　【正义】《括地志》云:"峄山在兖州邹县南二十二里。《邹山记》云'邹山,古之峄山,言络绎相连属也。今犹多桐树'。"按:今犹生桐,尚徽,一偏似琴瑟。

⑪【集解】孔安国曰:"泗水涯水中见石,可以为磬。"郑玄曰:"泗水出济阴乘氏也。"　【正义】《括地志》云:"泗水至彭城吕梁,出石磬。"

⑫【集解】孔安国曰:"淮、夷二水,出蠙珠及美鱼。"郑玄曰:"淮夷,淮水之上夷民也。"　【索隐】按:《尚书》云"徂兹淮夷,徐戎并兴",今徐州言淮夷,则郑解为得。蠙,一作"玭",并步玄反。暨,古"暨"字。暨,与也。言夷人所居淮水之处,有此玭珠与鱼也。又作"滨"。滨,畔也。

⑬【集解】郑玄曰:"纤,细也。祭服之材尚细。"　【正义】玄,黑。纤,细。缟,白缯。以细缯染为黑色。

⑭【正义】《括地志》云:"泗水源在兖州泗水县东陪尾山。其源有四道,因以为名。"

淮海维扬州:①彭蠡既都,阳鸟所居。②三江既入,③震泽致定。④竹箭既布。⑤其草惟夭,其木惟乔,⑥其土涂泥。⑦田下下,赋下上上杂。⑧贡金三品,⑨瑶、琨、竹箭,⑩齿、革、羽、旄,⑪岛夷卉服,⑫其篚织贝,⑬其包橘、柚锡贡。⑭均江海,通淮、泗。⑮

①【集解】孔安国曰:"北据淮,南距海。"

②【集解】郑玄曰:"《地理志》彭蠡泽在豫章彭泽西。"孔安国曰:"随阳之鸟,鸿雁之属,冬月居此泽也。"　【索隐】都,《古文尚书》作"猪"。孔安国云"水所停曰猪",郑玄云"南方谓都为猪",则是水聚会之义。　【正义】蠡音礼。《括地志》云:"彭蠡湖在江州浔阳县东南五十二里。"

③【索隐】韦昭云:"三江谓松江、钱唐江、浦阳江。"今按:《地理志》有南江、中

江、北江,是为三江。其南江从会稽吴县南,东入海。中江从丹阳芜湖县西南,东至会稽阳羡县入海。北江从会稽毗陵县北,东入海。故下文"东为中江",又"东为北江",孔安国云"有北有中,南可知也"。

④【集解】孔安国曰:"震泽,吴南太湖名。言三江已入,致定为震泽"。 【索隐】震,一作"振"。《地理志》会稽吴县"故周泰伯所封国,具区在其西,古文以为震泽"。又《左传》称"笠泽",亦谓此也。 【正义】泽在苏州西南四十五里。三江者,在苏州东南三十里,名三江口。一江西南上七十里至太湖,名曰松江,古笠泽江;一江东南上七十里至白蚬湖,名曰上江,亦曰东江;一江东北下三百馀里入海,名曰下江,亦曰娄江:于其分处号曰三江口。顾夷《吴地记》云"松江东北行七十里,得三江口。东北入海为娄江,东南入海为东江,并松江为三江"是也。言理三江入海,非入震泽也。按:太湖西南湖州诸溪从天目山下,西北宣州诸山有溪,并下太湖。太湖东北流,各至三江口入海。其湖无通彭蠡湖及太湖处,并阻山陆。诸儒及《地志》等解"三江既入"皆非也。《周礼·职方氏》云"扬州薮曰具区,川曰三江"。按:五湖、三江者,韦昭注非也。其源俱不通太湖,引解"三江既入",失之远矣。五湖者,菱湖、游湖、莫湖、贡湖、胥湖,皆太湖东岸,五湾为五湖,盖古时应别,今并相连。菱湖在莫釐山东,周回三十馀里,西口阔二里,其口南则莫釐山,北则徐侯山,西与莫湖连。莫湖在莫釐山西及北,北与胥湖连;胥湖在胥山西,南与莫湖连:各周回五六十里,西连太湖。游湖在北二十里,在长山东,湖西口阔二里,其口东南岸树里山,西北岸长山,湖周回五六十里。贡湖在长山西,其口阔四五里,口东南长山,山南即山阳村,西北连常州无锡县老岸,湖周回一百九十里已上,湖身向东北,长七十馀里。两湖西亦连太湖。《河渠书》云"于吴则通渠三江、五湖"。《货殖传》云"夫吴有三江、五湖之利"。又《太史公自叙传》云"登姑苏,望五湖"是也。

⑤【集解】孔安国曰:"水去布生。"

⑥【集解】少长曰夭。乔,高也。

⑦【集解】马融曰:"渐,浸也。"

⑧【集解】孔安国曰:"田第九,赋第七,杂出第六。"

⑨【集解】孔安国曰:"金、银、铜。"郑玄曰:"铜三色也。"

⑩【集解】孔安国曰:"瑶,琨,皆美玉也。"

⑪【集解】孔安国曰:"象齿、犀皮、鸟羽、旄牛尾也。" 【正义】《周礼·考工记》

云:"犀甲七属,兕甲六属。"郭云:"犀似水牛,猪头,大腹,庳脚,椭角,好食棘也。亦有一角者。"按:西南夷常贡旄牛尾,为旌旗之饰,《书》《诗》通谓之旄。故《尚书》云"右秉白旄",《诗》云"建旐设旄",皆此牛也。

⑫【集解】孔安国曰:"南海岛夷草服葛越。" 【正义】《括地志》云:"百济国西南渤海中有大岛十五所,皆邑落有人居,属百济。"又倭国,武皇后改曰日本国,在百济南,隔海依岛而居,凡百馀小国。此皆扬州之东岛夷也。按:东南之夷草服葛越,焦竹之属,越即芒祁也。

⑬【集解】孔安国曰:"织,细缯也。贝,水物也。"郑玄曰:"贝,锦名也。《诗》云'成是贝锦'。凡织者,先染其丝,织之即成〔文〕矣。"

⑭【集解】孔安国曰:"小曰橘,大曰柚。锡命乃贡,言不常也。"郑玄曰:"有锡则贡之,或时乏则不贡。锡,所以柔金也。"

⑮【集解】郑玄曰:"均,读曰沿。沿,顺水行也。"

荆及衡阳维荆州:①江、汉朝宗于海。②九江甚中,③沱、涔已道,④云土、梦为治。⑤其土涂泥。田下中,赋上下。⑥贡羽、旄、齿、革,金三品,杶、榦、栝、柏,⑦砺、砥、砮、丹,⑧维箘簬、楛,⑨三国致贡其名,⑩包匦菁茅,⑪其篚玄纁玑组,⑫九江入赐大龟。⑬浮于江、沱、涔、(于)汉,逾于雒,至于南河。

①【集解】孔安国曰:"北据荆山,南及衡山之阳。"

②【集解】孔安国曰:"二水经此州而入海,有似于朝,百川以海为宗。宗,尊也。" 【正义】《括地志》云:"江水源出岷州南岷山,南流至益州,即东南流入蜀,至泸州,东流经三硖,过荆州,与汉水合。《孙卿子》云'江水其源可以滥觞'也。"又云:"汉水源出梁州金牛县东二十八里嶓冢山。"

③【集解】孔安国曰:"江于此州界,分为九道,甚得地势之中。"郑玄曰:"《地理志》九江在寻阳南,皆东合为大江。" 【索隐】按:《寻阳记》九江者,乌江、蚌江、乌白江、嘉靡江、沙江、畎江、廪江、堤江、菌江。又张须《九江图》所载有三里、五畎、乌土、白蚌。九江之名不同。

④【集解】孔安国曰:"沱,江别名。涔,水名。"郑玄曰:"水出江为沱,汉为涔。" 【索隐】涔,亦作"潜"。沱出蜀郡郫县西,东入江。潜出汉中安阳县(直)西〔南〕,北入汉。故《尔雅》云"水自江出为沱,汉出为潜"。 【正义】《括地志》云:"繁江水受郫江。《禹贡》曰'岷山导江,东别为沱',源出益州新繁

县。潜水一名复水,今名龙门水,源出利州绵谷县东龙门山大石穴下也。"

⑤【集解】孔安国曰:"云梦之泽在江南,其中有平土丘,水去可为耕作畎亩之治。"　【索隐】梦,一作"蓄",邹诞生又音蒙。按:云土、梦本二泽名,盖人以二泽相近,或合称云梦耳。知者,据《左传》云楚子济江入于云中,又楚子、郑伯田于江南之梦,则是二泽各别也。韦昭曰:"云土今为县,属江夏南郡华容。"今按:《地理志》云江夏有云杜县,是其地。

⑥【集解】孔安国曰:"田第八,赋第三。"

⑦【集解】郑玄曰:"四木名。"孔安国曰:"榦,柘也。柏叶松身曰栝。"

⑧【集解】孔安国曰:"砥细于砺,皆磨石也。砮,石中矢镞。丹,朱类也。"

⑨【集解】徐广曰:"一作'箭足杆'。杆即栝也,音怗。箭足者,矢镞也。或以箭足训释菌簵乎?"骃案:郑玄曰"菌簵,聆风也"。

⑩【集解】马融曰:"言菌簵、楛三国所致贡,其名善也。"

⑪【集解】郑玄曰:"苞,缠结也。菁茅,茅有毛刺者,给宗庙缩酒。重之,故包裹又缠结也。"　【正义】《括地志》云:"辰州卢溪县西南三百五十里有包茅山。《武阳记》云'山际出包茅,有刺而三脊,因名包茅山'。"

⑫【集解】孔安国曰:"此州染玄纁色善,故贡之。玑,珠类,生于水中。组,绶类也。"

⑬【集解】孔安国曰:"尺二寸曰大龟,出于九江水中。龟不常用,赐命而纳之。"

荆河惟豫州:①伊、雒、瀍、涧既入于河,②荥播既都,③道荷泽,被明都。④其土壤,下土坟垆。⑤田中上,赋杂上中。⑥贡漆、丝、絺、纻,其篚纤絮,⑦锡贡磬错。⑧浮于雒,达于河。

①【集解】孔安国曰:"西南至荆山,北距河水。"　【正义】《括地志》云:"荆山在襄州荆山县西八十里。《韩子》云'卞和得玉璞于楚之荆山',即此也。"河,洛州北河也。

②【集解】孔安国曰:"伊出陆浑山,洛出上洛山,涧出渑池山,瀍出河南北山,四水合流而入河。"　【索隐】伊水出弘农卢氏县东,洛水出弘农上洛县冢领山,瀍水出河南穀城县潜亭北,涧水出弘农新安县东,皆入于河。　【正义】《括地志》云:"伊水出虢州卢氏县东峦山,东北流入洛。洛水出商州洛南县冢领山,东流经洛州郭内,又东合伊水。瀍水出洛州新安县东,南流至洛州

郭内,南入洛。涧水源出洛州新安县东白石山,东北与穀水合流,经洛州郭内,东流入洛也。"

③【集解】孔安国曰:"荥,泽名。波水已成遏都。" 【索隐】《古文尚书》作"荥波",此及今文并云"荥播"。播是水播溢之义,荥是泽名。故《左传》云狄及卫战于荥泽。郑玄云:"今塞为平地,荥阳人犹谓其处为荥播。"

④【集解】孔安国曰:"荷泽在胡陵。明都,泽名,在河东北,水流洗覆被之。" 【索隐】荷泽在济阴定陶县东。明都音孟猪。孟猪泽在梁国睢阳县东北。《尔雅》、《左传》谓之"孟诸",今文亦为然,唯《周礼》称"望诸",皆此地之一名。 【正义】《括地志》云:"荷泽在曹州济阴县东北九十里定陶城东,今名龙池,亦名九卿陂。"

⑤【集解】孔安国曰:"垆,疏也。"马融曰:"豫州地有三等,下者坟垆也。"

⑥【集解】孔安国曰:"田第四,赋第二,又杂出第一。"

⑦【集解】孔安国曰:"细绵也。"

⑧【集解】孔安国曰:"治玉石曰错,治磬错也。"

华阳黑水惟梁州:①汶、嶓既蓺,②沱、涔既道,③蔡、蒙旅平,④和夷厎绩。⑤其土青骊。⑥田下上,赋下中三错。⑦贡璆、铁、银、镂、砮、磬,⑧熊、罴、狐、狸、织皮。⑨西倾因桓是来,⑩浮于潜,逾于沔,⑪入于渭,乱于河。⑫

①【集解】孔安国曰:"东据华山之南,西距黑水。" 【正义】《括地志》云:"黑水源出梁州城固县西北太山。"

②【集解】郑玄曰:"《地理志》岷山在蜀郡湔氏道,嶓冢山在汉阳西。" 【索隐】汶,一作"嶓",又作"岐"。岐山,《封禅书》一云渎山,在蜀都湔氏道西徼,江水所出。嶓冢山在陇西西县,汉水所出也。 【正义】《括地志》云:"岷山在岷州溢乐县南一里,连绵至蜀二千里,皆名岷山。嶓冢山在梁州金牛县东二十八里。"湔音子践反。氏音丁奚反。

③【集解】孔安国曰:"沱、潜发源此州,入荆州。"

④【集解】孔安国曰:"蔡、蒙,二山名。祭山曰旅。平言治功毕也。"郑玄曰:"《地理志》蔡、蒙在汉嘉县。" 【索隐】此非徐州之蒙,在蜀郡青衣县。青衣后改为汉嘉。蔡山不知所在也。蒙,县名。 【正义】《括地志》云:"蒙山在雅州严道县南十里。"

⑤【集解】马融曰："和夷,地名也。"

⑥【集解】孔安国曰："色青黑也。"

⑦【集解】孔安国曰："田第七,赋第八,杂出第七第九三等。"

⑧【集解】孔安国曰："璆,玉名。"郑玄曰："黄金之美者谓之镠。镂,刚铁,可以刻镂也。"

⑨【集解】孔安国曰："贡四兽之皮也。织皮,今罽也。"

⑩【集解】马融曰："治西倾山因桓水是来,言无馀道也。"郑玄曰："《地理志》西倾山在陇西临洮。"【索隐】西倾在陇西临洮县西南。桓水出蜀郡岷山西南,行羌中入南海也。　【正义】《括地志》云："西倾山今嵹台山,在洮州临潭县西南三百三十六里。"

⑪【集解】孔安国曰："汉上水为沔。"郑玄曰："或谓汉为沔。"

⑫【集解】孔安国曰："正绝流曰乱。"

黑水西河惟雍州:①弱水既西,②泾属渭汭。③漆、沮既从,④沣⑤水所同。⑥荆、岐已旅,⑦终南、敦物至于鸟鼠。⑧原隰底绩,至于都野。⑨三危既度,⑩三苗大序。⑪其土黄壤。田上上,赋中下。⑫贡璆、琳、琅玕。⑬浮于积石,至于龙门西河,⑭会于渭汭。⑮织皮昆仑、析支、渠搜,西戎即序。⑯

①【集解】孔安国曰："西距黑水,东据河。龙门之河在冀州西。"　【索隐】《地理志》益州滇池有黑水祠。郑玄引《地说》云"三危山,黑水出其南"。《山海经》"黑水出昆仑墟西北隅"也。

②【集解】孔安国曰："导之西流,至于合黎。"郑玄曰："众水皆东,此独西流也。"　【索隐】按:《水经》云"弱水出张掖删丹县西北,至酒泉会水县入合黎山腹"。《山海经》云"弱水出昆仑墟西南隅"也。

③【集解】孔安国曰："属,逮也。水北曰汭。言治泾水入于渭也。"郑玄曰："《地理志》泾水出安定泾阳。"　【索隐】渭水出首阳县鸟鼠同穴山。《说文》云:"水相入曰汭。"　【正义】《括地志》云:"泾水源出原州百泉县西南笄头山泾谷。渭水源出渭州渭原县西七十六里鸟鼠山,今名青雀山。渭有三源,并出鸟鼠山,东流入河。"按:言理泾水及至渭水,又理漆、沮亦从渭流,复理沣水,亦同入渭者也。

④【正义】《括地志》云:"漆水源出岐州普润县东南岐(漆)山漆溪,东入渭。沮

水一名石川水,源出雍州富平县,东入栎阳县南。汉高帝于栎阳置万年县。
《十三州(地理)志》云'万年县南有泾、渭,北有小河,即沮水也'。《诗》云古
公去邠度漆、沮,即此二水。"

⑤【集解】音丰。

⑥【集解】孔安国曰:"漆、沮之水已从入渭。沣水所同,同于渭水。"　【索隐】
漆、沮二水,漆水出右扶风漆县西,沮水《地理志》无文,而《水经》以沮水出
北地直路县,东过冯翊祋祤县入洛。《说文》亦以漆、沮各是一水名。孔安
国独以为一,又云是洛水。沣水出右扶风鄠县东南,北过上林苑。　【正
义】《括地志》云:"雍州鄠县终南山,沣水出焉。"

⑦【集解】孔安国曰:"荆在岐东,非荆州之荆也。"　【正义】《括地志》云:"荆山
在雍州富平县,今名掘陵原。岐山在岐州岐山县东北十里。"《尚书正义》
云:"洪水时祭祀礼废。已旅祭,言理水功毕也。"按:雍州荆山即黄帝及禹
铸鼎地也。襄州荆山县西荆山即卞和得玉璞者。

⑧【集解】孔安国曰:"三山名,言相望也。"郑玄曰:"《地理志》终南、敦物皆在
右扶风武功也。"　【索隐】按:《左传》中南山,杜预以为终南山。《地理志》
云"太一山古文以为终南,(华)〔垂〕山古文以为敦物",皆在扶风武功县东。
【正义】《括地志》云:"终南山一名中南山,一名太一山,一名南山,一名橘
山,一名楚山,一名(泰)〔秦〕山,一名周南山,一名地肺山,在雍州万年县南
五十里。"

⑨【集解】郑玄曰:"《地理志》都野在武威,名曰休屠泽。"　【正义】原隰,幽州
地也。按:原,高平地也。隰,低下地也。言从渭州致功,西北至凉州都野、
沙州三危山也。《括地志》云:"都野泽在凉州姑臧县东北二百八十里。"

⑩【索隐】郑玄引《河图》及《地说》云"三危山在鸟鼠西南,与岐山相连"。度,
刘伯庄音田各反,《尚书》作"宅"。

⑪【集解】孔安国曰:"西裔之山已可居,三苗之族大有次序,禹之功也。"

⑫【集解】孔安国曰:"田第一,赋第六,人功少。"

⑬【集解】孔安国曰:"璆,琳,皆玉名。琅玕,石而似珠者。"

⑭【集解】孔安国曰:"积石山在金城西南,河所经也。龙门山在河东之西界。"
【索隐】积石在金城河关县西南。龙门山在左冯翊夏阳县西北。　【正义】
《括地志》云:"积石山今名小积石,在河州枹罕县西七里。河州在京西一千
四百七十二里。龙门山在同州韩城县北五十里。李奇云'禹凿通河水处,

广八十步'。《三秦记》云'龙门水悬船而行,两旁有山,水陆不通,龟鱼集龙门下数千,不得上,上则为龙,故云暴鳃点额龙门下'。"按:河在冀州西,故云西河也。禹发源河水小积石山,浮河东北下,历灵、胜北而南行,至于龙门,皆雍州地也。

⑮【正义】《水经》云"河水又南至潼关,渭水从西注之"也。

⑯【集解】孔安国曰:"织皮,毛布。此四国在荒服之外,流沙之内。羌、髳之属皆就次序,美禹之功及戎狄也。"【索隐】郑玄以为衣皮之人居昆仑、析支、渠搜,三山皆在西戎。王肃曰"昆仑在临羌西,析支在河关西,西戎在西域"。王肃以为地名,而不言渠搜。今按:《地理志》金城临羌县有昆仑祠,敦煌广至县有昆仑障,朔方有渠搜县。

道九山:①汧及岐至于荆山,②逾于河;壶口、雷首③至于太岳;④砥柱、析城至于王屋;⑤太行、常山至于碣石,入于海;⑥西倾、朱圉、鸟鼠⑦至于太华;⑧熊耳、外方、桐柏至于负尾;⑨道嶓冢,至于荆山;⑩内方至于大别;⑪汶山之阳至衡山,⑫过九江,至于敷浅原。⑬

①【索隐】汧、壶口、砥柱、太行、西倾、熊耳、嶓冢、内方、岐是九山也。古分为三条,故《地理志》有北条之荆山。马融以汧为北条,西倾为中条,嶓冢为南条。郑玄分四列,汧为阴列,西倾次阴列,嶓冢为阳列,岐山次阳列。

②【集解】郑玄曰:"《地理志》汧在右扶风也。"【索隐】汧,一作"岍"。按:有汧水,故其字或从"山"或从"水",犹岐山然也。《地理志》云吴山在汧县西,古文以为汧山。岐山在右扶风美阳县西北;荆山在左冯翊怀德县南也。

【正义】《括地志》云:"汧山在陇州汧源县西六十里。其山东邻岐、岫,西接陇冈,汧水出焉。岐山在岐州。"

③【索隐】雷首山在河东蒲阪县东南。

④【集解】孔安国曰:"三山在冀州;太岳在上党西也。"【索隐】即霍泰山也。已见上。　【正义】《括地志》云:"壶口在慈州吉昌县西南。雷首山在蒲州河东县。太岳,霍山也,在沁州沁源县。"

⑤【集解】孔安国曰:"此三山在冀州(之)南河之北。"【索隐】析城山在河东濩泽县西南。王屋山在河东垣县东北。《水经》云砥柱山在河东大阳县南河水中也。　【正义】《括地志》云:"底柱山,俗名三门山,在陕州硖石县东北五十里黄河之中。孔安国云'底柱,山名。河水分流,包山而过,山见水中,

若柱然也'。"《括地志》云:"析城山在泽州阳城县西南七十里。《注水经》云'析城山甚高峻,上平坦,有二泉,东浊西清,左右不生草木'。"《括地志》云:"王屋山在怀州王屋县北十里。《古今地名》云'山方七百里,山高万仞,本冀州之河阳山也'。"

⑥【集解】孔安国曰:"此二山连延,东北接碣石,而入于沧海。"【索隐】太行山在河内山阳县西北。常山,恒山是也,在常山郡上曲阳县西北。　【正义】《括地志》云:"太行山在怀州河内县北二十五里,有羊肠阪。恒山在定州恒阳县西北百四十里。道书《福地记》云'恒山高三千三百丈,上方二十里,有太玄之泉,神草十九种,可度俗'。"

⑦【集解】郑玄曰:"《地理志》曰朱圉在汉阳南。"孔安国曰:"鸟鼠山,渭水所出,在陇西之西。"

⑧【集解】郑玄曰:"《地理志》太华山在弘农华阴南。　【索隐】圉,一作"圄"。朱圉山在天水冀县南。鸟鼠山在陇西首阳县西南。太华即敦物山。

⑨【集解】郑玄曰:"《地理志》熊耳在卢氏东。外方在颍川。嵩高山、桐柏山在南阳平氏东南。陪尾在江夏安陆东北,若横尾者。"【索隐】熊耳山在弘农卢氏县东,伊水所出。外方山即颍川嵩高县嵩高山,《古文尚书》亦以为外方山。桐柏山一名大复山,在南阳平氏县东南。陪尾山在江夏安陆县东北,《地理志》谓之横尾山。负音陪也。　【正义】《括地志》云:"华山在华州华阴县南八里。熊耳山在虢州卢氏县南五十里。嵩高山亦名太室山,亦名外方山,在洛州阳城县北二十三里也。桐柏山在唐州桐柏县东南五十里,淮水出焉。横尾山,古陪尾山也,在安州安陆县北六十里。"

⑩【集解】郑玄曰:"《地理志》荆山在南郡临沮。"【索隐】此东条荆山,在南郡临沮县东北隅也。　【正义】《括地志》云:"嶓冢山在梁州。荆山在襄州荆山县西八十里也。"又云:"荆山县本汉临沮县地也。沮水即汉水也。"按:孙叔敖激沮水为云梦泽是也。

⑪【集解】郑玄曰:"《地理志》内方在竟陵,名立章山。大别在庐江安丰县。"【索隐】内方山在竟陵县东北。大别山在六安国安丰县,今土人谓之甑山。【正义】《括地志》云:"章山在荆州长林县东北六十里。今汉水附章山之东,与经史符会。"按:大别山,今沙洲在山上,汉江经其左,今俗犹云甑山。注云"在安丰",非汉所经也。

⑫【索隐】在长沙湘南县东南。《广雅》云:"峋嵝谓之衡山。"【正义】《括地

志》云："岷山在茂州汶川县。衡山在衡州湘潭县西四十一里。"

⑬【集解】徐广曰："浅，一作'灭'。"骃案：孔安国曰"敷浅原一名傅阳山，在豫章"。　【索隐】豫章历陵县南有傅阳山，一名敷浅原也。

道九川：①弱水至于合黎，②馀波入于流沙。③道黑水，至于三危，入于南海。④道河积石，⑤至于龙门，南至华阴，⑥东至砥柱，⑦又东至于盟津，⑧东过雒汭，至于大邳，⑨北过降水，至于大陆，⑩北播为九河，同为逆河，⑪入于海。⑫嶓冢道漾，东流为汉，⑬又东为苍浪之水，⑭过三澨，入于大别，⑮南入于江，东汇泽为彭蠡，⑯东为北江，入于海。⑰汶山道江，东别为沱，又东至于醴，⑱过九江，至于东陵，⑲东迤北会于汇，⑳东为中江，入于海。㉑道沇水，东为济，入于河，泆为荥，㉒东出陶丘北，㉓又东至于荷，㉔又东北会于汶，㉕又东北入于海。道淮自桐柏，㉖东会于泗、沂，东入于海。㉗道渭自鸟鼠同穴，㉘东会于沣，㉙又东北至于泾，㉚东过漆、沮，入于河。㉛道雒自熊耳，㉜东北会于涧、瀍，㉝又东会于伊，㉞东北入于河。㉟

①【索隐】弱、黑、河、漾、江、沇、淮、渭、洛为九川。

②【集解】郑玄曰："《地理志》弱水出张掖。"孔安国曰："合黎，水名，在流沙东。"　【索隐】《水经》云合黎山在酒泉会水县东北。郑玄引《地说》亦以为然。孔安国云水名，当是其山有水，故所记各不同。　【正义】《括地志》云："兰门山，一名合黎，一名穷石山，在甘州删丹县西南七十里。《淮南子》云'弱水源出穷石山'。"又云："合黎，一名羌谷水，一名鲜水，一名覆表水，今名副投河，亦名张掖河，南自吐谷浑界流入甘州张掖县。"今按：合黎水出临松县临松山东，而北流历张掖故城下，又北流经张掖县二十三里，又北流经合黎山，折而北流，经流沙碛之西入居延海，行千五百里。合黎山，张掖县西北二百里也。

③【集解】孔安国曰："弱水馀波西溢入流沙。"郑玄曰："《地理志》流沙在居延(西)〔东〕北，名居延泽。《地记》曰'弱水西流入合黎山腹，馀波入于流沙，通于南海'。"马融、王肃皆云合黎、流沙是地名。　【索隐】《地理志》云"张掖居延县西北有居延泽，古文以为流沙"。《广志》"流沙在玉门关外，有居延泽、居延城"。又《山海经》云"流沙出钟山，西南行昆仑墟入海"。按：是地兼有水，故一云地名，一云水名，马郑不同，抑有由也。

④【集解】郑玄曰："《地理志》益州滇池有黑水祠，而不记此山水所在。《地记》曰'三危山在乌鼠之西南'。"孔安国曰："黑水自北而南，经三危过梁州，入南海也。"【正义】《括地志》云："黑水源出伊州伊吾县北百二十里，又南流二千里而绝。三危山在沙州敦煌县东南四十里。"按：南海即扬州东大海，岷江下至扬州东入海也。其黑水源在伊州，从伊州东南三千余里至鄯州，鄯州东南四百余里至河州，入黄河。河州有小积石山，即《禹贡》"浮于积石，至于龙门"者。然黄河源从西南下，出大昆仑东北隅，东北流经于阗，入盐泽，即东南潜行入吐谷浑界大积石山，又东北流，至小积石山，又东北流，来处极远。其黑水，当洪水时合从黄河而行，何得入于南海？南海去此甚远，阻隔南山、陇山、岷山之属。当是洪水浩浩处，西戎不深致功，古文故有疏略也。

⑤【索隐】《尔雅》云："河出昆仑墟，其色白。"《汉书·西域传》云："河有两源，一出葱岭，一出于阗。于阗河北流，与葱岭河合，东流蒲昌海，一名盐泽。其水停居，冬夏不增减，潜行地中，南出积石为中国河。"是河源发昆仑，禹导河自积石而加功也。

⑥【集解】孔安国曰："至华山北而东行。"【正义】华阴县在华山北，本魏之阴晋县，秦惠文王更名宁秦，汉高帝改曰华阴。

⑦【集解】孔安国曰："砥柱，山名。河水分流，包山而过，山见水中，若柱然也。在西虢之界。"【正义】砥柱山俗名三门山，禹凿此山，三道河水，故曰三门也。

⑧【集解】孔安国曰："在洛北。"【索隐】盟，古"孟"字。孟津在河阳。《十三州记》云"河阳县在河上，即孟津"是也。【正义】杜预云："盟，河内郡河阳县南孟津也，在洛阳城北。都道所凑，古今为津，武王度之，近代呼为武济。"《括地志》云："盟津，周武王伐纣，与八百诸侯会盟津。亦曰孟津，又曰富平津。《水经》云小平津，今云河阳津是也。"

⑨【集解】孔安国曰："洛汭，洛入河处。山再成曰伾。"【索隐】《尔雅》云"山一成曰伾"。或以为成皋县山是。【正义】李巡云："山再重曰英，一重曰伾。"《括地志》云："大伾山，今名黎阳东山，又曰青坛山，在卫州黎阳南七里。张揖云今成皋，非也。"

⑩【集解】郑玄曰："《地理志》降水在信都（南）。"孔安国曰："大陆，泽名。"【索隐】《地理志》降水字从"系"，出信都国，与漳池、漳河水并流入海。大陆在钜鹿郡。《尔雅》云"晋有大陆"，郭璞以为此泽也。【正义】《括地志》云："降

水源出潞州屯留县西南,东北流,至冀州入海。"

⑪【集解】郑玄曰:"下尾合名曰逆河,言相向迎受也。"

⑫【正义】播,布也。河至冀州,分布为九河,下至沧州,更同合为一大河,名曰
逆河,而夹右碣石入于渤海也。

⑬【集解】郑玄曰:"《地理志》漾水出陇西氐道,至武都为汉,至江夏谓之夏水。"
【索隐】《水经》云漾水出陇西氐道县嶓冢山,东至武都沮县为汉水。《地理
志》云至江夏谓之夏水。《山海经》亦以汉出嶓冢山。故孔安国云"泉始出山
为漾水,东南流为沔水,至汉中东流为汉水"。 【正义】《括地志》云:"嶓冢
山水始出山沮洳,故曰沮水。东南为漾水,又为沔水。至汉中为汉水,至均
州为沧浪水。始欲出大江为夏口,又为沔口。汉江一名沔江也。"

⑭【集解】孔安国曰:"别流也。在荆州。" 【索隐】马融、郑玄皆以沧浪为夏水,
即汉河之别流也。《渔父歌》曰"沧浪之水清兮,可以濯吾缨",是此水也。
【正义】《括地志》云:"均州武当县有沧浪水。庾仲雍《汉水记》云'武当县西
四十里汉水中有洲,名沧浪洲'也。《地记》云'水出荆山,东南流为沧浪水'。"

⑮【集解】孔安国曰:"三澨,水名。"郑玄曰:"在江夏竟陵之界。" 【索隐】《水
经》云"三澨,地名,在南郡邔县北"。孔安国、郑玄以为水名。今竟陵有三参
水,俗云是三澨水。参音去声。

⑯【集解】孔安国曰:"汇,回也。水东回为彭蠡大泽。"

⑰【集解】孔安国曰:"自彭蠡,江分为三道入震泽,遂为北江而入海。"

⑱【集解】孔安国及马融、王肃皆以醴为水名。郑玄曰:"醴,陵名也。大阜曰
陵。长沙有醴陵县。" 【索隐】按:骚人所歌"濯余佩于醴浦",明醴是水。孔
安国、马融解得其实。又虞喜《志林》以醴是江、沅之别流,而醴字作"澧"也。

⑲【集解】孔安国曰:"东陵,地名。"

⑳【集解】孔安国曰:"迤,溢也。东溢分流都共北会彭蠡。"

㉑【集解】孔安国曰:"有北有中,南可知也。" 【正义】《括地志》云:"《禹贡》三
江俱会于彭蠡,合为一江,入于海。"

㉒【集解】郑玄曰:"《地理志》沇水出河东垣县东王屋山,东至河内武德入河,泆
为荥。"孔安国曰:"济在温西北。荥泽在敖仓东南。" 【索隐】《水经》云:"自
河东垣县王屋山东流为沇水,至温县西北为济水。" 【正义】《括地志》云:
"沇水出怀州王屋县北十里王屋山顶,岩下石泉亭不流,其深不测,既见而
伏,至济源县西北二里平地,其源重发,而东南流,为沇水。"《水经》云沇东至

温县西北为沛水，又南当巩县之北，南入于河。《释名》云："济者，济也。"下"济"子细反。按：济水入河而南，截度河南岸溢荥泽，在郑州荥泽县西北四里。今无水，成平地。

㉓【集解】孔安国曰："陶丘，丘再成者也。"郑玄曰："《地理志》陶丘在济阴定陶西（北）〔南〕。"【正义】《括地志》云："陶丘在濮州鄄城西南二十四里。又云在曹州城中。徐才《宗国都城记》云此城中高丘，即古之陶丘。"

㉔【集解】孔安国曰："荷泽之水。"

㉕【正义】汶音问。《地理志》云汶水出泰山郡莱芜县原山，西南入沛。

㉖【正义】《地理志》云桐柏山在南阳平氏县东南，淮水所出。按：在唐州东五十馀里。

㉗【集解】孔安国曰："与泗、沂二水合入海。"

㉘【集解】孔安国曰："鸟鼠共为雄雌同穴处，此山遂名曰鸟鼠，渭水出焉。"【正义】《括地志》云："鸟鼠山，今名青雀山，在渭州渭源县西七十六里。《山海经》云'鸟鼠同穴之山，渭水出焉'。郭璞注云'今在陇西首阳县西南。山有鸟鼠同穴。鸟名鵌。鼠名鼵，如人家鼠而短尾。鵌似鵽而小，黄黑色。穴入地三四尺，鼠在内，鸟在外'。"鵌音余。鼵，扶废反。鵽音丁刮反，似雉也。

㉙【正义】沣音丰。《括地志》云："雍州鄠县终南山，沣水出焉，北入渭也。"

㉚【正义】《括地志》云："泾水出原州百泉县西南笄头山泾谷，东南流入渭也。"

㉛【集解】孔安国曰："漆，沮，二水名，亦曰洛水，出冯翊北。"

㉜【集解】孔安国曰："在宜阳之西。"【正义】《括地志》云："洛水出商州洛南县西冢岭山，东北流入河。熊耳山在虢州卢氏县南五十里，洛所经。"

㉝【集解】孔安国曰："会于河南城南。"【正义】《括地志》云："涧水出洛州新安县东白石山之阴。"《地理志》云瀍水出河南穀城县替亭北，东南入于洛。

㉞【集解】孔安国曰："会于洛阳之南。"

㉟【集解】孔安国曰："合于巩之东也。"

于是九州攸同，四奥既居，①九山刊旅，②九川涤原，③九泽既陂，④四海会同。六府甚修，⑤众土交正，致慎财赋，⑥咸则三壤成赋。⑦中国赐土姓："祇台德先，不距朕行。"⑧

①【集解】孔安国曰："四方之宅已可居也。"

②【集解】孔安国曰："九州名山已槎木通道而旅祭也。"

③【集解】孔安国曰："九州之川已涤除无壅塞也。"

④【集解】孔安国曰："九州之泽皆已陂障无决溢也。"

⑤【集解】孔安国曰："六府，金、木、水、火、土、谷。"

⑥【集解】郑玄曰："众土美恶及高下得其正矣。亦致其贡篚，慎奉其财物之税，皆法定制而入之也。"

⑦【集解】郑玄曰："三壤，上、中、下，各三等也。"

⑧【集解】郑玄曰："中即九州也。天子建其国，诸侯祚之土，赐之姓，命之氏，其敬悦天子之德既先，又不距违我天子政教所行。"

令天子之国以外五百里甸服：①百里赋纳总，②二百里纳铚，③三百里纳秸服，④四百里粟，五百里米。⑤甸服外五百里侯服：⑥百里采，⑦二百里任国，⑧三百里诸侯。⑨侯服外五百里绥服：⑩三百里揆文教，⑪二百里奋武卫。⑫绥服外五百里要服：⑬三百里夷，⑭二百里蔡。⑮要服外五百里荒服：⑯三百里蛮，⑰二百里流。⑱

①【集解】孔安国曰："为天子(之)服治田，去王城面五百里内。"

②【集解】孔安国曰："甸内近王城者。禾稿曰总，供饲国马也。"【索隐】《说文》云："总，聚束草也。"

③【集解】孔安国曰："所铚刈谓禾穗。"【索隐】《说文》云："铚，获禾短镰也。"

④【集解】孔安国曰："秸，稿也。服稿役。"【索隐】《礼·郊特牲》云"蒲越稿秸之美"，则秸是稿之类也。

⑤【集解】孔安国曰："所纳精者少，粗者多。"

⑥【集解】孔安国曰："侯，候也。斥候而服事也。"

⑦【集解】马融曰："采，事也。各受王事者。"

⑧【集解】孔安国曰："任王事者。"

⑨【集解】孔安国曰："三百里同为王者斥候，故合三为一名。"

⑩【集解】孔安国曰："绥，安也。服王者政教。"

⑪【集解】孔安国曰："揆，度也。度王者文教而行之，三百里皆同。"

⑫【集解】孔安国曰："文教之外二百里奋武卫，天子所以安。"

⑬【集解】孔安国曰："要束以文教也。"

⑭【集解】孔安国曰："守平常之教，事王者而已。"

⑮【集解】马融曰："蔡，法也。受王者刑法而已。"

⑯【集解】马融曰："政教荒忽，因其故俗而治之。"

⑰【集解】马融曰："蛮，慢也。礼简怠慢，来不距，去不禁。"

⑱【集解】马融曰："流行无城郭常居。"

东渐于海，西被于流沙，朔、南暨：①声教讫于四海。于是帝锡禹玄圭，以告成功于天下。②天下于是太平治。

①【集解】郑玄曰："朔，北方也。"

②【正义】帝，尧也。玄，水色。以禹理水功成，故锡玄圭，以表显之。自此已上并《尚书·禹贡》文。

皋陶作士以理民。①帝舜朝，禹、伯夷、皋陶相与语帝前。皋陶述其谋曰："信其道德，谋明辅和。"禹曰："然，如何？"皋陶曰："於！②慎其身修，③思长，④敦序九族，众明高翼，近可远在已。"⑤禹拜美言，曰："然。"皋陶曰："於！在知人，在安民。"禹曰："吁！皆若是，惟帝其难之。⑥知人则智，能官人；能安民则惠，黎民怀之。能知能惠，何忧乎驩兜，何迁乎有苗，何畏乎巧言善色佞人？"⑦皋陶曰："然，於！亦行有九德，亦言其有德。"乃言曰："始事事，⑧宽而栗，⑨柔而立，⑩愿而共，⑪治而敬，扰而毅，⑫直而温，简而廉，刚而实，强而义，章其有常，吉哉。⑬日宣三德，蚤夜翊明有家。⑭日严振敬六德，亮采有国。⑮翕受普施，九德咸事，俊义在官，⑯百吏肃谨。毋教邪淫奇谋。非其人居其官，是谓乱天事。⑰天讨有罪，五刑五用哉。⑱吾言底可行乎？"禹曰："女言致可绩行。"皋陶曰："余未有知，思赞道哉。"⑲

①【正义】士若大理卿也。

②【正义】於音乌，叹美之辞。

③【正义】绝句。

④【集解】孔安国曰："慎修其身，思为长久之道。"

⑤【集解】郑玄曰："次序九族而亲之，以众贤明作羽翼之臣，此政由近可以及远也。"

⑥【集解】孔安国曰："言帝尧亦以为难。"

⑦【集解】郑玄曰："禹为父隐，故言不及鲧。"

⑧【集解】孔安国曰："言其人有德，必言其所行事，因事以为验。"

⑨【集解】孔安国曰："性宽弘而能庄栗。"

⑩【集解】孔安国曰："和柔而能立事。"

⑪【集解】孔安国曰："悫愿而恭敬。"

⑫【集解】徐广曰："扰，一作'柔'。"骃案：孔安国曰"扰，顺也。致果为毅"。

⑬【集解】孔安国曰："章，明也。吉，善也。"

⑭【集解】孔安国曰："三德，九德之中有其三也。卿大夫称家，明行之可以为
　　卿大夫。"

⑮【集解】孔安国曰："严，敬也。行六德以信治政事，可为诸侯也。"马融曰：
　　"亮，信；采，事也。"

⑯【集解】孔安国曰："翕，合也。能合受三六之德而用之，以布施政教，使九德
　　之人皆用事。谓天子(也)如此，则俊德理能之士并皆在官也。"

⑰【索隐】此取《尚书·皋陶谟》为文，断绝殊无次序，即班固所谓"疏略抵捂"
　　是也，今亦不能深考。

⑱【集解】孔安国曰："言用五刑必当。"

⑲【正义】《皋陶》云我未有所知，思之审赞于古道耳。谦辞也。已上并《尚
　　书·皋陶谟》文，略其经，不全备也。

帝舜谓禹曰："女亦昌言。"禹拜曰："於，予何言！予思日孳孳。"皋
陶难禹曰："何谓孳孳？"禹曰："鸿水滔天，浩浩怀山襄陵，下民皆服于
水。予陆行乘车，水行乘舟，泥行乘橇，山行乘樏，行山刊木。①与益予
众庶稻鲜食。②以决九川致四海，浚畎浍③致之川。与稷予众庶难得之
食。食少，调有馀补不足，徙居。众民乃定，万国为治。"皋陶曰："然，此
而美也。"

①【正义】行，寒孟反。刊，口寒反。

②【集解】孔安国曰："鸟兽新杀曰鲜。"【索隐】予音与。上"与"谓"同与"之
　　"与"，下"予"谓"施予"之"予"。此禹言其与益施予众庶之稻粮。

③【集解】郑玄曰："畎浍，田间沟也。"

禹曰："於，帝！慎乃在位，安尔止。①辅德，天下大应。清意以昭待
上帝命，天其重命用休。"②帝曰："吁，臣哉，臣哉！臣作朕股肱耳目。

予欲左右有民,女辅之。③余欲观古人之象,日月星辰,作文绣服色,女明之。予欲闻六律五声八音,来始滑,以出入五言,女听。④予即辟,女匡拂予。女无面谀,退而谤予。敬四辅臣。⑤诸众谗嬖臣,君⑥德诚施皆清矣。"禹曰:"然。帝即不时,布同善恶则毋功。"⑦

①【集解】郑玄曰:"安汝之所止,无妄动,动则扰民。"

②【集解】郑玄曰:"天将重命汝以美应,谓符瑞也。"

③【集解】马融曰:"我欲左右助民,汝当翼成我也。"

④【集解】《尚书》"滑"字作"智",音忽。郑玄曰:"智者,臣见君所秉,书思对命者也。君亦有焉,以出内政教于五官。"【索隐】《古文尚书》作"在治忽",今文作"采政忽",先儒各随字解之。今此云"来始滑",于义无所通。盖来采字相近,滑忽声相乱,始又与治相似,因误为"来始滑",今依今文音"采政忽"三字。刘伯庄云"听诸侯能为政及怠忽者",是也。五言谓仁、义、礼、智、信五德之言,郑玄以为"出纳政教五官",非也。

⑤【集解】《尚书大传》曰:"古者天子必有四邻,前曰疑,后曰丞,左曰辅,右曰弼。"

⑥【集解】徐广曰:"一作'吾'。"【索隐】"诸众谗嬖臣"为一句,"君"字宜属下文。

⑦【集解】孔安国曰:"帝用臣不是,则贤愚并位,优劣共流故也。"

帝曰:①"毋若丹朱傲,维慢游是好,毋水行舟,朋淫于家,②用绝其世。予不能顺是。"禹曰:"予(辛壬)娶涂山,〔辛壬〕癸甲,生启予不子,③以故能成水土功。辅成五服,至于五千里,州十二师,外薄四海,④咸建五长,⑤各道有功。苗顽不即功,⑥帝其念哉。"帝曰:"道吾德,乃女功序之也。"

①【正义】此二字及下"禹曰",《尚书》并无。太史公有四字,帝及禹相答极为次序,当应别见书。

②【集解】郑玄曰:"朋淫,淫门内。"

③【集解】孔安国曰:"涂山,国名。辛日娶妻,至于甲四日,复往治水。"【索隐】杜预云"涂山在寿春东北",皇甫谧云"今九江当涂有禹庙",则涂山在江南也。《系本》曰"涂山氏女名女娲",是禹娶涂山氏号女娲也。又按:《尚

书》云"娶于涂山,辛壬癸甲,启呱呱而泣,予弗子"。今此云"辛壬娶涂山,癸甲生启",盖《今文尚书》脱漏,太史公取以为言,亦不稽其本意。岂有辛壬娶妻,经二日生子?不经之甚。 【正义】此五字为一句。禹辛日娶,至甲四日,往理水,及生启,不入门,我不得名子,以故能成水土之功。又,一云过门不入,不得有子爱之心。《帝系》云"禹娶涂山氏之子,谓之女娲,是生启"也。

④【集解】孔安国曰:"薄,迫。言至海也。" 【正义】《尔雅》云:"九夷八狄七戎六蛮谓之四海。"《释名》云:"海,晦也。"按:夷蛮晦昧无知,故云四海也。

⑤【集解】孔安国曰:"诸侯五国,立贤者一人为方伯,谓之五长,以相统治。"

⑥【集解】孔安国曰:"三苗顽凶,不得就官,善恶分别。"

皋陶于是敬禹之德,令民皆则禹。不如言,刑从之。①舜德大明。

①【索隐】谓不用命之人,则亦以刑罚而从之。

于是夔行乐,①祖考至,群后相让,鸟兽翔舞,《箫韶》九成,凤皇来仪,②百兽率舞,百官信谐。帝用此作歌曰:"陟天之命,维时维几。"③乃歌曰:"股肱喜哉,元首起哉,百工熙哉!"④皋陶拜手稽首扬言曰:"念哉,⑤率为兴事,慎乃宪,敬哉!"⑥乃更为歌曰:"元首明哉,股肱良哉,庶事康哉!"(舜)又歌曰:"元首丛脞哉,肱肱惰哉,万事堕哉!"⑦帝拜曰:"然,往钦哉!"于是天下皆宗禹之明度数声乐,⑧为山川神主。

①【正义】若今太常卿也。

②【集解】孔安国曰:"《箫韶》,舜乐名。备乐九奏而致凤皇也。"

③【集解】孔安国曰:"奉正天命以临民,惟在顺时,惟在慎微。"

④【集解】孔安国曰:"股肱之臣喜乐尽忠,君之治功乃起,百官之业乃广。"

⑤【集解】郑玄曰:"使群臣念之之戒。"

⑥【集解】孔安国曰:"率臣下为起治之事,当慎汝法度,敬其职。"

⑦【集解】孔安国曰:"丛脞,细碎无大略也。君如此,则臣懈惰,万事堕废也。"

⑧【集解】徐广曰:"《舜本纪》云禹乃兴《九韶》之乐。"

帝舜荐禹于天,为嗣。十七年①而帝舜崩。三年丧毕,禹辞辟舜之子商均于阳城。②天下诸侯皆去商均而朝禹。禹于是遂即天子位,③南面朝天下,国号曰夏后,姓姒氏。④

①【集解】刘熙曰:"若此,则舜格于文祖,三年之后,摄禹使得祭祀与?"

②【集解】刘熙曰:"今颍川阳城是也。"

③【集解】皇甫谧曰:"都平阳,或在安邑,或在晋阳。"

④【集解】《礼纬》曰:"祖以吞薏苡生。"

帝禹立而举皋陶荐之,且授政焉,而皋陶卒。①封皋陶之后于英、六,②或在许。③而后举益,任之政。

①【正义】《帝王纪》云:"皋陶生于曲阜。曲阜偃地,故帝因之而以赐姓曰偃。尧禅舜,命之作士。舜禅禹,禹即帝位,以皋陶最贤,荐之于天,将有禅之意。未及禅,会皋陶卒。"《括地志》云:"咎繇墓在寿州安丰县南一百三十里故六城东,东都陂内大冢也。"

②【集解】徐广曰:"《史记》皆作'英'字,而以英布是此苗裔。"【索隐】《地理志》六安国六县,咎繇后偃姓所封国。英地阙,不知所在,以为黥布是其后也。　【正义】英盖蓼也。《括地志》云:"光州固始县,本春秋时蓼国。偃姓,皋陶之后也。《左传》云子燮灭蓼。《太康地志》云蓼国先在南阳故县,今豫州郾县界故胡城是,后徙于此。"《括地志》云:"故六城在寿州安丰县南一百三十二里。《春秋》文五年秋,楚成大心灭之。"

③【集解】《皇览》曰:"皋陶冢在庐江六县。"【索隐】许在颍川。　【正义】《括地志》云:"许故城在许州许昌县南三十里,本汉许县,故许国也。"

十年,帝禹东巡狩,至于会稽而崩。①以天下授益。三年之丧毕,益让帝禹之子启,而辟居箕山之阳。②禹子启贤,天下属意焉。及禹崩,虽授益,益之佐禹日浅,天下未洽。故诸侯皆去益而朝启,曰"吾君帝禹之子也"。于是启遂即天子之位,是为夏后帝启。

①【集解】皇甫谧曰:"年百岁也。"

②【集解】《孟子》"阳"字作"阴"。刘熙曰:"嵩高之北。"【正义】按:阴即阳城也。《括地志》云:"阳城县在箕山北十三里。"又恐"箕"字误,本是"嵩"字,而字相似。其阳城县在嵩山南二十三里,则为嵩山之阳也。

夏后帝启,禹之子,其母涂山氏之女也。

有扈氏不服，①启伐之，大战于甘。②将战，作《甘誓》，乃召六卿申之。③启曰："嗟！六事之人，④予誓告女：有扈氏威侮五行，怠弃三正，⑤天用剿绝其命。⑥今予维共行天之罚。⑦左不攻于左，右不攻于右，女不共命。⑧御非其马之政，女不共命。⑨用命，赏于祖；⑩不用命，僇于社，⑪予则帑僇女。"⑫遂灭有扈氏。天下咸朝。

①【集解】《地理志》曰扶风鄠县是扈国。　【索隐】《地理志》曰扶风县鄠是扈国。　【正义】《括地志》云："雍州南鄠县本夏之扈国也。《地理志》云鄠县，古扈国，有户亭。《训纂》云户、扈、鄠三字，一也，古今字不同耳。"

②【集解】马融曰："甘，有扈氏南郊地名。"　【索隐】夏启所伐，鄠南有甘亭。

③【集解】孔安国曰："天子六军，其将皆命卿也。"

④【集解】孔安国曰："各有军事，故曰六事。"

⑤【集解】郑玄曰："五行，四时盛德所行之政也。威侮，暴逆之。三正，天、地、人之正道。"

⑥【集解】孔安国曰："剿，截也。"

⑦【集解】孔安国曰："共，奉也。"

⑧【集解】郑玄曰："左，车左。右，车右。"

⑨【集解】孔安国曰："御以正马为政也。三者有失，皆不奉我命也。"

⑩【集解】孔安国曰："天子亲征，必载迁庙之祖主行。有功即赏祖主前，示不专也。"

⑪【集解】孔安国曰："又载社主，谓之社事。奔北，则僇之社主前。社主阴，阴主杀也。"

⑫【集解】孔安国曰："非但止身，辱及女子，言耻累之。"

夏后帝启崩，①子帝太康立。帝太康失国，②昆弟五人，③须于洛汭，作《五子之歌》。④

①【集解】徐广曰："皇甫谧曰夏启元年甲辰，十年癸丑崩。"

②【集解】孔安国曰："盘于游田，不恤民事，为羿所逐，不得反国。"

③【索隐】皇甫谧云：号五观也。

④【集解】孔安国曰："太康五弟与其母待太康于洛水之北，怨其不反，故作歌。"

太康崩，弟中康立，是为帝中康。帝中康时，羲、和湎淫，废时乱日。①胤往征之，作《胤征》。②

①【集解】孔安国曰："羲氏，和氏，掌天地四时之官。太康之后，沈湎于酒，废
　　天时，乱甲乙也。"

②【集解】孔安国曰："胤国之君受王命往征之。"郑玄曰："胤，臣名。"

中康崩，子帝相立。帝相崩，子帝少康立。①。帝少康崩，子帝予②立。帝予崩，子帝槐③立。帝槐崩，子帝芒④立。帝芒崩，子帝泄立。帝泄崩，子帝不降⑤立。帝不降崩，弟帝扃立。帝扃崩，子帝廑⑥立。帝廑崩，立帝不降之子孔甲，是为帝孔甲。帝孔甲立，好方鬼神，事淫乱。夏后氏德衰，诸侯畔之。天降龙二，有雌雄，孔甲不能食，⑦未得豢龙氏。⑧陶唐既衰，其后有刘累，⑨学扰龙⑩于豢龙氏，以事孔甲。孔甲赐之姓曰御龙氏，⑪受豕韦之后。⑫龙一雌死，以食夏后。夏后使求，惧而迁去。⑬

①【索隐】《左传》魏庄子曰："昔有夏之衰也，后羿自鉏迁于穷石，因夏人而代
　　夏政。恃其射也，不修人事，而信用伯明氏之谗子寒浞。浞杀羿，烹之，以
　　食其子，子不忍食，杀于穷门。浞因羿室，生浇及豷。使浇灭斟灌氏及斟寻
　　氏，而相为浇所灭，后缗归于有仍，生少康。有夏之臣靡，自有鬲收二国之
　　烬以灭浞，而立少康。少康灭浇于过，后杼灭豷于戈，有穷遂亡。"然则帝相
　　自被篡杀，中间经羿浞二氏，盖三数十年。而此纪总不言之，直云帝相崩，
　　子少康立，疏略之甚。　　【正义】《帝王纪》云："帝羿有穷氏未闻其先何姓。
　　帝喾以上，世掌射正。至喾，赐以彤弓素矢，封之于鉏，为帝司射，历虞、夏。
　　羿学射于吉甫，其臂长，故以善射闻。及夏之衰，自鉏迁于穷石，因夏民以
　　代夏政。帝相徙于商丘，依同姓诸侯斟寻。羿恃其善射，不修民事，淫于田
　　兽，弃其良臣武罗、伯姻、熊髡、尨圉而信寒浞。寒浞，伯明氏之谗子，伯明
　　后以谗弃之，而羿以为己相。寒浞杀羿于桃梧，而烹之以食其子。其子不
　　忍食之，死于穷门。浞遂代夏，立为帝。寒浞袭有穷之号，因羿之室，生羿
　　及豷。羿多力，能陆地行舟。使羿帅师灭斟灌、斟寻，杀夏帝相，封羿于过，
　　封豷于戈。恃其诈力，不恤民事。初，羿之杀帝相也，妃有仍氏女曰后缗，
　　归有仍，生少康。初，夏之遗臣曰靡，事羿，羿死，逃于有鬲氏，收斟寻二国
　　馀烬，杀寒浞，立少康，灭羿于过，后杼灭豷于戈，有穷遂亡也。"按：帝相被

篡,历羿浞二世,四十年,而此纪不说,亦马迁所为疏略也。羿音五告反。浞音许器反。《括地志》云:"故鉏城在滑州韦城县东十里。《晋地记》云河南有穷谷,盖本有穷氏所迁也。"《括地志》云:"商丘,今宋州也。斟灌故城在青州寿光县东五十四里。斟寻故城,今青州北海县是也。故过乡亭在莱州掖县西北二十里,本过国地。故鬲城在洛州密县界。杜预云国名,今平原鬲县也。"戈在宋郑之间也。寒国在北海平寿县东寒亭也。伯明其君也。臣瓒云斟寻在河南,盖后迁北海也。《汲冢古文》云太康居斟寻,羿亦居之,桀又居之。《尚书》云:"太康失邦,兄弟五人须于洛汭。"此即太康居之,为近洛也。又吴起对魏武侯曰"夏桀之居,左河、济,右太华,伊阙在其南,羊肠在其北"。又《周书·度邑篇》云武王问太公"吾将因有夏之居",即河南是也。《括地志》云:"故鄩城在洛州巩县西南五十八里,盖桀所居也。阳翟县又是禹所封,为夏伯。"

② 【索隐】音仁。《系本》云季仁作甲者也。《左传》曰杼灭豷于戈。《国语》云杼能帅禹者也。

③ 【索隐】音回。《系本》作"帝芬"。

④ 【索隐】音亡。邹诞生又音荒也。

⑤ 【索隐】《系本》作"帝降"。

⑥ 【索隐】音觐。邹诞生又音勤。

⑦ 【正义】音寺。

⑧ 【集解】贾逵曰:"飧,养也。谷食曰飧。"

⑨ 【集解】服虔曰:"后,刘累之为诸侯者,夏后赐之姓。"【正义】《括地志》云:"刘累故城在洛州缑氏县南五十五里,乃刘累之故地也。"

⑩ 【集解】应劭曰:"扰音柔。扰,驯也。能顺养得其嗜欲。"

⑪ 【集解】服虔曰:"御亦养。"

⑫ 【集解】徐广曰:"受,一作'更'。"骃案:贾逵曰"刘累之后至商不绝,以代豕韦之后。祝融之后封于豕韦,殷武丁灭之,以刘累之后代之"。【索隐】按:《系本》豕韦,防姓。

⑬ 【集解】贾逵曰:"夏后既飧,而又使求致龙,刘累不能得而惧也。"《传》曰迁于鲁县。

孔甲崩,子帝皋立。帝皋崩,①子帝发立。帝发崩,子帝履癸立,是为桀。②帝桀之时,③自孔甲以来而诸侯多畔夏,桀不务德而武伤百姓,百姓弗堪。乃召汤而囚之夏台,④已而释之。汤修德,诸侯皆归汤,汤遂率兵以伐夏桀。桀走鸣条,⑤遂放而死。⑥桀谓人曰:"吾悔不遂杀汤于夏台,使至此。"汤乃践天子位,代夏朝天下。汤封夏之后,⑦至周封于杞也。⑧

①【集解】《左传》曰皋墓在殽南陵。

②【索隐】桀,名也。按:《系本》帝皋生发及桀。此以发生桀,皇甫谧同也。

③【集解】《谥法》:"贼人多杀曰桀。"

④【索隐】狱名。夏曰均台。皇甫谧云"地在阳翟"是也。

⑤【集解】孔安国曰:"地在安邑之西。"郑玄曰:"南夷,地名。"

⑥【集解】徐广曰:"从禹至桀十七君,十四世。"骃案:《汲冢纪年》曰"有王与无王,用岁四百七十一年矣"。 【索隐】徐广曰:"从禹至桀,十七君,十四世。"案:《汲冢纪年》曰"有王与无王,用岁四百七十一年"。 【正义】《括地志》云:"庐州巢县有巢湖,即《尚书》'成汤伐桀,放于南巢'者也。《淮南子》云'汤败桀于历山,与末喜同舟浮江,奔南巢之山而死'。《国语》云'满于巢湖'。又云'夏桀伐有施,施人以妹喜女焉'。"女音女虑反。

⑦【正义】《括地志》云:"夏亭故城在汝州郏城县东北五十四里,盖夏后所封也。"

⑧【正义】《括地志》云:"汴州雍丘县,古杞国城也。周武王封禹后,号东楼公也。"

太史公曰:禹为姒姓,其后分封,用国为姓,故有夏后氏、有扈氏、有男氏、斟寻氏、①彤城氏、褒氏、费氏、②杞氏、缯氏、辛氏、冥氏、斟(氏)戈氏。孔子正夏时,学者多传《夏小正》云。③自虞、夏时,贡赋备矣。或言禹会诸侯江南,计功而崩,因葬焉,命曰会稽。会稽者,会计也。④

①【集解】徐广曰:"一作'斟氏、寻氏'。"

②【索隐】《系本》男作"南",寻作"郓",费作"弗",而不云彤城及褒。按:周有彤伯,盖彤城氏之后。张敖《地理记》云:"济南平寿县,其地即古斟寻国。"又下云斟戈氏,按《左传》、《系本》皆云斟灌氏。

③【集解】《礼运》称孔子曰:"我欲观夏道,是故之杞,而不足征也,吾得夏时

焉。"郑玄曰:"得夏四时之书,其存者有《小正》。" 【索隐】《小正》,《大戴记》篇名。正征二音。

④【集解】《皇览》曰:"禹冢在山阴县会稽山上。会稽山本名苗山,在县南,去县七里。《越传》曰禹到大越,上苗山,大会计,爵有德,封有功,因而更名苗山曰会稽。因病死,葬,苇棺,穿圹深七尺,上无漏泄,下无邸水,坛高三尺,土阶三等,周方一亩。《吕氏春秋》曰'禹葬会稽,不烦人徒'。《墨子》曰'禹葬会稽,衣衾三领,桐棺三寸'。《地理志》云山上有禹井、禹祠,相传以为下有群鸟耘田者也。" 【索隐】抵,至也,音丁礼反。苇棺者,以苇为棺。谓藉蒯而敛,非也。禹虽俭约,岂万乘之主而臣子乃以藉蒯裹尸乎?《墨子》言"桐棺三寸",差近人情。 【正义】《括地志》云:"禹陵在越州会稽县南十三里。庙在县东南十一里。"

【索隐述赞】尧遭鸿水,黎人阻饥。禹勤沟洫,手足胼胝。言乘四载,动履四时。娶妻有日,过门不私。九土即理,玄圭锡兹。帝启嗣立,有扈违命。五子作歌,太康失政。羿浞斯侮,夏室不竞。降于孔甲,扰龙乖性。嗟彼鸣条,其终不令!

史记卷三

殷本纪第三

殷契，①母曰简狄，②有娀氏之女，③为帝喾次妃。三人行浴，见玄鸟堕其卵，简狄取吞之，因孕生契。④契长而佐禹治水有功。帝舜乃命契曰："百姓不亲，五品不训，汝为司徒而敬敷五教，五教在宽。"封于商，⑤赐姓子氏。⑥契兴于唐、虞、大禹之际，功业著于百姓，百姓以平。

① 【索隐】契始封商，其后裔盘庚迁殷，殷在邺南，遂为天下号。契是殷家始祖，故言殷契。　【正义】《括地志》云："相州安阳本盘庚所都，即北蒙，殷墟南去朝歌城百四十六里。《竹书纪年》云'盘庚自奄迁于北蒙，曰殷墟，南去邺四十里'，是旧邺城西南三十里有洹水，南岸三里有安阳城，西有城名殷墟，所谓北蒙者也。"今按：洹水在相州北四里，安阳城即相州外城也。

② 【索隐】旧本作"易"，易狄音同。又作"逖"，吐历反。

③ 【集解】《淮南子》曰："有娀在不周之北。"　【正义】按：《记》云"桀败于有娀之墟"，有娀当在蒲州也。

④ 【索隐】谯周云："契生尧代，舜始举之，必非喾子。以其父微，故不著名。其母娀氏女，与宗妇三人浴于川，玄鸟遗卵，简狄吞之，则简狄非帝喾次妃明也。"

⑤ 【集解】郑玄曰："商国在太华之阳。"皇甫谧曰："今上洛商是也。"　【索隐】尧封契于商，即《诗·商颂》云"有娀方将，帝立子生商"是也。　【正义】《括地志》云："商州东八十里商洛县，本商邑，古之商国，帝喾之子高所封也。"

⑥ 【集解】《礼纬》曰："祖以玄鸟生子也。"　【正义】《括地志》云："故子城在渭州华城县东北八十里，盖子姓之别邑。"

契卒，子昭明立。昭明卒，子相土立。①相土卒，子昌若立。昌若卒，子曹圉立。②曹圉卒，③子冥立。④冥卒，子振立。⑤振卒，子微立。⑥

微卒，子报丁立。报丁卒，子报乙立。报乙卒，子报丙立。报丙卒，子主壬立。主壬卒，子主癸立。主癸卒，子天乙立，是为成汤。⑦

①【集解】宋忠曰："相土就契封于商。《春秋左氏传》曰'阏伯居商丘，相土因之'。"　【索隐】相土佐夏，功著于商，《诗·颂》曰"相土烈烈，海外有截"是也。《左传》曰"昔陶唐氏火正阏伯居商丘，相土因之"，是始封商也。　【正义】《括地志》云："宋州宋城县古阏伯之墟，即商丘也，又云羿所封之地。"

②【索隐】《系本》作"粮圉"也。

③【正义】圉音语，出《系本》。

④【集解】宋忠曰："冥为司空，勤其官事，死于水中，殷人郊之。"　【索隐】《礼记》曰"冥勤其官而水死"，殷人祖契而郊冥也。

⑤【索隐】《系本》作"核"。

⑥【索隐】皇甫谧云："微字上甲，其母以甲日生故也。"商家生子，以日为名，盖自微始。谯周以为死称庙主曰"甲"也。

⑦【集解】张晏曰："禹，汤，皆字也。二王去唐、虞之文，从高阳之质，故夏、殷之王皆以名为号。"《谥法》曰："除虐去残曰汤。"　【索隐】汤名履，《书》曰"予小子履"是也。又称天乙者，谯周云"夏、殷之礼，生称王，死称庙主，皆以帝名配之。天亦帝也，殷人尊汤，故曰天乙"。从契至汤凡十四代，故《国语》曰"玄王勤商，十四代兴"。玄王，契也。

成汤，自契至汤八迁。①汤始居亳，②从先王居，③作《帝诰》。④

①【集解】孔安国曰："十四世凡八徙国都。"

②【集解】皇甫谧曰："梁国榖熟为南亳，即汤都也。"　【正义】《括地志》云："宋州榖熟县西南三十五里南亳故城，即南亳，汤都也。宋州北五十里大蒙城为景亳，汤所盟地，因景山为名。河南偃师为西亳，帝喾及汤所都，盘庚亦徙都之。"

③【集解】孔安国曰："契父帝喾都亳，汤自商丘迁焉，故曰'从先王居'。"　【正义】按：亳，偃师城也。商丘，宋州也。汤即位，都南亳，后徙西亳也。《括地志》云："亳邑故城在洛州偃师县西十四里，本帝喾之墟，商汤之都也。"

④【索隐】一作"倍"。上云"从先王居"，故作《帝倍》。孔安国以为作诰告先王，言己来居亳也。

　　汤征诸侯。①葛伯不祀，汤始伐之。②汤曰："予有言：人视水见形，视民知治不。"伊尹曰："明哉！言能听，道乃进。君国子民，为善者皆在王官。勉哉，勉哉！"汤曰："汝不能敬命，予大罚殛之，无有攸赦。"作《汤征》。

　　①【集解】孔安国曰："为夏方伯，得专征伐。"

　　②【集解】《孟子》曰："汤居亳，与葛伯为邻。"《地理志》曰葛今梁国宁陵之葛乡。

　　伊尹名阿衡。①阿衡欲奸汤而无由，乃为有莘氏媵臣，②负鼎俎，以滋味说汤，致于王道。或曰，伊尹处士，汤使人聘迎之，五反然后肯往从汤，言素王及九主之事。③汤举任以国政。伊尹去汤适夏。既丑有夏，复归于亳。入自北门，遇女鸠、女房，作《女鸠》《女房》。④

　　①【索隐】《孙子兵书》："伊尹名挚。"孔安国亦曰"伊挚"。然解者以阿衡为官名。按：阿，倚也，衡，平也。言依倚而取平。《书》曰"惟嗣王弗惠于阿衡"，亦曰保衡，皆伊尹之官号，非名也。皇甫谧曰："伊尹，力牧之后，生于空桑。"又《吕氏春秋》云："有侁氏女采桑，得婴儿于空桑，母居伊水，命曰伊尹。"尹，正也，谓汤使之正天下。

　　②【集解】《列女传》曰："汤妃有莘氏之女。"　【正义】《括地志》云："古莘国在汴州陈留县东五里，故莘城是也。《陈留风俗传》云陈留外黄有莘昌亭，本宋地，莘氏邑也。"媵，翊剩反。《尔雅》云："媵，将，送也。"

　　③【集解】刘向《别录》曰："九主者，有法君、专君、授君、劳君、等君、寄君、破君、国君、三岁社君，凡九品，图画其形。"　【索隐】按：素王者太素上皇，其道质素，故称素王。九主者，三皇、五帝及夏禹也。或曰，九主谓九皇也。然按注刘向所称九主，载之《七录》，名称甚奇，不知所凭据耳。法君，谓用法严急之君，若秦孝公及始皇等也。劳君，谓勤劳天下，若禹、稷等也。等君，等者平也，谓定等威，均禄赏，若高祖封功臣，侯雍齿也。授君，谓人君不能自理，而政归其臣，若燕王哙授子之，禹授益之比也。专君，谓专己独断，不任贤臣，若汉宣之比也。破君，谓轻敌致寇，国灭君死，若楚戊、吴濞等是也。寄君，谓人困于下，主骄于上，离析可待，故孟轲谓之"寄君"也。国君，国当为"固"，字之讹耳。固，谓完城郭，利甲兵，而不修德，若三苗、智

伯之类也。三岁社君,谓在襁褓而主社稷,若周成王、汉昭、平等是也。又注本九主,谓法君、劳君、等君、专君、授君、破君、国君,以三岁社君为二,恐非。

④【集解】孔安国曰:"鸠房二人,汤之贤臣也。二篇言所以丑夏而还之意也。"

汤出,见野张网四面,祝曰:"自天下四方皆入吾网。"汤曰:"嘻,尽之矣!"乃去其三面,祝曰:"欲左,左。欲右,右。不用命,乃入吾网。"诸侯闻之,曰:"汤德至矣,及禽兽。"

当是时,夏桀为虐政淫荒,而诸侯昆吾氏为乱。①汤乃兴师率诸侯,伊尹从汤,汤自把钺以伐昆吾,遂伐桀。汤曰:"格女众庶,来,女悉听朕言。匪台小子②敢行举乱,有夏多罪,予维闻女众言,夏氏有罪。予畏上帝,不敢不正。③今夏多罪,天命殛之。今女有众,女曰'我君不恤我众,舍我啬事而割政'。④女其曰'有罪,其奈何'?夏王率止众力,率夺夏国。⑤有众率怠不和,⑥曰'是日何时丧?予与女皆亡'!⑦夏德若兹,今朕必往。尔尚及予一人致天之罚,予其大理女。⑧女毋不信,朕不食言。⑨女不从誓言,予则帑僇女,无有攸赦。"以告令师,作《汤誓》。于是汤曰"吾甚武",号曰武王。⑩

①【正义】帝喾时陆终之长子,昆吾氏之后也。《世本》云"昆吾者,卫氏"是。

②【集解】马融曰:"台,我也。"

③【集解】孔安国曰:"不敢不正桀之罪而诛之。"

④【集解】孔安国曰:"夺民农功,而为割剥之政。"

⑤【集解】孔安国曰:"桀之君臣相率遏止众力,使不得事农,相率割剥夏之邑居。"

⑥【集解】马融曰:"众民相率怠惰,不和同。"

⑦【集解】《尚书大传》曰:"桀云'天之有日,犹吾之有民,日有亡哉,日亡吾亦亡矣'。"

⑧【集解】《尚书》"理"字作"赉"。郑玄曰:"赉,赐也。"

⑨【集解】《左传》云:"食言多矣,能无肥乎?"是谓妄言为食言。

⑩【集解】《诗》云:"武王载旆,有虔秉钺。"《毛传》曰:"武王,汤也。"

桀败于有娀之虚,桀奔于鸣条①,夏师败绩。汤遂伐三㚇,俘厥宝玉，②义伯、仲伯作《典宝》。③汤既胜夏，欲迁其社，不可，④作《夏社》。⑤
伊尹报。⑥于是诸侯毕服，汤乃践天子位，平定海内。

①【正义】《括地志》云："高涯原在蒲州安邑县北三十里南阪口，即古鸣条陌
也。鸣条战地，在安邑西。"

②【集解】孔安国曰："三㚖，国名，桀走保之，今定陶也。俘，取也。"【正义】
《括地志》云："曹州济阴县即古定陶也，东有三㚖亭是也。"

③【集解】孔安国曰："二臣作《典宝》一篇，言国之常宝也。"

④【集解】孔安国曰："欲变置社稷，而后世无及句龙者，故不可而止。"

⑤【集解】孔安国曰："言夏社不可迁之义。"

⑥【集解】徐广曰："一云'伊尹报政'。"

　　汤归至于泰卷陶，①中䃏作诰。②既绌夏命，③还亳，作《汤诰》："维
三月，王自至于东郊。告诸侯群后：'毋不有功于民，勤力乃事。予乃大
罚殛女，毋予怨。'曰：'古禹、皋陶久劳于外，其有功乎民，民乃有安。东
为江，北为济，西为河，南为淮，四渎已修，万民乃有居。后稷降播，农殖
百谷。三公咸有功于民，故后有立。④昔蚩尤与其大夫作乱百姓，帝乃
弗予，⑤有状。⑥先王言不可不勉。'⑦曰：'不道，毋之在国，⑧女毋我
怨。'"以令诸侯。伊尹作《咸有一德》，⑨咎单作《明居》。⑩

①【集解】徐广曰："一无此'陶'字。"孔安国曰："地名。汤自三㚖而还。"【索
隐】邹诞生"卷"作"坰"，又作"泂"，则卷当为"坰"，与《尚书》同，非衍字也。
其下"陶"字是衍耳。何以知然？解《尚书》者以大坰今定陶是也，旧本或傍
记其地名，后人转写遂衍斯字也。【正义】坰，古铭反。

②【集解】孔安国曰："仲虺，汤左相奚仲之后。"【索引】仲虺二音。䃏作
"墨"，音如字，《尚书》又作"虺"也。

③【集解】孔安国曰："绌其王命。"

④【集解】徐广曰："一作'土'。"【索隐】谓禹、皋陶有功于人，建立其后，故云
有立。

⑤【集解】音与。

⑥【索隐】帝，天也。谓蚩尤作乱，上天乃不佑之，是为弗与。有状，言其罪大
而有形状，故黄帝灭之。

⑦【索隐】先王指黄帝、帝尧、帝舜等言。禹、皋繇以久劳于外,故后有立。及
　　蚩尤作乱,天不佑之,乃致黄帝灭之。皆是先王赏有功,诛有罪,言今汝不
　　可不勉。此汤诫其臣。

⑧【集解】徐广曰:"之,一作'政'。"　【索隐】不道犹无道也。又诫诸侯云,汝
　　为不道,我则无令汝之在国。

⑨【集解】王肃曰:"言君臣皆有一德。"　【索隐】按:《尚书》伊尹作《咸有一德》
　　在太甲时,太史公记之于斯,谓成汤之日,其言又失次序。

⑩【集解】马融曰:"咎单,汤司空也。明居民之法也。"

汤乃改正朔,易服色,上白,朝会以昼。

汤崩,①太子太丁未立而卒,于是乃立太丁之弟外丙,是为帝外丙。
帝外丙即位三年,崩,立外丙之弟中壬,②是为帝中壬。帝中壬即位四
年,崩,伊尹乃立太丁之子太甲。③太甲,成汤適长孙也,是为帝太甲。
帝太甲元年,伊尹作《伊训》,作《肆命》,作《徂后》。④

①【集解】《皇览》曰:"汤冢在济阴亳县北东郭,去县三里。冢四方,方各十步,
　　高七尺,上平,处平地。汉哀帝建平元年,大司空(御)史〔御〕长卿案行水灾,
　　因行汤冢。刘向曰:'殷汤无葬处。'"皇甫谧曰:"即位十七年而践天子位,
　　为天子十三年,年百岁而崩。"　【索隐】长卿,诸本多作劫姓。按:《风俗通》
　　有御氏,为汉司空(御)史,其名长卿,明劫非也。亦有劫弥,不得为御史。
　　【正义】《括地志》云:"薄城北郭东三里平地有汤冢。按:在蒙,即北薄也。
　　又云洛州偃师县东六里有汤冢,近桐宫,盖此是也。"

②【正义】仲任二音。

③【正义】《尚书·孔子序》云"成汤既没,太甲元年",不言有外丙、仲壬,而太
　　史公采《世本》,有外丙、仲壬,二书不同,当是信则传信,疑则传疑。

④【集解】郑玄曰:"《肆命》者,陈政教所当为也。《徂后》者,言汤之法度也。"

帝太甲既立三年,不明,暴虐,不遵汤法,乱德,于是伊尹放之于桐
宫。①三年,伊尹摄行政当国,以朝诸侯。

①【集解】孔安国曰:"汤葬地。"郑玄曰:"地名也,有王离宫焉。"　【正义】《晋
　　太康地记》云:"尸乡南有亳阪,东有城,太甲所放处也。"按:尸乡在洛州偃

师县西南五里也。

帝太甲居桐宫三年，悔过自责，反善，于是伊尹乃迎帝太甲而授之政。帝太甲修德，诸侯咸归殷，百姓以宁。伊尹嘉之，乃作《太甲训》三篇，褒帝太甲，称太宗。

太宗崩，子沃丁立。帝沃丁之时，伊尹卒。既葬伊尹于亳，①咎单遂训伊尹事，作《沃丁》。

①【集解】《皇览》曰："伊尹冢在济阴己氏平利乡，亳近己氏。"　【正义】《括地志》云："伊尹墓在洛州偃师县西北八里。又云宋州楚丘县西北十五里有伊尹墓，恐非也。"《帝王世纪》：伊尹名挚，为汤相，号阿衡，年百岁卒，大雾三日，沃丁以天子礼葬之。"

沃丁崩，弟太庚立，是为帝太庚。帝太庚崩，子帝小甲立。①帝小甲崩，弟雍己立，是为帝雍己。殷道衰，诸侯或不至。

①【集解】徐广曰："《世表》云帝小甲，太庚弟也。"

帝雍己崩，弟太戊立，是为帝太戊。帝太戊立伊陟为相。①亳有祥桑穀共生于朝，一暮大拱。②帝太戊惧，问伊陟。伊陟曰："臣闻妖不胜德，帝之政其有阙与？帝其修德。"太戊从之，而祥桑枯死而去。③伊陟赞言于巫咸。④巫咸治王家有成，作《咸艾》，⑤作《太戊》。帝太戊赞伊陟于庙，言弗臣，伊陟让，作《原命》。⑥殷复兴，诸侯归之，故称中宗。

①【集解】孔安国曰："伊陟，伊尹之子。"

②【集解】孔安国曰："祥，妖怪也。二木合生，不恭之罚。"郑玄曰："两手搤之曰拱。"　【索隐】此云"一暮大拱"，《尚书大传》作"七日大拱"，与此不同。

③【索隐】刘伯庄言枯死而消去不见，今以为由帝修德而妖祥遂去。

④【集解】孔安国曰："赞，告也。巫咸，臣名也。"　【正义】按：巫咸及子贤冢皆在苏州常熟县西海虞山上，盖二子本吴人也。

⑤【集解】马融曰："艾，治也。"

⑥【集解】马融曰："原，臣名也。命原以禹、汤之道我所修也。"

中宗崩，子帝中丁立。帝中丁迁于隞。①河亶甲居相。②祖乙迁于

邢。③帝中丁崩，弟外壬立，是为帝外壬。《仲丁》书阙不具。④帝外壬崩，
弟河亶甲立，是为帝河亶甲。河亶甲时，殷复衰。

①【集解】孔安国曰："地名。"皇甫谧曰："或云河南敖仓是也。"【索隐】隞亦
作"嚣"，并音敖字。【正义】《括地志》云："荥阳故城在郑州荥泽县西南十
七里，殷时敖地也。"

②【集解】孔安国曰："地名，在河北。"【正义】《括地志》云："故殷城在相州内
黄县东南十三里，即河亶甲所筑都之，故名殷城也。"

③【索隐】邢音耿。近代本亦作"耿"。今河东皮氏县有耿乡。【正义】《括地
志》云："绛州龙门县东南十二里耿城，故耿国也。"

④【索隐】盖太史公知旧有《仲丁》书，今已遗阙不具也。

河亶甲崩，子帝祖乙立。帝祖乙立，殷复兴。巫贤任职。

祖乙崩，子帝祖辛立。帝祖辛崩，弟沃甲立，是为帝沃甲。①帝沃甲
崩，立沃甲兄祖辛之子祖丁，是为帝祖丁。帝祖丁崩，立弟沃甲之子南
庚，是为帝南庚。帝南庚崩，立帝祖丁之子阳甲，是为帝阳甲。帝阳甲
之时，殷衰。

①【索隐】《系本》作"开甲"也。

自中丁以来，废适而更立诸弟子，弟子或争相代立，比九世乱，于是
诸侯莫朝。

帝阳甲崩，弟盘庚立，是为帝盘庚。帝盘庚之时，殷已都河北，盘庚
渡河南，复居成汤之故居，乃五迁，无定处。①殷民咨胥皆怨，不欲徙。②
盘庚乃告谕诸侯大臣曰："昔高后成汤与尔之先祖俱定天下，法则可修。
舍而弗勉，何以成德！"乃遂涉河南，治亳，③行汤之政，然后百姓由宁，
殷道复兴。诸侯来朝，以其遵成汤之德也。

①【集解】孔安国曰："自汤至盘庚凡五迁都。"【正义】汤自南亳迁西亳，仲丁
迁隞，河亶甲居相，祖乙居耿，盘庚渡河，南居西亳，是五迁也。

②【集解】孔安国曰："胥，相也。民不欲徙，皆咨嗟忧愁，相与怨其上也。"

③【集解】郑玄曰："治于亳之殷地，商家自此徙，而改号曰殷亳。"皇甫谧曰：
"今偃师是也。"

帝盘庚崩,弟小辛立,是为帝小辛。帝小辛立,殷复衰。百姓思盘庚,乃作《盘庚》三篇。①帝小辛崩,弟小乙立,是为帝小乙。

①【索隐】《尚书》"盘庚将治亳殷,民咨胥怨,作《盘庚》",此以盘庚崩,弟小辛立,百姓思之,乃作《盘庚》,由不见古文也。

帝小乙崩,子帝武丁立。帝武丁即位,思复兴殷,而未得其佐。三年不言,政事决定于冢宰,①以观国风。武丁夜梦得圣人,名曰说。以梦所见视群臣百吏,皆非也。于是乃使百工营求之野,得说于傅险中。②是时说为胥靡,筑于傅险。③见于武丁,武丁曰是也。得而与之语,果圣人,举以为相,殷国大治。故遂以傅险姓之,号曰傅说。

①【集解】郑玄曰:"冢宰,天官卿贰王事者。"

②【集解】徐广曰:"《尸子》云傅岩在北海之洲。"　【索隐】旧本作"险",亦作"岩"也。　【正义】《〔括〕地(理)志》云:"傅险即傅说版筑之处,所隐之处窟名圣人窟,在今陕州河北县北七里,即虞国虢国之界。又有傅说祠。《注水经》云沙涧水北出虞山,东南径傅岩,历傅说隐室前,俗名圣人窟。"

③【集解】孔安国曰:"傅氏之岩在虞虢之界,通道所经,有涧水坏道,常使胥靡刑人筑护此道。说贤而隐,代胥靡筑之,以供食也。"

帝武丁祭成汤,明日,有飞雉登鼎耳而呴,①武丁惧。祖己曰:②"王勿忧,先修政事。"祖己乃训王曰:"唯天监下典厥义,③降年有永有不永,非天夭民,中绝其命。民有不若德,不听罪,天既附命正厥德,④乃曰其奈何。呜呼! 王嗣敬民,罔非天继,常祀毋礼于弃道。"⑤武丁修政行德,天下咸欢,殷道复兴。

①【正义】音构。呴,雉鸣也。《诗》云:"雉之朝呴。"

②【集解】孔安国曰:"贤臣名。"

③【集解】孔安国曰:"言天视下民以义为常也。"

④【集解】孔安国曰:"不顺德,言无义也。不服罪,不改修也。天以信命正其德,谓其有永有不永。"　【索隐】附,依《尚书》音孚。

⑤【集解】孔安国曰:"王者主民,当敬民事。民事无非天所嗣常也。祭祀有常,不当特丰于近也。"　【索隐】祭祀有常,无为丰杀之礼于是以弃常道。

帝武丁崩，子帝祖庚立。祖己嘉武丁之以祥雉为德，立其庙为高宗，遂作《高宗肜日》及《训》。①

①【集解】孔安国曰："祭之明日又祭，殷曰肜，周曰绎。"

帝祖庚崩，弟祖甲立，是为帝甲。帝甲淫乱，殷复衰。①

①【索隐】《国语》云"帝甲乱之，七代而陨"是也。

帝甲崩，子帝廪辛立。①帝廪辛崩，弟庚丁立，是为帝庚丁。帝庚丁崩，子帝武乙立。殷复去亳，徙河北。

①【索隐】《汉书·古今人表》及《帝王代纪》皆作"冯辛"。

帝武乙无道，为偶人，①谓之天神。与之博，令人为行。②天神不胜，乃僇辱之。为革囊，盛血，卬而射之，命曰"射天"。武乙猎于河渭之间，暴雷，武乙震死。子帝太丁立。帝太丁崩，子帝乙立。帝乙立，殷益衰。

①【索隐】偶音寓。亦如字。　【正义】偶，五苟反。偶，对也。以土木为人，对象于人形也。

②【正义】为，于伪反。行，胡孟反。

帝乙长子曰微子启，①启母贱，不得嗣。②少子辛，辛母正后，辛为嗣。帝乙崩，子辛立，是为帝辛，天下谓之纣。③

①【索隐】微，国号。爵为子。启，名也。《孔子家语》云"微"或作"魏"，读从微音。邹本亦然也。

②【索隐】此以启与纣异母，而郑玄称为同母，依《吕氏春秋》，言母当生启时犹未正立，及生纣时始正为妃，故启大而庶，纣小而嫡。

③【集解】《谥法》曰："残义损善曰纣。"

帝纣资辨捷疾，闻见甚敏；材力过人，手格猛兽；①知足以距谏，言足以饰非；矜人臣以能，高天下以声，以为皆出己之下。好酒淫乐，嬖于妇人。爱妲己，②妲己之言是从。于是使师涓作新淫声，北里之舞，靡靡之乐。厚赋税以实鹿台之钱，③而盈钜桥之粟。④益收狗马奇物，充仞宫室。益广沙丘苑台，⑤多取野兽蜚鸟置其中。慢于鬼神。大冣乐戏于沙丘，⑥以酒为池，⑦县肉为林，⑧使男女倮⑨相逐其间，为长夜之饮。

①【正义】《帝王世纪》云"纣倒曳九牛,抚梁易柱"也。

②【集解】皇甫谧曰:"有苏氏美女。"　【索隐】《国语》有苏氏女,妲字己姓也。

③【集解】如淳曰:"《新序》云鹿台,其大三里,高千尺。"瓒曰:"鹿台,台名,今
　　在朝歌城中。"　【正义】《括地志》云:"鹿台在卫州卫县西南三十二里。"

④【集解】服虔曰:"钜桥,仓名。许慎曰钜鹿水之大桥也,有漕粟也。"　【索
　　隐】邹诞生云:"钜,大;桥,器名也。纣厚赋税,故因器而大其名。"

⑤【集解】《尔雅》曰:"迆逦,沙丘也。"《地理志》曰在钜鹿东北七十里。　【正
　　义】《括地志》云:"沙丘台在邢州平乡东北二十里。《竹书纪年》自盘庚徙殷
　　至纣之灭二百五十三年,更不徙都,纣时稍大其邑,南距朝歌,北据邯郸及
　　沙丘,皆为离宫别馆。"

⑥【集解】徐广曰:"最,一作'聚'。"

⑦【正义】《括地志》云:"酒池在卫州卫县西二十三里。《太公六韬》云纣为酒
　　池,回船糟丘而牛饮者三千馀人为辈。"

⑧【正义】县,户眠反。

⑨【正义】胡瓦反。

百姓怨望而诸侯有畔者,于是纣乃重刑辟,有炮格之法。①以西伯
昌、九侯、②鄂侯③为三公。九侯有好女,入之纣。九侯女不憙淫,④纣
怒,杀之,而醢九侯。鄂侯争之强,辨之疾,并脯鄂侯。西伯昌闻之,窃
叹。崇侯虎知之,以告纣,纣囚西伯羑里。⑤西伯之臣闳夭之徒,求美女
奇物善马以献纣,纣乃赦西伯。西伯出而献洛西之地,⑥以请除炮格之
刑。纣乃许之,赐弓矢斧钺,使得征伐,为西伯。而用费中为政。⑦费中
善谀,好利,殷人弗亲。纣又用恶来。⑧恶来善毁谗,诸侯以此益疏。

①【集解】《列女传》曰:"膏铜柱,下加之炭,令有罪者行焉,辄堕炭中,妲己笑,
　　名曰炮格之刑。"　【索隐】邹诞生云"格,一音阁"。又云"见蚁布铜斗,足废
　　而死,于是为铜格,炊炭其下,使罪人步其上",与《列女传》少异。

②【集解】徐广曰:"一作'鬼侯'。邺县有九侯城。"　【索隐】九亦依字读,邹诞
　　生音仇也。　【正义】《括地志》云:"相州滏阳县西南五十里有九侯城,亦名
　　鬼侯城,盖殷时九侯城也。"

③【集解】徐广曰:"一作'邘',音于。野王县有邘城。"

④【集解】徐广曰:"一云无'不意淫'。"

⑤【集解】《地理志》曰河内汤阴有羑里城,西伯所拘处。韦昭曰"音酉"。
【正义】牖,一作"羑",音酉。羑城在相州汤阴县北九里,纣囚西伯城也。
《帝王世纪》云:"囚文王,文王之长子曰伯邑考质于殷,为纣御,纣烹为羹,
赐文王,曰'圣人当不食其子羹'。文王食之。纣曰'谁谓西伯圣者?食其
子羹尚不知也'。"

⑥【正义】洛水一名漆沮水,在同州洛西之地,谓洛西之丹、坊等州也。

⑦【正义】费音扶味反。中音仲。费,姓;仲,名也。

⑧【索隐】秦之祖蜚廉子。

西伯归,乃阴修德行善,诸侯多叛纣而往归西伯。西伯滋大,纣由
是稍失权重。王子比干谏,弗听。商容贤者,百姓爱之,纣废之。及西
伯伐饥国,灭之,①纣之臣祖伊②闻之而咎周,③恐,奔告纣曰:"天既讫
我殷命,假人元龟,④无敢知吉,⑤非先王不相我后人,⑥维王淫虐用自
绝,故天弃我,不有安食,不虞知天性,不迪率典。⑦今我民罔不欲丧,曰
'天曷不降威,大命胡不至'?今王其奈何?"纣曰:"我生不有命在天
乎!"祖伊反,曰:"纣不可谏矣。"西伯既卒,周武王之东伐,至盟津,诸侯
叛殷会周者八百。诸侯皆曰:"纣可伐矣。"武王曰:"尔未知天命。"乃
复归。

①【集解】徐广曰:"饥,一作'阢',又作'耆'。"

②【集解】孔安国曰:"祖己后,贤臣也。"

③【集解】孔安国曰:"咎,恶也。"

④【集解】徐广曰:"元,一作'卜'。"

⑤【集解】马融曰:"元龟,大龟也,长尺二寸。"孔安国曰:"至人以人事观殷,大
龟以神灵考之,皆无知吉者。"

⑥【集解】孔安国曰:"相,助也。"

⑦【集解】郑玄曰:"王暴虐于民,使不得安食,逆乱阴阳,不度天性,傲很明德,
不修教法者。"

纣愈淫乱不止。微子数谏不听,乃与大师、少师谋,遂去。比干曰:

“为人臣者，不得不以死争。”乃强谏纣。纣怒曰：“吾闻圣人心有七窍。”剖比干，观其心。①箕子惧，乃详狂为奴，纣又囚之。殷之大师、少师乃持其祭乐器奔周。周武王于是遂率诸侯伐纣。纣亦发兵距之牧野。②甲子日，纣兵败。纣走，入登鹿台，③衣其宝玉衣，赴火而死。④周武王遂斩纣头，县之〔大〕白旗。杀妲己。释箕子之囚，封比干之墓，表商容之闾。⑤封纣子武庚禄父，以续殷祀，⑥令修行盘庚之政。殷民大说。于是周武王为天子。其后世贬帝号，号为王。⑦而封殷后为诸侯，属周。⑧

①【正义】《括地志》云：“比干见微子去，箕子狂，乃叹曰：‘主过不谏，非忠也。畏死不言，非勇也。过则谏，不用则死，忠之至也。’进谏不去者三日。纣问：‘何以自持？’比干曰：‘修善行仁，以义自持。’纣怒，曰：‘吾闻圣人心有七窍，信诸？’遂杀比干，剖视其心也。”

②【集解】郑玄曰：“牧野，纣南郊地名也。”【正义】《括地志》云：“今卫州城即殷牧野之地，周武王伐纣筑也。”

③【集解】徐广曰：“鹿，一作‘廪’。”

④【正义】《周书》云：“纣取天智玉琰五，环身以自焚。”

⑤【索隐】皇甫谧云“商容与殷人观周军之入”，则以为人名。郑玄云：“商家典乐之官，知礼容，所以礼署称容台。”

⑥【集解】谯周曰：“殷凡三十一世，六百馀年。”《汲冢纪年》曰：“汤灭夏以至于受二十九王，用岁四百九十六年也。”

⑦【索隐】按：夏、殷天子亦皆称帝，代以德薄不及五帝，始贬帝号，号之为王，故本纪皆帝，而后总曰“三王”也。

⑧【正义】即武庚禄父也。

周武王崩，武庚与管叔、蔡叔作乱，成王命周公诛之，而立微子于宋，以续殷后焉。

太史公曰：余以《颂》次契之事，自成汤以来，采于《书》《诗》。契为子姓，其后分封，以国为姓，有殷氏、来氏、宋氏、空桐氏、稚氏、①北殷氏、②目夷氏。孔子曰，殷路车为善，而色尚白。③

①【索隐】按：《系本》子姓无稚氏。

②【索隐】《系本》作"髦氏",又有时氏、萧氏、黎氏。然北殷氏盖秦宁公所伐亳
　王,汤之后也。

③【索隐】《论语》孔子曰"乘殷之辂",《礼记》曰"殷人尚白",太史公为赞,不取
　成文,遂作此语,亦疏略也。

【索隐述赞】简狄吞乙,是为殷祖。玄王启商,伊尹负俎。上开三面,下献九
主。旋师泰卷,继相臣扈。迁嚣圮耿,不常厥土。武乙无道,祸因射天。帝辛
淫乱,拒谏贼贤。九侯见醢,炮格兴焉。黄钺斯杖,白旗是悬。哀哉琼室,殷
祀用迁!

史记卷四

周本纪第四

周后稷，名弃。①其母有邰氏女，曰姜原。②姜原为帝喾元妃。③姜原出野，见巨人迹，心忻然说，欲践之，践之而身动如孕者。居期而生子，以为不祥，弃之隘巷，④马牛过者皆辟不践；徙置之林中，适会山林多人，迁之；而弃渠中冰上，飞鸟以其翼覆荐之。姜原以为神，遂收养长之。初欲弃之，因名曰弃。⑤

①【正义】因太王所居周原，因号曰周。《地理志》云右扶风美阳县岐山在西北中水乡，周太王所邑。《括地志》云："故周城一名美阳城，在雍州武功县西北二十五里，即太王城也。"

②【集解】《韩诗章句》曰："姜，姓。原，字。"或曰姜原，谥号也。　【正义】邰，天来反，亦作"㟥"，同。《说文》云："邰，炎帝之后，姜姓，封邰，周弃外家。"

③【索隐】谯周以为"弃，帝喾之胄，其父亦不著"，与此纪异也。

④【索隐】已下皆《诗·大雅·生民篇》所云"诞寘之隘巷，牛羊腓字之；诞寘之平林，会伐平林；诞寘之寒冰，鸟覆翼之"，是其事也。

⑤【正义】《古史考》云"弃，帝喾之胄，其父亦不著"，与此文稍异也。

弃为儿时，屹如巨人之志。其游戏，好种树麻、菽，麻、菽美。及为成人，遂好耕农，相地之宜，宜谷者稼穑焉，①民皆法则之。帝尧闻之，举弃为农师，天下得其利，有功。帝舜曰："弃，黎民始饥，②尔后稷播时百谷。"封弃于邰，③号曰后稷，别姓姬氏。④后稷之兴，在陶唐、虞、夏之际，皆有令德。

①【正义】种曰稼，敛曰穑。

②【集解】徐广曰："《今文尚书》云'祖饥'，故此作'始饥'。祖，始也。"

③【集解】徐广曰："今斄乡在扶风。"　【索隐】即《诗·生民》曰"有邰家室"是
也。邰即斄，古今字异耳。　【正义】《括地志》云："故斄城一名武功城，在
雍州武功县西南二十二里，古邰国，后稷所封也。有后稷及姜嫄祠。"毛苌
云："邰，姜嫄国也，后稷所生。尧见天因邰而生后稷，故因封于邰也。"

④【集解】《礼纬》曰："祖以履大迹而生。"

　　后稷卒，①子不窋立。②不窋末年，夏后氏政衰，去稷不务，③不窋以
失其官而奔戎狄之间。不窋卒，子鞠立。鞠卒，子公刘立。公刘虽在戎
狄之间，复修后稷之业，务耕种，行地宜，自漆、沮度渭，取材用，④行者
有资，居者有畜积，民赖其庆。百姓怀之，多徙而保归焉。周道之兴自
此始，故诗人歌乐思其德。⑤公刘卒，子庆节立，国于豳。⑥

①【集解】《山海经·大荒经》曰："黑水青水之间有广都之野，后稷葬焉。"皇甫
谧曰："冢去中国三万里也。"

②【索隐】《帝王世纪》云"后稷纳姞氏，生不窋"，而谯周按《国语》云"世后稷，
以服事虞、夏"，言世稷官，是失其代数也。若以不窋亲弃之子，至文王千馀
岁唯十四代，实亦不合事情。　【正义】《括地志》云："不窋故城在庆州弘化
县南三里。即不窋在戎狄所居之城也。"《毛诗疏》云："虞及夏、殷共有千二
百岁。每世在位皆八十年，乃可充其数耳。命之短长，古今一也，而使十五
世君在位皆八十许载，子必将老始生，不近人情之甚。以理而推，实难据
信也。"

③【集解】韦昭曰："夏太康失国，废稷之官，不复务农。"　【索隐】《国语》云"弃
稷不务"。此云"去稷"者，是太史公恐"弃"是后稷之名，故变文云"去"也。
言夏政衰，不窋去稷官，不复务农者也。

④【正义】公刘从漆县漆水南渡渭水，至南山取材木为用也。《括地志》云："豳
州新平县即汉漆县也。漆水出岐州普润县东南岐山漆溪，东入渭。"

⑤【索隐】即《诗·大雅篇》"笃公刘"是也。

⑥【集解】徐广曰："新平漆县之东北有豳亭。"　【索隐】豳即邠也，古今字异
耳。　【正义】《括地志》云："豳州新平县即汉漆县，《诗》豳国，公刘所邑之
地也。"

　　庆节卒，子皇仆立。皇仆卒，子差弗立。差弗卒，子毁隃立。①毁隃

卒,子公非立。②公非卒,子高圉立。③高圉卒,子亚圉立。④亚圉卒,子公
叔祖类立。⑤公叔祖类卒,子古公亶父立。古公亶父复修后稷、公刘之
业,积德行义,国人皆戴之。薰育戎狄攻之,欲得财物,予之。已复攻,
欲得地与民。民皆怒,欲战。古公曰:"有民立君,将以利之。今戎狄所
为攻战,以吾地与民。民之在我,与其在彼,何异。民欲以我故战,杀人
父子而君之,予不忍为。"乃与私属遂去豳,度漆、沮,⑥逾梁山,⑦止于岐
下。⑧豳人举国扶老携弱,尽复归古公于岐下。及他旁国闻古公仁,亦
多归之。于是古公乃贬戎狄之俗,而营筑城郭室屋,而邑别居之。⑨作
五官有司。⑩民皆歌乐之,颂其德。⑪

①【集解】音逾。《世本》作"榆"。　【索隐】《系本》作"伪榆"。

②【索隐】《系本》云:"公非辟方。"皇甫谧云:"公非字辟方也。"

③【集解】宋衷曰:"高圉能率稷者也,周人报之。"　【索隐】《系本》云:"高圉
　侯侔。"

④【集解】《世本》云:"亚圉云都。"皇甫谧云:"云都,亚圉字。"　【索隐】《汉
　书·古今表》曰:"云都,亚圉弟。"按:如此说,则辟方侯侔亦皆二人之名,实
　未能详。

⑤【索隐】《系本》云:"太公组绀诸盩。"《三代世表》称叔类,凡四名。皇甫谧云
　"公祖一名组绀诸盩,字叔类,号曰太公"也。

⑥【集解】徐广曰:"水在杜阳岐山。杜阳县在扶风。"

⑦【正义】《括地志》云:"梁山在雍州好畤县西北十八里。"郑玄云:"岐山在梁
　山西南。"然则梁山横长,其东当夏阳,西北临河,其西当岐山东北,自豳适
　周,当逾之矣。

⑧【集解】徐广曰:"山在扶风美阳西北,其南有周原。"骃案:皇甫谧云"邑于周
　地,故始改国曰周"。

⑨【集解】徐广曰:"分别而为邑落也。"

⑩【集解】《礼记》曰:"天子之五官曰司徒、司马、司空、司士、司寇,典司五众。"
　郑玄曰:"此殷时制。"

⑪【索隐】即《诗·颂》云"后稷之孙,实维太王,居岐之阳,实始翦商"是也。

古公有长子曰太伯,次曰虞仲。太姜生少子季历,①季历娶太任,②皆贤妇人,③生昌,有圣瑞。④古公曰:"我世当有兴者,其在昌乎?"长子太伯、虞仲知古公欲立季历以传昌,乃二人亡如荆蛮,⑤文身断发,⑥以让季历。

①【正义】《国语注》云:"齐、许、申、吕四国,皆姜姓也,四岳之后,太姜之家。太姜,太王之妃,王季之母。"

②【集解】《列女传》曰:"太姜,有邰氏之女。太任,挚任氏之中女。"【正义】《国语注》云:"挚、畴二国,任姓。奚仲、仲虺之后,太任之家。太任,王季之妃,文王母也。"

③【正义】《列女传》云:"太姜,太王娶以为妃,生太伯、仲雍、王季。太姜有色而贞顺,率导诸子,至于成童,靡有过失。太王谋事必于太姜,迁徙必与。太任,王季娶以为妃。太任之性,端壹诚庄,维德之行。及其有身,目不视恶色,耳不听淫声,口不出傲言,能以胎教子,而生文王。"此皆有贤行也。

④【正义】《尚书帝命验》云:"季秋之月甲子,赤爵衔丹书入于酆,止于昌户。其书云:'敬胜怠者吉,怠胜敬者灭,义胜欲者从,欲胜义者凶。凡事不强则枉,不敬则不正。枉者废灭,敬者万世。以仁得之,以仁守之,其量百世。以不仁得之,以仁守之,其量十世。以不仁得之,不仁守之,不及其世。'"此盖圣瑞。

⑤【正义】太伯奔吴,所居城在苏州北五十里常州无锡县界梅里村,其城及冢见存。而云"亡荆蛮"者,楚灭越,其地属楚,秦灭楚,其地属秦,秦讳"楚",改曰"荆",故通号吴越之地为荆。及北人书史加云"蛮",势之然也。

⑥【集解】应劭曰:"常在水中,故断其发,文其身,以象龙子,故不见伤害。"

古公卒,季历立,是为公季。公季修古公遗道,笃于行义,诸侯顺之。

公季卒,①子昌立,是为西伯。西伯曰文王,②遵后稷、公刘之业,则古公、公季之法,笃仁,敬老,慈少。礼下贤者,日中不暇食以待士,士以此多归之。伯夷、叔齐在孤竹,③闻西伯善养老,盍往归之。太颠、闳夭、散宜生、鬻子、辛甲大夫之徒皆往归之。④

①【集解】皇甫谧曰:"葬鄠县之南山。"

②【正义】《帝王世纪》云："文王龙颜虎肩,身长十尺,胸有四乳。"《雒书灵准
　听》云："苍帝姬昌,日角鸟鼻,高长八尺二寸,圣智慈理也。"

③【集解】应劭曰："在辽西令支。"　【正义】《括地志》云："孤竹故城在平州卢
　龙县南十二里,殷时诸侯孤竹国也,姓墨胎氏。"

④【集解】刘向《别录》曰："鬻子名熊,封于楚。辛甲,故殷之臣,事纣。盖七十
　五谏而不听,去至周,召公与语,贤之,告文王,文王亲自迎之,以为公卿,封
　长子。"长子,今上党所治县是也。

　　崇侯虎谮西伯于殷纣曰："西伯积善累德,诸侯皆向之,将不利于
帝。"帝纣乃囚西伯于羑里。闳夭之徒患之,乃求有莘氏美女,①骊戎之
文马,②有熊九驷,③他奇怪物,因殷嬖臣费仲而献之纣。纣大说,曰:
"此一物足以释西伯,④况其多乎!"乃赦西伯,赐之弓矢斧钺,使西伯得
征伐。曰:"谮西伯者,崇侯虎也。"西伯乃献洛西之地,以请纣去炮格之
刑。纣许之。

①【正义】《括地志》云："古莘国城在同州河西县南二十里。《世本》云莘国,姒
　姓,夏禹之后,即散宜生等求有莘美女献纣者。"

②【正义】《括地志》云："骊戎故城在雍州新丰县东南十六里,殷、周时骊戎国
　城也。"按:骏马赤鬣缟身,目如黄金,文王以献纣也。

③【正义】《括地志》云："郑州新郑县,本有熊氏之墟也。"按:九驷,三十六匹
　马也。

④【索隐】一物,谓莘氏之美女也,以殷纣淫昏好色,故知然。

　　西伯阴行善,诸侯皆来决平。于是虞、芮之人①有狱不能决,乃如
周。入界,耕者皆让畔,民俗皆让长。虞、芮之人未见西伯,皆惭,相谓
曰:"吾所争,周人所耻,何往为,只取辱耳。"遂还,俱让而去。诸侯闻
之,曰"西伯盖受命之君"。

①【集解】《地理志》虞在河东大阳县,芮在冯翊临晋县。　【正义】《括地志》
　云："故虞城在陕州河北县东北五十里虞山之上,古虞国也。故芮城在芮城
　县西二十里,古芮国也。《晋太康地记》云虞西百四十里有芮城。"《括地志》
　又云："闲原在河北县西六十五里。《诗》云'虞芮质厥成'。毛苌云'虞芮之

君相与争田,久而不平,乃相谓曰:"西伯仁人,盍往质焉。"乃相与朝周。入其境,则耕者让畔,行者让路。入其邑,男女异路,班白不提挈。入其朝,士让为大夫,大夫让为卿。二国君相谓曰:"我等小人,不可履君子之庭。"乃相让所争地以为闲原'。至今尚在。"注引《地理志》芮在临晋者,恐疏。然闲原在河东,复与虞、芮相接,临晋在河西同州,非临晋芮乡明矣。

　　明年,伐犬戎。① 明年,伐密须。② 明年,败耆国。③ 殷之祖伊闻之,惧,以告帝纣。纣曰:"不有天命乎？是何能为！"明年,伐邘。④ 明年,伐崇侯虎。⑤ 而作丰邑,⑥ 自岐下而徙都丰。明年,西伯崩,⑦ 太子发立,是为武王。

①【集解】《山海经》曰:"有人,人面兽身,名曰犬戎。"【正义】又云:"黄帝生苗龙,苗龙生融吾,融吾生并明,并明生白犬。白犬有二,是为犬戎。"《说文》云"赤狄本犬种",故字从犬。又《后汉书》云"犬戎,槃瓠之后也",今长沙武林之郡太半是也。又《毛诗疏》云"犬戎昆夷"是也。

②【集解】应劭曰:"密须氏,姞姓之国。"瓒曰:"安定阴密县是。"【正义】《括地志》云:"阴密故城在泾州鹑觚县西,其东接县城,即古密国。"杜预云姞姓国,在安定阴密县也。

③【集解】徐广曰:"一作'肌'。"【正义】即黎国也。邹诞生云本或作"黎"。孔安国云黎在上党东北。《括地志》云:"故黎城,黎侯国也,在潞州黎城县东北十八里。《尚书》云'西伯既戡黎'是也。"

④【集解】徐广曰:"邘城在野王县西北,音于。"【正义】《括地志》云:"故邘城在怀州河内县西北二十七里,古邘国城也。《左传》云'邘、晋、应、韩,武王之穆也'。"

⑤【正义】皇甫谧云夏鲧封。虞、夏、商、周皆有崇国,崇国盖在丰镐之间。《诗》云"既伐于崇,作邑于丰",是国之地也。

⑥【集解】徐广曰:"丰在京兆鄠县东,有灵台。镐在上林昆明北,有镐池,去丰二十五里。皆在长安南数十里。"【正义】《括地志》云:"周丰宫,周文王宫也,在雍州鄠县东三十五里。镐在雍州西南三十二里。"

⑦【集解】徐广曰:"文王九十七乃崩。"【正义】《括地志》云:"周文王墓在雍州万年县西南二十八里原上也。"

西伯盖即位五十年。其囚羑里，盖益《易》之八卦为六十四卦。①诗人道西伯，盖受命之年称王而断虞芮之讼。②后十年而崩，③谥为文王。④改法度，制正朔矣。追尊古公为太王，公季为王季：⑤盖王瑞自太王兴。⑥

①【正义】《乾凿度》云："垂黄策者羲，益卦演德者文，成命者孔也。"《易·正义》云伏羲制卦，文王《卦辞》，周公《爻辞》，孔《十翼》也。按：太史公言"盖"者，乃疑辞也。文王著演《易》之功，作《周纪》方赞其美，不敢专定重《易》，故称"盖"也。

②【正义】二国相让后，诸侯归西伯者四十馀国，咸尊西伯为王。盖此年受命之年称王也。《帝王世纪》云："文王即位四十二年，岁在鹑火，文王更为受命之元年，始称王矣。"又《毛诗〔疏〕》云："文王九十七而终，终时受命九年，则受命之元年年八十九也。"

③【正义】十当为"九"，其说在后。

④【正义】《谥法》："经纬天地曰文。"

⑤【正义】《易纬》云"文王受命，改正朔，布王号于天下"。郑玄信而用之，言文王称王，已改正朔布王号矣。按：天无二日，土无二王，岂殷纣尚存而周称王哉？若文王自称王改正朔，则是功业成矣，武王何复得云大勋未集，欲卒父业也？《礼记大传》云"牧之野武王成大事而退，追王太王亶父、王季历、文王昌"。据此文乃是追王为王，何得文王自称王改正朔也？

⑥【正义】古公在邠，被戎狄攻战夺民。太王曰"民之在我，与彼何异，杀人父子而君之，予不忍为"。遂远去邠，止于岐下。邠人举国尽归古公。他国闻古公仁，亦多归之。乃贬戎狄之俗，为室屋邑落，而分别居之。季历又生昌，有圣瑞。盖是王瑞自太王时而兴起也。然自"西伯盖即位五十年"以下至"太王兴"，在西伯崩后重述其事，为经传不同，不可全弃，乃略而书之，引次其下，事必可疑，故数言"盖"也。

武王即位，①太公望为师，周公旦为辅，召公、毕公之徒左右王，师修文王绪业。

①【正义】《谥法》："克定祸乱曰武。"《春秋元命包》云："武王骈齿，是谓刚强也。"

　　九年，武王上祭于毕。①东观兵，至于盟津。②为文王木主，载以车，中军。武王自称太子发，言奉文王以伐，不敢自专。乃告司马、司徒、司空、诸节：③"齐栗，信哉！予无知，以先祖有德臣，小子受先功，④毕立赏罚，以定其功。"遂兴师。师尚父号曰：⑤"总尔众庶，与尔舟楫，后至者斩！"武王渡河，中流，白鱼跃入王舟中，⑥武王俯取以祭。既渡，有火自上复于下，至于王屋，流为乌，其色赤，其声魄云。⑦是时，诸侯不期而会盟津者八百诸侯。诸侯皆曰："纣可伐矣。"武王曰："女未知天命，未可也。"乃还师归。

　　①【集解】马融曰："毕，文王墓地名也。" 【索隐】按：文云"上祭于毕"，则毕，天星之名。毕星主兵，故师出而祭毕星也。 【正义】上音时掌反。《尚书·武成篇》云："我文考文王，诞膺天命，以抚方夏，惟九年，大统未集。"《太誓篇序》云："惟十有一年，武王伐殷。"《太誓篇》云："惟十有三年春，大会于孟津。"《大戴礼》云："文王十五而生武王。"则武王少文王十四岁矣。《礼记·文王世子》云："文王九十七而终，武王九十三而终。"按：文王崩时武王已八十三矣，八十四即位，至九十三崩，武王即位适满十年。言十三年伐纣者，续文王受命年，欲明其卒父业故也。《金縢篇》云："惟克商二年，王有疾，不豫。"按：文王受命九年而崩，十一年武王服阕，观兵孟津，十三年克纣，十五年有疾，周公请命，王有瘳，后四年而崩，则武王年九十三矣。而太史公云九年王观兵，十一年伐纣，则以为武王即位年数，与《尚书》违，甚疏矣。

　　②【集解】徐广曰："谯周云史记武王十一年东观兵，十三年克纣。"

　　③【集解】马融曰："诸受符节有司也。"

　　④【集解】徐广曰："一云'予小子受先公功'。"

　　⑤【集解】郑玄曰："号令之军法重者。"

　　⑥【集解】马融曰："鱼者，介鳞之物，兵象也。白者，殷家之正色，言殷之兵众与周之象也。" 【索隐】此已下至火复王屋为乌，皆见《周书》及《今文泰誓》。

　　⑦【集解】马融曰："王屋，王所居屋。流，行也。魄然，安定意也。"郑玄曰："《书说》云乌有孝名。武王卒父大业，故乌瑞臻。赤者，周之正色也。"

　　【索隐】按：《今文泰誓》"流为雕"。雕，鸷鸟也。马融云"明武王能伐纣"，郑玄云"乌是孝乌,言武王能终父业",亦各随文而解也。

居二年,闻纣昏乱暴虐滋甚,杀王子比干,囚箕子。太师疵、少师彊抱其乐器而奔周。于是武王遍告诸侯曰:"殷有重罪,不可以不毕伐。"①乃遵文王,遂率戎车三百乘,虎贲三千人,②甲士四万五千人,以东伐纣。十一年十二月戊午,师毕渡盟津,③诸侯咸会。曰:"孳孳无怠!"武王乃作《太誓》,告于众庶:"今殷王纣乃用其妇人之言,自绝于天,毁坏其三正,④离逷其王父母弟,⑤乃断弃其先祖之乐,乃为淫声,用变乱正声,怡说妇人。⑥故今予发维共行天罚,勉哉夫子,⑦不可再,不可三!"

①【集解】徐广曰:"一作'灭'。"
②【集解】孔安国曰:"虎贲,勇士称也。若虎贲兽,言其猛也。"
③【正义】毕,尽也。尽从河南渡河北。
④【集解】马融曰:"动逆天地人也。"【正义】按:三正,三统也。周以建子为天统,殷以建丑为地统,夏以建寅为人统也。
⑤【集解】郑玄曰:"王父母弟,祖父母之族。必言'母弟',举亲者言之也。"
⑥【集解】徐广曰:"怡,一作'辞'。"
⑦【集解】郑玄曰:"夫子,丈夫之称。"

二月①甲子昧爽,②武王朝至于商郊牧野,乃誓。③武王左杖黄钺,右秉白旄,④以麾。曰:"远矣西土之人!"⑤武王曰:"嗟! 我有国冢君,⑥司徒、司马、司空、亚旅、师氏、⑦千夫长、百夫长,⑧及庸、蜀、羌、髳、微、纑、彭、濮人,⑨称尔戈,⑩比尔干,立尔矛,予其誓。"王曰:"古人有言'牝鸡无晨。牝鸡之晨,惟家之索'。⑪今殷王纣维妇人言是用,自弃其先祖肆祀不答,⑫昏弃其家国,遗其王父母弟不用,乃维四方之多罪逋逃是崇是长,是信是使,⑬俾暴虐于百姓,以奸轨于商国。今予发维共行天之罚。今日之事,不过六步七步,乃止齐焉,⑭夫子勉哉! 不过于四伐五伐六伐七伐,乃止齐焉,⑮勉哉夫子! 尚桓桓,⑯如虎如罴,如豺如离,⑰于商郊,不御克奔,以役西土,⑱勉哉夫子! 尔所不勉,其于尔身有戮。"⑲誓已,诸侯兵会者车四千乘,陈师牧野。

①【集解】徐广曰:"一作'正'。此建丑之月,殷之正月,周之二月也。"

②【集解】孔安国曰:"昧,冥也;爽,明:蚤旦也。"

③【集解】孔安国曰:"癸亥夜陈,甲子朝誓之。"【正义】《括地志》云:"卫州城,故老云周武王伐纣至于商郊牧野,乃筑此城。郦元《注水经》云自朝歌南至清水,土地平衍,据皋跨泽,悉牧野也。"《括地志》又云:"纣都朝歌在卫州东北七十三里朝歌故城是也。本妹邑,殷王武丁始都之。《帝王世纪》云帝乙复济河北,徙朝歌,其子纣仍都焉。"

④【集解】孔安国曰:"钺,以黄金饰斧。左手杖钺,示无事于诛;右手把旄,示有事于教令。"

⑤【集解】孔安国曰:"劳苦之。"

⑥【集解】马融曰:"冢,大也。"

⑦【集解】孔安国曰:"亚,次。旅,众大夫也,其位次卿。师氏,大夫官,以兵守门。"

⑧【集解】孔安国曰:"师率,卒率。"

⑨【集解】孔安国曰:"八国皆蛮夷戎狄。羌在西。蜀,叟。髳、微在巴蜀。纑、彭在西北。庸、濮在江汉之南。"马融曰:"武王所率,将来伐纣也。"【正义】髳音矛。《括地志》云:"房州竹山县及金州,古庸国。益州及巴、利等州,皆古蜀国。陇右岷、洮、丛等州以西,羌也。姚府以南,古髳国之地。戎府之南,古微、泸、彭三国之地。濮在楚西南。有髳州、微、濮州、泸府、彭州焉。武王率西南夷诸州伐纣也。"

⑩【集解】孔安国曰:"称,举也。"

⑪【集解】孔安国曰:"索,尽。喻妇人知外事,雌代雄鸣,则家尽也。"

⑫【集解】郑玄曰:"肆,祭名。答,问也。"

⑬【集解】孔安国曰:"言纣弃其贤臣,而尊长逃亡,罪人信用之也。"

⑭【集解】孔安国曰:"今日战事,不过六步七步,乃止相齐。言当旅进一心也。"

⑮【集解】孔安国曰:"伐谓击刺也。少则四五,多则六七,以为例也。"

⑯【集解】郑玄曰:"威武貌。"

⑰【集解】徐广曰:"此训与'螭'同。"

⑱【集解】郑玄曰:"御,强御,谓强暴也。克,杀也。不得暴杀纣师之奔走者,

当以为周之役也。"

⑲【集解】郑玄曰:"所言且也。"

帝纣闻武王来,亦发兵七十万人距武王。武王使师尚父与百夫致师,①以大卒驰帝纣师。②纣师虽众,皆无战之心,心欲武王亟入。纣师皆倒兵以战,以开武王。武王驰之,纣兵皆崩畔纣。纣走,反入登于鹿台之上,蒙衣其殊玉,③自燔于火而死。武王持大白旗以麾诸侯,诸侯毕拜武王,武王乃揖诸侯,④诸侯毕从。武王至商国,⑤商国百姓咸待于郊。于是武王使群臣告语商百姓曰:"上天降休!"商人皆再拜稽首,武王亦答拜。⑥遂入,至纣死所。武王自射之,三发而后下车,以轻剑击之,⑦以黄钺斩纣头,县大白之旗。已而至纣之嬖妾二女,二女皆经自杀。武王又射三发,击以剑,斩以玄钺,⑧县其头小白之旗。武王已乃出复军。

①【集解】《周礼》:"环人,掌致师。"郑玄曰:"致师者,致其必战之志也。古者将战,先使勇力之士犯敌焉。"《春秋传》曰:"楚许伯御乐伯,摄叔为右,以致晋师。许伯曰:'吾闻致师者,御靡旌,摩垒而还。'乐伯曰:'吾闻致师者,左射以菆,代御执辔,御下拊马,掉鞅而还。'摄叔曰:'吾闻致师者,右入垒,折馘,执俘而还。'皆行其所闻而复。"

②【集解】徐广曰:"帝,一作'商'。"【正义】大卒,谓戎车三百五十乘,士卒二万六千二百五十人,有虎贲三千人。

③【正义】衣音于既反。《周书》云:"甲子夕,纣取天智玉琰五,环身以自焚。"注:"天智,玉之善者,缝环其身自厚也。凡焚四千玉也,庶玉则销,天智玉不销,纣身不尽也。"

④【正义】武王率诸侯伐天子,天子已死,诸侯毕贺,故武王揖诸侯,言先拊循其心也。

⑤【正义】谓至朝歌。

⑥【索隐】武王虽以臣伐君,颇有惭德,不应答商人之拜,太史公失辞耳。寻上文,诸侯毕拜贺武王,武王尚且报揖,无容遂下拜商人。

⑦【正义】《周书》作"轻吕击之"。轻吕,剑名也。

⑧【集解】《司马法》曰:"夏执玄钺。"宋均曰:"玄钺用铁,不磨砺。"

　　其明日，除道，修社及商纣宫。及期，百夫荷罕旗以先驱。①武王弟叔振铎奉陈常车，周公旦把大钺，毕公把小钺，以夹武王。散宜生、太颠、闳夭皆执剑以卫武王。既入，立于社南大卒之左，〔左〕右毕从。毛叔郑奉明水，②卫康叔封布兹，③召公奭赞采，④师尚父牵牲。尹佚筴祝曰⑤："殷之末孙季纣，⑥殄废先王明德，侮蔑神祇不祀，昏暴商邑百姓，其章显闻于天皇上帝。"于是武王再拜稽首，曰："膺更大命，革殷，受天明命。"武王又再拜稽首，乃出。

　　①【集解】蔡邕《独断》曰："前驱有九旒云罕。"《东京赋》曰："云罕九旒。"薛综曰："旒，旗名。"

　　②【集解】《周礼》曰："司烜氏以鉴取明水于月。"郑玄曰："鉴，镜属也。取月之水，欲得阴阳之絜气。陈明水以为玄酒。"【索隐】明，明水也。旧本皆无"水"字，今本有"水"字者多，亦是也。若惟云"奉明"，其义未见，不知"奉明"何物也。烜音毁。

　　③【集解】徐广曰："兹者，籍席之名。诸侯病曰'负兹'。"【索隐】兹，一作"苙"，公明草也。言"兹"，举成器；言"苙"，见絜草也。

　　④【正义】赞，佐也。采，币也。

　　⑤【正义】尹佚读筴书祝文以祭社也。

　　⑥【正义】《周书》作"末孙受德"。受德，纣字也。

　　封商纣子禄父殷之馀民。武王为殷初定未集，乃使其弟管叔鲜、蔡叔度相禄父治殷。①已而命召公释箕子之囚。②命毕公释百姓之囚，表商容之闾。命南宫括散鹿台之财，发钜桥之粟，以振贫弱萌隶。命南宫括、史佚展九鼎保玉。③命闳夭封比干之墓。④命宗祝享祠于军。乃罢兵西归。行狩，记政事，作《武成》。⑤封诸侯，班赐宗彝，作《分殷之器物》。⑥武王追思先圣王，乃褒封神农之后于焦，⑦黄帝之后于祝，⑧帝尧之后于蓟，⑨帝舜之后于陈，⑩大禹之后于杞。⑪于是封功臣谋士，而师尚父为首封。封尚父于营丘，曰齐。⑫封弟周公旦于曲阜，曰鲁。⑬封召公奭于燕。⑭封弟叔鲜于管，⑮弟叔度于蔡。⑯馀各以次受封。

　　①【正义】《地理志》云河内，殷之旧都。周既灭殷，分其畿内为三国，《诗》邶、

邶、卫是。邶以封纣子武庚；鄘，管叔尹之；卫，蔡叔尹之：以监殷民，谓之三监。《帝王世纪》云："自殷都以东为卫，管叔监之；殷都以西为鄘，蔡叔监之；殷都以北为邶，霍叔监之；是为三监。"按：二说各异，未详也。

②【集解】徐广曰："释，一作'原'。"

③【集解】徐广曰："保，一作'宝'。"

④【正义】封，谓益其土及画疆界。《括地志》云："比干墓在卫州汲县北十里二百五十步。"

⑤【集解】孔安国曰："武功成也。"

⑥【集解】郑玄云："宗彝，宗庙樽也。作《分器》，著王之命及受物。"

⑦【集解】《地理志》弘农陕县有焦城，故焦国也。

⑧【正义】《左传》云："祝其，实夹谷。"杜预云："夹谷即祝其也。"服虔云："东海郡祝其县也。"

⑨【集解】《地理志》燕国有蓟县。

⑩【正义】《括地志》云："陈州宛丘县在陈城中，即古陈国也。帝舜后遏父为周武王陶正，武王赖其器用，封其子妫满于陈，都宛丘之侧。"

⑪【正义】《括地志》云："汴州雍丘县，古杞国。《地理志》云古杞国理此城。周武王封禹后于杞，号东楼公，二十一代为楚所灭。"

⑫【集解】《尔雅》曰："水出其前而左曰营丘。"郭璞曰："今齐之营丘，淄水过其南及东。"【正义】《水经注》今临菑城中有丘云。青州临淄县古营丘之地，吕望所封齐之都也。营丘在县北百步外城中。《舆地志》云秦立为县，城临淄水故曰临淄也。

⑬【正义】应劭曰："曲阜在鲁城中，委曲长七八里。"【正义】《帝王世纪》云："炎帝自陈营都于鲁曲阜。黄帝自穷桑登帝位，后徙曲阜。少昊邑于穷桑，以登帝位，都曲阜。颛顼始都穷桑，徙商丘。"穷桑在鲁北，或云穷桑即曲阜也。又为大庭氏之故国，又是商奄之地。皇甫谧云："黄帝生于寿丘，在鲁城东门之北。居轩辕之丘，(于)《山海经》云'此地穷桑之际，西射之南'是也。"《括地志》云："兖州曲阜县外城即周公旦子伯禽所筑古鲁城也。"

⑭【正义】封帝尧之后于蓟，封召公奭于燕，观其文稍似重也。《水经注》云蓟城内西北隅有蓟丘，因取名焉。《括地志》云："燕山在幽州渔阳县东南六十里。徐才《宗国都城记》云周武王封召公奭于燕，地在燕山之野，故国取名焉。"按：周封以五等之爵，蓟、燕二国俱武王立，因燕山、蓟丘为名，其地足

自立国。蓟微燕盛，乃并蓟居之，蓟名遂绝焉。今幽州蓟县，古燕国也。

⑮【正义】《括地志》云："郑州管城县外城，古管国城也，周武王弟叔鲜所封。"

⑯【正义】《括地志》云："豫州北七十里上蔡县，古蔡国，武王封弟叔度于蔡是
　　也。县东十里有蔡冈，因名也。"

武王征九牧之君，登豳之阜，以望商邑。①武王至于周，自夜不寐。②
周公旦即王所，曰："曷为不寐？"王曰："告女：维天不飨殷，自发未生于
今六十年，麋鹿在牧，③蜚鸿满野。④天不享殷，乃今有成。⑤维天建殷，
其登名民三百六十夫，不显亦不宾灭，⑥以至今。我未定天保，何暇
寐！"王曰："定天保，依天室，悉求夫恶，贬从殷王受。⑦日夜劳来⑧定我
西土，⑨我维显服，及德方明。⑩自洛汭延于伊汭，居易毋固，其有夏之
居。⑪我南望三涂，北望岳鄙，顾詹有河，⑫粤詹雒、伊，毋远天室。"⑬营
周居于雒邑而后去。⑭纵马于华山之阳，⑮放牛于桃林之虚；⑯偃干戈，
振兵释旅：⑰示天下不复用也。

①【正义】《括地志》云："幽州三水县西十里有豳原，周先公刘所都之地也。豳
　　城在此原上，因公为名。"按：盖武王登此城望商邑。

②【正义】周，镐京也。武王伐纣，还至镐京，忧未定天之保安，故自夜不得
　　寐也。

③【集解】徐广曰："此事出《周书》及《随巢子》，云'夷羊在牧'。牧，郊也。夷
　　羊，怪物也。"

④【索隐】按：高诱曰"蜚鸿，蠛蠓也"。言飞虫蔽田满野，故为灾，非是鸿雁也。
　　《随巢子》作"飞拾"，飞拾，虫也。　【正义】蜚音飞，古"飞"字也。于今犹当
　　今。于今六十年，从帝乙十年至伐纣年也。麋鹿在牧，喻谗佞小人在朝位
　　也。飞鸿满野，喻忠贤君子见放弃也。言纣父帝乙立后，殷国益衰，至伐纣
　　六十年间，谄佞小人在于朝位，忠贤君子放迁于野。故《诗》云"鸿雁于飞，
　　肃肃其羽。之子于征，劬劳于野"。毛苌云"之子，侯伯卿士也"。郑玄云
　　"鸿雁知避阴阳寒暑，喻民知去无道就有道"。

⑤【索隐】言上天不歆享殷家，故见灾异，我周今乃有成王业者也。

⑥【集解】徐广曰："一云'不顾亦不宾成'，一又云'不顾亦不恤'也。"　【索隐】
　　言天初建殷国，亦登进名贤之人三百六十夫，既无非大贤，未能兴化致理，

故殷家不大光昭,亦不即摈灭,以至于今也。亦见《周书》及《随巢子》,颇复脱错。而刘氏音破六为古,其字义亦无所通。徐广云一本作"不顾亦不宾成",盖是学者以《周书》及《随巢》不同,逐音改易耳。《随巢子》曰"天鬼不顾亦不宾灭",天鬼即天神也。

⑦【索隐】言今悉求取夫恶人不知天命不顺周家者,咸贬责之,与纣同罪,故曰"贬从殷王受"。

⑧【集解】徐广曰:"一云'肯来'。"

⑨【索隐】八字连作一句读。

⑩【正义】服,事也。武王答周公云,定知天之安保我位,得依天之宫室,退除殷纣之恶,日夜劳民,又安定我之西土。我维明于事,及我之德教施四方明行之,乃可至于寝寐也。自此已上至"武王至于周,自夜不寐",周公问之,故先书。

⑪【集解】徐广曰:"夏居河南,初在阳城,后居阳翟。"　【索隐】言自洛汭及伊汭,其地平易无险固,是有夏之旧居。　　【正义】《括地志》云"自禹至太康与唐、虞皆不易都城",然则居阳城为禹避商均时,非都之也。《帝王世纪》云:"禹封夏伯,今河南阳翟是。"《汲冢古文》云:"太康居斟寻,羿亦居之,桀又居之。"《括地志》云:"故鄩城在洛州巩县西南五十八里也。"

⑫【集解】徐广曰:"《周书·度邑》曰'武王问太公曰,吾将因有夏之居也,南望过于三塗,北詹望于有河'。"　【索隐】杜预云三塗在陆浑县南。岳,盖河北太行山。鄙,都鄙,谓近岳之邑。《度邑》,《周书》篇名。度音徒各反。

【正义】《括地志》云:"太行、恒山连延,东北接碣石,西北接岳山。"言北望太行、恒山之边鄙都邑也。又"晋州霍山一名太岳,在洛西北,恒山在洛东北"。二说皆通。

⑬【正义】粤者,审慎之辞也。言审慎瞻雒、伊二水之阳,无远离此为天室也。

⑭【正义】《括地志》云:"故王城一名河南城,本郏鄏,周公新筑,在洛州河南县北九里苑内东北隅。自平王以下十二王皆都此城,至敬王乃迁都成周,至赧王又居王城也。《帝王世纪》云'王城西有郏鄏陌'。《左传》云'成王定鼎于郏鄏'。京相璠《地名》云'郏,山名。鄏,邑名'。"

⑮【正义】华山在华阴县南八里,山南曰阳也。

⑯【集解】孔安国曰:"桃林在华山东。"　【正义】《括地志》云:"桃林在陕州桃林县西。《山海经》云'夸父之山,其北有林焉,名曰桃林,广员三百里,中多

马,湖水出焉,北流入河也'。"

⑰【集解】《公羊传》曰:"入曰振旅。"

武王已克殷,后二年,问箕子殷所以亡。箕子不忍言殷恶,以存①亡国宜告。②武王亦丑,故问以天道。

①【集解】徐广曰:"一作'前'。"

②【索隐】六字连一句读。　【正义】箕子殷人,不忍言殷恶,以周国之所宜言告武王,为《洪范》九类,武王以类问天道。

武王病。天下未集,群公惧,穆卜,①周公乃祓斋,②自为质,③欲代武王,武王有瘳。后而崩,④太子诵代立,是为成王。

①【集解】孔安国曰:"穆,敬也。"

②【正义】祓音废,又音拂。斋音札皆反。祓谓除不祥求福也。

③【正义】音至。周公祓斋,自以赞币告三王,请代武王,武王病乃瘳也。

④【集解】徐广曰:"《封禅书》曰'武王克殷二年,天下未宁而崩'。"皇甫谧曰:"武王定位元年岁在乙酉,六年庚寅崩。"骃按:《皇览》曰"文王、武王、周公冢皆在京兆长安镐聚东社中也"。　【正义】《括地志》云:"武王墓在雍州万年县西南二十八里毕原上也。"

成王少,周初定天下,周公恐诸侯畔周,公乃摄行政当国。管叔、蔡叔群弟疑周公,与武庚作乱,畔周。周公奉成王命,伐诛武庚、管叔,放蔡叔。以微子开代殷后,国于宋。①颇收殷馀民,以封武王少弟封为卫康叔。②晋唐叔得嘉谷,③献之成王,成王以归周公于兵所。④周公受禾东土,鲁天子之命。⑤初,管、蔡畔周,周公讨之,三年而毕定,故初作《大诰》,次作《微子之命》,⑥次《归禾》,次《嘉禾》,次《康诰》、《酒诰》、《梓材》,⑦其事在《周公》之篇。周公行政七年,成王长,周公反政成王,北面就群臣之位。

①【正义】今宋州也。

②【正义】《尚书·洛诰》云:"我卜瀍水东,亦惟洛食,以居邶、鄘、卫之众。"又《多士篇序》云:"成周既成,迁殷顽民。"按:是为东周,古洛阳城也。《括地

志》云：“洛阳故城在洛州洛阳县东北二十六里，周公所筑，即成周城也。
《舆地志》云‘以周地在王城东，故曰东周。敬王避子朝乱，自洛邑东居此。
以其迫厄不受王都，故坏翟泉而广之’。”按：武王灭殷国为邶、鄘、卫，三监
尹之。武庚作乱，周公灭之，徙三监之民于成周，颇收其馀众，以封康叔为
卫侯，即今卫州是也。孔安国云“以三监之馀民，国康叔为卫侯。周公惩其
数叛，故使贤母弟主之”也。

③【集解】郑玄曰：“二苗同为一穗。”

④【集解】徐广曰：“归，一作‘馈’。”

⑤【集解】徐广曰：“《尚书序》云‘旅天子之命’。”

⑥【集解】孔安国曰：“封命之书。”

⑦【集解】孔安国曰：“告康叔以为政之道，亦如梓人之治材也。”

成王在丰，使召公复营洛邑，如武王之意。周公复卜申视，卒营筑，居
九鼎焉。曰：“此天下之中，四方入贡道里均。”作《召诰》、《洛诰》。成王既
迁殷遗民，周公以王命告，作《多士》、《无佚》。召公为保，周公为师，东伐
淮夷，残奄，①迁其君薄姑。②成王自奄归，在宗周，③作《多方》。④既绌殷
命，袭淮夷，归在丰，作《周官》。⑤兴正礼乐，度制于是改，而民和睦，颂声
兴。⑥成王既伐东夷，息慎来贺，王赐荣伯作《贿息慎之命》。⑦

①【集解】郑玄曰：“奄国在淮夷之北。”　【正义】奄言於险反。《括地志》云：
　　“泗（水）〔州〕徐城县北三十里古徐国，即淮夷也。兖州曲阜县奄里，即奄国
　　之地也。”

②【集解】马融曰：“齐地。”　【正义】《括地志》云：“薄姑故城在青州博昌县东
　　北六十里。薄姑氏，殷诸侯，封于此，周灭之也。”

③【正义】伐奄归镐京也。

④【集解】孔安国曰：“告众方天下诸侯。”

⑤【集解】孔安国曰：“言周家设官分职用人之法。”《古文尚书序》，《周官》，
　　《书》篇名。

⑥【集解】何休曰：“颂声者，太平歌颂之声，帝王之高致也。”

⑦【集解】孔安国曰：“贿，赐也。”马融曰：“荣伯，周同姓，畿内诸侯，为卿大
　　夫也。”

　　成王将崩,惧太子钊之不任,①乃命召公、毕公率诸侯以相太子而立之。成王既崩,二公率诸侯,以太子钊见于先王庙,申告以文王、武王之所以为王业之不易,务在节俭,毋多欲,以笃信临之,作《顾命》。②太子钊遂立,是为康王。康王即位,遍告诸侯,宣告以文武之业以申之,作《康诰》。故成康之际,天下安宁,刑错四十馀年不用。③康王命作策毕公分居里,成周郊,④作《毕命》。

①【正义】钊音招,又古尧反。任,而针反。
②【集解】郑玄曰:"临终出命,故谓之顾。顾,将去之意也。"
③【集解】应劭曰:"错,置也。民不犯法,无所置刑。"
④【集解】孔安国曰:"分别民之居里,异其善恶也。成定东周郊境,使有保护也。"

　　康王卒,子昭王瑕立。昭王之时,王道微缺。昭王南巡狩不返,卒于江上。其卒不赴告,讳之也。①立昭王子满,是为穆王。穆王即位,春秋已五十矣。王道衰微,穆王闵文武之道缺,乃命伯臩②申诫③太仆④国之政,作《臩命》。⑤复宁。

①【正义】《帝王世纪》云:"昭王德衰,南征,济于汉,船人恶之,以胶船进王,王御船至中流,胶液船解,王及祭公俱没于水中而崩。其右辛游靡长臂且多力,游振得王,周人讳之。"
②【集解】孔安国曰:"伯冏,臣名也。"
③【集解】徐广曰:"一作'部'。"
④【集解】应劭曰:"太仆,周穆王所置。盖太御众仆之长,中大夫也。"
⑤【正义】《尚书序》云:"穆王令伯臩为太仆正。"应劭云:"太仆,周穆王所置。盖太御众仆之长,中大夫也。"

　　穆王将征犬戎,①祭公谋父谏曰:②"不可。先王耀德不观兵。夫兵戢而时动,动则威,观则玩,玩则无震。③是故周文公之颂曰:④'载戢干戈,载櫜弓矢,⑤我求懿德,肆于时夏,允王保之。'⑥先王之于民也,茂正其德而厚其性,阜其财求而利其器用,明利害之乡,⑦以文修之,使之务利而辟害,怀德而畏威,故能保世以滋大。昔我先王世后稷⑧以服事

虞、夏。及夏之衰也,⑨弃稷不务,⑩我先王不窋用失其官,而自窜于戎
狄之间。不敢怠业,时序其德,遵修其绪,⑪修其训典,朝夕恪勤,守以
敦笃,奉以忠信。奕世载德,不忝前人。⑫至于文王、武王,昭前之光明
而加之以慈和,事神保民,无不欣喜。商王帝辛大恶于民,庶民不忍,䜣
载武王,以致戎于商牧。⑬是故先王非务武也,勤恤民隐而除其害也。
夫先王之制,邦内甸服,邦外侯服,侯卫宾服,⑭夷蛮要服,戎翟荒服。
甸服者祭,⑮侯服者祀,⑯宾服者享,⑰要服者贡,⑱荒服者王。⑲日祭,
月祀,时享,岁贡,终王。先王之顺祀也,⑳有不祭则修意,㉑有不祀则修
言,㉒有不享则修文,㉓有不贡则修名,㉔有不王则修德,㉕序成而有不
至则修刑。㉖于是有刑不祭,伐不祀,征不享,让不贡,告不王。于是有
刑罚之辟,有攻伐之兵,有征讨之备,有威让之命,有文告之辞。布令陈
辞而有不至,则增修于德,无勤民于远。是以近无不听,远无不服。今
自大毕、伯士之终也,㉗犬戎氏以其职来王,㉘天子曰㉙'予必以不享征
之,且观之兵',无乃废先王之训,而王几顿乎?㉚吾闻犬戎树敦,㉛率旧
德而守终纯固,其有以御我矣。"王遂征之,得四白狼四白鹿以归。自是
荒服者不至。

①【集解】徐广曰:"一作'畎'。"

②【集解】韦昭曰:"祭,畿内之国,周公之后,为王卿士。谋父,字也。"【正
  义】《括地志》云:"故祭城在郑州管城县东北十五里,郑大夫祭仲邑也。《释
  例》云'祭城在河南,上有敖仓,周公后所封也'。"

③【集解】韦昭曰:"震,惧也。"

④【集解】韦昭曰:"文公,周公旦之谥。"

⑤【集解】唐固曰:"櫜,韬也。"

⑥【集解】韦昭曰:"言武王常求美德,故陈其功于是夏而歌之。信哉武王能保
  此时夏之美。乐章大者曰夏。"

⑦【集解】韦昭曰:"乡,方也。"

⑧【集解】韦昭曰:"谓弃与不窋也。"唐固曰:"父子相继曰世。"

⑨【正义】谓太康也。

⑩【正义】言太康弃废稷官。

⑪【集解】徐广曰:"遵,一作'选'。"

⑫【正义】前人谓后稷也。言不窋亦世载德,不忝后稷。及文王、武王,无不务农事。

⑬【正义】纣近郊地,名牧野。

⑭【集解】韦昭曰:"此总言之也。侯,侯圻;卫,卫圻也。

⑮【集解】韦昭曰:"供日祭。"

⑯【集解】韦昭曰:"供月祀。"

⑰【集解】韦昭曰:"供时享。"

⑱【集解】韦昭曰:"供岁贡。"

⑲【集解】韦昭曰:"王,王事天子也。《诗》曰'莫敢不来王'。"

⑳【集解】徐广曰:"《外传》云'先王之训'。"

㉑【集解】韦昭曰:"先修志意以自责也。畿内近,知王意也。"

㉒【集解】韦昭曰:"言号令也。"

㉓【集解】韦昭曰:"文,典法也。"

㉔【集解】韦昭曰:"名谓尊卑职贡之名号也。"

㉕【集解】韦昭曰:"远人不服,则修文德以来之。"

㉖【集解】韦昭曰:"序成,谓上五者次序已成,有不至则有刑罚也。"

㉗【集解】徐广曰:"犬戎之君。"

㉘【正义】贾逵云:"大毕,伯士,犬戎氏之二君也。白狼,白鹿,犬戎之职贡也。"按:大毕、伯士终后,犬戎氏常以其职来王。

㉙【正义】祭公申穆王之意,故云"天子曰"。

㉚【正义】几音祈。

㉛【集解】徐广曰:"树,一作'揪'。"骃按:韦昭曰"树,立也。言犬戎立性敦笃也"。

诸侯有不睦者,甫侯言于王,作修刑辟。①王曰:"吁,来!有国有土,告汝祥刑。②在今尔安百姓,何择非其人,③何敬非其刑,何居非其宜与?④两造具备,⑤师听五辞。⑥五辞简信,正于五刑。⑦五刑不简,正于五罚。⑧五罚不服,正于五过。⑨五过之疵,官狱内狱,阅实其罪,⑩惟钧其过。⑪五刑之疑有赦,五罚之疑有赦,其审克之。⑫简信有众,惟讯有稽。⑬无简不疑,共严天威。⑭黥辟疑赦,其罚百率,⑮阅实其罪。劓辟疑

赦,其罚倍洒,⑯阅实其罪。膑辟疑赦,其罚倍差,⑰阅实其罪。宫辟疑
赦,其罚五⑱百率,阅实其罪。大辟疑赦,其罚千率,阅实其罪。墨罚之
属千,劓罚之属千,膑罚之属五百,宫罚之属三百,大辟之罚其属二百:
五刑之属三千。"命曰《甫刑》。

①【集解】郑玄曰:"《书说》云周穆王以甫侯为相。"

②【集解】孔安国曰:"告汝善用刑之道也。"

③【集解】王肃曰:"训以安百姓之道,当何所选择乎? 非当选择贤人乎?"

④【集解】孔安国曰:"当何所敬,非唯五刑乎? 当何所居,非唯及世轻重所
　　宜乎?"

⑤【集解】徐广曰:"造,一作'遭'。"

⑥【集解】孔安国曰:"两谓囚证。造,至也。两至具备,则众狱官听其入五刑
　　辞。"【正义】《汉书·刑法志》云:"五听,一曰辞听,二曰色听,三曰气听,
　　四曰耳听,五曰目听。"《周礼》云"辞不直则言繁,目不直则视眊,耳不直则
　　对答惑,色不直则貌赧,气不直则数喘"也。

⑦【集解】孔安国曰:"五辞简核,信有罪验,则正之于五刑矣。"

⑧【集解】孔安国曰:"不简核。谓不应五刑,当正五罚,出金赎罪也。"

⑨【集解】孔安国曰:"不服,不应罚也。正于五过,从赦免之。"

⑩【集解】孔安国曰:"使与罚名相当。"【索隐】按:《吕刑》云"惟官,惟反,惟
　　内,惟货,惟来",今此似阙少,或从省文。

⑪【集解】马融曰:"以此五过出入人罪,与犯法者等。"

⑫【集解】孔安国曰:"刑疑赦从罚,罚疑赦从免,其当清察,能得其理也。"

⑬【集解】孔安国曰:"简核诚信,有合众心,惟察其貌,有所考合,重之至也。"
　　【索隐】讯,依《尚书》音貌也。

⑭【集解】孔安国曰:"无简核诚信,不听治其狱,当严敬天威,无轻用刑。"

⑮【集解】徐广曰:"率即锾也,音刷。"孔安国曰:"六两曰锾。锾,黄铁也。"
　　【索隐】锾,黄铁。锊亦六两,故马融曰"锊,量名,与《吕刑》锾同"。旧本
　　"率"亦作"选"。

⑯【集解】徐广曰:"一作'莲'。五倍曰莲。"孔安国曰:"倍百为二百锾也。"
　　【索隐】洒音戾。莲音所解反。

⑰【集解】马融曰:"倍二百为四百锾也。差者,又加四百之三分一,凡五百三

十三三分一也。"【正义】倍中之差,二百去三分一,合三百三十三镮二两
也。宫刑,其罚五百,膑刑既轻,其数岂加?故知孔、马之说非也。

⑱【集解】徐广曰:"一作'六'。"

穆王立五十五年,崩,子共王繄扈立。①共王游于泾上,密康公从,②
有三女奔之。其母曰:"必致之王。③夫兽三为群,人三为众,女三为粲。
王田不取群,④公行不下众,⑤王御不参一族。⑥夫粲,美之物也。众以
美物归女,而何德以堪之?王犹不堪,况尔之小丑乎!小丑备物,终必
亡。"康公不献,一年,共王灭密。共王崩,子懿王囏立。⑦懿王之时,王
室遂衰,诗人作刺。⑧

①【索隐】《系本》作"伊扈"。

②【集解】韦昭曰:"康公,密国之君,姬姓也。"【正义】《括地志》云:"阴密故
　城在泾州鹑觚县西,东接县城,故密国也。"

③【集解】《列女传》曰:"康公母,姓隗氏。"

④【正义】曹大家云:"群,众,粲,皆多之名也。田猎得三兽,王不尽收,以其害
　深也。"

⑤【正义】曹大家云:"公,诸侯也。公之所行与众人共议也。"

⑥【集解】韦昭云:"御,妇官也。参,三也。一族,一父子也。故取侄娣以备
　三,不参一族之女也。"

⑦【索隐】《系本》作"坚"。

⑧【索隐】宋忠曰:"懿王自镐徙都犬丘,一曰废丘,今槐里是也。时王室衰,始
　作诗也。"

懿王崩,共王弟辟方立,是为孝王。孝王崩,诸侯复立懿王太子燮,
是为夷王。①

①【正义】《纪年》云:"三年,致诸侯,烹齐哀公于鼎。"《帝王世纪》云"十六年
　崩"也。

夷王崩,子厉王胡立。厉王即位三十年,好利,近荣夷公。大夫芮
良夫①谏厉王曰:"王室其将卑乎?夫荣公好专利而不知大难。夫利,
百物之所生也,天地之所载也,而有专之,其害多矣。天地百物皆将取

焉,何可专也?所怒甚多,而不备大难。以是教王,王其能久乎?夫王人者,将导利而布之上下者也。使神人百物无不得极,②犹日怵惕惧怨之来也。故《颂》曰'思文后稷,克配彼天,立我蒸民,莫匪尔极'。《大雅》曰'陈锡载周'。③是不布利而惧难乎,故能载周以至于今。今王学专利,其可乎?匹夫专利,犹谓之盗,王而行之,其归鲜矣。荣公若用,周必败也。"厉王不听,卒以荣公为卿士,用事。

①【正义】芮伯也。

②【集解】韦昭曰:"极,中也。"

③【集解】唐固曰:"言文王布锡施利,以载成周道也。"

王行暴虐侈傲,国人谤王。召公谏曰:①"民不堪命矣。"王怒,得卫巫,②使监谤者,③以告则杀之。其谤鲜矣,诸侯不朝。三十四年,王益严,国人莫敢言,道路以目。④厉王喜,告召公曰:"吾能弭谤矣,乃不敢言。"召公曰:"是鄣之也。防民之口,甚于防水。水壅而溃,伤人必多,民亦如之。是故为水者决之使导,为民者宣之使言。故天子听政,使公卿至于列士献诗,⑤瞽献曲,⑥史献书,⑦师箴,⑧瞍赋,⑨曚诵,⑩百工谏,庶人传语,⑪近臣尽规,⑫亲戚补察,⑬瞽史教诲,⑭耆艾修之,⑮而后王斟酌焉,是以事行而不悖。民之有口也,犹土之有山川也,财用于是乎出;犹其有原隰衍沃也,⑯衣食于是乎生。口之宣言也,善败于是乎兴。行善而备败,所以产财用衣食者也。夫民虑之于心而宣之于口,成而行之,若雍其口,其与能几何?"王不听。于是国莫敢出言,三年,乃相与畔,袭厉王。厉王出奔于彘。⑰

①【集解】韦昭曰:"召康公之后穆公虎,为王卿士也。"

②【集解】韦昭曰:"卫国之巫也。"

③【正义】监音口衔反。监,察也。以巫人神灵,有谤毁必察也。

④【集解】韦昭曰:"以目相眄而已。"

⑤【正义】上诗风刺。

⑥【集解】韦昭曰:"曲,乐曲。"

⑦【正义】史,太史也。上书谏。

⑧【正义】音针。师,乐太师也。上箴戒之文。

⑨【集解】韦昭曰:"无眸子曰瞍。赋公卿列士所献诗也。"

⑩【集解】韦昭曰:"有眸子而无见曰矇。《周礼》矇主弦歌,讽诵箴谏之语也。"

⑪【集解】韦昭曰:"庶人卑贱,见时得失,不得达,传以语王。"【正义】传音逐缘反。庶人微贱,见时得失,不得上言,乃在街巷相传语。

⑫【集解】韦昭曰:"近臣,骖仆之属。"

⑬【正义】言亲戚补王过失,及察是非也。

⑭【集解】韦昭曰:"瞽,乐太师。史,太史也。"

⑮【集解】韦昭曰:"耆艾,师傅也。修理瞽史之教,以闻于王。"

⑯【集解】唐固曰:"下平曰衍,有溉曰沃。"

⑰【集解】韦昭曰:"彘,晋地,汉为县,属河东,今曰永安。"【正义】《括地志》云:"晋州霍邑县本汉彘县,后改彘曰永安。从鄁奔晋也。"

厉王太子静匿召公之家,国人闻之,乃围之。召公曰:"昔吾骤谏王,王不从,以及此难也。今杀王太子,王其以我为仇而怼怒乎?夫事君者,险而不仇怼,①怨而不怒,况事王乎!"乃以其子代王太子,太子竟得脱。

①【集解】韦昭曰:"在危险之中。"

召公、周公二相行政,号曰"共和"。①共和十四年,厉王死于彘。太子静长于召公家,二相乃共立之为王,是为宣王。宣王即位,二相辅之,修政,法文、武、成、康之遗风,诸侯复宗周。十二年,鲁武公来朝。

①【索隐】共音如字。若《汲冢纪年》则云"共伯和干王位"。共音恭。共,国;伯,爵;和,其名,干,篡也。言共伯摄王政,故云"干王位"也。【正义】共音巨用反。韦昭云:"彘之乱,公卿相与和而修政事,号曰共和也。"《鲁连子》云:"卫州共城县本周共伯之国也。共伯名和,好行仁义,诸侯贤之。周厉王无道,国人作难,王奔于彘,诸侯奉和以行天子事,号曰'共和'元年。十四年,厉王死于彘,共伯使诸侯奉王子靖为宣王,而共伯复归国于卫也。"世家云:"釐侯十三年,周厉王出奔于彘,共和行政焉。二十八年,周宣王立。四十二年,釐侯卒,太子共伯馀立为君。共伯弟和袭攻共伯于墓上,共伯入釐侯羡自杀,卫人因葬釐侯旁,谥曰共伯,而立和为卫侯,是为武公。"

按此文,共伯不得立,而和立为武公。武公之立在共伯卒后,年岁又不相
当,年表亦同,明《纪年》及《鲁连子》非也。

宣王不修籍于千亩,①虢文公谏曰②不可,③王弗听。三十九年,战
于千亩,④王师败绩于姜氏之戎。⑤

①【正义】应劭云:"古者天子耕籍田千亩,为天下先。"瓒曰:"籍,蹈籍也。"按:
　　宣王不修亲耕之礼也。

②【集解】贾逵曰:"文公,文王母弟虢仲之后,为王卿士也。"韦昭曰:"文公,虢
　　叔之后,西虢也。宣王都镐,在畿内也。"【正义】《括地志》云:"虢故城在
　　岐州陈仓县东(西)〔四〕十里。"又云:"千亩原在晋州岳阳县北九十里也。"

③【索隐】《国语》曰:"虢文公谏曰'夫人之大事在农,上帝之粢盛于是乎出,人
　　之繁庶于是乎生,事之共给于是乎在'。"事具载《国语》。

④【索隐】地名也,在西河介休县。

⑤【集解】韦昭曰:"西夷别种,四岳之后也。"

宣王既亡南国之师,乃料民于太原。①仲山甫谏曰:②"民不可料
也。"宣王不听,卒料民。

①【集解】韦昭曰:"败于姜戎时所亡也。南国,江汉之间。料,数也。"唐固曰:
　　"南国,南阳也。"

②【正义】毛苌云:"仲山甫,樊穆仲也。"《括地志》云:"汉樊县城在兖州瑕丘县
　　西南三十五里,古樊国,仲山甫所封也。"

四十六年,宣王崩,①子幽王宫涅立。②幽王二年,西周三川皆震。③
伯阳甫曰:"周将亡矣。④夫天地之气,不失其序;若过其序,民乱之也。⑤
阳伏而不能出,阴迫而不能蒸,⑥于是有地震。今三川实震,是阳失其
所而填阴也。⑦阳失而在阴,⑧原必塞;原塞,国必亡。夫水土演而民用
也。⑨土无所演,民乏财用,不亡何待! 昔伊、洛竭而夏亡,⑩河竭而商
亡。⑪今周德若二代之季矣,其川原又塞,塞必竭。夫国必依山川,山崩
川竭,亡国之征也,川竭必山崩。⑫若国亡不过十年,数之纪也。⑬天之所
弃,不过其纪。"是岁也,三川竭,岐山崩。

①【正义】《周春秋》云:"宣王杀杜伯而无辜,后三年,宣王会诸侯田于圃,日

中,杜伯起于道左,衣朱衣冠,操朱弓矢,射宣王,中心折脊而死。"《国语》云:"杜伯射王于鄗。"

②【集解】徐广曰:"一作'生'。"

③【集解】徐广曰:"泾、渭、洛也。"骃按:韦昭云"西周镐京地震动,故三川亦动"。　【正义】按:泾渭二水在雍州北。洛水一名漆沮,在雍州东北,南流入渭。此时以王城为东周,镐京为西周。

④【集解】韦昭曰:"伯阳父,周大夫也。"唐固曰:"伯阳父,周柱下史老子也。"

⑤【集解】韦昭曰:"过,失也。言民不敢斥王者也。"

⑥【集解】韦昭曰:"蒸,升也。阳气在下,阴气迫之,使不能升也。"

⑦【集解】韦昭曰:"为阴所镇笮也。"

⑧【集解】韦昭曰:"在阴下也。"

⑨【集解】韦昭曰:"水土气通为演。演犹润也。演则生物,民得用之。"

⑩【集解】韦昭曰:"禹都阳城,伊、洛所近也。"

⑪【集解】韦昭曰:"商人都卫,河水所经也。"

⑫【集解】韦昭曰:"水泉不润,枯朽而崩也。"

⑬【集解】韦昭曰:"数起于一,终于十,十则更,故曰纪也。"

三年,幽王嬖爱褒姒。①褒姒生子伯服,幽王欲废太子。太子母申侯女,而为后。后幽王得褒姒,爱之,欲废申后,并去太子宜臼,以褒姒为后,以伯服为太子。周太史伯阳读史记曰:②"周亡矣。"昔自夏后氏之衰也,有二神龙止于夏帝庭而言曰:"余,褒之二君。"③夏帝卜,杀之与去之与止之,莫吉。卜请其漦而藏之,乃吉。④于是布币而策告之,⑤龙亡而漦在,椟而去之。⑥夏亡,传此器殷。殷亡,又传此器周,比三代,莫敢发之。至厉王之末,⑦发而观之。漦流于庭,不可除。厉王使妇人裸而噪之。⑧漦化为玄鼋,以入王后宫。⑨后宫之童妾既龀而遭之,⑩既笄而孕,⑪无夫而生子,惧而弃之。宣王之时童女谣曰:"檿弧箕服,实亡周国。"⑫于是宣王闻之,有夫妇卖是器者,宣王使执而戮之。逃于道,而见乡者后宫童妾所弃妖子⑬出于路者,⑭闻其夜啼,哀而收之,夫妇遂亡,奔于褒。褒人有罪,请入童妾所弃女子者于王⑮以赎罪。弃女子出于褒,是为褒姒。当幽王三年,王之后宫见而爱之,生子伯服,竟废申后及太子,以褒姒为后,伯服为太子。⑯太史伯阳曰:"祸成矣,无可奈何!"

①【索隐】褒,国名,夏同姓,姓姒氏。礼妇人称国及姓。其女是龙蒺妖子,为人所收,褒人纳之于王,故曰褒姒。 【正义】《括地志》云:"褒国故城在梁州褒城县东二百步,古褒国也。"

②【正义】诸国皆有史以记事,故曰史记。

③【集解】虞翻曰:"龙自号褒之二先君也。"

④【集解】韦昭曰:"蒺,龙所吐沫。沫,龙之精气也。"

⑤【集解】韦昭曰:"以简策之书告龙,而请其蒺也。"

⑥【集解】韦昭曰:"椟,匮也。"

⑦【集解】虞翻曰:"末年,王流彘之岁。"

⑧【集解】韦昭曰:"噪,欢呼也。"唐固曰:"群呼曰噪。"

⑨【索隐】亦作"蚖",音元。玄蚖,蜥蜴也。

⑩【集解】韦昭曰:"毁齿曰龀。女七岁而毁齿也。"

⑪【正义】笄音鸡。《礼记》云:"女子许嫁而笄。"郑玄云:"笄,今簪。"

⑫【集解】韦昭曰:"山桑曰檿。弧,弓也。箕,木名。服,矢房也。"

⑬【集解】徐广曰:"妖,一作'夭'。夭,幼少也。"

⑭【正义】夫妇卖檿弧者,宣王欲执戮之,遂逃于路,遇此妖子,哀而收之。

⑮【正义】《国语》云:"周幽王伐有褒,褒人以褒姒女焉,与虢石甫比也。"

⑯【索隐】《左传》所谓"携王奸命"是也。

褒姒不好笑,幽王欲其笑万方,故不笑。幽王为燧燧①大鼓,有寇至则举燧火。诸侯悉至,至而无寇,褒姒乃大笑。幽王说之,为数举燧火。其后不信,诸侯益亦不至。

①【正义】峰遂二音。昼日燃燧以望火烟,夜举燧以望火光也。燧,土鲁也。燧,炬火也。皆山上安之,有寇举之。

幽王以虢石父为卿,用事,国人皆怨。石父为人佞巧①善谀好利,王用之。又废申后,去太子也。申侯怒,与缯、②西夷犬戎攻幽王。幽王举燧火征兵,兵莫至。遂杀幽王骊山下,③虏褒姒,尽取周赂而去。④于是诸侯乃即申侯而共立故幽王太子宜臼,是为平王,以奉周祀。

①【集解】徐广曰:"佞,一作'谄'。"

②【索隐】缯,国名,夏同姓。　【正义】缯,自陵反。《国语》云"缯,姒姓,夏禹后"。《括地志》云:"缯县在沂州承县,古侯国,禹后。"

③【索隐】在新丰县南,故骊戎国也。旧音黎。徐广音力知反。　【正义】《括地志》云:"骊山在雍州新丰县南十六里。《土地记》云骊山即蓝田山。"按:骊山之阳即蓝田山。

④【集解】《汲冢纪年》曰:"自武王灭殷以至幽王,凡二百五十七年也。"　【正义】按:《汲冢书》,晋咸和五年汲郡汲县发魏襄王冢,得古书册七十五卷。

平王立,东迁于雒邑,①辟戎寇。平王之时,周室衰微,诸侯强并弱,齐、楚、秦、晋始大,政由方伯。②

①【正义】即王城也。平王以前号东都,至敬王以后及战国为西周也。

②【集解】《周礼》曰:"九命作伯。"郑众云:"长诸侯为方伯。"

四十九年,鲁隐公即位。

五十一年,平王崩,太子洩父①蚤死,立其子林,是为桓王。桓王,平王孙也。

①【正义】音甫。

桓王三年,郑庄公朝,桓王不礼。①五年,郑怨,与鲁易许田。许田,天子之用事太山田也。②八年,鲁杀隐公,③立桓公。十三年,伐郑,④郑射伤桓王,桓王去归。⑤

①【索隐】在鲁隐公六年。

②【索隐】《左传》郑伯以璧假许田,卒易祊。祊是郑祀太山之田,许是鲁朝京师之汤沐邑,有周公庙,郑以其近,故易取之。此云"许田天子用事太山田",误。　【正义】杜预云:"成王营王城,有迁都之志,故赐周公许田,以为鲁国朝宿之邑,后世因而立周公别庙焉。郑桓公友,周宣王之母弟,封郑,有助祭泰山汤沐邑在祊。郑以天子不能复巡狩,故欲以祊易许田,各从本国所近之宜也。恐鲁以周公别庙为疑,故云已废泰山之祀,而欲为鲁祀周公,逊辞以求也。"《括地志》云:"许田在许州许昌县南四十里,有鲁城,周公庙在城中。祊田在沂州费县东南。"按:宛,郑大夫。

③【正义】子允令公子翚杀隐公也。

④【索隐】在鲁桓五年。

⑤【索隐】《左传》繻葛之役,祝聃射王中肩是也。

二十三年,桓王崩,子庄王佗立。庄王四年,周公黑肩欲杀庄王而立王子克。①辛伯告王,②王杀周公。③王子克奔燕。④

①【集解】贾逵曰:"庄王弟子仪也。"

②【集解】贾逵曰:"辛伯,周大夫也。"

③【索隐】《左传》曰:"初,子仪有宠于桓王,桓王属诸周公。辛伯谏曰:'并后匹嫡,两政耦国,乱之本也。'周公不从,故及于难。"然周公阿先王旨,自取诛夷,辛伯正君臣之义,卒安王业,二卿优劣诚可识也。

④【正义】杜预云:"南燕,姞姓也。"

十五年,庄王崩,子釐王①胡齐立。釐王三年,齐桓公始霸。

①【正义】釐音僖。

五年,釐王崩,子惠王阆立。①惠王二年。初,庄王嬖姬姚,②生子穨,③穨有宠。及惠王即位,夺其大臣园以为囿,④故大夫边伯等五人作乱,⑤谋召燕、卫师,⑥伐惠王。惠王奔温,⑦已居郑之栎。⑧立釐王弟穨为王。乐及遍舞,⑨郑、虢君怒。四年,郑与虢君伐杀王穨,⑩复入惠王。惠王十年,赐齐桓公为伯。

①【索隐】《系本》名毋凉。　【正义】谥作"毋凉"也。

②【正义】杜预云:"姚姓也。"

③【索隐】庄王子,釐王弟,惠王之叔父也。

④【集解】《左传》曰大臣,茒国也。

⑤【集解】《左传》曰五人者,茒国、边伯、詹父、子禽、祝跪也。

⑥【正义】南燕,滑州胙城。卫,澶州卫南也。

⑦【正义】《左传》云苏忿生十二邑,桓王夺苏子十二邑与郑,故苏子同五大夫伐惠王。温,十二邑之一也。杜预云河内温县也。

⑧【集解】服虔曰:"栎,郑大都。"　【正义】杜预云:"栎,今河南阳翟县也。"

⑨【集解】贾逵曰:"遍舞,皆舞六代之乐也。"

⑩【正义】贾逵云："郑厉公突、虢公林父也。"

二十五年，惠王崩，子襄王郑立。襄王母蚤死，后母曰惠后。①惠后生叔带，②有宠于惠王，襄王畏之。三年，叔带与戎、翟谋伐襄王，襄王欲诛叔带，叔带奔齐。齐桓公使管仲平戎于周，使隰朋平戎于晋。③王以上卿礼管仲。管仲辞曰："臣贱有司也，有天子之二守国、高在。④若节春秋来承王命，何以礼焉。⑤陪臣敢辞。"⑥王曰："舅氏，余嘉乃勋，⑦毋逆朕命。"管仲卒受下卿之礼而还。⑧九年，齐桓公卒。十二年，叔带复归于周。⑨

① 【集解】《左传》曰："陈妫归于京师，实惠后也。"　【正义】按：陈国，舜后，妫姓也。

② 【索隐】惠王子，襄王弟，封于甘，故《左传》称甘昭公。　【正义】惠王子，襄王弟，封之于甘。《括地志》云："故甘城在洛州河南县西南二十五里。《左传》云甘昭公，王子叔带也。《洛阳记》云河南县西南二十五里，甘水出焉，北流入洛。山上有甘城，即甘公采邑也。"

③ 【集解】服虔曰："戎伐周，晋伐戎救周，故和也。"

④ 【集解】杜预曰："国子，高子，天子所命为齐守臣，皆上卿也。"

⑤ 【集解】贾逵曰："节，时也。"王肃曰："春秋聘享之节也。"

⑥ 【集解】服虔曰："陪，重也。诸侯之臣于天子，故曰陪臣。"

⑦ 【集解】贾逵曰："舅氏，言伯舅之使也。"　【正义】武王娶太公女为后，故呼舅氏，远言之。我善汝有平戎之功勋。

⑧ 【正义】杜预云："管仲不敢以职自高，卒受本位之礼也。"

⑨ 【集解】《左传》曰："王召之。"

十三年，郑伐滑，①王使游孙、伯服请滑，②郑人囚之。郑文公怨惠王之入不与厉公爵，③又怨襄王之与卫滑，④故囚伯服。王怒，将以翟伐郑。富辰谏曰：⑤"凡我周之东徙，晋、郑焉依。子穨之乱，又郑之由定，今以小怨弃之!"王不听。十五年，王降翟师以伐郑。王德翟人，将以其女为后。富辰谏曰："平、桓、庄、惠皆受郑劳，王弃亲亲翟，不可从。"王不听。十六年，王绌翟后，翟人来诛，杀谭伯。⑥富辰曰："吾数谏不从，如是不出,王以我为慭乎?"乃以其属死之。

①【集解】贾逵曰:"滑,姬姓之国。"骃按:《左传》曰"滑人叛郑而服于卫"也。

　【正义】杜预云滑国都费,河南缑氏县,为秦所灭,时属郑、晋,后属周。事在鲁釐公二十年。《括地志》云:"缑氏故城本费城也,在洛州缑氏县(南)东二十五里也。"

②【集解】贾逵曰:"二子,周大夫。"

③【集解】服虔曰:"惠王以后之鞶鉴与郑厉公,而独与虢公玉爵。"　【正义】《左传》云:"庄公二十一年,王巡虢守,虢公为王宫于玤,王与之酒泉,郑伯之享王,王以后之鞶鉴与之。虢公请器,王与之爵。郑伯由是怨王也。"杜预云:"后鞶带而以镜为饰也。爵,饮酒器也。玤,地。酒泉,周邑。"

④【集解】服虔曰:"滑,小国,近郑,世世服从,而更违叛,郑师伐之,听命,后自诉于王,王以与卫。"

⑤【集解】服虔曰:"富辰,周大夫。"

⑥【集解】唐固曰:"谭伯,周大夫原伯、毛伯也。"　【索隐】按:《国语》亦云"杀谭伯",而《左传》太叔之难,犹周公忌父、原伯、毛伯,唐固据《传》文读"谭"为"原",然《春秋》有谭,何妨此时亦仕王朝,预获被杀?《国语》既云"杀谭伯",故太史公依之,不从《左传》说也。

初,惠后欲立王子带,故以党开翟人,翟人遂入周。襄王出奔郑,①郑居王于氾。②子带立为王,取襄王所绌翟后与居温。③十七年,襄王告急于晋,晋文公纳王而诛叔带。襄王乃赐晋文公珪鬯弓矢,为伯,以河内地与晋。④二十年,晋文公召襄王,襄王会之河阳、践土,⑤诸侯毕朝,书讳曰"天王狩于河阳"。⑥

①【正义】《公羊传》云:"王者无外,此其言出,何? 不能事母也。"

②【集解】杜预曰:"郑南氾在襄城县南。"　【正义】氾音凡。《括地志》云:"故氾城在许州襄城县一里。《左传》云'天王出居于郑,处于氾'是。"

③【正义】《括地志》云:"故温城在怀州温县西三十里,汉、晋为县,本周司寇苏忿生之邑。《左传》云周与郑人苏忿生十二邑,温其一也。《地理志》云温县,故国,己姓,苏忿生所封也。"

④【正义】贾逵云:"晋有功,赏之以地,杨樊、温、原、攒茅之田也。"

⑤【集解】贾逵曰:"河阳,晋之温也。践土,郑地名,在河内。"　【正义】《括地志》云:"故王宫在郑州荥泽县西北十五里王宫城中。《左传》云晋文公败楚于城濮,至于衡雍,作王宫于践土也。"按王城,则所作在践土,城内东北隅有践土台,东去衡雍三十馀里也。

⑥【集解】《左传》曰:"仲尼曰'以臣召君,不可以训',故书曰'狩'。"

二十四年,晋文公卒。

三十一年,秦穆公卒。

三十二年,襄王崩,子顷王壬臣立。顷王六年,崩,子匡王班立。匡王六年,崩,弟瑜立,是为定王。

定王元年,楚庄王伐陆浑之戎,①次洛,使人问九鼎。王使王孙满应设以辞,②楚兵乃去。十年,楚庄王围郑,郑伯降,已而复之。十六年,楚庄王卒。

①【集解】《地理志》陆浑县属弘农郡。　【正义】浑音魂。杜预云:"允姓之戎居陆浑,在秦、晋西北,二国诱而徙之伊川,遂从戎号,今洛州陆浑县,取其号也。"《后汉书》云陆浑戎自瓜州迁于伊川。《左传》云:"初,平王之东迁也,辛有适伊川,见被发而祭于野者,曰'不及百年,此其戎乎? 其礼先亡矣'。"按:至僖公二十二年秋,秦、晋迁陆浑之戎于伊川,计至辛有言,适百年也。《括地志》云:"故麻城谓之蛮中,在汝州梁县界。《左传》'单浮馀围蛮氏',杜预云'城在河南新城东南,伊洛之戎陆浑蛮氏城也。俗以为麻蛮声相近故耳'。"按:新城,今伊阙县是也。

②【集解】贾逵曰:"王孙满,周大夫也。"

二十一年,定王崩,子简王夷立。简王十三年,晋杀其君厉公,迎子周于周,立为悼公。

十四年,简王崩,子灵王泄心立。灵王二十四年,齐崔杼弑其君庄公。

二十七年,灵王崩,①子景王贵立。②景王十八年,后太子圣而蚤卒。二十年,景王爱子朝,③欲立之,④会崩,⑤子丏之党与争立,国人立长子猛为王,子朝攻杀猛。猛为悼王。晋人攻子朝而立丏,是为敬王。⑥

①【集解】《皇览》曰:"灵王冢在河南城西南柏亭西周山上。盖以灵王生而有髭,而神,故谥灵王。其冢,民祀之不绝。"

②【索隐】名贵。按《国语》景王二十一年铸大钱及无射,单穆公及泠州鸠各设辞以谏。今此不言,亦其疏略耳。

③【集解】贾逵曰:"景王之长庶子。"

④【正义】《左传》云:"子朝用成周之宝珪沈于河,津人得诸河上。"杜预云:"祷河求福也,珪自出水也。"按:河神不敢受故。

⑤【集解】《皇览》曰:"景王冢在洛阳太仓中。秦封吕不韦洛阳十万户,故大其城并围景王冢也。"

⑥【集解】贾逵曰:"敬王,猛母弟。"

敬王元年,晋人入敬王,子朝自立,敬王不得入,居泽。①四年,晋率诸侯入敬王于周,子朝为臣,②诸侯城周。十六年,子朝之徒复作乱,敬王奔于晋。十七年,晋定公遂入敬王于周。

①【集解】贾逵曰:"泽邑,周地也。"

②【集解】《春秋》曰:"子朝奔楚。"《皇览》曰:"子朝冢在南阳西鄂县。今西鄂晁氏自谓子朝后也。"

三十九年,齐田常杀其君简公。

四十一年,楚灭陈。孔子卒。

四十二年,敬王崩,①子元王仁立。②元王八年,崩,子定王介立。③

①【集解】徐广曰:"皇甫谧曰敬王四十四年,元己卯,崩壬戌也。"

②【集解】徐广曰:"《世本》云贞王介也。"

③【集解】徐广曰:"《世本》云元王赤也。"皇甫谧曰:"元王十一年癸未,三晋灭智伯,二十八年崩,三子争立,立应为贞定王。"【索隐】《系本》云元王赤,皇甫谧云贞定王。考据二文,则是元有两名,一名仁,一名赤。如《史记》,则元王为定王父,定王即贞王也;依《系本》,则元王是贞王子。必有一乖误。然此"定"当为"贞",字误耳。岂周家有两定王,代数又非远乎?皇甫谧见此,疑而不决,遂弥缝《史记》、《系本》之错谬,因谓为贞定王,未为得也。

定王十六年,三晋灭智伯,分有其地。

　　二十八年，定王崩，①长子去疾立，是为哀王。哀王立三月，弟叔袭杀哀王而自立，是为思王。思王立五月，少弟嵬攻杀思王而自立，是为考王。此三王皆定王之子。

　　①【集解】徐广曰："皇甫谧曰贞定王十年，元癸亥，崩壬申。"

　　考王十五年，崩，①子威烈王午立。

　　①【集解】徐广曰："皇甫谧曰考哲王元辛丑，崩乙卯。"

　　考王封其弟于河南，①是为桓公，以续周公之官职。桓公卒，子威公代立。威公卒，子惠公代立，乃封其少子于巩②以奉王，号东周惠公。③

　　①【正义】《帝王世纪》云："考哲王封弟揭于河南，续周公之官，是为西周桓公。"按：自敬王迁都成周，号东周也。桓公都王城，号西周桓公。

　　②【集解】徐广曰："惠公之子也。"　【正义】巩音拱。郭缘生《述征记》巩县，周地，巩伯邑。史记周显王二年西周惠公封少子班于巩，以奉王室，为东周惠公也。子武公，为秦所灭。

　　③【索隐】考王封其弟于河南，为桓公。卒，子威公立。卒，子惠公立。长子曰西周公。又封少子于巩，仍袭父号曰东周惠公。于是有东西二周也。按：《系本》"西周桓公名揭，居河南，东周惠公名班，居洛阳"是也。

　　威烈王二十三年，九鼎震。命韩、魏、赵为诸侯。

　　二十四年，崩，①子安王骄立。是岁盗杀楚声王。

　　①【集解】徐广曰："皇甫谧曰元丙辰，崩己卯。"骃案：宋衷曰"威烈王葬洛阳城中东北隅"也。

　　安王立二十六年，崩，①子烈王喜立。烈王二年，周太史儋②见秦献公曰：③"始周与秦国合而别，别五百载复合，④合十七岁而霸王者出焉。"⑤

　　①【集解】皇甫谧曰："安王元庚辰，崩乙巳。"

　　②【索隐】《老子列传》曰"儋即老子"耳，又曰"非也"，验其年代是别人。　【正义】幽王时有伯阳甫。唐固曰："伯阳甫，老子也。"按：幽王元年至孔子卒三百馀年，孔子卒后一百二十九年，儋见秦献公。然老子当孔子时，唐固说

非也。

③【正义】《秦本纪》云献公十一年见,见后十五年,周显王致文武胙于秦孝公,是复合时也。

④【集解】应劭曰:"周孝王封伯翳之后为侯伯,与周别五百载。至昭王时,西周君臣自归受罪,献其邑三十六城,合也。"韦昭曰:"周封秦为始别,谓秦仲也。五百岁,谓从秦仲至孝公强大,显王致伯,与之亲合也。"【索隐】按:周封非子为附庸,邑之秦,号曰秦嬴,是始合也。及秦襄公始列为诸侯,是别之也。自秦列为诸侯,至昭王五十二年,西周君臣献邑三十六城以入于秦,凡五百一十六年,是合也。云"五百",举其大数。

⑤【集解】徐广曰:"从此后十七年而秦昭王立。"骃案:韦昭曰"武王、昭王皆伯,至始皇而王天下"。【索隐】霸王,谓始皇也。自周以邑入秦,至始皇初立,政由太后、嫪毐,至九年诛毐,正十七年。【正义】周始与秦国合者,谓周、秦俱黄帝之后,至非子未别封,是合也。而别者,谓非子末年,周封非子为附庸,邑之秦,后二十九君,至秦孝公二年五百载,周显王致文武胙于秦孝公,复与之亲,是复合也。合十七岁而霸王者出,谓从秦孝公三年至十九年周显王致胙于秦孝公,是霸也。孝公子惠王称王,是王者出也。然五百载者,非子生秦侯已下二十八君,至孝公二年,都合四百八十六年,兼非子邑秦之后十四年,则成五百。

十年,烈王崩,弟扁立,①是为显王。显王五年,贺秦献公,献公称伯。九年,致文武胙于秦孝公。②二十五年,秦会诸侯于周。二十六年,周致伯于秦孝公。三十三年,贺秦惠王。三十五年,致文武胙于秦惠王。四十四年,秦惠王称王。③其后诸侯皆为王。④

①【正义】扁,边典反。

②【集解】胙,膰肉也。《左传》曰:"王使宰孔赐齐侯胙,曰天子有事于文武。"

③【正义】《秦本纪》云惠王十三年,与韩、魏、赵并称王。

④【索隐】谓韩、魏、齐、赵也。

四十八年,显王崩,子慎靓王定立。慎靓王立六年,崩,子赧王延立。①王赧时东西周分治。②王赧徙都西周。③

①【索隐】皇甫谧云名诞。赧非谥,《谥法》无赧。正以微弱,窃铁逃债,赧然惭

愧，故号曰"赧"耳。又按：《尚书中候》以"赧"为"然"，郑玄云"然读曰赧"。
王劭按：古音人扇反，今音奴板反。《尔雅》曰面惭曰赧。

②【索隐】西周，河南也。东周，巩也。王赧微弱，西周与东分主政理，各居一
　　都，故曰东西周。按：高诱曰西周王城，今河南。东周成周，故洛阳之地。

③【正义】敬王从王城东徙成周，十世至王赧，从成周西徙王城，西周武公
　　居焉。

西周武公①之共太子死，有五庶子，毋適立。司马翦②谓楚王曰：
"不如以地资公子咎，为请太子。"左成曰：③"不可。周不听，是公之知
困而交疏于周也。④不如请周君孰欲立，以微告翦，翦请令楚（贺）〔资〕之
以地。"果立公子咎为太子。⑤

①【集解】徐广曰："惠公之长子。"　【索隐】按：《战国策》作东周武公。

②【正义】翦音子践反，楚臣也。

③【正义】楚臣也。

④【正义】言以地资公子咎请为太子，周若不许，是楚于周交益疏。

⑤【正义】楚命翦适周，讽周君欲立谁，以微言告于翦，翦令楚（贺）〔资〕之以地，
　　周果立咎为太子也。此以上至"西周武公"，是楚令周立公子咎为太子也。

八年，秦攻宜阳，①楚救之。而楚以周为秦故，将伐之。②苏代为周
说楚王曰："何以周为秦之祸也？③言周之为秦甚于楚者，欲令周入秦
也，故谓'周秦'也。④周知其不可解，必入于秦，此为秦取周之精者也。⑤
为王计者，周于秦因善之，不于秦亦言善之，以疏之于秦。⑥周绝于秦，
必入于郢矣。"⑦

①【正义】《括地志》云："故韩城一名宜阳城，在洛州福昌县东十四里，即韩宜
　　阳县城也。"

②【索隐】宜阳，韩地，秦攻而楚救之，周为韩出兵，而楚疑周为秦，因加兵
　　伐周。

③【索隐】苏代为周说楚王，王何以道周为秦，周实不为秦也。今王责周道为
　　秦，周惧楚，必入秦，是为祸也。

④【索隐】周、秦相近，秦欲并周而外睦于周，故当时诸侯咸谓"周秦"。

⑤【正义】解音纪买反。代言周若知楚疑亲秦,其计定不可解免,周必亲于秦也。是为秦取周精妙之计。

⑥【正义】代言为王计者,周亲秦,因而善之;周不亲,亦言善之。楚若善周,周必疏于秦也。

⑦【正义】郢,楚都也。楚既亲周,秦必绝周亲楚矣。以上至"八年",苏代说楚合周。

秦借道两周之间,①将以伐韩,周恐借之畏于韩,不借畏于秦。史厌②谓周君曰:③"何不令人谓韩④公叔曰'秦之敢绝周而伐韩者,信东周也。公何不与周地,发质使之楚'?⑤秦必疑楚不信周,是韩不伐也。又谓秦曰'韩强与周地,将以疑周于秦也,周不敢不受'。秦必无辞而令周不受,⑥是受地于韩而听于秦。"⑦

①【正义】上"借"音精夕反,下音子夜反。

②【正义】乌减反,又于点反。

③【索隐】周君,西周武公也。时王赧微弱,不主盟会,寄居西周耳。

④【索隐】徐广曰:"一作'何'。应劭曰《氏姓注》云以何姓为韩后。"

⑤【正义】质音竹利反。使音所吏反。质使,令公子及重臣等往楚为质,使秦疑楚,又得不信周也。质平敌不相负也。

⑥【正义】又谓秦曰:"韩强与周地,令秦疑周亲韩,则周不敢不受,秦必无巧辞而令周不敢(不)受韩地也。"

⑦【索隐】此史厌说韩,令与周地,使质于楚,令秦疑楚不信周,得不假道伐韩,而犹听命于秦。

秦召西周君,西周君恶往,故令人谓韩王①曰:"秦召西周君,将以使攻王之南阳也,王何不出兵于南阳?周君将以为辞于秦。②周君不入秦,秦必不敢逾河而攻南阳矣。"③

①【索隐】按:《战国策》云或人为周君谓魏王云者也。

②【索隐】高诱注《战国策》曰:"以魏兵在河南为辞,周君不往朝秦也。"

③【正义】南阳,今怀州也。杜预云在晋山南河北。以上至"秦召西周君",是西周君说韩令出兵河南谋秦也。

东周与西周战,韩救西周。或为东周说韩王曰:①"西周故天子之国,多名器重宝。王案兵毋出,可以德东周,②而西周之宝必可以尽矣。"③

①【正义】为音于伪反。乃或人为东周说韩王,令按兵无出,则周德韩矣。

②【正义】韩按兵不出伐东周,而东周甚愧韩之恩德也。

③【正义】韩出兵助西周,虽不攻东周,西周愧其佐助,宝器必尽归于韩。以上至"东周与西周战",是或人说韩令无救西周也。

王赧谓成君。楚围雍氏,①韩征甲与粟于东周,东周君恐,召苏代而告之。代曰:"君何患于是。臣能使韩毋征甲与粟于周,又能为君得高都。"②周君曰:"子苟能,请以国听子。"代见韩相国曰:③"楚围雍氏,期三月也,今五月不能拔,是楚病也。④今相国乃征甲与粟于周,是告楚病也。"韩相国曰:"善。使者已行矣。"⑤代曰:"何不与周高都?"韩相国大怒曰:"吾毋征甲与粟于周亦已多矣,⑥何故与周高都也?"代曰:"与周高都,是周折而入于韩也,秦闻之必大怒忿周,即不通周使,是以獘高都得完周也。曷为不与?"相国曰:"善。"果与周高都。⑦

①【集解】徐广曰:"阳翟雍氏城也。《战国策》曰'韩兵入西周,西周令成君辩说秦求救',当是说此事而脱误也。"　【索隐】如徐此说,自合当改而注结之,不合与"楚围雍氏"连注。　【正义】雍音于恭反。《括地志》云:"故雍城在洛州阳翟县东北二十五里,故老云黄帝臣雍父作杵臼所封也。"按:其地时属韩也。

②【集解】徐广曰:"今河南新城县高都城也。"　【索隐】高诱云:"高都,韩邑,今属上党也。"　【正义】《括地志》云:"高都故城一名郜都城,在洛州伊阙县北三十五里。"

③【集解】《汉书·百官表》曰:"相国,秦官。"骃谓韩亦有相国,然则诸国共放秦也。【索隐】相国,公仲侈也。

④【正义】谓楚兵弊弱也。

⑤【索隐】已,止也。

⑥【正义】言幸甚也。

⑦【正义】以上至"楚围雍氏",是苏代为东周说韩,令不征甲而得高都。

三十四年,苏厉谓周君曰:"秦破韩、魏,扑师武,①北取赵蔺、离石者，②皆白起也。是善用兵，又有天命。今又将兵出塞攻梁，③梁破则周危矣。君何不令人说白起乎？曰'楚有养由基者，善射者也。去柳叶百步而射之，百发而百中之。左右观者数千人，皆曰善射。有一夫立其旁，曰"善，可教射矣"。养由基怒，释弓搤剑，曰"客安能教我射乎?"客曰"非吾能教子支左诎右也。④夫去柳叶百步而射之，百发而百中之，不以善息，⑤少焉气衰力倦，弓拨矢钩，一发不中者，百发尽息"。⑥今破韩、魏，扑师武，北取赵蔺、离石者，公之功多矣。今又将兵出塞，过两周，倍韩，攻梁，一举不得，前功尽弃。公不如称病而无出'。"⑦

①【集解】徐广曰："扑，一作'仆'。"《战国策》曰秦败魏将犀武于伊阙。"

②【集解】《地理志》曰西河郡有蔺、离石二县。 【正义】蔺音力刃反。《括地志》云："离石县，今石州所理县也。"蔺近离石，皆赵二邑。

③【正义】谓伊阙塞也，在洛州南十九里。伊阙山今名锺山。郦元注《水经》云："两山相对，望之若阙，伊水历其间，故谓之伊阙。"按：今谓之龙门，禹凿以通水也。

④【索隐】按：《列女传》云"左手如拒，右手如附枝，右手发之，左手不知，此射之道也"。又《越绝书》曰"左手如附泰山，右手如抱婴儿"。

⑤【索隐】言不以其善而且停息。息，止也。

⑥【索隐】息犹弃。言并弃前善。

⑦【正义】以上至"三十四年"，是苏厉为周说白起无伐梁也。

四十二年，秦破华阳约。①马犯谓周君曰："请令梁城周。"②乃谓梁王曰："周王病若死，则犯必死矣。③犯请以九鼎自入于王，王受九鼎而图犯。"④梁王曰："善。"遂与之卒，言戍周。⑤因谓秦王曰："梁非戍周也，将伐周也。王试出兵境以观之。"⑥秦果出兵。又谓梁王曰：⑦"周王病甚矣，犯请后可而复之。⑧今王使卒之周，诸侯皆生心，后举事且不信。不若令卒为周城，以匿事端。"⑨梁王曰："善。"遂使城周。⑩

①【集解】徐广曰："一作'厄'。" 【正义】司马彪云："华阳，亭名，在密县。秦昭王三十三年，秦背魏约，使客卿胡伤击魏将芒卯华阳，破之。"《六国年表》云："白起击魏华阳，芒卯走。"《括地志》云："故华阳城在郑州管城县南四十里是。"按：马犯见秦破魏华阳约，惧周危，故谓"请梁城周"也。

②【索隐】华阳，地名。司马彪曰："华阳，亭名，在密县。秦昭王三十三年，秦背魏约，使客卿胡伤击魏将芒卯华阳，破之。"是马犯见秦破魏约，惧周危，故谓周君请梁城周，而设诡计也。

③【正义】马犯，周臣也。乃说梁王曰，秦破魏华阳之军，去周甚近，周王忧惧国破，犹身之重病，若死，则犯必死也。

④【索隐】图，谋也。犯谓梁王，我方入鼎于王，王当谋救援己也。

⑤【正义】戍，守也。周虽未入九鼎于梁，而梁信马犯矫言，遂与之卒，令守周。

⑥【正义】梁兵非戍周也，将渐伐周而取九鼎宝器，王若不信，试出师于境，以观梁王之变也。

⑦【正义】马犯说秦，得秦出兵于境，又重归说梁王也。

⑧【索隐】按：《战国策》"甚"作"瘉"。犯请后可而复之者，言王病愈，所图不遂，请得在后有可之时以鼎入梁也。　【正义】复音扶富反。复，重也。秦既破华阳军，今又出兵境上，是周国病秦久矣。犯前请卒戍周，诸侯皆心疑梁取周，后可更重请益卒守周乎？

⑨【索隐】梁实图周九鼎，且外遣卒戍周和合。秦举兵欲侵周，梁不救周，是本无善周之事，止是欲周危而取九鼎，故诸侯皆心不信梁矣。故不如匿事端，使卒为周城。　【正义】既诸侯生心，不如令卒便为筑城，以隐匿疑伐周之事端，绝诸侯不信之心。梁王遂使城周，解诸侯之疑也。

⑩【正义】以上至"四十二年"，是马犯说梁王为周筑城也。

四十五年，周君之秦客谓周(最)〔冣〕曰：①"公不若誉秦王之孝，因以应为太后养地，②秦王必喜，是公有秦交。交善，周君必以为公功。交恶，劝周君入秦者必有罪矣。"③秦攻周，而周冣谓秦王曰："为王计者不攻周。攻周，实不足以利，声畏天下，天下以声畏秦，必东合于齐。兵毙于周，合天下于齐，则秦不王矣。天下欲毙秦，劝王攻周。秦与天下毙，则令不行矣。"④

①【索隐】(最)〔冣〕音词喻反，周之公子也。

②【集解】徐广曰："《地理志》云：应，今颍川父城县应乡是也。"【索隐】《战国策》作"原"。原，周地。太后，秦昭王母宣太后芈氏也。　【正义】《括地志》云："故应城，殷时应国，在(城)父〔城〕。"按：应城此时属周。太后，秦昭王母宣太后芈氏。

③【正义】客谓周㝡曰,周君与秦交善,是㝡之功也。与秦交恶,劝周君入秦者周㝡,今必得劝周君之罪也。以上至"四十五年",是周客说周㝡,令周君以应入秦,得交善而归也。

④【正义】令音力政反。秦欲攻周,周㝡说秦曰,周天子之国,虽有重器名宝,土地狭少,不足利秦国。王若攻之,乃有攻天子之声,而令天下以攻天子之声畏秦,使诸侯归于齐,秦兵空毙于周,则秦不王矣。是天下欲毙秦,故劝王攻周,令秦受天下毙,而令教命不行于诸侯矣。以上至"秦攻周",是周㝡说秦也。

五十八年,三晋距秦。周令其相国之秦,以秦之轻也,还其行。①客谓相国曰:"秦之轻重未可知也。②秦欲知三国之情。公不如急见秦王曰'请为王听东方之变',秦王必重公。重公,是秦重周,周以取秦也;齐重,则固有周聚③以收齐:是周常不失重国之交也。"④秦信周。发兵攻三晋。⑤

①【正义】以秦轻易周相,故相国于是反归周也。

②【正义】言秦之轻相国重相国,亦未可知。

③【集解】徐广曰:"一作'㝡',㝡亦古之聚字。"

④【正义】按:周聚事齐而和于齐周,故得齐重。今相国又得秦重,是相国收秦,周聚收齐,周常不失大国之交也。

⑤【正义】三晋,韩、魏、赵也。以上至"五十八年",是客说周相国,令报三国之情,得秦重也。

五十九年,秦取韩阳城负黍,①西周恐,倍秦,与诸侯约从,②将天下锐师出伊阙攻秦,③令秦无得通阳城。秦昭王怒,使将军摎④攻西周。西周君奔秦,⑤顿首受罪,尽献其邑三十六,口三万。⑥秦受其献,归其君于周。

①【集解】徐广曰:"阳城有负黍聚。"【正义】《括地志》云:"阳城,洛州县也。负黍亭在阳城县西南三十五里。故周邑。《左传》云'郑伐周负黍'是也。"今属韩国也。

②【集解】文颖曰:"关东为从,关西为横。"孟康曰:"南北为从,东西为横。"瓒曰:"以利合曰从,以威势相协曰横。"【正义】按:诸说未允。关东地南北

长,长为从,六国共居之。关西地东西广,广为横,秦独居之。

③【正义】西周以秦取韩阳城、负黍,恐惧,倍秦之约,共诸侯连从,领天下锐师,从洛州南出伊阙攻秦军,令不得通阳城。

④【集解】《汉书·百官表》曰:"前、后、左、右将军,皆周末官也。"【正义】撴音纪虬反。

⑤【正义】谓西周武公。

⑥【索隐】秦昭王之五十二年。

周君、王赧卒,①周民遂东亡。秦取九鼎宝器,而迁西周公于𢠾狐。②后七岁,秦庄襄王灭东(西)周。③东西周皆入于秦,周既不祀。④

①【集解】宋衷曰:"谥曰西周武公。"【索隐】非也。徐以西周武公是惠公之长子,此周君即西周武公也。盖此时武公与王赧皆卒,故连言也。【正义】刘伯庄云:"赧是惭耻之甚,轻微危弱,寄住东西,足为惭赧,故号之曰赧。"《帝王世纪》云:"名诞。虽居天子之位号,为诸侯之所役逼,与家人无异。名负责于民,无以得归,乃上台避之,故周人名其台曰逃责台。"

②【集解】徐广曰:"𢠾音惮。𢠾狐聚与阳人聚相近,在洛阳南百五十里梁、新城之间。"【索隐】西周,盖武公之太子文公也。武公卒而立,为秦所迁。而东周亦不知其名号。《战国策》虽有周文君,亦不知灭时定当何主。盖周室衰微,略无纪录,故太史公虽考众书以卒其事,然二国代系甚不分明。

【正义】《括地志》云:"汝州外古梁城即𢠾狐聚也。阳人故城即阳人聚也,在汝州梁县西四十里,秦迁东周君地。梁亦古梁城也,在汝州梁县西南十五里。新城,今洛州伊阙县也。"按:𢠾狐、阳人傍在三城之间。

③【集解】徐广曰:"周比亡之时,凡七县,河南、洛阳、穀城、平阴、偃师、巩、缑氏。"【正义】《括地志》云:"故穀城在洛州河南县西北十八里苑中。河阴县城本汉平阴县,在洛州洛阳县东北五十里。《十三州志》云在平津大河之南也。魏文帝改曰河阴。"

④【集解】皇甫谧曰:"周凡三十七王,八百六十七年。"【索隐】既,尽也。日食尽曰既。言周祚尽灭,无主祭祀。【正义】按:王赧卒后,天下无主三十五年,七雄并争。至秦始皇立,天下一统,十五年,海内咸归于汉矣。

太史公曰:学者皆称周伐纣,居洛邑,综其实不然。武王营之,成王使召公卜居,居九鼎焉,而周复都丰、镐。至犬戎败幽王,周乃东徙于洛邑。所谓"周公葬(我)〔于〕毕",毕在镐东南杜中。① 秦灭周。汉兴九十有馀载,天子将封泰山,东巡狩至河南,求周苗裔,封其后嘉三十里地,号曰周子南君,② 比列侯,以奉其先祭祀。③

①【集解】徐广曰:"一作'社'。"

②【集解】瓒曰:"《汲冢古文》谓卫将军文子为子南弥牟,其后有子南劲,朝于魏,后惠成王如卫,命子南为侯。秦并六国,卫最为后,疑嘉是卫后,故氏子南而称君也。" 【正义】《括地志》云:"周承休城一名梁雀坞,在汝州梁县东北二十六里。《帝王世纪》云'汉武帝元鼎四年,东巡河洛,思周德,乃封姬嘉三千户,地方三十里,为周子南君,以奉周祀。元帝初元五年,嘉孙延年进爵为承休侯',在此城也。平帝元始四年,进为郑公。光武建武十三年,封于观,为卫公。"颜师古云:"子南,其封邑之号,为周后,故总言周子南君。"按:自嘉以下皆姓姬氏,著在史传。瓒言子南为氏,恐非。

③【集解】徐广曰:"自周亡乙巳至元鼎四年戊辰,一百四十四年,汉之九十四年也。汉武元鼎四年封周后也。"

【索隐述赞】后稷居邰,太王作周。丹开雀录,火降乌流。三分既有,八百不谋。苍兕誓众,白鱼入舟。太师抱乐,箕子拘囚。成康之日,政简刑措。南巡不还,西服莫附。共和之后,王室多故。厉弧兴谣,龙漦作蠹。赧带茬祸,实倾周祚。

史记卷五

秦本纪第五

　　秦之先，帝颛顼之苗裔①孙曰女脩。女脩织，玄鸟陨卵，女脩吞之，生子大业。②大业取少典之子，曰女华。女华生大费，③与禹平水土。已成，帝锡玄圭。禹受曰："非予能成，亦大费为辅。"帝舜曰："咨尔费，赞禹功，其赐尔皂游。④尔后嗣将大出。"⑤乃妻之姚姓之玉女。⑥大费拜受，佐舜调驯鸟兽，鸟兽多驯服，是为柏翳。舜赐姓嬴氏。

①【正义】黄帝之孙，号高阳氏。

②【索隐】女脩，颛顼之裔女，吞鳦子而生大业。其父不著。而秦、赵以母族而祖颛顼，非生人之义也。按：《左传》郑国，少昊之后，而嬴姓盖其族也，则秦、赵宜祖少昊氏。　【正义】《列女传》云："陶子生五岁而佐禹。"曹大家注云："陶子者，皋陶之子伯益也。"按此即知大业是皋陶。

③【索隐】扶味反，一音秘。寻费后以为氏，则扶味反为得。此则秦、赵之祖，嬴姓之先，一名伯翳，《尚书》谓之"伯益"，《系本》、《汉书》谓之"伯益"是也。寻检《史记》上下诸文，伯翳与伯益是一人不疑。而《陈杞系家》即叙伯翳与伯益为二，未知太史公疑而未决邪？抑亦谬误尔？

④【索隐】游音旒。谓赐以皂色旌旆之旒，色与玄玉色副，言其大功成也。然其事亦当有所出。

⑤【索隐】出犹生也。言尔后嗣繁昌，将大生出子孙也。故《左传》亦云"晋公子姬出也"。

⑥【集解】徐广曰："皇甫谧云赐之玄玉，妻以姚姓之女也。"

　　大费生子二人：一曰大廉，实鸟俗氏；二曰若木，实费氏。①其玄孙曰费昌，子孙或在中国，或在夷狄。②费昌当夏桀之时，去夏归商，为汤御,以败桀于鸣条。大廉玄孙曰孟戏、中衍,③鸟身人言。④帝太戊闻而卜之使御,吉,遂致使御而妻之。自太戊以下,中衍之后,遂世有功,⑤以佐殷国,故嬴姓多显,遂为诸侯。

①【索隐】以仲衍鸟身人言,故为鸟俗氏。俗,一作"浴"。若木以王父字为费氏也。

②【索隐】殷纣时费仲,即昌之后也。

③【索隐】旧解以孟戏仲衍是一人,今以孟仲分字,当是二人名也。

④【正义】身体是鸟而能人言。又云口及手足似鸟也。

⑤【正义】谓费昌及仲衍。

其玄孙曰中潏,①在西戎,保西垂。生蜚廉。蜚廉生恶来。恶来有力,②蜚廉善走,父子俱以材力事殷纣。周武王之伐纣,并杀恶来。是时蜚廉为纣石北方,③还,无所报,为坛霍太山④而报,得石棺,⑤铭曰"帝令处父⑥不与殷乱,赐尔石棺以华氏"。死,遂葬于霍太山。⑦蜚廉复有子曰季胜。⑧季胜生孟增。孟增幸于周成王,是为宅皋狼。⑨皋狼生衡父,衡父生造父。造父以善御幸于周缪王,得骥、温骊、⑩骅骝、⑪骐耳之驷,⑫西巡狩,乐而忘归。⑬徐偃王作乱,⑭造父为缪王御,长驱归周,一日千里以救乱。⑮缪王以赵城封造父,⑯造父族由此为赵氏。自蜚廉生季胜已下五世至造父,别居赵。赵衰其后也。恶来革者,蜚廉子也,蚤死。有子曰女防。女防生旁皋,旁皋生太几,太几生大骆,大骆生非子。以造父之宠,皆蒙赵城,姓赵氏。

①【集解】徐广曰:"一作'滑'。"【正义】中音仲。潏音决。宋衷注《世本》云仲滑生飞廉。

②【集解】《晏子春秋》曰:"手裂虎兕。"

③【集解】徐广曰:"皇甫谧云作石椁于北方。"【索隐】"石"下无字,则不成文,意亦无所见,必是《史记》本脱。皇甫谧尚得其说。徐虽引之,而竟不云是脱何字,专质之甚也。【正义】为,于伪反。刘伯庄云:"霍太山,纣都之北也。霍太山在晋州霍邑县。"按:在卫州朝歌之西方也。

④【集解】《地理志》霍太山在河东彘县。

⑤【正义】纣既崩,无所归报,故为坛就霍太山而祭纣,报云作得石椁。

⑥【索隐】蜚廉别号。

⑦【集解】皇甫谧云："去虢县十五里有冢，常祠之。"【索隐】言处父至忠，国灭君死而不忘臣节，故天赐石棺，以光华其族。事盖非实，谯周深所不信。

⑧【正义】音升。

⑨【正义】《地理志》云西河郡皋狼县也。按：孟增居皋狼而生衡父。

⑩【集解】徐广曰："温，一作'盗'。"骃案：郭璞云"为马细颈。骊，黑色"。【索隐】温音盗。徐广亦作"盗"。邹诞生本作"駣"，音陶。刘氏《音义》云"盗骊，骊骊也。骊，浅黄色"。八骏既因色为名，骊骊为得之也。

⑪【集解】郭璞曰："色如华而赤。今名马骠赤者为枣骝。骝，马赤也。"

⑫【集解】郭璞曰："《纪年》云'北唐之君来见以一骊马，是生騄耳'。八骏皆因其毛色以为名号。"骃案：《穆天子传》穆王有八骏之乘，此纪不具者也。【索隐】按：《穆王传》曰赤骥、盗骊、白义、渠黄、骅骝、騟轮、騄耳、山子。【正义】騄音录。

⑬【集解】郭璞曰："《纪年》云穆王十七年，西征于昆仑丘，见西王母。"【正义】《括地志》云："昆仑山在肃州酒泉县南八十里。《十六国春秋》云前凉张骏酒泉守马岌上言，酒泉南山即昆仑之丘也，周穆王见西王母，乐而忘归，即谓此山。有石室王母堂，珠玑镂饰，焕若神宫。"按：肃州在京西北二千九百六十里，即小昆仑也，非河源出处者。

⑭【集解】《地理志》曰临淮有徐县，云故徐国。《尸子》曰："徐偃王有筋而无骨。"骃谓号偃由此。【正义】《括地志》云："大徐城在泗州徐城县北三十里，古徐国也。《博物志》云徐君宫人有娠而生卵，以为不祥，弃于水滨洲。狐独母有犬鹄苍，衔所弃卵以归，覆煖之，乃成小儿。生时正偃，故以为名。宫人闻之，更取养之。及长，袭为徐君。后鹄苍临死，生角而九尾，化为黄龙也。鹄苍或名后苍。"《括地志》又云："徐城在越州鄮县东南入海二百里。夏侯《志》云翁洲上有徐偃王城。传云昔周穆王巡狩，诸侯共尊偃王，穆王闻之，令造父御，乘騄駬之马，日行千里，自还讨之。或云命楚王帅师伐之，偃王乃于此处立城以终。"

⑮【正义】《古史考》云："徐偃王与楚文王同时，去周穆王远矣。且王者行有周卫，岂得救乱而独长驱日行千里乎？"并言此事非实。按：年表穆王元年去楚文王元年三百一十八年矣。

⑯【集解】徐广曰："赵城在河东永安县。"【正义】《括地志》云："赵城，今晋州

赵城县是。本彘县地,后改曰永安,即造父之邑也。"

　　非子居犬丘,①好马及畜,②善养息之。犬丘人言之周孝王,孝王召使主马于汧渭之间,③马大蕃息。孝王欲以为大骆适嗣。申侯之女为大骆妻,生子成为适。申侯乃言孝王曰:"昔我先郦山之女,④为戎胥轩妻,⑤生中潏,以亲故归周,保西垂,西垂以其故和睦。今我复与大骆妻,生适子成。申骆重婚,西戎皆服,所以为王。⑥王其图之。"于是孝王曰:"昔伯翳为舜主畜,畜多息,故有土,赐姓嬴。今其后世亦为朕息马,朕其分土为附庸。"邑之秦,⑦使复续嬴氏祀,号曰秦嬴。亦不废申侯之女子为骆适者,以和西戎。

①【集解】徐广曰:"今槐里也。"【正义】《括地志》云:"犬丘故城一名槐里,亦曰废丘,在雍州始平县东南十里。《地理志》云扶风槐里县,周曰犬丘,懿王都之,秦更名废丘,高祖三年更名槐里也。"

②【正义】好,火到反。畜,许救反。

③【正义】汧音牵。言于二水之间,在陇州以东。

④【正义】申侯之先,娶于郦山。

⑤【正义】胥轩,仲衍曾孙也。

⑥【正义】重,直龙反。言申骆重婚,西戎皆从,所以得为王。王即孝王。

⑦【集解】徐广曰:"今天水陇西县秦亭也。"【正义】《括地志》云:"秦州清水县本名秦,嬴姓邑。《十三州志》云秦亭,秦谷是也。周太史儋云'始周与秦国合而别',故天子邑之秦。"

　　秦嬴生秦侯。秦侯立十年,卒。生公伯。公伯立三年,卒。生秦仲。

　　秦仲立三年,周厉王无道,诸侯或叛之。西戎反王室,灭犬丘大骆之族。周宣王即位,①乃以秦仲为大夫,诛西戎。西戎杀秦仲。秦仲立二十三年,死于戎。②有子五人,其长者曰庄公。周宣王乃召庄公昆弟五人,与兵七千人,使伐西戎,破之。于是复予秦仲后,及其先大骆地犬丘并有之,为西垂大夫。③

①【集解】徐广曰:"秦仲之十八年也。"

②【集解】《毛诗序》曰:"秦仲始大,有车马礼乐侍御之好也。"

③【正义】《注水经》云:"秦庄公伐西戎,破之,周宣王与大骆犬丘之地,为西垂
　大夫。"《括地志》云:"秦州上邽县西南九十里,汉陇西西县是也。"

庄公居其故西犬丘,生子三人,其长男世父。世父曰:"戎杀我大父
仲,我非杀戎王则不敢入邑。"遂将击戎,让其弟襄公。襄公为太子。庄
公立四十四年,卒,太子襄公代立。襄公元年,以女弟缪嬴为丰王妻。
襄公二年,①戎围犬丘,(世父)世父击之,为戎人所虏。岁馀,复归世父。
七年春,周幽王用褒姒废太子,立褒姒子为適,数欺诸侯,诸侯叛之。西
戎犬戎与申侯伐周,杀幽王郦山下。而秦襄公将兵救周,战甚力,有功。
周避犬戎难,东徙雒邑,②襄公以兵送周平王。平王封襄公为诸侯,赐
之岐以西之地。曰:"戎无道,侵夺我岐、丰之地,秦能攻逐戎,即有其
地。"与誓,封爵之。襄公于是始国,与诸侯通使聘享之礼,乃用骊驹、③
黄牛、羝羊各三,祠上帝西畤。④十二年,伐戎而至岐,卒。生文公。

①【正义】《括地志》云:"故汧城在陇州汧源县东南三里。《帝王世纪》云秦襄
　公二年徙都汧,即此城。"

②【正义】周平王徙居王城,即《雒诰》云"我卜涧水东,瀍水西"者也。

③【集解】徐广曰:"赤马黑髦曰骊。"

④【集解】徐广曰:"年表云立西畤,祠白帝。"【索隐】襄公始列为诸侯,自以
　居西(畤),西(畤),县名,故作西畤,祠白帝。畤,止也,言神灵之所依止也。
　亦音市,谓为坛以祭天也。

文公元年,居西垂宫。①三年,文公以兵七百人东猎。四年,至汧渭
之会。曰:"昔周邑我先秦嬴于此,后卒获为诸侯。"乃卜居之,占曰
吉,②即营邑之。十年,初为鄜畤,③用三牢。十三年,初有史以纪事,民
多化者。十六年,文公以兵伐戎,戎败走。于是文公遂收周馀民有之,
地至岐,岐以东献之周。十九年,得陈宝。④二十年,法初有三族之罪。⑤
二十七年,伐南山大梓,丰大特。⑥四十八年,文公太子卒,赐谥为竫
公。⑦竫公之长子为太子,是文公孙也。五十年,文公卒,葬西山。⑧竫公

子立,是为宁公。⑨

①【正义】即上西县是也。

②【正义】《括地志》云:"郿县故城在岐州郿县东北十五里。毛苌云:郿,地名也。秦文公东猎汧渭之会,卜居之,乃营邑焉,即此城也。"

③【集解】徐广曰:"鄜县属冯翊。" 【索隐】音敷,亦县名。于鄜地作畤,故曰鄜畤。故《封禅书》曰"秦文公梦黄蛇自天下属地,其口止于鄜衍",史敦以为神,故立畤也。 【正义】《括地志》云:"三畤原在岐州雍县南二十里。《封禅书》云秦文公作鄜畤,襄公作西畤,灵公作吴阳上畤,并此原上,因名也。"

④【索隐】按:《汉书·郊祀志》云"文公获若石云,于陈仓北阪城祠之,其神来,若雄雉,其声殷殷云,野鸡夜鸣,以一牢祠之,号曰陈宝"。又臣瓒云"陈仓县有宝夫人祠,岁与叶君神会,祭于此者也"。苏林云"质如石,似肝"。云,语辞。 【正义】《括地志》云:"宝鸡(神)〔祠〕在岐州陈仓县东二十里故陈仓城中。《晋太康地志》云'秦文公时,陈仓人猎得兽,若彘,不知名,牵以献之。逢二童子,童子曰:"此名为媦,常在地中,食死人脑。"即欲杀之,拍捶其首。媦亦语曰:"二童子名陈宝,得雄者王,得雌者霸。"陈仓人乃逐二童子,化为雉,雌上陈仓北阪,为石,秦祠之'。《搜神记》云其雄者飞至南阳,其后光武起于南阳,皆如其言也。"

⑤【集解】张晏曰:"父母、兄弟、妻子也。"如淳曰:"父族、母族、妻族也。"

⑥【集解】徐广曰:"今武都故道有怒特祠,图大牛,上生树本,有牛从木中出,后见于丰水之中。" 【正义】《括地志》云:"大梓树在岐州陈仓县南十里仓山上。《录异传》云'秦文公时,雍南山有大梓树,文公伐之,辄有大风雨,树生合不断。时有一人病,夜往山中,闻有鬼语树神曰:"秦若使人被发,以朱丝绕树伐汝,汝得不困耶?"树神无言。明日,病人语闻,公如其言伐树,断,中有一青牛出,走入丰水中。其后牛出丰水中,使骑击之,不胜。有骑堕地复上,发解,牛畏之,入不出,故置髦头。汉、魏、晋因之。武都郡立怒特祠,是大梓牛神也'。"按:今俗画青牛障是。

⑦【集解】徐广曰:"文公之四十四年,鲁隐之元年。"

⑧【集解】徐广曰:"皇甫谧云葬于西山,在今陇西之西县。"

⑨【集解】徐广曰:"一作'曼'。"

宁公二年,公徙居平阳。①遣兵伐荡社。②三年,与亳战,亳王奔戎,遂灭荡社。③四年,鲁公子翚④弑其君隐公。十二年,伐荡氏,取之。宁公生十岁立,立十二年卒,葬西山。⑤生子三人,长男武公为太子。武公弟德公,同母鲁姬子。⑥生出子。宁公卒,大庶长弗忌、威垒、⑦三父废太子而立出子为君。出子六年,三父等复共令人贼杀出子。出子生五岁立,立六年卒。三父等乃复立故太子武公。

①【集解】徐广曰:"郿之平阳亭。"　【正义】《帝王世纪》云秦宁公都平阳。按:岐山县有阳平乡,乡内有平阳聚。《括地志》云:"平阳故城在岐州岐山县西四十六里,秦宁公徙都之处。"

②【集解】徐广曰:"荡音汤。社,一作'杜'。"　【索隐】西戎之君号曰亳王,盖成汤之胤。其邑曰荡社。徐广云一作"汤杜",言汤邑在杜县之界,故曰汤杜也。　【正义】《括地志》云:"雍州三原县有汤陵。又有汤台,在始平县西北八里。"按:其国盖在三原始平之界矣。

③【集解】皇甫谧云:"亳王号汤,西夷之国也。"

④【正义】音晖,即羽父也。

⑤【正义】《括地志》云:"秦宁公墓在岐州陈仓县西北三十七里秦陵山。《帝王世纪》云秦宁公葬西山大麓,故号秦陵山也。"按:文公亦葬西山,盖秦陵山也。

⑥【正义】德公母号鲁姬子。

⑦【正义】音力追反。

武公元年,伐彭戏氏,①至于华山下,②居平阳封宫。③三年,诛三父等而夷三族,以其杀出子也。郑高渠眯杀其君昭公。④十年,伐邽、冀戎,初县之。⑤十一年,初县杜、郑。⑥灭小虢。⑦

①【正义】戏音许宜反,戎号也。盖同州彭衙故城是也。

②【正义】即华岳之下也。

③【正义】宫名,在岐州平阳城内也。

④【索隐】《春秋》鲁桓公十七年《左传》作"高渠弥"也。

⑤【集解】《地理志》陇西有上邽县。应劭曰:"即邽戎邑也。"冀县属天水郡。

⑥【集解】《地理志》京兆有郑县、杜县也。　【正义】《括地志》云:"下杜故城在

雍州长安县东南九里,古杜伯国。华州郑县也。《毛诗谱》云郑国者,周畿
内之地。宣王封其弟于咸林之地,是为郑桓公。"按:秦得皆县之。

⑦【集解】班固曰西虢在雍州 【正义】虢音古伯反。《括地志》云:"故虢城在
岐州陈仓县东四十里。次西十餘里又有城,亦名虢城。《舆地志》云此虢文
王母弟虢叔所封,是曰西虢。"按:此虢灭时,陕州之虢犹谓之小虢。又云,
小虢,羌之别种。

十三年,齐人管至父、连称等杀其君襄公而立公孙无知。晋灭霍、
魏、耿。①齐雍廪②杀无知、管至父等而立齐桓公。齐、晋为强国。

①【索隐】《春秋》鲁闵公元年《左传》云"晋灭耿,灭魏,灭霍",此不言魏,史阙
文耳。又《传》曰:"赐毕万魏,赐赵夙耿。"杜预注曰:"平阳皮氏县东南有耿
乡,永安县东北有霍太山。三国皆姬姓。" 【正义】《括地志》云:"霍,晋州
霍邑县,又春秋时霍伯国。韦昭云霍,姬姓也。"《括地志》云:"故耿城今名
耿仓城,在绛州龙门县东南十二里,故耿国也。《都城记》云耿,嬴姓国也。"
②【正义】雍,於宫反。廪,力甚反。是雍林邑人姓名也。

十九年,晋曲沃始为晋侯。①齐桓公伯于鄄。②

①【索隐】晋穆侯少子成师居曲沃,号曲沃桓叔,至武公称灭晋侯缗,始为晋
君也。
②【正义】伯音霸。

二十年,武公卒,葬雍平阳。初以人从死,从死者六十六人。有子
一人,名曰白。白不立,封平阳。①立其弟德公。

①【正义】即雍平阳也。平阳时属雍,并在岐州。解在上也。

德公元年,初居雍城①大郑宫。②以牺三百牢祠鄜畤。卜居雍。后
子孙饮马于河。③梁伯、芮伯来朝。④二年,初伏,⑤以狗御蛊。⑥德公生
三十三岁而立,立二年卒。生子三人:长子宣公,中子成公,少子穆公。
长子宣公立。

①【集解】徐广曰:"今县在扶风。"
②【正义】《括地志》云:"岐州雍县南七里故雍城,秦德公大郑宫城也。"
③【正义】卜居雍之后,国益广大,后代子孙得东饮马于龙门之河。"

④【索隐】梁，嬴姓。芮，姬姓。梁国在冯翊夏阳。芮国在冯翊临晋。　【正义】《括地志》云："南芮乡故城在同州朝邑县南三十里，又有北芮城，皆古芮伯国。郑玄云周同姓之国，在畿内，为王卿士者。《左传》云：桓公三年，芮伯万之母芮姜恶芮伯之多宠人，故逐之，出居魏。"今按：〔陕〕州芮城县界有芮国城，盖是殷末虞芮争田之芮国是也。

⑤【集解】孟康曰："六月伏日初也。周时无，至此乃有之。"　【正义】六月三伏之节起秦德公为之，故云初伏。伏者，隐伏避盛暑也。《历忌释》云："伏者何？以金气伏藏之日也。四时代谢，皆以相生：立春，木代水，水生木；立夏，火代木，木生火；立冬，水代金，金生水；立秋，以金代火，故至庚日必伏。庚者金，故曰伏也。"

⑥【集解】徐广曰："年表云初作伏，祠社，磔狗邑四门也。"　【正义】蛊者，热毒恶气为伤害人，故磔狗以御之。年表云"初作伏，祠社，磔狗邑四门"。按：磔，禳也。狗，阳畜也。以狗张磔于郭四门，禳却热毒气也。《左传》云皿虫为蛊。顾野王云谷久积变为飞蛊也。

宣公元年，卫、燕伐周，①出惠王，立王子穨。三年，郑伯、虢叔②杀子穨而入惠王。四年，作密畤③与晋战河阳，胜之。十二年，宣公卒。生子九人，莫立，立其弟成公。

①【正义】卫惠公都即今卫州也。燕，南燕也。周，天王也。《括地志》云："滑州故城古南燕国。应劭云南燕，姞姓之国，黄帝之后。"

②【正义】《括地志》云："洛州汜水县，古东虢国，亦郑之制邑，汉之城皋，即周穆王虎牢城。《左传》云宫之奇曰'虢仲虢叔，王季之穆也'。"

③【正义】《括地志》云："汉有五畤，在岐州雍县南，则鄜畤、吴阳上畤、下畤、密畤、北畤。秦文公梦黄蛇自天而下，属地，其口止于鄜衍，作畤，郊祭白帝，曰鄜畤。秦宣公作密畤于渭南，祭青帝。秦灵公作吴阳上畤，祭黄帝；作下畤，祠炎帝。汉高帝曰'天有五帝，今四，何也？待我而具五'。遂立黑帝，曰北畤是也。"

成公元年，梁伯、①芮伯来朝。齐桓公伐山戎，次于孤竹。②

①【正义】《括地志》云："同州韩城县南二十二里少梁故城，古少梁国。《都城记》云梁伯国，嬴姓之后，与秦同祖。秦穆公二十二年灭之。"

②【正义】《括地志》云:"孤竹故城在平州卢龙县十二里,殷时诸侯竹国也。"

成公立四年卒。子七人,莫立,立其弟缪公。①

①【索隐】秦自宣公已上皆史失其名。今按《系本》、《古史考》,得缪公名任好。

缪公任好元年,自将伐茅津,①胜之。四年,迎妇于晋,晋太子申生姊也。其岁,齐桓公伐楚,至邵陵。

①【正义】刘伯庄云:"戎号也。"《括地志》云:"茅津及茅城在陕州河北县西二十里。《注水经》云茅亭,茅戎号。"

五年,晋献公灭虞、虢,虏虞君与其大夫百里傒,以璧马赂于虞故也。既虏百里傒,以为秦缪公夫人媵于秦。百里傒亡秦走宛,①楚鄙人执之。缪公闻百里傒贤,欲重赎之,恐楚人不与,乃使人谓楚曰:"吾媵臣百里傒在焉,请以五羖羊皮赎之。"楚人遂许与之。当是时,百里傒年已七十馀。缪公释其囚,与语国事。谢曰:"臣亡国之臣,何足问!"缪公曰:"虞君不用子,故亡,非子罪也。"固问,语三日,缪公大说,授之国政,号曰五羖大夫。百里傒让曰:"臣不及臣友蹇叔,蹇叔贤而世莫知。臣常游困于齐而乞食铚人,②蹇叔收臣。臣因而欲事齐君无知,蹇叔止臣,臣得脱齐难,遂之周。周王子颓好牛,臣以养牛干之。及颓欲用臣,蹇叔止臣,臣去,得不诛。事虞君,蹇叔止臣。臣知虞君不用臣,臣诚私利禄爵,且留。再用其言,得脱;一不用,及虞君难:是以知其贤。"于是缪公使人厚币迎蹇叔,以为上大夫。

①【集解】《地理志》南阳有宛县。　【正义】宛,於元反,今邓州县。

②【集解】徐广曰:"铚,一作'铚'。"　【正义】铚音珍栗反。铚,地名,在沛县。

秋,缪公自将伐晋,战于河曲。①晋骊姬作乱,太子申生死新城,②重耳、夷吾出奔。③

①【集解】徐广曰:"一作'西'。"骃按:《公羊传》曰"河千里而一曲也"。服虔曰"河曲,晋地"。杜预曰"河曲在蒲阪南"。　【正义】按:河曲在华阴县界也。

②【正义】韦昭云:"曲沃新为太子城。"《括地志》云:"绛州曲沃县有曲沃故城,土人以为晋曲沃新城。"

③【正义】重耳奔翟,夷吾奔少梁也。

九年,齐桓公会诸侯于葵丘。①

①【正义】《括地志》云:"葵丘在曹州考城县东南一里一百五十步郭内,即桓公
　　会处。又青州临淄县有葵丘,即《传》连称、管至父所戍处。"

晋献公卒。立骊姬子奚齐,其臣里克杀奚齐。荀息立卓子,①克又
杀卓子及荀息。夷吾使人请秦,求入晋。于是缪公许之,使百里傒将兵
送夷吾。夷吾谓曰:"诚得立,请割晋之河西八城②与秦。"及至,已立,
而使丕郑谢秦,背约不与河西城,而杀里克。丕郑闻之,恐,因与缪公谋
曰:"晋人不欲夷吾,实欲重耳。今背秦约而杀里克,皆吕甥、郤芮之计
也。愿君以利急召吕、郤,吕、郤至,则更入重耳便。"缪公许之,使人与
丕郑归,召吕、郤。吕、郤等疑丕郑有间,乃言夷吾杀丕郑。丕郑子丕豹
奔秦,说缪公曰:"晋君无道,百姓不亲,可伐也。"缪公曰:"百姓苟不便,
何故能诛其大臣? 能诛其大臣,此其调也。"③不听,而阴用豹。

①【集解】徐广曰:"一作'倬'。"

②【正义】谓同、华等州地。

③【正义】调音徒聊反。言能诛大臣丕郑,云是夷吾于百姓调和也。刘伯庄音
　　徒吊反。按:调,选也。邪臣诛,忠臣用,是夷吾能调选。两通也。

十二年,齐管仲、隰朋死。

晋旱,来请粟。丕豹说缪公勿与,因其饥而伐之。缪公问公孙
支,①支曰:"饥穰更事耳,不可不与。"问百里傒,傒曰:"夷吾得罪于君,
其百姓何罪?"于是用百里傒、公孙支言,卒与之粟。以船漕车转,自雍
相望至绛。②

①【集解】服虔曰:"秦大夫公孙子桑。"

②【集解】贾逵曰:"雍,秦国都;绛,晋国都也。"

十四年,秦饥,请粟于晋。晋君谋之群臣。虢射曰:①"因其饥伐
之,可有大功。"晋君从之。十五年,兴兵将攻秦。缪公发兵,使丕豹将,
自往击之。九月壬戌,与晋惠公夷吾合战于韩地。②晋君弃其军,与秦

争利,还而马骘。③缪公与麾下驰追之,不能得晋君,反为晋军所围。晋击缪公,缪公伤。于是岐下食善马者三百人驰冒晋军,晋军解围,遂脱缪公而反生得晋君。初,缪公亡善马,岐下野人共得而食之者三百馀人,④吏逐得,欲法之。缪公曰:"君子不以畜产害人。吾闻食善马肉不饮酒,伤人。"乃皆赐酒而赦之。三百人者闻秦击晋,皆求从,从而见缪公窘,亦皆推锋争死,以报食马之德。于是缪公虏晋君以归,令于国,"齐宿,吾将以晋君祠上帝"。周天子闻之,曰"晋我同姓",为请晋君。夷吾姊亦为缪公夫人,夫人闻之,乃衰绖跣,曰:"妾兄弟不能相救,以辱君命。"缪公曰:"我得晋君以为功,今天子为请,夫人是忧。"乃与晋君盟,许归之,更舍上舍,而馈之七牢。⑤十一月,归晋君夷吾,夷吾献其河西地,使太子圉为质于秦。秦妻子圉以宗女。是时秦地东至河。⑥

①【正义】射音石也。

②【正义】《左传》云僖公十五年,秦晋战于韩原,秦获晋侯以归。《括地志》云:"韩原在同州韩城县西南十八里。《十六国春秋》云魏颗梦父结草抗秦将杜回,亦在韩原。"

③【正义】骘音致,又敕利反。《国语》云:"晋师溃,戎马还泞而止。"韦昭云:"泞,深泥也。"

④【正义】《括地志》云:"野人坞在岐州雍县东北二十里。"按:野人盗马食处,因名焉。

⑤【集解】贾逵曰:"诸侯飨饩七牢。牛一羊一豕一为一牢也。"

⑥【正义】晋河西八城入秦,秦东境至河,即龙门河也。

十八年,齐桓公卒。二十年,秦灭梁、芮。①

①【正义】梁、芮国皆在同州。秦得其地,故灭二国之君。

二十二年,晋公子圉闻晋君病,曰:"梁,我母家也,①而秦灭之。我兄弟多,即君百岁后,秦必留我,而晋轻,亦更立他子。"子圉乃亡归晋。二十三年,晋惠公卒,子圉立为君。秦怨圉亡去,乃迎晋公子重耳于楚,而妻以故子圉妻。重耳初谢,后乃受。缪公益礼厚遇之。二十四年春,秦使人告晋大臣,欲入重耳。晋许之,于是使人送重耳。二月,重耳立

为晋君,是为文公。文公使人杀子圉。子圉是为怀公。^①

①【正义】子圉母,梁伯之女也。

其秋,周襄王弟带以翟伐王,王出居郑。^①二十五年,周王使人告难于晋、秦。秦缪公将兵助晋文公入襄王,杀王弟带。二十八年,晋文公败楚于城濮。^②三十年,缪公助晋文公围郑。^③郑使人言缪公曰:"亡郑厚晋,于晋而得矣,而秦未有利。晋之强,秦之忧也。"缪公乃罢兵归。晋亦罢。三十二年冬,晋文公卒。

①【正义】王居于氾邑也。

②【正义】卫地也,今濮州。

③【正义】《左传》云僖公三十年,晋侯、秦伯围郑。杜预云:"文公过郑,郑不礼之。"

郑人有卖郑于秦曰:"我主其城门,郑可袭也。"缪公问蹇叔、百里傒,对曰:"径数国千里而袭人,希有得利者。且人卖郑,庸知我国人不有以我情告郑者乎?不可。"缪公曰:"子不知也,吾已决矣。"遂发兵,使百里傒子孟明视,蹇叔子西乞术及白乙丙将兵。行日,百里傒、蹇叔二人哭之。缪公闻,怒曰:"孤发兵而子沮哭吾军,何也?"^①二老曰:"臣非敢沮君军。军行,臣子与往;^②臣老,迟还恐不相见,故哭耳。"二老退,谓其子曰:"汝军即败,必于殽阸矣。"^③三十三年春,秦兵遂东,更晋地,过周北门。周王孙满曰:"秦师无礼,^④不败何待!"兵至滑,^⑤郑贩卖贾人^⑥弦高,^⑦持十二牛将卖之周,见秦兵,恐死虏,因献其牛,曰:"闻大国将诛郑,郑君谨修守御备,使臣以牛十二劳军士。"秦三将军相谓曰:"将袭郑,郑今已觉之,往无及已。"灭滑。滑,晋之边邑也。

①【正义】沮,自吕反。沮,毁也。《左传》云蹇叔哭之曰:"孟子,吾见师之出,不见其入也。"

②【正义】与音预。

③【正义】殽音胡交反。阸音厄。《春秋》云鲁僖公三十三年,晋人及姜戎败秦师于殽。《括地志》云:"三殽山又名嵚岑山,在洛州永宁县西北二十里,即古之殽道也。"

④【正义】《左传》云："秦师过周北门,左右免胄而下,超乘者三百乘。王孙满
尚幼,观之,言于王曰:'秦师轻而无礼,必败。'"杜预云:"王城北门也。谓
过天子门不卷甲束兵。超乘,示勇也。"

⑤【正义】为八反。《括地志》云:"缑氏故城在洛州缑氏县东二十五里,滑伯国
也。韦昭云,姬姓小国也。"

⑥【正义】卖,麦卦反。贾音古。《左传》作"商人"也。

⑦【集解】人姓名。

当是时,晋文公丧尚未葬。太子襄公怒曰:"秦侮我孤,因丧破我
滑。"遂墨衰绖,发兵遮秦兵于殽,击之,大破秦军,无一人得脱者。虏秦
三将以归。文公夫人,秦女也,①为秦三囚将请曰:"缪公之怨此三人入
于骨髓,愿令此三人归,令我君得自快烹之。"晋君许之,归秦三将。三
将至,缪公素服郊迎,向三人哭曰:"孤以不用百里傒、蹇叔言以辱三子,
三子何罪乎?子其悉心雪耻,毋怠。"遂复三人官秩如故,愈益厚之。

①【集解】服虔曰:"缪公女。"

三十四年,楚太子商臣弑其父成王代立。

缪公于是复使孟明视等将兵伐晋,战于彭衙。①秦不利,引兵归。

①【集解】杜预曰:"冯翊郃阳县西北有衙城。"　【正义】《括地志》云:"彭衙故
城在同州白水县东北六十里。"

戎王使由余①于秦。由余,其先晋人也,亡入戎,能晋言。闻缪公
贤,故使由余观秦。秦缪公示以宫室、积聚。由余曰:"使鬼为之,则劳
神矣。使人为之,亦苦民矣。"缪公怪之,问曰:"中国以诗书礼乐法度为
政,然尚时乱,今戎夷无此,何以为治,不亦难乎?"由余笑曰:"此乃中国
所以乱也。夫自上圣黄帝作为礼乐法度,身以先之,仅以小治。及其后
世,日以骄淫。阻法度之威,以责督于下,下罢极②则以仁义怨望于上,
上下交争怨而相篡弑,至于灭宗,皆以此类也。夫戎夷不然。上含淳德
以遇其下,下怀忠信以事其上,一国之政犹一身之治,不知所以治,此真
圣人之治也。"于是缪公退而问内史廖曰:③"孤闻邻国有圣人,敌国之
忧也。今由余贤,寡人之害,将奈之何?"内史廖曰:"戎王处辟匿,未闻

中国之声。君试遗其女乐，以夺其志；④为由余请，以疏其间；留而莫遣，以失其期。戎王怪之，必疑由余。君臣有间，乃可虏也。且戎王好乐，必怠于政。"缪公曰："善。"因与由余曲席而坐，⑤传器而食，问其地形与其兵势尽督，而后令内史廖以女乐二八遗戎王。戎王受而说之，终年不还。于是秦乃归由余。由余数谏不听，缪公又数使人间要由余，由余遂去降秦。缪公以客礼礼之，问伐戎之形。

①【正义】戎人姓名。

②【正义】罢音皮。

③【集解】《汉书·百官表》曰："内史，周官也。"

④【集解】徐广曰："夺，一作'徇'。"

⑤【正义】按：床在穆公左右，相连而坐，谓之曲席也。

三十六年，缪公复益厚孟明等，使将兵伐晋，渡河焚船，大败晋人，取王官及鄗，①以报殽之役。晋人皆城守不敢出。于是缪公乃自茅津②渡河，③封殽中尸，④为发丧，哭之三日。乃誓于军曰："嗟士卒！听无哗，余誓告汝。古之人谋黄发番番，⑤则无所过。"以申思不用蹇叔、百里傒之谋，故作此誓，令后世以记余过。君子闻之，皆为垂涕，曰："嗟呼！秦缪公之与人周也，⑥卒得孟明之庆。"

①【集解】徐广曰："《左传》作'郊'。"骃案：服虔曰"皆晋地，不能有"。　【正义】鄗音郊。《左传》作"郊"。杜预云："书取，言易也。"《括地志》云："王官故城在同州澄城县西北九十里。又云南郊故城在县北十七里。又有北郊故城，又有西郊古城。《左传》云文公三年，秦伯伐晋，济河焚舟，取王官及郊也。"《括地志》云："蒲州猗氏县南二里又有王官故城，亦秦伯取者。"上文云"秦地东至河"，盖猗氏王官是也。

②【集解】徐广曰："在大阳。"　【正义】《括地志》云："茅津在陕州河北县、大阳县也。"

③【正义】自茅津南渡河也。

④【集解】贾逵曰："封识之。"　【正义】《左传》云："秦伯伐晋，济河焚舟，晋人不出，遂自茅津济，封殽尸而还。"杜预云："封，埋藏也。"

⑤【正义】音婆。字当作"皤"。皤，白头貌。言发白而更黄，故云黄发番番，（以

　　申思)谓蹇叔、百里奚也。

　　⑥【集解】服虔曰:"周,备也。"

　　三十七年,秦用由余谋伐戎王,益国十二,开地千里,①遂霸西戎。天子使召公过贺缪公以金鼓。三十九年,缪公卒,葬雍。②从死者百七十七人,秦之良臣子舆氏三人③名曰奄息、仲行、鍼虎,亦在从死之中。④秦人哀之,为作歌《黄鸟》之诗。君子曰:"秦缪公广地益国,东服强晋,西霸戎夷,然不为诸侯盟主,亦宜哉。死而弃民,收其良臣而从死。且先王崩,尚犹遗德垂法,况夺之善人良臣百姓所哀者乎?是以知秦不能复东征也。"缪公子四十人,其太子罃代立,是为康公。

　　①【正义】韩安国云"秦穆公都地方三百里,并国十四,辟地千里",陇西、北地郡是也。

　　②【集解】《皇览》曰:"秦缪公冢在橐泉宫祈年观下。"　【正义】《庙记》云:"橐泉宫,秦孝公造。祈年观,德公起。盖在雍州城内。"《括地志》云:"秦穆公冢在岐州雍县东南二里。"

　　③【正义】毛苌云:"良,善也,三善臣也。"《左传》云:"子车氏之三子。"杜预云:"子车,秦大夫也。"

　　④【正义】行音胡郎反。鍼音其廉反。应劭云:"秦穆公与群臣饮酒酣,公曰'生共此乐,死共此哀'。于是奄息、仲行、鍼虎许诺。及公薨,皆从死。《黄鸟》诗所为作也。"杜预云:"以人葬为殉也。"《括地志》云:"三良冢在岐州雍县一里故城内。"

　　康公元年。往岁缪公之卒,晋襄公亦卒;襄公之弟名雍,秦出也,①在秦。晋赵盾欲立之,使随会②来迎雍,秦以兵送至令狐。③晋立襄公子而反击秦师,秦师败,随会来奔。二年,秦伐晋,取武城,④报令狐之役。四年,晋伐秦,取少梁。⑤六年,秦伐晋,取羁马。⑥战于河曲,大败晋军。晋人患随会在秦为乱,乃使魏雠馀⑦详反,⑧合谋会,诈而得会,会遂归晋。康公立十二年卒,子共公立。⑨

　　①【正义】雍母秦女,故言秦出也。

　　②【正义】韦昭云:"晋正卿士芴之孙,成伯之子季武子也。食采于随范,故曰

随会,或曰范会。季,范子字也。"

③【集解】杜预曰:"在河东。"　【正义】令音零。《括地志》云:"令狐故城在蒲
　　州猗氏县界十五里也。"

④【正义】《括地志》云:"故武城一名武平城,在华州郑县东北十三里也。"

⑤【正义】前入秦,后归晋,今秦又取之。

⑥【集解】服虔曰:"晋邑也。"

⑦【集解】服虔曰:"晋之魏邑大夫。"　【正义】雠音受。又作"犨",音同。

⑧【正义】详音羊。

⑨【索隐】名貑。十代至灵公,又并失名。

共公二年,晋赵穿弑其君灵公。三年,楚庄王强,北兵至雒,问周
鼎。共公立五年卒,子桓公立。

桓公三年,晋败我一将。十年,楚庄王服郑,北败晋兵于河上。当
是之时,楚霸,为会盟合诸侯。二十四年,晋厉公初立,与秦桓公夹河而
盟。归而秦倍盟,与翟合谋击晋。二十六年,晋率诸侯伐秦,秦军败走,
追至泾而还。桓公立二十七年卒,子景公立。①

①【集解】徐广曰:"《世本》云景公名后伯车也。"　【索隐】景公已下,名又错
　　乱,《始皇本纪》作(哀)〔僖〕公。

景公四年,晋栾书弑其君厉公。十五年,救郑,败晋兵于栎。①是时
晋悼公为盟主。十八年,晋悼公强,数会诸侯,率以伐秦,败秦军。秦军
走,晋兵追之。遂渡泾,至棫林而还。②二十七年,景公如晋,与平公盟,
已而背之。三十六年,楚公子围弑其君而自立,是为灵王。景公母弟后
子鍼③有宠,景公母弟富,或谮之,恐诛,乃奔晋,车重千乘。晋平公曰:
"后子富如此,何以自亡?"对曰:"秦公无道,畏诛,欲待其后世乃归。"三
十九年,楚灵王强,会诸侯于申,④为盟主,杀齐庆封。景公立四十年
卒,子哀公立。⑤后子复来归秦。

①【集解】杜预曰:"晋地也。"　【正义】栎音历。《括地志》云:"洛州阳翟县,古
　　栎邑也。"

②【集解】徐广曰:"棫音域。"骃案:杜预曰"秦地也"。

③【正义】音钳。

④【正义】在邓州南阳县〔北〕三十里。

⑤【索隐】《始皇本纪》作〔玭公〕。

　　哀公八年,楚公子弃疾弑灵王而自立,是为平王。十一年,楚平王来求秦女为太子建妻。至国,女好而自娶之。十五年,楚平王欲诛建,建亡;①伍子胥奔吴。晋公室卑而六卿强,欲内相攻,是以久秦晋不相攻。三十一年,吴王阖闾与伍子胥伐楚,楚王亡奔随,吴遂入郢。楚大夫申包胥来告急,②七日不食,日夜哭泣。③于是秦乃发五百乘救楚,④败吴师。吴师归,楚昭王乃得复入郢。哀公立三十六年卒。太子夷公,夷公蚤死,不得立,立夷公子,是为惠公。

①【正义】太子建亡之郑,郑杀之。

②【正义】包胥姓公孙,封于申,故号申包胥。《左传》云:"申包胥如秦乞师,曰:'吴为封豕长蛇,以荐食上国,虐始于楚。寡君失守社稷,越在草莽,使下臣告急曰夷德无厌,若邻于君,疆场之患也。逮吴之未定,君其取分焉。若楚之遂亡,君之土也。若以君灵抚之,世以事君。'"

③【正义】《左传》云:"申包胥对秦伯曰'寡君越在草莽,未获所伏,下臣何敢即安'。立依于庭墙而哭,日夜不绝声,勺饮不入口,七日。秦哀公为赋《无衣》,九顿首而坐。秦师乃出。"

④【正义】《左传》鲁定公五年,秦子蒲、子虎帅车五百乘以救楚,败吴师于军祥。

　　惠公元年,孔子行鲁相事。五年,晋卿中行、范氏反晋,晋使智氏、赵简子攻之,范、中行氏亡奔齐。惠公立十年卒,子悼公立。

　　悼公二年,齐臣田乞弑其君孺子,立其兄阳生,是为悼公。六年,吴败齐师。齐人弑悼公,立其子简公。九年,晋定公与吴王夫差盟,争长于黄池,卒先吴。①吴强,陵中国。十二年,齐田常弑简公,立其弟平公,常相之。十三年,楚灭陈。秦悼公立十四年卒,子厉共公立。孔子以悼公十二年卒。

①【集解】徐广曰:"《外传》云吴王先歃。"

　　厉共公二年,蜀人来赂。十六年,堑河旁。以兵二万伐大荔,取其王城。①二十一年,初县频阳。②晋取武成。二十四年,晋乱,杀智伯,分其国与赵、韩、魏。二十五年,智开与邑人来奔。③三十三年,伐义渠,虏其王。④三十四年,日食。厉共公卒,子躁公立。

①【集解】徐广曰:"今之临晋也。临晋有王城。" 【正义】荔音戾。《括地志》云:"同州东三十里朝邑县东三十步故王城。大荔近王城邑。"

②【集解】《地理志》冯翊有频阳县。 【正义】《括地志》云:"频阳故城在雍州同官县界,古频阳县城也。"

③【集解】徐广曰:"一本二十六年城南郑也。" 【正义】开,智伯子。伯被赵襄子等灭其国,其子与从属来奔秦。

④【集解】应劭曰:"义渠,北地也。" 【正义】《括地志》云:"宁、庆二州,春秋及战国时为义渠戎国之地也。"

躁公二年,南郑反。①十三年,义渠来伐,至渭南。十四年,躁公卒,立其弟怀公。②

①【正义】南郑,今梁州所理县也。春秋及战国时,其地属于楚也。

②【索隐】厉共公子也。生昭太子,未立而卒。太子之子,是为灵公。

怀公四年,庶长晁①与大臣围怀公,怀公自杀。怀公太子曰昭子,蚤死,大臣乃立太子昭子之子,是为灵公。②灵公,怀公孙也。

①【正义】长,丁丈反。晁,竹遥反。晁,人名也。刘伯庄音潮。

②【索隐】生献公也。

灵公六年,晋城少梁,秦击之。十三年,城籍姑。①灵公卒,子献公②不得立,立灵公季父悼子,是为简公。简公,昭子之弟而怀公子也。③

①【正义】《括地志》云:"籍姑故城在同州韩城县北三十五里。"

②【索隐】名师隰。

③【索隐】简公,昭之弟而怀公子。简公,怀公弟,灵公季父也。《始皇本纪》云灵公生简公,误也。又《纪年》云简公九年卒,次敬公立,十二年卒,乃立惠公。 【正义】刘伯庄云简公是昭子之弟,怀公之子,厉公之孙。今(史)《〔秦〕记》谓简公是(厉)〔灵〕公子者抄写之误。

简公六年,令吏初带剑。①堑洛。城重泉。②十六年卒,③子惠公立。

①【正义】春秋官吏各得带剑。

②【集解】《地理志》重泉县属冯翊。　【正义】重，直龙反。《括地志》云："重泉故城在同州蒲城县东南四十五里也。"

③【集解】徐广曰："表云十五年也。"

惠公十二年，子出子生。十三年，伐蜀，取南郑。惠公卒，出子立。

出子二年，庶长改迎灵公之子献公于河西而立之。①杀出子及其母，沈之渊旁。秦以往者数易君，君臣乖乱，故晋复强，夺秦河西地。②

①【正义】西者，秦州西县，秦之旧地，时献公在西县，故迎立之。

②【正义】夺前所上八城也。

献公元年，①止从死。二年，城栎阳。②四年正月庚寅，孝公生。十一年，周太史儋见献公曰："周故与秦国合而别，别五百岁复合，合（七）十七岁而霸王出。"十六年，桃冬花。十八年，雨金栎阳。③二十一年，与晋战于石门，④斩首六万，天子贺以黼黻。⑤二十三年，与魏晋战少梁，虏其将公孙痤。⑥二十四年，献公卒，⑦子孝公立，⑧年已二十一岁矣。

①【集解】徐广曰："丁酉。"

②【集解】徐广曰："徙都之，今万年是也。"　【正义】《括地志》云："栎阳故城一名万年城，在雍州东北百二十里。（栎阳）汉七年，分栎阳城内为万年县，隋文帝开皇三年，迁都于龙首川，今京城也。改万年为大兴县。至唐武德元年，又改曰万年，置在州东七里。"

③【正义】言雨金于秦国都，明金瑞见也。

④【正义】《括地志》云："尧门山俗名石门，在雍州三原县西北三十三里。上有路，其状若门。故老云尧凿山为门，因名之。武德年中于此山南置石门县，贞观年中改为云阳县。"

⑤【集解】《周礼》曰："白与黑谓之黼，黑与青谓之黻。"

⑥【正义】在戈反。

⑦【集解】徐广曰："表云二十三年。"

⑧【索隐】名渠梁。

孝公元年，①河山以东强国六，与齐威、楚宣、魏惠、燕悼、韩哀、赵成侯并。淮泗之间②小国十馀。楚、魏与秦接界。③魏筑长城,自郑滨洛以北,有上郡。楚自汉中,南有巴、黔中。周室微,诸侯力政,争相并。秦僻在雍州,不与中国诸侯之会盟,夷翟遇之。孝公于是布惠,振孤寡,招战士,明功赏。下令国中曰:"昔我缪公自岐雍之间,修德行武,东平晋乱,以河为界,④西霸戎翟,广地千里,天子致伯,诸侯毕贺,为后世开业,甚光美。会往者厉、躁、简公、出子之不宁,国家内忧,未遑外事,三晋攻夺我先君河西地,诸侯卑秦,丑莫大焉。献公即位,镇抚边境,徙治栎阳,且欲东伐,复缪公之故地,修缪公之政令。寡人思念先君之意,常痛于心。宾客群臣有能出奇计强秦者,吾且尊官,与之分土。"于是乃出兵东围陕城,西斩戎之獂王。⑤

①【集解】徐广曰:"庚申也。"

②【正义】并,白浪反。谓淮泗二水。

③【正义】楚北及魏西与秦相接,北自梁州汉中郡,南有巴、渝,过江南有黔中、巫郡也。魏西界与秦相接,南自华州郑县,西北过渭水,滨洛水东岸,向北有上郡鄜州之地,皆筑长城以界秦境。洛即漆沮水也。

④【正义】即龙门河也。

⑤【集解】《地理志》天水有獂道县。应劭曰:"獂,戎邑,音桓。"

卫鞅闻是令下,西入秦,因景监①求见孝公。

①【正义】监,甲暂反,阉人也。

二年,天子致胙。

三年,卫鞅说孝公变法修刑,内务耕稼,外劝战死之赏罚,孝公善之。甘龙、杜挚等弗然,相与争之。卒用鞅法,百姓苦之;居三年,百姓便之。乃拜鞅为左庶长。其事在《商君》语中。

七年,与魏惠王会杜平。①八年,与魏战元里,②有功。十年,卫鞅为大良造,将兵围魏安邑,降之。③十二年,作为咸阳,④筑冀阙,⑤秦徙都之。并诸小乡聚,⑥集为大县,县一令,⑦四十一县。为田开阡陌。⑧东地渡洛。十四年,初为赋。⑨十九年,天子致伯。⑩二十年,诸侯毕贺。秦使公子少官率师会诸侯逢泽,⑪朝天子。

①【正义】在同州澄城县界也。

②【正义】祁城在同州澄城县界。

③【集解】《地理志》曰河东有安邑县。　【正义】《括地志》云:"安邑故城在绛
　　州夏县东北十五里,本夏之都。"

④【正义】《括地志》云:"咸阳故城亦名渭城,在雍州咸阳县东十五里,京城北
　　四十五里,即秦孝公徙都之者。今咸阳县,古之杜邮,白起死处。"

⑤【正义】刘伯庄云:"冀犹记事,阙即象魏也。"

⑥【正义】万二千五百家为乡。聚犹村落之类也。

⑦【集解】《汉书·百官表》曰:"县令长皆秦官。万户以上为令,秩千石至六百
　　石;减万户为长,秩五百石至三百石。皆有丞尉。"

⑧【索隐】《风俗通》曰:"南北曰阡,东西曰陌。河东以东西为阡,南北为陌。"

⑨【集解】徐广曰:"制贡赋之法也。"　【索隐】谯周云:"初为军赋也。"

⑩【正义】伯音霸,又如字。孝公十九年,天子始封爵为霸,即太史儋云"合(七)
　　十七岁而霸王出"之年,故天子致伯。桓谭《新论》云:"夫上古称三皇、五
　　帝,而次有三王、五伯,此天下君之冠首也。故言三皇以道理,而五帝用德
　　化;三王由仁义,五伯以权智。其说之曰,无制令刑罚谓之皇;有制令而无
　　刑罚谓之帝;赏善诛恶,诸侯朝事谓之王;兴兵约盟,以信义矫世谓之伯。"

⑪【集解】徐广曰:"开封东北有逢泽。"　【正义】《括地志》云:"逢泽亦名逢池,
　　在汴州浚仪县东南十四里。"

二十一年,齐败魏马陵。①

①【正义】虞喜《志林》云:"濮州甄城县东北六十馀里有马陵,涧谷深峻,可以
　　置伏。"按:庞涓败即此也。

二十二年,卫鞅击魏,虏魏公子卬。封鞅为列侯,号商君。①

①【正义】商州商洛县在州东八十九里,鞅所封也。契所封地。

二十四年,与晋战雁门,①虏其将魏错。②

①【索隐】《纪年》云与魏战岸门,此云"雁门",恐声误也。又下云"败韩岸门",
　　盖一地也。寻秦与韩、魏战,不当远至雁门也。　【正义】《括地志》云:"岸
　　门在许州长社县西北二十八里,今名西武亭。"

②【正义】七故反。

　　孝公卒,子惠文君立。① 是岁,诛卫鞅。鞅之初为秦施法,② 法不行,太子犯禁。鞅曰:"法之不行,自于贵戚。君必欲行法,先于太子。太子不可黥,黥其傅师。"于是法大用,秦人治。及孝公卒,太子立,宗室多怨鞅,鞅亡,因以为反,而卒车裂以徇秦国。③

①【索隐】名驷。

②【正义】为,于伪反。

③【集解】《汉书》曰:"商君为法于秦,战斩一首赐爵一级,欲为官者五十石。
　　其爵名,一为公士,二上造,三簪袅,四不更,五大夫,六官大夫,七公大夫,
　　八公乘,九五大夫,十左庶长,十一右庶长,十二左更,十三中更,十四右更,
　　十五少上造,十六大上造,十七驷车庶长,十八大庶长,十九关内侯,二十
　　彻侯。"

　　惠文君元年,楚、韩、赵、蜀人来朝。二年,天子贺。三年,王冠。① 四年,天子致文武胙。齐、魏为王。②

①【正义】冠音馆。《礼记》云年二十行冠礼也。

②【索隐】齐威王、魏惠王。

　　五年,阴晋人犀首①为大良造。六年,魏纳阴晋,阴晋更名宁秦。② 七年,公子卬与魏战,虏其将龙贾,斩首八万。八年,魏纳河西地。九年,渡河,取汾阴、皮氏。③与魏王会应。④围焦,降之。⑤十年,张仪相秦。魏纳上郡十五县。⑥十一年,县义渠。⑦归魏焦、曲沃。⑧义渠君为臣。更名少梁曰夏阳。十二年,初腊。⑨十三年四月戊午,魏君为王,韩亦为王。⑩使张仪伐取陕,出其人与魏。

①【集解】犀首,官名。姓公孙,名衍。　【索隐】官名,若虎牙之类。姓公孙,
　　名衍,魏人也。　【正义】犀音西。《地理志》云华阴县,故阴晋,秦惠王五
　　年,更名宁秦,高祖八年更名华阴。

②【集解】徐广曰:"今之华阴也。"

③【集解】《地理志》二县属河东。　【正义】渡河东取之。《括地志》云:"汾阴
　　故城俗名殷汤城,在蒲州汾阴县北也。皮氏在绛州龙门县西一里八十步,
　　即古皮氏城也。"

④【正义】应,乙陵反。《括地志》云:"故应城因应山为名,古之应国,在汝州鲁
山县东三十里。《左传》云'邘、晋、应、韩,武之穆也'。"

⑤【正义】《括地志》云:"焦城在陕州城内东北百步,因焦水为名。周同姓所
封,《左传》云虞、虢、焦、滑、霍、阳、韩、魏皆姬姓也。"杜预云八国皆为晋所
灭。按:武王克商,封神农之后于焦,而后封姬姓也。

⑥【正义】今鄜、绥等州也。魏前纳阴晋,次纳同、丹二州,今纳上郡,而尽河西
滨洛之地矣。

⑦【正义】《地理志》云北地郡义渠道,秦县也。《括地志》云:"宁、原、庆三州,
秦北地郡,战国及春秋时为义渠戎国之地,周先公刘、不窋居之,古西
戎也。"

⑧【正义】《括地志》云:"曲沃在陕州〔陕〕县西南三十二里,因曲沃水为名。"
按:焦、曲沃二城相近,本魏地,适属秦,今还魏,故言归也。

⑨【正义】腊,卢盍反,十二月腊日也。秦惠文王始效中国为之,故云初腊。猎
禽兽以岁终祭先祖,因立此日也。《风俗通》云:"《礼传》云'夏曰嘉平,殷曰
清祀,周曰蜡,汉改曰腊'。《礼》曰'天子大蜡八,伊耆氏始为蜡'。蜡者,索
也。岁十二月合聚万物而索飨之。"

⑩【正义】魏襄王、韩宣惠王也。

十四年,更为元年。二年,张仪与齐、楚大臣会啮桑。三年,韩、魏
太子来朝。张仪相魏。五年,王游至北河。①七年,乐池②相秦。韩、赵、
魏、燕、齐帅匈奴共攻秦。秦使庶长疾与战修鱼,虏其将申差,③败赵公
子渴、韩太子奂,斩首八万二千。八年,张仪复相秦。九年,司马错伐
蜀,灭之。④伐取赵中都、西阳。⑤十年,韩太子苍来质。伐取韩石章。⑥
伐败赵将泥。⑦伐取义渠二十五城。十一年,樗里疾攻魏焦,降之。败
韩岸门,斩首万,其将犀首走。公子通封于蜀。⑧燕君让其臣子之。十
二年,王与梁王会临晋。庶长疾攻赵,虏赵将庄。张仪相楚。十三年,
庶长章击楚于丹阳,虏其将屈匄,斩首八万;又攻楚汉中,取地六百里,
置汉中郡。楚围雍氏,秦使庶长疾助韩而东攻齐,到满⑨助魏攻燕。十
四年,伐楚,取召陵。丹、犁臣,蜀⑩相壮⑪杀蜀侯来降。

①【集解】徐广曰:"戎地,在河上。"【正义】按:王游观北河,至灵、夏州之黄

河也。

② 【正义】乐音岳。池，徒何反。裴氏音池也。

③ 【正义】修鱼，韩邑也。年表云秦败我修鱼，得韩将军申差。

④ 【索隐】蜀西南夷旧有君长，故昌意娶蜀山氏女也。其后有杜宇，自立为王，号曰望帝。《蜀王本纪》曰："张仪伐蜀，蜀王开战不胜，为仪所灭也。"

⑤ 【集解】《地理志》太原有中都县。　【正义】《括地志》云："中都故县在汾州平遥县西十二里，即西都也。西阳即中阳也，在汾州隰城县东十里。《地理志》云西都、中阳属西河郡。"此云"伐取赵中都西阳"。《赵世家》云"秦即取我西都及中阳"。年表云"秦惠文王后元九年，取赵中都、西阳、安邑。赵武灵王十年，秦取中都安阳"。本纪、世家、年表其县名异，年岁实同，所伐唯一处，故具录之，以示后学。

⑥ 【正义】韩地名也。

⑦ 【集解】徐广曰："将，一作'庄'。"　【正义】赵将名也。

⑧ 【集解】徐广曰："是岁王赧元年。"　【索隐】《华阳国志》曰："赧王元年，秦惠王封子通国为蜀侯，以陈庄为相。"徐广所云，亦据《国志》而言之。

⑨ 【正义】满，或作"蒲"。秦将姓名也。

⑩ 【正义】二戎号也，臣伏于蜀。蜀相杀蜀侯，并丹、犁二国降秦。在蜀西南姚府管内，本西南夷，战国时蜀、滇国，唐初置犁州、丹州也。

⑪ 【集解】徐广曰："一作'状'。"

惠王卒，子武王立。① 韩、魏、齐、楚、越② 皆宾从。

① 【索隐】名荡。

② 【集解】徐广曰："一作'赵'。"

武王元年，与魏惠王会临晋。① 诛蜀相壮。张仪、魏章皆东出之魏。伐义渠、丹、犁。二年，初置丞相，② 樗里疾、甘茂为左右丞相。张仪死于魏。三年，与韩襄王会临晋外。③ 南公揭卒，樗里疾相韩。武王谓甘茂曰："寡人欲容车通三川，窥周室，死不恨矣。"其秋，使甘茂、庶长封伐宜阳。④ 四年，拔宜阳，斩首六万。涉河，城武遂。⑤ 魏太子来朝。武王有力好戏，力士任鄙、乌获、孟说皆至大官。王与孟说举鼎，绝膑。⑥ 八月，武王死。⑦族孟说。武王取魏女为后，无子。立异母弟，是为昭襄王。⑧
昭襄母楚人，姓芈氏，号宣太后。武王死时，昭襄王为质于燕，燕人送
归，得立。

①【集解】徐广曰："表云哀王。"　【正义】按：魏惠王卒已二十五年矣。

②【集解】应劭曰："丞者，承也。相，助也。"

③【正义】外谓临晋城外。"外"字一作"水"。

④【正义】在河南府福昌县东十四里，故韩城是也。此韩之大郡，伐取之，三川
　　路乃通也。

⑤【集解】徐广曰："韩邑也。"　【正义】按：此邑本属韩，近平阳。《韩世家》云
　　"贞子居平阳，九世至哀侯，徙郑"。《楚世家》云"而韩犹服事秦者，以先王
　　墓在平阳"。而秦之武遂去之七十里，故知近平阳。

⑥【集解】徐广曰："一作'脉'。"　【正义】膑音频忍反。绝，断也。膑，胫骨也。

⑦【集解】《皇览》曰："秦武王冢在扶风安陵县西北，毕陌中大冢是也。人以为
　　周文王冢，非也。周文王冢在杜中。"　【正义】《括地志》云："秦悼武王陵在
　　雍州咸阳县西北十五里也。"

⑧【索隐】名则，一名稷。

昭襄王元年，严君疾为相。①甘茂出之魏。二年，彗星见。②庶长壮
与大臣、诸侯、公子为逆，皆诛，及惠文后皆不得良死。③悼武王后出归
魏。三年，王冠。与楚王会黄棘，④与楚上庸。⑤四年，取蒲阪。⑥彗星
见。五年，魏王来朝应亭，⑦复与魏蒲阪。六年，蜀侯煇反，⑧司马错定
蜀。庶长奂伐楚，斩首二万。泾阳君⑨质于齐。日食，昼晦。七年，拔
新城。⑩樗里子卒。八年，使将军芈戎攻楚，取新市。⑪齐使章子、魏使公
孙喜，韩使暴鸢⑫共攻楚方城，取唐眛。赵破中山，其君亡，竟死齐。魏
公子劲、韩公子长为诸侯。⑬九年，孟尝君薛文来相秦。奂攻楚，取八
城，杀其将景快。十年，楚怀王入朝秦，秦留之。薛文以金受免。⑭楼缓
为丞相。十一年，齐、韩、魏、赵、宋、中山五国共攻秦，⑮至盐氏而还。⑯
秦与韩、魏河北及封陵以和。⑰彗星见。楚怀王走之赵，赵不受，还之
秦，即死，归葬。十二年，楼缓免，穰侯⑱魏冄为相。予楚粟五万石。

①【正义】盖封蜀郡严道县，因号严君。疾，名也。

②【正义】彗，似岁反，又先到反。

③【集解】徐广曰："迎妇于楚者。"

④【正义】棘，纪力反。盖在房、襄二州也。

⑤【集解】《地理志》汉中有上庸县。 【正义】《括地志》云："上庸，今房州竹山县及金州是也。"

⑥【正义】《括地志》云："蒲阪故城在蒲州河东县南二里，即尧舜所都也。"

⑦【集解】徐广曰："《魏世家》云会临晋。" 【正义】应音乙陵反。

⑧【索隐】辉音晖。《华阳国志》曰："秦封王子辉为蜀侯。蜀侯祭，归胙于王，后母疾之，加毒以进，王大怒，使司马错赐辉剑。"此辉不同也。

⑨【索隐】名市。

⑩【正义】《楚世家》云："怀王二十九年，秦复伐楚，大破楚军，楚军死二万，杀我将军景缺。"年表云："秦败我襄城，杀景缺。"《括地志》云："许州襄城县即古新城县也。"按世家、年表，则"新"字误作"襄"字。

⑪【集解】《晋地记》曰："江夏有新市县。"

⑫【索隐】韩将姓名。

⑬【索隐】别封之邑，比之诸侯，犹商君、赵长安君然。"

⑭【正义】金受，秦丞相姓名。免，夺其丞相。

⑮【正义】盖中山此时属赵，故云五国也。

⑯【集解】徐广曰："盐，一作'监'。" 【正义】《括地志》云："盐故城一名司盐城，在蒲州安邑县。"按：掌盐池之官，因称氏。

⑰【正义】年表云："秦与魏封陵，与韩武遂以和。"按：河外陕、虢、曲沃等地。封陵在古蒲阪县西南河曲之中。武遂，近平阳地也。

⑱【正义】《括地志》云："穰，邓州所理县，即古穰侯国。"

十三年，向寿伐韩，取武始。①左更白起攻新城。②五大夫礼出亡奔魏。任鄙为汉中守。③十四年，左更白起攻韩、魏于伊阙，④斩首二十四万，虏公孙喜，拔五城。十五年，大良造白起攻魏，取垣，⑤复予之。攻楚，取宛。十六年，左更错取轵及邓。⑥冉免。封公子市宛，公子悝邓，⑦魏冉陶，为诸侯。十七年，城阳君⑧入朝，及东周君来朝。秦以垣为蒲阪、皮氏。⑨王之宜阳。十八年，错攻垣、⑩河雍，决桥取之。⑪十九年，王为西帝，齐为东帝，皆复去之。吕礼来自归。齐破宋，宋王在魏，死温。任鄙卒。二十年，^⑫王之汉中，又之上郡、北河。二十一年，^⑬错攻魏河内。魏献安邑，秦出其人，募徙河东赐爵，赦罪人迁之。泾阳君封宛。二十二年，蒙武伐齐。河东为九县。与楚王会宛。与赵王会中阳。^⑭二十三年，尉斯离^⑮与三晋、燕伐齐，破之济西。王与魏王会宜阳，与韩王会新城。二十四年，与楚王会鄢，^⑯又会穰。秦取魏安城，^⑰至大梁，燕、赵救之，秦军去。魏冄免相。二十五年，拔赵二城。与韩王会新城，与魏王会新明邑。二十六年，赦罪人迁之穰。侯冄复相。二十七年，错攻楚。赦罪人迁之南阳。^⑱白起攻赵，取代光狼城。^⑲又使司马错发陇西，因蜀攻楚黔中，^⑳拔之。二十八年，大良造白起攻楚，取鄢、邓，^㉑赦罪人迁之。二十九年，大良造白起攻楚，取郢为南郡，^㉒楚王走。周君来。王与楚王会襄陵。^㉓白起为武安君。^㉔三十年，蜀守若伐楚，取巫郡，^㉕及江南为黔中郡。^㉖三十一年，白起伐魏，取两城。楚人反我江南。^㉗三十二年，相穰侯攻魏，至大梁，破暴鸢，斩首四万，鸢走，魏入三县请和。三十三年，客卿胡（伤）〔阳〕攻魏卷、^㉘蔡阳、长社，取之。^㉙击芒卯华阳，破之，^㉚斩首十五万。魏入南阳以和。^㉛三十四年，秦与魏、韩上庸地为一郡，南阳免臣迁居之。三十五年，佐韩、魏、楚伐燕。初置南阳郡。^㉜三十六年，客卿灶攻齐，取刚、寿，^㉝予穰侯。三十八年，中更胡（伤）〔阳〕攻赵阏与，^㉞不能取。四十年，悼太子死魏，归葬芷阳。^㉟四十一年夏，攻魏，取邢丘、怀。^㊱四十二年，安国君为太子。十月，宣太后薨，^㊲葬芷阳郦山。^㊳九月，穰侯出之陶。四十三年，武安君白起攻韩，拔九城，斩首五万。四十四年，攻韩南（郡）〔阳〕，取之。四十五年，五大夫贲^㊴攻韩，取十城。叶阳君^㊵悝出之国，未至而死。四十七年，秦攻韩上党，上党降赵，秦因攻赵，赵发兵击秦，相距。秦使武安君白起击，大破赵于长平，四十馀万尽杀之。四十八年十月，韩献垣雍。^㊶秦军分为三军。武安君归。王龁将伐赵武安、皮牢，拔之。司马梗北定太原，尽有韩上党。正月，兵罢，复守上党。其十月，五大夫陵攻赵邯郸。四十九年正月，益发卒佐陵。陵战不善，免，王龁代将。其十月，将军张唐攻魏，为蔡尉^㊷

捐弗守,还斩之。五十年十月,武安君白起有罪,为士伍,迁阴密。㊸张唐攻郑,拔之。十二月,益发卒军汾城旁。㊹武安君白起有罪,死。龁攻邯郸,不拔,去,还奔汾军二月馀。攻晋军,斩首六千,晋楚流死河二万人。㊺攻汾城,即从唐拔宁㊻新中,㊼宁新中更名安阳。㊽初作河桥。㊾

①【集解】《地理志》魏郡有武始县。　【正义】《括地志》云:“武始故城在洛州武始县西南十里。”

②【正义】《白起传》云:“白起为左庶长,将而击韩之新城。”《括地志》云:洛州伊阙县本是汉新城县,隋文帝改为伊阙,在洛州南七十里。”

③【集解】《汉书·百官表》曰:“郡守,秦官。”

④【正义】《括地志》云:“伊阙在洛州南十九里。《注水经》云‘昔大禹疏龙门以通水,两山相对,望之若阙,伊水历其间,故谓之伊阙’。”按:今洛南犹谓之龙门也。

⑤【正义】垣音袁。前秦取蒲阪,复以蒲阪与魏,魏以为垣。今又取魏垣,复与之,后秦以为蒲阪皮氏。

⑥【集解】《地理志》河内有轵县,南阳有邓县。　【正义】《括地志》云:“故轵城在怀州济源县东南十三里,故邓城在怀州河阳县西三十一里,并六国时魏邑也。”按:二城相连,故云及也。

⑦【索隐】悝号高陵君,初封于彭,昭襄王弟也。

⑧【正义】《括地志》云:“濮州雷泽县本汉郕阳县,古郕伯姬姓之国,周武王封弟季载于郕,其后迁城之阳也。”

⑨【索隐】“为”当为“易”,盖字讹也。　【正义】蒲阪,今河东县也。皮氏故城在绛州龙门县西一里八十步。

⑩【正义】盖蒲阪、皮氏又归魏,魏复以为垣,今重攻取之也。

⑪【集解】徐广曰:“《汲冢纪年》云:魏哀王二十四年,改宜阳曰河雍,改向曰高平。向在轵之西。”

⑫【集解】徐广曰:“秦地有父马生驹。”

⑬【集解】徐广曰:“有牡马生牛而死。”

⑭【集解】《地理志》西河有中阳县。

⑮【索隐】尉,秦官。斯离,其姓名。　【正义】尉,都尉。斯离,名也。

⑯【正义】鄢,于建反,又音偃。《括地志》云:“故偃城在襄州安养县北三里,古

郾子之国也。"

⑰【集解】《地理志》汝南有安城县。 【正义】《括地志》云:"安城在豫州汝阳县东南十七里。"

⑱【正义】南阳及上迁之穰,皆今邓州也。

⑲【正义】《括地志》云:"光狼故城在今泽州高平县西二十里。"

⑳【正义】今黔府也。

㉑【正义】鄢邓二城并在襄州。

㉒【正义】《括地志》云:"郢城在荆州江陵县东北六里,楚平王筑都之地也。"

㉓【集解】《地理志》河东有襄陵县。 【正义】《括地志》云:"襄陵在晋州临汾县东南三十五里。阚骃《十三州志》云襄陵,晋大夫犫邑也。"

㉔【正义】言能抚养军士,战必克,得百姓安集,故号武安。故城在(潞)〔洺〕州武安县西南五十里。七国时赵邑,即赵奢救阏与处也。

㉕【正义】《华阳国志》张若为蜀中郡守。《括地志》云:"巫郡在夔州东百里。"

㉖【正义】《括地志》云:"黔中故城在辰州沅陵县西二十里。江南,今黔府亦其地也。"

㉗【正义】黔中郡反归楚。

㉘【集解】《地理志》河南有卷县。 【正义】卷音丘袁反。《括地志》云:"故卷城在郑州原武县西北七里,即衡雍也。"

㉙【集解】《地理志》颍川有长社县。 【正义】《括地志》云:"蔡阳,今豫州上蔡水之阳,古城在豫州北七十里。长社故城在许州长社县西一里。皆魏邑也。"

㉚【集解】司马彪曰:"华阳,亭名,在密县。" 【索隐】芒卯,魏将。谯周云孟卯也。 【正义】《括地志》云:"故华城在郑州管城县南三十里。《国语》云史伯对郑桓公,虢、郐十邑,华其一也。华阳即此城也。"按:是时韩、赵聚兵于华阳攻秦,即此矣。

㉛【集解】徐广曰:"河内修武,古曰南阳,秦始皇更名河内,属魏地。荆州之南阳郡,本属韩地。" 【正义】《括地志》云:"怀获嘉县即古之南阳。杜预云在晋州山南河北,故曰南阳。秦破芒卯军,斩首十五万,魏入南阳以和。"

㉜【正义】今邓州也。前已属秦,秦置南阳郡,在汉水之北。《释名》云:"在中国之南而居阳地,故以为名焉。"张衡《南都赋》云:"陪京之南,居汉之阳。"

㉝【正义】《括地志》云:"故刚城在兖州龚丘县界。寿,郓州之县。"

㉞【集解】孟康曰:"音焉与,邑名,在上党涅县西。"【正义】阏,於达反。与音预。阏与聚城一名乌苏城,在潞州铜鞮县西北二十里,赵奢破秦军处。又仪州和顺县即古阏与城,亦云赵奢破秦军处。然仪州与潞州相近,二所未详。又阏与山在洺州武安县西南五十里,赵奢拒秦军于阏与,即山北也。按:阏与山在武安故城西南,又近武安故城,盖仪州是所封故地。

㉟【集解】徐广曰:"今霸陵。"【正义】《括地志》云:"芷阳在雍州蓝田县西六里。《三秦记》云〔白〕鹿原东有霸川之西阪,故芷阳也。"

㊱【集解】徐广曰:"邢丘在平皋。"骃案:《韩诗外传》武王伐纣,到于邢丘,勒兵于宁,更名邢丘曰怀,宁曰修武。【正义】《括地志》云:"平皋故城本邢丘邑,汉置平皋县,在怀州武德县东南二十里。故怀城,周之怀邑,在怀州武陟县西十一里。"

㊲【集解】徐广曰:"芈氏。"

㊳【正义】郦,力知反,在雍州新丰县南十四里也。

㊴【正义】音奔。五大夫,官。疑贲,名也。

㊵【集解】一云"华阳"。【正义】叶,书涉反。

㊶【集解】司马彪曰:"河南卷县有垣雍城。"

㊷【正义】为,于伪反。蔡,姓;尉,名。

㊸【集解】如淳曰:"尝有爵而以罪夺爵,皆称士伍。"【正义】《括地志》云:"阴密故城在泾州鹑觚县西,即古密须国也。"

㊹【正义】《括地志》云:"临汾故城在绛州正平县东北二十五里,即古临汾县城也。"按:汾城即此城是也。

㊺【集解】徐广曰:"楚,一作'走'。"【正义】按:此时无楚军,"走"字是也。

㊻【集解】徐广曰:"一作'曼'。此赵邑也。"

㊼【正义】唐,今晋州平阳,尧都也。《括地志》云:"宁新中,七国时魏邑,秦昭襄王拔魏宁新中,更名安阳城,即今相州外城是也。"

㊽【集解】徐广曰:"魏郡有安阳县。"【正义】今相州外城古安阳城。

㊾【正义】此桥在同州临晋县东,渡河至蒲州,今蒲津桥也。

五十一年,将军摎攻韩,取阳城、负黍,①斩首四万。攻赵,取二十余县,首虏九万。西周君②背秦,与诸侯约从,将天下锐兵出伊阙攻秦,令秦毋得通阳城。于是秦使将军摎攻西周。西周君走来自归,顿首受

罪,尽献其邑三十六城,口三万。秦王受献,归其君于周。五十二年,周
民东亡,其器九鼎入秦。③周初亡。

> ①【正义】今河南府县也。负黍亭在阳城县西南三十五里,本周邑,亦时属
> 韩也。
>
> ②【正义】武公。
>
> ③【正义】器谓宝器也。禹贡金九牧,铸鼎于荆山下,各象九州之物,故言九
> 鼎。历殷至周赧王十九年,秦昭王取九鼎,其一飞入泗水,馀八入于秦中。

五十三年,天下来宾。魏后,秦使摎伐魏,取吴城。①韩王入朝,魏
委国听令。五十四年,王郊见上帝于雍。五十六年秋,昭襄王卒,子孝
文王立。②尊唐八子为唐太后,③而合其葬于先王。④韩王衰绖入吊祠,
诸侯皆使其将相来吊祠,视丧事。

> ①【集解】徐广曰:"在大阳。"【正义】《括地志》云:"虞城故城在陕州河北县
> 东北五十里虞山之上,亦名吴山,周武王封弟虞仲于周之北故夏墟吴城,即
> 此城也。"
>
> ②【索隐】名柱,五十三而立,立一年卒,葬寿陵。子庄襄王。
>
> ③【集解】徐广曰:"八子者,妾媵之号,姓唐。"【正义】孝文王之母也。先死,
> 故尊之。晋灼云:"除皇后,自昭仪以下,秩至百石,凡十四等。"《汉书·外
> 戚传》云:"八子视千石,比中更。"
>
> ④【正义】以其母唐太后与昭王合葬。

孝文王元年,赦罪人,修先王功臣,褒厚亲戚,弛苑囿。孝文王除
丧,十月己亥即位,三日辛丑卒,子庄襄王立。①

> ①【索隐】名子楚。三十二而立,立三年卒,葬阳陵。纪作"四年"。

庄襄王元年,大赦罪人,修先王功臣,施德厚骨肉而布惠于民。东
周君与诸侯谋秦,秦使相国吕不韦诛之,尽入其国。秦不绝其祀,以阳
人地①赐周君,奉其祭祀。使蒙骜伐韩,韩献成皋、巩。②秦界至大梁,初
置三川郡。③二年,使蒙骜攻赵,定太原。三年,蒙骜攻魏高都、汲,④拔
之。攻赵榆次、新城、狼孟,⑤取三十七城。⑥四月日食。(四年)王龁攻上

党。⑦初置太原郡。⑧魏将无忌率五国兵击秦，⑨秦却于河外。⑩蒙骜败，解而去。五月丙午，庄襄王卒，子政立，是为秦始皇帝。

①【集解】《地理志》河南梁县有阳人聚。

②【正义】《括地志》云："洛州氾水县古〔之〕〔东〕虢国，亦郑之制邑，又名虎牢，汉之成皋。"巩，恭勇反，今洛州巩县。尔时秦灭东周，韩亦得其地，又献于秦。

③【集解】韦昭曰："有河、洛、伊，故曰三川。"骃案：《地理志》汉高祖更名河南郡。

④【集解】徐广曰："一作'波'。波县亦在河内。"【正义】汲音急。《括地志》云："高都故城今泽州是。汲故城在卫州所理汲县西南二十五里。孟康云汉波县，今都城是也。"《括地志》云："故都城在怀州河内县西三十二里。《左传》云苏忿生十二邑，都其一也。"

⑤【正义】《括地志》云："榆次，并州县，即古榆次地也。新城一名小平城，在朔州善阳县西南四十七里。狼孟故城在并州阳曲县东北二十六里。"

⑥【正义】案：取三十七城，并、代、朔三州之地矣。

⑦【正义】上党又反秦，故攻之。

⑧【正义】上党以北皆太原地，即上三十七城也。

⑨【正义】信陵君也。率燕、赵、韩、楚、魏之兵击秦也。

⑩【正义】蒙骜被五国兵败，遂解而却至于河外。河外，陕、华二州也。

秦王政立二十六年，初并天下为三十六郡，号为始皇帝。①始皇帝五十一年而崩，子胡亥立，是为二世皇帝。②三年，诸侯并起叛秦，赵高杀二世，立子婴。子婴立月馀，诸侯诛之，遂灭秦。其语在《始皇本纪》中。

①【索隐】十三而立，立三十七年崩，葬郦山。

②【索隐】十二年立。纪云二十一。立三年，葬宜春。秦自襄公至二世，凡六百一十七岁。此实本纪而注别举之，以非本文耳。

太史公曰：秦之先为嬴姓。其后分封，以国为姓，有徐氏、郯氏、莒氏、终黎氏、①运奄氏、菟裘氏、将梁氏、黄氏、江氏、脩鱼氏、白冥氏、蜚廉氏、秦氏。然秦以其先造父封赵城，为赵氏。

①【集解】徐广曰："《世本》作'钟离'。"应劭曰："《氏姓注》云有姓终黎者是。"

【索隐述赞】柏翳佐舜，卑斿是旌。蜚廉事纣，石椁斯营。造父善驭，封之赵城。非子息马，厥号秦嬴。礼乐射御，西垂有声。襄公救周，始命列国。金祠白帝，龙祚水德。祥应陈宝，妖除丰特。里奚致霸，卫鞅任刻。厥后吞并，卒成凶慝。

史记卷六

秦始皇本纪第六

秦始皇帝者,秦庄襄王子也。①庄襄王为秦质子于赵,②见吕不韦姬,悦而取之,③生始皇。以秦昭王四十八年正月生于邯郸。及生,名为政,姓赵氏。④年十三岁,庄襄王死,政代立为秦王。当是之时,秦地已并巴、蜀、汉中,越宛有郢,置南郡矣;北收上郡以东,有河东、太原、上党郡;东至荥阳,灭二周,置三川郡。吕不韦为相,封十万户,号曰文信侯。招致宾客游士,欲以并天下。李斯为舍人。⑤蒙骜、王齮、⑥麃公等为将军。⑦王年少,初即位,委国事大臣。

①【索隐】庄襄王者,孝文王之中子,昭襄王之孙也,名子楚。按:《战国策》本名子异,后为华阳夫人嗣,夫人楚人,因改名子楚也。

②【正义】质音致。国强欲待弱之来相事,故遣子及贵臣为质,如上音。国弱惧其侵伐,令子及贵臣往为质,音直实反。又二国敌亦为交质,音致。《左传》云周郑交质,王子狐为质于郑,郑公子忽为质于周是也。

③【索隐】按:《不韦传》云不韦,阳翟大贾也。其姬邯郸豪家女,善歌舞,有娠而献于子楚。

④【集解】徐广曰:"一作'正'。"宋忠云:"以正月旦生,故名正。"【索隐】《系本》作"政",又生于赵,故曰赵政。一曰秦与赵同祖,以赵城为荣,故姓赵氏。【正义】正音政,"周正建子"之"正"也。始皇以正月旦生于赵,因为政,后以始皇讳,故音征。

⑤【集解】文颖曰:"主厩内小吏官名。或云侍从宾客谓之舍人也。"

⑥【集解】徐广曰:"一作'𪃟'。"【索隐】蒙骜,齐人,蒙武之父,蒙恬之祖。王齮即王龁,昭王四十九年代大夫陵伐赵者。【正义】齮,鱼绮反。刘伯庄云音绮。后同。

⑦【集解】应劭曰：“麃，秦邑。”　【索隐】麃公盖麃邑公，史失其姓名。　【正义】麃，彼苗反，盖秦之县邑。大夫称公，若楚制。

晋阳反，元年，将军蒙骜击定之。二年，麃公将卒攻卷，①斩首三万。三年，蒙骜攻韩，取十三城。王齮死。十月，将军蒙骜攻魏氏畼、有诡。②岁大饥。四年，拔畼、有诡。三月，军罢。秦质子归自赵，赵太子出归国。十月庚寅，蝗虫从东方来，蔽天。天下疫。百姓内粟千石，拜爵一级。五年，将军骜攻魏，定酸枣、③燕、虚、长平、④雍丘、山阳城，⑤皆拔之，取二十城。初置东郡。冬雷。六年，韩、魏、赵、卫、楚共击秦，取寿陵。⑥秦出兵，五国兵罢。拔卫，迫东郡，其君角率其支属徙居野王，阻其山以保魏之河内。七年，彗星先出东方，见北方，五月见西方。⑦将军骜死。以攻龙、孤、庆都，⑧还兵攻汲。彗星复见西方⑨十六日。夏太后死。⑩八年，王弟长安君成蟜⑪将军击赵，反，⑫死屯留，⑬军吏皆斩死，迁其民于临洮。⑭将军壁死，⑮卒屯留、蒲鶮反，戮其尸。⑯河鱼大上，⑰轻车重⑱马东就食。⑲

①【正义】将，子匠反。卒，子必反。卷，丘员反。

②【集解】徐广曰：“畼音场。”　【索隐】音畅，魏之邑名。

③【集解】《地理志》陈留有酸枣县。　【正义】《括地志》云：“酸枣故城在滑州酸枣县北十五里古酸枣县南。”

④【集解】徐广曰：“一作‘千’。”骃案：《地理志》汝南有长平县也。　【索隐】二邑名。《春秋》桓十二年“会于虚”，又《战国策》曰“拔燕酸枣、虚、桃人”，桃人亦魏邑，虚地今阙，盖与诸县相近。按：今东郡燕县东三十里有故桃城，则亦非远。　【正义】燕，乌田反。《括地志》云：“南燕城，古燕国也，滑州胙城县是也。姚虚在濮州雷泽县东十三里。《孝经援神契》云帝舜生于姚墟，即东郡也。长平故城在陈州宛丘县西六十六里。”

⑤【集解】《地理志》陈留有雍丘县，河内有山阳县。　【正义】雍，於用反，汴州县。

⑥【正义】徐广云：“在常山。”按：本赵邑也。

⑦【正义】彗音似岁反。见，并音行练反。《孝经内记》云：“彗出北斗，兵大起。彗在三台，臣害君。彗在太微，君害臣。彗在天狱，诸侯作乱。所指其处大

恶。彗在日旁,子欲杀父。"

⑧【集解】徐广曰:"庆,一作'廌'。"【正义】《括地志》云:"定州恒阳县西南四十里有白龙水,又有挟龙山。又定州唐县东北五十四里有孤山,盖都山也。《帝王纪》云望尧母庆都所居。张晏云尧山在北,尧母庆都山在南,相去五十里,北登尧山,南望庆都山也。《注水经》云'望都故城东有山,不连陵,名之曰孤'。孤都声相近,疑即都山,孤山及望都故城三处相近。"

⑨【正义】复,扶富反。见,行见反。

⑩【索隐】庄襄王所生母。【正义】子楚母也。

⑪【正义】蟜音纪兆反。成蟜者,长安君名也,号为长安君。

⑫【正义】将,如字。将犹领也。又子匠反。

⑬【正义】《括地志》云:"屯留故城在潞州长子县东北三十里,汉屯留,留吁国也。"

⑭【索隐】临洮在陇西。【正义】临洮水,故名临洮。洮州在陇右,去京千五百五十一里。言屯留之民被成蟜略众共反,故迁之于临洮郡也。

⑮【正义】壁,边觅反。言成蟜自杀壁垒之内。

⑯【集解】徐广曰:"鄡,一作'鄗'。屯留,蒲鄡,皆地名也。壁于此地时,士卒死者皆戮其尸。"【索隐】高诱云屯留,上党之县名。谓成蟜为将军而反,秦兵击之,而蟜壁于屯留而死。屯留、蒲鄡二邑之反卒虽死,犹皆戮其尸。鄡,古"鄗"字。【正义】卒,子忽反。鄡音高,注同。蒲、鄡,皆地名。

⑰【索隐】谓河水溢,鱼大上平地,亦言遭水害也。即《汉书·五行志》刘向所谓"豕虫之孽"。明年,嫪毐诛。鱼,阴类,小人象。【正义】始皇八年,黄河之鱼西上入渭。渭,渭水也。《汉书·五行志》云"鱼者阴类,臣民之象也"。十七年,灭韩。二十六年,尽并天下。自灭韩至并天下,盖十年矣。《周本纪》云"十年,数之纪也。天之所弃,不过其纪"。明关东后属秦,其象类先见也。

⑱【集解】徐广曰:"一无此'重'字。"

⑲【索隐】言河鱼大上,秦人皆轻车重马,并就食于东。言往河旁食鱼也。一云,河鱼大上为灾,人遂东就食,皆轻车重马而去。

嫪毐①封为长信侯。予之山阳地,②令毐居之。宫室车马衣服苑囿驰猎恣毐。事无小大皆决于毐。又以河西③太原郡更为毐国。九年，彗星见，或竟天。攻魏垣、蒲阳。④四月，上宿雍。⑤己酉，王冠，带剑。⑥长信侯毐作乱而觉，矫王御玺⑦及太后玺以发县卒⑧及卫卒、官骑、戎翟君公、舍人，将欲攻蕲年宫为乱。⑨王知之，令相国昌平君、昌文君发卒攻毐。⑩战咸阳，⑪斩首数百，皆拜爵，及宦者皆在战中，亦拜爵一级。毐等败走。即令国中：有生得毐，赐钱百万；杀之，五十万。尽得毐等。卫尉竭、⑫内史肆、佐弋竭、⑬中大夫令齐等⑭二十人皆枭首。⑮车裂以徇，灭其宗。⑯及其舍人，轻者为鬼薪。⑰及夺爵迁蜀四千馀家，家房陵。⑱(四)〔是〕月寒冻，有死者。⑲杨端和攻衍氏。⑳彗星见西方，又见北方，从斗以南八十日。十年，㉑相国吕不韦坐嫪毐免。桓齮为将军。齐、赵来置酒。齐人茅焦说秦王曰："秦方以天下为事，而大王有迁母太后之名，恐诸侯闻之，由此倍秦也。"秦王乃迎太后于雍而入咸阳，㉒复居甘泉宫。㉓

①【索隐】嫪，姓，毐，字。按：《汉书》嫪氏出邯郸。王劭云"贾侍中说秦始皇母予嫪毐淫坐诛，故世人骂淫曰'嫪毐'也"。　【正义】上躬虬反，下酷改反。

②【正义】予音与。《括地志》云："山阳故城在怀州修武县西北太行山东南。"

③【集解】徐广曰："河，一作'汾'。"

④【正义】垣，作"垣"。垣音袁。《括地志》云："故垣城，汉县治，本魏王垣也，在绛州垣县西北二十里。蒲邑故城在隰州县北四十五里。在蒲水之北，故言蒲阳。即晋公子重耳所居邑也。"

⑤【集解】蔡邕曰："上者，尊位所在也。"骃案：司马迁记事，当言"帝"则依违但言"上"，不敢媟言，尊尊之意也。

⑥【集解】徐广曰："年二十二。"　【正义】冠音灌。《礼记》云年二十而冠。按：年二十一也。

⑦【集解】蔡邕曰："御者，进也。凡衣服加于身，饮食入于口，妃妾接于寝，皆曰御。御之亲爱者曰幸。玺者，印信也。天子玺白玉螭虎钮。古者尊卑共之。《月令》曰'固封玺'，《左传》曰'季武子玺书追而与之'，此诸侯大夫印称玺也。"卫宏曰："秦以前，民皆以金玉为印，龙虎钮，唯其所好。秦以来，天子独以印称玺，又独以玉，群臣莫敢用。"　【正义】崔浩云："李斯磨和璧

作之,汉诸帝世传服之,谓'传国玺'。"韦曜《吴书》云:玺方四寸,上句交五
龙,文曰"受命于天既寿永昌"。《汉书》云文曰"昊天之命皇帝寿昌"。按:
二文不同。《汉书·元后传》云王莽令王舜逼太后取玺,王太后怒,投地,其
角小缺。《吴志》云孙坚入洛,埽除汉陵庙,军于甄官井得玺,后归魏。晋怀
帝永嘉五年六月,帝蒙尘平阳,玺入前赵刘聪。至东晋成帝咸和四年,石勒
灭前赵,得玺。穆帝永和八年,石勒为慕容俊灭,濮阳太守戴施入邺,得玺,
使何融送晋。传宋,宋传南齐,南齐传梁。梁传至天正二年,侯景破梁,至
广陵,北齐将辛术定广陵,得玺,送北齐。至周建德六年正月,平北齐,玺入
周。周传隋,隋传唐也。

⑧【正义】子忽反,下同。

⑨【集解】《地理志》蕲年宫在雍。 【正义】蕲,巨衣反。《括地志》云:"蕲年宫
在岐州城西故城内。"

⑩【索隐】昌平君,楚之公子,立以为相,后徙于郢,项燕立为荆王,史失其名。
昌文君名亦不知也。

⑪【正义】《括地志》云:"咸阳故城亦名渭城,在雍州北五里,今咸阳县东十五
里。秦孝公已下并都此城。始皇铸金人十二于咸阳,即此也。"

⑫【集解】《汉书·百官表》曰:"卫尉,秦官。"

⑬【集解】《汉书·百官表》曰:"秦时少府有佐弋,汉武帝改为佽飞,掌弋射
者。" 【正义】弋音翊。

⑭【正义】令,力政反。中大夫令,秦官也。齐,名也。

⑮【集解】县首于木上曰枭。 【正义】枭,古尧反。悬首于木上曰枭。

⑯【正义】《说苑》云:"秦始皇太后不谨,幸郎嫪毐,始皇取毐四支车裂之,取两
弟扑杀之,取太后迁之咸阳宫。下令曰:'以太后事谏者,戮而杀之,蒺藜其
脊。'谏而死者二十七人。茅焦乃上说曰:'齐客茅焦,愿以太后事谏。'皇帝
曰:'走告若,不见阙下积死人耶?'使者问焦。焦曰:'陛下车裂假父,有嫉
妒之心;囊扑两弟,有不慈之名;迁母咸阳,有不孝之行;蒺藜谏士,有桀纣
之治。天下闻之,尽瓦解,无向秦者。'王乃自迎太后归咸阳,立茅焦为傅,
又爵之上卿。"《括地志》云:"茅焦,沧州人也。"

⑰【集解】应劭曰:"取薪给宗庙为鬼薪也。"如淳曰:"《律说》鬼薪作三岁。"
【正义】言毐舍人罪重者已刑戮,轻者罚徒役三岁。

⑱【正义】《括地志》云:"房陵即今房州房陵县,古楚汉中郡地也,是巴蜀之境。

《地理志》云房陵县属汉中郡,在益州部,接东南一千三百一十里也。"

⑲【正义】四月建巳之月,孟夏寒冻,民有死者,以秦法酷急,则天应之而史书之。故《尚书·洪范》云"急常寒若",孔注云"君行急则常寒顺之"。

⑳【索隐】端和,秦将。衍氏,魏邑。　【正义】衍,羊善反。在郑州。

㉑【集解】徐广曰:"甲子。"

㉒【集解】《说苑》曰:"始皇帝立茅焦为傅,又爵之上卿。太后大喜,曰'天下亢直,使败复成,安秦社稷,使妾母子复相见者,茅君之力也'。"

㉓【集解】徐广曰:"表云咸阳南宫也。"

大索,逐客。李斯上书说,乃止逐客令。李斯因说秦王,请先取韩以恐他国,于是使斯下韩。韩王患之,与韩非谋弱秦。大梁人尉缭来,说秦王曰:"以秦之强,诸侯譬如郡县之君,臣但恐诸侯合从,翕而出不意,此乃智伯、夫差、湣王之所以亡也。愿大王毋爱财物,赂其豪臣,以乱其谋,不过亡三十万金,则诸侯可尽。"秦王从其计,见尉缭亢礼,衣服食饮与缭同。缭曰:"秦王为人,蜂准,①长目,挚鸟膺,②豺声,少恩而虎狼心,居约易出人下,③得志亦轻食人。④我布衣,然见我常身自下我。诚使秦王得志于天下,天下皆为虏矣。不可与久游。"乃亡去。秦王觉,固止,以为秦国尉,⑤卒用其计策。而李斯用事。

①【集解】徐广曰:"蜂,一作'隆'。"　【正义】蜂,孚逢反。准,章允反。蜂,虿也,高鼻也。文颖曰:"准,鼻也。"

②【正义】鸷鸟,鹘。膺突向前,其性悍勇。

③【正义】易,以豉反。言始皇居俭约之时易以谦卑。

④【正义】言始皇得天下之志,亦轻易而啖食于人。

⑤【正义】若汉太尉、大将军之比也。

十一年,王翦、桓齮、杨端和攻邺,取九城。王翦攻阏与、橑杨,①皆并为一军。翦将十八日,军归斗食以下,②什推二人从军。③取邺安阳,桓齮将。十二年,文信侯不韦死,窃葬。④其舍人临者,晋人也逐出之;⑤秦人六百石以上夺爵,迁;⑥五百石以下不临,迁,勿夺爵。⑦自今以来,操国事不道如嫪毐、不韦者籍其门,⑧视此。秋,复嫪毐舍人迁蜀者。

当是之时,天下大旱,六月至八月乃雨。

①【集解】徐广曰:"橑音老,在并州。" 【正义】《汉·表》在清河。《十三州志》
　云:"橑阳,上党西北百八十里也。"

②【集解】《汉书·百官表》曰:"百石以下,有斗食,佐史之秩。" 【正义】一曰
　得斗粟为料。

③【索隐】言王翦为将,诸军中皆归斗食以下无功佐史,什中唯推择二人令从
　军耳。

④【索隐】按:不韦饮鸩死,其宾客数千人窃共葬于洛阳北芒山。

⑤【正义】临,力禁反,临哭也。若是三晋之人,逐出令归也。

⑥【正义】上音时掌反。若是秦人哭临者,夺其官爵,迁移于房陵。

⑦【正义】若是秦人不哭临不韦者,不夺官爵,亦迁移于房陵。

⑧【集解】徐广曰:"一作'文'。" 【索隐】谓籍没其一门皆为徒隶,后并视此为
　常故也。 【正义】籍录其子孙,禁不得仕宦。

十三年,桓齮攻赵平阳,①杀赵将扈辄,②斩首十万。王之河南。正
月,彗星见东方。十月,桓齮攻赵。十四年,攻赵军于平阳,取宜安,③
破之,杀其将军。桓齮定平阳、武城。④韩非使秦,秦用李斯谋,留非,非
死云阳。⑤韩王请为臣。

①【正义】《括地志》云:"平阳故城在相州临漳县西二十五里。"又云:"平阳,战
　国时属韩,后属赵。"

②【正义】扈音户。辄,张猎反,赵之将军。

③【正义】《括地志》云:"宜安故城在常山藁城县西南二十五里也。"

④【正义】即贝州武城县外城是也。七国时赵邑。

⑤【正义】《括地志》云:"云阳城在雍州云阳县西八十里,秦始皇甘泉宫在焉。"

十五年,大兴兵,一军至邺,一军至太原,取狼孟。①地动。十六年
九月,发卒受地韩南阳假守②腾。初令男子书年。魏献地于秦。秦置
丽邑。③十七年,内史腾攻韩,得韩王安,尽纳其地,④以其地为郡,命曰
颍川。地动。华阳太后卒。民大饥。

①【集解】《地理志》太原有狼孟县。

②【正义】假，格雅反。守音狩。

③【正义】丽，力知反。《括地志》云："雍州新丰县，本周时骊戎邑。《左传》云
　　晋献公伐骊戎，杜注云在京兆新丰县，其后秦灭之以为邑。"

④【正义】韩王安之九年，秦尽灭之。

十八年，①大兴兵攻赵，王翦将上地，②下井陉，③端和将河内，羌
瘣④伐赵，端和围邯郸城。十九年，王翦、羌瘣尽定取赵地东阳，得赵
王。⑤引兵欲攻燕，屯中山。秦王之邯郸，诸尝与王生赵时母家有仇怨，
皆阬之。秦王还，从太原、上郡归。始皇帝母太后崩。赵公子嘉率其宗
数百人之代，自立为代王，东与燕合兵，军上谷。大饥。

①【集解】徐广曰："巴郡出大人，长二十五丈六尺。"

②【正义】上郡上县，今绥州等是也。

③【集解】服虔曰："山名，在常山。今为县。音刑。"

④【正义】胡罪反。

⑤【索隐】赵王迁也。　　【正义】赵幽缪王迁八年。秦取赵地至平阳。平阳在
　　贝州历亭县界。迁王于房陵。

二十年，燕太子丹患秦兵至国，恐，使荆轲刺秦王。秦王觉之，体
解①轲以徇，而使王翦、辛胜攻燕。燕、代发兵击秦军，秦军破燕易水之
西。二十一年，王贲②攻（蓟）〔荆〕。乃益发卒诣王翦军，遂破燕太子军，
取燕蓟城，得太子丹之首。燕王东收辽东而王之。③王翦谢病老归。新
郑反。昌平君徙于郢。大雨雪，④深二尺五寸。

①【正义】纪买反。

②【正义】音奔。

③【正义】王，于放反。

④【正义】雨，于遇反。

二十二年，王贲攻魏，引河沟灌大梁，大梁城坏，其王请降，①尽取
其地。

①【索隐】魏王假也。

二十三年，秦王复召王翦，强起之，使将击荆。①取陈以南至平舆，②虏荆王。③秦王游至郢陈。荆将项燕立昌平君为荆王，反秦于淮南。④二十四年，王翦、蒙武攻荆，破荆军，昌平君死，项燕遂自杀。

①【正义】秦号楚为荆者，以庄襄王名子楚，讳之，故言荆也。

②【集解】《地理志》汝南有平舆县。　【正义】舆音馀。平舆，豫州县也。

③【索隐】荆王负刍也。楚称荆者，以避庄襄王讳，故易之也。

④【集解】徐广曰："淮，一作'江'。"　【正义】昌平也。楚淮北之地尽入于秦。

二十五年，大兴兵，使王贲将，攻燕辽东，得燕王喜。①还攻代，虏代王嘉。王翦遂定荆江南地；②降越君，③置会稽郡。五月，天下大酺。④

①【正义】燕王喜之五十三年，燕亡。

②【正义】言王翦遂平定楚及江南地，降越君，置为会稽郡。

③【正义】降，闲江反。楚威王已灭〔越〕，其馀自称君长，今降秦。

④【集解】服虔曰："酺音蒲。"文颖曰："酺，《周礼》族师掌春秋祭酺，为人物灾害之神。"苏林曰："陈留俗，三月上巳水上饮食为酺。"　【正义】天下欢乐大饮酒也。秦既平韩、赵、魏、燕、楚五国，故天下大酺也。

二十六年，齐王建与其相后胜①发兵守其西界，不通秦。秦使将军王贲从燕南攻齐，得齐王建。②

①【正义】音升。齐相姓名。

②【索隐】六国皆灭也。十七年得韩王安，十九年得赵王迁，二十二年魏王假降，二十三年虏荆王负刍，二十五年得燕王喜，二十六年得齐王建。　【正义】齐王建之三十四年，齐国亡。

秦初并天下，令丞相、御史曰：①"异日韩王纳地效玺，②请为藩臣，已而倍约，与赵、魏合从畔秦，故兴兵诛之，虏其王。寡人以为善，庶几息兵革。赵王使其相李牧来约盟，故归其质子。③已而倍盟，反我太原，故兴兵诛之，得其王。赵公子嘉乃自立为代王，故举兵击灭之。魏王始约服入秦，已而与韩、赵谋袭秦，秦兵吏诛，遂破之。荆王献青阳以西，④已而畔约，击我南郡，故发兵诛，得其王，遂定其荆地。燕王昏乱，其太子丹乃阴令荆轲为贼,兵吏诛,灭其国。齐王用后胜计,绝秦使,欲为乱,兵吏诛,虏其王,平齐地。寡人以眇眇之身,兴兵诛暴乱,赖宗庙之灵,六王咸伏其辜,天下大定。今名号不更,无以称成功,传后世。其议帝号。"丞相绾、御史大夫劫、⑤廷尉斯等⑥皆曰:"昔者五帝地方千里,其外侯服夷服,诸侯或朝或否,天子不能制。今陛下⑦兴义兵,诛残贼,平定天下,海内为郡县,⑧法令由一统,自上古以来未尝有,五帝所不及。臣等谨与博士议曰:⑨'古有天皇,有地皇,有泰皇,⑩泰皇最贵。'臣等昧死上尊号,王为'泰皇'。命为'制',令为'诏',⑪天子自称曰'朕'。"⑫王曰:"去'泰',⑬著'皇',采上古'帝'位号,号曰'皇帝'。他如议。"制曰:"可。"⑭追尊庄襄王为太上皇。⑮制曰:"朕闻太古有号毋谥,中古有号,死而以行为谥。如此,则子议父,臣议君也,甚无谓,朕弗取焉。自今已来,除谥法。⑯朕为始皇帝。后世以计数,⑰二世三世至于万世,传之无穷。"

①【正义】令,力政反。乃今之赦令、赦书。

②【正义】效犹至见。

③【正义】质音致。

④【集解】《汉书·邹阳传》曰:"越水长沙,还舟青阳。"张晏曰:"青阳,地名。"苏林曰:"青阳,长江县是也。"

⑤【集解】《汉书·百官表》曰:"御史大夫,秦官。"应劭曰:"侍御史之率,故称大夫也。"【索隐】绾姓王。劫姓冯。

⑥【集解】《汉书·百官表》曰:"廷尉,秦官。"应劭曰:"听狱必质诸朝廷,与众共之,兵狱同制,故称廷尉。"

⑦【集解】蔡邕曰:"陛,阶也,所由升堂也。天子必有近臣立于陛侧,以戒不虞。谓之'陛下'者,群臣与天子言,不敢指斥,故呼在陛下者与之言,因卑达尊之意也。上书亦如之。"

⑧【正义】郡,人所群聚也。

⑨【集解】《汉书·百官表》曰:"博士,秦官,掌通古今。"

⑩【索隐】按:天皇、地皇之下即云泰皇,当人皇也。而《封禅书》云"昔者太帝使素女鼓瑟而悲",盖三皇已前称泰皇。一云泰皇,太昊也。

⑪【集解】蔡邕曰："制书，帝者制度之命也，其文曰'制'。诏，诏书。诏，告也。"【正义】令音力政反。制诏三代无文，秦始有之。

⑫【集解】蔡邕曰："朕，我也。古者上下共称之，贵贱不嫌，则可以同号之义也。皋陶与舜言'朕言惠，可底行'。屈原曰'朕皇考'。至秦，然后天子独以为称。汉因而不改。"

⑬【正义】去音丘吕反。

⑭【集解】蔡邕曰："群臣有所奏，请尚书令奏之，下有司曰'制'，天子答之曰'可'。"

⑮【集解】汉高祖尊父曰太上皇，亦放此也。

⑯【集解】《谥法》，周公所作。

⑰【正义】色主反。

　　始皇推终始五德之传，①以为周得火德，秦代周德，从所不胜。②方今水德之始，③改年始，朝贺皆自十月朔。④衣服旄旌节旗⑤皆上黑。⑥数以六为纪，符、法冠皆六寸，而舆六尺，六尺为步，乘六马。⑦更名河曰德水，以为水德之始。刚毅戾深，事皆决于法，刻削毋仁恩和义，然后合五德之数。⑧于是急法，久者不赦。

①【集解】郑玄曰："音亭传。"【索隐】音张恋反。传，次也。谓五行之德始终相次也。《汉书·郊祀志》曰："齐人邹子之徒论著终始五德之运，始皇采用。"

②【正义】胜，申证反。秦以周为火德。能灭火者水也，故称从其所不胜于秦。

③【索隐】《封禅书》曰秦文公获黑龙，以为水瑞，秦始皇帝因自谓为水德也。

④【正义】周以建子之月为正，秦以建亥之月为正，故其年始用十月而朝贺。

⑤【正义】旄音精。旌音毛。旗音其。《周礼》云："析羽为旌，熊虎为旗。"旄节者，编毛为之，以象竹节，《汉书》云"苏武执节在匈奴牧羊，节毛尽落"是也。韦昭云："节者，山国用人节，泽国用龙节，皆以金为之。道路以旌节，门关用符节，都鄙用管节，皆用竹为之。"

⑥【正义】以水德属北方，故上黑。

⑦【集解】张晏曰："水，北方，黑，终数六，故以六寸为符，六尺为步。"瓒曰："水数六，故以六为名。"谯周曰："步以人足为数，非独秦制然。"【索隐】《管子》《司马法》皆云六尺为步。谯周以为步以人足，非独秦制。又按：《礼

记·王制》曰"古者八尺为步",今以周尺六尺四寸为步,步之尺数亦不同。

⑧【索隐】水主阴,阴刑杀,故急法刻削,以合五德之数。

丞相绾等言:"诸侯初破,燕、齐、荆地远,不为①置王,毋以填之。请立诸子,唯上幸许。"始皇下其议于群臣,群臣皆以为便。廷尉李斯议曰:"周文武所封子弟同姓甚众,然后属疏远,相攻击如仇雠,诸侯更相诛伐,周天子弗能禁止。今海内赖陛下神灵一统,皆为郡县,诸子功臣以公赋税重赏赐之,甚足易制。天下无异意,②则安宁之术也。置诸侯不便。"始皇曰:"天下共苦战斗不休,以有侯王。赖宗庙,天下初定,又复立国,是树兵也,而求其宁息,岂不难哉!廷尉议是。"

①【正义】于伪反。

②【正义】易音以职反。

分天下以为三十六郡,①郡置守、尉、监。②更名民曰"黔首"。③大酺。收天下兵,④聚之咸阳,销以为钟镰,⑤金人十二,重各千石,⑥置廷宫中。一法度衡石丈尺。车同轨。书同文字。地东至海暨朝鲜,⑦西至临洮、羌中,⑧南至北向户,⑨北据河为塞,并阴山至辽东。⑩徙天下豪富于咸阳十二万户。诸庙及章台、上林皆在渭南。秦每破诸侯,写放其宫室,作之咸阳北阪上,⑪南临渭,自雍门⑫以东至泾、渭,殿屋复道周阁相属。⑬所得诸侯美人钟鼓,以充入之。⑭

①【集解】三十六郡者,三川、河东、南阳、南郡、九江、鄣郡、会稽、颍川、砀郡、泗水、薛郡、东郡、琅邪、齐郡、上谷、渔阳、右北平、辽西、辽东、代郡、钜鹿、邯郸、上党、太原、云中、九原、雁门、上郡、陇西、北地、汉中、巴郡、蜀郡、黔中、长沙凡三十五,与内史为三十六郡。　【正义】《风俗通》云:"周制天子方千里,分为百县,县有四郡,故《左传》云上大夫受县,下大夫受郡。秦始皇初置三十六郡以监县也。"

②【集解】《汉书·百官表》曰:"秦郡守掌治其郡,有丞;尉掌佐守典武职甲卒;监御史掌监郡。"

③【集解】应劭曰:"黔亦黎黑也。"

④【集解】应劭曰:"古者以铜为兵。"

⑤【集解】徐广曰："音巨。"

⑥【索隐】按：二十六年，有长人见于临洮，故销兵器，铸而象之。谢承《后汉书》"铜人，翁仲，翁仲其名也"。《三辅旧事》"铜人十二，各重三十四万斤。汉代在长乐宫门前"。董卓坏其十为钱，馀二犹在。石季龙徙之邺，符坚又徙长安而销之也。　【正义】《汉书·五行志》云："二十六年，有大人长五丈，足履六尺，皆夷狄服，凡十二人，见于临洮，故销兵器，铸而象之。"谢承《后汉书》云："铜人，翁仲其名也。"《三辅旧事》云："聚天下兵器，铸铜人十二，各重二十四万斤。汉世在长乐宫门。"《魏志·董卓传》云："椎破铜人十及钟镰，以铸小钱。"《关中记》云："董卓坏铜人，馀二枚，徙清门里。魏明帝欲将诣洛，载到霸城，重不可致。后石季龙徙之邺，符坚又徙入长安而销之。"《英雄记》云："昔大人见临洮而铜人铸，至董卓而铜人毁也。"

⑦【正义】暨，其记反。朝音潮。鲜音仙。海谓渤海南至扬、苏、台等州之东海也。暨，及也。东北朝鲜国。《括地志》云："高骊治平壤城，本汉乐浪郡王险城，即古朝鲜也。"

⑧【正义】洮，吐高反。《括地志》云："临洮郡即今洮州，亦古西羌之地，在京西千五百五十一里羌中。从临洮西南芳州扶松府以西，并古诸羌地也。"

⑨【集解】《吴都赋》曰："开北户以向日。"刘逵曰："日南之北户，犹日北之南户也。"

⑩【集解】《地理志》西河有阴山县。　【正义】塞，先代反。并，白浪反。谓灵、夏、胜等州之北黄河。阴山在朔州北塞外。从河傍阴山，东至辽东，筑长城为北界。

⑪【集解】徐广曰："在长安西北，汉武时别名渭城。"　【正义】今咸阳县北阪上。

⑫【集解】徐广曰："在高陵县。"　【正义】今岐州雍县东。

⑬【正义】复音福。属，之欲反。《庙记》云："北至九嵏、甘泉，南至长杨、五柞，东至河，西至汧渭之交，东西八百里，离宫别馆相望属也。木衣绨绣，土被朱紫，宫人不徙。穷年忘归，犹不能遍也。"

⑭【正义】《三辅旧事》云："始皇表河以为秦东门，表汧以为秦西门，表中外殿观百四十五，后宫列女万馀人，气上冲于天。"

二十七年，始皇巡陇西、北地，①出鸡头山，②过回中。③焉作信宫渭南,已更命信宫为极庙,象天极。④ 自极庙道通郦山,作甘泉前殿。筑甬道,⑤ 自咸阳属之。是岁,赐爵一级。治驰道。⑥

①【正义】陇西,今陇右;北地,今宁州也。

②【正义】《括地志》云:"鸡头山在成州上禄县东北二十里,在京西南九百六十里。郦元云盖大陇山异名也。《后汉书·隗嚣传》云'王莽塞鸡头',即此也。"按:原州平高县西百里亦有笄头山,在京西北八百里,黄帝鸡山之所。

③【集解】应劭曰:"回中在安定高平。"孟康曰:"回中在北地。"【正义】《括地志》云:"回中宫在岐州雍县西四十里。"言始皇欲西巡陇西之北,从咸阳向西北出宁州,西南行至成州,出鸡头山,东还,过岐州回中宫。

④【索隐】为宫庙象天极,故曰极庙。《天官书》曰"中宫曰天极"是也。

⑤【集解】应劭曰:"筑垣墙如街巷。"【正义】筑音竹。甬音勇。应劭云:"谓于驰道外筑墙,天子于中行,外人不见。"

⑥【集解】应劭曰:"驰道,天子道也,道若今之中道然。"《汉书·贾山传》曰:"秦为驰道于天下,东穷燕齐,南极吴楚,江湖之上,滨海之观毕至。道广五十步,三丈而树,厚筑其外,隐以金椎,树以青松。"

二十八年,始皇东行郡县,上邹峄山。① 立石,与鲁诸儒生议,刻石颂秦德,议封禅望祭山川之事。② 乃遂上泰山,③ 立石,封,祠祀。④ 下,风雨暴至,休于树下,因封其树为五大夫。⑤ 禅梁父。⑥ 刻所立石,其辞曰:⑦

①【集解】韦昭曰:"邹,鲁县,山在其北。"【正义】上,时掌反。邹,侧留反。峄音亦。《国系》云:"邾峄山亦名邹山,在兖州邹县南三十二里。鲁穆公改'邾'作'邹',其山遂从'邑'变。山北去黄河三百馀里。"

②【正义】《晋太康地记》云:"为坛于太山以祭天,示增高也。为墠于梁父以祭地,示增广也。祭尚玄酒而俎鱼。墠皆广长十二丈。坛高三尺,阶三等。而树石太山之上,高三丈一尺,广三尺,秦之刻石云。"

③【正义】泰山一曰岱宗,东岳也,在兖州博城县西北三十里。《山海经》云:"泰山,其上多玉,其下多石。"郭璞云:"从泰山下至山头,百四十八里三百步。"道书《福地记》云:"泰山高四千九百丈二尺,周回二千里,多芝草玉石,长津甘泉,仙人室。又有地狱六,曰鬼神之府,从西上,下有洞天,周回三千

里,鬼神考谪之府。"

④【集解】服虔曰:"增天之高,归功于天。"张晏曰:"天高不可及,于泰山上立
　封禅而祭之,冀近神灵也。"瓒曰:"积土为封。谓负土于泰山上,为坛而
　祭之。"

⑤【正义】封,一作"复",音福。

⑥【集解】服虔曰:"禅,阐广土地也。"瓒曰:"古者圣王封泰山,禅亭亭或梁父,
　皆泰山下小山。除地为墠,祭于梁父。后改'墠'曰'禅'。"【正义】父音
　甫。在兖州泗水县北八十里。

⑦【索隐】其词每三句为韵,凡十二韵。下之罘、碣石、会稽三铭皆然。

　　皇帝临位,作制明法,臣下修饬。①二十有六年,初并天下,罔
不宾服。亲巡远方黎民,登兹泰山,周览东极。从臣思迹,②本原
事业,祗诵功德。③治道运行,诸产得宜,皆有法式。大义休明,垂
于后世,顺承勿革。皇帝躬圣,既平天下,不懈于治。夙兴夜寐,建
设长利,④专隆教诲。训经宣达,远近毕理,咸承圣志。贵贱分明,
男女礼顺,慎遵职事。昭隔内外,⑤靡不清净,施于后嗣。化及无
穷,遵奉遗诏,永承重戒。

①【正义】饬音敕

②【正义】从,财用反。

③【正义】祗音脂。

④【正义】长,直良反。

⑤【集解】徐广曰:"隔,一作'融'。"

　　于是乃并勃海以东,①过黄、腄,②穷成山,登之罘,③立石颂秦德焉
而去。

①【正义】并,白浪反。勃作"渤",蒲忽反。

②【集解】《地理志》东莱有黄县、腄县。　【正义】腄,逐瑞反。字或作"陲"。
　《括地志》云:"黄县故城在莱州黄县东南二十五里,古莱子国也。牟平县城
　在黄县南百三十里。《十三州志》云牟平县古腄县也。"

③【集解】《地理志》之罘山在腄县。　【正义】罘音浮。《括地志》云:"在莱州
　文登县东北百八十里。成山在文登县西北百九十里。"穷犹登极也。《封禅

书》云："八神，五曰阳主；祠之罘；七曰日主，祠成山，成山斗入海。"又云："之罘山在海中。文登县，古腄县也。"

南登琅邪，①大乐之，留三月。乃徙黔首三万户琅邪台下，②复十二岁。③作琅邪台，④立石刻，颂秦德，明得意。曰：⑤

①【集解】今兖州东沂州、密州，即古琅邪也。

②【集解】《地理志》越王句践尝治琅邪县，起台馆。　【索隐】《山海经》琅邪台在渤海间。盖海畔有山，形如台，在琅邪，故曰琅邪台。　【正义】《括地志》云："密州诸城县东南百七十里有琅邪台，越王句践观台也。台西北十里有琅邪故城。《吴越春秋》云：'越王句践二十五年，徙都琅邪，立观台以望东海，遂号令秦、晋、齐、楚，以尊辅周室，歃血盟。'即句践起台处。"《括地志》云："琅邪山在密州诸城县东南百四十里。始皇立层台于山上，谓之琅邪台，孤立众山之上。秦王乐之，留三月，立石山上，颂秦德也。"

③【正义】复音福。复三万户徙台下者。

④【正义】今琅邪台。

⑤【索隐】二句为韵。

维二十八年，皇帝作始。端平法度，万物之纪。以明人事，合同父子。圣智仁义，显白道理。东抚东土，以省卒士。①事已大毕，乃临于海。皇帝之功，勤劳本事。上农除末，黔首是富。普天之下，抟心揖志。②器械一量，③同书文字。日月所照，舟舆所载。皆终其命，莫不得意。应时动事，是维皇帝。匡饬异俗，陵水经地。④忧恤黔首，朝夕不懈。除疑定法，咸知所辟。⑤方伯分职，诸治经易。⑥举错必当，莫不如画。⑦皇帝之明，临察四方。尊卑贵贱，不逾次行。⑧奸邪不容，皆务贞良。细大尽力，莫敢怠荒。远迩辟隐，⑨专务肃庄。端直敦忠，事业有常。皇帝之德，存定四极。诛乱除害，兴利致福。节事以时，诸产繁殖。黔首安宁，不用兵革。⑩六亲相保，终无寇贼。欢欣奉教，尽知法式。六合之内，皇帝之土。西涉流沙，⑪南尽北户。东有东海，北过大夏。⑫人迹所至，无不臣者。功盖五帝，泽及牛马。莫不受德，各安其宇。

①【正义】省，山井反。卒，子忽反。

②【索隐】抟，古"专"字。《左传》云："如琴瑟之抟壹。"揖音集。

③【正义】内成曰器，甲胄兜鍪之属。外成曰械，戈矛弓戟之属。壹量者，同度量也。

④【正义】陵作"凌"，犹历也。经，界也。

⑤【正义】音避。

⑥【正义】易音以豉反。言方伯分职治，所理常在平易。

⑦【正义】画音户卦反。谓政理齐整，分明若画，无邪恶。

⑧【正义】音胡郎反。

⑨【正义】辟，匹亦反。

⑩【正义】协韵音棘。

⑪【正义】解见《夏纪》。

⑫【索隐】协韵音户。下"无不臣者"音渚。"泽及牛马"音姥。　【正义】杜预云："大夏，太原晋阳县。"按：在今并州，"迁实沈于大夏，主参"，即此也。

　　维秦王兼有天下，立名为皇帝，乃抚东土，至于琅邪。列侯①武城侯王离、列侯通武侯王贲、伦侯②建成侯赵亥、伦侯昌武侯成、伦侯武信侯冯毋择、丞相隗林、③丞相王绾、卿李斯、卿王戊、五大夫赵婴、五大夫杨樛④从，与⑤议于海上。⑥曰："古之帝者，地不过千里，⑦诸侯各守其封域，或朝或否，相侵暴乱，残伐不止，犹刻金石，以自为纪。古之五帝三王，知教不同，法度不明，假威鬼神，⑧以欺远方，实不称名，⑨故不久长。其身未殁，诸侯倍叛，法令不行。今皇帝并一海内，以为郡县，天下和平。昭明宗庙，体道行德，尊号大成。群臣相与诵皇帝功德，刻于金石，以为表经。"

①【集解】张晏曰："列侯者，见序列。"

②【索隐】爵卑于列侯，无封邑者。伦，类也，亦列侯之类。

③【索隐】隗姓，林名。有本作"状"者，非。颜之推云："隋开皇初，京师穿地得铸秤权，有铭，云始皇时量器，丞相隗状、王绾二人列名，其作'状'貌之字，时令校写，亲所按验。"王劭亦云然。斯远古之证也。　【正义】隗音五罪反。

④【正义】音居虬反。

⑤【正义】上才用反。下音预。言王离以下十人从始皇,咸与始皇议功德于海
　　上,立石于琅邪台下,十人名字并刻颂。

⑥【正义】此颂前后序两句为韵,此三句为韵。

⑦【正义】过音戈。千里谓王畿。

⑧【正义】言五帝、三王假借鬼神之威,以欺服远方之民,若苌弘之比也。

⑨【正义】称,尺证反。

既已,齐人徐市等上书,言海中有三神山,名曰蓬莱、方丈、瀛洲,①
仙人居之。请得斋戒,与童男女求之。于是遣徐市发童男女数千人,入
海求仙人。②

①【正义】《汉书·郊祀志》云:"此三神山者,其传在渤海中,去人不远,盖曾有
　　至者,诸仙人及不死之药皆在焉。其物禽兽尽白,而黄金白银为宫阙。未
　　至,望之如云;及至,三神山乃居水下;临之,患且至,风辄引船而去,终莫能
　　至云。世主莫不甘心焉。"

②【正义】《括地志》云:"亶洲在东海中,秦始皇使徐福将童男女入海求仙人,
　　止在此洲,共数万家,至今洲上人有至会稽市易者。吴人《外国图》云亶洲
　　去琅邪万里。"

始皇还,过彭城,①斋戒祷祠,欲出周鼎泗水。使千人没水求之,弗
得。乃西南渡淮水,之衡山、②南郡。③浮江,至湘山祠。④逢大风,几不
得渡。上问博士曰:"湘君何神?"博士对曰:"闻之,尧女,舜之妻,而葬
此。"⑤于是始皇大怒,使刑徒三千人皆伐湘山树,赭其山。⑥上自南郡由
武关归。⑦

①【正义】彭城,徐州所理县也。州东外城,古之彭国也。《搜神记》云陆终弟
　　三子曰篯铿,封于彭,为商伯。《外传》云殷末,灭彭祖氏。

②【正义】《括地志》云:"衡山,一名岣嵝山,在衡州湘潭县西四十一里。"岣音
　　苟。嵝音楼。

③【正义】今荆州也。言欲向衡山,即西北过南郡,入武关至咸阳。

④【正义】《括地志》云:"黄陵庙在岳州湘阴县北五十七里,舜二妃之神。二妃
　　冢在湘阴北一百六十里青草山上。盛弘之《荆州记》云青草湖南有青草山,
　　湖因山名焉。《列女传》云舜陟方,死于苍梧。二妃死于江湘之间,因葬
　　焉。"按:湘山者,乃青草山。山近湘水,庙在山南,故言湘山祠。

⑤【索隐】《列女传》亦以湘君为尧女。按:《楚词·九歌》有湘君、湘夫人。夫
　　人是尧女,则湘君当是舜。今此文以湘君为尧女,是总而言之。

⑥【正义】赭音者。

⑦【集解】应劭曰:"武关,秦南关,通南阳。"文颖曰:"武关在析西百七十里弘
　　农界。"【正义】《括地志》云:"故武关在商州商洛县东九十里,春秋时少习
　　也。杜预云少习,商县武关也。"

二十九年,始皇东游。至阳武博狼沙中,①为盗所惊。求弗得,乃
令天下大索十日。

①【集解】《地理志》河南阳武县有博狼沙。　【正义】狼音浪。

登之罘,刻石。其辞曰:①

①【索隐】三句为韵,凡十二韵。

　　维二十九年,时在中春,①阳和方起。皇帝东游,巡登之罘,临
照于海。从臣嘉观,②原念休烈,追诵本始。大圣作治,建定法度,
显箸纲纪。外教诸侯,光施文惠,明以义理。六国回辟,③贪戾无
厌,④虐杀不已。皇帝哀众,遂发讨师,奋扬武德。义诛信行,威燀
旁达,⑤莫不宾服。烹灭强暴,振救黔首,周定四极。普施明法,经
纬天下,永为仪则。大矣哉!宇县之中,⑥承顺圣意。⑦群臣诵功,
请刻于石,表垂于常式。

①【正义】中音仲。古者帝王巡狩,常以中月。

②【正义】从,才用反。观音瑨。

③【正义】必亦反。

④【正义】于廉反。

⑤【集解】徐广曰:"燀,充善反。"

⑥【集解】宇,宇宙。县,赤县。

⑦【索隐】协韵音忆。

其东观曰：

维二十九年，皇帝春游，览省远方。逮于海隅，遂登之罘，昭临朝阳。观望广丽，从臣咸念，原道至明。圣法初兴，清理疆内，外诛暴强。武威旁畅，振动四极，禽灭六王。阐并天下，甾害绝息，永偃戎兵。皇帝明德，经理宇内，视听不怠。①作立大义，昭设备器，咸有章旗。职臣遵分，各知所行，事无嫌疑。黔首改化，远迩同度，临古绝尤。常职既定，后嗣循业，长承圣治。群臣嘉德，祗诵圣烈，请刻之罘。

①【索隐】怠，协旗、疑韵，音铜綦反。故《国语》范蠡曰"得时不怠，时不再来"，亦以怠与（台）〔来〕为韵。

旋，遂之琅邪，道上党入。①

①【索隐】道犹从也。

三十年，无事。

三十一年①十二月，更名腊曰"嘉平"。②赐黔首里六石米，二羊。始皇为微行咸阳，③与武士四人俱，夜出逢盗兰池，④见窘，武士击杀盗，关中大索二十日。米石千六百。

①【集解】徐广曰："使黔首自实田也。"

②【集解】《太原真人茅盈内纪》曰："始皇三十一年九月庚子，盈曾祖父濛，乃于华山之中，乘云驾龙，白日升天。先是其邑谣歌曰'神仙得者茅初成，驾龙上升入泰清，时下玄洲戏赤城，继世而往在我盈，帝若学之腊嘉平'。始皇闻谣歌而问其故，父老具对此仙人之谣歌，劝帝求长生之术。于是始皇欣然，乃有寻仙之志，因改腊曰'嘉平'。"【索隐】《广雅》曰："夏曰'清祀'，殷曰'嘉平'，周曰'大蜡'，亦曰'腊'，秦更曰'嘉平'。"盖应歌谣之词而改从殷号也。道书茅濛字初成，今此云"茅濛初成"者为神仙之道，其意失也。盖由裴氏所引不明，或后人增益"濛"字，遂令七言之词有衍尔。

③【集解】张晏曰："若微贱之所为，故曰微行也。"

④【集解】《地理志》渭城县有兰池宫。　【正义】《括地志》云："兰池陂即古之

兰池，在咸阳县界。《秦记》云‘始皇都长安，引渭水为池，筑为蓬、瀛，刻石为鲸，长二百丈’。逢盗之处也。”

三十二年，始皇之碣石，使燕人卢生求羡门、①高誓。②刻碣石门。③坏城郭，决通堤防。其辞曰：④

①【集解】韦昭曰：“古仙人。”

②【正义】亦古仙人。

③【集解】徐广曰：“一作‘盟’。”

④【正义】此一颂三句为韵。

　　遂兴师旅，诛戮无道，为逆灭息。武殄暴逆，文复无罪，①庶心咸服。惠论功劳，赏及牛马，恩肥土域。皇帝奋威，德并诸侯，初一泰平。堕坏城郭，②决通川防，夷去险阻。地势既定，黎庶无繇，③天下咸抚。男乐其畴，女修其业，事各有序。惠被诸产，久并来田，④莫不安所。群臣诵烈，请刻此石，垂著仪矩。

①【集解】徐广曰：“复，一作‘优’。”　【正义】复音福。言秦以武力能殄息暴逆，以文训道令无罪失，故复除之。

②【正义】堕音许规反。坏音怪。堕，毁也。坏，圮也。言始皇毁圮关东诸侯旧城郭也。夫自颓曰坏，音户怪反。

③【正义】音遥。

④【集解】徐广曰：“久，一作‘分’。”

因使韩终、侯公、石生求仙人不死之药。始皇巡北边，从上郡入。燕人卢生使①入海还，以鬼神事，因奏录图书，曰“亡秦者胡也”。②始皇乃使将军蒙恬发兵三十万人北击胡，略取河南地。③

①【正义】音所吏反。

②【集解】郑玄曰：“胡，胡亥，秦二世名也。秦见图书，不知此为人名，反备北胡。”

③【正义】今灵、夏、胜等州，秦略取之。

三十三年，发诸尝逋亡人、赘婿、①贾人略取陆梁地，②为桂林、③象郡、④南海，⑤以適遣戍。⑥西北斥逐匈奴。自榆中⑦并河以东，⑧属之阴山,⑨以为(三)〔四〕十四县,城河上为塞。又使蒙恬渡河取高阙、⑩(陶)〔阳〕山、北假中,⑪筑亭障以逐戎人。徙谪,实之初县。⑫禁不得祠。明星出西方。⑬三十四年,適治狱吏不直者,筑长城及南越地。⑭

①【集解】瓒曰:“赘,谓居穷有子,使就其妇家为赘婿。”

②【索隐】谓南方之人,其性陆梁,故曰陆梁。　【正义】岭南之人多处山陆,其性强梁,故曰陆梁。

③【集解】韦昭曰:“今郁林是也。”

④【集解】韦昭曰:“今日南。”

⑤【正义】即广州南海县。

⑥【集解】徐广曰:“五十万人守五岭。”　【正义】適音直革反。戍,守也。《广州记》云:“五岭者,大庾、始安、临贺、揭杨、桂阳。”《舆地志》云:“一曰台岭,亦名塞上,今名大庾;二曰骑田;三曰都庞;四曰萌诸;五曰越岭。”

⑦【集解】徐广曰:“在金城。”

⑧【集解】服虔曰:“并音傍。傍,依也。”

⑨【集解】徐广曰:“在五原北。”　【正义】属,之欲反。按:五原,今胜州也。

⑩【正义】高阙,山名,在五原北。两山相对若阙,甚高,故言高阙。

⑪【集解】晋灼曰:“《王莽传》云‘五原北假,膏壤殖谷’。北假,地名也。”　【索隐】高阙,山名;北假,地名。近五原。　【正义】郦元注《水经》云:“黄河迳河目县故城西,县在北假中。”北假,地名。按:河目县属胜州,今名河北。《汉书·地理志》云属五原郡。

⑫【索隐】徙有罪而谪之,以实初县,即上“自榆中属阴山,以为三十四县”是也。故汉七科谪亦因于秦。

⑬【集解】徐广曰:“皇甫谧云彗星见。”

⑭【正义】谓戍五岭,是南方越地。

始皇置酒咸阳宫,博士七十人前为寿。仆射①周青臣进颂曰:“他时秦地不过千里,赖陛下神灵明圣,平定海内,放逐蛮夷,日月所照,莫不宾服。以诸侯为郡县,人人自安乐,无战争之患,传之万世。自上古不及陛下威德。”始皇悦。博士齐人淳于越进曰:“臣闻殷周之王千馀岁,封子弟功臣,自为枝辅。今陛下有海内,而子弟为匹夫,卒有田常、六卿之臣，无辅拂，②何以相救哉？事不师古而能长久者，非所闻也。今青臣又面谀以重陛下之过，非忠臣。"始皇下其议。丞相李斯曰："五帝不相复，三代不相袭，各以治，非其相反，时变异也。今陛下创大业，建万世之功，固非愚儒所知。且越言乃三代之事，何足法也？异时诸侯并争，厚招游学。今天下已定，法令出一，百姓当家则力农工，士则学习法令辟禁。③今诸生不师今而学古，以非当世，惑乱黔首。丞相臣斯昧死言：古者天下散乱，莫之能一，是以诸侯并作，语皆道古以害今，饰虚言以乱实，人善其所私学，④以非上之所建立。今皇帝并有天下，别黑白而定一尊。私学而相与非法教，人闻令下，则各以其学议之，入则心非，出则巷议，夸主以为名，⑤异取以为高，率群下以造谤。如此弗禁，则主势降乎上，党与成乎下。禁之便。臣请史官非秦记皆烧之。非博士官所职，天下敢有藏《诗》、《书》、百家语者，悉诣守、尉杂烧之。有敢偶语《诗》《书》者弃市。⑥以古非今者族。吏见知不举者与同罪。令下三十日不烧，黥为城旦。⑦所不去者，医药卜筮种树之书。若欲有学法令，⑧以吏为师。"制曰："可。"

①【集解】《汉书·百官表》曰："仆射，秦官。古者重武，官有主射以督课之。"应劭曰："仆，主也。"【正义】射音夜。

②【正义】蒲笔反。

③【正义】令，力性反。辟音避。

④【集解】徐广曰："私，一作'知'。"

⑤【正义】夸，口瓜反。

⑥【集解】应劭曰："禁民聚语，畏其谤己。"【正义】偶，对也。

⑦【集解】如淳曰："《律说》'论决为髡钳，输边筑长城，昼日伺寇虏，夜暮筑长城'。城旦，四岁刑。"

⑧【集解】徐广曰："一无'法令'二字。"

三十五年，除道，道九原①抵云阳，②堑山堙谷，直通之。于是始皇以为咸阳人多，先王之宫廷小，吾闻周文王都丰，武王都镐，丰镐之间，帝王之都也。乃营作朝宫渭南上林苑中。先作前殿阿房，③东西五百步，南北五十丈，上可以坐万人，下可以建五丈旗。④周驰为阁道，自殿下直抵南山。表南山之颠以为阙。为复道，自阿房渡渭，属之咸阳，以象天极阁道绝汉抵营室也。⑤阿房宫未成；成，欲更择令名名之。作宫阿房，故天下谓之阿房宫。隐宫⑥徒刑者七十余万人，乃分作阿房宫，或作丽山。发北山石椁，乃写蜀、荆地材皆至。关中计宫三百，关外四百余。于是立石东海上朐界中，以为秦东门。因徙三万家丽邑，⑦五万家云阳，皆复不事十岁。

①【集解】《地理志》五原郡有九原县。

②【集解】徐广曰："表云道九原，通甘泉。"

③【正义】房，白郎反。《括地志》云："秦阿房宫亦曰阿城，在雍州长安县西北一十四里。"按：宫在上林苑中，雍州郭城西南面，即阿房宫城东面也。颜师古云"阿，近也。以其去咸阳近，且号阿房"。

④【索隐】此以其形名宫也，言其宫四阿旁广也，故云下可建五丈之旗也。阿房，后为宫名。　【正义】《三辅旧事》云："阿房宫东西三里，南北五百步，庭中可受万人。又铸铜人十二于宫前。阿房宫以慈石为门，阿房宫之北阙门也。"

⑤【索隐】谓为复道，渡渭属咸阳，象天文阁道绝汉抵营室也。常考《天官书》曰"天极紫宫后十七星绝汉抵营室，曰阁道"。

⑥【正义】馀刑见于市朝。宫刑，一百日隐于荫室养之乃可，故曰隐宫，下蚕室是。

⑦【正义】丽音离。

卢生说始皇曰："臣等求芝奇药仙者常弗遇，类物有害之者。方中，人主时为微行以辟恶鬼，恶鬼辟，真人至。人主所居而人臣知之，则害于神。真人者，入水不濡，入火不爇，①陵云气，与天地久长。今上治天下，未能恬倓。愿上所居宫毋令人知，然后不死之药殆可得也。"于是始皇曰："吾慕真人，自谓'真人'，不称'朕'。"乃令咸阳之旁二百里内宫观二百七十复道甬道相连，帷帐钟鼓美人充之，各案署不移徙。行所幸，有言其处者，罪死。始皇帝幸梁山宫，②从山上见丞相车骑众，弗善也。

中人或告丞相，丞相后损车骑。始皇怒曰："此中人泄吾语。"案问莫服。当是时，诏捕诸时在旁者，皆杀之。自是后莫知行之所在。听事，群臣受决事，悉于咸阳宫。

①【正义】而说反。

②【集解】徐广曰："在好畤。" 【正义】《括地志》云："俗名望宫山，在雍州好畤县西十二里，北去梁山九里。《秦始皇》（起）〔纪〕'从山上见丞相车骑众，弗善'，即此山也。"

侯生、①卢生相与谋曰："始皇为人，天性刚戾自用，起诸侯，并天下，意得欲从，以为自古莫及己。专任狱吏，狱吏得亲幸。博士虽七十人，特备员弗用。丞相诸大臣皆受成事，倚辨于上。上乐以刑杀为威，②天下畏罪持禄，莫敢尽忠。上不闻过而日骄，下慑伏谩欺以取容。秦法，不得兼方，③不验，辄死。然候星气者至三百人，皆良士，畏忌讳谀，不敢端言其过。天下之事无小大皆决于上，上至以衡石量书，④日夜有呈，不中呈⑤不得休息。贪于权势至如此，未可为求仙药。"于是乃亡去。始皇闻亡，乃大怒曰："吾前收天下书不中用者尽去之。悉召文学方术士甚众，欲以兴太平，方士欲练以求奇药。⑥今闻韩众⑦去不报，徐市等费以巨万计，终不得药，徒奸利相告日闻。⑧卢生等吾尊赐之甚厚，今乃诽谤我，以重吾不德也。诸生在咸阳者，吾使人廉问，或为妖言以乱黔首。"于是使御史悉案问诸生，诸生传相告引，乃自除。犯禁者四百六十馀人，皆坑之咸阳，使天下知之，以惩后。益发谪徙边。⑨始皇长子扶苏谏曰："天下初定，远方黔首未集，诸生皆诵法孔子，今上皆重法绳之，臣恐天下不安。唯上察之。"始皇怒，使扶苏北监蒙恬于上郡。⑩

①【集解】《说苑》曰："韩客侯生也。"

②【正义】乐，五孝反。

③【集解】徐广曰："一云'并力'。" 【正义】言秦施法不得兼方者，令民之有方伎不得兼两齐，试不验，辄赐死。言法酷。

④【集解】石百二十斤。 【正义】衡，秤衡也。言表笺奏请，秤取一石，日夜有程期，不满不休息。

⑤【正义】中，竹仲反。

⑥【集解】徐广曰："一云'欲以练求'。"

⑦【正义】音终。

⑧【集解】徐广曰："一作'闻'。"

⑨【集解】徐广曰："《表》云徙于北河、榆中，耐徙三处。拜爵一级。"

⑩【正义】《括地志》云："上郡故城在绥州上县东南五十里，秦之上郡城也。

　　三十六年，荧惑守心。有坠星下东郡，至地为石，①黔首或刻其石曰"始皇帝死而地分"。始皇闻之，遣御史逐问，莫服，尽取石旁居人诛之，因燔销其石。始皇不乐，使博士为《仙真人诗》，及行所游天下，传令②乐人歌弦之。秋，使者从关东夜过华阴平舒道，③有人持璧遮使者曰："为吾遗滈池君。"④因言曰："今年祖龙死。"⑤使者问其故，因忽不见，置其璧去。使者奉璧具以闻。始皇默然良久，曰："山鬼固不过知一岁事也。"退言曰："祖龙者，人之先也。"使御府视璧，乃二十八年行渡江所沈璧也。于是始皇卜之，卦得游徙吉。迁北河榆中三万家。⑥拜爵一级。

①【集解】徐广曰："表云石昼陨。"

②【正义】传，逐恋反。令，力呈反。

③【正义】《括地志》云："平舒故城在华州华阴县西北六里。《水经注》云'渭水又东经平舒北，城枕渭滨，半破沦水，南面通衢。昔秦之将亡也，江神送璧于华阴平舒道，即其处也'。"

④【集解】服虔曰："水神也。"张晏曰："武王居镐，镐池君则武王也。武王伐商，故神云始皇荒淫若纣矣，今亦可伐也。"孟康曰："长安西南有滈池。"
　【索隐】按：服虔云水神，是也。江神以璧遗滈池之神，告始皇之将终也。且秦水德王，故其君将亡，水神先自相告也。　【正义】遗，庚季反。滈，湖老反。《括地志》云："滈水源出雍州长安县西北滈池。郦元注《水经》云'滈水承滈池，北流入渭'。今按：滈池水流入来通渠，盖郦元误矣。"张晏云："武王居滈，滈池君则武王也。伐商，故神云始皇荒淫若纣矣，今武王可伐矣。"

⑤【集解】苏林曰："祖，始也。龙，人君象。谓始皇也。"服虔曰："龙，人之先象

也,言王亦人之先也。"应劭曰:"祖,人之先。龙,君之象。"

⑥【正义】谓北河胜州也。榆中即今胜州榆林县也。言徙三万家以应卜卦游
　　　徙吉也。

　　三十七年十月癸丑,始皇出游。左丞相斯从,右丞相去疾守。少子
胡亥爱慕请从,上许之。十一月,行至云梦,望祀虞舜于九疑山。①浮江
下,观籍柯,渡海渚。②过丹阳,③至钱唐。④临浙江,⑤水波恶,乃西百二
十里从狭中渡。⑥上会稽,祭大禹,⑦望于南海,而立石刻⑧颂秦德,其
文曰:⑨

①【正义】《括地志》云:"九疑山在永州唐兴县东南一百里。《皇览·冢墓记》
　　　云舜冢在零陵郡营浦县九疑山。"言始皇至云梦,望祭虞舜于九疑山也。

②【正义】《括地志》云:"舒州同安县东。"按:舒州在江中,疑"海"字误,即此
　　　州也。

③【正义】《括地志》云:"丹阳郡故在润州江宁县东南五里,秦兼并天下,以为
　　　鄣郡也。"

④【正义】钱唐,今杭州县。

⑤【集解】晋灼曰:"其流东至会稽山阴而西折,故称浙。音折。"

⑥【集解】徐广曰:"盖在馀杭也。顾夷曰'馀杭者,秦始皇至会稽经此,立为
　　　县'。"

⑦【正义】上音上掌反。越州会稽山上有夏禹穴及庙。

⑧【索隐】望于南海而刻石。三句为韵,凡二十四韵。

⑨【正义】此二颂三句为韵。其碑见在会稽山上。其文及书皆李斯,其字四
　　　寸,画如小指,圆镌。今文字整顿,是小篆字。

　　皇帝休烈,平一宇内,德惠脩长。①三十有七年,亲巡天下,周览远
方。遂登会稽,宣省习俗,黔首斋庄。群臣诵功,本原事迹,追首高
明。②秦圣临国,始定刑名,显陈旧章。③初平法式,审别职任,以立恒常。
六王专倍,贪戾慠猛,率众自强。④暴虐恣行。⑤负力而骄,数动甲兵。⑥
阴通间使,⑦以事合从,⑧行为辟方。⑨内饰诈谋,⑩外来侵边,遂起祸
殃。义威诛之,殄熄⑪暴悖,⑫乱贼灭亡。圣德广密,六合之中,被泽无

疆。皇帝并宇,兼听万事,远近毕清。运理群物,考验事实,各载其名。贵贱并通,善否陈前,靡有隐情。饰省宣义,⑬有子而嫁,⑭倍死不贞。防隔内外,禁止淫泆,男女絜诚。夫为寄豭,⑮杀之无罪,男秉义程。妻为逃嫁,⑯子不得母,⑰咸化廉清。大治濯俗,天下承风,蒙被休经。皆遵度轨,和安敦勉,莫不顺令。⑱黔首修絜,人乐同则,⑲嘉保太平。后敬奉法,常治无极,舆舟不倾。从臣诵烈,⑳请刻此石,光垂休铭。

①【索隐】脩亦长也,重文耳。王劭按张徽所录会稽南山《秦始皇碑文》,"脩"作"攸"。

②【索隐】今检《会稽刻石》文"首"字作"道",雅符人情也。

③【正义】作"彰",音章。碑文作"画璋"也。

④【正义】碑文作"率众邦强"。

⑤【正义】寒彭反。

⑥【正义】数音朔。

⑦【正义】间,纪苋反,又如字。使,所吏反。

⑧【正义】合音閤。从,子容反。

⑨【正义】行,下孟反。辟,匹亦反。

⑩【索隐】刻石文作"谋诈"。

⑪【集解】徐广曰:"音息。"

⑫【正义】殄,田典反。暴,白报反。悖音背。

⑬【集解】徐广曰:"省,一作'非'。"　【正义】饰音式。省,山景反。饰谓文饰也。省,过也。

⑭【正义】谓夫死有子,弃之而嫁。

⑮【索隐】豭,牡猪也。言夫淫他室,若寄豭之猪也。豭音加。

⑯【正义】谓弃夫而逃嫁于人。

⑰【正义】言妻弃夫逃嫁,子乃失母。

⑱【正义】力呈反。

⑲【正义】乐音岳。

⑳【正义】从音才用反。烈,美也。所随巡从诸臣,咸诵美,请刻此石。

还过吴,从江乘渡。①并海上,北至琅邪。方士徐市等入海求神药,数岁不得，费多，恐谴，乃诈曰："蓬莱药可得，然常为大鲛鱼所苦，②故不得至，愿请善射与俱，见则以连弩射之。"始皇梦与海神战，如人状。问占梦，博士曰："水神不可见，以大鱼蛟龙为候。今上祷祠备谨，而有此恶神，当除去，而善神可致。"乃令入海者赍捕巨鱼具，而自以连弩候大鱼出射之。自琅邪北至荣成山，③弗见。至之罘，见巨鱼，射杀一鱼。遂并海西。

①【集解】《地理志》丹阳有江乘县。　【索隐】《地理志》丹阳有江乘县。　【正义】乘音时升反。江乘故县在润州句容县北六十里，本秦旧县也。渡谓济渡也。

②【正义】鲛音交。苦音苦故反。

③【正义】即成山也，在莱州。

　　至平原津而病。①始皇恶言死，群臣莫敢言死事。上病益甚，乃为玺书赐公子扶苏曰："与丧会咸阳而葬。"书已封，在中车府令赵高②行符玺事所，未授使者。七月丙寅，始皇崩于沙丘平台。③丞相斯为上崩在外，④恐诸公子及天下有变，乃秘之，不发丧。棺载辒凉车中，⑤故幸宦者参乘，所至上食。百官奏事如故，宦者辄从辒凉车中可其奏事。独子胡亥、赵高及所幸宦者五六人知上死。赵高故尝教胡亥书及狱律令法事，胡亥私幸之。高乃与公子胡亥、丞相斯阴谋破去始皇所封书⑥赐公子扶苏者，而更诈为丞相斯受始皇遗诏沙丘，立子胡亥为太子。更为书赐公子扶苏、蒙恬，数以罪，⑦(其)赐死。语具在《李斯传》中。行，遂从井陉⑧抵九原。⑨会暑，上辒车臭，乃诏从官令车载一石鲍鱼，⑩以乱其臭。

①【集解】徐广曰："渡河而西。"　【正义】今德州平原县南六十里有张公故城，城东有水津焉，后名张公渡，恐此平原郡古津也。《汉书》公孙弘平津侯，亦近此。盖平津即此津，始皇渡此津而疾。

②【集解】伏俨曰："主乘舆路车。"

③【集解】徐广曰："年五十。沙丘去长安二千馀里。赵有沙丘宫，在钜鹿，武灵王之死处。"　【正义】《括地志》云："沙丘台在邢州平乡县东北二十里，又

云平乡县东北四十里。"按：始皇崩在沙丘之宫，平台之中。邢州去京一千
六百五十里。

④【正义】为，于伪反。

⑤【正义】棺音馆。又古患反。

⑥【正义】去，丘吕反。

⑦【正义】数音色具反。

⑧【集解】徐广曰："在常山。"

⑨【正义】抵，丁礼反。抵，至也。从沙丘至胜州三千里。

⑩【正义】鲍，白卯反。

行从直道至咸阳，发丧。太子胡亥袭位，为二世皇帝。九月，葬始
皇郦山。始皇初即位，穿治郦山，及并天下，天下徒送诣七十馀万人，穿
三泉，下铜①而致椁，宫观百官奇器珍怪徙臧满之。②令匠作机弩矢，有
所穿近者辄射之。以水银为百川江河大海，机相灌输，③上具天文，下
具地理。以人鱼膏为烛，④度不灭者久之。⑤二世曰："先帝后宫非有子
者，出焉不宜。"皆令从死，死者甚众。葬既已下，或言工匠为机，臧皆知
之，臧重即泄。大事毕，已臧，闭中羡，⑥下外羡门，尽闭工匠臧者，无复
出者。树草木以象山。⑦

①【集解】徐广曰："一作'锢'。锢，铸塞。"　【正义】颜师古云："三重之泉，言
至水也。"

②【正义】言冢内作宫观及百官位次，奇器珍怪徙满冢中。臧，才浪反。

③【正义】灌音馆。输音戍。

④【集解】徐广曰："人鱼似鲇，四脚。"　【正义】《广志》云："鲵鱼声如小儿啼，
有四足，形如鳢，可以治牛，出伊水。"《异物志》云："人鱼似人形，长尺馀。
不堪食。皮利于鲛鱼，锯材木入。项上有小穿，气从中出。秦始皇冢中以
人鱼膏为烛，即此鱼也。出东海中，今台州有之。"按：今帝王用漆灯冢中，
则火不灭。

⑤【正义】度音田洛反。

⑥【正义】音延，下同。谓冢中神道。

⑦【集解】《皇览》曰："坟高五十馀丈，周回五里馀。"　【正义】《关中记》云："始

皇陵在骊山。泉本北流,障使东西流。有土无石,取大石于渭(山)〔南〕诸
山。"《括地志》云:"秦始皇陵在雍州新丰县西南十里。"

二世皇帝元年,年二十一。① 赵高为郎中令,② 任用事。二世下诏,
增始皇寝庙牺牲及山川百祀之礼。令群臣议尊始皇庙。群臣皆顿首言
曰:"古者天子七庙,诸侯五,大夫三,虽万世世不轶毁。③ 今始皇为极
庙,四海之内皆献贡职,增牺牲,礼咸备,毋以加。先王庙或在西雍,④
或在咸阳。天子仪当独奉酌祠始皇庙。自襄公已下轶毁。所置凡七
庙。群臣以礼进祠,以尊始皇庙为帝者祖庙。皇帝复自称'朕'。"

①【集解】徐广曰:"《表》云十月戊寅,大赦罪人。"

②【集解】《汉书·百官表》曰:"秦官,掌宫殿门户。"

③【正义】轶,徒结反。

④【正义】於用反。西雍在咸阳西,今岐州雍县故城是也。又一云西雍,雍西
　　县也。

二世与赵高谋曰:"朕年少,初即位,黔首未集附。先帝巡行郡县,
以示强,威服海内。今晏然不巡行,即见弱,毋以臣畜天下。"春,二世东
行郡县,李斯从。到碣石,并海,南至会稽,而尽刻始皇所立刻石,石旁
著① 大臣从者名,以章先帝成功盛德焉:

①【正义】丁略反。

　　皇帝曰:"金石刻尽始皇帝所为也。今袭号而金石刻辞不称①
始皇帝,其于久远也② 如后嗣为之者,不称成功盛德。"丞相臣斯、
臣去疾、③ 御史大夫臣德昧死言:"臣请具刻诏书刻石,因明白矣。
臣昧死请。"制曰:"可。"
遂至辽东而还。

①【正义】尺证反。

②【正义】二世言始灭六国,威振古今,自五帝三王未及。既已袭位,而见金石
　　尽刻其颂,不称始皇成功盛德甚远矣。

③【集解】徐广曰："姓冯。"　【正义】去,丘吕反。

于是二世乃遵用赵高,申法令。乃阴与赵高谋曰："大臣不服,官吏尚强,及诸公子必与我争,为之奈何?"高曰："臣固愿言而未敢也。先帝之大臣,皆天下累世名贵人也,积功劳世以相传久矣。今高素小贱,陛下幸称举,令在上位,管中事。大臣鞅鞅,特以貌从臣,其心实不服。今上出,不因此时案郡县守尉有罪者诛之,上以振威天下,下以除去上生平所不可者。今时不师文而决于武力,愿陛下遂从时毋疑,即群臣不及谋。明主收举馀民,贱者贵之,贫者富之,远者近之,则上下集而国安矣。"二世曰："善。"乃行诛大臣及诸公子,以罪过连逮少近官三郎,①无得立者,而六公子戮死于杜。公子将闾昆弟三人囚于内宫,议其罪独后。二世使使令将闾曰："公子不臣,罪当死,吏致法焉。"将闾曰："阙廷之礼,吾未尝敢不从宾赞也;廊庙之位,吾未尝敢失节也;受命应对,吾未尝敢失辞也。何谓不臣? 愿闻罪而死。"使者曰："臣不得与谋,奉书从事。"将闾乃仰天大呼天者三,曰："天乎! 吾无罪!"昆弟三人皆流涕拔剑自杀。宗室振恐。群臣谏者以为诽谤,大吏持禄取容,黔首振恐。

①【索隐】逮训及也。谓连及俱被捕,故云连逮。少,小也。近,近侍之臣。三郎谓中郎、外郎、散郎。　【正义】《汉书·百官表》云有议郎、中郎、散郎,又有左右三将,谓郎中、车郎、户郎。

四月,二世还至咸阳,曰："先帝为咸阳朝廷小,故营阿房宫。为室堂未就,会上崩,罢其作者,复土①郦山。郦山事大毕,今释阿房宫弗就,则是章先帝举事过也。"复作阿房宫。外抚四夷,如始皇计。尽征其材士②五万人为屯卫咸阳,令教射狗马禽兽。当食者多,③度不足,下调④郡县转输菽粟刍藁,皆令自赍粮食,咸阳三百里内不得食其谷。用法益刻深。

①【正义】谓出土为陵,既成,还复其土,故言复土。

②【正义】谓材官蹶张之士。

③【正义】谓材士及狗马。

④【正义】度,田洛反。下,行嫁反。调,田吊反。谓下令调敛也。

　　七月,戍卒陈胜①等反故荆地,为"张楚"。②胜自立为楚王,居陈,遣
诸将徇地。山东郡县少年苦秦吏,皆杀其守尉令丞反,以应陈涉,相立
为侯王,合从西乡,名为伐秦,不可胜数也。谒者③使东方来,以反者闻
二世。二世怒,下吏。后使者至,上问,对曰:"群盗,郡守尉方逐捕,今
尽得,不足忧。"上悦。武臣自立为赵王,魏咎为魏王,田儋④为齐王。
沛公起沛。项梁举兵会稽郡。

　　①【正义】音升。

　　②【集解】李奇曰:"张大楚国也。"

　　③【集解】《汉书·百官表》曰:"谒者,秦官,掌宾赞受事。"

　　④【集解】服虔曰:"音负担。"

　　二年冬,陈涉所遣周章等将西至戏,①兵数十万。二世大惊,与群
臣谋曰:"奈何?"少府章邯曰:②"盗已至,众强,今发近县不及矣。郦山
徒多,请赦之,授兵以击之。"二世乃大赦天下,使章邯将,击破周章军而
走,遂杀章曹阳。③二世益遣长史司马欣、董翳佐章邯击盗,杀陈胜城
父,④破项梁定陶,⑤灭魏咎临济。⑥楚地盗名将已死,章邯乃北渡河,击
赵王歇等于钜鹿。⑦

　　①【集解】应劭曰:"戏,弘农湖西界也。"孟康曰:"水名,今戏亭是也。"苏林曰:
　　　"邑名,在新丰东南三十里。"【正义】戏音许宜反。《括地志》云:"戏水源
　　　出雍州新丰县西南骊山。《水经注》云戏水出骊山冯公谷,东北流。今新丰
　　　县东北十一里戏水当官道,即其处。"

　　②【集解】《汉书·百官表》曰:"少府,秦官。"应劭曰:"掌山泽陂池之税,名曰
　　　禁钱,以给私养,自别为藏。少者小也,故称少府。"【正义】邯,胡甘反。

　　③【集解】晋灼曰:"亭名,在弘农东十三里。魏武帝改曰好阳。"【正义】《括
　　　地志》云:"曹阳故亭一名好阳亭,在陕州桃林县东南十四里,即章邯杀周
　　　文处。"

　　④【正义】父音甫。《括地志》云:"城父,亳州所理县。"

　　⑤【正义】今曹州定陶县。

　　⑥【正义】今齐州县。

　　⑦【正义】《括地志》云:"邢州平乡县城,本钜鹿,〔王〕离围赵王歇即此城。"

赵高说二世曰："先帝临制天下久，故群臣不敢为非，进邪说。今陛下富于春秋，初即位，奈何与公卿廷决事？事即有误，示群臣短也。天子称朕，固不闻声。"①于是二世常居禁中，②与高决诸事。其后公卿希得朝见，盗贼益多，而关中卒发东击盗者毋已。右丞相去疾、左丞相斯、将军冯劫进谏曰："关东群盗并起，秦发兵诛击，所杀亡甚众，然犹不止。盗多，皆以戍漕转作事苦，赋税大也。请且止阿房宫作者，减省③四边戍转。"二世曰："吾闻之韩子曰：'尧舜采椽不刮，④茅茨不翦，饭土塯，⑤啜土形，⑥虽监门之养，⑦不觳于此。⑧禹凿龙门，通大夏，⑨决河亭水，⑩放之海，身自持筑臿，⑪胫毋毛，臣虏之劳不烈于此矣。'⑫凡所为贵有天下者，得肆意极欲，主重⑬明法，下不敢为非，以制御海内矣。夫虞、夏之主，贵为天子，亲处穷苦之实，以徇百姓，尚何于法？朕尊万乘，毋其实，吾欲造千乘之驾，万乘之属，充吾号名。且先帝起诸侯，兼天下，天下已定，外攘四夷以安边竟，⑭作宫室以章得意，而君观先帝功业有绪。今朕即位二年之间，群盗并起，君不能禁，又欲罢先帝之所为，是上毋以报先帝，次不为朕尽忠力，⑮何以在位？"下去疾、斯、劫吏，案责他罪。去疾、劫曰："将相不辱。"自杀。斯卒囚，⑯就五刑。

①【索隐】一作"固闻声"。言天子常处禁中，臣下属望，才有兆朕，闻其声耳，不见其形也。

②【集解】蔡邕曰："禁中者，门户有禁，非侍御者不得入，故曰禁中。"

③【正义】上色反。

④【索隐】采，木名。刮音括。

⑤【集解】徐广曰："吕静云饭器谓之簋。"【索隐】如字，一音镂。一作"簋"。

⑥【集解】如淳曰："土形，饭器之属，瓦器也。"【索隐】饭器，以瓦为之。

⑦【正义】以让反。

⑧【索隐】谓监门之卒。养即卒也，有厮养卒。觳音学，谓尽也。又占学反。
【正义】又苦角反。《尔雅》云："觳，尽也。"言尧舜采椽不刮，茅茨不翦，饭土塯，啜土形，虽监守门之人，供养亦不尽此之疏陋也。

⑨【正义】《括地志》云："大夏，今并州晋阳及汾、绛等州是。昔高辛氏子实沈居之，西近河。"言禹凿龙门，河水道，得大通，并州之地不壅溢也。

⑩【正义】亭，平也。又云"决亭壅之水"。

⑪【正义】臿音初洽反。筑，墙杵也。臿，锹也。《尔雅》云："锹谓之臿。"

⑫【正义】烈，美也。言臣虏之劳，犹不美于此矣。又烈，酷也。禹凿龙门，通大夏，道决黄河洪水放之海，身持锹杵，使膝胫无毛，贱臣奴虏之勤劳，不酷烈于此辛苦矣。

⑬【正义】直拱反。

⑭【正义】音境。

⑮【正义】为，于伪反。

⑯【正义】卒，子律反。囚，在由反。谓禁锢也。

　　三年，章邯等将其卒围钜鹿，楚上将军项羽将楚卒往救钜鹿。冬，赵高为丞相，竟案李斯杀之。夏，章邯等战数却，二世使人让邯，邯恐，使长史欣请事。赵高弗见，又弗信。欣恐，亡去，高使人捕追不及。欣见邯曰："赵高用事于中，将军有功亦诛，无功亦诛。"项羽急击秦军，虏王离，邯等遂以兵降诸侯。八月己亥，①赵高欲为乱，恐群臣不听，乃先设验，持鹿献于二世，曰："马也。"二世笑曰："丞相误邪？谓鹿为马。"问左右，左右或默，或言马以阿顺赵高。或言鹿(者)，高因阴中诸言鹿者以法。后群臣皆畏高。

　　①【集解】徐广曰："一作'卯'。"

　　高前数言"关东盗毋能为也"，及项羽虏秦将王离等钜鹿下而前，章邯等军数却，上书请益助，燕、赵、齐、楚、韩、魏皆立为王，自关以东，大氐①尽畔秦吏应诸侯，诸侯咸率其众西向。沛公将数万人已屠武关，使人私于高，高恐二世怒，诛及其身，乃谢病不朝见。二世梦白虎啮其左骖马，杀之，心不乐，怪问占梦。卜曰："泾水为祟。"②二世乃斋于望夷宫，③欲祠泾，沈四白马。使使责让高以盗贼事。高惧，乃阴与其婿咸阳令阎乐、其弟赵成谋曰："上不听谏，今事急，欲归祸于吾宗。吾欲易置上，更立公子婴。子婴仁俭，百姓皆载其言。"使郎中令为内应，④诈为有大贼，令乐召吏发卒，追劫乐母置高舍。遣乐将吏卒千馀人至望夷

宫殿门，缚卫令仆射，曰："贼入此，何不止?"卫令曰："周庐设卒甚谨,⑤
安得贼敢入宫?"乐遂斩卫令，直将吏入，行射，郎宦者大惊，或走或格，
格者辄死，死者数十人。郎中令与乐俱入，射上幄坐帏。二世怒，召左
右，左右皆惶扰不斗。旁有宦者一人，侍不敢去。二世入内，谓曰："公
何不蚤告我? 乃至于此!"宦者曰："臣不敢言，故得全。使臣蚤言，皆已
诛，安得至今?"阎乐前即二世数曰："足下骄恣,⑥诛杀无道，天下共畔
足下，足下其自为计。"二世曰："丞相可得见否?"乐曰："不可。"二世曰：
"吾愿得一郡为王。"弗许。又曰："愿为万户侯。"弗许。曰："愿与妻子
为黔首，比诸公子。"阎乐曰："臣受命于丞相，为天下诛足下，足下虽多
言，臣不敢报。"麾其兵进。二世自杀。

①【正义】丁礼反。氏犹略。

②【正义】虽遂反。

③【集解】张晏曰："望夷宫在长陵西北长平观道东故亭处是也。临泾水作之，
　　以望北夷。"　【正义】《括地志》云："秦望夷宫在雍州咸阳县东南八里。张
　　晏云临泾水作之，望北夷。"

④【集解】徐广曰："一云郎中令赵成。"

⑤【集解】《西京赋》曰："徼道外周，千庐内傅。"薛综曰："士傅宫外，内为庐舍，
　　昼则巡行非常，夜则警备不虞。"

⑥【集解】蔡邕曰："群臣士庶相与言，曰殿下、阁下、足下、侍者、执事，皆
　　谦类。"

　　阎乐归报赵高，赵高乃悉召诸大臣公子，告以诛二世之状。曰："秦
故王国，始皇君天下，故称帝。今六国复自立，秦地益小，乃以空名为
帝，不可。宜为王如故，便。"立二世之兄子公子婴为秦王。以黔首葬二
世杜南宜春苑中。令子婴斋，当庙见，受王玺。斋五日，子婴与其子二
人谋曰："丞相高杀二世望夷宫，恐群臣诛之，乃详以义立我。①我闻赵
高乃与楚约，灭秦宗室而王关中。今使我斋见庙，此欲因庙中杀我。我
称病不行，丞相必自来，来则杀之。"高使人请子婴数辈，子婴不行，高果
自往，曰："宗庙重事，王奈何不行?"子婴遂刺杀高于斋宫，三族高家以

徇咸阳。子婴为秦王四十六日，楚将沛公破秦军入武关，遂至霸上，②使人约降子婴。子婴即系颈以组，白马素车，③奉天子玺符，降轵道旁。④沛公遂入咸阳，封宫室府库，还军霸上。居月馀，诸侯兵至，项籍为从长，⑤杀子婴及秦诸公子宗族。遂屠咸阳，烧其宫室，虏其子女，收其珍宝货财，诸侯共分之。灭秦之后，各分其地为三，名曰雍王、塞王、翟王，号曰三秦。项羽为西楚霸王，主命分天下王诸侯，秦竟灭矣。后五年，天下定于汉。

①【集解】徉音羊。

②【集解】应劭曰："霸水上地名，在长安东三十里。古名滋水，秦穆公更名霸水。"

③【集解】应劭曰："组者，天子绶也。系颈者，言欲自杀也。素车白马，丧人之服也。"

④【集解】徐广曰："在霸陵。"骃案：苏林曰"亭名，在长安东十三里"。

⑤【索隐】谓合关东为从长也。

太史公曰："秦之先伯翳，尝有勋于唐虞之际，受土赐姓。及殷夏之间微散。至周之衰，秦兴，邑于西垂。自缪公以来，稍蚕食诸侯，竟成始皇。始皇自以为功过五帝，地广三王，而羞与之侔。善哉乎贾生推言之也！曰：

秦并兼诸侯山东三十馀郡，缮津关，据险塞，修甲兵而守之。然陈涉以戍卒散乱之众数百，奋臂大呼，不用弓戟之兵，钮檈白梃，①望屋而食，②横行天下。③秦人阻险不守，关梁不阖，长戟不刺，强弩不射。楚师深入，战于鸿门，曾无藩篱之艰。于是山东大扰，诸侯并起，豪俊相立。④秦使章邯将而东征，章邯因以三军之众要市于外，⑤以谋其上。群臣之不信，可见于此矣。子婴立，遂不寤。藉使子婴有庸主之材，仅得中佐，山东虽乱，秦之地可全而有，宗庙之祀未当绝也。

①【集解】徐广曰："檈，田器，音忧。"【索隐】徐以檈为田器，非也。孟康以檈

为钼柄，盖得其近也。

②【索隐】言其兵蚕食天下，不裹粮而行。

③【索隐】谓轻前敌，不部伍旅进也。舞阳侯曰"横行匈奴中"是也。

④【集解】骃案：《鹖冠子》曰"德万人者谓之俊，德千人者谓之豪，德百人者谓之英。"【索隐】谓武臣、田儋、魏豹之属。

⑤【索隐】此评失也。章邯之降，由赵高用事，不信任军将，一则恐诛，二则楚兵既盛，王离见虏，遂以兵降耳。非三军要市于外以求封明矣。要，平声。

　　秦地被山带河以为固，四塞之国也。自缪公以来，至于秦王，二十馀君，常为诸侯雄。岂世世贤哉？其势居然也。且天下尝同心并力而攻秦矣。当此之世，贤智并列，良将行其师，贤相通其谋，然困于阻险而不能进，秦乃延入战而为之开关，百万之徒逃北而遂坏。岂勇力智慧不足哉？形不利，势不便也。秦小邑并大城，①守险塞而军，高垒毋战，闭关据厄，荷戟而守之。诸侯起于匹夫，以利合，非有素王之行也。其交未亲，其下未附，名为亡秦，其实利之也。彼见秦阻之难犯也，必退师。安土息民，②以待其敝，收弱扶罢，以令大国之君，不患不得意于海内。贵为天子，富有天下，而身为禽者，其救败非也。

①【集解】徐广曰："大，一作'小'。"

②【索隐】《贾谊书》"安"作"案"。

　　秦王足己不问，遂过而不变。二世受之，因而不改，暴虐以重祸。子婴孤立无亲，危弱无辅。三主惑而终身不悟，亡，不亦宜乎？当此时也，世非无深虑知化之士也，然所以不敢尽忠拂过者，秦俗多忌讳之禁，忠言未卒于口而身为戮没矣。故使天下之士，倾耳而听，重足而立，拑口而不言。是以三主失道，忠臣不敢谏，智士不敢谋，天下已乱，奸不上闻，岂不哀哉！先王知雍蔽之伤国也，故置公卿大夫士，以饰法设刑，而天下治。其强也，禁暴诛乱而天下服。其弱也，五伯征而诸侯从。其削也，内守外附而社稷存。故秦之盛也，繁法严刑而天下振；及其衰也，百姓怨望而海内畔矣。故周五序①得其道，而千馀岁不绝。秦本末并失，故不长久。由此观之，安危之统相去远矣。野谚曰"前事之不忘，后事之师也"。是以君子为国，观之上古，验之当世，参以人事，察盛衰之理，审权势之宜，去就有序，变化有时，故旷日长久而社稷安矣。

①【索隐】《贾谊书》"五"作"王"。

秦孝公据殽函之固，拥雍州之地，君臣固守而窥周室，有席卷天下，①包举宇内，囊括四海之意，②并吞八荒之心。当是时，商君佐之，③内立法度，务耕织，修守战之备，外连衡而斗诸侯，④于是秦人拱手而取西河之外。

①【索隐】按：《春秋纬》曰诸侯冰散席卷也。

②【集解】张晏曰："括，结囊也。言其能包含天下。"索隐注同。

③【索隐】商君，卫公孙鞅，仕秦为左庶长，遂为秦制法，孝公致霸，封之于商，号商君。

④【索隐】《战国策》曰："苏秦亦为秦连衡。"高诱曰："合关东从通之秦，故曰连衡也。"

孝公既没，惠王、武王蒙故业，因遗册，南兼汉中，西举巴、蜀，东割膏腴之地，收要害之郡。诸侯恐惧，会盟而谋弱秦，不爱珍器重宝肥美之地，以致天下之士，合从缔交，①相与为一。当是时，齐有孟尝，赵有平原，楚有春申，魏有信陵。此四君者，皆明知而忠信，宽厚而爱人，尊贤重士，约从离衡，②并韩、魏、燕、楚、齐、赵、宋、卫、中山之众。于是六国之士③有宁越、徐尚、苏秦、杜赫之属为之谋，④齐明、周最、陈轸、昭滑、楼缓、翟景、苏厉、乐毅之徒通其意，⑤吴起、孙膑、带佗、兒良、王廖、田忌、廉颇、赵奢之朋制其兵。⑥常以十倍之地，百万之众，叩关而攻秦。秦人开关延敌，九国之师逡巡遁逃而不敢进。秦无亡矢遗镞之费，而天下诸侯已困矣。于是从散约解，争割地而奉秦。秦有馀力而制其敝，追亡逐北，伏尸百万，流血漂卤。⑦因利乘便，宰割天下，分裂河山，强国请服，弱国入朝。延及孝文王、庄襄王,享国日浅,国家无事。

①【集解】《汉书音义》曰:"缔,结也。"

②【索隐】言孟尝等四君皆为其国共相约结为从,以离散秦之横。

③【索隐】六国者,韩、魏、赵、燕、齐、楚是也。与秦为七国,亦谓之七雄。又六国与宋、卫、中山为九国。其三国盖微,又前亡。

④【集解】徐广曰:"越,一作'经'。或自别有此人,不必甯越也。"【索隐】甯越,赵人,贾谊作"宵越"。徐尚,未详。苏秦,东周洛阳人。《吕氏春秋》"杜赫以安天下说周昭文君",高诱曰"杜赫,周人也"。

⑤【索隐】《战国策》齐明,东周臣,后仕秦、楚及韩。周最,周之公子,亦仕秦。陈轸,夏人,亦仕秦。昭滑,楚人。楼缓,魏文侯弟,所谓楼子也。苏厉,秦之弟,仕齐。乐毅本齐臣,入燕,燕昭王以客礼待之,以为亚卿。翟景,未详也。

⑥【索隐】吴起,卫人,事魏文侯为将。孙膑,孙武之后也。《吕氏春秋》曰"王廖贵先,兒良贵后",二人皆天下之豪士。田忌,齐将也。廉颇,赵将也。赵奢亦赵之将。

⑦【集解】徐广曰:"卤,楯也。"

及至秦王,续六世之馀烈,①振长策而御宇内,吞二周而亡诸侯,履至尊而制六合,执棰拊②以鞭笞天下,威振四海。南取百越之地,③以为桂林、象郡,百越之君俛首系颈,委命下吏。乃使蒙恬北筑长城而守藩篱,却匈奴七百馀里,胡人不敢南下而牧马,士不敢弯弓而报怨。于是废先王之道,焚百家之言,以愚黔首。堕名城,④杀豪俊,收天下之兵聚之咸阳,销锋铸鐻,以为金人十二,以弱黔首之民。然后斩华为城,⑤因河为津,据亿丈之城,临不测之谿以为固。良将劲弩守要害之处,信臣精卒陈利兵而谁何,⑥天下以定。秦王之心,自以为关中之固,金城千里,⑦子孙帝王万世之业也。

①【集解】张晏曰:"孝公、惠文王、武王、昭王、孝文王、庄襄王。"

②【集解】徐广曰:"拊,拍也,音府。一作'槁朴'。"【索隐】贾本论作"槁朴"。

③【集解】韦昭曰:"越有百邑。"

④【集解】应劭曰:"坏坚城,恐人复阻以害己也。"

⑤【集解】徐广曰:"斩,一作'践'。"骃案:服虔曰"断华山为城"。 【索隐】斩,亦作"践",亦出贾本论。又崔浩云:"践,登也。"

⑥【集解】如淳曰:"何犹问也。" 【索隐】崔浩云:"何或为'呵'。"《汉旧仪》:"宿卫郎官分五夜谁呵,呵夜行者谁也。"何呵字同。

⑦【索隐】金城,言其实且坚也。《韩子》曰"虽有金城汤池",《汉书》张良亦曰"关中所谓金城千里,天府之国"。

　　秦王既没,馀威振于殊俗。陈涉,瓮牖绳枢之子,①甿隶之人,②而迁徙之徒,才能不及中人,非有仲尼、墨翟之贤,陶朱、猗顿之富,蹑足行伍之间,而倔起什伯之中,③率罢散之卒,将数百之众,而转攻秦。斩木为兵,揭竿为旗,天下云集响应,赢粮而景从,山东豪俊遂并起而亡秦族矣。

①【集解】服虔曰:"以绳系户枢也。"孟康曰:"瓦瓮为窗也。"

②【集解】如淳曰:甿,古'氓'字。氓,民也。

③【集解】《汉书音义》曰:"首出十长百长之中。"如淳曰:"时皆辟屈在十百之中。"

　　且夫天下非小弱也,雍州之地,殽函之固自若也。①陈涉之位,非尊于齐、楚、燕、赵、韩、魏、宋、卫、中山之君;钼櫌棘矜,②非锬于句戟长铩也;③適戍之众,非抗于九国之师;深谋远虑,行军用兵之道,非及乡时之士也。然而成败异变,功业相反也。试使山东之国与陈涉度长絜大,④比权量力,则不可同年而语矣。然秦以区区之地,千乘之权,招八州而朝同列,百有馀年矣。然后以六合为家,殽函为宫,一夫作难而七庙堕,身死人手,为天下笑者,何也? 仁义不施而攻守之势异也。

①【集解】韦昭曰:"殽谓二殽。函,函谷关也。"

②【集解】服虔曰:"以钼柄及棘作矛槿也。"如淳曰:"櫌,椎块椎也。"

③【集解】徐广曰:"铩,一作'铦'。"骃案:如淳曰"长刃矛也"。又曰"钩戟似矛,刃下有铁,横方上钩曲也"。铩音所拜反。

④【集解】《汉书音义》曰:"'絜束'之'絜'。"

秦并海内，兼诸侯，南面称帝，①以养四海，天下之士斐然向风，若是者何也？曰：近古之无王者久矣。周室卑微，五霸既殁，令不行于天下，是以诸侯力政，强侵弱，众暴寡，兵革不休，士民罢敝。今秦南面而王天下，是上有天子也。既元元之民冀得安其性命，莫不虚心而仰上，当此之时，守威定功，安危之本在于此矣。

①【集解】徐广曰："一本有此篇，无前者'秦孝公'已下，而又以'秦并兼诸侯山东三十馀郡'继此末也。"　【索隐】按：贾谊《过秦论》以"孝公"已下为上篇，"秦兼并诸侯山东三十馀郡"为下篇。邹诞生云"太史公删贾谊《过秦》篇著此论，富其义而省其辞。褚先生增续既已混淆，而世俗小智不唯删省之旨，合写本论于此，故不同也。今颇亦不可分别"。

秦王怀贪鄙之心，行自奋之智，不信功臣，不亲士民，废王道，立私权，禁文书而酷刑法，先诈力而后仁义，以暴虐为天下始。夫并兼者高诈力，安定者贵顺权，此言取与守不同术也。秦离战国而王天下，其道不易，其政不改，是其所以取之守之者〔无〕异也。孤独而有之，故其亡可立而待。借使秦王计上世之事，并殷周之迹，以制御其政，后虽有淫骄之主而未有倾危之患也。故三王之建天下，名号显美，功业长久。

今秦二世立，天下莫不引领而观其政。夫寒者利裋褐①而饥者甘糟糠，天下之嗷嗷，新主之资也。此言劳民之易为仁也。向使二世有庸主之行，而任忠贤，臣主一心而忧海内之患，缟素而正先帝之过，裂地分民以封功臣之后，建国立君以礼天下，虚囹圄而免刑戮，除去收帑污秽之罪，使各反其乡里，发仓廪，散财币，以振孤独穷困之士，轻赋少事，以佐百姓之急，约法省刑以持其后，使天下之人皆得自新，更节修行，各慎其身，塞万民之望，而以威德与天下，天下集矣。即四海之内，皆讙然各自安乐其处，唯恐有变，虽有狡猾之民，无离上之心，则不轨之臣无以饰其智，而暴乱之奸止矣。二世不行此术，而重之以无道，坏宗庙与民，②更始作阿房宫，繁刑严诛，吏治刻深，赏罚不当，赋敛无度，天下多事，吏弗能纪，百姓困穷而主弗收恤。然后奸伪并起，而上下相遁，蒙罪者众，刑戮相望于道，而天下苦之。自君卿以下至于众庶，人怀自危之心，亲处穷苦之实，咸不安其位，故易动也。是以陈涉不用汤武之贤，不藉公侯之尊，奋臂于大泽而天下响应者，其民危也。故先王见始终之变，知存亡之机，是以牧民之道，务在安之而已。天下虽有逆行之臣，必无响应之助矣。故曰"安民可与行义，而危民易与为非"，此之谓也。贵为天子，富有天下，身不免于戮杀者，正倾非也。是二世之过也。

①【集解】徐广曰："一作'短'，小襦也，音竖。"　【索隐】赵岐曰："褐以毛毳织之，若马衣。或以褐编衣也。"袒，一音竖。谓褐布竖裁，为劳役之衣，短而且狭，故谓之短褐，亦曰竖褐。

②【集解】徐广曰："一无此上五字。"

襄公立，享国十二年。初为西畤。葬西垂。①生文公。

①【索隐】此已下重序列秦之先君立年及葬处，皆当据《秦纪》为说，与正史小有不同，今取异说重列于后。襄公，秦仲孙，庄公子，救周，周始命为诸侯。初为西畤，祠白帝。立十三年，葬西土。

文公立，居西垂宫。五十年死，葬西垂。①生静公。

①【索隐】作鄘畤，又作陈宝祠。

静公不享国而死。生宪公。

宪公享国十二年，居西新邑。死，葬衙。①生武公、德公、出子。

①【集解】《地理志》云冯翊有衙县。　【索隐】宪公灭荡社，居新邑，葬衙。本纪宪公徙居平阳，葬西山。

出子享国六年，居西陵。①庶长弗忌、威累、参父三人，率贼贼出子鄁衍，葬衙。武公立。

①【索隐】一云居西陵，葬衙。本纪不云。

武公享国二十年。居平阳封宫。①葬宣阳聚东南。②三庶长伏其罪。

德公立。

①【集解】徐广曰："一云居平封宫。"

②【索隐】纪云葬平阳，初以人从死。

德公享国二年。居雍大郑宫。生宣公、成公、缪公。葬阳。初伏，以御蛊。①

①【索隐】二年初伏。本纪此已下居葬绝不言也。

宣公享国十二年。居阳宫。葬阳。①初志闰月。

①【索隐】四年，作密畤。

成公享国四年，居雍之①宫。葬阳。齐伐山戎、孤竹。

①【集解】徐广曰："之，一作'走'。"

缪公享国三十九年。天子致霸。葬雍。缪公学著人。①生康公。

①【索隐】著音宁，又音贮，著即宁也。门屏之间曰宁，谓学于宁门之人。故《诗》云"俟我于著乎而"是也。

康公享国十二年。居雍高寝。葬竘社。生共公。

共公享国五年，居雍高寝。葬康公南。生桓公。

桓公享国二十七年。居雍太寝。葬义里丘北。生景公。①

①【索隐】一作"僖公"。《系本》云名后伯车。

景公享国四十年。居雍高寝，葬丘里南。①生毕公。②

①【正义】丘，一作"二"也。

②【集解】徐广曰："《春秋》作'哀公'。"

毕公享国三十六年。①葬车里北。生夷公。

①【正义】一作"三十七年"。

夷公不享国。死，葬左宫。生惠公。①

①【正义】十年，葬车里。元年，孔子行鲁相事。

惠公享国十年。葬车里(康景)。生悼公。

悼公享国十五年。①葬僖公西。城雍。生剌②龚公。③

①【正义】(雍)本纪作"十四年"。

②【正义】一作"利"。

③【索隐】一作"厉共公"。

剌龚公享国三十四年。葬入里。①生躁公、②怀公。③其十年,彗
星见。

①【集解】徐广曰:"一作'人'。"

②【索隐】又作"趮公"。　【正义】十四年,居受寝,葬悼公南也。

③【正义】四年,葬栎圉氏。

躁公享国十四年。居受寝。葬悼公南。其元年,彗星见。①

①【集解】徐广曰:"年表云'星昼见'。"

怀公从晋来。享国四年。葬栎圉氏。生灵公。诸臣围怀公,怀公
自杀。

肃灵公,昭子子也。①居泾阳。享国十年。葬悼公西。生简公。

①【集解】徐广曰:"怀公生昭子,昭子生灵公。"　【索隐】《纪年》及《系本》无
"肃"字。立十年,表同,纪十二年。

简公从晋来。享国十五年。葬僖公西。①生惠公。其七年,百姓初
带剑。

①【索隐】按:本纪简公名悼子,即剌龚公之子,怀公弟也。且纪及《系本》皆以
为然,今此文云"灵公",谬也。立十六年,葬僖公西。

惠公享国十三年。葬陵圉。①生出公。

①【索隐】王劭按《纪年》云"简公后次敬公,敬公立十三年,乃至惠公",辞即难
凭,时参异说。

出公享国二年。①出公自杀,葬雍。

①【索隐】《系本》谓"少主"。

献公享国二十三年。①葬嚣圉。生孝公。

①【集解】徐广曰:"灵公子。"　【索隐】《系本》称"元献公"。立二十二年,表
同,纪二十四年。

孝公享国二十四年。①葬弟圉。生惠文王。其十三年,始都咸阳。②

①【索隐】本纪十二年。

②【正义】本纪云"十二年作咸阳,筑冀阙",是十三年始都之。

惠文王享国二十七年。①葬公陵。②生悼武王。

①【索隐】十九而立。

②【正义】《括地志》云:"秦惠文王陵在雍州咸阳县西北一十四里。"

悼武王享国四年,葬永陵。①

①【集解】徐广曰:"皇甫谧曰葬毕,今按陵西毕陌。" 【索隐】《系本》作"武烈王"。十九而立,立三年。本纪四年。 【正义】《括地志》云:"秦悼武王陵在雍州咸阳县西十里,俗名周武王陵,非也。"

昭襄王享国五十六年。葬芷阳。①生孝文王。

①【索隐】十九年而立,葬芷陵也。 【正义】《括地志》云:"秦庄襄王陵在雍州新丰县西南三十五里,俗亦谓为子楚。始皇陵在北,故亦谓为见子陵。"

孝文王享国一年。葬寿陵。生庄襄王。

庄襄王享国三年。葬芷阳。生始皇帝。吕不韦相。

献公立七年,初行为市。十年,为户籍相伍。

孝公立十六年。时桃李冬华。

惠文王生十九年而立。立二年,初行钱。有新生婴儿曰"秦且王"。

悼武王生十九年而立。立三年,渭水赤三日。

昭襄王生十九年而立。立四年,初为田开阡陌。

孝文王生五十三年而立。

庄襄王生三十二年而立。立二年,取太原地。庄襄王元年,大赦,修先王功臣,施德厚骨肉,布惠于民。东周与诸侯谋秦,秦使相国不韦诛之,尽入其国。秦不绝其祀,以阳人地赐周君,奉其祭祀。

始皇享国三十七年。葬郦邑。①生二世皇帝。始皇生十三年而立。

①【正义】郿,力知反。

二世皇帝享国三年。葬宜春。①赵高为丞相安武侯。二世生十二年而立。②

①【正义】《括地志》云:"秦故胡亥陵在雍州万年县南三十四里。"上文"葬以黔首"也。

②【集解】徐广曰:"本纪云二十一。"

右秦襄公至二世,六百一十岁 。①

①【正义】《秦本纪》自襄公至二世,五百七十六年矣。年表自襄公至二世,五百六十一年。三说并不同,未知孰是。

孝明皇帝十七年①十月十五日乙丑,曰:②

①【正义】班固《典引》云后汉明帝永平十七年,诏问班固:"太史迁赞语中宁有非邪?"班固上表陈秦过失及贾谊言答之。

②【索隐】此已下是汉孝明帝访班固评贾马赞中论秦二世亡天下之得失,后人因取其说附之此末。

周历已移,①仁不代母。秦直其位,②吕政残虐。然以诸侯十三,③并兼天下,极情纵欲,养育宗亲。三十七年,兵无所不加,制作政令,施于后王。④盖得圣人之威,河神授图,⑤据狼、狐,蹈参、伐,佐政驱除,⑥距之⑦称始皇。

①【正义】周初卜世三十,卜年七百,以五序得其道,故王至三十七,岁至八百六十七。历数既过,秦并天下,是周历已移也。

②【索隐】周历已移,周亡也。仁不代母,谓周得木德,木生火,周为汉母也。言历运之道,仁恩之情,子不代母而王,谓火不代木,言汉不合即代周也。秦值其闰位,得在木火之间也。此论者之辞也。 【正义】始皇以为周火德,秦代周从所不胜,为水德之始也。按:周木德也,秦水德也。五行之运,水生木,木生火,火生土,土生金,金生水。所生者为母,出者为子。帝王之次,子代母。秦称水是母代子,故言若有德之君相代,不母承其子。直音值。言秦并天下称帝,是秦德值帝王之位。

③【集解】始皇初为秦王,年十三也。 【索隐】吕政者,始皇名政,是吕不韦幸

姬有娠,献庄襄王而生始皇,故云吕政。

④【正义】谓置郡县,坏井田,开阡陌,不立侯王,始为伏腊;又置丞相、太尉、御史大夫、奉常、郎中令、仆射、廷尉、典客、宗正、少府、中尉、将作、詹事、水衡都尉、监、守、县令、丞等,皆施于后王,至于隋、唐矣。

⑤【正义】盖者,疑辞也。言始皇之威,能吞并天下称帝,疑得圣人之威灵,河神之图录。

⑥【正义】狼音郎。狼,狐,主弓矢星。《天官书》云参伐主斩艾事。言秦据蹈狼、狐、参、伐之气,驱灭天下。

⑦【正义】上音巨。之,至也。

始皇既殁,胡亥极愚,郦山未毕,复作阿房,以遂前策。云"凡所为贵有天下者,肆意极欲,大臣至欲罢先君所为"。诛斯、去疾,任用赵高。痛哉言乎!人头畜鸣。①不威不伐恶,②不笃不虚亡,③距之不得留,残虐以促期,虽居形便之国,犹不得存。

①【正义】畜,许又反。言胡亥人身有头面,口能言语,不辨好恶,若六畜之鸣。

②【正义】此五字为一句也。

③【正义】言胡亥藉帝王之威器,残酷暴虐滋己恶,恶既深笃,以至灭亡,岂其虚哉。

子婴度次得嗣,冠玉冠,①佩华绂,②车黄屋,③从④百司,谒七庙。小人乘非位,莫不恍忽失守,偷安日日,独能长念却虑,父子作权,近取于户牖之间,竟诛猾臣,为⑤君讨贼。高死之后,宾婚未得尽相劳,餐未及下咽,酒未及濡唇,楚兵已屠关中,真人翔霸上,素车婴组,奉其符玺,以归帝者。郑伯茅旌鸾刀,严王退舍。⑥河决不可复壅,鱼烂不可复全。⑦贾谊、司马迁曰:"向使婴有庸主之才,仅得中佐,山东虽乱,秦之地可全而有,宗庙之祀未当绝也。"秦之积衰,天下土崩瓦解,⑧虽有周旦之材,无所复陈其巧,而以责一日之孤,⑨误哉!俗传秦始皇起罪恶,胡亥极,得其理矣。复责小子,⑩云秦地可全,所谓不通时变者也。纪季以酅,《春秋》不名。⑪吾读《秦纪》,至于子婴车裂赵高,未尝不健其决,怜其志。婴死生之义备矣。⑫

①【正义】上"冠"音绾。

②【正义】音拂。

③【集解】蔡邕曰:"黄屋者,盖以黄为里。"

④【正义】才用反。

⑤【正义】于伪反。

⑥【集解】《公羊传》曰:"楚庄王伐郑,郑伯肉袒,左执茅旌,右执鸾刀,以逆庄
王,庄王退舍七里。"何休曰:"茅旌,鸾刀,祭祀宗庙所用也。执宗庙器者,
示以宗庙血食自归。"　【正义】旌音精。严音庄。

⑦【索隐】宋均曰:"言如鱼之烂,从内而出。"

⑧【正义】言秦国败坏,若屋宇崩颓,众瓦解散也。

⑨【正义】日音驲。一日之孤谓子婴。

⑩【正义】亦谓子婴。

⑪【集解】《春秋》曰:"纪季以酅入于齐。"《公羊传》曰:"何以不名?贤之也。
谓设五庙以存姑姊妹也。"　【正义】酅音户圭反。《括地志》云:"安平城在
青州临淄县东十九里,古纪之酅邑。《帝王纪》云周之纪国,姜姓也。纪侯
谮齐哀公于周懿王,王烹之。《外传》曰纪侯入为周士。《竹书》云齐襄公灭
纪、邢、鄑、郚。"又《括地志》云:"邢城在青州临朐县东三十里。鄑城在北海
县东北七十里。郚城在密州安丘县界。"邢音骈。鄑音訾。按:秦始皇起罪
恶,胡亥极,得其理。国既崩绝,箕子、比干尚不能存殷,庸主子婴焉能救秦
之败?以贾谊、史迁不通时变,不如纪季之深识也。季,纪侯少弟,不书名,
故曰纪季。

⑫【集解】徐广曰:"班固《典引》曰'永平十七年,诏问臣固,太史迁赞语中宁有
非邪?臣对,贾谊言子婴得中佐,秦未绝也。此言非是,臣素知之耳'。"

【索隐述赞】六国陵替,二周沦亡。并一天下,号为始皇。阿房云构,金狄成
行。南游勒石,东瞰浮梁。滈池见遗,沙丘告丧。二世矫制,赵高是与。诈因
指鹿,灾生噬虎。子婴见推,恩报君父。下乏中佐,上乃庸主。欲振颓纲,云
谁克补。

史记卷七

项羽本纪第七

项籍者,下相人也,①字羽。②初起时,年二十四。其季父项梁,③梁
父即楚将项燕,④为秦将王翦所戮者也。⑤项氏世世为楚将,封于项,⑥
故姓项氏。

①【集解】《地理志》临淮有下相县。　【索隐】县名,属临淮。案:应劭云"相,
　　水名,出沛国。沛国有相县,其水下流,又因置县,故名下相也"。　【正义】
　　《括地志》云:"相故城在泗州宿豫县西北七十里,秦县。项,胡讲反。籍,秦
　　昔反。

②【索隐】按:下《序传》籍字子羽也。

③【索隐】按:崔浩云"伯、仲、叔、季,兄弟之次,故叔云叔父,季云季父"。

④【正义】燕,乌贤反。

⑤【集解】《始皇本纪》云:"项燕自杀。"　【索隐】此云为王翦所杀,与《楚汉春
　　秋》同,而《始皇本纪》云项燕自杀。不同者,盖燕为王翦所围逼而自杀,故
　　不同耳。

⑥【索隐】《地理志》有项城县,属汝南。　【正义】《括地志》云:"今陈州项城县
　　城即古项子国。"

项籍少时,学书不成,去学剑,又不成。项梁怒之。籍曰:"书足以
记名姓而已。剑一人敌,不足学,学万人敌。"于是项梁乃教籍兵法,
籍大喜,略知其意,又不肯竟学。项梁尝有栎阳逮,①乃请蕲②狱掾曹
咎书抵栎阳狱掾司马欣,以故事得已。③项梁杀人,与籍避仇于吴中。
吴中贤士大夫皆出项梁下。每吴中有大繇役及丧,项梁常为主办,阴
以兵法部勒宾客及子弟,以是知其能。秦始皇帝游会稽,渡浙江,④梁

与籍俱观。籍曰："彼可取而代也。"梁掩其口，曰："毋妄言，族矣！"梁以此奇籍。籍长八尺馀，力能扛鼎，⑤才气过人，虽吴中子弟皆已惮籍矣。

①【索隐】按：逮训及。谓有罪相连及，为栎阳县所逮录也。故汉（史）〔世〕每制狱皆有逮捕也。　【正义】栎音药。逮音代。

②【集解】苏林曰："蕲音机，县，属沛国。"

③【集解】应劭曰："项梁曾坐事传系栎阳狱，从蕲狱掾曹咎取书与司马欣。抵，归；已，止也。"韦昭曰："抵，至也。谓梁尝被栎阳县逮捕，梁乃请蕲狱掾曹咎书至栎阳狱掾司马欣，事故得止息也。"　【索隐】按：服虔云"抵，归也"。韦昭云"抵，至也"。刘伯庄云"抵，相凭托也"。故应劭云"项梁曾坐事系栎阳狱，从蕲狱掾曹咎取书与司马欣。抵，归；已，息也"。

④【索隐】韦昭云："浙江在今钱塘。"浙音"折狱"之"折"。晋灼音逝，非也。盖其流曲折，《庄子》所谓"浙河"，即其水也。浙折声相近也。

⑤【集解】韦昭曰："扛，举也。"　【索隐】《说文》云："横关对举也。"韦昭云："扛，举也。"音江。

秦二世元年七月，陈涉等起大泽中。①其九月，会稽守②通谓梁曰③："江西皆反，此亦天亡秦之时也。吾闻先即制人，后则为人所制。④吾欲发兵，使公及桓楚将。"⑤是时桓楚亡在泽中。梁曰："桓楚亡，人莫知其处，独籍知之耳。"梁乃出，诫籍持剑居外待。梁复入，与守坐，曰："请召籍，使受命召桓楚。"守曰："诺。"梁召籍入。须臾，梁眴籍曰："可行矣！"于是籍遂拔剑斩守头。项梁持守头，佩其印绶。门下大惊，扰乱，籍所击杀数十百人。⑥一府中皆慴伏，⑦莫敢起。梁乃召故所知豪吏，谕以所为起大事，遂举吴中兵。使人收下县，得精兵八千人。梁部署吴中豪杰为校尉、候、司马。有一人不得用，自言于梁。梁曰："前时某丧使公主某事，不能办，以此不任用公。"众乃皆伏。于是梁为会稽守，籍为裨将，徇下县。⑧

①【索隐】徐氏以为在沛郡，即蕲县大泽中。

②【集解】徐广曰："尔时未言太守。"　【正义】守音狩。《汉书》云景帝中二年七月，更郡守为太守。

③【集解】《楚汉春秋》曰："会稽假守殷通。"【正义】按：言"假"者，兼摄之也。

④【索隐】按：谓先举兵能制得人，后则为人所制。故荀卿子曰"制人之与为人制也，其相去远矣"。

⑤【正义】张晏云："项羽杀宋义时，桓楚为羽使怀王。"

⑥【索隐】此不定数也。自百已下或至八九十，故云数十百。

⑦【索隐】《说文》云："讋，失气也。"音之涉反。

⑧【集解】李奇曰："徇，略也。"如淳曰："徇音'抚徇'之'徇'。徇其人民。"

广陵人召平于是为陈王徇广陵，①未能下。②闻陈王败走，秦兵又且至，乃渡江矫陈王命，③拜梁为楚王上柱国。④曰："江东已定，急引兵西击秦。"项梁乃以八千人渡江而西。闻陈婴已下东阳，⑤使使欲与连和俱西。陈婴者，故东阳令史，⑥居县中，素信谨，称为长者。东阳少年杀其令，相聚数千人，欲置长，无适用，乃请陈婴。婴谢不能，遂强立婴为长，县中从者得二万人。少年欲立婴便为王，异军苍头特起。⑦陈婴母谓婴曰："自我为汝家妇，未尝闻汝先古之有贵者。今暴得大名，不祥。不如有所属，事成犹得封侯，事败易以亡，非世所指名也。"⑧婴乃不敢为王。谓其军吏曰："项氏世世将家，有名于楚。今欲举大事，将非其人，不可。我倚名族，亡秦必矣。"于是众从其言，以兵属项梁。项梁渡淮，黥布、蒲将军⑨亦以兵属焉。凡六七万人，军下邳。⑩

①【正义】扬州。

②【正义】胡嫁反。以兵威服之曰下。

③【正义】矫，纪兆反。召平从广陵渡京口江至吴，诈陈王命拜梁。

④【集解】徐广曰："二世之二年正月也。"骃案：应劭曰"上柱国，上卿官，若今相国也"。

⑤【集解】晋灼曰："东阳县本属临淮郡，汉明帝分属下邳，后复分属广陵。"【索隐】下音如字。按：以兵威伏之曰下，胡嫁反。彼自归伏曰下，如字读。他皆放此。东阳，县名，属广陵也。【正义】《括地志》："东阳故城在楚州盱眙县东七十里，秦东阳县城也，在淮水南。"

⑥【集解】晋灼曰："《汉仪注》云令吏曰令史，丞吏曰丞史。"【正义】《楚汉春

《秋》云东阳狱史陈婴。

⑦【集解】应劭曰："苍头特起，言与众异也。苍头，谓士卒皂巾，若赤眉、青领，以相别也。"如淳曰："魏君兵卒之号也。《战国策》魏有苍头二十万。"【索隐】晋灼曰："殊异其军为苍头，谓著青帽。"如淳云："特起犹言新起也。"按：为苍头军特起，欲立陈婴为王，婴母不许婴称王，言天下方乱，未知瞻乌所止。

⑧【集解】张晏曰："陈婴母，潘旌人，墓在潘旌。"【索隐】按：潘旌是邑聚之名，后为县，属临淮。

⑨【集解】服虔曰："英布起于蒲地，因以为号。"如淳曰："言当阳君、蒲将军皆属项羽，此自更有蒲将军。"【索隐】按：布姓英，咎繇之后，后以罪被黥，故改姓黥以应相者之言。韦昭云"蒲，姓也"，是英布与蒲将军二人共以兵属项梁也。故服虔以为"英布起蒲"，非也。按：黥布初起于江湖之间。

⑩【正义】被悲反。下邳，泗水县也。应劭云："邳在薛，徙此，故曰下邳。"按：有上邳，故曰下邳。

当是时，秦嘉①已立景驹为楚王，②军彭城东，③欲距项梁。项梁谓军吏曰："陈王先首事，战不利，未闻所在。今秦嘉倍陈王而立景驹，逆无道。"乃进兵击秦嘉。秦嘉军败走，追之至胡陵。④嘉还战一日，嘉死，军降。景驹走死梁地。项梁已并秦嘉军，军胡陵，将引军而西。章邯军至栗，⑤项梁使别将朱鸡石、馀樊君与战。馀樊君死。朱鸡石军败，亡走胡陵。项梁乃引兵入薛，⑥诛鸡石。项梁前使项羽别攻襄城，⑦襄城坚守不下。已拔，皆阬之。还报项梁。项梁闻陈王定死，召诸别将会薛计事。此时沛公亦起沛往焉。

①【集解】《陈涉世家》曰："秦嘉，广陵人。"

②【集解】文颖曰："景驹楚族，景氏，驹名。"

③【正义】《括地志》云："徐州彭城县，古彭祖国也。"言秦嘉军于此城之东。

④【集解】邓展曰："今胡陆，属山阳。汉章帝改曰胡陵。"

⑤【集解】徐广曰："县名，在沛。"

⑥【正义】《括地志》云："故薛城古薛侯国也，在徐州滕县界，黄帝之所封。《左传》曰定公元年薛宰云'薛之祖奚仲居薛，为夏车正'，后为孟尝君田文封

邑也。”

⑦【正义】许州襄城县。

居鄛人范增，①年七十，素居家，好奇计，往说项梁曰：“陈胜败固当。②夫秦灭六国，楚最无罪。自怀王入秦不反，楚人怜之至今，故楚南公曰③‘楚虽三户，亡秦必楚’也。④今陈胜首事，不立楚后而自立，其势不长。今君起江东，楚蜂午之将⑤皆争附君者，以君世世楚将，为能复立楚之后也。”⑥于是项梁然其言，乃求楚怀王孙心民间，为人牧羊，立以为楚怀王，⑦从民所望也。⑧陈婴为楚上柱国，封五县，与怀王都盱台。⑨项梁自号为武信君。

①【索隐】晋灼音“剿绝”之“剿”。《地理志》居鄛县在庐江郡，音巢，是故巢国，夏桀所奔。荀悦《汉纪》云：“范增，阜陵人也。”

②【正义】顾著作云：“固宜当应败也。”当音如字。

③【集解】徐广曰：“楚人也，善言阴阳。”骃案：文颖曰“南方老人也”。　【索隐】徐广云：“楚人善言阴阳者，见《天文志》也。”　【正义】虞喜《志林》云：“南公者，道士，识废兴之数，知亡秦者必于楚。”《汉书·艺文志》云《南公》十三篇，六国时人，在阴阳家流。

④【集解】瓒曰：“楚人怨秦，虽三户犹足以亡秦也。”　【索隐】臣瓒与苏林解同。韦昭以为三户，楚三大姓昭、屈、景也。二说皆非也。按：《左氏》“以畀楚师于三户”，杜预注云“今丹水县北三户亭”，则是地名不疑。　【正义】按：服虔云“三户，漳水津也”。孟康云“津峡名也，在邺西三十里”。《括地志》云“浊漳水又东经葛公亭北，经三户峡，为三户津，在相州滏阳县界”。然则南公辨阴阳，识废兴之数，知秦亡必于三户，故出此言。后项羽果度三户津破章邯军，降章邯，秦遂亡。是南公之善识。

⑤【集解】如淳曰：“蜂午犹言蜂起也。众蜂飞起，交横若午，言其多也。”　【索隐】凡物交横为午，言蜂之起交横屯聚也。故《刘向传》注云“蜂午，杂沓也”。又郑玄曰“一纵一横为午”。

⑥【正义】为，于伪反。

⑦【集解】徐广曰：“此时二世之二年六月。”

⑧【集解】应劭曰：“以祖谥为号者，顺民望。”

⑨【集解】郑氏曰：“音煦怡。”　【正义】盱，况于反。眙，以之反。盱眙，今楚

州,临淮水,怀王都之。

居数月,引兵攻亢父,①与齐田荣、司马龙且②军救东阿,③大破秦
军于东阿。田荣即引兵归,逐其王假。假亡走楚。假相田角亡走赵。
角弟田閒故齐将,居赵不敢归。田荣立田儋子市为齐王。项梁已破东
阿下军,遂追秦军。数使使趣④齐兵,欲与俱西。田荣曰:"楚杀田假,
赵杀田角、田閒,乃发兵。"项梁曰:"田假为与国之王,⑤穷来从我,不忍
杀之。"赵亦不杀田角、田閒以市于齐。⑥齐遂不肯发兵助楚。项梁使沛
公及项羽别攻城阳,⑦屠之。西破秦军濮阳东,⑧秦兵收入濮阳。沛公、
项羽乃攻定陶。⑨定陶未下,去,西略地至雍丘,⑩大破秦军,斩李由。⑪
还攻外黄,⑫外黄未下。

①【正义】亢音刚,又苦浪反。父音甫。《括地志》云:"亢父故城在兖州任城县
　南五十一里。"

②【正义】子余反。

③【正义】《括地志》云:"东阿故城在济州东阿县西南二十五里,汉东阿县城,
　秦时齐之阿也。"

④【正义】下"使"色吏反。趣音促。

⑤【集解】如淳曰:"相与交善为与国,党与也。"　【索隐】按:高诱注《战国策》
　云"与国,同祸福之国也"。

⑥【集解】张晏曰:"若市买相贸易以利也。梁救荣难,犹不用命。梁念杀假
　等,荣未必多出兵,不如依《春秋》寄公待以礼也,又可以贸易他利,以除己
　害,遂背德可辅假以伐齐,故曰市贸易也。"晋灼曰:"假,故齐王建之弟,欲
　令楚杀之,以为己利,而楚保全不杀,以买其计,故曰市也。"　【索隐】按:张
　晏云"市,贸易也",韦昭云"市利于齐也",故刘氏亦云"市犹要也"。留田假
　而不杀,欲以要胁田荣也。

⑦【正义】《括地志》云:"濮州雷泽县,本汉城阳,在州东九十一里。《地理志》
　云城阳属济阴郡,古郕伯国,姬姓之国。《史记》周武王封季弟载于郕,其后
　迁于城之阳,故曰城阳。"

⑧【正义】《括地志》云:"濮阳县在濮州西八十六里濮县也,古昆吾之国。"按:攻
　城阳,屠之,西破秦军濮阳县也。东即此县东。

⑨【正义】定陶,曹州城也。从濮阳南攻定陶。

⑩【正义】雍丘,今汴州县也。《地理志》云"古杞国,武王封禹后于杞,号东楼公,二十一世简公,为楚所灭",即此城也。

⑪【集解】应劭曰:"由,李斯子也。"

⑫【正义】《括地志》云:"故周城即外黄之地,在雍丘县东。"张晏曰:"魏郡有内黄县,故加'外'也。"臣瓒曰:"县有黄沟,故名。"

项梁起东阿,西,(北)〔比〕至定陶,再破秦军,项羽等又斩李由,益轻秦,有骄色。宋义乃谏项梁曰:"战胜而将骄卒惰者败。今卒少惰矣,秦兵日益,臣为君畏之。"项梁弗听。乃使宋义使于齐。道遇齐使者高陵君显,①曰:"公将见武信君乎?"曰:"然。"曰:"臣论武信君军必败。公徐行即免死,疾行则及祸。"秦果悉起兵益章邯,击楚军,大破之定陶,项梁死。沛公、项羽去外黄攻陈留,陈留坚守不能下。沛公、项羽相与谋曰:"今项梁军破,士卒恐。"乃与吕臣军俱引兵而东。吕臣军彭城东,项羽军彭城西,沛公军砀。②

①【集解】张晏曰:"显,名也。高陵,县名。"【索隐】按:晋灼云"高陵属琅邪"。

②【集解】应劭曰:"砀,属梁国。"苏林曰:"砀音唐。"【正义】《括地志》云:"宋州砀山县,本汉砀县也,在宋州东百五十里。"

章邯已破项梁军,则以为楚地兵不足忧,乃渡河击赵,大破之。当此时,赵歇为王,陈馀为将,张耳为相,皆走入钜鹿城。章邯令王离、涉间围钜鹿,①章邯军其南,筑甬道而输之粟。②陈馀为将,将卒数万人而军钜鹿之北,此所谓河北之军也。

①【集解】张晏曰:"涉,姓;间,名。秦将也。"

②【集解】应劭曰:"恐敌抄辎重,故筑墙垣如街巷也。"

楚兵已破于定陶,怀王恐,从盱台之彭城,并项羽、吕臣军自将之。以吕臣为司徒,以其父吕青为令尹。①以沛公为砀郡长,②封为武安侯,将砀郡兵。

①【集解】应劭曰：“天子曰师尹，诸侯曰令尹，时去六国尚近，故置令尹。”瓒曰：“诸侯之卿，唯楚称令尹。时立楚之后，故置官司皆如楚旧。”

②【集解】苏林曰：“长如郡守也。”

初，宋义所遇齐使者高陵君显在楚军，见楚王曰：“宋义论武信君之军必败，居数日，军果败。兵未战而先见败征，此可谓知兵矣。”王召宋义与计事而大说之，因置以为上将军；项羽为鲁公，为次将，范增为末将，救赵。诸别将皆属宋义，号为卿①子冠军。②行至安阳，留四十六日不进。③项羽曰：“吾闻秦军围赵王钜鹿，疾引兵渡河，楚击其外，赵应其内，破秦军必矣。”宋义曰：“不然。夫搏牛之虻不可以破虮虱。④今秦攻赵，战胜则兵罢，我承其敝；不胜，则我引兵鼓行而西，必举秦矣。故不如先斗秦赵。夫被坚执锐，义不如公；坐而运策，公不如义。”因下令军中曰：“猛如虎，很如羊，⑤贪如狼，强不可使者，皆斩之。”乃遣其子宋襄相齐，身送之至无盐，⑥饮酒高会。⑦天寒大雨，士卒冻饥。项羽曰：“将戮力而攻秦，久留不行。今岁饥民贫，士卒食芋菽，⑧军无见粮，⑨乃饮酒高会，不引兵渡河因赵食，与赵并力攻秦，乃曰‘承其敝’。夫以秦之强，攻新造之赵，其势必举赵。赵举而秦强，何敝之承！且国兵新破，王坐不安席，埽境内而专属于将军，国家安危，在此一举。今不恤士卒而徇其私，⑩非社稷之臣。”项羽晨朝上将军宋义，即其帐中斩宋义头，出令军中曰：“宋义与齐谋反楚，楚王阴令羽诛之。”当是时，诸将皆慑服，莫敢枝梧。⑪皆曰：“首立楚者，将军家也。今将军诛乱。”乃相与共立羽为假上将军。⑫使人追宋义子，及之齐，杀之。使桓楚报命于怀王。怀王因使项羽为上将军，⑬当阳君、蒲将军皆属项羽。

①【集解】徐广曰：“一作‘庆’。”

②【集解】文颖曰：“卿子，时人相褒尊之辞，犹言公子也。上将，故言冠军。”张晏曰：“若霍去病功冠三军，因封为冠军侯，至今为县名。”

③【索隐】按：《傅宽传》云“从攻安阳、杠里”，则安阳与杠里俱在河南。颜师古以为今相州安阳县。按：此兵犹未渡河，不应即至相州安阳。今检《后魏书·地形志》，云“己氏有安阳城，隋改己氏为楚丘”，今宋州楚丘西北四十

里有安阳故城是也。 【正义】《括地志》云:"安阳县,相州所理县。七国时魏宁新中邑,秦昭王拔魏宁新中,更名安阳。"《张耳传》云章邯军钜鹿南,筑甬道属河,饷王离。项羽数绝邯甬道,王离军乏食。项羽悉引兵渡河,遂破章邯,围钜鹿下。又云渡河湛船,持三日粮。按:从滑州白马津赍三日粮不至邢州,明此渡河,相州漳河也。宋义遣其子襄相齐,送之至无盐,即今郓州之东宿城是也。若依颜监说,在相州安阳,宋义送子不可弃军渡河,南向齐,西南入鲁界,饮酒高会,非入齐之路。义虽知送子曲,由宋州安阳理顺,然向钜鹿甚远,不能数绝章邯甬道及持三日粮至也。均之二理,安阳送子至无盐为长。济河绝甬道,持三日粮,宁有迟留?史家多不委曲说之也。

④【集解】如淳曰:"用力多而不可以破虮虱,犹言欲以大力伐秦而不可以救赵也。"【索隐】张晏云:"搏音博。"韦昭云"虱大在外,虮小在内"。故颜师古言"以手击牛之背,可以杀其上虱,而不能破其内虮,喻方欲灭秦,不可与章邯即战也"。邹氏搏音附。今按:言虻之搏牛,本不拟破其上之虮虱,以言志在大不在小也。

⑤【正义】很,何恳反。

⑥【索隐】按:《地理志》东平郡之县,在今郓州之东也。

⑦【集解】韦昭曰:"皆召尊爵,故云高。"【索隐】韦昭曰:"皆召高爵者,故曰高会。"服虔云:"大会是也。"

⑧【集解】徐广曰:"芊,一作'半'。半,五升器也。"骃案:瓒曰"士卒食蔬菜,以菽杂半之"。 【索隐】芊,蹲鸱也。菽,豆也。故臣瓒曰"士卒食蔬菜,以菽半杂之",则芊菽义亦通。《汉书》作"半菽"。徐广曰:"芊,一作'半'。半,五升也。"王劭曰:"半,量器名,容半升也。"

⑨【正义】胡练反。颜监云:"无见在之粮。"

⑩【索隐】私,谓使其子相齐,是徇其私情。崔浩云:"徇,营也。"

⑪【集解】如淳曰:"梧音悟。枝梧犹枝捍也。"瓒曰:"小柱为枝,邪柱为梧,今屋梧邪柱是也。" 【正义】枝音之移反。梧音悟。

⑫【正义】未得怀王命也。假,摄也。

⑬【集解】徐广曰:"二世三年十一月。"

项羽已杀卿子冠军,威震楚国,名闻诸侯。乃遣当阳君、蒲将军将卒二万渡河,①救钜鹿。战少利,陈馀复请兵。项羽乃悉引兵渡河,皆沈

船，破釜甑，烧庐舍，持三日粮，以示士卒必死，无一还心。于是至则围
王离，与秦军遇，九战，绝其甬道，大破之，杀苏角，②虏王离。涉閒不降
楚，自烧杀。当是时，楚兵冠诸侯。诸侯军救钜鹿下者十馀壁，莫敢纵
兵。及楚击秦，诸将皆从壁上观。楚战士无不一以当十，楚兵呼声动
天，诸侯军无不人人惴恐。③于是已破秦军，项羽召见诸侯将，入辕门，④
无不膝行而前，莫敢仰视。项羽由是始为诸侯上将军，诸侯皆属焉。

　　①【正义】漳水。

　　②【集解】文颖曰："秦将也。"

　　③【集解】《汉书音义》曰："惴音章瑞反。"

　　④【集解】张晏曰："军行以车为陈，辕相向为门，故曰辕门。"

　　章邯军棘原，①项羽军漳南，②相持未战。秦军数却，二世使人让章
邯。章邯恐，使长史欣请事。至咸阳，留司马门③三日，赵高不见，有不
信之心。长史欣恐，还走其军，④不敢出故道，赵高果使人追之，不及。
欣至军，报曰："赵高用事于中，下无可为者。今战能胜，高必疾妒吾功；
战不能胜，不免于死。愿将军孰计之。"陈馀亦遗章邯书曰："白起为秦
将，南征鄢郢，北阬马服，⑤攻城略地，不可胜计，而竟赐死。蒙恬为秦
将，北逐戎人，开榆中地数千里，⑥竟斩阳周。⑦何者？功多，秦不能尽
封，因以法诛之。今将军为秦将三岁矣，所亡失以十万数，而诸侯并起
滋益多。彼赵高素谀日久，今事急，亦恐二世诛之，故欲以法诛将军以
塞责，使人更代将军以脱其祸。夫将军居外久，多内却，有功亦诛，无功
亦诛。且天之亡秦，无愚智皆知之。今将军内不能直谏，外为亡国将，
孤特独立而欲常存，岂不哀哉！将军何不还兵与诸侯为从，⑧约共攻
秦，分王其地，南面称孤；此孰与身伏铁质，⑨妻子为僇乎？"章邯狐疑，
阴使候始成⑩使项羽，欲约。约未成，项羽使蒲将军日夜引兵度三户，⑪
军漳南，与秦战，再破之。项羽悉引兵击秦军汙水上，⑫大破之。

　　①【集解】张晏曰："在漳南。"晋灼曰："地名，在钜鹿南。"

　　②【正义】《括地志》云："浊漳水一名漳水，今俗名柳河，在邢州平乡县南。《注
　　水经》云漳水一名大漳水，兼有浊水之目也。"

③【集解】凡言司马门者，宫垣之内，兵卫所在，四面皆有司马，主武事。总言之，外门为司马门也。　　【索隐】按：天子门有兵阑，曰司马门也。

④【正义】走音奏。

⑤【索隐】韦昭云："赵奢子括也，代号马服。"崔浩云："马服，赵官名，言服武事。"

⑥【索隐】服虔云："金城县所治。"苏林曰："在上郡。"崔浩云："蒙恬树榆为塞也。"

⑦【集解】孟康曰："县属上郡。"　【正义】《括地志》云："宁州罗川县在州东南七十里，汉阳周县。"

⑧【索隐】此诸侯谓关东诸侯也。何以知然？文颖曰："关东为从，关西为横。"高诱曰："关东地形从长，苏秦相六国，号为合从。关西地形横长，张仪相秦，坏关东从，使与秦合，号曰连横。"

⑨【索隐】《公羊传》云："加之铁质。"何休云："要斩之罪。"崔浩云："质，斩人椹也。"又郭注《三苍》云："质，莝椹也。"

⑩【集解】张晏曰："候，军候。"　【索隐】候，军候，官名。始成，其名。

⑪【集解】服虔曰："漳水津也。"张晏曰："三户，地名，在梁淇西南。"孟康曰："津峡名也，在邺西三十里。"　【索隐】《水经注》云"漳水东经三户峡，为三户津"也。淇当为"湛"。案：《晋八王故事》云"王浚伐邺，前至梁湛"，盖梁湛在邺西四十里。孟康云"在邺西三十里"。又阚骃《十三州志》云"邺北五十里梁期故县也"，字有不同。

⑫【集解】徐广曰："在邺西。"　【索隐】汙音于。《郡国志》邺县有汙城。郦元云"汙水出武安山东南，经汙城北入漳"。　【正义】《括地志》云："汙水源出怀州河内县北大行山。"又云："故邘城在河内县西北二十七里，古邘国地也。《左传》云'邘、晋、应、韩，武之穆也'。"

章邯使人见项羽，欲约。项羽召军吏谋曰："粮少，欲听其约。"军吏皆曰："善。"项羽乃与期洹水南殷虚上。①已盟，章邯见项羽而流涕，为言赵高。项羽乃立章邯为雍王，置楚军中。使长史欣为上将军，将秦军为前行。②

①【集解】徐广曰："二世三年七月也。"骃案：应劭曰"洹水在汤阴界。殷墟，故殷都也"。瓒曰"洹水在今安阳县北，去朝歌殷都一百五十里。然则此殷虚

非朝歌也。《汲冢古文》曰'盘庚迁于此',《汲冢》曰'殷虚南去邺三十里'。
是旧殷虚,然则朝歌非盘庚所迁者"。　【索隐】按:《释例》云"洹水出汲郡
林虑县,东北至长乐入清水"是也。《汲冢古文》云"盘庚自奄迁于北蒙,曰
殷虚,南去邺州三十里",是殷虚南旧地名号北蒙也。

②【正义】胡郎反。

到新安。①诸侯吏卒异时故繇使屯戍过秦中,秦中吏卒遇之多无状,
及秦军降诸侯,诸侯吏卒乘胜多奴虏使之,轻折辱秦吏卒。秦吏卒多窃
言曰:"章将军等诈吾属降诸侯,今能入关破秦,大善;即不能,诸侯虏吾
属而东,秦必尽诛吾父母妻子。"诸将微闻其计,以告项羽。项羽乃召黥
布、蒲将军计曰:"秦吏卒尚众,其心不服,至关中不听,事必危,不如击
杀之,而独与章邯、长史欣、都尉翳入秦。"于是楚军夜击阬秦卒二十餘
万人新安城南。②

①【正义】《括地志》云:"新安故城在洛州渑池县东一十三里,汉新安县城也。
　即阬秦卒处。"

②【集解】徐广曰:"汉元年十一月。"

行略定秦地。函谷关①有兵守关,不得入。又闻沛公已破咸阳,项
羽大怒,使当阳君等击关。项羽遂入,至于戏西。沛公军霸上,未得与
项羽相见。沛公左司马曹无伤使人言于项羽曰:"沛公欲王关中,使子
婴为相,珍宝尽有之。"项羽大怒,曰:"旦日飨士卒,为击破沛公军!"当
是时,项羽兵四十万,在新丰鸿门,②沛公兵十万,在霸上。范增说项羽
曰:"沛公居山东时,贪于财货,好美姬。今入关,财物无所取,妇女无所
幸,此其志不在小。吾令人望其气,皆为龙虎,成五采,此天子气也。急
击勿失。"

①【集解】文颖曰:"时关在弘农县衡山岭,今移在河南榖城县。"　【索隐】文颖
曰:"在弘农县衡山岭,今移在榖城。"颜师古云:"今桃林县南有洪溜涧水,
即古之函关。"按:山形如函,故称函关。　【正义】《括地志》云:"函谷关在
陕州桃林县西南十二里,秦函谷关也。《图记》云西去长安四百餘里,路在
谷中,故以为名。"

②【集解】孟康曰:"在新丰东十七里,旧大道北下阪口名也。"

楚左尹项伯者,项羽季父也,①素善留侯张良。张良是时从沛公,项伯乃夜驰之沛公军,私见张良,具告以事,欲呼张良与俱去。曰:"毋从俱死也。"张良曰:"臣为韩王送沛公,②沛公今事有急,亡去不义,不可不语。"良乃入,具告沛公。沛公大惊,曰:"为之奈何?"张良曰:"谁为大王为此计者?"曰:"鲰生③说我曰'距关,毋内诸侯,秦地可尽王也'。故听之。"良曰:"料大王士卒足以当项王乎?"沛公默然,曰:"固不如也,且为之奈何?"张良曰:"请往谓项伯,言沛公不敢背项王也。"沛公曰:"君安与项伯有故?"张良曰:"秦时与臣游,项伯杀人,臣活之。今事有急,故幸来告良。"沛公曰:"孰与君少长?"良曰:"长于臣。"沛公曰:"君为我呼入,吾得兄事之。"张良出,要项伯。项伯即入见沛公。沛公奉卮酒为寿,约为婚姻,曰:"吾入关,秋豪不敢有所近,籍吏民,封府库,而待将军。所以遣将守关者,备他盗之出入与非常也。日夜望将军至,岂敢反乎! 愿伯具言臣之不敢倍德也。"项伯许诺。谓沛公曰:"旦日不可不蚤自来谢项王。"沛公曰:"诺。"于是项伯复夜去,至军中,具以沛公言报项王。因言曰:"沛公不先破关中,公岂敢入乎? 今人有大功而击之,不义也,不如因善遇之。"项王许诺。

①【索隐】名缠,字伯,后封射阳侯。

②【正义】为,于伪反。

③【集解】徐广曰:"鲰音士垢反,鱼名。"骃案:服虔曰"鲰音浅。鲰,小人貌也"。瓒曰"《楚汉春秋》鲰,姓也"。

沛公旦日从百馀骑来见项王,至鸿门,谢曰:"臣与将军戮力而攻秦,将军战河北,臣战河南,然不自意能先入关破秦,得复见将军于此。今者有小人之言,令将军与臣有却。"项王曰:"此沛公左司马曹无伤言之;不然,籍何以至此。"项王即日因留沛公与饮。项王、项伯东向坐,亚父南向坐。亚父者,范增也。①沛公北向坐,张良西向侍。范增数目项王,举所佩玉玦以示之者三,项王默然不应。范增起,出召项庄,②谓曰:"君王为人不忍,若入前为寿,寿毕,请以剑舞,因击沛公于坐,杀之。不者,若属皆且为所虏。"庄则入为寿。寿毕,曰:"君王与沛公饮,军中无以为乐,请以剑舞。"项王曰:"诺。"项庄拔剑起舞,项伯亦拔剑起舞,常以身翼蔽沛公,庄不得击。于是张良至军门,见樊哙。樊哙曰:"今日之事何如?"良曰:"甚急。今者项庄拔剑舞,其意常在沛公也。"哙曰:"此迫矣,臣请入,与之同命。"哙即带剑拥盾入军门。③交戟之卫士欲止不内,樊哙侧其盾以撞,④卫士仆地,哙遂入,披帷西向立,瞋目视项王,⑤头发上指,目眦尽裂。⑥项王按剑而跽⑦曰:"客何为者?"张良曰:"沛公之参乘樊哙者也。"项王曰:"壮士,赐之卮酒。"则与斗卮酒。哙拜谢,起,立而饮之。项王曰:"赐之彘肩。"则与一生彘肩。樊哙覆其盾于地,加彘肩上,拔剑切而啗之。⑧项王曰:"壮士,能复饮乎?"樊哙曰:"臣死且不避,卮酒安足辞! 夫秦王有虎狼之心,杀人如不能举,刑人如不恐胜,天下皆叛之。怀王与诸将约曰'先破秦入咸阳者王之'。今沛公先破秦入咸阳,豪毛不敢有所近,封闭宫室,还军霸上,以待大王来。故遣将守关者,备他盗出入与非常也。劳苦而功高如此,未有封侯之赏,而听细说,欲诛有功之人。此亡秦之续耳,窃为大王不取也。"项王未有以应,曰:"坐。"樊哙从良坐。坐须臾,沛公起如厕,因招樊哙出。

①【集解】如淳曰:"亚,次也。尊敬之次父,犹管仲为仲父。"

②【正义】项羽从弟。

③【正义】拥,纡拱反。盾,食允反。

④【正义】直江反。

⑤【正义】瞋,昌真反。

⑥【正义】眦,自赐反。

⑦【索隐】其纪反,谓长跪。

⑧【索隐】啗,徒览反。凡以食喂人则去声,自食则上声。

沛公已出,项王使都尉①陈平召沛公。沛公曰:"今者出,未辞也,为之奈何?"樊哙曰:"大行不顾细谨,大礼不辞小让。如今人方为刀俎,我为鱼肉,何辞为。"于是遂去。乃令张良留谢。良问曰:"大王来何操?"曰:"我持白璧一双,欲献项王,玉斗一双,欲与亚父,会其怒,不敢献。

公为我献之。"张良曰："谨诺。"当是时,项王军在鸿门下,沛公军在霸上,相去四十里。沛公则置车骑,脱身独骑,与樊哙、夏侯婴、靳强、纪信等②四人持剑盾步走,从郦山下,道芷阳间行。沛公谓张良曰："从此道至吾军,不过二十里耳。度我至军中,公乃入。"沛公已去,间至军中,张良入谢,曰："沛公不胜桮杓,不能辞。谨使臣良奉白璧一双,再拜献大王足下;玉斗一双,再拜奉大将军足下。"项王曰："沛公安在?"良曰："闻大王有意督过之,脱身独去,已至军矣。"③项王则受璧,置之坐上。亚父受玉斗,置之地,拔剑撞而破之,曰："唉!④竖子不足与谋。夺项王天下者,必沛公也,吾属今为之虏矣。"沛公至军,立诛杀曹无伤。

①【集解】徐广曰:"一本无'都'字。"

②【索隐】《汉书》作"纪通"。通,纪成之子。

③【集解】如淳曰:"脱身逃还其军。"

④【集解】徐广曰:"唉,乌来反。"　【索隐】音虚其反。皆叹恨发声之辞。

居数日,项羽引兵西屠咸阳,杀秦降王子婴,烧秦宫室,火三月不灭;收其货宝妇女而东。人或说项王曰："关中阻山河西塞,①地肥饶,可都以霸。"项王见秦宫室皆以烧残破,又心怀思欲东归,曰："富贵不归故乡,如衣绣夜行,谁知之者!"说者曰："人言楚人沐猴而冠耳,果然。"②项王闻之,烹说者。③

①【集解】徐广曰:"东函谷,南武关,西散关,北萧关。"

②【集解】张晏曰:"沐猴,猕猴也。"　【索隐】言猕猴不任久著冠带,以喻楚人性躁暴。果然,言果如人言也。

③【集解】《楚汉春秋》、杨子《法言》云说者是蔡生,《汉书》云是韩生。

项王使人致命怀王。怀王曰："如约。"乃尊怀王为义帝。项王欲自王,先王诸将相。谓曰："天下初发难时,①假立诸侯后以伐秦。然身被坚执锐首事,暴露于野②三年,灭秦定天下者,皆将相诸君与籍之力也。义帝虽无功,故当分其地而王之。"诸将皆曰："善。"乃分天下,立诸将为侯王。项王、范增疑沛公之有天下,业已讲解,③又恶负约,恐诸侯叛之，乃阴谋曰："巴、蜀道险，秦之迁人皆居蜀。"乃曰："巴、蜀亦关中地也。"故立沛公为汉王，④王巴、蜀、汉中，都南郑。⑤而三分关中，王秦降将以距塞汉王。项王乃立章邯为雍王，王咸阳以西，都废丘。⑥长史欣者，故为栎阳狱掾，尝有德于项梁；都尉董翳者，本劝章邯降楚。故立司马欣为塞王，⑦王咸阳以东至河，都栎阳；⑧立董翳为翟王，王上郡，都高奴。⑨徙魏王豹为西魏王，王河东，都平阳。瑕丘⑩申阳者，⑪张耳嬖臣也，先下河南（郡），迎楚河上，故立申阳为河南王，都雒阳。⑫韩王成因故都，都阳翟。⑬赵将司马卬定河内，数有功，故立卬为殷王，王河内，都朝歌。徙赵王歇为代王。赵相张耳素贤，又从入关，故立耳为常山王，王赵地，都襄国。⑭当阳君黥布为楚将，常冠军，故立布为九江王，都六。⑮鄱君⑯吴芮率百越佐诸侯，⑰又从入关，故立芮为衡山王，都邾。⑱义帝柱国共敖⑲将兵击南郡，功多，因立敖为临江王，⑳都江陵。㉑徙燕王韩广为辽东王。㉒燕将臧荼从楚救赵，因从入关，故立荼为燕王，都蓟。徙齐王田市为胶东王。㉓齐将田都从共救赵，因从入关，故立都为齐王，都临菑。㉔故秦所灭齐王建孙田安，项羽方渡河救赵，田安下济北数城，引其兵降项羽，故立安为济北王，都博阳。㉕田荣者，数负项梁，又不肯将兵从楚击秦，以故不封。成安君㉖陈馀弃将印去，不从入关，然素闻其贤，有功于赵，闻其在南皮，㉗故因环封三县。㉘番君将梅鋗㉙功多，故封十万户侯。项王自立为西楚霸王，㉚王九郡，都彭城。㉛

①【集解】服虔曰："兵初起时。"【正义】难，乃惮反。

②【正义】暴，蒲北反。

③【集解】苏林曰："讲，和也。"【索隐】服虔云："解，折伏也。"《说文》云："讲，和解也。"《汉书》作"媾解"。苏林云："媾，和也。"是"讲"之与"媾"俱训和也。业，事也。言虽有疑心，然事已和解也。

④【集解】徐广曰："以正月立。"

⑤【正义】《括地志》云："南梁州所理县也。"

⑥【索隐】孟康曰："县名。今槐里是也。"韦昭曰："周时名犬丘，懿王所都，秦欲废之，故曰废丘。"【正义】《括地志》云："犬丘故城一名废丘，故城在雍州始平县东南十里。《地理志》云汉高二年，引水灌废丘，章邯自杀，更废丘

曰槐里。”

⑦【集解】韦昭曰:“在长安东,名桃林塞。”

⑧【集解】苏林曰:“栎音药。”【正义】《括地志》云:“栎阳故城一名万年城,在雍州栎阳东北二十五里。秦献公之城栎阳,即此也。”

⑨【集解】文颖曰:“上郡,秦所置,项羽以董翳为翟王,更名为翟。”【索隐】按:今鄜州有高奴城。【正义】《括地志》云:“延州州城即汉高奴县。”

⑩【集解】徐广曰:“一云瑕丘公也。”

⑪【集解】服虔曰:“瑕丘县属山阳。申,姓;阳,名。”文颖曰:“姓瑕丘,字申阳。”瓒曰:“瑕丘公申阳是。瑕丘,县名。”

⑫【正义】《括地志》云:“洛阳故城在洛州洛阳县东北二十六里,周公所筑,即成周城也。《舆地志》云成周之地,秦庄襄王以为洛阳县,三川守理之。后汉都洛阳,改为‘雒’。汉以火德,忌水,故去洛旁‘水’而加‘隹’。魏于行次为土,土,水之忌也,水得土而流,土得水而柔,故除‘隹’而加‘水’。”

⑬【正义】《括地志》云:“阳翟,洛州县也。《左传》云郑伯突入于栎。杜预云栎,郑别都,今河南阳翟县是也。《地理志》云阳翟县是,属颍川郡,夏禹之国。”

⑭【正义】《括地志》云:“邢州城本汉襄国县,秦置三十六郡,于此置信都县,属钜鹿郡,项羽改曰襄国,立张耳为常山王,理信都。《地理志》云故邢侯国也。《帝王世纪》云邢侯为纣三公,以忠谏被诛。《史记》云周武王封周公旦之子为邢侯。《左传》云‘凡、蒋、邢、茅,周公之胤也’。”

⑮【索隐】六县,古国,皋陶之后。【正义】《括地志》云:“故六城在寿州安丰县南百三十二里,本六国,偃姓,皋繇之后所封也。黥布亦皋繇之后,居六也。”

⑯【正义】番君。番音婆。

⑰【集解】韦昭曰:“鄱音蒲河反。初,吴芮为鄱令,故号曰鄱君。今鄱阳县是也。”

⑱【集解】文颖曰:“邾音朱,县名,属江夏。”【正义】《说文》云音诛。《括地志》云:“故邾城在黄州黄冈县东南二十里,本春秋时邾国。邾子,曹姓。侠居。至鲁隐公徙蕲。”音机。

⑲【正义】共音恭。

⑳【集解】《汉书音义》曰:“本南郡,改为临江国。”

㉑【正义】江陵,荆州县。《史记》江陵,故郢都也。

㉒【集解】徐广曰:"都无终。"

㉓【集解】徐广曰:"都即墨。"　【正义】《括地志》云:"即墨故城在莱州胶水县
　南六十里。古齐地,本汉旧县。"胶音交。在胶水之东。

㉔【索隐】按:《高纪》及《田儋传》云"临济",此言"临菑",误。　【正义】菑,侧
　其反。《括地志》云:"青州临菑县也。即古临菑地也。一名齐城,古营丘之
　地,所封齐之都也。少昊时有爽鸠氏,虞、夏时有季崱,殷时有逢伯陵,殷末
　有薄姑氏,为诸侯,国此地。后太公封,方五百里。"

㉕【正义】在济北。

㉖【正义】《地理志》云成安县在颍川郡,属豫州。

㉗【正义】《括地志》云:"故南皮城在沧州南皮县北四里,本汉皮县城,即陈馀
　所封也。"

㉘【集解】《汉书音义》曰:"绕南皮三县以封之。"

㉙【集解】韦昭曰:"呼玄反。"

㉚【正义】《货殖传》云淮以北,沛、陈、汝南、南郡为西楚也。彭城以东,东海、
　吴、广陵为东楚也。衡山、九江、江南、豫章、长沙为南楚。孟康云:"旧名江
　陵为南楚,吴为东楚,彭城为西楚。"

㉛【集解】孟康曰:"旧名江陵为南楚,吴为东楚,彭城为西楚。"　【正义】彭城,
　徐州县。

　　汉之元年四月,诸侯罢戏下,各就国。①项王出之国,使人徙义帝,
曰:"古之帝者地方千里,必居上游。"②乃使使徙义帝长沙郴县。③趣义
帝行,其群臣稍稍背叛之,乃阴令衡山、临江王击杀之江中。④韩王成无
军功,项王不使之国,与俱至彭城,废以为侯,已又杀之。臧荼之国,因
逐韩广之辽东,广弗听,荼击杀广无终,并王其地。

①【索隐】戏音羲,水名也。言"下"者,如许下、洛下然也。按:上文云项羽入
　至戏西鸿门,沛公还军霸上,是羽初停军于戏水之下。后虽引兵西屠咸阳,
　烧秦宫室,则亦还戏下。今言"诸侯罢戏下",是各受封邑号令讫,自戏下各
　就国。何须假借文字,以为旌麾之下乎?颜师古、刘伯庄之说皆非。

②【集解】文颖曰:"居水之上流也。游,或作'流'。"

③【集解】如淳曰:"郴音綝。"

④【集解】文颖曰:"郴县有义帝冢,岁时常祠不绝。"

田荣闻项羽徙齐王市胶东,而立齐将田都为齐王,乃大怒,不肯遣齐王之胶东,因以齐反,迎击田都。田都走楚。齐王市畏项王,乃亡之胶东就国。田荣怒,追击杀之即墨。荣因自立为齐王,而西击杀济北王田安,并王三齐。①荣与彭越将军印,令反梁地。陈馀阴使张同、夏说说齐王田荣曰:"项羽为天下宰,不平。今尽王故王于丑地,而王其群臣诸将善地,逐其故主,赵王乃北居代,馀以为不可。闻大王起兵,且不听不义,愿大王资馀兵,请以击常山,以复赵王,请以国为扞蔽。"齐王许之,因遣兵之赵。陈馀悉发三县兵,与齐并力击常山,大破之。张耳走归汉。陈馀迎故赵王歇于代,反之赵。赵王因立陈馀为代王。

①【集解】《汉书音义》曰:"齐与济北、胶东。"【正义】《三齐记》云:"右即墨,中临淄,左平陆,谓之三齐。"

是时,汉还定三秦。项羽闻汉王皆已并关中,且东,齐、赵叛之,大怒。乃以故吴令郑昌为韩王,以距汉。令萧公角等①击彭越。彭越败萧公角等。汉使张良徇韩,乃遗项王书曰:"汉王失职,欲得关中,如约即止,不敢东。"又以齐、梁反书遗项王曰:"齐欲与赵并灭楚。"楚以此故无西意,而北击齐。征兵九江王布。布称疾不往,使将将数千人行。项王由此怨布也。汉之二年冬,项羽遂北至城阳,田荣亦将兵会战。田荣不胜,走至平原,平原民杀之。遂北烧夷齐城郭室屋,皆阬田荣降卒,系虏其老弱妇女。徇齐至北海,多所残灭。齐人相聚而叛之。于是田荣弟田横收齐亡卒得数万人,反城阳。项王因留,连战未能下。

①【集解】苏林曰:"官号也。或曰萧令也。时令皆称公。"

春,汉王部①五诸侯兵,②凡五十六万人,东伐楚。项王闻之,即令诸将击齐,而自以精兵三万人南从鲁出胡陵。③四月,汉皆已入彭城,收其货宝美人,日置酒高会。项王乃西从萧,晨击汉军④而东,至彭城,日中,大破汉军。⑤汉军皆走,相随入穀、泗水,⑥杀汉卒十馀万人。汉卒皆南走山,⑦楚又追击至灵壁东⑧睢水上。⑨汉军却,为楚所挤,⑩多杀,汉

卒十餘万人皆入睢水,睢水为之不流。⑪围汉王三匝。于是大风从西北
而起,折木发屋,扬沙石,窈冥昼晦,⑫逢迎楚军。楚军大乱,坏散,而汉
王乃得与数十骑遁去。欲过沛,收家室而西;楚亦使人追之沛,取汉王
家;家皆亡,不与汉王相见。汉王道逢得孝惠、鲁元,⑬乃载行。楚骑追
汉王,汉王急,推堕孝惠、鲁元车下,滕公常下收载之。如是者三。曰:
"虽急不可以驱,奈何弃之?"于是遂得脱。求太公、吕后不相遇。审食
其⑭从太公、吕后间行,⑮求汉王,反遇楚军。楚军遂与归,报项王,项王
常置军中。

①【集解】徐广曰:"一作'劫'。"【索隐】按:《汉书》见作"劫"字。

②【集解】徐广曰:"塞、翟、魏、殷、河南。"骃案:应劭曰"雍、翟、塞、殷、韩也"。
韦昭曰"塞、翟、殷、韩、魏,雍时已败也"。【索隐】按:徐广、韦昭皆数翟、
塞及殷、韩等;颜师古不数三秦,谓常山、河南、韩、魏、殷;顾胤意略同,乃以
陈馀兵为五,未知孰是。鄙意按:韩王郑昌拒汉,汉使韩信击破之,则是韩
兵不下而已破散也,韩不在此数。五诸侯者,塞、翟、河南、魏、殷也。【正
义】师古云:"诸家之说皆非。张良遗羽书曰'汉欲得关中,如约即止,不敢
复东',谓出关之东也。今羽闻汉东之时,汉固已得三秦矣。五诸侯者,谓
常山、河南、韩、魏、殷也。此年十月,常山王张耳降,河南王申阳降,韩王郑
昌降,魏王豹降,虏殷王卬,皆汉东之后,故知谓此为五诸侯。时虽未得常
山之地,《功臣年表》云'张耳弃国,与大臣归汉',则当亦有士卒尔。时雍王
犹在废丘被围,即非五诸侯之数也。寻此纪文,昭然可晓。前贤注释,并失
指趣。"《高纪》及《汉书》皆言"劫五诸侯兵"。凡兵初降,士卒未有自指麾,
故须劫略而行。又云"发关中兵,收三河士"。发谓差点拨发也,收谓劫略
收敛也。韦昭云河南、河东、河内。申阳都雒阳,韩王成都阳翟,皆河南也。
魏豹都平阳,河东也。司马卬都朝歌,张耳都襄国,河内也。此三河士则五
诸侯兵也。更著雍、塞、翟,则成八诸侯矣。重明颜公之说是。故《韩信传》
云"汉二年出关,收魏河南,韩、殷王皆降"是。

③【正义】《括地志》云:"(徐州)鲁,兖州曲阜县也。《地理志》云胡陵在山阳县
属也。"

④【正义】《括地志》云:"徐州萧县,古萧叔之国,春秋时为宋附庸。《帝王世
纪》云周封子姓之别为附庸也。"

⑤【集解】张晏曰:"一日之中也。或曰旦击之,至日中大破。"

⑥【集解】瓒曰:"二水皆在沛郡彭城。"

⑦【正义】走音奏。

⑧【集解】徐广曰:"在彭城。"　【索隐】孟康曰:"故小县,在彭城南。"

⑨【集解】徐广曰:"睢水于彭城入泗水。"　【正义】睢音虽。《括地志》云:"灵
　　壁故城在徐州符离县西北九十里。睢水首受浚仪县莨荡水,东经取虑,入
　　泗,过郡四,行千二百六十里。"

⑩【集解】服虔曰:"挤音'济民'之'济'。"瓒曰:"排挤也。"

⑪【正义】为,于伪反。

⑫【集解】徐广曰:"窈亦作'窅'字。"

⑬【集解】服虔曰:"元,长也。食邑于鲁。"韦昭曰:"元,谥也。"

⑭【集解】瓒曰:"其音基。"　【索隐】食音异。按:郦、审、赵三人同名,其音合
　　并同,以六国时卫有司马食其,并慕其名。

⑮【集解】如淳曰:"间出,间步,微行,皆同义也。"

是时吕后兄周吕侯①为汉将兵居下邑,②汉王间往从之,稍稍收其
士卒。至荥阳,诸败军皆会,萧何亦发关中老弱未傅悉诣荥阳,③复大
振。楚起于彭城,常乘胜逐北,与汉战荥阳南京、索间,汉败楚,④楚以
故不能过荥阳而西。

①【集解】徐广曰:"名泽。"　【正义】苏林云:"以姓名侯也。"晋灼云:"《外戚
　　表》周吕令武侯泽也。吕,县名。封于吕,以为国。"颜师古云:"周吕,封名。
　　令武,其谥也。苏云'以姓名侯',非也。"

②【集解】徐广曰:"在梁。"　【正义】《括地志》云:"宋州砀山县本下邑县也,在
　　宋州东一百五十里。"按:今下邑在宋州东一百一十里。

③【集解】服虔曰:"傅音附。"孟康曰:"古者二十而傅,三年耕有一年储,故二
　　十三年而后役之。"如淳曰:"律年二十三傅之畴官,各从其父畴内学之。高
　　不满六尺二寸以下为罢癃。《汉仪注》'民年二十三为正,一岁为卫士,一岁
　　为材官骑士,习射御骑驰战阵'。又曰'年五十六衰老,乃得免为庶民,就田
　　里'。今老弱未尝傅者皆发之。未二十三为弱,过五十六为老。《食货志》
　　曰'月为更卒,已复为正,一岁屯戍,一岁力役,三十倍于古者'。"　【索隐】
　　按:姚氏云"古者更卒不过一月,践更五月而休"。又颜云"五当为'三',言

一岁之中三月居更,三日戍边,总九十三日。古者役人岁不过三日,此所谓
'一岁力役三十倍于古'也"。斯说得之。

④【集解】应劭曰:"京,县名,属河南,有索亭。"晋灼曰:"索音栅。"【正义】
《括地志》云:"京县城在郑州荥阳县东南二十里。郑之京邑也。《晋太康地
志》云郑太叔段所居邑。荥阳县即大索城。杜预云成皋东有大索城,又有
小索故城,在荥阳县北四里。京相璠《地名》云京县有大索亭、小索亭,大小
氏兄弟居之,故有小大之号。"按:楚与汉战荥阳南京、索间,即此三城耳。

项王之救彭城,追汉王至荥阳,田横亦得收齐,立田荣子广为齐王。
汉王之败彭城,诸侯皆复与楚而背汉。汉军荥阳,筑甬道属之河,以取
敖仓粟。①汉之三年,项王数侵夺汉甬道,汉王食乏,恐,请和,割荥阳以
西为汉。

①【集解】瓒曰:"敖,地名,在荥阳西北山,临河有大仓。"【正义】《括地志》
云:"敖仓在郑州荥阳县西十五里,县门之东北临汴水,南带三皇山,秦时置
仓于敖山,名敖仓云。"

项王欲听之。历阳侯范增曰:①"汉易与耳,今释弗取,后必悔之。"
项王乃与范增急围荥阳。汉王患之,乃用陈平计间项王。项王使者来,
为太牢具,举欲进之。见使者,详惊愕曰:"吾以为亚父使者,乃反项王
使者。"更持去,以恶食食②项王使者。使者归报项王,项王乃疑范增与
汉有私,稍夺之权。范增大怒,曰:"天下事大定矣,君王自为之。愿赐
骸骨归卒伍。"项王许之。行未至彭城,疽发背而死。③

①【正义】《括地志》云:"和州历阳县,本汉旧县也。《淮南子》云'历阳之都,一
夕而为湖'。汉帝时,历阳沦为历湖。"

②【正义】上如字,下音寺。

③【集解】《皇览》曰:"亚父冢在庐江居巢县郭东。居巢廷中有亚父井,吏民皆
祭亚父于居巢廷上。长吏初视事,皆祭然后从政。后更造祠于郭东,至今
祠之。"【正义】疽,七馀反。崔浩云:"疽,附骨痈也。"《括地志》云:"亚父
山在庐州巢县东北五里。昔范增居北山之阳,后佐项羽。"

汉将纪信说汉王曰:"事已急矣,请为王诳楚为王,王可以间出。"于
是汉王夜出女子荥阳东门被甲二千人,楚兵四面击之。纪信乘黄屋

车,①傅左纛,②曰:"城中食尽,汉王降。"楚军皆呼万岁。汉王亦与数十骑从城西门出,走成皋。③项王见纪信,问:"汉王安在?"信曰:"汉王已出矣。"项王烧杀纪信。

　　①【正义】李斐云:"天子车以黄缯为盖里。"
　　②【集解】李斐曰:"纛,毛羽幢也。在乘舆车衡左方上注之。"蔡邕曰:"以牦牛尾为之,如斗,或在騑头,或在衡上也。"
　　③【正义】《括地志》云:"成皋故县在洛州汜水县西南二里。"

　　汉王使御史大夫周苛、枞公、①魏豹守荥阳。周苛、枞公谋曰:"反国之王,难与守城。"乃共杀魏豹。楚下荥阳城,生得周苛。项王谓周苛曰:"为我将,我以公为上将军,封三万户。"周苛骂曰:"若不趣降汉,汉今虏若,若非汉敌也。"项王怒,烹周苛,并杀枞公。

　　①【集解】枞音七容反。

　　汉王之出荥阳,南走宛、叶,得九江王布,行收兵,复入保成皋。汉之四年,项王进兵围成皋。汉王逃,①独与滕公出成皋北门,②渡河走脩武,从张耳、韩信军。诸将稍稍得出成皋,从汉王。楚遂拔成皋,欲西。汉使兵距之巩,令其不得西。

　　①【集解】晋灼曰:"独出意。"　【索隐】音徒凋反。《汉书》作"跳"字。
　　②【集解】徐广曰:"北门名玉门。"

　　是时,彭越渡河击楚东阿,杀楚将军薛公。项王乃自东击彭越。汉王得淮阴侯兵,欲渡河南。郑忠说汉王,乃止壁河内。使刘贾将兵佐彭越,烧楚积聚。①项王东击破之,走彭越。汉王则引兵渡河,复取成皋,军广武,就敖仓食。项王已定东海来,西,与汉俱临广武而军,②相守数月。

　　①【正义】上积赐反。
　　②【集解】孟康曰:"于荥阳筑两城相对为广武,在敖仓西三皇山上。"　【正义】《括地志》云:"东广武、西广武在郑州荥阳县西二十里。戴延之《西征记》云三皇山上有二城,东曰东广武,西曰西广武,各在一山头,相去百步。汴水从广涧中东南流,今涧无水。城各有三面,在敖仓西。郭缘生《述征记》云

一涧横绝上过,名曰广武。相对皆立城堑,遂号东西广武。"

当此时,彭越数反梁地,绝楚粮食,项王患之。为高俎,置太公其
上,①告汉王曰:"今不急下,吾烹太公。"汉王曰:"吾与项羽俱北面受命
怀王,曰'约为兄弟',吾翁即若翁,必欲烹而翁,则幸分我一桮羹。"项王
怒,欲杀之。项伯曰:"天下事未可知,且为天下者不顾家,虽杀之无益,
只益祸耳。"项王从之。

①【集解】如淳曰:"高俎,几之上。"李奇曰:"军中巢櫓方面,人谓之俎也。"

【索隐】俎亦机之类,故夏侯湛《新论》为"机",机犹俎也。比太公于牲肉,故
置之俎上。姚察按:《左氏》"楚子登巢车以望晋军",杜预谓"车上櫓也",故
李氏云"军中巢櫓",又引时人亦谓此为俎也。　【正义】《括地志》云:"东广
武城有高坛,即是项羽坐太公俎上者,今名项羽堆,亦呼为太公亭。"颜师古
云:"俎者,所以荐肉,示欲烹之,故置俎上。"

楚汉久相持未决,丁壮苦军旅,老弱罢转漕。项王谓汉王曰:"天下
匈匈数岁者,徒以吾两人耳,愿与汉王挑战①决雌雄,毋徒苦天下之民
父子为也。"汉王笑谢曰:"吾宁斗智,不能斗力。"项王令壮士出挑战。
汉有善骑射者楼烦,②楚挑战三合,楼烦辄射杀之。项王大怒,乃自被
甲持戟挑战。楼烦欲射之,项王瞋目叱之,楼烦目不敢视,手不敢发,遂
走还入壁,不敢复出。汉王使人间问之,乃项王也。汉王大惊。于是项
王乃即汉王相与临广武间而语。汉王数之,项王怒,欲一战。汉王不
听,项王伏弩射中汉王。汉王伤,走入成皋。

①【集解】李奇曰:"挑身独战,不复须众也。挑音茶了反。"瓒曰:"挑战,撋娆
敌求战,古谓之致师。"

②【集解】应劭曰:"楼烦胡也,今楼烦县。"

项王闻淮阴侯已举河北,破齐、赵,且欲击楚,乃使龙且①往击之。
淮阴侯与战,骑将灌婴击之,大破楚军,杀龙且。韩信因自立为齐王。
项王闻龙且军破,则恐,使盱台人武涉往说淮阴侯。淮阴侯弗听。是
时,彭越复反,下梁地,绝楚粮。项王乃谓海春侯大司马曹咎等曰:"谨

守成皋，则汉欲挑战，慎勿与战，毋令得东而已。我十五日必诛彭越，定梁地，复从将军。"乃东，行击陈留、②外黄。

①【集解】韦昭曰："音子间反。"

②【正义】《括地志》云："陈留，汴州县也。在州东五十里，本汉陈留郡及陈留县之地。"孟康云："留，郑邑也。后为陈所并，故曰陈留。"臣瓒又按：宋有留，彭城留是也。此留属陈，故曰陈留。

外黄不下。数日，已降，项王怒，悉令男子年十五已上诣城东，欲坑之。外黄令舍人儿年十三，①往说项王曰："彭越强劫②外黄，外黄恐，故且降，待大王。大王至，又皆坑之，百姓岂有归心？从此以东，梁地十馀城皆恐，莫肯下矣。"项王然其言，乃赦外黄当坑者。东至睢阳，③闻之皆争下项王。

①【集解】苏林曰："令之舍人儿也。"瓒曰："称儿者，以其幼弱，故系其父，《春秋传》曰'仍叔之子'是也。"

②【正义】强，其两反。

③【正义】《括地志》云："宋州外城本汉睢阳县也。《地理志》云睢阳县，故宋国也。"

汉果数挑楚军战，楚军不出。使人辱之，五六日，大司马怒，渡兵汜水。①士卒半渡，汉击之，大破楚军，尽得楚国货赂。大司马咎、长史翳、塞王欣皆自到汜水上。②大司马咎者，故蕲狱掾，长史欣亦故栎阳狱吏，两人尝有德于项梁，是以项王信任之。当是时，项王在睢阳，闻海春侯军败，则引兵还。汉军方围钟离眛③于荥阳东，项王至，汉军畏楚，尽走险阻。

①【集解】张晏曰："汜水在济阴界。"如淳曰："汜音祀。《左传》曰'鄙在郑地汜'。"瓒曰："高祖攻曹咎成皋，渡汜水而战，今成皋城东汜水是也。"【索隐】按：今此水见名汜水，音似。张晏云在济阴，亦未全失。按：古济水当此截河而南，又东流，溢为荥泽。然水南曰阴，此亦在济之阴，非彼济阴郡耳。臣瓒之说是。　【正义】《括地志》云："汜水源出洛州汜水县东南三十二里方山。《山海经》云'浮戏之山，汜水出焉'。"

②【集解】郑氏曰："到音经鼎反。以刀割颈为到。"

③【集解】《汉书音义》曰："眛音末。"

是时,汉兵盛食多,项王兵罢食绝。汉遣陆贾说项王,请太公,项王弗听。汉王复使侯公往说项王,项王乃与汉约,中分天下,割鸿沟以西者为汉,①鸿沟而东者为楚。项王许之,即归汉王父母妻子。军皆呼万岁。汉王乃封侯公为平国君。②匿弗肯复见。曰:"此天下辩士,所居倾国,故号为平国君。"项王已约,乃引兵解而东归。

①【集解】文颖曰:"于荥阳下引河东南为鸿沟,以通宋、郑、陈、蔡、曹、卫,与济、汝、淮、泗会于楚,即今官渡水也。"　【正义】应劭云:"在荥阳东二十里。"张华云:"大梁城在浚仪县北,县西北渠水东经此城南,又北屈分为二渠。其一渠东南流,始皇凿引河水以灌大梁,谓之鸿沟,楚汉会此处也。其一渠东经阳武县南,为官渡水。"按:张华此说是。

②【正义】《楚汉春秋》云:"上欲封之,乃肯见。曰'此天下之辨士,所居倾国,故号曰平国君'。"按:说归太公、吕后,能和平邦国。

汉欲西归,张良、陈平说曰:"汉有天下太半,①而诸侯皆附之。楚兵罢食尽,此天亡楚之时也,不如因其机而遂取之。今释弗击,此所谓'养虎自遗患'也。"②汉王听之。汉五年,汉王乃追项王至阳夏③南,止军,与淮阴侯韩信、建成侯彭越期会而击楚军。至固陵,④而信、越之兵不会。楚击汉军,大破之。汉王复入壁,深堑而自守。谓张子房曰:"诸侯不从约,为之奈何?"对曰:"楚兵且破,信、越未有分地,⑤其不至固宜。君王能与共分天下,今可立致也。即不能,事未可知也。君王能自陈以东傅海,⑥尽与韩信;睢阳以北至穀城,⑦以与彭越:使各自为战,⑧则楚易败也。"汉王曰:"善。"于是乃发使者告韩信、彭越曰:"并力击楚。楚破,自陈以东傅海与齐王,睢阳以北至穀城与彭相国。"使者至,韩信、彭越皆报曰:"请今进兵。"韩信乃从齐往,刘贾军从寿春并行,屠城父,⑨至垓下。⑩大司马周殷叛楚,以舒屠六,⑪举九江兵,⑫随刘贾、彭越皆会垓下,诣项王。

①【集解】韦昭曰:"凡数三分有二为太半,一为少半。"

②【正义】遗,唯季反。

③【集解】如淳曰："夏音贾。"　【正义】《括地志》云："陈州太康县,本汉阳夏县也。《续汉书·郡国志》云阳夏县属陈国。"按:太康县城夏后太康所筑,隋改阳夏为太康。

④【集解】徐广曰："在阳夏。"骃案:晋灼曰"即固始也"。　【正义】《括地志》云："固陵,县名也。在陈州宛丘县西北四十二里。"

⑤【集解】李奇曰："信、越等未有益地之分也。"韦昭曰："信等虽名为王,未有所画经界。"

⑥【正义】傅音附,著也。陈即陈州,古陈国都也。自陈著海,并齐旧地,尽与齐王韩信也。

⑦【正义】《括地志》云："穀城故在济州东阿县东二十六里。"睢阳,宋州也。自宋州以北至济州穀城际黄河,尽与相国彭越。

⑧【正义】为,于伪反。

⑨【集解】如淳曰："并行,并击之。"　【正义】父音甫。寿州寿春县也。城父,亳州县也。屠谓多刑杀也。刘贾入围寿州,引兵过淮北,屠杀亳州、城父,而东北至垓下。

⑩【集解】徐广曰："在沛之洨县。洨,下交切。"骃案:应劭曰"垓音该"。李奇曰"沛洨县聚邑名也"。　【索隐】张揖《三苍注》云："垓,堤名,在沛郡。"【正义】按:垓下是高冈绝岩,今犹高三四丈,其聚邑及堤在垓之侧,因取名焉。今在亳州真源县东十里,与老君庙相接。洨音户交反。

⑪【集解】如淳曰："以舒之众屠破六县。"　【正义】《括地志》云："舒,今庐江之故舒城是也。故六城在寿州安丰南百三十二里,偃姓,咎繇之后。"按:周殷叛楚,兼举九江郡之兵,随刘贾而至垓下。

⑫【正义】九江郡寿州也。楚考烈王二十二年,自陈徙寿春,号曰郢。至王负刍为秦将王翦、蒙武所灭,于此置九江郡。应劭云："自庐江寻阳分为九江。"

项王军壁垓下,兵少食尽,汉军及诸侯兵围之数重。夜闻汉军四面皆楚歌,①项王乃大惊曰："汉皆已得楚乎? 是何楚人之多也!"项王则夜起,饮帐中。有美人名虞,②常幸从;骏马名骓,③常骑之。于是项王乃悲歌慷慨,自为诗曰："力拔山兮气盖世,时不利兮骓不逝。骓不逝兮可奈何,虞兮虞兮奈若何!"歌数阕,美人和之。④项王泣数行下,⑤左右皆泣,莫能仰视。

①【集解】应劭曰:"楚歌者,谓《鸡鸣歌》也。汉已略得其地,故楚歌者多鸡鸣时歌也。"【正义】颜师古云:"楚人之歌也,犹言'吴讴'、'越吟'。若鸡鸣为歌之名,于理则可,不得云'鸡鸣时'也。高祖戚夫人楚舞,自为楚歌,岂亦鸡鸣时乎?"按:颜说是也。

②【集解】徐广曰:"一云姓虞氏。"【正义】《括地志》云:"虞姬墓在濠州定远县东六十里。长老传云项羽美人冢也。"

③【正义】音佳。顾野王云青白色也。《释畜》云:"苍白杂毛,骓也。"

④【正义】和音胡卧反。《楚汉春秋》云:"歌曰'汉兵已略地,四方楚歌声。大王意气尽,贱妾何聊生'。"

⑤【正义】数,色庚反。行,户郎反。

于是项王乃上马骑,①麾下②壮士骑从者八百馀人,直夜溃围南出,驰走。平明,汉军乃觉之,令骑将灌婴以五千骑追之。项王渡淮,骑能属者③百馀人耳。项王至阴陵,④迷失道,问一田父,田父绐曰"左"。⑤左,乃陷大泽中。以故汉追及之。项王乃复引兵而东,至东城,⑥乃有二十八骑。汉骑追者数千人。项王自度不得脱。谓其骑曰:"吾起兵至今八岁矣,身七十馀战,所当者破,所击者服,未尝败北,遂霸有天下。然今卒困于此,⑦此天之亡我,非战之罪也。今日固决死,愿为诸君快战,必三胜之,为诸君溃围,斩将,刈旗,令诸君知天亡我,非战之罪也。"乃分其骑以为四队,四向。汉军围之数重。项王谓其骑曰:"吾为公取彼一将。"令四面骑驰下,期山东为三处。⑧于是项王大呼⑨驰下,汉军皆披靡,⑩遂斩汉一将。是时,赤泉侯为骑将,追项王,项王瞋目而叱之,赤泉侯人马俱惊,辟易数里,⑪与其骑会为三处。汉军不知项王所在,乃分军为三,复围之。项王乃驰,复斩汉一都尉,杀数十百人,复聚其骑,亡其两骑耳。乃谓其骑曰:"何如?"骑皆伏曰:"如大王言。"

①【正义】其倚反。凡单乘曰骑。后同。

②【正义】麾亦作"戏",同呼危反。

③【正义】属音烛。

④【集解】徐广曰："在淮南。"　【正义】《括地志》云："阴陵县故城在濠州定远
　　县西北六十里。《地理志》云阴陵县属九江郡。"

⑤【集解】文颖曰："绐，欺也。欺令左去。"

⑥【集解】《汉书音义》曰："县名，属临淮。"　【正义】《括地志》云："东城县故城
　　在濠州定远县东南五十里。《地理志》云东城县属九江郡。"

⑦【正义】卒，子律反。

⑧【正义】期遇山东，分为三处，汉军不知项羽处。《括地志》云："九头山在滁
　　州全椒县西北九十六里。《江表传》云项羽败至乌江，汉兵追羽至此，一日
　　九战，因名。"

⑨【正义】火故反。

⑩【正义】上披彼反。靡，言精体低垂。

⑪【正义】言人马俱惊，开张易旧处，乃至数里。

　　于是项王乃欲东渡乌江。①乌江亭长檥船待，②谓项王曰："江东虽
小，地方千里，众数十万人，亦足王也。愿大王急渡。今独臣有船，汉军
至，无以渡。"项王笑曰："天之亡我，我何渡为！且籍与江东子弟八千人
渡江而西，今无一人还，纵江东父兄怜而王我，我何面目见之？纵彼不
言，籍独不愧于心乎？"乃谓亭长曰："吾知公长者。吾骑③此马五岁，所
当无敌，尝一日行千里，不忍杀之，以赐公。"乃令骑皆下马步行，持短兵
接战。独籍所杀汉军数百人。项王身亦被十馀创。顾见汉骑司马吕马
童，曰："若非吾故人乎？"马童面之，④指王翳曰：⑤"此项王也。"项王乃
曰："吾闻汉购我头千金，⑥邑万户，吾为若德。"⑦乃自刎而死。王翳取
其头，馀骑相蹂践争项王，相杀者数十人。最其后，郎中骑杨喜，骑司马
吕马童，郎中吕胜、杨武各得其一体。五人共会其体，皆是。故分其地
为五：封吕马童为中水侯，⑧封王翳为杜衍侯，⑨封杨喜为赤泉侯，⑩封
杨武为吴防侯，⑪封吕胜为涅阳侯。⑫

①【集解】瓒曰："在牛渚。"　【索隐】按：晋初属临淮。　【正义】《括地志》云：
　　"乌江亭即和州乌江县是也。晋初为县。《注水经》云江水又北，左得黄律
　　口，《汉书》所谓乌江亭长舣船以待项羽，即此也。"

②【集解】徐广曰："檥音仪。一音俄。"骃案：应劭曰"檥，正也"。孟康曰"檥音

蚁,附也,附船著岸也"。如淳曰"南方人谓整船向岸曰檥"。 【索隐】檥
字,服、应、孟、晋各以意解尔。邹诞生作"漾船",以尚反,刘氏亦有此音。

③【正义】音奇。

④【集解】张晏曰:"以故人故,难视斫之,故背之。"如淳曰:"面,不正视也。"

⑤【集解】如淳曰:"指示王翳。"

⑥【正义】汉以一斤金为一金,当一万钱也。

⑦【集解】徐广曰:"亦可是'功德'之'德'。" 【正义】为,于伪反。言吕马童与
项羽先是故人,旧有恩德于羽。一云德行也。

⑧【索隐】按《晋书地道记》,其中水县属河间。 【正义】《地理志》云中水县属
涿郡。应劭云:"在易、滱二水之中,故曰中水。"

⑨【索隐】按《地理志》,县在南阳。按:表作"王翥"也。 【正义】《括地志》云:
"杜衍侯故县在邓州南阳县西八里。"

⑩【索隐】南阳有丹水县,疑赤泉后改。按:《汉书》表及《后汉》作"悳",音火
志反。

⑪【索隐】《地理志》县名,属汝南,故房子国。 【正义】吴防,豫州县。《括地
志》云:"吴房县本汉旧县。孟康云吴王阖庐弟夫概奔楚,楚封于此,为堂谿
氏,本房子国,以封吴,故曰吴房。"

⑫【集解】徐广曰:"五人后卒,皆谥壮侯。" 【索隐】《地理志》南阳县名。
【正义】涅,年结反。《括地志》云:"涅阳故城在邓州穰县东北六十里,本汉
旧县也。应劭云在涅水之阳。"

　　项王已死,①楚地皆降汉,独鲁不下。汉乃引天下兵欲屠之,为其守
礼义,为主死节,乃持项王头视鲁,鲁父兄乃降。始,楚怀王初封项籍为
鲁公,及其死,鲁最后下,故以鲁公礼葬项王穀城。②汉王为发哀,泣之
而去。

①【集解】徐广曰:"汉五年之十二月也。项王以始皇十五年己巳岁生,死时年
三十一。"

②【集解】《皇览》曰:"项羽冢在东郡穀城,东去县十五里。" 【正义】《括地志》
云:"项羽墓在济州东阿县东二十七里,穀城西三里。《述征记》项羽墓在穀
城西北三里半许,毁坏,有碣石'项王之墓'。"

　　诸项氏枝属,汉王皆不诛。乃封项伯为射阳侯。① 桃侯、② 平皋

侯、③玄武侯④皆项氏,赐姓刘。

> ①【集解】徐广曰:"项伯名缠,字伯。"　【正义】射音食夜反。《括地志》云:"楚
> 　州山阳,本汉射阳县。《吴地志》云在射水之阳,故曰射阳。"
>
> ②【集解】徐广曰:"名襄。其子舍为丞相。"　【正义】《括地志》云:"故城在滑
> 　州胙城县东四十里。《汉书》云高祖十二年封刘襄为桃侯也。"
>
> ③【集解】徐广曰:"名佗。"　【正义】《括地志》云:"平皋故城在怀州武德县东
> 　二十里,汉平皋县。"按:佗音徒何反。
>
> ④【集解】徐广曰:"《诸侯表》中不见。"

　　太史公曰:吾闻之周生曰①"舜目盖重瞳子",②又闻项羽亦重瞳子。羽岂其苗裔邪?何兴之暴也!夫秦失其政,陈涉首难,豪杰蜂起,相与并争,不可胜数。然羽非有尺寸,乘埶起陇亩之中,三年,遂将五诸侯灭秦,③分裂天下,而封王侯,政由羽出,号为"霸王",位虽不终,近古以来未尝有也。及羽背关怀楚,④放逐义帝而自立,怨王侯叛己,难矣。自矜功伐,奋其私智而不师古,谓霸王之业,欲以力征经营天下,五年卒亡其国,⑤身死东城,尚不觉寤而不自责,过矣。乃引"天亡我,非用兵之罪也",岂不谬哉!

> ①【集解】文颖曰:"周时贤者。"　【正义】孔文祥云:"周生,汉时儒者,姓周
> 　也。"按:太史公云"吾闻之周生",则是汉人,与太史公耳目相接明矣。
>
> ②【集解】《尸子》曰:"舜两眸子,是谓重瞳。"
>
> ③【集解】此时山东六国,而齐、赵、韩、魏、燕五国并起,从伐秦,故云五诸侯。
>
> ④【正义】颜师古云:"背关,背约不王高祖于关中。怀楚,谓思东归而都
> 　彭城。"
>
> ⑤【正义】卒音子律反。五年,谓高帝元年至五年,杀项羽东城。

【索隐述赞】亡秦鹿走,伪楚狐鸣。云郁沛谷,剑挺吴城。勋开鲁甸,势合砀兵。卿子无罪,亚父推诚。始救赵歇,终诛子婴。违约王汉,背关怀楚。常迁上游,臣迫故主。灵壁大振,成皋久拒。战非无功,天实不与。嗟彼盖代,卒为凶竖。

史记卷八

高祖本纪第八

高祖，①沛丰邑中阳里人，姓刘氏，②字季。③父曰太公，④母曰刘媪。⑤其先刘媪尝息大泽之陂，梦与神遇。是时雷电晦冥，太公往视，则见蛟龙于其上。⑥已而有身，遂产高祖。

①【集解】《汉书音义》曰："讳邦。"张晏曰："《礼·谥法》无'高'，以为功最高而为汉帝之太祖，故特起名焉。"

②【集解】李斐曰："沛，小沛也。刘氏随魏徙大梁，移在丰，居中阳里。"孟康曰："后沛为郡，丰为县。" 【索隐】按：高祖，刘累之后，别食邑于范，士会之裔，留秦不反，更为刘氏。刘氏随魏徙大梁，后居丰，今言"姓刘氏"者是。《左传》"天子建德，因生以赐姓，胙之土，命之氏。诸侯以字为谥，因以为族"。说者以为天子赐姓命氏，诸侯命族，族者氏之别名也。然则因生赐姓，若舜生姚墟，以为姚姓，封之于虞，即号有虞氏是也。若其后子孙更不得赐姓，即遂以虞为姓，云"姓虞氏"。今此云"姓刘氏"，亦其义也。故姓者，所以统系百代，使不别也。氏者，所以别子孙之所出。又《系本》篇言姓则在上，言氏则在下，故《五帝本纪》云"禹姓姒氏，契姓子氏，弃姓姬氏"是也。按：汉改泗水为沛郡，治相城，故注以沛为小沛也。

③【索隐】按：《汉书》"名邦，字季"，此单云字，亦又可疑。按：汉高祖长兄名伯，次名仲，不见别名，则季亦是名也。故项岱云"高祖小字季，即位易名邦，后因讳邦不讳季，所以季布犹称姓也"。

④【索隐】皇甫谧云："名执嘉。"王符云："太上皇名煓。"与湍同音。 【正义】《春秋握成图》云："刘媪梦赤鸟如龙，戏己，生执嘉。"

⑤【集解】文颖曰："幽州及汉中皆谓老妪为媪。"孟康曰："长老尊称也。左师谓太后曰'媪爱燕后贤长安君'。《礼乐志》'地神曰媪'。媪，母别名也，音

乌老反。"【索隐】韦昭云："媪,妇人长老之称。"皇甫谧云："媪盖姓王氏。"
又据《春秋握成图》以为执嘉妻含始,游洛池,生刘季。《诗含神雾》亦云。
姓字皆非正史所出,盖无可取。今近有人云"母温氏"。贞时打得班固泗水
亭长古石碑文,其字分明作"温"字,云"母温氏"。贞与贾膺复、徐彦伯、魏
奉古等执对反覆,沈叹古人未闻,聊记异见,于何取实也? 孟康注"地神曰
媪"者,《礼乐志》云"后土富媪",张晏曰"坤为母,故称媪"是也。 【正义】
《帝王世纪》云:"汉昭灵后含始游洛池,有宝鸡衔赤珠出炫日,后吞之,生高
祖。"《诗含神雾》亦云。含始即昭灵后也。《陈留风俗传》云:"沛公起兵野
战,丧皇妣于黄乡,天下平定,使使者以梓宫招幽魂,于是丹蛇在水自洒,跃
入梓宫,其浴处有遗发,谥曰昭灵夫人。"《汉仪注》云:"高帝母起兵时死小
黄城,后于小黄立陵庙。"《括地志》云:"小黄故城在汴州陈留县东北三十
里。"颜师古云:"皇甫谧等妄引谶记,好奇骋博,强为高祖父母名字,皆非正
史所说,盖无取焉。宁有刘媪本姓实存,史迁肯不详载? 即理而言,断可
知矣。"

⑥【索隐】按:《诗含神雾》云"赤龙感女媪,刘季兴"。又《广雅》云"有鳞曰蛟
龙"。

高祖为人,隆准而龙颜,①美须髯,左股有七十二黑子。②仁而爱人,
喜施,③意豁如也。④常有大度,不事家人生产作业。及壮,试为吏,⑤为
泗水亭长,⑥廷中吏无所不狎侮。好酒及色。常从王媪、武负贳酒,⑦醉
卧,武负、王媪见其上常有龙,怪之。高祖每酤留饮,酒雠数倍。⑧及见
怪,岁竟,此两家常折券弃责。⑨

①【集解】服虔曰:"准音拙。"应劭曰:"隆,高也。准,颊权准也。颜,额颡也,
齐人谓之颡,汝南、淮、泗之间曰颜。"文颖曰:"准,鼻也。" 【索隐】李斐云:
"准,鼻也。始皇蜂目长准,盖鼻高起。"《尔雅》:"颜,额也。"文颖曰:"高祖
感龙而生,故其颜貌似龙,长颈而高鼻。"

②【正义】《河图》云:"帝刘季口角戴胜,斗胸,龟背,龙股,长七尺八寸。"《合诚
图》云:"赤帝体为朱鸟,其表龙颜,多黑子。"按:左,阳也。七十二黑子者,
赤帝七十二日之数也。木火土金水各居一方,一岁三百六十日,四方分之,
各得九十日,土居中央,并索四季,各十八日,俱成七十二日,故高祖七十二
黑子者,应火德七十二日之征也。有一本"七十日"者,非也。许北人呼为

“廐子”，吴楚谓之“志”。志，记也。

③【正义】喜，许记反。施，尸豉反。

④【集解】服虔曰：“豁，达也。”

⑤【集解】应劭曰：“试补吏。”

⑥【正义】秦法，十里一亭，十亭一乡。亭长，主亭之吏。高祖为泗水亭长也。《国语》有“寓室”，即今之亭也。亭长，盖今里长也。民有讼诤，吏留平辨，得成其政。《括地志》云：“泗水亭在徐州沛县东一百步，有高祖庙也。”

⑦【集解】韦昭曰：“贳，赊也。”　【索隐】邹诞生贳音世，与《字林》声韵并同。又音时夜反。《广雅》云：“贳，赊也。”《说文》云：“贳，贷也。”临淮有贳阳县。《汉书·功臣表》“贳阳侯刘缠”，而此纪作“射阳”，则“贳”亦“射”也。

⑧【集解】如淳曰：“雠亦售。”　【索隐】乐彦云借“雠”为“售”，盖古字少，假借耳。今亦依字读。盖高祖大度，既贳饮，且雠其数倍价也。

⑨【索隐】《周礼·小司寇》云：“听称责以傅别。”郑司农云：“傅别，券书也。”康成云：“傅别，谓大手书于札中而别之也。”然则古用简札书，故可折。至岁终总弃不责也。

高祖常繇咸阳，①纵观，观秦皇帝，②喟然太息曰：“嗟乎，大丈夫当如此也！”

①【集解】应劭曰：“徭役也。”　【索隐】韦昭云：“秦所都，武帝更名渭城。”应劭云：“今长安也。”按：《关中记》云“孝公都咸阳，今渭城是，在渭北。始皇都咸阳，今城南大城是也”。名咸阳者，山南曰阳，水北亦曰阳，其地在渭水之北，又在九嵕诸山之南，故曰咸阳。

②【正义】包恺云：“上音馆，下音官。恣意，故纵观也。”

单父人吕公①善沛令，避仇从之客，因家沛焉。沛中豪桀吏闻令有重客，皆往贺。萧何为主吏，②主进，③令诸大夫曰：④“进不满千钱，坐之堂下。”高祖为亭长，素易诸吏，乃给为谒曰⑤“贺钱万”，实不持一钱。谒入，吕公大惊，起，迎之门。吕公者，好相人，见高祖状貌，因重敬之，引入坐。萧何曰：“刘季固多大言，少成事。”高祖因狎侮诸客，遂坐上坐，⑥无所诎。⑦酒阑，⑧吕公因目固留高祖。⑨高祖竟酒，后。吕公曰：“臣少好相人，⑩相人多矣，无如季相，愿季自爱。臣有息女，⑪愿为季箕帚妾。"酒罢,吕媪怒吕公曰:"公始常欲奇此女,与贵人。沛令善公,求之不与,何自妄许与刘季?"吕公曰:"此非儿女子所知也。"卒与刘季。吕公女乃吕后也,生孝惠帝、鲁元公主。⑫

①【集解】《汉书音义》曰:"单音善。父音斧。"【索隐】韦昭云:"单父,县名,属山阳。"崔浩云:"史失其名,但举姓而言公。"又按:《汉书旧仪》云"吕公,汝南新蔡人"。又《相经》云"魏人吕公,名文,字叔平"也。

②【集解】孟康曰:"主吏,功曹也。"

③【集解】文颖曰:"主赋敛礼进,为之帅。"【索隐】郑氏云:"主赋敛礼钱也。"颜师古曰:"进者,会礼之财。字本作'赆',声转为'进'。'宣帝数负进',义与此同。"

④【正义】大夫,客之贵者总称之。

⑤【集解】应劭曰:"绐,欺也。音殆。"【索隐】韦昭云:"绐,诈也。"刘氏云:"绐,欺负也。"何休云:"绐,疑也。"谓高祖素狎易诸吏,乃诈为谒。谒谓以札书姓名,若今之通刺,而兼载钱谷也。

⑥【正义】上在果反。下在卧反。

⑦【正义】音丘忽反。

⑧【集解】文颖曰:"阑言希也。谓饮酒者半罢半在,谓之阑。"

⑨【正义】不敢对众显言,故目动而留之。

⑩【集解】张晏曰:"古人相与语多自称臣,自卑下之道,若今人相与语皆自称仆。"

⑪【正义】息,生也。谓所生之女也。

⑫【集解】服虔曰:"元,长也。食邑于鲁。"韦昭曰:"元,谥也。"【正义】汉制,帝女曰"公主",仪比诸侯;姊妹曰"长公主",仪比诸侯王;姑曰"大长公主",仪比诸侯王。

高祖为亭长时,常告归之田。①吕后与两子居田中耨,有一老父过请饮,吕后因铺之。②老父相吕后曰:"夫人天下贵人。"令相两子,见孝惠,曰:"夫人所以贵者,乃此男也。"相鲁元,亦皆贵。老父已去,高祖适从旁舍来,吕后具言客有过,相我子母皆大贵。高祖问,曰:"未远。"乃追及,问老父。老父曰:"乡者夫人婴儿皆似君,君相贵不可言。"高祖乃谢曰："诚如父言，不敢忘德。"及高祖贵，遂不知老父处。

①【集解】服虔曰："告音如'嚎呼'之'嚎'。"李斐曰："休谒之名也。吉曰告，凶曰宁。"孟康曰："古者名吏休假曰告。告又音嚳。汉律，吏二千石有予告、赐告。予告者，在官有功最，法所当得者也。赐告者，病满三月当免，天子优赐，复其告，使得带印绶，将官属，归家治疾也。"【索隐】韦昭云："告，请归乞假也。音'告语'之'告'。故《战国策》曰'商君告归'，延笃以为告归，今之归宁也。"刘伯庄、颜师古并音古笃反，非号嚳两音也。按：《东观汉记·田邑传》云"邑年三十，历卿大夫，号归罢，厌事，少所嗜欲"。寻号与嚎同，古者当有此语，故服氏云"如号呼之号"，音豪。今以服虔虽据田邑"号归"，亦恐未得。然此"告"字当音诰，诰号声相近，故后"告归""号归"遂变耳。

②【正义】必捕反，以食饲人也。父本请饮，吕后因饲之。《国语》云："国中童子无不餔。"

高祖为亭长，乃以竹皮为冠，令求盗之薛治之，① 时时冠之，② 及贵常冠，所谓"刘氏冠"③ 乃是也。

①【集解】应劭曰："以竹始生皮作冠，今鹊尾冠是也。求盗者，旧时亭有两卒，其一为亭父，掌开闭埽除，一为求盗，掌逐捕盗贼。薛，鲁国县也。有作冠师，故往治之。"【索隐】应劭云："一名'长冠'。侧竹皮裹以纵前，高七寸，广三寸，如板。"又蔡邕《独断》云："长冠，楚制也。高祖以竹皮为之，谓之'刘氏冠'。"司马彪《舆服志》亦以"刘氏冠"为鹊尾冠也。应劭云："旧亭卒名'弩父'，陈、楚谓之'亭父'，或云'亭部'，淮、泗谓之'求盗'也。"

②【正义】音馆，下同。

③【正义】音官。颜师古云："后号为'刘氏冠'。其后诏曰'爵非公乘以上不得冠刘氏冠'，即此也。"

高祖以亭长为县送徒郦山，徒多道亡。自度比至皆亡之，① 到丰西泽中，止饮，夜乃解纵所送徒。曰："公等皆去，吾亦从此逝矣！"徒中壮士愿从者十馀人。高祖被酒，② 夜径③ 泽中，令一人行前。④ 行前者还报曰："前有大蛇当径，⑤ 愿还。"高祖醉，曰："壮士行，何畏！"乃前，拔剑击斩蛇。⑥ 蛇遂分为两，⑦ 径开。行数里，醉，因卧。后人来至蛇所，有一老妪夜哭。人问何哭,妪曰:"人杀吾子,故哭之。"人曰:"妪子何为见杀?"妪曰:"吾子,白帝子也,化为蛇,当道,今为赤帝子斩之,⑧故哭。"人乃以妪为不诚,欲告之,⑨妪因忽不见。后人至,高祖觉。⑩后人告高祖,高祖乃心独喜,自负。⑪诸从者日益畏之。

①【正义】度,田洛反。比,必寐反。

②【正义】被,加也。

③【索隐】旧音经。按:《广雅》云"径,斜过也"。《字林》云"径,小道也,音古定反"。言酒后放徒,夜径行泽中,不敢由正路,且从而求疾也。

④【正义】行音下孟反。

⑤【索隐】音迳。郑玄曰:"步道曰径也。"

⑥【索隐】《汉旧仪》云"斩蛇剑长七尺"。又高祖云"吾以布衣提三尺剑取天下"。二文不同者,崔豹《古今注》"当高祖为亭长,理应提三尺剑耳;及贵,当别得七尺宝剑",故《旧仪》因言之。　【正义】按:其蛇大,理须别求是剑斩之。三尺剑者,常佩之剑。《括地志》云:"斩蛇沟源出徐州丰县中平地,故老云高祖斩蛇处,至县西十五里入泡水也。"

⑦【索隐】谓斩蛇分为两段也。

⑧【集解】应劭曰:"秦襄公自以居西戎,主少昊之神,作西畤,祠白帝。至献公时栎阳雨金,以为瑞,又作畦畤,祠白帝。少昊,金德也。赤帝尧后,谓汉也。杀之者,明汉当灭秦也。秦自谓水,汉初自谓土,皆失之。至光武乃改定。"【索隐】按:《太康地理志》云"畤在栎阳故城内。其畤如畦,故曰畦畤"。畦音户圭反。应注云"秦自谓水"者,按秦文公获黑龙,命河为德水是也。又按:《春秋合诚图》云"水神哭,子褒败"。宋均以为高祖斩白蛇而神母哭,则此母水精也。此皆谬说。又注云"至光武乃改"者,谓改汉为火德,秦为金德,与雨金及赤帝子之理合也。

⑨【集解】徐广曰:"一作'苦'。"【索隐】《汉书》作"苦",谓欲困苦辱之。一本或作"笞"。《说文》云:"笞,击也。"

⑩【索隐】包恺、刘伯庄音古孝反。

⑪【集解】应劭曰:"负,恃也。"【索隐】晋灼云:"自恃斩蛇事。"

秦始皇帝常曰"东南有天子气",于是因东游以厌之。①高祖即自疑,亡匿,隐于芒、砀山泽岩石之间。②吕后与人俱求,常得之。高祖怪问之。吕后曰："季所居上常有云气，③故从往常得季。"高祖心喜。沛中子弟或闻之，多欲附者矣。

①【索隐】厌音一涉反，又一舟反。《广雅》云："厌，镇也。"

②【集解】徐广曰："芒，今临淮县也。砀县在梁。"骃案：应劭曰"二县之界有山泽之固，故隐于其间也"。　【正义】《括地志》云："宋州砀山县在州东一百五十里，本汉砀县也。砀山在县东。"

③【正义】京房《易〔兆〕〔飞〕候》云："何以知贤人隐？（颜）师（古）曰：'四方常有大云，五色具而不雨，其下有贤人隐矣。'"故吕后望云气而得之。

　　秦二世元年①秋，陈胜等起蕲，②至陈而王，号为"张楚"。诸郡县皆多杀其长吏以应陈涉。沛令恐，欲以沛应涉。掾、主吏萧何、曹参③乃曰："君为秦吏，今欲背之，率沛子弟，恐不听。愿君召诸亡在外者，可得数百人，因劫众，④众不敢不听。"乃令樊哙召刘季。刘季之众已数十百人矣。⑤

①【集解】徐广曰："高祖时年四十八。"　【索隐】应劭云："始皇欲以一至万，示不相袭。始者一，故至子称二世。"崔浩云："二世，始皇子胡亥。"又按：《善文》称隐士云"赵高为二世杀十七兄而立今王"，则二世是第十八子也。

②【索隐】蕲，县名，属沛。音机，又音旗。

③【索隐】按：《汉书》萧、曹传，参为狱掾，何为主吏也。

④【索隐】《说文》云"以力胁之云劫"也。

⑤【索隐】《汉书》作"数百人"。刘伯庄云"言数十人或至百人"，则是百人已下也。

　　于是樊哙从刘季来。沛令后悔，恐其有变，乃闭城城守，欲诛萧、曹。萧、曹恐，逾城保刘季。①刘季乃书帛射城上，谓沛父老曰："天下苦秦久矣。今父老虽为沛令守，诸侯并起，今屠沛。②沛今共诛令，择子弟可立者立之，以应诸侯，则家室完。不然，父子俱屠，无为也。"父老乃率子弟共杀沛令，开城门迎刘季，欲以为沛令。刘季曰："天下方扰，诸侯并起，今置将不善，一败涂地。③吾非敢自爱，恐能薄，④不能完父兄子弟。此大事，愿更相推择可者。"萧、曹等皆文吏，自爱，恐事不就，后秦种族其家,尽让刘季。诸父老皆曰:"平生所闻刘季诸珍怪,当贵,且卜筮之,莫如刘季最吉。"于是刘季数让。众莫敢为,乃立季为沛公。⑤祠黄帝,祭蚩尤于沛庭,⑥而衅鼓⑦旗,帜皆赤。⑧由所杀蛇白帝子,杀者赤帝子,故上赤。于是少年豪吏如萧、曹、樊哙等皆为收沛子弟二三千人,攻胡陵、⑨方与,⑩还守丰。

①【集解】韦昭曰:"以为保障。"

②【索隐】按:范晔云"克城多所诛杀,故云屠也"。

③【索隐】言一朝破败,使肝脑涂地。

④【正义】能,才能也。高祖谦言材能薄劣,不能完全其众。能者,兽,形色似熊,足似鹿。为物坚中而强力,人之有贤才者,皆谓之能也。

⑤【集解】徐广曰:"九月也。"骃案:《汉书音义》曰"旧楚僭称王,其县宰为公。陈涉为楚王,沛公起应涉,故从楚制称曰公"。

⑥【集解】应劭曰:"《左传》曰黄帝战于阪泉,以定天下。蚩尤好五兵,故祠祭之求福祥也。"瓒曰:"管仲云'割卢山交而出水,金从之出,蚩尤受之以作剑戟'。"【索隐】按:《管子》云"葛卢之山,发而出金",今注引"发"作"交"及"割",皆误也。

⑦【集解】应劭曰:"衅,祭也。杀牲以血涂鼓曰衅。"瓒曰:"案《礼记》及《大戴礼》有衅庙之礼,皆无祭事。"【索隐】《说文》云:"衅,血祭也。"《司马法》曰:"血于鼙鼓者,神戎器也。"颜师古曰:"凡杀牲以血祭者,皆名为衅。"臣瓒以为"皆无祭事",非也。又古人新成钟鼎,亦必衅之。应劭云:"衅呼为釁。"马融注《周礼》灼龟之兆云:"谓其象似玉、瓦、原之衅罅,是用名之。"此说皆非。罅音火稼反。

⑧【索隐】墨翟云:"帜,帛长丈五,广半幅。"《字诂》云:"帜,标也。"《字林》云:"熊旗五旒,谓与士卒为期于其下,故曰旗也。"帜,或作"识",或作"志"。嵇康音试。萧该音炽。

⑨【索隐】邓展曰:"县名,属山阳,章帝改曰胡陆。"

⑩【集解】郑德曰:"音房豫,属山阳郡。"【索隐】郑玄曰"属山阳"也。

秦二世二年,陈涉之将周章①军西至戏②而还。③燕、赵、齐、魏皆自立为王。④项氏起吴。秦泗川监平⑤将兵围丰,二日,出与战,破之。命雍齿守丰，引兵之薛。泗川守壮⑥败于薛，走至戚，⑦沛公左司马得泗川守壮，杀之。⑧沛公还军亢父，⑨至方与，（周市来攻方与）未战。陈王使魏人周市略地。周市使人谓雍齿曰："丰，故梁徙也。⑩今魏地已定者数十城。齿今下魏，魏以齿为侯守丰。不下，且屠丰。"雍齿雅不欲属沛公，⑪及魏招之，即反为魏守丰。沛公引兵攻丰，不能取。沛公病，还之沛。沛公怨雍齿与丰子弟叛之，闻东阳甯君、秦嘉⑫立景驹为假王，在留，⑬乃往从之，欲请兵以攻丰。是时秦将章邯从陈，别将司马𡰥⑭将兵北定楚地，屠相，至砀。⑮东阳甯君、沛公引兵西，与战萧西，⑯不利。还收兵聚留，引兵攻砀，三日乃取砀。因收砀兵，得五六千人。攻下邑，⑰拔之。⑱还军丰。闻项梁在薛，⑲从骑百馀往见之。⑳项梁益沛公卒五千人，五大夫将十人。㉑沛公还，引兵攻丰。㉒

①【索隐】应劭云："章字文，陈人。"

②【索隐】文颖云："在新丰东二十里戏亭北。"孟康云："水名也。"又《述征记》云："戏水自骊山冯公谷北流，历戏亭，东入渭。"按：今其水东惟有戏驿存。

③【索隐】为章邯所破而还。邯音酣。

④【索隐】按《汉书·高纪》，二世二年八月，武臣自立为赵王，田儋自立为齐王，韩广自立为燕王，魏咎自立为魏王也。

⑤【集解】文颖曰："泗川，今沛郡也，高祖更名沛。秦时御史监郡，若今刺史。平，名也。"【索隐】如淳云："秦并天下为三十六郡，置守、尉、监，故此有'监平'，下有'守壮'，则平、壮皆名也。"

⑥【集解】如淳曰："壮，名也。"

⑦【集解】如淳曰："戚音将毒反。"【索隐】晋灼云："东海县也。"郑德、包恺并如字读。李登音千笠反。【正义】《括地志》云："沂州临沂县有汉戚县故城。《地理志》云临沂县属东海郡。"

⑧【索隐】颜师古云"得，司马之名"，非也。按：后云"左司马曹无伤"，自此已下更不见替易处，盖是左司马无伤得泗川守壮而杀之耳。

⑨【集解】郑德曰："亢音人相亢答，父音甫。属任城郡。"【索隐】旧音刚。刘伯庄、包恺并同音苦浪反。【正义】音刚，又苦浪反。《括地志》云："亢父，县也，沛公屯军于此也。"

⑩【集解】文颖曰:"梁惠王孙假为秦所灭,转东徙于丰,故曰'丰,梁徙'。"

⑪【集解】服虔曰:"雅,故也。"苏林曰:"雅,素也。"

⑫【集解】文颖曰:"秦嘉,东阳郡人也,为宁县君。"瓒曰:"《陈胜传》曰'广陵人秦嘉',然则嘉非东阳人也。秦嘉初起兵于郯,号曰大司马,又不为宁县君。东阳宁君自一人,秦嘉又自一人。"【索隐】臣瓒以为二人。按:下文直云"东阳宁君",又别言"秦嘉",明臣瓒之说为得。颜师古以宁是姓,君者,时人号曰君耳。

⑬【索隐】韦昭云:"今彭城留县也。"【正义】《括地志》云:"留城在徐州沛县东南五十里,即张良所封处。"

⑭【集解】如淳曰:"从陈涉将也。涉在陈,其将相别在他许,皆称陈。尼,章邯司马。"【索隐】谓章邯从陈别将,将兵向他处,而遣司马尼将领兵士,北定楚地,故如淳云"尼,章邯司马"也。孔文祥亦曰"邯别遣尼屠相"。又一说云"从谓追逐之,言章邯讨逐陈别将,而司马尼别将兵北定楚",亦通。

⑮【索隐】韦昭云:"相,沛县。"应劭曰:"砀属梁国。"苏林音唐,又音宕。【正义】《括地志》云:"故相城在徐州符离县西北九十里。砀在宋州东一百五十里。"

⑯【索隐】韦昭云:"萧,沛之县名,谓在萧县之西也。"

⑰【索隐】韦昭云:"县名,属梁国。"

⑱【索隐】按:范晔云"得城为拔"是也。

⑲【正义】今徐州滕县,故薛城也。

⑳【集解】徐广曰:"三月。"

㉑【集解】苏林曰:"五大夫,第九爵也。以五大夫为将,凡十人也。"

㉒【集解】徐广曰:"表云'拔之,雍齿奔魏'。"

从项梁月馀,项羽已拔襄城①还。项梁尽召别将居薛。闻陈王定死,因立楚后怀王孙心为楚王,治盱台。②项梁号武信君。居数月,北攻亢父,救东阿,③破秦军。齐军归,楚独追北,④使沛公、项羽别攻城阳,⑤屠之。军濮阳之东,⑥与秦军战,破之。

①【索隐】韦昭云:"颍川县。"【正义】襄城,许州县。

②【索隐】韦昭云:"临淮县。音吁夷。"【正义】楚县也。

③【索隐】韦昭云:"东郡之县名。"【正义】济州县也。

④【集解】服虔曰:"师败曰北。"

⑤【索隐】按《地理志》属济阴。

⑥【索隐】韦昭云:"东郡之县名。"【正义】濮阳故城在濮州西八十六里,本汉
　　濮阳县。

秦军复振,①守濮阳,环水。②楚军去而攻定陶,③定陶未下。沛公
与项羽西略地至雍丘之下,④与秦军战,大破之,斩李由。还攻外黄,⑤
外黄未下。

①【集解】李奇曰:"振,整也。"如淳曰"振,起也。收败卒自振迅而复起也。"

②【集解】文颖曰:"决水以自环守为固也。"张晏曰:"依河水以自环绕作垒。"
　　【正义】按:二说皆通。其濮阳县北临黄河,言秦军北阻黄河,南凿沟引黄河
　　水环绕作壁垒为固,楚军乃去。

③【索隐】按:《地理志》济阴之县也。

④【索隐】韦昭云:"故杞国,今陈留之县。"

⑤【索隐】韦昭云:"上陈留县。"【正义】在雍丘东。

项梁再破秦军,有骄色。宋义①谏,不听。秦益章邯兵,夜衔枚击
项梁,②大破之定陶,项梁死。沛公与项羽方攻陈留,闻项梁死,引兵与
吕将军俱东。吕臣军彭城东,项羽军彭城西,沛公军砀。

①【索隐】荀悦《汉纪》云"故楚令尹宋义",当别有所出也。

②【集解】《周礼》有衔枚氏。郑玄曰"衔枚,止言语嚣欢也。枚状如箸,横衔
　　之,横衔之,缢结于项者"。缢音获。

章邯已破项梁军,则以为楚地兵不足忧,乃渡河,北击赵,大破之。
当是之时,赵歇①为王,秦将王离围之钜鹿城,此所谓河北之军也。

①【索隐】苏林音如字。郑德音"遏绝"之"遏"。徐广音乌辖反。今依字读
　　之也。

秦二世三年,楚怀王见项梁军破,恐,徙盱台都彭城,并吕臣、项羽
军自将之。以沛公为砀郡长,①封为武安侯,将砀郡兵。封项羽为长安
侯,号为鲁公。吕臣为司徒,其父吕青为令尹。②

①【正义】《括地志》云:"宋州本秦砀郡。"苏林云:"长如郡守。"韦昭云:"秦名

曰守,是时改曰长。"

②【索隐】按表,青封信阳侯。 【正义】应劭云:"天子曰师尹,诸侯曰令尹。
时去六国近,故置令尹。"臣瓚曰:"诸侯之卿,唯楚称令尹,其馀国不称。时
立楚之后,故置官司皆如楚旧也。"

赵数请救,怀王乃以宋义为上将军,项羽为次将,范增为末将,北救
赵。令沛公西略地入关。与诸将约,先入定关中者王之。①

①【索隐】韦昭云:"函谷、武关也。"又《三辅旧事》云:"西以散关为界,东以函
谷为界,二关之中谓之关中。"

当是时,秦兵强,常乘胜逐北,诸将莫利先入关。独项羽怨秦破项
梁军,奋,①愿与沛公西入关。怀王诸老将皆曰:"项羽为人僄悍猾贼。②
项羽尝攻襄城,襄城无遗类,③皆阬之,诸所过无不残灭。且楚数进
取,④前陈王、⑤项梁皆败。不如更遣长者扶义而西,⑥告谕秦父兄。秦
父兄苦其主久矣,今诚得长者往,毋侵暴,宜可下。今项羽僄悍,今⑦不
可遣。独沛公素宽大长者,可遣。"卒不许项羽,而遣沛公西略地,收陈
王、项梁散卒。乃道砀⑧至成阳,与杠里⑨秦军夹壁,破(魏)〔秦〕二军。
楚军出兵击王离,大破之。⑩

①【索隐】韦昭云:"愤激也。"

②【索隐】《说文》云:"僄,疾也;悍,勇也。"《方言》云:"僄,轻也。"刘音匹妙反。
猾贼,《汉书》作"祸贼"也。

③【集解】徐广曰:"遗,一作'噍'。噍,食也,音在妙反。"骃案:如淳曰"类无复
有活而噍食者也。青州俗言无子遗为无噍类"。

④【集解】如淳曰:"楚谓陈涉也。数进取,多所攻取。"

⑤【集解】《汉书音义》曰:"陈涉也。"

⑥【正义】遣长者扶持仁义而西,告谕秦长少,令降下也。

⑦【集解】徐广曰:"一无此字。"

⑧【集解】《汉书音义》曰:"道由砀也。"

⑨【集解】《汉书音义》曰:"二县名。" 【索隐】成阳在济阴,韦昭云"在颍川",
非也。服虔云:"杠里,县名。"如淳云:"秦军所别屯地名也。"

⑩【集解】徐广曰:"表云三年十月,攻破东郡尉及王离军于成武南。"

　　沛公引兵西,遇彭越昌邑,①因与俱攻秦军,战不利。还至栗,②遇刚武侯,③夺其军,可四千馀人,并之。与魏将皇欣、魏申徒武蒲之军④并攻昌邑,昌邑未拔。西过高阳。⑤郦食其⑥谓〔为〕监门,曰:"诸将过此者多,吾视沛公大人长者。"乃求见说沛公。沛公方踞床,使两女子洗足。郦生不拜,长揖,曰:"足下必欲诛无道秦,不宜踞见长者。"于是沛公起,摄衣谢之,延上坐。食其说沛公袭陈留,⑦得秦积粟。乃以郦食其为广野君,⑧郦商为将,将陈留兵,与偕攻开封,⑨开封未拔。西与秦将杨熊战白马,⑩又战曲遇⑪东,大破之。杨熊走之荥阳,⑫二世使使者斩以徇。⑬南攻颍阳,屠之。因张良遂略韩地轘辕。⑭

①【正义】《地理志》云昌邑县属山阳。《括地志》云:"在曹州成武县东北三十二里,有梁丘故城是也。"

②【索隐】韦昭云:"县名,属沛。"

③【集解】应劭曰:"楚怀王将也。"《汉书音义》曰:"《功臣表》云棘蒲刚侯陈武。武,一姓柴。'刚武侯'宜为'刚侯武',魏将也。"瓒曰:"《功臣表》柴武以将军起薛,别救东阿,至霸上,入汉中,非怀王将也,又非魏将也,例未称谥。"【正义】颜师古云:"史失其名姓,唯识其爵号,不知谁也,不当改为'刚侯武'。应氏以为怀王将,又云魏将,无据矣。"表六年三月封。孟、颜二人说是。

④【正义】并魏将也。欣字或作"䜣",音许斤反。蒲,《汉书》作"满",并通也。

⑤【集解】文颖曰:"聚邑名也,属陈留圉县。"瓒曰:"《陈留传》曰在雍丘西南。"

⑥【集解】郑德曰:"音历异基。"

⑦【集解】《汉书音义》曰:"《春秋传》曰轻行无钟鼓曰袭。"

⑧【索隐】韦昭云:"在山阳。"

⑨【索隐】韦昭云:"河南县。"

⑩【索隐】韦昭云:"东郡县。"　【正义】《括地志》云:"白马故城在滑州卫南县西南二十四里。戴延之《西征记》云白马城,故卫之漕邑。"

⑪【索隐】徐广云"在中牟"。韦昭云"志不载"。司马彪《郡国志》中牟有曲遇聚也。

⑫【索隐】韦昭云："故卫地，河南县也。"

⑬【集解】徐广曰："四月。"

⑭【集解】文颖曰："河南新郑南至颍川南北，皆韩地也。以良累世相韩，故因
　之。"瓒曰："轘辕，险道名，在缑氏东南。"　【索隐】按：《十三州志》云河南缑
　氏县，以山为名。一云轘辕凡九十二曲，是险道也。

　　当是时，赵别将司马卬方欲渡河入关，沛公乃北攻平阴，①绝河津。
南，战雒阳东，军不利，还至阳城，②收军中马骑，与南阳守齮③战犨
东，④破之。略南阳郡，南阳守齮走，保城守宛。⑤沛公引兵过而西。张
良谏曰："沛公虽欲急入关，秦兵尚众，距险。今不下宛，宛从后击，强秦
在前，此危道也。"于是沛公乃夜引兵从他道还，更旗帜，黎明，⑥围宛城
三匝。⑦南阳守欲自刭。其舍人陈恢曰："死未晚也。"乃逾城见沛公，
曰："臣闻足下约，先入咸阳者王之。今足下留守宛。宛，大郡之都也，
连城数十，人民众，积蓄多，吏人自以为降必死，故皆坚守乘城。⑧今足
下尽日止攻，士死伤者必多；引兵去宛，宛必随足下后：足下前则失咸阳
之约，后又有强宛之患。为足下计，莫若约降，封其守，因使止守，引其
甲卒与之西。诸城未下者，闻声争开门而待，足下通行无所累。"沛公
曰："善。"⑨乃以宛守为殷侯，⑩封陈恢千户。引兵西，无不下者。至丹
水，⑪高武侯鳃、⑫襄侯王陵降西陵。⑬还攻胡阳，⑭遇番君别将梅鋗，与
皆，降析、郦。⑮遣魏人甯昌使秦，使者未来。是时章邯已以军降项羽于
赵矣。

①【集解】《地理志》河南有平阴县，今河阴是也。

②【正义】今洛州，夏禹所都。

③【索隐】音叙。许慎以为侧咶也。

④【集解】《地理志》南阳有犨县。

⑤【正义】守音狩。宛，于元反。《括地志》云："南阳县故城在宛大城之南隅，
　其西南有二面，皆故宛城。"

⑥【索隐】音犁。黎犹比也，谓比至天明也。《汉书》作"迟"，音值。值，待也，
　谓待天明，皆言早意也。

⑦【索隐】按：《楚汉春秋》曰"上南攻宛，匿旌旗，人衔枚，马束舌，鸡未鸣，围宛

城三匝"也。

⑧【索隐】李奇曰："乘，守也。"韦昭曰："乘，登也。"

⑨【集解】徐广曰："七月也。"

⑩【索隐】韦昭曰："在河内。"

⑪【索隐】韦昭曰："在河内。"　【正义】《括地志》云："故丹城在邓州内乡县西
　　南百三十里，南去丹水二百步。《汲冢纪年》云后稷放帝子丹朱于丹水是
　　也。《舆地志》云秦为丹水县也。《地理志》云丹水县属弘农郡。《抱朴子》
　　云'丹水出丹鱼，先夏至十日，夜伺之，鱼浮水侧，光照如火，网而取之，割其
　　血以涂足，可以步行水上，长居川中不溺'。"

⑫【集解】苏林曰："鳃音'鱼鳃'之'鳃'。"晋灼曰："《功臣表》戚鳃也。"

⑬【集解】韦昭曰："汉封王陵为安国侯，初起兵时在南阳，南阳有穰县，疑'襄'
　　当为'穰'，而无'禾'，字省耳。今'邵公'或作'召'字，此类多矣。"瓒曰："时
　　韩成封穰侯，江夏有襄，是陵所封。"　【索隐】按：王陵封安国侯，是定天下
　　为丞相时封耳。此言襄侯，当如臣瓒解，盖初封江夏之襄也。

⑭【集解】一云"陵"。　【索隐】韦昭曰："南阳县。"

⑮【集解】如淳曰："持益反。"　【索隐】邹诞生音锡。郦音历，苏林、如淳音掷。
　　析属弘农，郦属南阳，出《地理志》。而《左传》云析一名白羽。颜师古云
　　"析，今内乡县。郦，今菊潭县"。

　初，项羽与宋义北救赵，及项羽杀宋义，代为上将军，诸将黥布皆
属，破秦将王离军，降章邯，诸侯皆附。及赵高已杀二世，使人来，欲约分
王关中。沛公以为诈，乃用张良计，使郦生、陆贾往说秦将，啖以利，因袭
攻武关，①破之。又与秦军战于蓝田南，益张疑兵旗帜，诸所过毋得掠
卤，②秦人憙，秦军解，因大破之。又战其北，大破之。乘胜，遂破之。

①【索隐】《左传》云楚司马起(营所)〔丰析〕以临上雒，谓晋人曰"将通于少习"，
　　杜预以为商县武关也。又《太康地理志》武关当冠军县西，峣关在武关西也。

②【集解】应劭曰："卤与'虏'同。"

　汉元年十月，①沛公兵遂先诸侯至霸上。②秦王子婴素车白马，系颈
以组，封皇帝玺符节，③降轵道旁。④诸将或言诛秦王。⑤沛公曰："始怀
王遣我，固以能宽容；且人已服降，又杀之，不祥。"乃以秦王属吏，⑥遂

西入咸阳。欲止宫休舍，⑦樊哙、张良谏，乃封秦重宝财物府库，还军霸上。召诸县父老豪桀曰："父老苦秦苛法久矣，诽谤⑧者族，偶语者弃市。⑨吾与诸侯约，先入关者王之，吾当王关中。与父老约，法三章耳：⑩杀人者死，伤人及盗抵罪。⑪馀悉除去秦法。诸吏人皆案堵如故。⑫凡吾所以来，为父老除害，非有所侵暴，无恐！且吾所以还军霸上，待诸侯至而定约束耳。"乃使人与秦吏行县乡邑，告谕之。秦人大喜，争持牛羊酒食献飨军士。沛公又让不受，曰："仓粟多，非乏，不欲费人。"人又益喜，唯恐沛公不为秦王。

① 【集解】如淳曰："《张苍传》云以高祖十月至霸上，故因秦以十月为岁首。"
【正义】沛公乙未年十月至霸上。项羽封十八诸侯，沛公封汉王，后刘项五年战斗，汉遂灭楚，天下归汉，故却书初至霸上之月。

② 【正义】故霸陵在雍州万年县东北二十五里，汉霸陵，文帝之陵邑也，东南去霸陵十里。《地理志》云："霸陵故芷阳，文帝更名。"《三秦记》云："霸城，秦穆公筑为宫，因名霸城。汉于此置霸陵。"《庙记》云："霸城，汉文帝筑。沛公入关，遂至霸上，即此也。"

③ 【索隐】韦昭云："天子印称玺，又独以玉。符，发兵符也。节，使者所拥也。"《说文》云："符，信也。汉制以竹，长六寸，分而相合。"《释名》云："节为号令赏罚之节也。又节毛上下相重，取象竹节。"又《汉官仪》云："子婴上始皇玺，因服御之，代代传受，号曰'汉传国玺'也。"【正义】按：天子有六玺，皇帝行玺、皇帝之玺、皇帝信玺、天子行玺、天子之玺、天子信玺。皇帝信玺凡事皆用之，玺令施行；天子信玺以迁拜封王侯；天子之玺以发兵。皆以武都紫泥封，青囊白素里，两端无缝。《三秦记》云紫泥水在今成州。《舆地志》云汉封诏玺用紫泥，则此水之泥也。

④ 【索隐】枳音只。《汉宫殿疏》云枳道亭东去霸城观四里，观东去霸水百步。苏林云在长安东十三里也。　【正义】轵音纸。《括地志》云："轵道在雍州万年县东北十六里苑中。"

⑤ 【索隐】《楚汉春秋》曰："樊哙请杀之。"

⑥ 【正义】属，之欲反。属，付也。

⑦ 【正义】休，息也。言欲居止宫殿中而息也。

⑧ 【索隐】刘伯庄、乐彦同音方未反。

⑨【集解】应劭曰:"秦禁民聚语。偶,对也。"瓒曰:"《始皇本纪》曰'偶语经书者弃市'。"【索隐】按:《礼》云"刑人于市,与众弃之",故今律谓绞刑为"弃市"是也。

⑩【索隐】杀人,伤人及盗。

⑪【集解】应劭曰:"抵,至也,又当也。除秦酷政,但至于罪也。"李斐曰:"伤人有曲直,盗臧有多少,罪名不可豫定,故凡言抵罪,未知抵何罪也。"张晏曰:"秦法,一人犯罪,举家及邻伍坐之,今但当其身坐,合于《康诰》'父子兄弟罪不相及'也。"【索隐】韦昭云:"抵,当也。谓使各当其罪。"今按:秦法有三族之刑,汉但约法三章耳,杀人者死,伤人及盗者使之抵罪,馀并不论其辜,以言省刑也。则抵训为至,杀人以外,唯伤人及盗使至罪名耳。

⑫【集解】应劭曰:"案,案次第;堵,墙堵也。"

或说沛公①曰:"秦富十倍天下,地形强。今闻章邯降项羽,项羽乃号为雍王,王关中。今则来,沛公恐不得有此。可急使兵守函谷关,②无内诸侯军,稍征关中兵以自益,距之。"沛公然其计,从之。十一月中,项羽果率诸侯兵西,欲入关,关门闭。闻沛公已定关中,大怒,使黥布等攻破函谷关。十二月中,遂至戏。③沛公左司马曹无伤闻项王怒,欲攻沛公,使人言项羽曰:"沛公欲王关中,令子婴为相,珍宝尽有之。"欲以求封。④亚父劝项羽击沛公。⑤方飨士,旦日合战。是时项羽兵四十万,号百万,沛公兵十万,号二十万,力不敌。会项伯欲活张良,夜往见良,因以文谕项羽,⑥项羽乃止。沛公从百馀骑,驱之鸿门,⑦见谢项羽。项羽曰:"此沛公左司马曹无伤言之。不然,籍何以生此!"沛公以樊哙、张良故,得解归。归,立诛曹无伤。

①【索隐】按:《楚汉春秋》云解先生云"遣守函谷,无内项王",而《张良系家》云"鲰生说我",则鲰生是小生,即解生。

②【正义】颜师古曰:"今桃林南有洪溜涧,古函谷也。其水北流入河,西岸犹有旧关馀迹。"《西征记》云:"道形如函也。其水山原壁立数十仞,谷中容一车。"

③【正义】许宜反。

④【正义】曹无伤欲就项羽求封。

⑤【索隐】范增也。项羽得范增,号曰亚父,言尊之亚于父。犹管仲,齐谓仲
　　父。父并音甫也。

⑥【正义】《项羽本纪》云项伯曰"沛公不先破关中,公岂敢入乎? 今人有大功,
　　击之不义"。此以文谕之。

⑦【索隐】按:姚察云在新丰古城东,未至戏水,道南有断原、南北洞门是也。

项羽遂西,屠烧咸阳秦宫室,所过无不残破。秦人大失望,然恐,不
敢不服耳。

项羽使人还报怀王。怀王曰:"如约。"项羽怨怀王不肯令与沛公俱
西入关,而北救赵,后天下约。①乃曰:"怀王者,吾家项梁所立耳,非有
功伐,何以得主约! 本定天下,诸将及籍也。"乃详尊怀王为义帝,实不
用其命。

①【正义】怀王初约先入咸阳者王之,令羽北救赵,故失约在后也。

正月,①项羽自立为西楚霸王,王梁、楚地九郡,都彭城。负约,更
立沛公为汉王,②王巴、蜀、汉中,③都南郑。三分关中,立秦三将:章邯
为雍王,④都废丘;司马欣为塞王,⑤都栎阳;⑥董翳为翟王,⑦都高奴。
楚将瑕丘申阳为河南王,⑧都洛阳。赵将司马卬为殷王,⑨都朝歌。赵
王歇徙王代。赵相张耳为常山王,都襄国。当阳⑩君黥布为九江王,都
六。⑪怀王柱国共敖为临江王,⑫都江陵。番君吴芮为衡山王,都邾。⑬
燕将臧荼为燕王,都蓟。故燕王韩广徙王辽东。广不听,臧荼攻杀之无
终。封成安君陈馀河间三县,居南皮。封梅鋗十万户。

①【正义】崔浩云:"史官以正月纪四时,故书正月也。"荀悦云:"先春后正月
　　也。"颜师古云:"凡此诸月号,皆太初正历之后记事者追改之,非当时本称
　　也。以十月为岁首,即以十月为正月。今此正月,当时谓之四月也。他皆
　　放此。"

②【正义】梁州本汉中郡,以汉水为名。

③【集解】徐广曰:"三十二县。"

④【正义】以岐州雍县为名。

⑤【正义】塞,先代反。韦昭云:"在长安东,名桃林塞。"按:桃林塞今华州潼关
　　也。颜师古云"取河华之固为阨塞耳,非桃林"。

⑥【索隐】因葬太上皇,改曰万年。

⑦【正义】文颖云:"本上郡,秦所置,项羽以董翳为王,更名曰翟也。"

⑧【正义】在黄河之南,故曰河南,即今河南府。

⑨【正义】以商帝盘庚国殷中之地,改商为殷,在相州安阳县,即北蒙殷墟,南
　　去朝歌百三十六里,故号殷王,都朝歌。

⑩【索隐】韦昭云:"南郡县名。"

⑪【索隐】《地理志》云六县属六安国。

⑫【正义】孟康云"本南郡,改为临江国"是也。

⑬【索隐】《太康地理志》云:"楚灭邾,迁其人于江南,因名县也。"

　　四月,兵罢戏下,①诸侯各就国。汉王之国,项王使卒三万人从,楚
与诸侯之慕从者数万人,从杜南②入蚀中。③去辄烧绝栈道,④以备诸侯
盗兵袭之,亦示项羽无东意。至南郑,诸将及士卒多道亡归,士卒皆歌
思东归。韩信说汉王曰:⑤"项羽王诸将之有功者,而王独居南郑,是迁
也。⑥军吏士卒皆山东之人也,日夜跂而望归,⑦及其锋而用之,可以有
大功。天下已定,人皆自宁,不可复用。不如决策东乡,争权天下。"

①【正义】戏音麾。许慎注《淮南子》云:"戏,大旗也。"

②【正义】韦昭云:"杜,今陵邑。"《括地志》云:"杜陵故城在雍州万年县东南十
　　五里。汉杜陵县,宣帝陵邑也,北去宣帝陵五里。《庙记》云故杜伯国。"

③【集解】李奇曰:"蚀音力,在杜南。"如淳曰:"蚀,入汉中道川谷名。"【索
　　隐】李奇音力,孟康音食。王劭按:《说文》作"镭",器名也。地形似器,故名
　　之。音力也。

④【索隐】按系家,是用张良计也。栈道,阁道也。音士谏反。包恺音士版反。
　　崔浩云:"险绝之处,傍凿山岩,而施版梁为阁。"

⑤【集解】徐广曰:"韩王信,非淮阴侯信也。"

⑥【集解】韦昭曰:"若有罪见迁徙。"

⑦【正义】跂音丘赐反。《说文》云:"跂,举踵也。"司马彪云:"跂,望也。"

项羽出关，使人徙义帝。曰："古之帝者地方千里，必居上游。"①乃使使徙义帝长沙郴县，趣义帝行，②群臣稍倍叛之，乃阴令衡山王、临江王击之，杀义帝江南。项羽怨田荣，立齐将田都为齐王。田荣怒，因自立为齐王，杀田都而反楚；予彭越将军印，令反梁地。楚令萧公角击彭越，彭越大破之。陈馀怨项羽之弗王己也，令夏说说③田荣，请兵击张耳。齐予陈馀兵，击破常山王张耳，张耳亡归汉。迎赵王歇于代，复立为赵王。赵王因立陈馀为代王。项羽大怒，北击齐。

①【正义】音流。

②【正义】趣音促。

③【正义】上音悦，下音税。

八月，汉王用韩信之计，从故道①还，袭雍王章邯。邯迎击汉陈仓，②雍兵败，还走；止战好畤，③又复败，走废丘。汉王遂定雍地。东至咸阳，引兵围雍王废丘，④而遣诸将略定陇西、北地、上郡。令将军薛欧、⑤王吸⑥出武关，因王陵兵南阳，⑦以迎太公、吕后于沛。楚闻之，发兵距之阳夏，⑧不得前。令故吴令郑昌为韩王，距汉兵。

①【集解】《地理志》武都有故道县。

②【正义】今岐州县也。

③【集解】孟康曰："畤音止，神灵之所在也，县名，属右扶风。"

④【索隐】按荀悦《汉纪》，令樊哙围之。

⑤【集解】音恶后反。　【索隐】按表，欧以舍人从，为将军，封广平侯也。

⑥【索隐】按表，吸以中涓从，为将军，封清阳侯。

⑦【集解】如淳曰："王陵亦聚党数千人，居南阳。"　【正义】《括地志》云："王陵故城在商州上洛阳南三十一里。《荆州记》云昔汉高祖入秦，王陵起兵丹水以应之。此城王陵所筑，因名。"

⑧【索隐】韦昭云："县名，属淮阳，后属陈。夏音更雅反。"

二年，汉王东略地，塞王欣、翟王翳、河南王申阳皆降。韩王昌不听，使韩信击破之。于是置陇西、北地、上郡、渭南、①河上、②中地郡；③关外置河南郡。④更立韩太尉信为韩王。诸将以万人若以一郡降者，封万户。缮治河上塞。⑤诸故秦苑囿园池,皆令人得田之。正月,虏雍王弟章平。大赦罪人。

①【集解】徐广曰:"后曰京兆。"

②【集解】徐广曰:"冯翊。"

③【集解】徐广曰:"扶风。"

④【集解】徐广曰:"十月,汉王至陕。"

⑤【集解】晋灼曰:"《晁错传》秦时北攻胡,筑河上塞。"

汉王之出关至陕,抚关外父老,还,张耳来见,汉王厚遇之。

二月,令除秦社稷,更立汉社稷。

三月,汉王从临晋渡,魏王豹将兵从。下河内,虏殷王,置河内郡。南渡平阴津,至雒阳。新城①三老董公遮说汉王②以义帝死故。汉王闻之,袒而大哭。③遂为义帝发丧,临三日。发使者告诸侯曰:"天下共立义帝,北面事之。今项羽放杀义帝于江南,大逆无道。寡人亲为发丧,诸侯皆缟素。悉发关内兵,收三河士,④南浮江汉以下,⑤愿从诸侯王击楚之杀义帝者。"

①【正义】《括地志》云:"洛州伊阙县在州南七十里,本汉新城也。隋文帝改新城为伊阙,取伊阙山为名也。"

②【正义】《百官表》云:"十里一亭,亭有长。十亭一乡,乡有三老,三老掌教化。"皆秦制也。又乐产云:"横道自言曰遮。"《楚汉春秋》云:"董公八十二,遂封为成侯。"

③【集解】如淳曰:"袒亦如礼袒踊。"

④【集解】韦昭曰:"河南、河东、河内。"

⑤【正义】南收三河士,发关内兵,从雍州入子午道,至汉中,历汉水而下,从是东行,至徐州,击楚。

是时项王北击齐,田荣与战城阳。田荣败,走平原,①平原民杀之。齐皆降楚。楚因焚烧其城郭,系虏其子女。齐人叛之。田荣弟横立荣子广为齐王,齐王反楚城阳。项羽虽闻汉东,既已连齐兵,欲遂破之而击汉。汉王以故得劫五诸侯兵,遂入彭城。项羽闻之,乃引兵去齐,从鲁②出胡陵,③至萧,④与汉大战彭城灵壁东⑤睢水上,大破汉军,多杀士卒,睢水为之不流。乃取汉王父母妻子于沛,置之军中以为质。当是时,诸侯见楚强汉败,还皆去汉复为楚。塞王欣亡入楚。

①【正义】德州平原县是。

②【正义】兖州曲阜也。

③【正义】《地理志》云胡陵在山阳郡。

④【正义】徐州萧县。

⑤【正义】在徐州符离县西北九十里。

吕后兄周吕侯为汉将兵,居下邑。①汉王从之,稍收士卒,军砀。汉王乃西过梁地,至虞。②使谒者随何之九江王布所,曰:"公能令布举兵叛楚,项羽必留击之。得留数月,吾取天下必矣。"随何往说九江王布,布果背楚。楚使龙且往击之。

①【集解】徐广曰:"在梁。"
②【集解】徐广曰:"在梁。"

汉王之败彭城而西,行使人求家室,家室亦亡,不相得。败后乃独得孝惠,六月,立为太子,大赦罪人。令太子守栎阳,诸侯子在关中者皆集栎阳为卫。引水灌废丘,废丘降,章邯自杀。更名废丘为槐里。于是令祠官祀天地四方上帝山川,以时祀之。兴关内卒乘塞。①

①【集解】李奇曰:"乘,守也。"

是时九江王布与龙且战,不胜,与随何间行归汉。汉王稍收士卒,与诸将及关中卒益出,是以兵大振荥阳,破楚京、索间。

三年,魏王豹谒归视亲疾,至即绝河津,反为楚。汉王使郦生说豹,豹不听。汉王遣将军韩信击,大破之,虏豹。遂定魏地,置三郡,曰河东、①太原、②上党。③汉王乃令张耳与韩信遂东下井陉击赵,斩陈馀、赵王歇。其明年,立张耳为赵王。

①【正义】今蒲州也。

②【正义】今并州。

③【正义】今潞州。

汉王军荥阳南，筑甬道①属之河，以取敖仓。②与项羽相距岁馀。项羽数侵夺汉甬道，汉军乏食，遂围汉王。汉王请和，割荥阳以西者为汉。项王不听。汉王患之，乃用陈平之计，予陈平金四万斤，以间疏楚君臣。于是项羽乃疑亚父。亚父是时劝项羽遂下荥阳，及其见疑，乃怒，辞老，愿赐骸骨归卒伍，未至彭城而死。

①【正义】甬音勇。韦昭云："起土筑墙，中间为道。"应劭云："恐敌抄辎重，故筑垣墙如街巷。"

②【正义】孟康云："敖，地名，在荥阳西北，山上临河有大仓。"《太康地理志》云："秦建敖仓于成皋。"

汉军绝食，乃夜出女子东门二千馀人，被甲，楚因四面击之。将军纪信乃乘王驾，诈为汉王，诳楚，楚皆呼万岁，之城东观，以故汉王得与数十骑出西门遁。令御史大夫周苛、魏豹、枞公守荥阳。诸将卒不能从者，尽在城中。周苛、枞公相谓曰："反国之王，难与守城。"因杀魏豹。①

①【集解】徐广曰："案《月表》，三年七月，王出荥阳。八月，杀魏豹。而又云四年三月，周苛死。四月，魏豹死。二者不同。项羽杀纪信、周苛、枞公，皆是三年中。"

汉王之出荥阳入关，收兵欲复东。袁生说汉王曰："汉与楚相距荥阳数岁，汉常困。愿君王出武关，项羽必引兵南走，王深壁，令荥阳成皋间且得休。使韩信等辑河北赵地，连燕齐，君王乃复走荥阳，未晚也。如此，则楚所备者多，力分，汉得休，复与之战，破楚必矣。"汉王从其计，出军宛叶间，①与黥布行收兵。

①【正义】宛，於元反，叶，式涉反。宛，邓州县也。叶，汝州县。《水经注》云："本楚惠王封诸梁子兼，号曰叶城，即子高之故邑也。"

项羽闻汉王在宛，果引兵南。汉王坚壁不与战。是时彭越渡睢水，与项声、薛公战下邳，彭越大破楚军。项羽乃引兵东击彭越。汉王亦引兵北军成皋。项羽已破走彭越，闻汉王复军成皋，乃复引兵西，拔荥阳，诛周苛、枞公，而虏韩王信，遂围成皋。

汉王跳，①独与滕公②共车出成皋玉门，③北渡河，驰宿脩武。自称使者，晨驰入张耳、韩信壁，而夺之军。乃使张耳北益收兵赵地，使韩信东击齐。汉王得韩信军，则复振。引兵临河，南飨军小脩武南，④欲复战。郎中郑忠乃说止汉王，使高垒深堑，勿与战。汉王听其计，使卢绾、⑤刘贾将卒二万人，骑数百，渡白马津，⑥入楚地，与彭越复击破楚军燕郭西，⑦遂复下梁地十馀城。

　①【集解】徐广曰："音逃。"　【索隐】如淳曰："跳，走也。"晋灼按：《刘泽传》"跳驱至长安"。《说文》音徒调反。《通俗文》云"超通为跳"。

　②【索隐】夏侯婴为滕令，故曰滕公也。

　③【集解】徐广曰："《项羽纪》云北门名玉门。"

　④【集解】晋灼曰："在大脩武城东。"

　⑤【集解】苏林曰："绾音以绳绾结物之'绾'。"

　⑥【索隐】即黎阳津也。南界东郡白马县。

　⑦【索隐】故南燕国也。在东郡，秦以为县。

淮阴已受命东，未渡平原。汉王使郦生往说齐王田广，广叛楚，与汉和，共击项羽。韩信用蒯通计，遂袭破齐。齐王烹郦生，东走高密。项羽闻韩信已举河北兵破齐、赵，且欲击楚，则使龙且、周兰①往击之。韩信与战，骑将灌婴击，大破楚军，杀龙且。齐王广奔彭越。当此时，彭越将兵居梁地，往来苦楚兵，绝其粮食。

　①【集解】徐广曰："一作'简'。"

四年，项羽乃谓海春侯大司马曹咎曰："谨守成皋。若汉挑战，①慎勿与战，无令得东而已。我十五日必定梁地，复从将军。"乃行击陈留、外黄、睢阳，下之。汉果数挑楚军，楚军不出，使人辱之五六日，大司马怒，度兵汜水。②士卒半渡，汉击之，大破楚军，尽得楚国金玉货赂。大司马咎、长史欣皆自刭汜水上。项羽至睢阳，闻海春侯破，乃引兵还。

汉军方围锺离眛于荥阳东,项羽至,尽走险阻。

①【正义】挑,田吊反。下同。

②【正义】汜音祀,在成皋故城东。

韩信已破齐,使人言曰:"齐边楚,①权轻,不为假王,恐不能安齐。"
汉王欲攻之。留侯曰:"不如因而立之,使自为守。"乃遣张良操印绶立
韩信为齐王。②

①【集解】文颖曰:"边,近也。"

②【集解】徐广曰:"三月。"

项羽闻龙且军破,则恐,使盱台人武涉往说韩信。韩信不听。

楚汉久相持未决,丁壮苦军旅,老弱罢转饷。汉王项羽相与临广武
之间而语。项羽欲与汉王独身挑战。汉王数项羽曰:"始与项羽俱受命
怀王,曰先入定关中者王之,项羽负约,①王我于蜀汉,罪一。项羽矫杀
卿子冠军而自尊,罪二。②项羽已救赵,当还报,而擅劫诸侯兵入关,罪
三。怀王约入秦无暴掠,项羽烧秦宫室,掘始皇帝冢,私收其财物,罪
四。又强杀秦降王子婴,罪五。诈阬秦子弟新安二十万,王其将,罪六。
项羽皆王诸将善地,③而徙逐故主,④令臣下争叛逆,罪七。项羽出逐义
帝彭城,自都之,夺韩王地,并王梁楚,多自予,罪八。项羽使人阴弑义
帝江南,罪九。夫为人臣而弑其主,杀已降,为政不平,主约不信,天下
所不容,大逆无道,罪十也。吾以义兵从诸侯诛残贼,使刑馀罪人击杀
项羽,何苦乃与公挑战!"项羽大怒,伏弩射中汉王。汉王伤匈,乃扪
足⑤曰:"虏中吾指!"汉王病创卧,张良强请汉王起行劳军,以安士卒,
毋令楚乘胜于汉。汉王出行军,⑥病甚,⑦因驰入成皋。

①【索隐】负音佩也。

②【集解】徐广曰:"卿,一作'庆'。"　【索隐】韦昭云:"宋义之号。"如淳曰:"卿
　者,大夫之尊;子者,子男之爵;冠军,人之首也。尊宋义,故加此号。"

③【索隐】谓章邯等。

④【索隐】谓田市、赵歇、韩广之属。

⑤【索隐】扪,摸也。中匈而扪足者,盖以矢初中痛闷,不知所在故尔。或者中

匈而扪足,权以安士卒之心也。

⑥【正义】行,寒孟反。

⑦【索隐】按:《三辅故事》曰"楚汉相距于京索间六年,身被大创十二,矢石通
　　中过者有四"。言汉王病创也。

病愈,西入关,至栎阳,存问父老,置酒,枭故塞王欣头栎阳市。①留
四日,复如军,军广武。关中兵益出。

①【索隐】枭,县首于木也。欣自刭于汜水上,令枭之于栎阳者,以旧都,故枭
　　以示之也。

当此时,彭越将兵居梁地,往来苦楚兵,绝其粮食。田横往从之。
项羽数击彭越等,齐王信又进击楚。项羽恐,乃与汉王约,中分天下,割
鸿沟而西者为汉,鸿沟而东者为楚。①项王归汉王父母妻子,军中皆呼
万岁,乃归而别去。

①【索隐】应劭云:"在荥阳东南三十里,盖引河东南入淮泗也。"张华云:"一渠
　　东南流,经浚仪,是始皇所凿,引河灌大梁,谓之鸿沟。一渠东经阳武南,为
　　官渡水。"《北征记》云中牟台下临汴水,是为官渡水也。

项羽解而东归。汉王欲引而西归,用留侯、陈平计,乃进兵追项羽,
至阳夏南止军,与齐王信、建成侯彭越期会而击楚军。至固陵,不会。
楚击汉军,大破之。汉王复入壁,深堑而守之。用张良计,于是韩信、彭
越皆往。及刘贾入楚地,围寿春,①汉王败固陵,②乃使使者召大司马周
殷举九江兵而迎(之)③武王,行屠城父,④随(何)刘贾、齐梁诸侯皆大会垓
下,⑤立武王布为淮南王。

①【正义】今寿州。

②【集解】晋灼曰:"即固始。"

③【集解】徐广曰:"周殷以兵随刘贾。"

④【正义】父音甫,今亳州县。

⑤【集解】徐广曰:"七月。"

五年,高祖与诸侯兵共击楚军,与项羽决胜垓下。淮阴侯将三十万

自当之,孔将军居左,费将军居右,皇帝在后,绛侯、柴将军在皇帝后。项羽之卒可十万。淮阴先合,不利,却。孔将军、费将军纵,①楚兵不利,淮阴侯复乘之,②大败垓下。项羽卒闻汉军之楚歌,③以为汉尽得楚地,项羽乃败而走,是以兵大败。使骑将灌婴追杀项羽东城,④斩首八万,遂略定楚地。鲁为楚坚守不下。汉王引诸侯兵北,示鲁父老项羽头,鲁乃降。遂以鲁公号葬项羽穀城。还至定陶,驰入齐王壁,夺其军。

①【正义】二人韩信将也。纵兵击项羽也。以"纵"字为绝句。孔将军,蓼侯孔熙。费将军,费侯陈贺也。

②【正义】复,扶富反。乘犹登也,进也。

③【索隐】应劭云:"今《鸡鸣歌》也。"颜游秦云:"楚歌犹吴讴也。"按:高祖令戚夫人楚舞,自为楚歌,是楚人之歌声也。

④【集解】徐广曰:"十二月。"

正月,诸侯及将相相与共请尊汉王为皇帝。汉王曰:"吾闻帝贤者有也,空言虚语,非所守也,吾不敢当帝位。"群臣皆曰:"大王起微细,诛暴逆,平定四海,有功者辄裂地而封为王侯。大王不尊号,皆疑不信。臣等以死守之。"汉王三让,不得已,曰:"诸君必以为便,便国家。"甲午,①乃即皇帝位氾水之阳。②

①【集解】徐广曰:"二月甲午。"

②【集解】蔡邕曰:"上古天子称皇,其次称帝,其次称王。秦承三王之末,为汉驱除,自以德兼三皇、五帝,故并以为号。汉高祖受命,功德宜之,因而不改。"【正义】氾音敷剑反。《括地志》云:"高祖即位坛在曹州济阴县界。张晏曰'氾水在济阴界,取其氾爱弘大而润下'。"

皇帝曰义帝无后。齐王韩信习楚风俗,徙为楚王,都下邳。①立建成侯彭越为梁王,都定陶。②故韩王信为韩王,都阳翟。③徙衡山王吴芮为长沙王,都临湘。④番君之将梅鋗有功,从入武关,故德番君。淮南王布、燕王臧荼、赵王敖皆如故。

①【正义】音被悲反,泗州下邳县是,楚王韩信之都。

②【正义】曹州济阴县城是,梁王彭越之都。

③【正义】洛州阳翟县是,韩王信之都。

④【正义】《括地志》云:"潭州长沙县,本汉临湘县,长沙王吴芮都之。芮墓在
　长沙县北四里。"

天下大定。高祖都雒阳,诸侯皆臣属。故临江王欢①为项羽叛汉,
令卢绾、刘贾围之,不下。数月而降,杀之雒阳。

①【集解】徐广曰:"一作'尉'。"

五月,兵皆罢归家。诸侯子在关中者复之十二岁,其归者复之六
岁,食之①一岁。

①【正义】食音寺。

高祖置酒雒阳南宫。①高祖曰:"列侯诸将无敢隐朕,皆言其情。吾
所以有天下者何? 项氏之所以失天下者何?"高起、王陵对曰:②"陛下
慢而侮人,项羽仁而爱人。然陛下使人攻城略地,所降下者因以予之,
与天下同利也。项羽妒贤嫉能,有功者害之,贤者疑之,战胜而不予人
功,得地而不予人利,此所以失天下也。"高祖曰:"公知其一,未知其二。
夫运筹策帷帐之中,决胜于千里之外,吾不如子房。镇国家,抚百姓,给
馈饷,不绝粮道,吾不如萧何。连百万之军,战必胜,攻必取,吾不如韩
信。此三者,皆人杰也,吾能用之,此吾所以取天下也。项羽有一范增
而不能用,此其所以为我擒也。"

①【正义】《括地志》云:"南宫在雒州雒阳县东北二十六里洛阳故城中。《舆地
　志》云秦时已有南北宫。"

②【集解】孟康曰:"姓高,名起。"瓒曰:"《汉帝年纪》高帝时有信平侯臣陵、都
　武侯臣起。《魏相丙吉奏事》高帝时奏事有将军臣陵、臣起。"

高祖欲长都雒阳,齐人刘敬说,及留侯劝上入都关中,高祖是日驾,
入都关中。六月,大赦天下。

十月,燕王臧荼反,攻下代地。高祖自将击之,得燕王臧荼。即立
太尉卢绾为燕王。使丞相哙将兵攻代。

其秋,利幾反,①高祖自将兵击之,利幾走。利幾者,项氏之将。项

氏败,利幾为陈公,不随项羽,亡降高祖,高祖侯之颍川。高祖至雒阳,举通侯籍召之,②而利幾恐,故反。

①【正义】幾音机。姓名也。项羽之将,为陈县令,降汉。高帝征诸侯,利幾恐,故反。

②【集解】如淳曰:"得在通侯之籍。"

六年,高祖五日一朝太公,如家人父子礼。太公家令说太公曰:"天无二日,土无二王。今高祖虽子,人主也;太公虽父,人臣也。奈何令人主拜人臣!如此,则威重不行。"后高祖朝,太公拥篲,①迎门却行。高祖大惊,下扶太公。太公曰:"帝,人主也,奈何以我乱天下法!"于是高祖乃尊太公为太上皇。②心善家令言,③赐金五百斤。

①【集解】李奇曰:"为恭也,如今卒持帚者也。"

②【集解】蔡邕曰:"不言帝,非天子也。"【索隐】按:蔡邕云"不言帝,非天子也"。又按:《本纪》秦始皇追尊庄襄王为太上皇,已有故事矣。盖太上者,无上也。皇者德大于帝,欲尊其父,故号曰太上皇也。

③【索隐】颜氏按:荀悦云"故虽天子必有尊也,无父犹设三老,况其存乎?家令之言过矣"。晋刘宝云"善其发悟己心,因得尊崇父号也"。

十二月,人有上变事告楚王信谋反,上问左右,左右争欲击之。用陈平计,乃伪游云梦,①会诸侯于陈,楚王信迎,即因执之。是日,大赦天下。田肯②贺,因说高祖曰:"陛下得韩信,又治秦中。③秦,形胜之国,④带河山之险,县隔千里,持戟百万,秦得百二焉。⑤地执便利,其以下兵于诸侯,譬犹居高屋之上建瓴水也。⑥夫齐,东有琅邪、即墨之饶,南有泰山之固,西有浊河之限,⑦北有勃海之利。⑧地方二千里,持戟百万,县隔千里之外,⑨齐得十二焉。⑩故此东西秦也。非亲子弟,莫可使王齐矣。"高祖曰:"善。"赐黄金五百斤。

①【集解】韦昭曰:"在南郡华容县。"

②【索隐】《汉纪》及《汉书》作"宵",刘显云相传作"肯"也。

③【集解】如淳曰:"时山东人谓关中为秦中。"

④【集解】张晏曰:"秦地带山河,得形势之胜便者。"【索隐】韦昭云:"地形险
　固,故能胜人也。"

⑤【集解】应劭曰:"河山之险,与诸侯相县隔,地绝千里,所以能禽诸侯者,得
　天下之利百二也。"李斐曰:"河山之险,由地势高,顺流而下易,故天下于秦
　悬隔千里,持戟百万,秦得百二焉。"苏林曰:"得百中之二焉。秦地险固,二
　万人足当诸侯百万人也。"【索隐】服虔云:"谓函谷关去长安千里为县
　隔。"按:文以河山险固形胜,其势如隔千里也。苏林曰:"百二,百中之二,
　二十万人也。"虞喜云:"百二者,得百之二。言诸侯持戟百万,秦地险固,一
　倍于天下,故云得百二焉,言倍之也,盖言秦兵当二百万也。'齐得十二'亦
　如之,故为东西秦,言势相敌,但立文相避,故云十二。言馀诸侯十万,齐地
　形胜亦倍于他国,当二十万人也。"

⑥【集解】如淳曰:"甀,盛水瓶也。居高屋之上而幡甀水,言其向下之势易也。
　建音蹇。"晋灼曰:"许慎曰甀,瓮似瓶者。"

⑦【集解】晋灼曰:"齐西有平原。河水东北过高唐,高唐即平原也。孟津号黄
　河故曰浊河。"

⑧【索隐】崔浩云:"勃,旁跌也。旁跌出者,横在济北,故《齐都赋》云海旁出为
　勃,名曰勃海郡。"

⑨【索隐】以言齐境阔不啻千里,故云"之外"也。

⑩【集解】应劭曰:"齐得十之二,故齐湣王称东帝。后复归之,卒为秦所灭者,
　利钝之势异也。"李斐曰:"齐有山河之限,地方二千里,是与天下县隔也。
　设有持戟百万之众,齐得十中之二焉。百万十分之二,亦二十万也,但文相
　避耳。故言东西秦,其势亦敌也。"苏林曰:"十二,得十中之二,二十万人当
　百万。言齐虽固,不如秦二万乃当百万。"

　　后十馀日,封韩信为淮阴侯,分其地为二国。高祖曰将军刘贾数有
功,以为荆王,①王淮东。弟交为楚王,王淮西。子肥为齐王,王七十馀
城,民能齐言者皆属齐。②乃论功,与诸列侯剖符行封。徙韩王信
太原。③

①【索隐】乃王吴地,在淮东也。姚察按:虞喜云"总言吴,别言荆者,以山命国
　也。今西南有荆山,在阳羡界。贾封吴地而号荆王,指取此义"。《太康地
　理志》阳羡县本名荆溪。

②【集解】《汉书音义》曰："此言时民流移,故使齐言者还齐也。"【正义】按:
　　言齐国形胜次于秦中,故封子肥七十馀城,近齐城邑,能齐言者咸割属齐。
　　亲子,故大其都也。孟说恐非。

③【索隐】信初都阳翟也。

　　七年,匈奴攻韩王信马邑,①信因与谋反太原。白土②曼丘臣、王黄
立故赵将赵利为王以反,高祖自往击之。会天寒,士卒堕指者什二三,
遂至平城。③匈奴围我平城,七日而后罢去。令樊哙止定代地。立兄刘
仲为代王。

①【正义】《搜神记》云:"昔秦人筑城于武周塞以备胡,城将成而崩者数矣。有
　　马驰走,周旋反覆,父老异之,因依以筑城,乃不崩,遂名马邑。"《括地志》
　　云:"朔州城,汉雁门,即马邑县城也。攻韩信于马邑,即此城。"

②【集解】徐广曰:"在上郡。"

③【正义】《括地志》云:"朔州定襄县,本汉平城县。县东北三十里有白登山,
　　山上有台,名曰白登台。《汉书·匈奴传》云(蹋)〔冒〕顿围高帝于白登七日,
　　即此也。服虔云'白登,台名,去平城七里'。李穆叔《赵记》云'平城东七里
　　有土山,高百馀尺,方十馀里'。亦谓此也。"

　　二月,高祖自平城过赵、雒阳,至长安。长乐宫成,丞相已下徙治
长安。①

①【索隐】按:《汉仪注》高祖六年,更名咸阳曰长安。《三辅旧事》扶风渭城,本
　　咸阳地,高帝为新城,七年属长安也。

　　八年,高祖东击韩王信馀反寇于东垣。①

①【集解】《地理志》:东垣,高帝更名曰真定。

　　萧丞相营作未央宫,①立东阙、北阙、②前殿、武库、太仓。高祖还,
见宫阙壮甚,怒,谓萧何曰:"天下匈匈苦战数岁,成败未可知,是何治宫
室过度也?"萧何曰:"天下方未定,故可因遂就宫室。且夫天子以四海
为家,非壮丽无以重威,且无令后世有以加也。"高祖乃说。

①【正义】《括地志》云:"未央宫在雍州长安县西北十里长安故城中。"颜师古云:"未央殿虽南向,而当上书奏事谒见之徒皆诣北阙,公车司马亦在北焉。是则以北阙为正门,而又有东门、东阙,至于西南两面,无门阙矣。萧何初立未央宫,以厌胜之术理宜然乎?"按:北阙为正者,盖象秦作前殿,渡渭水属之咸阳,以象天极阁道绝汉抵营室。

②【集解】《关中记》曰:"东有苍龙阙,北有玄武阙。玄武所谓北阙。"【索隐】东阙名苍龙,北阙名玄武,无西南二阙者,盖萧何以厌胜之法故不立也。《说文》云"阙,门观也"。高三十丈。秦家旧处皆在渭北,而立东阙北阙,盖取其便也。

高祖之东垣,过柏人,①赵相贯高等谋弑高祖,高祖心动,因不留。代王刘仲弃国亡,自归雒阳,废以为合阳侯。②

①【正义】《括地志》云:"柏人故城在邢州柏人县西北十二里。汉柏人属赵国。"

②【正义】《括地志》云:"郃阳故城在同州河西县三里。魏文侯十七年,攻秦至郑而还筑,在郃水之阳也。

九年,赵相贯高等事发觉,夷三族。废赵王敖为宣平侯。是岁,徙贵族楚昭、屈、景、怀、齐田氏关中。

未央宫成。高祖大朝诸侯群臣,置酒未央前殿。高祖奉玉卮,①起为太上皇寿,曰:"始大人常以臣无赖,②不能治产业,不如仲力。今某之业所就孰与仲多?"殿上群臣皆呼万岁,大笑为乐。

①【集解】应劭曰:"乡饮酒礼器也,受四升。"

②【集解】晋灼曰:"许慎曰'赖,利也'。无利入于家也。或曰江淮之间谓小儿多诈狡猾为'无赖'。"

十年十月,淮南王黥布、梁王彭越、燕王卢绾、荆王刘贾、楚王刘交、齐王刘肥、长沙王吴芮皆来朝长乐宫。①春夏无事。

①【正义】《括地志》云:"秦栎阳故宫在雍州栎阳县北三十五里,秦献公所造。《三辅黄图》云高祖都长安,未有宫室,居栎阳宫也。"

七月，太上皇崩栎阳宫。楚王、梁王皆来送葬。① 赦栎阳囚。更命郦邑曰新丰。②

①【集解】《汉书》云"葬万年。"

②【正义】丽邑，丽音力知反。《括地志》云："新丰故城在雍州新丰县西南四里，汉新丰宫也。太上皇时凄怆不乐，高祖窃因左右问故，答以平生所好皆屠贩少年，酤酒卖饼，斗鸡蹴踘，以此为欢，今皆无此，故不乐。高祖乃作新丰，徙诸故人实之，太上皇乃悦。"按：前于丽邑筑城寺，徙其民实之，未改其名，太上皇崩后，命曰新丰。

八月，赵相国陈豨①反代地。上曰："豨尝为吾使，甚有信。代地吾所急也，故封豨为列侯，② 以相国守代，今乃与王黄等劫掠代地！代地吏民非有罪也，其赦代吏民。"九月，上自东往击之。至邯郸，上喜曰："豨不南据邯郸而阻漳水，吾知其无能为也。"闻豨将皆故贾人也，上曰："吾知所以与之。"乃多以金啖豨将，豨将多降者。

①【集解】邓展曰："东海人名猪曰豨。"

②【集解】徐广曰："豨攻定臧荼有功，封阳夏侯。"

十一年，高祖在邯郸诛豨等未毕，豨将侯敞将万馀人游行，王黄军曲逆，① 张春渡河②击聊城。③ 汉使将军郭蒙与齐将击，大破之。太尉周勃④ 道太原入，⑤ 定代地。至马邑，马邑不下，即攻残之。

①【集解】文颖曰："今中山蒲阴是。"

②【正义】陈豨将也。又刘伯庄云"彼时聊城在黄河之东，王莽时干，今浊河西北也"。今在博州西北。《深丘道里记》云"王莽元城人，居近河侧，祖父坟墓为水所冲，引河入深川，此王莽河因枯也"。

③【集解】徐广曰："在平原。"　【正义】《括地志》云："故聊城在博州聊城县西二十里。春秋时齐之西界。聊，摄也。战国时亦为齐地。秦汉皆为东郡之聊城也。"

④【集解】《汉书·百官表》曰："太尉，秦官。"应劭曰："自上安下曰尉，武官悉以为称。"

⑤【集解】韦昭曰："道犹从。"

豨将赵利守东垣,高祖攻之,不下。月馀,卒骂高祖,高祖怒。城降,令出骂者斩之,不骂者原之。于是乃分赵山北,立子恒以为代王,都晋阳。①

①【集解】如淳曰:"《文纪》言都中都。又文帝过太原,复晋阳、中都二岁,似迁都于中都也。"

春,淮阴侯韩信谋反关中,夷三族。

夏,梁王彭越谋反,废迁蜀;复欲反,遂夷三族。立子恢为梁王,子友为淮阳王。

秋七月,淮南王黥布反,东并荆王刘贾地,北渡淮,楚王交走入薛。高祖自往击之。立子长为淮南王。

十二年,十月,高祖已击布军会甀,①布走,令别将追之。

①【集解】徐广曰:"在蕲县西。"骃案:《汉书音义》曰"会音侩保,邑名。甀音直伪反"。　【索隐】上音鲙,下音丈伪反,地名也。《汉书》作"缶",音作保,非也。

高祖还归,过沛,留。置酒沛宫,①悉召故人父老子弟纵酒,发沛中儿得百二十人,教之歌。酒酣,②高祖击筑,③自为歌诗曰:"大风起兮云飞扬,威加海内兮归故乡,安得猛士兮守四方!"令儿皆和习之。高祖乃起舞,慷慨伤怀,泣数行下。谓沛父兄曰:"游子悲故乡。吾虽都关中,万岁后吾魂魄犹乐思沛。且朕自沛公以诛暴逆,遂有天下,其以沛④为朕汤沐邑,复其民,世世无有所与。"沛父兄诸母故人日乐饮极欢,道旧故为笑乐。十馀日,高祖欲去,沛父兄固请留高祖。高祖曰:"吾人众多,父兄不能给。"乃去。沛中空县皆之邑西献。⑤高祖复留止,张⑥饮三日。沛父兄皆顿首曰:"沛幸得复,丰未复,唯陛下哀怜之。"高祖曰:"丰吾所生长,极不忘耳,吾特为其以雍齿故反我为魏。"沛父兄固请,乃并复丰,比沛。于是拜沛侯刘濞⑦为吴王。

①【正义】《括地志》云:"沛宫故地在徐州沛县东南二十里一步。"

②【集解】应劭曰:"不醒不醉曰酣。一曰酣,洽也。"

③【集解】韦昭曰："筑,古乐,有弦,击之不鼓。" 【正义】音竹。应劭云："状似瑟而大,头安弦,以竹击之,故名曰筑。"颜师古云："今筑形似瑟而小,细项。"

④【集解】《风俗通义》曰："《汉书注》,沛人语初发声皆言'其'。其者,楚言也。高祖始登帝位,教令言'其',后以为常耳。"

⑤【集解】如淳曰："献牛酒。"

⑥【集解】张晏曰："张,帷帐。" 【正义】音张亮反。

⑦【集解】服虔曰："濞音帔。"

汉将别击布军洮水南北,①皆大破之,追得斩布鄱阳。

①【集解】徐广曰："洮音道,在江淮间。"

樊哙别将兵定代,斩陈豨当城。①

①【索隐】代之县名也。　　【正义】《括地志》云："当城在朔州定襄县界。《土地十三州记》云'当城在高柳东八十里。县当常山,故曰当城'。"

十一月,高祖自布军至长安。十二月,高祖曰："秦始皇帝、楚隐王①陈涉、魏安釐王、②齐缗王、③赵悼襄王④皆绝无后,予守冢各十家,秦皇帝二十家,魏公子无忌五家。"赦代地吏民为陈豨、赵利所劫掠者,皆赦之。陈豨降将言豨反时,燕王卢绾使人之豨所,与阴谋。上使辟阳侯迎绾,⑤绾称病。辟阳侯归,具言绾反有端矣。二月,使樊哙、周勃将兵击燕王绾。赦燕吏民与反者。立皇子建为燕王。

①【索隐】系家作"幽王",名择,负刍之兄。

②【索隐】史阙名。昭王之子,王假之祖也。

③【索隐】名地,宣王子,王建祖。

④【索隐】名偃,孝成王丹之子,幽王迁之父也。

⑤【正义】审食其也。《括地志》云："辟阳故城在冀州信都县西三十五里,汉旧县。"

高祖击布时,为流矢所中,行道病。病甚,吕后迎良医。医入见,高祖问医。医曰："病可治。"于是高祖嫚骂之曰："吾以布衣提三尺剑取天下，此非天命乎？命乃在天，虽扁鹊何益！”遂不使治病，赐金五十斤罢之。已而吕后问："陛下百岁后，萧相国即死，令谁代之？"上曰："曹参可。"问其次，上曰："王陵可。然陵少戆，陈平可以助之。陈平智有馀，然难以独任。周勃重厚少文，然安刘氏者必勃也，可令为太尉。"吕后复问其次，上曰："此后亦非而所知也。"

卢绾与数千骑居塞下候伺，幸上病愈自入谢。

四月甲辰，高祖崩长乐宫。①四日不发丧。吕后与审食其谋曰："诸将与帝为编户民，今北面为臣，此常怏怏，今乃事少主，非尽族是，天下不安。"人或闻之，语郦将军。②郦将军往见审食其，曰："吾闻帝已崩，四日不发丧，欲诛诸将。诚如此，天下危矣。陈平、灌婴将十万守荥阳，樊哙、周勃将二十万定燕、代，此闻帝崩，诸将皆诛，必连兵还乡以攻关中。大臣内叛，诸侯外反，亡可翘足而待也。"审食其入言之，乃以丁未发丧，大赦天下。

①【集解】皇甫谧曰："高祖以秦昭王五十一年生，至汉十二年，年六十二。"
②【集解】《汉书》曰郦商。

卢绾闻高祖崩，遂亡入匈奴。

丙寅，葬。①己巳，立太子，②至太上皇庙。③群臣皆曰："高祖起微细，拨乱世反之正，平定天下，为汉太祖，功最高。"上尊号为高皇帝。太子袭号为皇帝，孝惠帝也。令郡国诸侯各立高祖庙，以岁时祠。

①【集解】徐广曰五月。
②【正义】丙寅葬，后四日至己巳，即立太子为帝。有本脱"己"字者，妄引《汉书》云"已下"者，非。
③【正义】《三辅黄图》云："太上皇庙在长安城香室南，冯翊府北。"《括地志》云："汉太上皇庙在雍州长安县西北长安故城中酒池之北，高帝庙北。高帝庙亦在故城中也。"

及孝惠五年，思高祖之悲乐沛，以沛宫为高祖原庙。①高祖所教歌儿百二十人，皆令为吹乐，后有缺，辄补之。

①【集解】徐广曰："《光武纪》云'上幸丰，祠高祖于原庙'。"骃案：谓"原"者，再

也。先既已立庙，今又再立，故谓之原庙。

高帝八男：长庶齐悼惠王肥；次孝惠，吕后子；次戚夫人子赵隐王如意；次代王恒，已立为孝文帝，薄太后子；次梁王恢，吕太后时徙为赵共王；次淮阳王友，吕太后时徙为赵幽王；次淮南厉王长；次燕王建。

太史公曰："夏之政忠。忠之敝，小人以野，①故殷人承之以敬。敬之敝，小人以鬼，②故周人承之以文。文之敝，小人以僿，③故救僿莫若以忠。④三王之道若循环，终而复始。周秦之间，可谓文敝矣。秦政不改，反酷刑法，岂不缪乎？故汉兴，承敝易变，使人不倦，得天统矣。朝以十月。车服黄屋左纛。葬长陵。⑤

①【集解】郑玄曰："忠，质厚也。野，少礼节也。"
②【集解】郑玄曰："多威仪，如事鬼神。"
③【集解】徐广曰："一作'薄'。"骃案：《史记音隐》曰"僿音西志反"。郑玄曰"文，尊卑之差也。薄，苟习文法，无悃诚也"。　【索隐】郑音先代反，邹本作"薄"，音扶各反，本一作"僿"，而徐广云一作"薄"，是本互不同也。然此语本出子思子，见今《礼·表记》，作"薄"，故郑玄注云"文，尊卑之差也。薄，苟习文法，不悃诚也"。裴又引《音隐》云"僿音先志反"，僿塞声相近故也。盖僿犹薄之义也。
④【集解】郑玄曰："复反始。"
⑤【集解】皇甫谧曰："长陵山东西广百二十步，高十三丈，在渭水北，去长安城三十五里。"　【正义】《括地志》云："长陵在雍州咸阳县东三十里。"

【索隐述赞】高祖初起，始自徒中。言从泗上，即号沛公。啸命豪杰，奋发材雄。彤云郁砀，素灵告丰。龙变星聚，蛇分径空。项氏主命，负约弃功。王我巴蜀，实愤于衷。三秦既北，五兵遂东。氾水即位，咸阳筑宫。威加四海，还歌《大风》。

史记卷九

吕太后本纪第九

吕太后者,①高祖微时妃也,②生孝惠帝、③女鲁元太后。及高祖为汉王,得定陶戚姬,④爱幸,生赵隐王如意。孝惠为人仁弱,高祖以为不类我,常欲废太子,立戚姬子如意,如意类我。戚姬幸,常从上之关东,日夜啼泣,欲立其子代太子。吕后年长,常留守,希见上,益疏。如意立为赵王后,几代⑤太子者数矣,赖大臣⑥争之,及留侯策,⑦太子得毋废。

① 【集解】徐广曰:"吕后父吕公,汉元年为临泗侯,四年卒,高后元年追谥曰吕宣王。"

② 【集解】《汉书音义》曰:"讳雉。" 【索隐】讳雉,字娥姁也。

③ 【集解】《汉书音义》曰:"讳盈。"

④ 【集解】如淳曰:"姬音怡,众妾之总称也。《汉官仪》曰'姬妾数百'。"苏林曰:"清河国有妃里,而题门作'姬'。"瓚曰:"《汉秩禄令》及《茂陵书》姬,内官也,秩比二千石,位次倢伃下,在七子、八子之上。" 【索隐】如淳音怡,非也。《茂陵书》曰"姬是内官",是矣。然官号及妇人通称姬者,姬,周之姓,所以《左传》称伯姬、叔姬,以言天子之宗女,贵于他姓,故遂以姬为妇人美号。故《诗》曰"虽有姬姜,不弃憔悴"是也。

⑤ 【索隐】上其纪反,又音祈也。

⑥ 【索隐】张良、叔孙通等。

⑦ 【索隐】令太子卑词安车,以迎四皓也。

吕后为人刚毅,佐高祖定天下,所诛大臣多吕后力。吕后兄二人,皆为将。长兄周吕侯①死事,封其子吕台②为郦侯,③子产为交侯;④次兄吕释之为建成侯。⑤

①【集解】徐广曰："名泽，高祖八年卒，谥令武侯，追谥曰悼武王。"

②【索隐】郑氏、邹诞并音怡，苏林音胎。

③【集解】徐广曰："郦，一作'鄜'。"

④【集解】徐广曰："台弟也。"

⑤【集解】徐广曰："惠帝二年卒，谥康王。"

高祖十二年四月甲辰，崩长乐宫，太子袭号为帝。是时高祖八子：长男肥，孝惠兄也，异母，①肥为齐王；馀皆孝惠弟，戚姬子如意为赵王，薄夫人子恒为代王，诸姬子子恢为梁王，子友为淮阳王，子长为淮南王，子建为燕王。高祖弟交为楚王，兄子濞为吴王。非刘氏功臣番君吴芮子臣为长沙王。

①【索隐】母曰曹姬也。

吕后最怨戚夫人及其子赵王，乃令永巷①囚戚夫人，而召赵王。使者三反，赵相建平侯周昌谓使者曰："高帝属臣赵王，赵王年少。窃闻太后怨戚夫人，欲召赵王并诛之，臣不敢遣王。王且亦病，不能奉诏。"吕后大怒，乃使人召赵相。赵相征至长安，乃使人复召赵王。王来，未到。孝惠帝慈仁，知太后怒，自迎赵王霸上，与入宫，自挟与赵王起居饮食。太后欲杀之，不得间。孝惠元年十二月，帝晨出射。赵王少，不能蚤起。太后闻其独居，使人持酖饮之。②犁明，孝惠还，③赵王已死。于是乃徙淮阳王友为赵王。夏，诏赐郦侯父追谥为令武侯。④太后遂断戚夫人手足，去眼，煇耳，饮瘖药，使居厕中，命曰"人彘"。居数日，乃召孝惠帝观人彘。孝惠见，问，乃知其戚夫人，乃大哭，因病，岁馀不能起。使人请太后曰："此非人所为。臣为太后子，终不能治天下。"孝惠以此日饮为淫乐，不听政，故有病也。

①【集解】如淳曰："《列女传》云周宣王姜后脱簪珥待罪永巷，后改为掖庭。"

　【索隐】永巷，别宫名，有长巷，故名之也。后改为掖庭。按：韦昭云以为在掖门内，故谓之掖庭也。

②【集解】应劭曰："酖鸟食蝮，以其羽画酒中，饮之立死。"

③【集解】徐广曰："犁犹比也。诸言犁明者,将明之时。"

④【索隐】令音龄。

二年,楚元王、齐悼惠王皆来朝。十月,孝惠与齐王燕饮太后前,孝惠以为齐王兄,置上坐,如家人之礼。太后怒,乃令酌两卮酖,置前,令齐王起为寿。齐王起,孝惠亦起,取卮欲俱为寿。太后乃恐,自起泛①孝惠卮。齐王怪之,因不敢饮,详醉去。问,知其酖,齐王恐,自以为不得脱长安,忧。齐内史士②说王曰："太后独有孝惠与鲁元公主。③今王有七十馀城,而公主乃食数城。王诚以一郡上太后,为公主汤沐邑,太后必喜,王必无忧。"于是齐王乃上城阳之郡,尊公主为王太后。④吕后喜,许之。乃置酒齐邸,⑤乐饮,罢,归齐王。三年,方筑长安城,四年就半,五年六年城就。⑥诸侯来会。十月朝贺。

①【索隐】音捧泛也。

②【集解】徐广曰："一作'出'。"

③【集解】如淳曰："《公羊传》曰'天子嫁女于诸侯,必使诸侯同姓者主之',故谓之公主。《百官表》列侯所食曰国,皇后、公主所食曰邑,诸侯王女曰公主。"苏林曰："公,五等尊爵也。《春秋》听臣子以称君父,妇人称主,有'主孟啖我'之比,故云公主。"瓒曰："天子之女虽食汤沐之邑,不君其民。"【索隐】啖音徒滥反。按:主是谓里克妻,即优施之语,事见《国语》。孟者,且也,言且啖我物,我教汝妇事夫之道。此即妇人称主之意耳。比音必二反。

④【集解】如淳曰："张敖子偃为鲁王,故公主得为太后。"

⑤【正义】汉法,诸侯各起邸第于京师。

⑥【索隐】按:《汉宫阙疏》"四年筑东面,五年筑北面"。《汉旧仪》"城方六十三里,经纬各十二里"。《三辅旧事》云"城形似北斗"也。

七年秋八月戊寅,孝惠帝崩。①发丧,太后哭,泣不下。留侯子张辟彊为侍中,②年十五,谓丞相曰："太后独有孝惠,今崩,哭不悲,君知其解乎?"③丞相曰："何解?"辟彊曰："帝毋壮子,④太后畏君等。君今请拜吕台、吕产、吕禄为将,将兵居南北军,及诸吕皆入宫,居中用事,如此则

太后心安,君等幸得脱祸矣。"丞相乃如辟彊计。太后说,其哭乃哀。吕
氏权由此起。乃大赦天下。九月辛丑,葬。⑤太子即位为帝,谒高庙。
元年,号令一出太后。

①【集解】皇甫谧曰:"帝以秦始皇三十七年生,崩时年二十三。"

②【集解】应劭曰:"入侍天子,故曰侍中。"

③【正义】解,纪卖反。言哭解惰,有所思也。又音户卖反。解,节解也。又纪
　买反,谓解说也。

④【正义】毋音无。

⑤【集解】《汉书》云:"葬安陵。"《皇览》曰:"山高三十二丈,广袤百二十步,居
　地六十亩。"皇甫谧曰:"去长陵十里,在长安北三十五里。"

　　太后称制,议欲立诸吕为王,问右丞相王陵。王陵曰:"高帝刑白马
盟曰'非刘氏而王,天下共击之'。今王吕氏,非约也。"太后不说。问左
丞相陈平、绛侯周勃。勃等对曰:"高帝定天下,王子弟,今太后称制,王
昆弟诸吕,无所不可。"太后喜,罢朝。王陵让陈平、绛侯曰:"始与高帝
喋血盟,①诸君不在邪? 今高帝崩,太后女主,欲王吕氏,诸君从欲阿意
背约,何面目见高帝地下?"陈平、绛侯曰:"于今面折廷争,臣不如君;夫
全社稷,定刘氏之后,君亦不如臣。"王陵无以应之。十一月,太后欲废
王陵,乃拜为帝太傅,②夺之相权。王陵遂病免归。乃以左丞相平为右
丞相,以辟阳侯③审食其为左丞相。左丞相不治事,令监宫中,如郎中
令。食其故得幸太后,常用事,公卿皆因而决事。乃追尊郦侯父为悼武
王,欲以王诸吕为渐。

①【索隐】喋,邹音使接反。又云或作"啑",音丁牒反。

②【集解】应劭曰:"古官。傅者,覆也。"瓒曰:"《大戴礼》云'傅之德义'。"

③【索隐】按:韦昭云信都之县名。

　　四月,太后欲侯诸吕,乃先封高祖之功臣郎中令无择①为博城侯。②
鲁元公主薨,赐谥为鲁元太后。子偃为鲁王。鲁王父,宣平侯张敖也。
封齐悼惠王子章为朱虚侯,③以吕禄女妻之。齐丞相寿为平定侯。④少

府延为梧侯。⑤乃封吕种为沛侯,⑥吕平为扶柳侯,⑦张买为南宫侯。⑧

①【集解】徐广曰:"姓冯。"

②【正义】《括地志》云:"兖州博城,本汉博城县城。"

③【集解】虚音墟,琅邪县也。　【正义】《括地志》云:"朱虚故城在青州临朐县东六十里,汉朱虚也。《十三州志》云丹朱游故虚,故云朱虚也。"虚犹丘也,朱犹丹也。

④【集解】徐广曰:"姓齐。"

⑤【集解】徐广曰:"姓阳成也。延以军匠起,作宫筑城也。"

⑥【集解】徐广曰:"释之之子也。"　【正义】《括地志》云:"徐州沛县古城也。"

⑦【集解】徐广曰:"吕后姊子也。母字长姁。"　【正义】《括地志》云:"扶柳故城在冀州信都县西三十里,汉扶柳县也。有泽,泽中多柳,故曰扶柳。"

⑧【集解】徐广曰:"其父越人,为高祖骑将。"

太后欲王吕氏,先立孝惠后宫子彊为淮阳王,①子不疑为常山王,②子山为襄城侯,③子朝为轵侯,④子武为壶关侯。太后风大臣,大臣请立郦侯吕台为吕王,⑤太后许之。建成康侯释之卒,嗣子有罪,废,立其弟吕禄⑥为胡陵侯,⑦续康侯后。二年,常山王薨,以其弟襄城侯山为常山王,更名义。十一月,吕王台薨,谥为肃王,太子嘉代立为王。三年,无事。⑧四年,封吕媭为临光侯,吕他为俞侯,⑨吕更始为赘其侯,⑩吕忿为吕城侯,⑪及诸侯丞相五人。⑫

①【集解】韦昭曰:"今陈留郡。"

②【正义】《括地志》云:"常山故城在恒州真定县南八里,本汉东垣邑也。"

③【索隐】按:下文更名义,又改名弘农。《汉书》襄城侯唯云名弘,盖史省文耳。按志,襄城属颍川也。

④【索隐】按:韦昭云河内有轵县,音纸也。　【正义】《括地志》云:"故轵城在怀州济源县东南十三里,七国时魏邑。"

⑤【正义】初吕台为吕王,后吕产王梁,更名梁曰吕。

⑥【集解】徐广曰:"释之少子。"

⑦【正义】胡陵,县名,属山阳,章帝改曰胡陆。

⑧【集解】《汉书》云:"秋,星昼见。"

⑨【索隐】他音陁。俞音输。　【正义】《括地志》云："故鄃城在德州平原县西南三十里,本汉鄃县,吕他邑也。"

⑩【集解】徐广曰："表云吕后昆弟子淮阳丞相吕胜为赘其侯。"【索隐】按表作"临淮"也。

⑪【正义】《括地志》云："故吕城在邓州南阳县西三十里,吕尚先祖封。"

⑫【集解】徐广曰："中邑侯朱通、山都侯王恬开、松兹侯徐厉、滕侯吕更始、醴陵侯越。"

宣平侯女为孝惠皇后时,无子,详为有身,取美人子名之,①杀其母,立所名子为太子。孝惠崩,太子立为帝。帝壮,或闻其母死,非真皇后子,乃出言曰:"后安能杀吾母而名我?我未壮,壮即为变。"太后闻而患之,恐其为乱,乃幽之永巷中,言帝病甚,左右莫得见。太后曰:"凡有天下治为万民命②者,盖之如天,容之如地,上有欢心以安百姓,百姓欣然以事其上,欢欣交通而天下治。今皇帝病久不已,乃失惑悖乱,不能继嗣奉宗庙祭祀,不可属天下,其代之。"群臣皆顿首言:"皇太后为天下齐民计所以安宗庙社稷甚深,群臣顿首奉诏。"帝废位,太后幽杀之。五月丙辰,立常山王义为帝,更名曰弘。不称元年者,以太后制天下事也。以轵侯朝为常山王。置太尉官,绛侯勃为太尉。五年八月,淮阳王薨,以弟壶关侯武为淮阳王。六年十月,太后曰吕王嘉居处骄恣,废之,以肃王台弟吕产为吕王。夏,赦天下。封齐悼惠王子兴居为东牟侯。③

①【正义】刘伯庄云:"诸美人元幸吕氏,怀身而入宫生子。"
②【集解】徐广曰:"一无此字。"
③【索隐】韦昭云:"东莱县。"

七年正月,太后召赵王友。友以诸吕女为后,弗爱,爱他姬,诸吕女妒,怒去,谗之于太后,诬以罪过,曰"吕氏安得王!太后百岁后,吾必击之"。太后怒,以故召赵王。赵王至,置邸不见,令卫围守之。弗与食。其群臣或窃馈,辄捕论之。赵王饿,乃歌曰:"诸吕用事兮刘氏危,迫胁王侯兮强授我妃。我妃既妒兮诬我以恶,谗女乱国兮上曾不寤。我无忠臣兮何故弃国？自决中野兮苍天举直![1] 於嗟不可悔兮宁蚤自财。为王而饿死兮谁者怜之！吕氏绝理兮托天报仇。"丁丑，赵王幽死，以民礼葬之长安民冢次。

[1]【集解】徐广曰："举，一作'与'。"

己丑，日食，昼晦。太后恶之，心不乐，乃谓左右曰："此为我也。"

二月，徙梁王恢为赵王。吕王产徙为梁王，梁王不之国，为帝太傅。立皇子平昌侯太为吕王。更名梁曰吕，吕曰济川。太后女弟吕媭[1]有女为营陵侯刘泽妻，泽为大将军。太后王诸吕，恐即崩后刘将军为害，乃以刘泽为琅邪王，以慰其心。

[1]【索隐】韦昭云："樊哙妻，封林光侯。"

梁王恢之徙王赵，心怀不乐。太后以吕产女为赵王后。王后从官皆诸吕，擅权，微伺赵王，赵王不得自恣。王有所爱姬，王后使人酖杀之。王乃为歌诗四章，令乐人歌之。王悲，六月即自杀。太后闻之，以为王用妇人弃宗庙礼，废其嗣。

宣平侯张敖卒，以子偃为鲁王，敖赐谥为鲁元王。

秋，太后使使告代王，欲徙王赵。代王谢，愿守代边。

太傅产、丞相平等言，武信侯吕禄[1]上侯，位次第一，[2]请立为赵王。太后许之，追尊禄父康侯为赵昭王。九月，燕灵王建薨，有美人子，太后使人杀之，无后，国除。八年十月，立吕肃王子东平侯吕通为燕王，封通弟吕庄为东平侯。

[1]【集解】徐广曰："吕后兄子也。前封胡陵侯，盖号曰武信。"

[2]【集解】如淳曰："功大者位在上，《功臣侯表》有第一第二之次也。"

三月中，吕后祓，还[1]过轵道，见物如苍犬，据[2]高后掖，忽弗复见。卜之，云赵王如意为祟。高后遂病掖伤。

[1]【正义】祓，芳弗反，又音废。后同。

[2]【集解】徐广曰："音戟。"

　　高后为外孙鲁元王偃年少，蚤失父母，孤弱，乃封张敖前姬两子，侈为新都侯，寿为乐昌侯，①以辅鲁元王偃。及封中大谒者张释为建陵侯，②吕荣为祝兹侯。③诸中宦者令丞皆为关内侯，食邑五百户。④

①【集解】徐广曰："食细阳之池阳乡。"

②【集解】徐广曰："一云张释卿。"骃案：如淳曰《百官表》'谒者掌宾赞受事'，灌婴为中谒者。后常以奄人为之，诸官加'中'者多奄人也"。

③【集解】徐广曰："吕后昆弟子。"

④【集解】如淳曰："列侯出关就国，关内侯但爵其身，有加异者，与关内之邑，食其租税也。《风俗通义》曰'秦时六国未平，将帅皆家关中，故称关内侯'。"

　　七月中，高后病甚，乃令赵王吕禄为上将军，军北军；吕王产居南军。吕太后诫产、禄曰："高帝已定天下，与大臣约，曰'非刘氏王者，天下共击之'。今吕氏王，大臣弗平。我即崩，帝年少，大臣恐为变。必据兵卫宫，慎毋送丧，毋为人所制。"辛巳，高后崩，遗诏赐诸侯王各千金，①将相列侯郎吏皆以秩赐金。大赦天下。以吕王产为相国，以吕禄女为帝后。

①【集解】蔡邕曰："皇子封为王者，其实古诸侯也。加号称王，故谓之诸侯王。王子弟封为侯者，谓之诸侯。"

　　高后已葬，①以左丞相审食其为帝太傅。

①【集解】皇甫谧曰："合葬长陵。"《皇览》曰："高帝、吕后，山各一所也。"

　　朱虚侯刘章有气力，东牟侯兴居其弟也，皆齐哀王弟，居长安。当是时，诸吕用事擅权，欲为乱，畏高帝故大臣绛、灌等，未敢发，朱虚侯妇，吕禄女，阴知其谋。恐见诛，乃阴令人告其兄齐王，欲令发兵西，诛诸吕而立。朱虚侯欲从中与大臣为应。齐王欲发兵，其相弗听。八月丙午，齐王欲使人诛相，相召平乃反，举兵欲围王，王因杀其相，遂发兵东，诈夺琅邪王兵，并将之而西。语在《齐王》语中。

　　齐王乃遗诸侯王书曰："高帝平定天下，王诸子弟，悼惠王王齐。悼惠王薨，孝惠帝使留侯良立臣为齐王。孝惠崩，高后用事，春秋高，听诸吕,擅废帝更立,又比杀三赵王,①灭梁、赵、燕以王诸吕,分齐为四。忠臣进谏,上惑乱弗听。今高后崩,而帝春秋富,未能治天下,固恃大臣诸侯。而诸吕又擅自尊官,聚兵严威,劫列侯忠臣,矫制以令天下,宗庙所以危。寡人率兵入诛不当为王者。"汉闻之,相国吕产等乃遣颍阴侯灌婴将兵击之。灌婴至荥阳,乃谋曰:"诸吕权兵关中,欲危刘氏而自立。今我破齐还报,此益吕氏之资也。"乃留屯荥阳,使使谕齐王及诸侯,与连和,以待吕氏变,共诛之。齐王闻之,乃还兵西界待约。

①【索隐】比音如字。比犹频也。赵隐王如意,赵幽王友,赵王恢,是三赵王也。

吕禄、吕产欲发乱关中,内惮绛侯、朱虚等,外畏齐、楚兵,又恐灌婴畔之,欲待灌婴兵与齐合而发,犹豫未决。①当是时,济川王太、淮阳王武、常山王朝名为少帝弟,及鲁元王吕后外孙,皆年少未之国,居长安。赵王禄、梁王产各将兵居南北军,皆吕氏之人。列侯群臣莫自坚其命。

①【索隐】犹,邹音以兽反。与音预,又作"豫"。崔浩云"犹,蝯类也。印鼻,长尾,性多疑"。又《说文》云"犹,兽名,多疑",故比之也。按:狐性亦多疑,度冰而听水声,故云"狐疑"也。今解者又引《老子》"与兮若冬涉川,犹兮若畏四邻",故以为"犹与"是常语。且按狐听冰,而此云"若冬涉川",则与是狐类不疑。"犹兮若畏四邻",则犹定是兽,自不保同类,故云"畏四邻"也。

太尉绛侯勃不得入军中主兵。曲周侯郦商老病,其子寄与吕禄善。绛侯乃与丞相陈平谋,使人劫郦商,令其子寄往绐说吕禄曰:"高帝与吕后共定天下,刘氏所立九王,①吕氏所立三王,②皆大臣之议,事已布告诸侯,诸侯皆以为宜。今太后崩,帝少,而足下佩赵王印,不急之国守藩,乃为上将,将兵留此,为大臣诸侯所疑。足下何不归将印,以兵属太尉?请梁王归相国印,与大臣盟而之国,齐兵必罢,大臣得安,足下高枕而王千里,此万世之利也。"吕禄信然其计,欲归将印,以兵属太尉。使人报吕产及诸吕老人,或以为便,或曰不便,计犹豫未有所决。吕禄信郦寄,时与出游猎。过其姑吕媭,媭大怒,曰:"若为将而弃军,吕氏今无处矣。"③乃悉出珠玉宝器散堂下,曰:"毋为他人守也。"

　　①【索隐】吴,楚,齐,淮南,琅邪,代,常山王朝,淮阳王武,济川王太,是九也。

　　②【索隐】梁王产、赵王禄、燕王通也。

　　③【索隐】颜师古以为言见诛灭,无处所也。

左丞相食其免。

八月庚申旦,平阳侯窋行御史大夫事,见相国产计事。郎中令贾寿使从齐来,因数产曰:"王不蚤之国,今虽欲行,尚可得邪?"具以灌婴与齐楚合从,欲诛诸吕告产,乃趣产急入宫。平阳侯颇闻其语,乃驰告丞相、太尉。太尉欲入北军,不得入。襄平侯通尚符节,①乃令持节矫内太尉北军。太尉复令郦寄与典客刘揭②先说吕禄曰:"帝使太尉守北军,欲足下之国,急归将印辞去,不然,祸且起。"吕禄以为郦兄③不欺己,遂解印属典客,而以兵授太尉。太尉将之入军门,行令军中曰:"为吕氏右袒,为刘氏左袒。"军中皆左袒为刘氏。太尉行至,将军吕禄亦已解上将印去,太尉遂将北军。

　　①【集解】徐广曰:"姓纪。"张晏曰:"纪信子也。尚,主也。今符节令。" 【索隐】张晏云:"纪信子。"又晋灼云:"信被楚烧死,不见有后。按《功臣表》襄平侯纪通,父成以将军定三秦,死事,子侯。"则通非信子,张说误矣。

　　②【集解】《汉书·百官表》曰:"典客,秦官也,掌诸侯、归义蛮夷也。"

　　③【集解】徐广曰:"音况,字也。名寄。"

　　然尚有南军。平阳侯闻之,以吕产谋告丞相平,丞相平乃召朱虚侯佐太尉。太尉令朱虚侯监军门。令平阳侯告卫尉:"毋入相国产殿门。"吕产不知吕禄已去北军,乃入未央宫,欲为乱,殿门弗得入,裴回往来。平阳侯恐弗胜,驰语太尉。太尉尚恐不胜诸吕,未敢讼言诛之,①乃遣朱虚侯谓曰:"急入宫卫帝。"朱虚侯请卒,太尉予卒千馀人。入未央宫门,遂见产廷中。日铺时,遂击产。产走。天风大起,以故其从官乱,莫敢斗。逐产,杀之郎中府吏厕中。②

　　①【集解】徐广曰:"讼,一作'公'。"骃按:韦昭曰"讼犹公也"。 【索隐】按:韦昭以讼为公,徐广又云一作"公",盖公为得。然公言犹明言也。又解者云

讼,诵说也。

②【集解】如淳曰:"《百官表》郎中令掌宫殿门户,故其府在宫中,后转为光禄
　　　勋也。"

朱虚侯已杀产,帝命谒者持节劳朱虚侯。朱虚侯欲夺节信,谒者不
肯,朱虚侯则从与载,因节信驰走,斩长乐卫尉吕更始。还,驰入北军,
报太尉。太尉起,拜贺朱虚侯曰:"所患独吕产,今已诛,天下定矣。"遂
遣人分部悉捕诸吕男女,无少长皆斩之。辛酉,捕斩吕禄,而笞杀吕嬃。
使人诛燕王吕通,而废鲁王偃。壬戌,以帝太傅食其复为左丞相。戊
辰,徙济川王王梁,立赵幽王子遂为赵王。遣朱虚侯章以诛诸吕氏事告
齐王,令罢兵。灌婴兵亦罢荥阳而归。

诸大臣相与阴谋曰:"少帝及梁、淮阳、常山王,皆非真孝惠子也。
吕后以计诈名他人子,杀其母,养后宫,令孝惠子之,立以为后,及诸王,
以强吕氏。今皆已夷灭诸吕,而置所立,即长用事,吾属无类矣。不如
视诸王最贤者立之。"或言"齐悼惠王高帝长子,今其適子为齐王,推本
言之,高帝適长孙,可立也"。大臣皆曰:"吕氏以外家恶而几危宗庙,乱
功臣。今齐王母家驷(钧),驷钧,恶人也,即立齐王,则复为吕氏。"欲立
淮南王,以为少,母家又恶。乃曰:"代王方今高帝见子,最长,仁孝宽
厚。太后家薄氏谨良。且立长故顺,以仁孝闻于天下,便。"乃相与共阴
使人召代王。代王使人辞谢。再反,然后乘六乘传。①后九月②晦日己
酉,至长安,舍代邸。大臣皆往谒,奉天子玺上代王,共尊立为天子。代
王数让,群臣固请,然后听。

①【集解】张晏曰:"备汉朝有变,欲驰还也。或曰传车六乘。"
②【集解】文颖曰:"即闰九月也。时律历废,不知闰,谓之'后九月'也。以十
　　　月为岁首,至九月则岁终,后九月则闰月。"

东牟侯兴居曰:"诛吕氏吾无功,请得除宫。"乃与太仆汝阴侯滕公
入宫,前谓少帝曰:"足下非刘氏,不当立。"乃顾麾左右执戟者掊兵罢
去。①有数人不肯去兵,宦者令张泽谕告,亦去兵。滕公乃召乘舆车载

少帝出。② 少帝曰："欲将我安之乎？"滕公曰："出就舍。"舍少府。乃奉
天子法驾，③ 迎代王于邸。报曰："宫谨除。"代王即夕入未央宫。有谒
者十人持戟卫端门，曰："天子在也，足下何为者而入？"代王乃谓太尉。
太尉往谕，谒者十人皆掊兵而去。代王遂入而听政。夜，有司分部诛灭
梁、淮阳、常山王及少帝于邸。

①【集解】徐广曰："掊音仆。"

②【集解】蔡邕曰："律曰'敢盗乘舆服御物'。天子至尊，不敢渫渎言之，故托
　　于乘舆也。乘犹载也，舆犹车也。天子以天下为家，不以京师宫室为常处，
　　则当乘车舆以行天下，故群臣托乘舆以言之也，故或谓之'车驾'。"

③【集解】蔡邕曰："天子有大驾、小驾、法驾。法驾上所乘，曰金根车，驾六马，
　　有五时副车，皆驾四马，侍中参乘，属车三十六乘。"

代王立为天子。二十三年崩，谥为孝文皇帝。

太史公曰：孝惠皇帝、高后之时，黎民得离战国之苦，君臣俱欲休息
乎无为，故惠帝垂拱，高后女主称制，政不出房户，天下晏然。刑罚罕
用，罪人是希。民务稼穑，衣食滋殖。

【索隐述赞】高祖犹微，吕氏作妃。及正轩掖，潜用福威。志怀安忍，性挟猜
疑。置鸩齐悼，残戚姬。孝惠崩殂，其哭不悲。诸吕用事，天下示私。大臣
菹醢，支孽芟夷。祸盈斯验，苍狗为菑。

史记卷十

孝文本纪第十

孝文皇帝，①高祖中子也。高祖十一年春，已破陈豨军，定代地，立为代王，都中都。②太后薄氏子。即位十七年，高后八年七月，高后崩。九月，诸吕吕产等欲为乱，以危刘氏，大臣共诛之。谋召立代王，事在《吕后》语中。

①【集解】《汉书音义》曰："讳恒。"

②【正义】《括地志》云："中都故城在汾州平遥县西南十二里，秦属太原郡也。"

丞相陈平、太尉周勃等使人迎代王。代王问左右郎中令张武等。张武等议曰："汉大臣皆故高帝时大将，习兵，多谋诈，此其属意非止此也，特畏高帝、吕太后威耳。今已诛诸吕，新啑血①京师，②此以迎大王为名，实不可信。愿大王称疾毋往，以观其变。"中尉宋昌进曰：③"群臣之议皆非也。夫秦失其政，诸侯豪桀并起，人人自以为得之者以万数，然卒践天子之位者，刘氏也，天下绝望，一矣。高帝封王子弟，地犬牙相制，④此所谓盘石之宗也，⑤天下服其强，二矣。汉兴，除秦苛政，约法令，施德惠，人人自安，难动摇，三矣。夫以吕太后之严，立诸吕为三王，擅权专制，然而太尉以一节入北军，⑥一呼士皆左袒，为刘氏，叛诸吕，卒以灭之。此乃天授，非人力也。今大臣虽欲为变，百姓弗为使，其党宁能专一邪？方今内有朱虚、东牟之亲，外畏吴、楚、淮南、琅邪、齐、代之强。方今高帝子独淮南王与大王，大王又长，贤圣仁孝，闻于天下，故大臣因天下之心而欲迎立大王，大王勿疑也。"代王报太后计之，犹与未定。卜之龟，卦兆得大横。⑦占曰："大横庚庚，余为天王，夏启以光。"⑧

代王曰："寡人固已为王矣，又何王？"卜人曰："所谓天王者乃天子。"于是代王乃遣太后弟薄昭往见绛侯，绛侯等具为昭言所以迎立王意。薄昭还报曰："信矣，毋可疑者。"代王乃笑谓宋昌曰："果如公言。"乃命宋昌参乘，张武等六人乘传诣长安。至高陵休止，⑨而使宋昌先驰之长安观变。

①【索隐】啑，《汉书》作"喋"，音跕，丁牒反。《汉书·陈汤杜业》皆言喋血，无盟歃事。《广雅》云"蹀，履也"，谓履涉之。

②【集解】《公羊传》曰："京，大；师，众也。天子之居，必以众大之辞言也。"

③【索隐】《东观汉记·宋杨传》宋义后有宋昌。又《会稽典录》昌，宋义孙也。

④【索隐】言封子弟境土交接，若犬之牙不正相当而相衔入也。

⑤【索隐】言其固如盘石。此语见《太公六韬》也。

⑥【索隐】即纪通所矫帝之节。

⑦【集解】应劭曰："以荆灼龟，文正横。"

⑧【集解】服虔曰："庚庚，横貌也。"李奇曰："庚庚，其繇文也。"张晏曰："横（行）〔谓〕无思不服。庚，更也。言去诸侯而即帝位也。先是五帝官天下，老则禅贤，至启始传父爵，乃能光治先君之基业。文帝亦袭父迹，言似夏启者也。"【索隐】荀悦云："大横，龟兆横理也。"按：庚庚犹"更更"，言以诸侯更帝位也。荀悦云"繇，抽也，所以抽出吉凶之情也"。杜预云"繇，兆辞也，音胄也"。按：《汉书》盖宽饶云"五帝官天下，三王家天下，官以传贤人，家以传子孙"。官犹公也，谓不私也。

⑨【正义】《括地志》云："高陵故城在雍州高陵县西南一里，本名横桥，架渭水上。《三辅旧事》云秦于渭南有兴乐宫，渭北有咸阳宫。秦昭王欲通二宫之间，造横桥，长三百八十步，桥北（京）〔垒〕石水中，旧有忖留神象。此神曾与鲁班语，班令其出，留曰'我貌丑，卿善图物容，不出'。班于是拱手与语曰'出头见我'。留乃出首。班以脚画地，忖留觉之，便没水。故置其像于水上，唯有腰以上。魏太祖马见而惊，命移下之。"

昌至渭桥，①丞相以下皆迎。宋昌还报。代王驰至渭桥，群臣拜谒称臣。代王下车拜。太尉勃进曰："愿请间言。"②宋昌曰："所言公，公言之。所言私，王者不受私。"太尉乃跪上天子玺符。代王谢曰："至代

邸而议之。"③遂驰入代邸。群臣从至。丞相陈平、太尉周勃、大将军陈
武、御史大夫张苍、宗正刘郢、④朱虚侯刘章、东牟侯刘兴居、典客刘揭
皆再拜言曰："子弘等皆非孝惠帝子，不当奉宗庙。臣谨请(与)阴安侯⑤
列侯顷王后⑥与琅邪王、宗室、大臣、列侯、吏二千石议曰：'大王高帝长
子，宜为高帝嗣。'愿大王即天子位。"代王曰："奉高帝宗庙，重事也。寡
人不佞，不足以称宗庙。愿请楚王计宜者，⑦寡人不敢当。"群臣皆伏固
请。代王西乡让者三，南乡让者再。⑧丞相平等皆曰："臣伏计之，大王
奉高帝宗庙最宜称，虽天下诸侯万民以为宜。臣等为宗庙社稷计，不敢
忽。愿大王幸听臣等。臣谨奉天子玺符再拜上。"代王曰："宗室将相王
列侯以为莫宜寡人，寡人不敢辞。"遂即天子位。

①【集解】苏林曰："在长安北三里。"　【索隐】《三辅故事》："咸阳宫在渭北，兴
　乐宫在渭南，秦昭王通两宫之间，作渭桥，长三百八十步。"又《关中记》云石
　柱以北属扶风，石柱以南属京兆也。

②【索隐】包恺音闲，言欲向空间处语。颜师古云："间，容也，犹言中间。请容
　暇之顷，当有所陈，不欲即公论也。"

③【索隐】《说文》："邸，属国舍。"

④【集解】《汉书·百官表》曰："宗正，秦官。"应劭曰："周成王时，彤伯入为
　宗正。"

⑤【集解】苏林曰："高帝兄伯妻羹颉侯信母，丘嫂也。"

⑥【集解】徐广曰："代顷王刘仲之妻。"骃按：苏林曰"仲子濞为吴王，故追谥为
　顷王"也。如淳曰"顷王后封阴安侯，时吕婴为林光侯，萧何夫人亦为酂
　侯"。又《宗室表》此时无阴安，知其为顷王后也。　【索隐】按：苏林、徐广、
　韦昭以为二人封号，而乐产引如淳，以顷王后别封阴安侯，与《汉祠令》相
　会。今以阴安是别人封爵，非也。顷王后是代王后，文帝之伯母。代王降
　为郃阳侯，故云"列侯顷王后"。韦昭曰"阴安属魏郡"也。

⑦【集解】苏林曰："楚王名交，高帝弟。"　【索隐】楚王交，高帝弟，最尊。言更
　请楚王计宜者，故下云"皆为宜"也。

⑧【集解】如淳曰："让群臣也。或曰宾主位东西面，君臣位南北面，故西向坐，
　三让不受，群臣犹称宜，乃更回坐示变，即君位之渐也。"

　　群臣以礼次侍。乃使太仆婴与东牟侯兴居清宫，①奉天子法驾，②迎于代邸。皇帝即日夕入未央宫。乃夜拜宋昌为卫将军，镇抚南北军。以张武为郎中令，行殿中。还坐前殿。于是夜下诏书曰："间者诸吕用事擅权，谋为大逆，欲以危刘氏宗庙，赖将相列侯宗室大臣诛之，皆伏其辜。朕初即位，其赦天下，赐民爵一级，女子百户牛酒，③酺五日。"④

　　①【集解】应劭曰："旧典，天子行幸所至，必遣静宫令先案行清静殿中，以虞非
　　　常。"【索隐】按：《汉仪》云"皇帝起居，索室清宫而后行。"
　　②【索隐】《汉官仪》云："天子卤簿有大驾、法驾。大驾公卿奉引，大将军参乘，
　　　属车八十一乘。法驾公卿不在卤簿中，惟京兆尹、执金吾、长安令奉引，侍
　　　中参乘，属车三十六乘也。"
　　③【集解】苏林曰："男赐爵，女子赐牛酒。"【索隐】按：《封禅书》云"百户牛一
　　　头，酒十石"。乐产云"妇人无夫或无子不沾爵，故赐之也"。
　　④【集解】文颖曰："汉律三人已上无故群饮，罚金四两。今诏横赐得令会聚饮
　　　食五日。"【索隐】《说文》云"酺，王者布德，大饮酒也"。出钱为醵，出食为
　　　酺。又按：赵武灵王灭中山，酺五日，是其所起也。

　　孝文皇帝元年十月庚戌，徙立故琅邪王泽为燕王。
　　辛亥，皇帝即阼，①谒高庙。右丞相平徙为左丞相，②太尉勃为右丞相，大将军灌婴为太尉。诸吕所夺齐楚故地，皆复与之。

　　①【正义】主人阶也。
　　②【正义】此时尚右。

　　壬子，遣车骑将军薄昭迎皇太后于代。皇帝曰："吕产自置为相国，吕禄为上将军，擅矫遣灌将军婴将兵击齐，欲代刘氏，婴留荥阳弗击，与诸侯合谋以诛吕氏。吕产欲为不善，丞相陈平与太尉周勃谋夺吕产等军。朱虚侯刘章首先捕吕产等。太尉身率襄平侯通持节承诏入北军。典客刘揭身夺赵王吕禄印。益封太尉勃万户，赐金五千斤。丞相陈平、灌将军婴邑各三千户，金二千斤。朱虚侯刘章、襄平侯通、东牟侯刘兴居邑各二千户，金千斤。①封典客揭为阳信侯，②赐金千斤。"

①【集解】徐广曰："十一月辛丑。"

②【索隐】韦昭云勃海县。　【正义】《括地志》云："阳信故城在沧州无棣县东南三十里，汉阳信县。"

十二月，上曰："法者，治之正也，所以禁暴而率善人也。今犯法已论，而使毋罪之父母妻子同产坐之，及为收帑，朕甚不取。其议之。"有司皆曰："民不能自治，故为法以禁之。相坐坐收，所以累其心，使重犯法，所从来远矣。如故便。"上曰："朕闻法正则民悫，罪当则民从。且夫牧民而导之善者，吏也。其既不能导，又以不正之法罪之，是反害于民为暴者也。何以禁之？朕未见其便，其孰计之。"有司皆曰："陛下加大惠，德甚盛，非臣等所及也。请奉诏书，除收帑诸相坐律令。"①

①【集解】应劭曰："帑，子也。秦法一人有罪，并坐其家室。今除此律。"

正月，有司言曰："蚤建太子，所以尊宗庙。请立太子。"上曰："朕既不德，上帝神明未歆享，天下人民未有嗛志。①今纵不能博求天下贤圣有德之人而禅天下焉，而曰豫建太子，是重吾不德也。谓天下何？②其安之。"③有司曰："豫建太子，所以重宗庙社稷，不忘天下也。"上曰："楚王，季父也，春秋高，阅天下之义理多矣，④明于国家之大体。吴王于朕，兄也，惠仁以好德。淮南王，弟也，秉德以陪朕。⑤岂为不豫哉！诸侯王宗室昆弟有功臣，多贤及有德义者，若举有德以陪朕之不能终，是社稷之灵，天下之福也。今不选举焉，而曰必子，人其以朕为忘贤有德者而专于子，非所以忧天下也。朕甚不取也。"有司皆固请曰："古者殷周有国，治安皆千馀岁，古之有天下者莫长焉，用此道也。⑥立嗣必子，所从来远矣。高帝亲率士大夫，始平天下，建诸侯，为帝者太祖。诸侯王及列侯始受国者皆亦为其国祖。子孙继嗣，世世弗绝，天下之大义也，故高帝设之以抚海内。今释宜建而更选于诸侯及宗室，非高帝之志也。更议不宜。⑦子某最长，纯厚慈仁，请建以为太子。"上乃许之。因赐天下民当代父后者爵各一级。⑧封将军薄昭为轵侯。⑨

①【索隐】按：嗛者，(不)满之意也。未有嗛志，言天下皆志不满也。《汉书》作

"偃志",安也。

②【索隐】言何以谓于天下也。

③【索隐】其,发声也。安者,徐也。言徐徐且待也。

④【集解】如淳曰:"阅,犹言多所更历也。"

⑤【集解】文颖曰:"陪,辅也。"

⑥【索隐】言古之有天下者,无长于立子,故云"莫长焉"。用此道者,用殷周立
　　子之道,故安治千有馀岁也。

⑦【索隐】言不宜更别议也。

⑧【集解】韦昭曰:"文帝以立子为后,不欲独缮其福,故赐天下为父后者爵。"

⑨【集解】徐广曰:"正月乙巳也。"

三月,有司请立皇后。薄太后曰:"诸侯皆同姓,立太子母为皇
后。"①皇后姓窦氏。上为立后故,赐天下鳏寡孤独穷困及年八十已上
孤儿九岁已下布帛米肉各有数。上从代来,初即位,施德惠天下,填抚
诸侯四夷皆洽欢,乃循从代来功臣。上曰:"方大臣之诛诸吕迎朕,朕狐
疑,皆止朕,唯中尉宋昌劝朕,朕以得保奉宗庙。已尊昌为卫将军,其封
昌为壮武侯。②诸从朕六人,官皆至九卿。"③

①【索隐】谓帝之子为诸侯王,皆同姓。姓,生也。言皆同母生,故立太子
　　母也。

②【集解】徐广曰:"四月辛亥封,封三十四年,景帝中四年夺侯,国除。"　【索
　　隐】韦昭云胶东县。　　【正义】《括地志》云:"壮武故城在莱州即墨县西六十
　　里,古莱夷国,有汉壮武县故城。"

③【正义】汉置九卿,一曰太常,二曰光禄,三曰卫尉,四曰太仆,五曰廷尉,六
　　曰大鸿胪,七曰宗正,八曰大司农,九曰少府,是为九卿也。

上曰:"列侯从高帝入蜀、汉中者六十八人皆益封各三百户,故吏二
千石以上从高帝颍川守尊等十人食邑六百户,淮阳守申徒嘉等十人五
百户,卫尉定等十人四百户。封淮南王舅父赵兼为周阳侯,①齐王舅父
驷钧为清郭侯。"②秋,封故常山丞相蔡兼为樊侯。③

①【正义】《括地志》云:"周阳故城在绛州闻喜县东二十九里。"

②【集解】如淳曰:"邑名,六国时齐有清郭君。清音静。"　【索隐】按表,驷钧

封邬侯。不同者,盖后徙封于邬。邬属钜鹿郡。

③【索隐】韦昭云:"樊,东平之县。" 【正义】《括地志》云:"汉樊县城在兖州瑕丘西南二十五里。《地理志》云樊县古樊国,仲山甫所封。"

人或说右丞相曰:"君本诛诸吕,迎代王,今又矜其功,受上赏,处尊位,祸且及身。"右丞相勃乃谢病免罢,左丞相平专为丞相。①

①【集解】徐广曰:"八月中。"

二年十月,丞相平卒,复以绛侯勃为丞相。上曰:"朕闻古者诸侯建国千馀(岁),各守其地,以时入贡,民不劳苦,上下欢欣,靡有遗德。今列侯多居长安,邑远,吏卒给输费苦,而列侯亦无由教驯其民。①其令列侯之国,为吏及诏所止者,遣太子。"②

①【正义】驯,古"训"字。

②【集解】张晏曰:"为吏,谓以卿大夫为兼官者。诏所止,特以恩爱见留者。"

十一月晦,日有食之。①十二月望,日又食。②上曰:"朕闻之,天生蒸民,为之置君以养治之。人主不德,布政不均,则天示之以菑,以诫不治。乃十一月晦,日有食之,适见于天,菑孰大焉!朕获保宗庙,以微眇之身托于兆民君王之上,天下治乱,在朕一人,唯二三执政犹吾股肱也。朕下不能理育群生,上以累三光之明,其不德大矣。令至,其悉思朕之过失,及知见思之所不及,匄以告朕。及举贤良方正能直言极谏者,以匡朕之不逮。因各饬其任职,务省繇费以便民。朕既不能远德,故悯然念外人之有非,③是以设备未息。今纵不能罢边屯戍,而又饬兵厚卫,其罢卫将军军。太仆见马遗财足,④馀皆以给传置。"⑤

①【正义】按:《说文》云日蚀则朔,月蚀则望。而云晦日食之,恐历错误。

②【集解】徐广曰:"此云望日又食。按:《汉书》及《五行志》无此日食文也。一本作'月食',然史书不纪月食。"

③【集解】《汉书音义》曰:"悯然犹介然也。非,奸非也。" 【索隐】苏林云"悯,寝视不安之貌",盖近其意。馀说皆疏。悯音下板反。

④【索隐】遗犹留也。财,古字与"才"同。言太仆见在之马,今留才足充事而

已也。

⑤【索隐】按:《广雅》云"置,驿也"。《续汉书》云"驿马三十里一置"。故乐产
亦云传置一也。言乘传者以传次受名,乘置者以马取匹。传音丁恋反。如
淳云"律,四马高足为传置,四马中足为驰置,下足为乘置,一马二马为轺
置,如置急者乘一马曰乘也"。

正月,上曰:"农,天下之本,其开籍田,①朕亲率耕,以给宗庙
粢盛。"②

①【集解】应劭曰:"古者天子耕籍田千亩,为天下先。籍者,帝王典籍之常。"
韦昭曰:"籍,借也。借民力以治之,以奉宗庙,且以劝率天下,使务农也。"
瓒曰:"景帝诏曰'朕亲耕,后亲桑,为天下先'。本以躬亲为义,不得以假借
为称也。籍,蹈籍也。"

②【集解】应劭曰:"黍稷曰粢,在器中曰盛。"

三月,有司请立皇子为诸侯王。上曰:"赵幽王幽死,朕甚怜之,已
立其长子遂为赵王。遂弟辟彊及齐悼惠王子朱虚侯章、东牟侯兴居有
功,可王。"乃立赵幽王少子辟彊为河间王,以齐剧郡立朱虚侯为城阳
王,立东牟侯为济北王,皇子武为代王,子参为太原王,子揖为梁王。

上曰:"古之治天下,朝有进善之旌,①诽谤之木,②所以通治道而来
谏者。今法有诽谤妖言之罪,是使众臣不敢尽情,而上无由闻过失也。
将何以来远方之贤良? 其除之。民或祝诅上以相约结而后相谩,③吏
以为大逆,其有他言,而吏又以为诽谤。此细民之愚无知抵死,朕甚不
取。自今以来,有犯此者勿听治。"

①【集解】应劭曰:"旌,幡也。尧设之五达之道,令民进善也。"如淳曰:"欲有
进善者,立于旌下言之。"

②【集解】服虔曰:"尧作之,桥梁交午柱头。"应劭曰:"桥梁边板,所以书政治
之愆失也。至秦去之,今乃复施也。" 【索隐】按:《尸子》云"尧立诽谤之
木"。诽音非,亦音沸。韦昭云"虑政有阙失,使书于木,此尧时然也,后代
因以为饰。今宫外桥梁头四植木是也"。郑玄注《礼》云"一纵一横为午,谓
以木贯表柱四出,即今之华表"。崔浩以为木贯表柱四出名"桓",陈楚俗桓
声近和,又云"和表",则"华"与"和"又相讹耳。

③【集解】《汉书音义》曰：“民相结共祝诅上也。谩者，而后谩而止之，不毕祝诅也。”　【索隐】韦昭云：“谩，相抵谰也。”《说文》云：“谩，欺也。”谓初相约共行祝，后相欺诳，中道而止之也。

九月，初与郡国守相为铜虎符、竹使符。①

①【集解】应劭曰：“铜虎符第一至第五，国家当发兵，遣使者至郡合符，符合乃听受之。竹使符皆以竹箭五枚，长五寸，镌刻篆书，第一至第五。”张晏曰：“符以代古之珪璋，从简易也。”　【索隐】《汉旧仪》铜虎符发兵，长六寸。竹使符出入征发。《说文》云分符而合之。小颜云“右留京师，左与之”。《古今注》云“铜虎符银错书之”。张晏云“铜取其同心也”。

三年十月丁酉晦，日有食之。十一月，上曰：“前日（计）〔诏〕遣列侯之国，或辞未行。丞相朕之所重，其为朕率列侯之国。”绛侯勃免丞相就国，以太尉颍阴侯婴为丞相。罢太尉官，属丞相。四月，城阳王章薨。淮南王长与从者魏敬杀辟阳侯审食其。

五月，匈奴入北地，居河南为寇。帝初幸甘泉。①六月，帝曰：“汉与匈奴约为昆弟，毋使害边境，所以输遗匈奴甚厚。今右贤王离其国，将众居河南降地，非常故，往来近塞，捕杀吏卒，驱保塞蛮夷，令不得居其故，陵轹边吏，入盗，甚敖无道，非约也。其发边吏骑八万五千诣高奴，遣丞相颍阴侯灌婴击匈奴。”匈奴去，发中尉②材官属卫将军军长安。

①【集解】蔡邕曰：“天子车驾所至，民臣以为侥幸，故曰幸。至见令长三老官属，亲临轩，作乐，赐食帛越巾刀佩带，民爵有级数，或赐田租之半，故因是谓之幸。”　【索隐】应劭云：“宫名，在云阳。一名林光。”臣瓒云：“甘泉，山名。林光，秦离宫名。”又顾氏按：邢承宗《西征赋注》云“甘泉，水名”。今按：盖因地有甘泉以名山，则山水皆通也。宫名谬尔。

②【集解】《汉书·百官表》曰：“中尉，秦官。”

辛卯，帝自甘泉之高奴，因幸太原，见故群臣，皆赐之。举功行赏，诸民里赐牛酒。复晋阳①中都民三岁。留游太原十馀日。

①【正义】故城在汾州平遥县西南十三里。

　　济北王兴居闻帝之代，欲往击胡，乃反，发兵欲袭荥阳。于是诏罢丞相兵，遣棘蒲侯陈武为大将军，将十万往击之。祁侯贺①为将军，军荥阳。七月辛亥，帝自太原至长安。乃诏有司曰："济北王背德反上，诖误吏民，为大逆。济北吏民兵未至先自定，及以军地邑降者，皆赦之，复官爵。与王兴居去来，亦赦之。"②八月，破济北军，虏其王。赦济北诸吏民与王反者。

①【集解】徐广曰："姓缯，以文帝十一年卒，谥曰敬。"　【索隐】《汉书音义》祁音迟。贺姓缯。缯，古国，夏同姓也。　【正义】《括地志》云："并州祁县城，晋大夫祁奚之邑。"

②【集解】徐广曰："乍去乍来也。"骃案：张晏曰"虽始与兴居反，今降，赦之"。

　　六年，有司言淮南王长废先帝法，不听天子诏，居处毋度，出入拟于天子，擅为法令，与棘蒲侯太子奇谋反，遣人使闽越及匈奴，发其兵，欲以危宗庙社稷。群臣议，皆曰"长当弃市"。帝不忍致法于王，赦其罪，废勿王。群臣请处王蜀严道、邛都，①帝许之。长未到处所，行病死，上怜之。后十六年，追尊淮南王长谥为厉王，立其子三人为淮南王、②衡山王、③庐江王。④

①【集解】徐广曰："《汉书》或作'邮'字，或直云'邛僰'。邛都乃本是西南夷，尔时未通，严道有邛僰山。"　【正义】邛，其恭反。《括地志》云："严道今为县，即邛州所理县也。县有蛮夷曰道，故曰严道。邛都县本邛都国，汉为县，今巂州也。《西南夷传》云'滇池以北君长以十数，邛都最大'是也。"按：群臣请处淮南王长蜀之严道，不尔，更远邛都西有邛僰山也。邛僰山在雅州荣经县界。荣经，武德年间置，本秦严道地。《华阳国志》云："邛筰山故邛人、筰人界也。山岩峭峻，曲回九折乃至，上下有凝冰。按即王尊登者也。今从九折西南行至巂州，山多雨少晴，俗呼名为漏天。"

②【索隐】名安，阜陵侯也。

③【索隐】名勃，安阳侯也。

④【索隐】名赐，周阳侯也。

十三年夏,上曰:"盖闻天道祸自怨起而福繇德兴。百官之非,宜由朕躬。今秘祝之官移过于下,①以彰吾之不德,朕甚不取。其除之。"

①【集解】应劭曰:"秘祝之官移过于下,国家讳之,故曰秘。"

五月,齐太仓令淳于公①有罪当刑,诏狱逮徙系长安。太仓公无男,有女五人。太仓公将行会逮,骂其女曰:"生子不生男,有缓急非有益也!"其少女缇萦②自伤泣,乃随其父至长安,上书曰:"妾父为吏,齐中皆称其廉平,今坐法当刑。妾伤夫死者不可复生,刑者不可复属,虽复欲改过自新,其道无由也。妾愿没入为官婢,赎父刑罪,使得自新。"书奏天子,天子怜悲其意,乃下诏曰:"盖闻有虞氏之时,画衣冠异章服以为僇,③而民不犯。何则?至治也。今法有肉刑三,④而奸不止,其咎安在?非乃朕德薄而教不明欤?吾甚自愧。故夫驯道不纯而愚民陷焉。《诗》曰'恺悌君子,民之父母'。今人有过,教未施而刑加焉,或欲改行为善而道毋由也。朕甚怜之。夫刑至断支体,刻肌肤,终身不息,何其楚痛而不德也,岂称为民父母之意哉!其除肉刑。"

①【索隐】名意,为齐太仓令,故谓之仓公也。

②【索隐】缇音啼。邹氏音体,非。

③【正义】《晋书·刑法志》云:"三皇设言而民不违,五帝画衣冠而民知禁。犯黥者皂其巾,犯劓者丹其服,犯膑者墨其体,犯宫者杂其屦,大辟之罪,殊刑之极,布其衣裾而无领缘,投之于市,与众弃之。"

④【集解】李奇曰:"约法三章无肉刑,文帝则有肉刑。"孟康曰:"黥劓二,左右趾合一,凡三。"【索隐】韦昭云:"断趾、黥、劓之属。"崔浩《汉律序》云:"文帝除肉刑而宫不易。"张斐注云:"以淫乱人族序,故不易之也。"

上曰:"农,天下之本,务莫大焉。今勤身从事而有租税之赋,是为本末者毋以异,①其于劝农之道未备。其除田之租税。"

①【集解】李奇曰:"本,农也。末,贾也。言农与贾俱出租无异也,故除田租。"

十四年冬,匈奴谋入边为寇,攻朝郍塞,杀北地都尉卬。①上乃遣三将军军陇西、北地、上郡,中尉周舍为卫将军,郎中令张武为车骑将军,军渭北,车千乘,骑卒十万。帝亲自劳军,勒兵申教令,赐军吏卒。帝欲自将击匈奴,群臣谏,皆不听。皇太后固要帝,②帝乃止。于是以东阳侯张相如为大将军,成侯赤③为内史,栾布为将军,击匈奴。匈奴遁走。

①【集解】徐广曰:"姓孙。封其子单为鲗侯。匈奴所杀。"
②【集解】如淳曰:"必不得自征也。"
③【集解】徐广曰:"姓董也。"

春,上曰:"朕获执牺牲珪币以事上帝宗庙,十四年于今,历日(縣)〔緜〕长,以不敏不明而久抚临天下,朕甚自愧。其广增诸祀墠场珪币。昔先王远施不求其报,望祀不祈其福,右贤左戚,①先民后己,至明之极也。今吾闻祠官祝釐,②皆归福朕躬,不为百姓,朕甚愧之。夫以朕不德,而躬享独美其福,百姓不与焉,是重吾不德。其令祠官致敬,毋有所祈。"

①【集解】韦昭曰:"右犹高,左犹下也。"【索隐】刘德云:"先贤后亲也。"
②【集解】如淳曰:"釐,福也。《贾谊传》'受釐坐宣室'。"【索隐】音禧,福也。

是时北平侯张苍为丞相,方明律历。鲁人公孙臣上书陈终始传五德事,①言方今土德时,土德应黄龙见,当改正朔服色制度。天子下其事与丞相议。丞相推以为今水德,始明正十月上黑事,以为其言非是,请罢之。

①【索隐】五行之德,帝王相承传易,终而复始,故云"终始传五德之事"。传音转也。

十五年,黄龙见成纪,①天子乃复召鲁公孙臣,以为博士,申明土德事。于是上乃下诏曰:"有异物之神见于成纪,无害于民,岁以有年。朕亲郊祀上帝诸神。礼官议,毋讳以劳朕。"②有司礼官皆曰:"古者天子夏躬亲礼祀上帝于郊,故曰郊。"于是天子始幸雍,郊见五帝,以孟夏四月答礼焉。赵人新垣平以望气见,因说上设立渭阳五庙。③欲出周鼎,当有玉英见。④

①【集解】韦昭曰:"成纪县属天水。"

②【集解】《汉书音义》曰:"言无所讳,勿以朕为劳。"

③【集解】韦昭曰:"在渭城。"

④【集解】《瑞应图》云:"玉英,五常并修则见。"

十六年,上亲郊见渭阳五帝庙,亦以夏答礼而尚赤。

十七年,得玉杯,①刻曰"人主延寿"。于是天子始更为元年,②令天下大酺。其岁,新垣平事觉,夷三族。

①【集解】应劭曰:"新垣平诈令人献之。"

②【索隐】按:《秦本纪》惠文王十四年更为元年。又《汲冢竹书》魏惠王亦有后元,当取法于此。又按:《封禅书》以新垣平候日再中,故改元也。

后二年,上曰:"朕既不明,不能远德,是以使方外之国或不宁息。夫四荒之外不安其生,①封畿之内勤劳不处,二者之咎,皆自于朕之德薄而不能远达也。间者累年,匈奴并暴边境,多杀吏民,边臣兵吏又不能谕吾内志,以重吾不德也。夫久结难连兵,中外之国将何以自宁?今朕夙兴夜寐,勤劳天下,忧苦万民,为之怛惕不安,未尝一日忘于心,故遣使者冠盖相望,结轶于道,②以谕朕意于单于。今单于反古之道,计社稷之安,便万民之利,亲与朕俱弃细过,偕之大道,结兄弟之义,以全天下元元之民。③和亲已定,始于今年。"

①【索隐】顾胤按:《尔雅》孤竹、北户、西王母、日下谓之四荒也。

②【集解】韦昭曰:"使车往还,故辙如结也。相如曰'结轨还辙'。"【索隐】邹氏轶音逸,又音辙。《汉书》作"辙"。顾氏按:司马彪云"结谓车辙回旋错结之也"。

③【索隐】《战国策》云:"制海内,子元元,非兵不可。"高诱注云:"元元,善也。"又按:姚察云"古者谓人云善,言善人也。因善为元,故云黎元。其言元元者,非一人也"。顾野王又云"元元犹喁喁,可怜爱貌"。未安其说,聊记异也。

后六年冬,匈奴三万人入上郡,三万人入云中。以中大夫令勉①为车骑将军,军飞狐;②故楚相苏意为将军,军句注;③将军张武屯北地;河内守周亚夫为将军,居细柳;④宗正刘礼为将军,居霸上;祝兹侯⑤军棘门;⑥以备胡。数月,胡人去,亦罢。

①【集解】徐广曰:"卫尉改名也。"骃案:《汉书·百官表》景帝初改卫尉为中大夫令,非此年也。　【索隐】裴骃按:表景帝改卫尉为中大夫令,则中大夫令是官号,勉其名。后此官改为光禄勋。虞世南以此称中大夫令,是史家追书耳。颜游秦以令是姓,勉是名,为中大夫。据《风俗通》,令姓令尹子文之后也。

②【集解】如淳曰:"在代郡。"苏林曰:"在上党。"

③【集解】应劭曰:"山险名也,在雁门阴馆。"　【索隐】句,伏俨音俱,包恺音钩。

④【集解】徐广曰:"在长安西。"骃按:如淳曰"《长安图》细柳仓在渭北,近石徼"。张揖曰"在昆明池南,今有柳市是也"。　【索隐】按:《三辅故事》细柳在直城门外阿房宫西北维。又《匈奴传》云"长安西细柳",则如淳云在渭北,非也。

⑤【集解】徐广曰:"表作松兹侯,姓徐,名悍。"

⑥【集解】徐广曰:"在渭北。"骃案:孟康曰"在长安北,秦时宫门也"。如淳曰"《三辅黄图》棘门在横门外"。

天下旱,蝗。帝加惠:令诸侯毋入贡,弛山泽,①减诸服御狗马,损郎吏员,发仓庾②以振贫民,民得卖爵。③

①【集解】韦昭曰:"弛,废也。废其常禁以利民。"

②【集解】应劭曰:"水漕仓曰庾。"胡公曰:"在邑曰仓,在野曰庾。"　【索隐】郭璞注《三苍》云:"庾,仓无屋也。"胡公名广,后汉太尉,作《汉官解诂》也。

③【索隐】崔浩云:"富人欲爵,贫人欲钱,故听买卖也。"

孝文帝从代来,即位二十三年,宫室苑囿狗马服御无所增益,有不便,辄弛以利民。尝欲作露台,①召匠计之,直百金。上曰:"百金中民十家之产,吾奉先帝宫室,常恐羞之,何以台为!"上常衣绨衣,②所幸慎夫人,令衣不得曳地,帏帐不得文绣,以示敦朴,为天下先。治霸陵皆以瓦器,不得以金银铜锡为饰,不治坟,欲为省,毋烦民。南越王尉佗自立为武帝,然上召贵尉佗兄弟,以德报之,佗遂去帝称臣。与匈奴和亲,匈奴背约入盗,然令边备守,不发兵深入,恶烦苦百姓。吴王诈病不朝,就赐几杖。群臣如袁盎等称说虽切,常假借用之。③群臣如张武等受赂遗金钱,觉,上乃发御府金钱赐之,以愧其心,弗下吏。专务以德化民,是以海内殷富,兴于礼义。

①【集解】徐广曰:"露,一作'灵'。"　【索隐】顾氏按:新丰南骊山上犹有台之旧址也。

②【集解】如淳曰:"贾谊云'身衣皂绨'。"

③【集解】苏林曰:"假音休假。借音以物借人。"

后七年六月己亥,帝崩于未央宫。①遗诏曰:"朕闻盖天下万物之萌生,靡不有死。死者天地之理,物之自然者,奚可甚哀。当今之时,世咸嘉生而恶死,厚葬以破业,重服以伤生,吾甚不取。且朕既不德,无以佐百姓;今崩,又使重服久临,以离寒暑之数,哀人之父子,伤长幼之志,损其饮食,绝鬼神之祭祀,以重吾不德也,谓天下何!朕获保宗庙,以眇眇之身托于天下君王之上,二十有馀年矣。赖天地之灵,社稷之福,方内安宁,②靡有兵革。③朕既不敏,常畏过行,以羞先帝之遗德;维年之久长,惧于不终。今乃幸以天年,得复供养于高庙,朕之不明与嘉之,④其奚哀悲之有!其令天下吏民,令到出临三日,皆释服。毋禁取妇嫁女祠祀饮酒食肉者。自当给丧事服临者,皆无践。⑤经带无过三寸,毋布车及兵器,⑥毋发民男女哭临宫殿。宫殿中当临者,皆以旦夕各十五举声,礼毕罢。非旦夕临时,禁毋得擅哭。已下,⑦服大红十五日,小红十四日,纤七日,释服。⑧佗不在令中者,皆以此令比率从事。布告天下,使明知朕意。霸陵山川因其故,⑨毋有所改。归夫人以下至少使。"⑩令中尉亚夫为车骑将军,属国悍⑪为将屯将军,⑫郎中令武为复土将军,⑬发近县见卒万六千人,发内史卒万五千人,⑭藏郭穿复土属将军武。

①【集解】徐广曰："年四十七。"

②【集解】瓒曰："方，四方也。内，中也。犹云中外也。"

③【集解】徐广曰："一云'方内安，兵革息'。"

④【集解】如淳曰："与，发声也。得卒天年已善矣。"

⑤【集解】服虔曰："践，翦也。谓无斩衰也。"孟康曰："践，跣也。"晋灼曰："《汉语》作'跣'。跣，徒跣也。"　【索隐】《汉语》是书名，荀爽所作也。

⑥【集解】应劭曰："无以布衣车及兵器也。"服虔曰："不施轻车介士也。"

⑦【索隐】谓柩已下于圹。

⑧【集解】服虔曰："当言大功、小功布也。纤，细布衣也。"应劭曰："红者，中祥大祥以红为领缘也。纤者，禅也。凡三十六日而释服。"　【索隐】刘德云："红亦功也。男功非一，故以'工力'为字。而女工唯在于丝，故以'糸工'为字。三十六日，以日易月故也。"

⑨【集解】应劭曰："因山为藏，不复起坟，山下川流不遏绝也。就其水名以为陵号。"　【索隐】霸是水名。水径于山，亦曰霸山，即芷阳地也。

⑩【集解】应劭曰："夫人以下有美人、良人、八子、七子、长使、少使，凡七辈，皆遣归家，重绝人类也。"

⑪【集解】徐广曰："姓徐。"骃按：《汉书·百官表》"典属国，秦官，掌蛮夷降者"。

⑫【集解】李奇曰："冯奉世为右将军，以将屯将军为名，此监主诸屯也。"

⑬【集解】如淳曰："主穿圹填瘗事者。"　【索隐】复音伏。谓穿圹出土，下棺已而填之，即以为坟，故云复土。复，反还也。又音福。

⑭【索隐】按：《百官表》云内史掌理京师之官也。景帝更名京兆尹也。

乙巳，①群臣皆顿首上尊号曰孝文皇帝。

①【集解】《汉书》云："乙巳葬霸陵。"皇甫谧曰："霸陵去长安七十里。"

太子即位于高庙。丁未，袭号曰皇帝。

孝景皇帝元年十月，制诏御史："盖闻古者祖有功而宗有德，①制礼乐各有由。闻歌者，所以发德也；舞者，所以明功也。高庙酎，②奏《武德》、《文始》、《五行》之舞。③孝惠庙酎，奏《文始》、《五行》之舞。孝文皇帝临天下,通关梁,不异远方。④除诽谤,去肉刑,赏赐长老,收恤孤独,以育群生。减嗜欲,不受献,⑤不私其利也。罪人不帑,⑥不诛无罪。除(肉)〔宫〕刑,出美人,重绝人之世。朕既不敏,不能识。此皆上古之所不及,而孝文皇帝亲行之。德厚侔天地,⑦利泽施四海,靡不获福焉。明象乎日月,而庙乐不称,朕甚惧焉。其为孝文皇帝庙为《昭德》之舞,⑧以明休德。然后祖宗之功德著于竹帛,施于万世,永永无穷,朕甚嘉之。其与丞相、列侯、中二千石、礼官具为礼仪奏。"丞相臣嘉等言:"陛下永思孝道,立《昭德》之舞以明孝文皇帝之盛德,皆臣嘉等愚所不及。臣谨议:世功莫大于高皇帝,德莫盛于孝文皇帝,高皇庙宜为帝者太祖之庙,孝文皇帝庙宜为帝者太宗之庙。天子宜世世献祖宗之庙。郡国诸侯宜各为孝文皇帝立太宗之庙。诸侯王列侯使者侍祠天子,岁献祖宗之庙。⑨请著之竹帛,宣布天下。"制曰:"可。"

①【集解】应劭曰:"始取天下者为祖,高帝称高祖是也。始治天下者为宗,文帝称太宗是也。"

②【集解】张晏曰:"正月旦作酒,八月成,名曰酎。酎之言纯也。至武帝时,因八月尝酎会诸侯庙中,出金助祭,所谓'酎金'也。"

③【集解】孟康曰:"《武德》,高祖所作也。《文始》,舜舞也。《五行》,周舞也。《武德》者,其舞人执干戚。《文始舞》执羽籥。《五行舞》冠冕,衣服法五行色。见《礼乐志》。"【索隐】应劭云:"《礼乐志》《文始舞》本舜《韶舞》,高祖更名《文始》,示不相袭。《五行舞》本周《武舞》,秦始皇更名《五行舞》。按:今言'奏《武德》、《文始》、《五行》之舞'者,其乐总象武王乐,言高祖以武定天下也。即示不相袭,其作乐之始,先奏《文始》,以羽籥衣文绣居先;次即奏《五行》,《五行》即《武舞》,执干戚而衣有五行之色也。"

④【集解】张晏曰:"孝文十二年,除关,不用传令,远近若一。"

⑤【集解】徐广曰:"减,一作'灭'。"

⑥【集解】苏林曰:"刑不及妻子。"

⑦【集解】李奇曰:"侔,齐等。"

⑧【集解】文颖曰:"景帝采高祖《武德舞》作《昭德舞》,舞之于文帝庙,见《礼乐志》。"

⑨【集解】张晏曰:"王及列侯岁时遣使诣京师,侍祠助祭也。"如淳曰:"若光武庙在章陵,南阳太守称使者往祭是也。不使侯王祭者,诸侯不得祖天子也。凡临祭祀宗庙,皆为侍祭。"

太史公曰:孔子言"必世然后仁。①善人之治国百年,亦可以胜残去杀"。②诚哉是言!汉兴,至孝文四十有馀载,德至盛也。廪廪乡改正服封禅矣,谦让未成于今。呜呼,岂不仁哉!

①【集解】孔安国曰:"三十年曰世。如有受命王者,必三十年仁政乃成。"

②【集解】王肃曰:"胜残暴之人,使不为恶。去杀,不用杀也。"

【索隐述赞】孝文在代,兆遇大横。宋昌建册,绛侯奉迎。南面而让,天下归诚。务农先籍,布德偃兵。除帑削谤,政简刑清。绨衣率俗,露台罢营。法宽张武,狱恤缇萦。霸陵如故,千年颂声。

史记卷十一

孝景本纪第十一

孝景皇帝者,①孝文之中子也。母窦太后。孝文在代时,前后有三男,及窦太后得幸,前后死,及三子更死,故孝景得立。

①【集解】《汉书音义》曰:"讳启。" 【正义】《谥法》曰:"繇义而济曰景。"

元年四月乙卯,赦天下。乙巳,赐民爵一级。五月,除田半租。为孝文立太宗庙。令群臣无朝贺。匈奴入代,与约和亲。

二年春,封故相国萧何孙係为武陵侯。①男子二十而得傅。②四月壬午,孝文太后崩。③广川、长沙王皆之国。④丞相申屠嘉卒。八月,以御史大夫开封侯陶青为丞相。彗星出东北。秋,衡山雨雹,⑤大者五寸,深者二尺。荧惑逆行,守北辰。月出北辰间。岁星逆行天廷中。置南陵及内史祋祤为县。⑥

①【集解】(徐广曰:"《汉书》亦作"係"。邹诞生本作"傛",音奚。又按:《汉书·功臣表》及《萧何传》皆云孙嘉,疑其人有二名。) 【索隐】《汉书》亦作"係",邹诞生本作"傛"。又案:《汉书·功臣表》及《萧何传》皆云封何孙嘉,疑其人有二名也。

②【索隐】音附。荀悦云:"傅,正卒也。"小颜云旧法二十三而傅,今改也。

③【索隐】薄太后也。亦葬芷阳西,曰少陵也。

④【索隐】广川王彭祖、长沙王发皆景帝子,遣就国也。

⑤【正义】雨,于付反。

⑥【集解】徐广曰:"《地理志》云文帝七年置。"骃按:《地理志》、《百官表》南陵县文帝置也。分内史为左右,及祋祤为县,皆景帝二年,不得皆如徐所云。

【索隐】邹诞生袯音都会反，又音丁活反。栩音羽，又音诩。

　　三年正月乙巳，赦天下。长星出西方。天火①燔雒阳东宫大殿城室。②吴王濞、③楚王戊、④赵王遂、⑤胶西王卬、⑥济南王辟光、⑦菑川王贤、⑧胶东王雄渠⑨反，发兵西向。天子为诛晁错，遣袁盎谕告，不止，遂西围梁。⑩上乃遣大将军窦婴、太尉周亚夫将兵诛之。六月乙亥，赦亡军及楚元王子蓺等⑪与谋反者。封大将军窦婴为魏其侯。⑫立楚元王子平陆侯礼⑬为楚王。立皇子端为胶西王，子胜为中山王。徙济北王志⑭为菑川王，淮阳王馀⑮为鲁王，⑯汝南王非⑰为江都王。⑱齐王将庐、⑲燕王嘉⑳皆薨。㉑

①【集解】徐广曰："《汉志》无。"
②【集解】徐广曰："雒，一作'淮'。"　【索隐】雒阳，《汉书》作"淮阳"。灾，故徙王于鲁也。
③【正义】音匹备反。高祖兄仲子，故汉高祖十二年封，三十三年反。年表云都吴，其实在江都也。
④【正义】高祖弟楚王交孙，嗣二十一年反，都彭城。
⑤【正义】高祖孙，幽王友子，嗣二十六年反，都邯郸。
⑥【正义】卬，五郎反。高祖孙，齐悼惠王子，故平昌侯，十年反，都密州高密县。
⑦【正义】辟音壁。高祖孙，齐悼惠王子，故（初）〔扐〕侯，立十一年反。《括地志》云："济南故城在淄川长山县西北三十里。"
⑧【正义】高祖孙，齐悼惠王子，故武城侯，立十一年反，都剧。《括地志》云："菑州县也。故剧城在青州寿光县南三十一里，故纪国。"
⑨【正义】高祖孙，齐悼惠王子，故白石侯，立十一年反，都即墨。《括地志》云："即墨故城在密州胶水县东南六十里，即胶东国也。"
⑩【正义】梁孝王都睢阳，今宋州。
⑪【正义】蓺，鱼曳反。字亦作"藝"，音同。
⑫【正义】《地理志》云魏其属琅邪。
⑬【索隐】韦昭云："平陆，西河县。礼即向之从曾祖王父也。"　【正义】应劭云："平陆，西河县。"

⑭【正义】济,子礼反。济北国今济州卢县,即济北王所都。

⑮【正义】淮阳国今陈州。

⑯【正义】鲁今兖州曲阜县。

⑰【正义】汝南国今豫州。

⑱【正义】江都国今扬州也。吴王濞所都,反,诛,景帝改为江都国,封皇子非也。

⑲【索隐】悼惠王之孙,齐王襄之子。庐,《汉书》作"闾"。　【正义】齐国,青州临淄也。将庐,齐悼惠王之孙,襄王之子,年表云。

⑳【索隐】刘泽之子。

㉑【集解】徐广曰:"表云五年薨。"

四年夏,立太子。立皇子彻为胶东王。六月甲戌,赦天下。后九月,更以(弋)〔易〕阳为阳陵。①复置津关,用传出入。②冬,以赵国为邯郸郡。③

①【正义】《括地志》云:"汉景帝陵也。在雍州咸阳县东三十里。"按:豫作寿陵也。

②【集解】应劭曰:"文帝十二年,除关,无用传,至此复置传,以七国新反,备非常也。"张晏曰:"传,信也,若今过所也。"如淳曰:"传音'檄传'之'传',两行书缯帛,分持其一,出入关,合之乃得过,谓之传。"　【索隐】传音丁恋反。如今之过所。

③【集解】《地理志》赵国景帝以为邯郸郡。

五年三月,作阳陵、①渭桥。五月,募徙阳陵,予钱二十万。江都大暴风从西方来,坏城十二丈。丁卯,封长公主子蛟为隆虑侯。②徙广川王为赵王。

①【索隐】景帝豫作寿陵也。按:《赵系家》赵肃侯十五年起寿陵,后代遂因之也。

②【索隐】音林闾。避殇帝讳改之。

六年春,封中尉(赵)绾为建陵侯,①江都丞相嘉②为建平侯,陇西太守浑邪为平曲侯,③赵丞相嘉④为江陵侯,故将军布为鄃侯。梁楚二王皆薨。后九月,伐驰道树,殖兰池。⑤

①【正义】《括地志》云:"建陵故县在沂州承县界。"

②【集解】徐广曰:"姓程。"

③【正义】《括地志》云:"平曲县故城在瀛州文安县北七十里。"

④【集解】徐广曰:"姓苏。"

⑤【集解】徐广曰:"殖,一作'填'。"【正义】按:驰道,天子道,秦始皇作之,三丈而树。

七年冬,废栗太子为临江王。①十〔二〕〔一〕月晦,日有食之。春,免徒隶作阳陵者。丞相青免。二月乙巳,以太尉条侯②周亚夫为丞相。四月乙巳,立胶东王太后为皇后。③丁巳,立胶东王为太子。名彻。

①【正义】临江,忠州县。虽王临江而都江陵。

②【正义】条,田雕反。字亦作"茶",音同。

③【索隐】按系家,太后槐里人,父仲。兄信,封盖侯。后故金氏妻女弟妁儿也。

中元年,封故御史大夫周苛①孙平②为绳侯,故御史大夫周昌〔子〕〔孙〕左车为安阳侯。四月乙巳,赦天下,赐爵一级。除禁锢。地动。衡山、原都雨雹,大者尺八寸。

①【索隐】周昌之兄。

②【集解】徐广曰:"一作'应'。"

中二年二月,匈奴入燕,遂不和亲。三月,召临江王来,即死中尉府中。夏,立皇子越为广川王,子寄为胶东王。封四侯。①九月甲戌,日食。

①【集解】文颖曰:"楚相张尚,太傅赵夷吾,赵相建德,内史王悍。此四人各谏其王,无使反,不听,皆杀之,故封其子。"【索隐】韦昭云:"张尚子当居,赵夷吾子周,建德子横,王悍子弃也。"

中三年冬，罢诸侯御史中丞。春，匈奴王二人率其徒来降，皆封为列侯。①立皇子方乘为清河王。三月，彗星出西北。丞相周亚夫〔死〕〔免〕，以御史大夫桃侯刘舍为丞相。四月，地动。九月戊戌晦，日食。军东都门外。②

> ①【正义】《汉书》表云中三年，安陵侯子军、桓侯赐、遒侯陆彊、容城侯徐卢、易侯仆黥、范阳侯代、翕侯邯郸七人，以匈奴王降，皆封为列侯。按：纪言二人者是匈奴二王为首降。
> ②【集解】按：《三辅黄图》东出北头第一门曰宣平门，外曰东都门。【索隐】按：《三辅黄图》云东出北第一门曰宣平门，外曰东都门。

中四年三月，置德阳宫。①大蝗。秋，赦徒作阳陵者。

> ①【集解】瓒曰："是景帝庙也，帝自作之，讳不言庙，故言宫。《西京故事》云景帝庙为德阳宫。"

中五年夏，立皇子舜为常山王。封十侯。①六月丁巳，赦天下，赐爵一级。天下大潦。更命诸侯丞相曰相。秋，地动。

> ①【正义】《惠景间年表》云亚谷侯卢他之、隆虑侯陈蟜、乘氏侯刘买、桓邑侯刘明、盖侯王信。按：其五人是中元五年封，馀检不获。中元三年，匈奴王二人降，封为列侯。《惠景间表》云匈奴王降为侯者有七人，疑其五人是十侯之数。

中六年二月己卯，行幸雍，郊见五帝。三月，雨雹。四月，梁孝王、①城阳共王、②汝南王皆薨。立梁孝王子明为济川王，③子彭离为济东王，④子定为山阳王，⑤子不识为济阴王。⑥梁分为五。封四侯。更命廷尉为大理，将作少府为将作大匠，主爵中尉为都尉，⑦长信詹事⑧为长信少府，⑨将行为大长秋，⑩大行为行人，⑪奉常为太常，⑫典客为大行，⑬治粟内史为大农。⑭以大内为二千石，⑮置左右内官，属大内。⑯七月辛亥，日食。八月，匈奴入上郡。

> ①【正义】都睢阳，今宋州。

② 【正义】城阳,今濮州雷泽县,古城阳也。共音恭。《谥法》"严敬故事曰恭"。

③ 【正义】表云分梁置也。

④ 【正义】表云分梁置也。

⑤ 【正义】《地理志》云景帝中六年别为山阳国,属兖州。

⑥ 【正义】《地理志》云景帝中六年别为济阴国,属兖州。按:今曹州是也。

⑦ 【集解】《汉书·百官表》曰:"主爵中尉,秦官,掌列侯。"

⑧ 【集解】《汉书·百官表》曰:"詹事,秦官,掌皇后太子家。"应劭曰:"詹,省也,给也。"瓒曰:"《茂陵书》詹事秩二千石。"

⑨ 【集解】张晏曰:"以太后所居宫为名。长信宫则曰长信少府,长乐宫则曰长乐少府。"

⑩ 【集解】《汉书·百官表》曰:"将行,秦官。"应劭曰:"长秋,皇后卿。"

⑪ 【集解】服虔曰:"天子死未有谥,称大行。"晋灼曰:"礼有大行、小行,主谥官,故以此名之。"如淳曰:"不反之辞也。"瓒曰:"大行是官名,掌九仪之制,以宾诸侯。"【索隐】按:郑玄曰"命者五,谓公、侯、伯、子、男,爵者四,孤、卿、大夫、士,是九也"。

⑫ 【集解】《汉书·百官表》曰:"奉常,秦官,掌宗庙礼仪。"

⑬ 【索隐】韦昭云:"大行,官名,秦时云典客,景帝初改云大行,后更名大鸿胪,武帝因而不改,故《汉书·景纪》有大鸿胪。《百官表》又云武帝改名大鸿胪。鸿,声也。胪,附皮。以言其掌四夷宾客,若皮胪之在外附于身也。复有大行令,故诸侯薨,大鸿胪奏谥,列侯薨,则大行奏诔。"按:此大行令即鸿胪之属官也。

⑭ 【集解】《汉书·百官表》曰:"治粟内史,秦官,掌谷货也。"

⑮ 【集解】韦昭曰:"大内,京师府藏。"

⑯ 【索隐】主天子之私财物曰少内。少内属大内也。

后元年冬,更命中大夫令为卫尉。① 三月丁酉,赦天下,赐爵一级,中二千石、诸侯相爵右庶长。四月,大酺。五月丙戌,②地动,其蚤食时复动。上庸地动二十二日,坏城垣。七月乙巳,日食。丞相刘舍免。八月壬辰,以御史大夫绾③为丞相,封为建陵侯。

① 【正义】《汉书·百官表》云:"卫尉,秦官,掌宫阖门卫屯兵。景帝初,更命中

大夫令,后元年,复为卫尉。"

②【集解】徐广曰:"丙,一作'甲'。"

③【索隐】姓卫也。

后二年正月,地一日三动。郅将军击匈奴。①酺五日。令内史郡不得食马粟,没入县官。令徒隶衣七缌布。②止马舂。③为岁不登,禁天下食不造岁。省列侯遣之国。④三月,匈奴入雁门。十月,租长陵田。大旱。衡山国、河东、云中郡⑤民疫。

①【正义】郅,真栗反。《郅都传》云匈奴刻木为郅都而射,不中。

②【索隐】七缌,盖今七升布,言其粗,故令衣之也。　【正义】衣,於既反。缌,祖工反。缌,八十缕也,与布相似。七升布用五百六十缕。

③【索隐】止人为马舂粟,为岁不登故也。

④【集解】晋灼曰:"《文纪》遣列侯之国,今又省之。"

⑤【正义】衡山国,今衡州。河东,今蒲州。云中郡,今胜州。

后三年十月,日月皆(食)赤五日。十二月晦,雷。①日如紫。五星逆行守太微。月贯天廷中。②正月甲寅,皇太子冠。甲子,孝景皇帝崩。③遗诏赐诸侯王以下至民为父后爵一级,天下户百钱。出宫人归其家,复无所与。太子即位,是为孝武皇帝。④三月,封皇太后弟蚡⑤为武安侯,弟胜为周阳侯。置阳陵。

①【集解】徐广曰:"一作'雷'字,又作'图'字,实所未详。"

②【索隐】天廷即龙星右角也。按:《石氏星传》曰"龙在左角曰天田,右角曰天廷"。

③【集解】皇甫谧曰:"帝以孝惠七年生,年四十八。"

④【集解】《汉书》云:"二月癸酉,帝葬阳陵。"皇甫谧曰:"阳陵山方百二十步,高十四丈,去长安四十五里。"

⑤【集解】苏林曰:"蚡音鼢。"　【索隐】蚡音扶粉反。按:《外戚世家》皇太后母臧氏初嫁王氏,生子信而寡,更嫁长陵田氏,生蚡及胜也。

太史公曰：汉兴，孝文施大德，天下怀安。至孝景，不复忧异姓，而晁错刻削诸侯，遂使七国俱起，合从而西向，以诸侯太盛，而错为之不以渐也。及主父偃言之，而诸侯以弱，卒以安。①安危之机，岂不以谋哉？

①【索隐】主父偃上言，今天子下推恩之令，令诸侯各得分邑其子弟，于是遂弱，卒以安也。

【索隐述赞】景帝即位，因修静默。勉人于农，率下以德。制度斯创，礼法可则。一朝吴楚，乍起凶慝。提局成衅，拒轮致惑。晁错虽诛，梁城未克。条侯出将，追奔逐北。坐见枭剋，立翦牟贼。如何太尉，后卒下狱。惜哉明君，斯功不录！

史记卷十二

孝武本纪第十二

【集解】《太史公自序》曰"作《今上本纪》",又其述事皆云"今上","今天子",或有言"孝武帝"者,悉后人所定也。张晏曰:"《武纪》,褚先生补作也。褚先生名少孙,汉博士也。"【索隐】按:褚先生补《史记》,合集武帝事以编年,今止取《封禅书》补之,信其才之薄也。又张晏云"褚先生颍川人,仕元成间"。韦稜云"《褚颢家传》褚少孙,梁相褚大弟之孙,宣帝代为博士,寓居于沛,事大儒王式,号为'先生',续《太史公书》"。阮孝绪亦以为然也。

孝武皇帝者,①孝景中子也。②母曰王太后。孝景四年,以皇子为胶东王。孝景七年,栗太子废为临江王,以胶东王为太子。孝景十六年崩,太子即位,为孝武皇帝。③孝武皇帝初即位,尤敬鬼神之祀。

①【集解】《汉书音义》曰:"讳彻。"【索隐】裴骃云:"《太史公自序》云'作《今上本纪》',又其序事皆云'今上','今天子',今或言'孝武皇帝'者,悉后人所定也。"【正义】《谥法》云:"克定祸乱曰武。"

②【索隐】按:《景十三王传》广川王已上皆是武帝兄,自河间王德以至广川,凡有八人,则武帝第九也。

③【集解】张晏曰:"武帝以景帝元年生,七岁为太子,为太子十岁而景帝崩,时年十六矣。"

元年,汉兴已六十馀岁矣,①天下乂安,②荐绅③之属皆望天子封禅改正度也。而上乡儒术,招贤良,赵绾、王臧等以文学为公卿,欲议古立明堂城南,④以朝诸侯。草巡狩封禅改历服色事未就。会窦太后治黄老言,不好儒术,使人微得赵绾等奸利事,⑤召案绾、臧,绾、臧自杀,⑥诸所兴为者皆废。

①【集解】徐广曰:"六十七年,岁在辛丑。"

②【正义】义音鱼废反。

③【索隐】上音揢。揢,挺也。言挺笏于绅带之间,事出《礼·内则》。今作"荐"者,古字假借耳。《汉书》作"缙绅",臣瓒云"缙,赤白色",非也。

④【索隐】城南,长安城南门外也。案:《关中记》云明堂在长安城门外,杜门之西也。

⑤【集解】徐广曰:"纤微伺察之。"

⑥【正义】《汉书》孝武帝二年,御史大夫赵绾坐请无奏事太皇太后,及郎中令王臧皆下狱,自杀。应劭云:"王臧儒者,欲立明堂、辟雍,太后素好黄老术,非薄《五经》,因故绝奏事太后,太后怒,故令杀。"

后六年,窦太后崩。其明年,上征文学之士公孙弘等。

明年,上初至雍,郊见五畤。①后常三岁一郊。是时上求神君,②舍之上林中蹏氏观。③神君者,长陵女子,以子死悲哀,故见神于先后宛若。④宛若祠之其室,民多往祠。平原君⑤往祠,其后子孙以尊显。及武帝即位,则厚礼置祠之内中,闻其言,不见其人云。

①【正义】畤音止。《括地志》云:"汉五帝畤在岐州雍县南。孟康云畤者神灵之所止。"案:五畤者鄜畤、密畤、吴阳畤、北畤。先是文公作鄜畤,祭白帝;秦宣公作密畤,祭青帝;秦灵公作吴阳上畤、下畤,祭赤帝、黄帝;汉高祖作北畤,祭黑帝:是五畤也。

②【正义】《汉武帝故事》云:"起柏梁台以处神君,长陵女子也。先是嫁为人妻,生一男,数岁死,女子悼痛之,岁中亦死,而灵,宛若祠之,遂闻言宛若为生,民人多往请福,说家人小事有验。平原君亦事之,至后子孙尊贵。及上即位,太后延于宫中祭之,闻其言,不见其人。至是神君求出局,营柏梁台舍之。初,霍去病微时,自祷神君,及见其形,自修饰,欲与去病交接,去病不肯,谓神君曰:'吾以神君精洁,故斋戒祈福,今欲淫,此非也。'自绝不复往。神君惭之,乃去也。"

③【集解】徐广曰:"蹏音蹄。"【索隐】徐广音蹄,邹诞音斯,又音蹄,观名也。

④【集解】孟康曰:"产乳而死。兄弟妻相谓'先后'。宛若,字。"【索隐】先后,邹诞音二字并去声,即今妯娌也。孟康以兄弟妻相谓也。韦昭云先谓姒,后谓娣也。宛音冤。

⑤【集解】徐广曰："武帝外祖母也。"骃案：蔡邕曰"异姓妇人以恩泽封者曰君，仪比长公主"。　【索隐】案：徐云武帝外祖母，则是臧儿也。

是时而李少君亦以祠灶、①谷道、②却老方见上，上尊之。少君者，故深泽侯③入以主方。④匿其年及所生长，常自谓七十，能使物，却老。⑤其游以方遍诸侯。无妻子。人闻其能使物及不死，更馈遗之，常馀金钱帛衣食。人皆以为不治产业而饶给，又不知其何所人，愈信，争事之。少君资好方，善为巧发奇中。⑥尝从武安侯⑦饮，坐中有年九十馀老人，少君乃言与其大父游射处，老人为儿时从其大父行，识其处，一坐尽惊。少君见上，上有故铜器，问少君。少君曰："此器齐桓公十年陈于柏寝。"⑧已而案其刻，果齐桓公器。一宫尽骇，以少君为神，数百岁人也。

①【索隐】如淳云："祠灶可以致福。"案：礼灶者，老妇之祭，盛于盆，尊于瓶。《说文》、《周礼》以灶祠祝融。《淮南子》炎帝作火官，死为灶神。司马彪注《庄子》云髻，灶神也，如美女，衣赤。李弘范音诘也。

②【集解】李奇曰："食谷道引。或曰辟谷不食之道。"

③【集解】徐广曰："姓赵，景帝时绝封。"

④【集解】徐广曰："进纳于天子而主方。一云侯人主方。"骃案：如淳曰"侯家人主方药者也"。

⑤【集解】如淳曰："物，鬼物也。"瓒曰："物，药物也。"

⑥【集解】如淳曰："时时发言有所中也。"

⑦【索隐】服虔云："田蚡也。"韦昭云："武安属魏郡也。"

⑧【集解】服虔曰："地名，有台也。"瓒曰："《晏子书》柏寝，台名也。"　【正义】《括地志》云："柏寝台在青州千乘县东北二十一里。《韩子》云景公与晏子游于少海，登柏寝之台而望其国。公曰：'美哉堂乎，后代孰将有此？'晏子云：'其田氏乎？'公曰：'寡人有国而田氏家，奈何？'对曰：'夺之，则近贤远不肖，治其烦乱，轻其刑罚，振穷乏，恤孤寡，行恩惠，崇节俭，虽十田氏其如堂何！'即此也。"

少君言于上曰："祠灶则致物，致物而丹沙可化为黄金，黄金成以为饮食器则益寿，益寿而海中蓬莱仙者可见，见之以封禅则不死，黄帝是也。臣尝游海上，见安期生，①食臣枣，大如瓜。安期生仙者，通蓬莱中，合则见人，不合则隐。"于是天子始亲祠灶，而遣方士入海求蓬莱安期生之属,而事化丹沙诸药齐为黄金②矣。

> ①【索隐】服虔曰:"古之真人。"案:《列仙传》云安期生,琅邪人,卖药东海边,时人皆言千岁也。　【正义】《列仙传》云:"安期生,琅邪阜乡亭人也。卖药海边。秦始皇请语三夜,赐金数千万,出,于阜乡亭,皆置去,留书,以赤玉舄一量为报,曰'后千岁求我于蓬莱山下'。"
>
> ②【索隐】齐音剂。

居久之,李少君病死。①天子以为化去不死也,而使黄锤②史宽舒③受其方。求蓬莱安期生莫能得,而海上燕齐怪迂之方士多相效,更言神事矣。

> ①【正义】《汉书起居》云:"李少君将去,武帝梦与共登嵩高山,半道,有使乘龙时从云中云'太一请少君',帝谓左右'将舍我去矣'。数月而少君病死。又发棺看,唯衣冠在也。"
>
> ②【集解】韦昭曰:"人姓名。"　【正义】音直伪反。
>
> ③【集解】《汉书音义》曰:"二人皆方士。"　【正义】姓史,名宽舒。

亳人薄诱忌①奏祠泰一方,曰:"天神贵者泰一,②泰一佐曰五帝。③古者天子以春秋祭泰一东南郊,用太牢具,七日,④为坛开八通之鬼道。"于是天子令太祝立其祠长安东南郊,常奉祠如忌方。其后人有上书,言"古者天子三年一用太牢具祠神三一:天一,地一,泰一"。天子许之,令太祝领祠之忌泰一坛上,如其方。后人复有上书,言"古者天子常以春秋解祠,祠黄帝用一枭破镜;⑤冥羊⑥用羊;祠马行⑦用一青牡马;泰一、皋山山君、地长⑧用牛;武夷君⑨用干鱼;阴阳使者⑩以一牛"。令祠官领之如其方,而祠于忌泰一坛旁。

> ①【集解】徐广曰:"一云亳人谬忌也。"　【索隐】亳,山阳县名。姓谬,名忌,居亳,故下称薄忌,此文则衍"薄"字,而"谬"又误作"诱"矣。
>
> ②【索隐】天神贵者太一。案:《乐汁微图》云"紫微宫北极天一太一"。宋均以为天一、太一,北极之别名。《春秋纬》"紫宫,天皇曜魄宝之所理也"。
>
> ③【索隐】其佐曰五帝。《河图》云苍帝神名灵威仰之属也。　【正义】五帝,五天帝也。《国语》云"苍帝灵威仰,赤帝赤熛怒,白帝白招矩,黑帝叶光纪,黄帝含枢纽"。《尚书帝命验》云"苍帝名灵威仰,赤帝名文祖,黄帝名神斗,白帝名显纪,黑帝名玄矩"。佐者,谓配祭也。

④【集解】徐广曰:"一云日一太牢具,十日。"

⑤【集解】孟康曰:"枭,鸟名,食母。破镜,兽名,食父。黄帝欲绝其类,使百物祠皆用之。破镜如貙而虎眼。或云直用破镜。"如淳曰:"汉使东郡送枭,五月五日为枭羹以赐百官。以恶鸟,故食之。"

⑥【集解】服虔曰:"神名也。"

⑦【正义】神名也。

⑧【正义】丁丈反。三并神名。

⑨【正义】神名。

⑩【集解】《汉书音义》曰:"阴阳之神也。"

其后,天子苑有白鹿,以其皮为币,①以发瑞应,造白金焉。②

①【索隐】案:《食货志》皮币以白鹿皮方尺,缘以缋,以荐璧,得以黄金一斤代之。又汉律皮币率鹿皮方尺,直黄金一斤。

②【索隐】案:《食货志》白金三品,各有差也。　【正义】白金三品,武帝所铸也。如淳曰:"杂铸银锡为白金也。"《平准书》云:"造银锡为白金。以为天用莫如龙,地用莫如马,人用莫如龟,故曰白金三品。其一曰重八两,圆之,其文龙,名曰白选,直三千;二曰重差小,方之,其文马,直五百;三曰复小,隋之,其文龟,直三百。"《钱谱》云:"白金第一,其形圆如钱,肉好圆,文为一龙。白银第二,其形方小长,肉好亦小长,好上下文为二马。白银第三,其形似龟,肉好小,是文为龟甲也。"

其明年,郊雍,获一角兽,若麃然。①有司曰:"陛下肃祗郊祀,上帝报享,锡一角兽,盖麟云。"②于是以荐五畤,畤加一牛以燎。③赐诸侯白金,以风符应合于天地。④

①【集解】韦昭曰:"楚人谓麋为麃。"　【索隐】麃音步交反。韦昭曰"体若麕而一角,《春秋》所谓'有麕而角'是也。楚人谓麋为麃"。又《周书·王会》云麃者若鹿。《尔雅》云麕,大鹿也,牛尾一角。郭璞云汉武获一角兽若麃,谓之麟是也。

②【正义】《汉书·终军传》云"从上雍,获白麟"。一角戴肉,设武备而不为害,所以为仁。

③【正义】力召反,焚也。

④【集解】晋灼曰："符瑞也。"瓒曰："风示诸侯以此符瑞之应。"

于是济北王以为天子且封禅，乃上书献泰山及其旁邑。天子受之，更以他县偿之。常山王有罪，迁，天子封其弟于真定，以续先王祀，而以常山为郡。然后五岳皆在天子之郡。

其明年，齐人少翁①以鬼神方见上。上有所幸王夫人，②夫人卒，少翁以方术盖夜致王夫人及灶鬼之貌云，天子自帷中望见焉。于是乃拜少翁为文成将军，赏赐甚多，以客礼礼之。文成言曰："上即欲与神通，宫室被服不象神，神物不至。"乃作画云气车，及各以胜日③驾车辟恶鬼。又作甘泉宫，中为台室，画天、地、泰一诸神，而置祭具以致天神。居岁馀，其方益衰，神不至，乃为帛书以饭牛，④详弗知也，言此牛腹中有奇。杀而视之，得书，书言甚怪，天子疑之。有识其手书，问之人，果（为）〔伪〕书。于是诛文成将军⑤而隐之。

①【正义】《汉武故事》云少翁年二百岁，色如童子。
②【集解】徐广曰："齐怀王闳之母也。"骃案：桓谭《新论》云武帝有所爱幸姬王夫人，窈窕好容，质性嬛佞。　【正义】《汉书》作"李夫人"。
③【集解】《汉书音义》曰："如火胜金，用丙与丁日，不用庚辛。"
④【正义】饭，房晚反。书绢帛上为怪言语，以饲牛。
⑤【正义】《汉武故事》云："文成诛月馀，有使者籍货关东还，逢之于漕亭，还见言之，上乃疑，发其棺，无所见，唯有竹筒一枚，捕验间无踪迹也。"

其后则又作栢梁、①铜柱、承露仙人掌②之属矣。

①【索隐】服虔云："用梁百头。"按：今字皆作"栢"。《三辅故事》云"台高二十丈，用香栢为殿，香闻十里"。
②【集解】苏林曰："仙人以手掌擎盘承甘露也。"　【索隐】《三辅故事》曰"建章宫承露盘高三十丈，大七围，以铜为之。上有仙人掌承露，和玉屑饮之"。故《张衡赋》曰"立修茎之仙掌，承云表之清露"是也。

文成死明年，天子病鼎湖①甚，巫医无所不致，（至）不愈。游水发根②乃言曰："上郡有巫，病而鬼下之。"上召置祠之甘泉。及病，使人问神君。③神君言曰："天子毋忧病。病少愈,强与我会甘泉。"于是病愈,遂幸甘泉,病良已。④大赦天下,置寿宫神君。⑤神君最贵者(大夫)〔太一〕,其佐曰大禁、司命之属,皆从之。非可得见,闻其音,与人言等。时去时来,来则风肃然也。居室帷中。时昼言,然常以夜。天子祓,然后入。⑥因巫为主人,关饮食。所欲者言行下。⑦又置寿宫、北宫,⑧张羽旗,设供具,以礼神君。神君所言,上使人受书其言,命之曰"画法"。⑨其所语,世俗之所知也,毋绝殊者,而天子独喜。其事秘,世莫知也。

①【集解】晋灼曰:"在湖县。"韦昭曰:"地名,近宜春。"　【索隐】案:鼎湖,县名,属京兆,后属弘农。昔黄帝采首阳山铜铸鼎于湖,曰鼎湖,即今之湖城县也。韦昭(云)以为近宜春,亦甚疏也。

②【集解】服虔曰:"游水,县名。发根,人名姓。"晋灼曰:"《地理志》游水,水名,在临淮淮浦也。"　【索隐】颜师古以游水姓,发根名。盖或因水为姓。服虔亦曰发根,人姓字。或曰发树根者也。

③【集解】韦昭曰:"即病巫之神。"

④【集解】孟康曰:"良已,善已,谓愈也。"

⑤【集解】服虔曰:"立此便宫也。"瓒曰:"宫,奉神之宫也。《楚辞》曰'蹇将憺兮寿宫'。"

⑥【集解】《汉书音义》曰:"祟絜,自被除然后入。"

⑦【集解】李奇曰:"神所欲言,上辄为下之。"

⑧【正义】《括地志》云:"寿宫、北宫皆在雍州长安县西北三十里长安故城中。《汉书》云武帝寿宫以处神君。"

⑨【集解】《汉书音义》曰:"或云策画之法也。"　【正义】画音获。案:画一之法。

其后三年,有司言元宜以天瑞命,不宜以一二数。①一元曰建元,二元以长星曰元光,三元以郊得一角兽曰元狩云。②

①【集解】苏林曰:"得黄龙凤皇诸瑞,以名年。"　【正义】孝景以前即位,以一二数年至其终。武帝即位,初有年号,改元以建元为始。

②【集解】徐广曰:"案诸纪元光后有元朔,元朔后得元狩。"

其明年冬，天子郊雍，议曰："今上帝朕亲郊，而后土毋祀，则礼不答也。"有司与太史公、①祠官宽舒等议："天地牲角茧栗。今陛下亲祀后土，后土宜于泽中圜丘为五坛，坛一黄犊太牢具，已祠尽瘗，而从祠衣上黄。"于是天子遂东，始立后土祠汾阴脽上，②如宽舒等议。上亲望拜，如上帝礼。礼毕，天子遂至荥阳而还。过雒阳，下诏曰："三代邈绝，远矣难存。其以三十里地封周后为周子南君，以奉先王祀焉。"是岁，天子始巡郡县，侵寻于泰山矣。③

①【集解】韦昭曰："说者以谈为太史公，失之矣。《史记》称迁为太史公者，是外孙杨恽所称。"【索隐】韦昭云谈，司马迁之父也，说者以谈为太史公，失之矣。《史记》多称太史公，迁外孙杨恽称之也。姚察按：迁传亦以谈为太史公，非恽所加。又按：虞喜《志林》云"古者主天官皆上公，自周至汉，其职转卑，然朝会坐位犹居公上，尊天之道，其官属仍以旧名，尊而称公，公名当起于此"。故如淳云"太史公位在丞相上，天下郡国计书先上太史公，副上丞相"，其义是也。而桓谭《新论》以为太史公造书，书成示东方朔，朔为平定，因署其下。太史公者，皆朔所加之者也。

②【集解】徐广曰："元鼎四年时也。"骃案：苏林曰"脽音谁"。如淳曰"河之东岸特堆堀，长四五里，广二里馀，高十馀丈。汾阴县在脽之上，后土祠在县西。汾在脽之北，西流与河合也"。【索隐】脽，丘。音谁。《汉旧仪》作"葵丘"者，盖河东人呼"谁"与"葵"同故耳。

③【集解】晋灼曰："遂往之意也。"【索隐】侵寻即浸淫也。故晋灼云"遂往之意也"。小颜云"浸淫渐染之义"。盖寻淫声相近，假借用耳。师古叔父游秦亦解《汉书》，故称师古为"小颜"也。

其春，乐成侯①上书言栾大。栾大，胶东宫人，②故尝与文成将军同师，已而为胶东王尚方。而乐成侯姊为康王后，③毋子。康王死，他姬子立为王。而康后有淫行，与王不相中（得），相危以法。康后闻文成已死，而欲自媚于上，乃遣栾大因乐成侯求见言方。天子既诛文成，后悔恨其早死，惜其方不尽，及见栾大，大悦。大为人长美，言多方略，而敢为大言，处之不疑。大言曰："臣尝往来海中，见安期、羡门④之属。顾

以为臣贱,不信臣。又以为康王诸侯耳,不足予方。臣数言康王,康王
又不用臣。臣之师曰:'黄金可成,而河决可塞,不死之药可得,仙人可
致也。'臣恐效文成,则方士皆掩口,恶敢言方哉!"上曰:"文成食马肝死
耳。子诚能修其方,我何爱乎!"大曰:"臣师非有求人,人者求之。陛下
必欲致之,则贵其使者,令有亲属,以客礼待之,勿卑,使各佩其信印,乃
可使通言于神人。神人尚肯邪不邪。致尊其使,然后可致也。"于是上
使先验小方,斗旗,⑤旗自相触击。

①【集解】徐广曰:"姓丁,名义。后与栾大俱诛也。"　【索隐】韦昭云:"河间
　县。"按:《郊祀志》乐成侯登,而徐广据表姓丁名义,未详。

②【集解】服虔曰:"王家人。"

③【集解】孟康曰:"胶东王后也。"

④【索隐】韦昭云:"仙人。"应劭云:"名子乔。"

⑤【正义】音其。文本或作"棋"。《说文》云:"棊,博棋也。"高诱注《淮南子》云:
　"取鸡血与针磨捣之,以和磁石,用涂棋头曝干之,置局上,即相拒不止也。"

　　是时上方忧河决,而黄金不就,①乃拜大为五利将军。居月馀,得四
金印,佩天士将军、地士将军、大通将军、天道将军印。制诏御史:"昔禹疏
九江,决四渎。间者河溢皋陆,隄繇不息。②朕临天下二十有八年,天若遗
朕士而大通焉。③《乾》称'蜚龙','鸿渐于般',④意庶几与焉。其以二千户
封地士将军大为乐通侯。"⑤赐列侯甲第,⑥僮千人。乘舆斥车马⑦帷帐器
物以充其家。又以卫长公主妻之,⑧赍金万斤,更名其邑曰当利公主。⑨
天子亲如五利之第。使者存问所给,连属于道。自大主⑩将相以下,皆置
酒其家,献遗之。于是天子又刻玉印曰"天道将军",使使衣羽衣,夜立白
茅上,五利将军亦衣羽衣,立白茅上受印,以示弗臣也。而佩"天道"者,且
为天子道天神也。于是五利常夜祠其家,欲以下神。神未至而百鬼集矣,
然颇能使之。其后治装行,东入海,求其师云。大见数月,佩六印,贵振天
下,而海上燕齐之间,莫不扼捥⑪而自言有禁方,能神仙矣。

①【正义】炼丹砂铅锡为黄金不就。

②【正义】颜师古云:"皋,水旁地也。广平曰陆。言水大泛溢,自皋及陆,而筑

作堤，傜役甚多，不暇休息。"

③【集解】韦昭曰："言栾大能通天意，故封乐通。"【索隐】韦昭云："言大能通天意，故封之乐通。"乐通在临淮高平县也。

④【集解】骃案：《汉书音义》曰"般，水涯堆也。渐，进也"。武帝云得栾大如鸿进于般，一举千里，得道若飞龙在天。

⑤【集解】韦昭曰："乐通，临淮高平也。"

⑥【集解】《汉书音义》曰："有甲乙第次，故曰第。"

⑦【集解】《汉书音义》曰："或云斥不用也。"韦昭曰："尝在服御。"【索隐】孟康云"斥不用之车马"是也。

⑧【集解】孟康曰："卫太子妹。"如淳曰："卫太子姊也。"蔡邕曰："帝女曰公主，仪比诸侯。姊妹曰长公主，仪比诸侯王。"骃案：此帝女也，而云长公主，未详。

⑨【集解】《地理志》云东莱有当利县。

⑩【集解】徐广曰："武帝姑也。"骃案：韦昭曰"窦太后之女也"。

⑪【集解】服虔曰："满手曰扼。"瓒曰："扼，执持也。"

其夏六月中，汾阴巫锦①为民祠魏脽后土营旁，②见地如钩状，掊视③得鼎。鼎大异于众鼎，文镂毋款识，④怪之，言吏。吏告河东太守胜，胜以闻。天子使使验问巫锦得鼎无奸诈，乃以礼祠，迎鼎至甘泉，从行，上荐之。⑤至中山，⑥晏温，⑦有黄云盖焉。有麃过，上自射之，因以祭云。⑧至长安，公卿大夫皆议请尊宝鼎。天子曰："间者河溢，岁数不登，故巡祭后土，祈为百姓育谷。今年丰庑未有报，鼎曷为出哉？"有司皆曰："闻昔大帝兴神鼎一，⑨一者一统，天地万物所系终也。黄帝作宝鼎三，象天地人也。禹收九牧之金，铸九鼎，皆尝鬺烹⑩上帝鬼神。⑪遭圣则兴，⑫迁于夏商。周德衰，宋之社亡，⑬鼎乃沦伏而不见。《颂》云'自堂徂基，⑭自羊徂牛；⑮鼐鼎及鼒，⑯不虞不骜，⑰胡考之休'。今鼎至甘泉，光润龙变，承休无疆。合兹中山，有黄白云降⑱盖，若兽为符，⑲路弓乘矢，⑳集获坛下，报祠大飨。㉑惟受命而帝者心知其意㉒而合德焉。鼎宜见于祖祢，藏于帝廷，以合明应。"制曰："可。"

①【集解】应劭曰："锦,巫名。"

②【集解】应劭曰："魏,故魏国也。脽,若丘之类。"

③【索隐】《说文》："掊,抱也。"音步沟切。

④【集解】韦昭曰："款,刻也。"　【索隐】韦昭云："款,刻也。"按:识犹表识也。

⑤【集解】如淳曰："以鼎从行,上至甘泉,将荐之于天也。"

⑥【集解】徐广曰："《河渠书》凿泾水自中山西。"　【索隐】此山在冯翊谷口县西,近九嵕山,土人呼为中山。《河渠书》韩使水工郑国说秦凿泾水自中山西,即此山。

⑦【集解】如淳曰："三辅谓日出清济为晏。晏而温也。"　【索隐】如淳云："三辅俗谓日出清济为晏。晏而温,故曰晏温。"许慎注《淮南子》云："晏,无云也。"

⑧【集解】徐广曰："上言从行荐之,或曰祭鼎(乎)〔也〕。"

⑨【索隐】颜师古以大帝即太昊伏牺氏,以在黄帝之前故也。

⑩【集解】徐广曰："烹;煮也。鬺音觞。皆尝以烹牲牢而祭祀也。"　【索隐】言鼎以烹牲而飨尝也。"鬺"字又作"觞"字,音殇。《汉书·郊祀志》云鼎空足曰鬲,以象三德。鬲音历。谓足中不实者名之也。

⑪【集解】服虔曰："以祭祀上帝。或曰尝烹酌也。"

⑫【正义】遭,逢也。鼎虽沦泗水,逢圣兴起,故出汾阴,西至甘泉也。

⑬【正义】社主民也。社以石为之。宋社即亳社也。周武王伐纣,乃立亳社,以为监戒,覆上栈下,不使通天地阴阳之气。周礼衰,国将危亡,故宋之社为亡殷复也。

⑭【正义】此以下至"胡考之休"是《周颂·丝衣》之诗。自堂,从内往外。基,门内塾也。郑玄云："门侧之堂谓之塾。绎礼轻,使士升堂,视壶濯及笾豆之属,降往于塾。牲自羊徂牛,告充已,乃举鼎告絜,礼之次也。"

⑮【正义】自堂往塾,先视羊,后及牛也。毛苌云："先小后大也。"

⑯【集解】韦昭曰："《尔雅》曰鼎绝大谓之鼐,圜奄上谓之鼒。"

⑰【索隐】《毛传》云："虞,哗也。"姚氏案:何承天云"虞"当为"吴",音洪霸反。又《说文》以"吴,一曰大言也"。此作"虞"者,与吴声相近,故假借也。或者本文借此"虞"为欢娱字故也。

⑱【集解】韦昭曰："与中山所见黄云之气合也。"

⑲【集解】服虔曰："云若兽,在车盖也。"晋灼曰："盖,辞也。或云符谓瑞

应也。”

⑳【集解】韦昭曰：“路，大也。四矢为乘。”

㉑【集解】徐广曰：“一云大报享祠也。”

㉒【集解】服虔曰：“高祖受命知之也，宜见鼎于其庙。”

入海求蓬莱者，①言蓬莱不远，而不能至者，殆不见其气。上乃遣望气佐候其气云。

①【正义】蓬莱、方丈、瀛洲，勃海中三神山也。

其秋，上幸雍，①且郊。或曰“五帝，泰一之佐也，宜立泰一而上亲郊之”。上疑未定。齐人公孙卿曰：“今年得宝鼎，其冬辛巳朔旦冬至，与黄帝时等。”卿有札书曰：“黄帝得宝鼎宛（侯）〔朐〕，问于鬼臾区。②区对曰：‘（黄）帝得宝鼎神筴，是岁己酉朔旦冬至，得天之纪，终而复始。’于是黄帝迎日推筴，后率二十岁③得朔旦冬至，凡二十推，三百八十年，黄帝仙登于天。”卿因所忠欲奏之。所忠视其书不经，疑其妄书，谢曰：“宝鼎事已决矣，尚何以为！”卿因嬖人奏之。上大说，召问卿。对曰：“受此书申功，④申功已死。”上曰：“申功何人也？”卿曰：“申功，齐人也。与安期生通，受黄帝言，无书，独有此鼎书。曰‘汉兴复当黄帝之时。汉之圣者在高祖之孙且曾孙也。宝鼎出而与神通，封禅。封禅七十二王，⑤唯黄帝得上泰山封’。申功曰：‘汉主亦当上封，上封则能仙登天矣。黄帝时万诸侯，而神灵之封居七千。⑥天下名山八，而三在蛮夷，五在中国，中国华山、首山、太室、泰山、东莱，此五山黄帝之所常游，与神会。黄帝且战且学仙。患百姓非其道，乃断斩非鬼神者。百馀岁然后得与神通。黄帝郊雍上帝，宿三月。鬼臾区号大鸿，死葬雍，故鸿冢是也。⑦其后黄帝接万灵明廷。明廷者，甘泉也。所谓寒⑧门者，谷口也。⑨黄帝采首山铜，铸鼎于荆山下。⑩鼎既成，有龙垂胡髯⑪下迎黄帝。黄帝上骑，群臣后宫从上龙七十馀人，龙乃上去。馀小臣不得上，乃悉持龙髯，龙髯拔，堕⑫黄帝之弓。百姓仰望黄帝既上天，乃抱其弓与龙胡髯号，⑬故后世因名其处曰鼎湖，⑭其弓曰乌号。’”于是天子曰：“嗟乎！吾诚得如黄帝，吾视去妻子如脱躧耳。”乃拜卿为郎，东使候神于太室。

①【索隐】上雍,以雍地形高,故云上。

②【集解】《汉书音义》曰:"区,黄帝时人。"　【索隐】郑氏云:"黄帝佐也。"李奇曰:"黄帝时诸侯。本作'中区'者,非;《艺文志》作'鬼容区'者也。"

③【正义】率音律,又音类,又所律反,三音并通。后皆放此也。

④【集解】《封禅书》"功"字作"公"。

⑤【正义】《河图》云:"王者封太山,禅梁父,易姓登崇,有七十二君也。"

⑥【集解】应劭曰:"黄帝时诸侯会封禅者七千人。"李奇曰:"说仙道得封者七千国。"张晏曰:"神灵之封谓山川之守。"

⑦【集解】苏林曰:"今雍有鸿冢。"

⑧【集解】徐广曰:"一作'塞'。"

⑨【集解】《汉书音义》曰:"黄帝仙于塞门也。"　【索隐】服虔云:"黄帝所仙之处也。"小颜云:"谷,中山之谷口,汉时为县,今呼为冶谷,去甘泉八十里。盛夏凛然,故曰寒门谷口也。"

⑩【集解】晋灼曰:"《地理志》首山属河东蒲阪,荆山在冯翊怀德县。"

⑪【索隐】颜师古云:"胡谓项下垂肉也;髯,其毛也。故童谣曰'何当为君鼓龙胡'是也。"

⑫【正义】徒果反。

⑬【正义】户高反,下同。

⑭【正义】《括地志》云:"湖水原出虢州湖城县南三十五里夸父山,北流入河,即鼎湖也。"

上遂郊雍,至陇西,西登空桐,①幸甘泉。令祠官宽舒等具泰一祠坛,坛放薄忌泰一坛,坛三垓。②五帝坛环居其下,各如其方,黄帝西南,除八通鬼道。③泰一所用,如雍一畤物,而加醴枣脯之属,杀一犛牛以为俎豆牢具。而五帝独有俎豆④醴进。⑤其下四方地,为馂食⑥群神从者及北斗云。已祠,胙馀皆燎之。其牛色白,鹿居其中,彘在鹿中,水而洎之。⑦祭日以牛,然月以羊彘特。⑧泰一祝宰则衣紫及绣。五帝各如其色,日赤,月白。

①【正义】空桐山在原州平高县西一百里。

②【集解】徐广曰:"垓,次也。"骃案:李奇曰"垓,重也。三重坛也"。　【索隐】垓,重也。言为三重坛也。邹氏云一作"阶",言坛阶三重。

③【集解】服虔曰："坤位在未,黄帝从土位。"

④【集解】韦昭曰："无牲牛醴之属。"

⑤【索隐】音进。《汉书》作"进"。颜师古云："具俎豆酒醴而进之。一曰进谓
　　杂物之具,所以加礼也。"

⑥【索隐】馈音竹芮反。谓联续而祭之。《汉志》作"腏",古字通。《说文》云:
　　"馈,祭酹。"【正义】刘伯庄云："谓绕坛设诸神祭座相连缀也。"

⑦【集解】徐广曰："洎音居器反,肉汁也。"骃案:晋灼曰"此说合牲物燎之也"。
　　【正义】刘伯庄云："以大羹和祭食燎之。"案:以鹿内牛中,以豕内鹿中。水,
　　玄酒也。

⑧【索隐】特,一牲也。言若牛若羊若豕,止一特也。

十一月辛巳朔旦冬至,昧爽,天子始郊拜泰一。朝朝日,夕夕月,①
则揖;而见泰一如雍礼。其赞飨曰："天始以宝鼎神策授皇帝,朔而又
朔,终而复始,皇帝敬拜见焉。"而衣上黄。其祠列火满坛,坛旁烹炊具。
有司云"祠上有光焉"。公卿言"皇帝始郊见泰一云阳,②有司奉瑄玉③
嘉牲荐飨。④是夜有美光,及昼,黄气上属天"。太史公、祠官宽舒等曰:
"神灵之休,祐福兆祥,宜因此地光域⑤立泰畤坛以明应。令太祝领,
(祀)〔秋〕及腊间祠。三岁天子一郊见。"

①【集解】应劭曰："天子春朝日,秋夕月,拜日东门之外,朝日以朝,夕月以
　　夕。"瓒曰："汉仪郊泰一畤,皇帝平旦出竹宫,东向揖日,其夕西向揖月。便
　　用郊日,不用春秋也。"

②【正义】《括地志》云："汉云阳宫在雍州云阳县北八十一里。有通天台,即黄
　　帝以来祭天圜丘之处。武帝以五月避暑,八月乃还也。"

③【集解】孟康曰："璧大六寸谓之瑄。"【索隐】音宣,璧大六寸也。

④【正义】《汉旧仪》云："祭天养牛五岁至二千斤。"

⑤【集解】徐广曰："地,一作'夜'。"

其秋,为伐南越,告祷泰一,以牡①荆画幡②日月北斗登龙,以象天
一三星,为泰一锋,③名曰"灵旗"。④为兵祷,⑤则太史奉以指所伐国。⑥
而五利将军使不敢入海,之泰山祠。上使人微随验,实无所见。五利妄

言见其师,其方尽,多不雠。上乃诛五利。⑦

①【集解】徐广曰:"一作'牝'。"

②【集解】如淳曰:"荆之无子者,皆以絜齐之道也。"晋灼曰:"牡荆,节间不相
　　当者。"韦昭曰:"以牡荆为柄者也。"

③【集解】徐广曰:"《天官书》曰天极星明者,泰一常居也。斗口三星曰天一。"
　　骃案:晋灼曰"画一星在后,三星在前为太一锋也"。

④【正义】李奇云:"画旗树泰一坛上,名灵旗,画日月北斗登龙等。"

⑤【正义】为,于伪反。

⑥【正义】韦昭云:"牡,刚也。荆,强。"按:用牡荆指伐国,取其刚为称,故画此
　　旗指之。

⑦【正义】《汉武故事》云:"东方朔言栾大无状,上发怒,乃斩之。"

其冬,公孙卿候神河南,见仙人迹缑氏城上,有物若雉,往来城上。
天子亲幸缑氏城视迹。问卿:"得毋效文成、五利乎?"卿曰:"仙者非有
求人主,人主求之。其道非少宽假,神不来。言神事,事如迂诞,①积以
岁乃可致。"于是郡国各除道,缮治宫观名山神祠所,以望幸矣。

①【正义】迂音于。诞音但。迂,远也。诞,大也。

其年,既灭南越,上有嬖臣李延年以好音见。上善之,下公卿议,
曰:"民间祠尚有鼓舞之乐,今郊祠而无乐,岂称乎?"公卿曰:"古者祀天
地皆有乐,而神祇可得而礼。"或曰:"泰帝使素女①鼓五十弦瑟,悲,帝
禁不止,故破其瑟为二十五弦。"于是塞南越,祷祠泰一、后土,始用乐
舞,益召歌儿,作二十五弦②及箜篌瑟③自此起。

①【索隐】亦谓太昊也。　　【正义】泰帝谓太昊伏羲氏。

②【集解】徐广曰:"瑟也。"

③【集解】徐广曰:"应劭云武帝令乐人侯调始造箜篌。"　　【索隐】应劭云:"武
　　帝始令乐人侯调作,声均均然,命曰箜篌。侯,其姓也。"

其来年冬,上议曰:"古者先振兵泽旅,①然后封禅。"乃遂北巡朔
方,勒兵十馀万,还祭黄帝冢桥山,泽兵须如。②上曰:"吾闻黄帝不死,
今有冢,何也?"或对曰:"黄帝已仙上天,群臣葬其衣冠。"既至甘泉,为

且③用事泰山，④先类祠泰一。

　　①【集解】徐广曰："古'释'字作'泽'。"

　　②【集解】李奇曰："地名也。"

　　③【正义】为，于伪反。将为封禅也。

　　④【正义】道书《福地记》云："泰山高四千九百丈二尺，周回二千里。"

　　自得宝鼎，上与公卿诸生议封禅。①封禅用希旷绝，莫知其仪礼，而群儒采封禅《尚书》、《周官》、《王制》之望祀射牛②事。齐人丁公年九十馀，曰："封者，合不死之名也。秦皇帝不得上封。陛下必欲上，稍上即无风雨，遂上封矣。"上于是乃令诸儒习射牛，草封禅仪。③数年，至且行。天子既闻公孙卿及方士之言，黄帝以上封禅，皆致怪物与神通，欲放黄帝以尝接神仙人蓬莱士，高世比德于九皇，④而颇采儒术以文之。群儒既以不能辩明封禅事，又牵拘于《诗》《书》古文而不敢骋。上为封祠器示群儒，群儒或曰"不与古同"，徐偃又曰"太常诸生行礼不如鲁善"，周霸属图封事，⑤于是上绌偃、霸，尽罢诸儒弗用。

　　①【正义】《白虎通》云："王者易姓而起，天下太平，功成封禅，以告太平。禅梁父之趾，广厚也。刻石纪号，著己之功绩。天以高为尊，地以厚为德，故增泰山之高以报天，禅梁父之趾以报地。封者，附广之；禅者，将以功相传授之。"

　　②【集解】苏林曰："当祭庙，射其牲以除不祥。"瓒曰："射牛，示亲杀也。"【索隐】天子射牛，示亲祭也。事见《国语》。

　　③【索隐】仪见应劭《汉官仪》也。

　　④【集解】张晏曰："三皇之前有人皇，九首。"韦昭曰："上古人皇者九人也。"

　　⑤【集解】服虔曰："属，会也。会诸儒图封事。"

　　三月，遂东幸缑氏，礼登中岳①太室。②从官在山下闻若有言"万岁"云。③问上，上不言；问下，下不言。于是以三百户封太室奉祠，命曰崇高邑。④东上泰山，山之草木叶未生，乃令人上石立之泰山颠。

　　①【集解】文颖曰："嵩高山也，在颍川阳城县。"

　　②【集解】韦昭曰："嵩高山有太室、少室之山，山有石室，故以名之。"

　　③【正义】《汉仪注》云："有称万岁，可十万人声。"

④【正义】颜师古云:"以崇奉嵩高山,故谓之崇高也。"

上遂东巡海上,行礼祠八神。①齐人之上疏言神怪奇方者以万数,然无验者。乃益发船,令言海中神山者数千人求蓬莱神人。公孙卿持节常先行候名山,至东莱,言夜见一人,长数丈,就之则不见,见其迹甚大,类禽兽云。群臣有言见一老父牵狗,言"吾欲见巨公",②已忽不见。上既见大迹,未信,及群臣有言老父,则大以为仙人也。宿留③海上,与方士传车及间使求仙人以千数。

> ①【集解】文颖曰:"武帝登泰山,祭太一,并祭名山于泰坛,西南开除八通鬼道,故言八神也。一曰八方之神。"【索隐】用事八神。案:韦昭云"八神谓天、地、阴、阳、日、月、星辰主、四时主之属"。今案《郊祀志》,一曰天主,祠天齐;二曰地主,祠太山、梁父;三曰兵主,祠蚩尤;四曰阴主,祠三山;五曰阳主,祠之罘;六曰月主,祠东莱山;七曰日主,祠盛山;八曰四时主;祠琅邪也。
>
> ②【索隐】《汉书音义》曰:"巨公谓武帝。"
>
> ③【索隐】音秀溜。宿留,迟待之意。若依字读,则言宿而留,亦是有所待,并通也。

四月,还至奉高。上念诸儒及方士言封禅人人殊,不经,难施行。天子至梁父,礼祠地主。乙卯,令侍中儒者皮弁荐绅,射牛行事。封泰山下东方,如郊祠泰一之礼。封广丈二尺,高九尺,其下则有玉牒书,书秘。礼毕,天子独与侍中奉车子侯①上泰山,亦有封。其事皆禁。明日,下阴道。丙辰,禅泰山下阯东北肃然山,②如祭后土礼。天子皆亲拜见,衣上黄而尽用乐焉。江淮间一茅三脊③为神藉。五色土益杂封。纵远方奇兽蜚禽及白雉诸物,颇以加祠。兕旄牛犀象之属弗用。皆至泰山然后去。封禅祠,其夜若有光,昼有白云起封中。

> ①【集解】《汉书·百官表》曰:"奉车都尉掌乘舆车,武帝初置。"韦昭曰:"子侯,霍去病之子也。"
>
> ②【集解】服虔曰:"肃然,山名,在梁父。"
>
> ③【集解】孟康曰"所谓灵茅也"。

天子从封禅还,坐明堂,①群臣更上寿。于是制诏御史:"朕以眇眇之身承至尊,兢兢焉惧弗任。维德菲薄,不明于礼乐。脩祀泰一,若有象景光,屑如有望,②依依震于怪物,欲止不敢,遂登封泰山,至于梁父,而后禅肃然。自新,嘉与士大夫更始,赐民百户牛一酒十石,加年八十孤寡布帛二匹。复博、奉高、蛇丘、③历城,毋出今年租税。其赦天下,如乙卯赦令。行所过毋有复作。事在二年前,皆勿听治。"又下诏曰:"古者天子五载一巡狩,用事泰山,诸侯有朝宿地。其令诸侯各治邸泰山下。"④

①【集解】《汉书音义》曰:"天子初封泰山,山东北阯古时有明堂处,则此所坐者。明年秋,乃作明堂。"

②【集解】瓒曰:"闻呼万岁者三。"

③【集解】郑玄曰:"蛇音移。"

④【正义】诸侯各于太山朝宿地起第,准拟天子用事太山而居止。

天子既已封禅泰山,无风雨菑,而方士更言蓬莱诸神山若将可得,于是上欣然庶几遇之,乃复东至海上望,冀遇蓬莱焉。奉车子侯暴病,一日死。上乃遂去,并海上,北至碣石,巡自辽西,历北边至九原。五月,返至甘泉。①有司言宝鼎出为元鼎,以今年为元封元年。

①【集解】《汉书音义》曰:"周万八千里也。"

其秋,有星茀于东井。①后十馀日,有星茀于三能。②望气王朔言:"候独见其星出如瓠,③食顷复入焉。"有司言曰:"陛下建汉家封禅,天其报德星云。"

①【集解】韦昭曰:"秦分野也。后卫太子兵乱。茀音佩。"

②【集解】韦昭曰:"三能,三公。后连坐诛之。"

③【索隐】见星出如瓠。案:《郊祀志》云"填星出如瓠",故颜师古以德星即镇星也。今按:此纪唯言德星,则德星,岁星也。岁星所在有福,故曰德星也。

其来年冬,郊雍五帝,还,拜祝祠泰一。赞飨曰:"德星昭衍,厥维休祥。寿星仍出,①渊耀光明。信星昭见,②皇帝敬拜泰③祝之飨。"

①【索隐】寿星,南极老人星也,见则天下理安,故言之也。

②【索隐】信星,镇星也。信属土,土曰镇星,则《汉志》为德星也。

③【集解】徐广曰:"一无此字。"

　　其春,公孙卿言见神人东莱山,若云"见天子"。天子于是幸缑氏城,拜卿为中大夫。遂至东莱,宿留之数日,毋所见,见大人迹。复遣方士求神怪采芝药以千数。是岁旱。于是天子既出毋名,乃祷万里沙,①过祠泰山。②还至瓠子,③自临塞决河,④留二日,沈祠而去。⑤使二卿将卒塞决河,河徙二渠,复禹之故迹焉。

①【集解】应劭曰:"万里沙,神祠也,在东莱曲城。"孟康曰:"沙径三百馀里。"

②【集解】邓展曰:"泰山自东复有小泰山。"瓒曰:"即今之泰山。"

③【集解】服虔曰:"瓠子,隄名。"苏林曰:"在甄城以南,濮阳以北,广百步,深五丈所。"瓒曰:"所决河名。" 【索隐】瓠子,决河名。苏林曰:"在甄城南,濮阳北,广百步,深五丈。"

④【索隐】按:《河渠书》武帝自临塞决河,将军已下皆负薪也。

⑤【索隐】按:沈白马祭河决,于是作《瓠子歌》,见《河渠书》。

　　是时既灭南越,越人勇之①乃言"越人俗信鬼,而其祠皆见鬼,数有效。昔东瓯王敬鬼,寿至百六十岁。后世谩怠,故衰耗"。乃令越巫立越祝祠,安台无坛,亦祠天神上帝百鬼,而以鸡卜。②上信之,越祠鸡卜始用焉。

①【集解】韦昭曰:"越地人名也。"

②【集解】《汉书音义》曰:"持鸡骨卜,如鼠卜。" 【正义】鸡卜法用鸡一,狗一,生,祝愿讫,即杀鸡狗煮熟,又祭,独取鸡两眼,骨上自有孔裂,似人物形则吉,不足则凶。今岭南犹此法也。

　　公孙卿曰:"仙人可见,而上往常遽,以故不见。今陛下可为观,如缑氏城,①置脯枣,神人宜可致。且仙人好楼居。"于是上令长安则作蜚廉桂观,②甘泉则作益延寿观,使卿持节设具而候神人。乃作通天台,③置祠具其下,将招来神仙之属。于是甘泉更置前殿,始广诸宫室。④夏,有芝生殿防内中。⑤天子为塞河,兴通天台,若有光云,⑥乃下诏曰:"甘泉防生芝九茎,⑦赦天下,毋有复作。"

①【集解】韦昭曰:"如犹比也。"

②【集解】应昭曰:"飞廉神禽,能致风气。"晋灼曰:"身如鹿,头如雀,有角而蛇尾,文如豹文也。"

③【集解】徐广曰:"在甘泉。"　【索隐】《汉书》作通天台于甘泉宫。案:《汉书旧仪》台高三十丈,去长安二百里,望见长安城也。

④【索隐】姚氏案:"杨雄云甘泉本因秦离宫,既奢泰,武帝增通天台、迎风宫,近则有洪崖、储胥、远则石关、封峦、鳷鹊、露寒、棠梨等观,又有高华、温德观、曾成宫、白虎、走狗、天梯、瑶台、仙人、弩法、相思观。"

⑤【集解】徐广曰:"元封二年也。"　【索隐】芝生殿房中。案:生芝九茎,于是作《芝房歌》。

⑥【集解】李奇曰:"为此作事而有光应。"瓒曰:"作通天台也。"

⑦【集解】应劭曰:"芝,芝草也,其叶相连。"如淳曰:"《瑞应图》云王者敬事耆老,不失旧故,则芝草生。"

其明年,伐朝鲜。夏,旱。公孙卿曰:"黄帝时封则天旱,干封①三年。"上乃下诏曰:"天旱,意乾封乎?其令天下尊祠灵星焉。"②

①【集解】苏林曰:"天旱欲使封土干燥。"如淳曰:"但祭不立尸为干封。"

　【正义】干音干。苏林云:"天旱欲使封土干燥也。"颜师古云:"三岁不雨,暴所封之土令干。"郑氏云:"但祭不立尸为干封。"

②【正义】灵星即龙星也。张晏云:"龙星左角曰天田,则农祥也,见而祭之。"

其明年,上郊雍,通回中道,巡之。①春,至鸣泽,②从西河归。

①【集解】徐广曰:"在扶风汧县。"

②【集解】服虔曰:"鸣泽,泽名也,在涿郡道县北界。"

其明年冬,上巡南郡,①至江陵而东。登礼潜之天柱山,号曰南岳。②浮江,自寻阳出枞阳,③过彭蠡,祀其名山川。北至琅邪,并海上。四月中,至奉高脩封焉。

①【集解】徐广曰:"元封五年。"

②【集解】应劭曰:"潜县属庐江。南岳,霍山也。"文颖曰:"天柱山在潜县南,有祠。"

③【集解】《地理志》庐江有枞阳县。

　　初，天子封泰山，泰山东北阯古时有明堂处，处险不敞。上欲治明堂奉高旁，未晓其制度。济南人公王带①上黄帝时明堂图。明堂图中有一殿，四面无壁，以茅盖，通水，圜宫垣为复道，上有楼，从西南入，命曰昆仑，②天子从之入，以拜祠上帝焉。于是上令奉高作明堂汶上，③如带图。及五年脩封，则祠泰一、五帝于明常上坐，令高皇帝祠坐对之。祠后土于下房，以二十太牢。天子从昆仑道入，始拜明堂如郊礼。礼毕，燎堂下。而上又上泰山，有秘祠其颠。而泰山下祠五帝，各如其方，黄帝并赤帝，而有司侍祠焉。泰山上举火，下悉应之。

①【索隐】王，或作"肃"。公王，姓；带，名。姚氏按：《风俗通》齐湣王臣有公王丹，其后也，音语录反。《三辅决录》云杜陵有王氏，音肃。《说文》以为从王，音"畜牧"之"畜"。今读公王与《决录》音同。然二姓单复有异，单姓者肃，后汉司徒王况是其后也。

②【索隐】王带明堂图中为复道，有楼从西南入，名其道曰昆仑。言其似昆仑山之五城十二楼，故名之也。

③【集解】徐广曰："在元封二年秋。"

　　其后二岁，十一月甲子朔旦冬至，推历者以本统。天子亲至泰山，以十一月甲子朔旦冬至日祠上帝明堂，①每脩封禅。其赞飨曰："天增授皇帝泰元神筴，周而复始。②皇帝敬拜泰一。"东至海上，考入海及方士求神者，莫验，然益遣，冀遇之。

①【集解】徐广曰："常五年一脩耳。今适二年，故但祀明堂。"

②【索隐】案：荐飨之辞言天授皇帝泰元神筴，周而复始。又案：上黄帝得宝鼎神筴，则太古上皇创历之号，故此云太元神筴，周而复始也。

　　十一月乙酉，①柏梁灾。十二月甲午朔，上亲禅高里，②祠后土。临渤海，将以望祠蓬莱之属，冀至殊庭焉。③

①【集解】徐广曰："二十二日也。"

②【集解】伏俨曰："山名，在泰山下。"

③【集解】《汉书音义》曰:"蓬莱庭。" 【索隐】冀,《汉书》作"几"。几,近也;冀,望也,亦通。服虔曰:"蓬莱中仙人。殊庭者,异也。言入仙人异域也。"

　　上还,以柏梁灾故,朝受计甘泉。①公孙卿曰:"黄帝就青灵台,十二日烧,②黄帝乃治明庭。明庭,甘泉也。"方士多言古帝王有都甘泉者。其后天子又朝诸侯甘泉,甘泉作诸侯邸。勇之乃曰:"越俗有火灾,复起屋必以大,用胜服之。"于是作建章宫,③度为千门万户。前殿度高未央。其东则凤阙,高二十馀丈。④其西则唐中,⑤数十里虎圈。⑥其北治大池,渐台⑦高二十馀丈,名曰泰液⑧池,中有蓬莱、方丈、瀛洲、壶梁,象海中神山龟鱼之属。⑨其南有玉堂、⑩璧门、大鸟之属。乃立神明台、⑪井幹楼,⑫度五十馀丈,辇道相属焉。

①【正义】顾胤云:"柏梁被烧,故受记故之物于甘泉也。"颜师古曰:"受郡国计簿也。"

②【集解】徐广曰:"日,一作'月'。"

③【正义】《括地志》曰:"建章宫在雍州长安县西二十里长安故城西。"

④【索隐】《三辅黄图》云"武帝营建章,起凤阙,高三十五丈"。《关中记》"一名别风,言别四方之风"。《西京赋》曰"阊阖之内,别风嶕峣"是也。《三辅故事》云"北有圜阙,高二十丈,上有铜凤皇,故曰凤阙也"。

⑤【索隐】如淳云:"《诗》云'中唐有甓'。郑玄曰'唐,堂庭也'。《尔雅》以庙中路谓之唐。《西京赋》曰'前开唐中,弥望广象'是也。"

⑥【正义】圈,其远反。《括地志》云:"虎圈今在长安城中西偏也。"

⑦【正义】颜师古云:"渐,浸也。台在池中,为水所浸,故曰渐台。"按:王莽死此台也。

⑧【正义】臣瓒云:"泰液言象阴阳津液以作池也。"

⑨【索隐】《三辅故事》云:"殿北海池北岸有石鱼,长二丈,广五尺,西岸有石龟二枚,各长六尺。"

⑩【索隐】其南则玉堂。《汉武故事》"玉堂基与未央前殿等,去地十二丈"。

⑪【索隐】《汉宫阙疏》云:"台高五十丈,上有九宫,常置九天道士百人也。"

⑫【索隐】《关中记》"宫北有井幹台,高五十丈,积木为楼"。言筑累万木,转相交架,如井幹。司马彪注《庄子》云"井幹,井阑也"。又崔譔云"井以四边为

幹,犹筑墙之有桢幹"。又诸本多作"幹",一本作"榦"。音〔韩〕。《说文》云
"幹,井桥"。

　　夏,汉改历,以正月为岁首,而色上黄,官名①更印章以五字,②因为
太初元年。是岁,西伐大宛。蝗大起。丁夫人、③雒阳虞初等以方祠诅
匈奴、大宛焉。

　　①【集解】徐广曰:"一无'名'字。"
　　②【集解】张晏曰:"汉据土德,土数五,故用五为印文也。若丞相曰'丞相之印
　　　　章',诸卿及守相印文不足五字者,以'之'足也。"
　　③【集解】韦昭曰:"丁,姓;夫人,名也。"

　　其明年,有司言雍五畤无牢熟具,芬芳不备。乃命祠官进畤犊牢
具,五色食所胜,①而以木禺马②代驹焉。独五帝用驹,行亲郊用驹。及
诸名山川用驹者,悉以木禺马代。行过,乃用驹,他礼如故。

　　①【集解】孟康曰:"若火胜金,则祠赤帝以白牡。"
　　②【索隐】木耦马。一音偶。孟云"寓寄龙形于木"。又姚氏云"寓,段也。以
　　　　言段木龙马一驷,非寄生龙马形于木也"。

　　其明年,东巡海上,考神仙之属,未有验者。方士有言"黄帝时为五
城十二楼,①以候神人于执期,②命曰迎年"。③上许作之如方,名曰明
年。上亲礼祠上帝,衣上黄焉。

　　①【集解】应劭曰:"昆仑玄圃五城十二楼,此仙人之所常居也。"
　　②【集解】《汉书音义》曰:"执期,地名也。"
　　③【正义】颜师古云:"迎年,若言祈年。"

　　公王带曰:"黄帝时虽封泰山,然风后、封钜、①岐伯②令黄帝封东泰
山,③禅凡山④合符,然后不死焉。"天子既令设祠具,至东泰山,东泰山
卑小,不称其声,乃令祠官礼之,而不封禅焉。其后令带奉祠候神物。
夏,遂还泰山,修五年之礼如前,而加禅祠石闾。石闾者,在泰山下阯南
方,方士多言此仙人之闾也,故上亲禅焉。

　　①【集解】应劭曰:"封钜,黄帝师。"

②【正义】张揖云："岐伯，黄帝太医。"

③【集解】徐广曰："在琅邪朱虚县，汶水所出。"

④【集解】徐广曰："凡山亦在朱虚。"

其后五年，复至泰山脩封，①还过祭常山。

①【集解】徐广曰："天汉三年。李陵以天汉二年败也。"

今天子所兴祠，泰一、后土，三年亲郊祠，建汉家封禅，五年一脩封。薄忌泰一及三一、冥羊、马行、赤星，五，宽舒之祠官①以岁时致礼。凡六祠，②皆太祝领之。至如八神诸神，明年、凡山他名祠，行过则祀，去则已。方士所兴祠，各自主，其人终则已，祠官弗主。他祠皆如其故。今上封禅，其后十二岁而还，遍于五岳、四渎矣。而方士之候祠神人，入海求蓬莱，终无有验。而公孙卿之候神者，犹以大人迹为解，无其效。天子益怠厌方士之怪迂语矣，然终羁縻弗绝，冀遇其真。自此之后，方士言祠神者弥众，然其效可睹矣。③

①【集解】李奇曰："祀名也。"　【索隐】赤星即上灵星祠也。灵星，龙左角，其色赤，故曰赤星。五者，太一也，三一也，冥羊也，马行也，赤星也。凡五，并祠官宽舒领之。

②【索隐】谓五者之外有正太一后土祠，故六也。

③【集解】徐广曰："犹今人云'其事已可知矣'，皆不信之耳。又数本皆无'可'字。"

太史公曰：余从巡祭天地诸神名山川而封禅焉。入寿宫侍祠神语，究观方士祠官之言，于是退而论次自古以来用事于鬼神者，具见其表里。后有君子，得以览焉。至若俎豆珪币之详，献酬之礼，则有司存焉。

【索隐述赞】孝武纂极，四海承平。志尚奢丽，尤敬神明。坛开八道，接通五城。朝亲五利，夕拜文成。祭非祀典，巡乖卜征。登嵩勒岱，望景传声。迎年祀日，改历定正。疲耗中土，事彼边兵。日不暇给，人无聊生。俯观嬴政，几欲齐衡。

史记卷十三

三代世表第一

【索隐】应劭云："表者，录其事而见之。"案：《礼》有《表记》，而郑玄云"表，明也"。谓事微而不著，须表明也，故言表也。　【正义】言代者，以五帝久古，传记少见，夏殷以来，乃有《尚书》略有年月，比于五帝事之易明，故举三代为首表。表者，明也。明言事仪。

太史公曰：五帝、三代之记，①尚矣。②自殷以前诸侯不可得而谱，③周以来乃颇可著。孔子因史文次《春秋》，纪元年，正时日月，盖其详哉。至于序《尚书》则略，无年月；或颇有，然多阙，不可录。故疑则传疑，盖其慎也。

①【索隐】案：此表依《帝系》及《系本》。其实叙五帝、三代，而篇唯名《三代系表》者，以三代代系长远，宜以名篇；且三代皆出自五帝，故叙三代要从五帝而起也。

②【索隐】刘氏云："尚犹久古也。'尚矣'之文元出《大戴礼》，彼文云'黄帝尚矣'。"

③【正义】谱，布也，列其事也。

余读谍①记，黄帝以来皆有年数。稽其历谱谍终始五德之传，②古文咸不同，乖异。夫子之弗论次其年月，岂虚哉！于是以《五帝系谍》、《尚书》③集世纪黄帝以来讫共和为《世表》。

①【索隐】音牒。牒者，纪系谥之书也。下云"稽诸历谍"，谓历代之谱。

②【索隐】音转。谓帝王更王，以金木水火土之五德传次相承，终而复始，故云终始五德之传也。

③【索隐】案：《大戴礼》有《五帝德》及《帝系》篇，盖太史公取此二篇之谍及《尚书》，集而纪黄帝以来为系表也。

帝王世国号	黄帝号有熊。	帝颛顼,黄帝孙。起黄帝,至颛顼三世,〔号高阳。〕
颛顼属	黄帝生昌意。	昌意生颛顼。为高阳氏。
俈属	黄帝生玄嚣。【索隐】案:宋衷曰:"《太史公书》玄嚣青阳是为少昊。继黄帝立者。盖少昊金德王,非五运之次,故叙五帝不数之耳。"	玄嚣生蛟极。
尧属	黄帝生玄嚣。	玄嚣生蛟极。
舜属	黄帝生昌意。	昌意生颛顼。颛顼生穷蝉。【索隐】《系本》作"穷系。"宋衷云:"一云穷系,谥也。"
夏属	黄帝生昌意。	昌意生颛顼。
殷属	黄帝生玄嚣。	玄嚣生蛟极。蛟极生高辛。
周属	黄帝生玄嚣。	玄嚣生蛟极。蛟极生高辛。

帝喾，黄帝曾孙。起黄帝，至帝喾四世。号高辛。	帝尧。起黄帝，至喾子五世。号唐。	帝舜，黄帝玄孙之玄孙，号虞。
蟜极生高辛，为帝喾。【索隐】黄帝曾孙。		
蟜极生高辛。高辛生放勋。	放勋为尧。	
穷蝉生敬康。敬康生句望。	句望生蟜牛。蟜牛生瞽叟。	瞽叟生重华，是为帝舜。
		颛顼生鲧。鲧生文命。【索隐】案：《汉书·律历志》颛顼五代而生鲧，此及《帝系》皆云颛顼生鲧，是古史阙其代系也。
高辛生禼。	禼为殷祖。	禼生昭明。
高辛生后稷，为周祖。	后稷生不窋。	不窋生鞠。

帝禹,黄帝耳孙,号夏。	帝启,伐有扈,作《甘誓》。	帝太康
文命,是为禹。		
昭明生相土。	相土生昌若。	昌若生曹圉。曹圉生冥。
鞠生公刘。	公刘生庆节。	庆节生皇仆。皇仆生差弗。

帝仲康,太康弟。	帝相	帝少康	帝予【索隐】音直吕反,亦作"宁"。 【正义】相为过浇所灭,后缗归有仍,生少康。其子予复禹绩。
冥生振。	振生微。微生报丁。	报丁生报乙。报乙生报丙。	报丙生主壬。主壬生主癸。
差弗生毁渝。毁渝生公非。	公非生高圉。高圉生亚圉。	亚圉生公祖类。	公祖类生太王亶父。

帝槐【索隐】音回,一音怀。《系本》作"芬"也。	帝芒【索隐】音亡,一作"荒。"	帝泄【索隐】音薛也。	帝不降	帝扃【索隐】古茭切。不降弟。
主癸生天乙,是为殷汤。				
亶父生季历。季历生文王昌。益《易卦》。	文王昌生武王发。			

帝廑【索隐】其靳反，又音勤。	帝孔甲，不降子。好鬼神，淫乱不好德，二龙去。	帝皋【索隐】宋衷云："墓在崤南陵。"	帝发【索隐】帝皋子也。《系本》云："帝皋生发及履癸。履癸一名桀。"

帝履癸,是为桀。从禹至桀十七世。从黄帝至桀二十世。	殷汤代夏氏。从黄帝至汤十七世。	帝外丙,汤太子。太丁蚤卒,故立次弟外丙。

帝仲壬,外丙弟。	帝太甲,故太子太丁子。淫,伊尹放之桐宫。三年,悔过自责,伊尹乃迎之复位。	帝沃丁。伊尹卒。	帝太庚,沃丁弟。

帝小甲，太庚弟。【索隐】案：《殷本纪》及《系本》皆云小甲太庚子。殷道衰，诸侯或不至。	帝雍己，小甲弟。	帝太戊，雍己弟。以桑谷生，称中宗。	帝中丁

帝外壬,中丁弟。	帝河亶甲,外壬弟。	帝祖乙	帝祖辛	帝沃甲,【索隐】《系本》云开甲。祖辛弟。	帝祖丁,祖辛子。

帝南庚，沃甲子。	帝阳甲，祖丁子。	帝盘庚，阳甲弟。徙河南。	帝小辛，盘庚弟。	帝小乙，小辛弟。	帝武丁。雉升鼎耳雊。得傅说。称高宗。

帝祖庚	帝甲，祖庚弟。淫。【集解】徐广曰："一云'淫德，殷衰。'"	帝廪辛【索隐】或作"冯辛"。《系本》作"祖辛"，误也。案：上祖乙已生祖辛，故知非也。	帝庚丁，廪辛弟。殷徙河北。

帝武乙。慢神震死。	帝太丁	帝乙。殷益衰。	帝辛,是为纣。弑。从汤至纣二十九世。从黄帝至纣四十六世。	周武王代殷。从黄帝至武王十九世。

成王诵【索隐】或作"庸",非。	康王钊【索隐】古尧反,又音招。 刑错四十馀年。	昭王瑕【索隐】音遐。宋衷云:"昭王南伐楚,辛由靡为右,涉汉中流而陨,由靡承王,遂卒不复。周乃侯其后于西翟也。"南巡不返。 不赴,讳之。
鲁周公旦,武王弟。 初封。	鲁公伯禽	考公
齐太公尚,文王、武王师。 初封。	丁公吕伋	乙公
晋唐叔虞,武王子。 初封。	晋侯燮	武侯
秦恶来,助纣。父飞廉,有力。	女防	旁皋
楚熊绎。绎父鬻熊,事文王。 初封。	熊艾	熊䵣【索隐】吐感反,又徒感反,又杜减反。邹氏又作点音。
宋微子启,纣庶兄。 初封。	微仲,启弟。	宋公
卫康叔,武王弟。 初封。	康伯【索隐】康叔子,王孙牟父也。	孝伯
陈胡公满,舜之后。 初封。	申公	相公
蔡叔度,武王弟。 初封。	蔡仲	蔡伯
曹叔振铎,武王弟。 初封。		太伯
燕召公奭,周同姓。 初封。	九世至惠侯。	

穆王满。作《甫刑》。荒服不至。	恭王伊扈	懿王坚。周道衰,诗人作刺。	孝王方,懿王弟。
炀公,考公弟。	幽公	魏公【索隐】《系本》作"微公",名弗其。	厉公
癸公	哀公	胡公	献公弑胡公。
成侯	厉侯	靖侯	
大几	大骆	非子	秦侯
熊胜	熊炀	熊渠	熊无康
丁公	湣公,丁公弟。	炀公,湣公弟。	厉公
嗣伯	疌伯【索隐】音捷。	湣伯	贞伯
孝公	慎公	幽公	鳌公
宫侯	厉侯	武侯	
仲君	宫伯	孝伯	夷伯

夷王燮,懿王子。	厉王胡。以恶闻(遇)〔过〕乱,出奔,遂死于彘。	共和,【索隐】周召二公共相王室,故曰共和。皇甫谧云"共伯和干王位",以共国,伯爵,和其名也。干王位,言篡也。与史迁之说不同,盖异说耳。二伯行政。
献公,厉公弟。	真公	武公,真公弟。
武公		
公伯	秦仲	
熊鸷红	熊延,红弟。	熊勇
鳌公		
顷侯	鳌侯	

　　张夫子问褚先生曰：①"《诗》言契、后稷皆无父而生。今案诸传记咸言有父，父皆黄帝子也，②得无与《诗》谬乎？"

①【索隐】褚先生名少孙，元成间为博士。张夫子，未详也。

②【索隐】案：上契及后稷皆帝喾子，此云"黄帝子"者，谓是黄帝之子孙耳。
　　案：喾是黄帝曾孙，而契、弃是玄孙，故云也。

　　褚先生曰："不然。《诗》言契生于卵，后稷人迹者，欲见其有天命精诚之意耳。鬼神不能自成，须人而生，奈何无父而生乎！一言有父，一言无父，信以传信，疑以传疑，故两言之。尧知契、稷皆贤人，天之所生，故封之契七十里，后十馀世至汤，王天下。尧知后稷子孙之后王也，故益封之百里，其后世且千岁，至文王而有天下。《诗传》曰：'汤之先为契，无父而生。契母与姊妹浴于玄丘水，有燕衔卵堕之，契母得，故含之，误吞之，即生契。①契生而贤，尧立为司徒，姓之曰子氏。子者兹；兹，益大也。诗人美而颂之曰"殷社②芒芒，天命玄鸟，降而生商"。商者质，殷号也。文王之先为后稷，后稷亦无父而生。后稷母为姜嫄，③出见大人迹而履践之，知于身，则生后稷。姜嫄以为无父，贱而弃之道中，牛羊避不践也。抱之山中，④山者养之。又捐之大泽，鸟覆席食之。姜嫄怪之，于是知其天子，乃取长之。尧知其贤才，立以为大农，姓之曰姬氏。姬者，本也。时人美而颂之曰"厥初生民"，深修益成，而道后稷之始也。'孔子曰：'昔者尧命契为子氏，为有汤也。命后稷为姬氏，为有文王也。大王命季历，明天瑞也。太伯之吴，遂生源也。'⑤天命难言，非圣人莫能见。舜、禹、契、后稷皆黄帝子孙也。黄帝策天命而治天下，德泽深后世，故其子孙皆复立为天子，是天之报有德也。人不知，以为汜从布衣匹夫起耳。夫布衣匹夫安能无故而起王天下乎？其有天命然。"

①【索隐】有娀氏女曰简狄，浴于玄丘水，出《诗纬》。《殷本纪》云玄鸟翔水遗卵，娀简狄取而吞之也。

②【集解】《诗》云"土"。

③【索隐】有邰氏之女也。韦昭云"姜,姓;嫄,字也"。

④【集解】抱,普茅反。　【索隐】抱,普交反,又如字。

⑤【索隐】言太伯之让季历居吴不反者,欲使传文王、武王拨乱反正,成周道,遂天下生生之源本也。

　　"黄帝后世何王天下之久远邪?"

　　曰:"《传》云天下之君王为万夫之黔首请赎民之命者帝,有福万世。黄帝是也。五政明则修礼义,因天时举兵征伐而利者王,有福千世。蜀王,黄帝后世也,①至今在汉西南五千里,常来朝降,输献于汉,非以其先之有德,泽流后世邪?行道德岂可以忽乎哉!人君王者举而观之。汉大将军霍子孟名光者,亦黄帝后世也。②此可为博闻远见者言,固难为浅闻者说也。何以言之?古诸侯以国为姓。霍者,国名也。武王封弟叔处于霍,后世晋献公灭霍公,后世为庶民,往来居平阳。平阳在河东,河东晋地,分为卫国。以《诗》言之,亦可为周世。周起后稷,后稷无父而生。以三代世传言之,后稷有父名高辛;高辛,黄帝曾孙。《黄帝终始传》曰:③'汉兴百有徐年,有人不短不长,出(自)〔白〕燕之乡,④持天下之政,时有婴儿主,⑤却行车。'⑥霍将军者,本居平阳(自)〔白〕燕。臣为郎时,与方士考功⑦会旗亭下,⑧为臣言。岂不伟哉!"⑨

①【索隐】案:《系本》蜀无姓,相承云黄帝后。且黄帝二十五子,分封赐姓,或于蛮夷,盖当然也。《蜀王本纪》云朱提有男子杜宇从天而下,自称望帝,亦蜀王也。则杜姓出唐杜氏,盖陆终氏之胤,亦黄帝之后也。　【正义】谱记普云蜀之先肇于人皇之际。黄帝与子昌意娶蜀山氏女,生帝俉,立,封其支庶于蜀,历虞夏商。周衰,先称王者蚕丛,国破,子孙居姚、巂等处。

②【索隐】案:《系本》云霍国,真姓后。周武王封其弟叔处于霍。是姬姓亦黄帝后。

③【索隐】盖谓五行谶纬之说,若今之童谣言。

④【正义】一作"白麤"。案:霍光,平阳人。平阳今晋州霍邑,本秦时霍伯国,汉为彘县,后汉改彘曰永安,隋又改为霍邑。遍检记传,无"白燕"之名,疑

"白�笼"是乡之名。

⑤【索隐】谓昭帝也。

⑥【索隐】言霍光持政擅权,逼帝令如却行车,使不前也。

⑦【正义】谓年老为方士最功也。

⑧【集解】《西京赋》曰:"旗亭五里。"薛综曰:"旗亭,市楼也。立旗于上,故取名焉。"

⑨【索隐】褚先生盖腐儒也。设主客,引《诗传》,云契、弃无父,及据《帝系》皆帝喾之子,是也。而末引蜀王、霍光,竟欲证何事?而言之不经,芜秽正史,辄云"岂不伟哉",一何诬也!

【索隐述赞】高辛之胤,大启祯祥。脩己吞意,石纽兴王。天命玄鸟,简狄生商。姜嫄履迹,祚流岐昌。俱膺历运,互有兴亡。风馀周召,刑措成康。出彘之后,诸侯日强。

史记卷十四

十二诸侯年表第二

【索隐】案：篇言十二，实叙十三者，贱夷狄不数吴，又霸在后故也。不数而叙之者，阖闾霸盟上国故也。

太史公读《春秋历谱谍》，①至周厉王，未尝不废书而叹也。曰："呜呼，师挚见之矣!②纣为象箸③而箕子唏。④周道缺，诗人本之衽席，《关雎》作。仁义陵迟，《鹿鸣》刺焉。及至厉王，以恶闻其过，⑤公卿惧诛而祸作，厉王遂奔于彘，⑥乱自京师始，而共和行政焉。是后或力政，强乘弱，兴师不请天子。然挟王室之义，⑦以讨伐为会盟主，政由五伯，⑧诸侯恣行，⑨淫侈不轨，贼臣篡子滋起矣。齐、晋、秦、楚其在成周微甚，封或百里或五十里。晋阻三河，齐负东海，楚介江淮，⑩秦因雍州之固，四海迭兴，更为伯主，文武所褒大封，皆威而服焉。是以孔子明王道，干七十余君，莫能用，故西观周室，论史记旧闻，兴于鲁而次《春秋》，上记隐，下至哀之获麟，约其辞文，去其烦重，⑪以制义法，王道备，人事浃。七十子之徒口受其传指，⑫为有所刺讥褒讳挹损之文辞不可以书见也。鲁君子左丘明惧弟子人人异端，各安其意，失其真，故因孔子史记具论其语，成《左氏春秋》。铎椒为楚威王傅，为王不能尽观《春秋》，采取成败，卒四十章，为《铎氏微》。⑬赵孝成王时，其相虞卿上采《春秋》，下观近势，亦著八篇，为《虞氏春秋》。⑭吕不韦者，秦庄襄王相，亦上观尚古，删拾《春秋》，集六国时事，以为八览、六论、十二纪，为《吕氏春秋》。及如荀卿、孟子、公孙固、韩非⑮之徒，各往往捃摭《春秋》之文以著书，不可胜纪。汉相张苍历谱五德，⑯上大夫董仲舒推《春秋》义，颇著文焉。⑰

①【索隐】案:刘杳云"《三代系表》旁行邪上,并放《周谱》。谱起周代。《艺文志》有《古帝王谱》。又自古为《春秋》学者,有年历、谱谍之说,故杜元凯作《春秋长历》及《公子谱》。盖因于旧说,故太史公得读焉"也。

②【集解】郑玄曰:"师挚,太师之名。周道衰微,郑卫之音作,正乐废而失节,鲁太师挚识《关雎》之声,首理其乱也。"

③【索隐】邹氏及刘氏皆音直虑反,即箸也。今案:箕子云"为象箸者必为玉桮",则箸者是樽也,音治略反。

④【索隐】唏,鸣叹声,音许既反。又音希,希亦声馀,故记曰"夫子曰嘻其甚也",亦饻音也。

⑤【索隐】恶,乌故反。过,古卧反。故《国语》云"厉王止谤,道路以目"是也。

⑥【索隐】彘,地名,在河东,后为永安县也。

⑦【索隐】挟音协也。

⑧【索隐】伯音霸。五霸者,齐桓公、晋文公、秦穆公、宋襄公、楚庄王也。

⑨【索隐】下孟反。

⑩【索隐】介音界,言楚以江淮为界。一云介者夹也。

⑪【索隐】文去重。去,羌吕反。重,逐龙反。言约史记修《春秋》,去其重文也。

⑫【索隐】传音逐宣反。

⑬【索隐】铎椒所撰。名《铎氏微》者,《春秋》有微婉之词故也。

⑭【正义】案:其文八篇,《艺文志》云十五篇,虞卿撰。

⑮【索隐】荀况、孟轲、韩非皆著书,自称"子"。宋有公孙固,无所述。此固,齐人韩固,传《诗》者。

⑯【索隐】案:张苍著《终始五德传》也。

⑰【索隐】作《春秋繁露》是。

太史公曰:儒者断其义,驰说者骋其辞,不务综其终始;历人取其年月,数家①隆于神运,②谱谍独记世谥,其辞略,欲一观③诸要难。④于是谱十二诸侯,自共和讫孔子,表见《春秋》、《国语》学者所讥盛衰大指著于篇,为成学治古文者⑤要删焉。⑥

①【索隐】上音疏具反,谓阴阳术数之家也。

②【集解】徐广曰:"一作'通'也。"

③【索隐】壹观。音官。

④【索隐】下奴丹反。

⑤【集解】徐广曰："一云'治国闻者'也。"

⑥【索隐】为成学治文者要删焉。言表见《春秋》《国语》,本为成学之人欲览其
　要,故删为此篇焉。

公元前 841

	庚申
周	共和元年【集解】徐广曰："自共和元年,岁在庚申,讫敬王四十三年,凡三百六十五年。共和在春秋前一百一十九年。"【索隐】宣王少,周召二公共相王室,故曰共和。宣王,厉王之子也。徐氏云:"元年至敬王四十三年,凡三百六十五年。共和在春秋前一百一十九年也。"厉王子居召公宫,是为宣王。王少,大臣共和行政。
鲁	真公濞【索隐】《系本》作"慎公挚。"邹诞本作"慎公嚊,"真公,伯禽之玄孙。十五年,一云十四年
齐	武公寿【索隐】太公五代孙,献公子也。宋衷曰:"武公十年,宣王大臣共行政,号曰共和。十四年,宣王即位。"十年
晋	靖侯宜臼【索隐】唐叔五代孙,厉侯之子也。宋衷曰:"唐叔已下五代无年纪。"十八年
秦	秦仲【索隐】非子曾孙,公伯之子。宣王命为大夫,诛西戎也。四年
楚	熊勇【索隐】楚,芈姓,粥熊之后,因氏熊。熊勇,熊延之子,熊绎十一代孙。七年
宋	釐公【索隐】微仲六代孙,厉公之子也。十八年
卫	釐侯【索隐】唐叔七代孙,顷侯之子。顷侯赂周,始命为侯。十四年
陈	幽公宁【索隐】胡公五代孙。十四年
蔡	武侯【索隐】蔡仲五代孙也。二十三年
曹	夷伯【索隐】名喜,振铎六代孙也。二十四年
郑	
燕	惠侯【索隐】召公奭九世孙也。立三十八年。二十四年
吴	

840	839	838	837	836	835	834
			甲子			
二	三	四	五	六	七	八
十六	十七	十八	十九	二十	二十一	二十二
十一	十二	十三	十四	十五	十六	十七
晋釐侯司徒元年	二	三	四	五	六	七
五	六	七	八	九	十	十一
八	九	十	楚熊严元年	二	三	四
十九	二十	二十一	二十二	二十三	二十四	二十五
十五	十六	十七	十八	十九	二十	二十一
十五	十六	十七	十八	十九	二十	二十一
二十四	二十五	二十六	蔡夷侯元年	二	三	四
二十五	二十六	二十七	二十八	二十九	三十	曹幽伯彊元年
二十五	二十六	二十七	二十八	二十九	三十	三十一

	833	832	831
周	九	十	十一
鲁	二十三	二十四	二十五
齐	十八	十九	二十
晋	八	九	十
秦	十二	十三	十四
楚	五	六	七
宋	二十六	二十七	二十八
卫	二十二	二十三	二十四
陈	二十二	二十三	陈釐公孝元年
蔡	五	六	七
曹	二	三	四
郑			
燕	三十二	三十三	三十四
吴			

830	829	828	827
			甲戌
十二	十三	十四　宣王即位，共和罢。【索隐】二相还政，宣王称元年也。	宣王元年
二十六	二十七	二十八	二十九
二十一	二十二	二十三	二十四
十一	十二	十三	十四
十五	十六	十七	十八
八	九	十	楚熊霜元年
宋惠公觊元年【索隐】觊音闲。又音下板反。	二	三	四
二十五	二十六	二十七	二十八
二	三	四	五
八	九	十	十一
五	六	七	八
三十五	三十六	三十七	三十八

	826	825	824
周	二	三	四
鲁	三十	鲁武公敖元年	二
齐	二十五	二十六	齐厉公无忌元年
晋	十五	十六	十七
秦	十九	二十	二十一
楚	二	三	四
宋	五	六	七
卫	二十九	三十	三十一
陈	六	七	八
蔡	十二	十三	十四
曹	九	曹戴伯鲜元年	二
郑			
燕	燕釐侯庄【索隐】徐广云一无"庄"字。案:燕失年纪及名,此言"庄"者,衍字也。元年	二	三
吴			

823	822	821
五	六	七
三	四	五
二	三	四
十八	晋献侯籍 元年	二
二十二	二十三	秦庄公其【索隐】其,名也。案:秦之先公并不记名,恐其非 名。元年
五	六	楚熊徇元年
八	九	十
三十二	三十三	三十四
九	十	十一
十五	十六	十七
三	四	五
四	五	六

	820	819	818	817	816	815	814
				甲申			
周	八	九	十	十一	十二	十三	十四
鲁	六	七	八	九	十	鲁懿公戏元年	二
齐	五	六	七	八	九	齐文公赤元年	二
晋	三	四	五	六	七	八	九
秦	二	三	四	五	六	七	八
楚	二	三	四	五	六	七	八
宋	十一	十二	十三	十四	十五	十六	十七
卫	三十五	三十六	三十七	三十八	三十九	四十	四十一
陈	十二	十三	十四	十五	十六	十七	十八
蔡	十八	十九	二十	二十一	二十二	二十三	二十四
曹	六	七	八	九	十	十一	十二
郑							
燕	七	八	九	十	十一	十二	十三
吴							

813	812	811	810
十五	十六	十七	十八
三	四	五	六
三	四	五	六
十	十一	穆侯弗生【索隐】晋穆公生。案：系家名费生，或作"溃生"。《系本》名弗生，则生是穆公名。元年	二
九	十	十一	十二
九	十	十一	十二
十八	十九	二十	二十一
四十二	卫武公和元年	二	三
十九	二十	二十一	二十二
二十五	二十六	二十七	二十八
十三	十四	十五	十六
十四	十五	十六	十七

	809	808
周	十九	二十
鲁	七	八
齐	七	八
晋	三	四　取齐女为夫人。
秦	十三	十四
楚	十三	十四
宋	二十二	二十三
卫	四	五
陈	二十三	二十四
蔡	蔡釐侯所事【索隐】蔡釐侯所。案：系家釐侯名所事。**元年**	二
曹	十七	十八
郑		
燕	十八	十九
吴		

807	806
甲午	
二十一	二十二
九	鲁孝公称元年　伯御立为君,称为诸公子云。伯御,武公孙。
九	十
五	六
十五	十六
十五	十六
二十四	二十五
六	七
二十五	二十六
三	四
十九	二十
	郑桓公友【索隐】宣王母弟。宣王二十二年封之郑,立三十六年,与幽王俱死犬戎之难也。元年　始封。周宣王母弟。
二十	二十一

	805	804	803
周	二十三	二十四	二十五
鲁	二	三	四
齐	十一	十二	齐成公说【索隐】系家"说"作"脱"。元年
晋	七　以伐条生太子仇。	八	九
秦	十七	十八	十九
楚	十七	十八	十九
宋	二十六	二十七	二十八
卫	八	九	十
陈	二十七	二十八	二十九
蔡	五	六	七
曹	二十一	二十二	二十三
郑	二	三	四
燕	二十二	二十三	二十四
吴			

802	801	800
二十六	二十七	二十八
五	六	七
二	三	四
十　以千亩战。生仇弟成师。二子名反,君子讥之。后乱。	十一	十二
二十	二十一	二十二
二十	二十一	二十二
二十九	三十	三十一　宋惠公薨。
十一	十二	十三
三十	三十一	三十二
八	九	十
二十四	二十五	二十六
五	六	七
二十五	二十六	二十七

	799	798	797
			甲辰
周	二十九	三十	三十一
鲁	八	九	十
齐	五	六	七
晋	十三	十四	十五
秦	二十三	二十四	二十五
楚	楚熊鄂元年	二	三
宋	宋戴公立。元年	二	三
卫	十四	十五	十六
陈	三十三	三十四	三十五
蔡	十一	十二	十三
曹	二十七	二十八	二十九
郑	八	九	十
燕	二十八	二十九	三十
吴			

796	795
三十二	三十三
十一　周宣王诛伯御,立其弟称,是为孝公。	十二
八	
十六	十七
二十六	二十七
四	五
四	五
十七	十八
三十六	陈武公灵元年
十四	十五
三十	曹惠(公)伯雉【索隐】一作"兕"。元年
十一	十二
三十一	三十二

	794	793	792
周	三十四	三十五	三十六
鲁	十三	十四	十五
齐	齐庄公赎【索隐】刘氏音神欲反。系家及《系本》并作"购"。元年	二	三
晋	十八	十九	二十
秦	二十八	二十九	三十
楚	六	七	八
宋	六	七	八
卫	十九	二十	二十一
陈	二	三	四
蔡	十六	十七	十八
曹	二	三	四
郑	十三	十四	十五
燕	三十三	三十四	三十五
吴			

791	790		789
三十七	三十八		三十九
十六	十七		十八
四	五		六
二十一	二十二		二十三
三十一	三十二		三十三
九	楚若敖【索隐】熊鄂子熊仪也，号若敖也。元年		二
九	十		十一
二十二	二十三		二十四
五	六		七
十九	二十		二十一
五	六		七
十六	十七		十八
三十六	燕顷侯元年		二

	788	787	786
		甲寅	
周	四十	四十一	四十二
鲁	十九	二十	二十一
齐	七	八	九
晋	二十四	二十五	二十六
秦	三十四	三十五	三十六
楚	三	四	五
宋	十二	十三	十四
卫	二十五	二十六	二十七
陈	八	九	十
蔡	二十二	二十三	二十四
曹	八	九	十
郑	十九	二十	二十一
燕	三	四	五
吴			

785	784	783
四十三	四十四	四十五
二十二	二十三	二十四
十	十一	十二
二十七　穆侯卒,弟殇叔自立,太子仇出奔。	晋殇叔元年	二
三十七	三十八	三十九
六	七	八
十五	十六	十七
二十八	二十九	三十
十一	十二	十三
二十五	二十六	二十七
十一	十二	十三
二十二	二十三	二十四
六	七	八

	782	781	780
周	四十六	幽王元年	二　三川震。
鲁	二十五	二十六	二十七
齐	十三	十四	十五
晋	三	四　仇攻杀殇叔,立为文侯。	晋文侯仇元年
秦	四十	四十一	四十二
楚	九	十	十一
宋	十八	十九	二十
卫	三十一	三十二	三十三
陈	十四	十五	陈夷公说元年
蔡	二十八	二十九	三十
曹	十四	十五	十六
郑	二十五	二十六	二十七
燕	九	十	十一
吴			

779	778	777
		甲子
三　王取褒姒。	四	五
二十八	二十九	三十
十六	十七	十八
二	三	四
四十三	四十四	秦襄公元年
十二	十三	十四
二十一	二十二	二十三
三十四	三十五	三十六
二	三	陈平公燮元年
三十一	三十二	三十三
十七	十八	十九
二十八	二十九	三十
十二	十三	十四

	776	775	774	773	772
周	六	七	八	九	十
鲁	三十一	三十二	三十三	三十四	三十五
齐	十九	二十	二十一	二十二	二十三
晋	五	六	七	八	九
秦	二	三	四	五	六
楚	十五	十六	十七	十八	十九
宋	二十四	二十五	二十六	二十七	二十八
卫	三十七	三十八	三十九	四十	四十一
陈	二	三	四	五	六
蔡	三十四	三十五	三十六	三十七	三十八
曹	二十	二十一	二十二	二十三	二十四
郑	三十一	三十二	三十三	三十四	三十五
燕	十五	十六	十七	十八	十九
吴					

771	770	769
十一　幽王为犬戎所杀。	平王元年　东徙雒邑。	二
三十六	三十七	三十八
二十四	二十五	二十六
十	十一	十二
七　始列为诸侯。	八　初立西畤,祠白帝。	九
二十	二十一	二十二
二十九	三十	三十一
四十二	四十三	四十四
七	八	九
三十九	四十	四十一
二十五	二十六	二十七
三十六　以幽王故,为犬戎所杀。	郑武公滑突【索隐】滑,一作"掘",并音胡忽反。元年	二
二十	二十一	二十二

	768	767	766
		甲戌	
周	三	四	五
鲁	**鲁惠公弗湼**【索隐】鲁惠公弗生。系家作"弗湟",《系本》作"弗皇"。**元年**	二	三
齐	二十七	二十八	二十九
晋	十三	十四	十五
秦	十	十一	十二　伐戎至岐而死。
楚	二十三	二十四	二十五
宋	三十二	三十三	三十四
卫	四十五	四十六	四十七
陈	十	十一	十二
蔡	四十二	四十三	四十四
曹	二十八	二十九	三十
郑	三	四	五
燕	二十三	二十四	燕哀侯元年
吴			

765	764
六	七
四	五
三十	三十一
十六	十七
秦文公元年	二
二十六	二十七
宋武公司空元年	二
四十八	四十九
十三	十四
四十五	四十六
三十一	三十二
六	七
二	燕郑侯元年

	763	762
周	八	九
鲁	六	七
齐	三十二	三十三
晋	十八	十九
秦	三	四
楚	楚霄敖【索隐】楚甯敖。案：系家若敖子熊坎立，是为霄敖。此作"甯敖"，恐是"霄"字讹变为"甯"也。刘伯庄但随字而音，更不分析。	二
宋	三	四
卫	五十	五十一
陈	十五	十六
蔡	四十七	四十八
曹	三十三	三十四
郑	八	九
燕	二	三
吴		

761	760	759	758
十	十一	十二	十三
八	九	十	十一
三十四	三十五	三十六	三十七
二十	二十一	二十二	二十三
五	六	七	八
三	四	五	六
五	六	七	八
五十二	五十三	五十四	五十五
十七	十八	十九	二十
蔡共侯兴元年	二	蔡戴侯元年	二
三十五	三十六	曹穆公元年	二
十　娶申侯女武姜。	十一	十二	十三
四	五	六	七

	757	756	755
	甲申		
周	十四	十五	十六
鲁	十二	十三	十四
齐	三十八	三十九	四十
晋	二十四	二十五	二十六
秦	九	十　作鄜畤。	十一
楚	楚蚡冒【索隐】邹氏云"蚡"一作"粉",音偾。冒音亡报反,又音默也。元年	二	三
宋	九	十	十一
卫	卫庄公杨元年	二	三
陈	二十一	二十二	二十三
蔡	三	四	五
曹	三	曹桓公终生元年	二
郑	十四　生庄公寤生。	十五	十六
燕	八	九	十
吴			

754	753	752	751	750
十七	十八	十九	二十	二十一
十五	十六	十七	十八	十九
四十一	四十二	四十三	四十四	四十五
二十七	二十八	二十九	三十	三十一
十二	十三	十四	十五	十六
四	五	六	七	八
十二	十三	十四	十五	十六
四	五	六	七	八
陈文公圉元年　生桓公鲍、厉公他。他母蔡女。	二	三	四	五
七	八	九	十	
四	五	六	七	
十七　生大叔段,母欲立段,公不听。	十八	十九	二十	二十一
十一	十二	十三	十四	十五

	749	748	747
			甲午
周	二十二	二十三	二十四
鲁	二十	二十一	二十二
齐	四十六	四十七	四十八
晋	三十二	三十三	三十四
秦	十七	十八	十九　作祠陈宝。
楚	九	十	十一
宋	十七	十八　生鲁桓公母。	宋宣公力元年
卫	九	十	十一
陈	六	七	八
蔡	蔡宣侯楷论元年	二	三
曹	八	九	十
郑	二十二	二十三	二十四
燕	十六	十七	十八
吴			

746	745	744
二十五	二十六	二十七
二十三	二十四	二十五
四十九	五十	五十一
三十五	晋昭侯元年　封季(弟)〔父〕成师于曲沃,曲沃大于国,君子讥曰:"晋人乱自曲沃治矣。"	二
二十	二十一	二十二
十二	十三	十四
二	三	四
十二	十三	十四
九	十　文公卒。	陈桓公元年
四	五	六
十一	十二	十三
二十五	二十六	二十七
十九	二十	二十一

	743	742	741	740
周	二十八	二十九	三十	三十一
鲁	二十六	二十七	二十八	二十九
齐	五十二	五十三	五十四	五十五
晋	三	四	五	六
秦	二十三	二十四	二十五	二十六
楚	十五	十六	十七	武王立。
宋	五	六	七	八
卫	十五	十六	十七　爱妾子州吁，州吁好兵。	十八
陈	二	三	四	五
蔡	七	八	九	十
曹	十四	十五	十六	十七
郑	郑庄公寤生元年祭仲相。	二	三	四
燕	二十二	二十三	二十四	二十五
吴				

739	738
三十二	三十三
三十	三十一
五十六	五十七
潘父杀昭侯,纳成师,不克。昭侯子立,是为孝侯。【索隐】昭侯,文侯仇之子。系家云晋大臣潘父杀昭侯,迎曲沃桓叔,晋人攻之,立昭侯子平,是为孝侯也。	二
二十七	二十八
二	三
九	十
十九	二十
六	七
十一	十二
十八	十九
五	六
二十六	二十七

	737	736	735	734
	甲辰			
周	三十四	三十五	三十六	三十七
鲁	三十二	三十三	三十四	三十五
齐	五十八	五十九	六十	六十一
晋	三	四	五	六
秦	二十九	三十	三十一	三十二
楚	四	五	六	七
宋	十一	十二	十三	十四
卫	二十一	二十二	二十三　夫人无子,桓公立。	卫桓公完元年
陈	八	九	十	十一
蔡	十三	十四	十五	十六
曹	二十	二十一	二十二	二十三
郑	七	八	九	十
燕	二十八	二十九	三十	三十一
吴				

733	732	731
三十八	三十九	四十
三十六	三十七	三十八
六十二	六十三	六十四
七	八	九　曲沃桓叔成师卒,子代立,为庄伯。
三十三	三十四	三十五
八	九	十
十五	十六	十七
二　弟州吁骄,桓黜之,出奔。	三	四
十二	十三	十四
十七	十八	十九
二十四	二十五	二十六
十一	十二	十三
三十二	三十三	三十四

	730	729	728
周	四十一	四十二	四十三
鲁	三十九	四十	四十一
齐	齐釐公禄父元年	二　同母弟夷仲年生公孙毋知也。	三
晋	十	十一	十二
秦	三十六	三十七	三十八
楚	十一	十二	十三
宋	十八	十九　公卒,命立弟和,为穆公。	宋穆公和元年
卫	五	六	七
陈	十五	十六	十七
蔡	二十	二十一	二十二
曹	二十七	二十八	二十九
郑	十四	十五	十六
燕	三十五	三十六	燕穆侯元年
吴			

727	726	725	724
甲寅			
四十四	四十五	四十六	四十七
四十二	四十三	四十四	四十五
四	五	六	七
十三	十四	十五	十六　曲沃庄伯杀孝侯,晋人立孝侯子郤为鄂侯。
三十九	四十	四十一	四十二
十四	十五	十六	十七
二	三	四	五
八	九	十	十一
十八	十九	二十	二十一
二十三	二十四	二十五	二十六
三十	三十一	三十二	三十三
十七	十八	十九	二十
二	三	四	五

723

周	四十八
鲁	四十六
齐	八
晋	晋鄂侯郤元年　曲沃强于晋。【索隐】有本"郤"作"都"者,误也。鄂,邑;郤,其名。孝侯子也。
秦	四十三
楚	十八
宋	六
卫	十二
陈	二十二
蔡	二十七
曹	三十四
郑	二十一
燕	六
吴	

722	721
四十九	五十
鲁隐公息姑【索隐】鲁隐公息。系家名息,《系本》名息姑也。元年【集解】徐广曰:"《春秋》隐元年,岁在己未。"母声子。	二
九	十
二	三
四十四	四十五
十九	二十
七	八
十三	十四
二十三	二十四
二十八	二十九
三十五	三十六
二十二　段作乱,奔。	二十三　公悔,思母不见,穿地相见。
七	八

	720	719
周	五十一	桓王元年
鲁	三 二月,日蚀。	四
齐	十一	十二
晋	四	五
秦	四十六	四十七
楚	二十一	二十二
宋	九 公属孔父立殇公。冯奔郑。	宋殇公与夷元年
卫	十五	十六 州吁弑公自立。
陈	二十五	二十六 卫石碏来告,故执州吁。
蔡	三十	三十一
曹	三十七	三十八
郑	二十四 侵周,取禾。	二十五
燕	九	十
吴		

718	717
	甲子
二 使虢公伐晋之曲沃。	三
五 公观鱼于棠,君子讥之。	六 郑人来渝平。
十三	十四
六 鄂侯卒。曲沃庄伯复攻晋。立鄂侯子光为哀侯。	晋哀侯光元年
四十八	四十九
二十三	二十四
二 郑伐我。我伐郑。	三
卫宣公晋元年 共立之。讨州吁。	二
二十七	二十八
三十二	三十三
三十九	四十
二十六	二十七 始朝王,王不礼。
十一	十二

	716	715	714
周	四	五	六
鲁	七	八　易许田,君子讥之。	九　三月,大雨雹,电。
齐	十五	十六	十七
晋	二　庄伯卒,子称立,为武公。	三	四
秦	五十	秦宁公元年	二
楚	二十五	二十六	二十七
宋	四	五	六
卫	三	四	五
陈	二十九	三十	三十一
蔡	三十四	三十五	蔡桓侯封人元年
曹	四十一	四十二	四十三
郑	二十八	二十九　与鲁枋,易许田。	三十
燕	十三	十四	十五
吴			

713	712
七	八
十	十一　大夫翚请杀桓公,求为相,公不听,即杀公。
十八	十九
五	六
三	四
二十八	二十九
七　诸侯败我。我师与卫人伐郑。	八
六	七
三十二	三十三
二	三
四十四	四十五
三十一	三十二
十六	十七

711

周	九
鲁	鲁桓公允【索隐】一作"兀",五忽反。徐广云一作"捆"。元年　母宋武公女,生手文为鲁夫人。
齐	二十
晋	七
秦	五
楚	三十
宋	九
卫	八
陈	三十四
蔡	四
曹	四十六
郑	三十三　以璧加鲁,易许田。
燕	十八
吴	

710	709
十	十一
二 宋赂以鼎,入于太庙,君子讥之。	三 翚迎女,齐侯送女,君子讥之。
二十一	二十二
八	晋小子元年
六	七
三十一	三十二
华督见孔父妻好,悦之。华督杀孔父,及杀殇公。宋公冯元年 华督为相。	二
九	十
三十五	三十六
五	六
四十七	四十八
三十四	三十五
燕宣侯元年	二

	708	707
		甲戌
周	十二	十三　伐郑。
鲁	四	五
齐	二十三	二十四
晋	二	三
秦	八	九
楚	三十三	三十四
宋	三	四
卫	十一	十二
陈	三十七	三十八　弟他【索隐】音徒何反。陈大夫五父,后立为厉公。杀太子免。代立,国乱,再赴。
蔡	七	八
曹	四十九	五十
郑	三十六	三十七　伐周,伤王。
燕	三	四
吴		

706

十四
六
二十五　山戎伐我。
曲沃武公杀小子。周伐曲沃，立晋哀侯弟湣【索隐】音旻。为晋侯。晋侯湣元年
十
三十五　侵随，随为善政，得止。
五
十三
陈厉公他元年
九
五十一
三十八　太子忽救齐，齐将妻之。
五

	705	704
周	十五	十六
鲁	七	八
齐	二十六	二十七
晋	二	三
秦	十一	十二
楚	三十六	三十七　伐随,弗拔,但盟,罢兵。
宋	六	七
卫	十四	十五
陈	二　生敬仲完。周史卜完后世王齐。	三
蔡	十	十一
曹	五十二	五十三
郑	三十九	四十
燕	六	七
吴		

703	702	701
十七	十八	十九
九	十	十一
二十八	二十九	三十
四	五	六
秦出(公)〔子〕元年	二	三
三十八	三十九	四十
八	九	十　执祭仲。
十六	十七	十八　太子伋弟寿争死。
四	五	六
十二	十三	十四
五十四	五十五	曹庄公射姑元年
四十一	四十二	四十三
八	九	十

	700	699	698
周	二十	二十一	二十二
鲁	十二	十三	十四
齐	三十一	三十二　釐公令毋知秩服如太子。	三十三
晋	七	八	九
秦	四	五	六　三父杀出子,立其兄武公。
楚	四十一	四十二	四十三
宋	十一	十二	十三
卫	十九	卫惠公朔元年	二
陈	七　公淫蔡,蔡杀公。	陈庄公林元年　桓公子。	二
蔡	十五	十六	十七
曹	二	三	四
郑	郑厉公突元年	二	三　诸侯伐我,报宋故。
燕	十一	十二	十三
吴			

697　　　　　　　　　　696

甲申	
二十三	庄王元年　生子頹。
十五　天王求车,非礼。	十六　公会(晋)〔曹〕,谋伐郑。
齐襄公诸儿元年　贬毋知秩服,毋知怨。	二
十	十一
秦武公元年　伐彭,至华山。	二
四十四	四十五
十四	十五
三　朔奔齐,立黔牟。	卫黔牟元年
三	四
十八	十九
五	六
四　祭仲立忽,公出居栎。	郑昭公忽元年　忽母邓女,祭仲取之。
燕桓(公)〔侯〕元年	二

	695	694
周	二　有(兄)弟〔克〕。	三
鲁	十七　日食,不书日,官失之。	十八　公与夫人如齐,齐侯通焉,使彭生杀公于车上。
齐	三	四　杀鲁桓公,诛彭生。
晋	十二	十三
秦	三	四
楚	四十六	四十七
宋	十六	十七
卫	二	三
陈	五	六
蔡	二十	蔡哀侯献舞元年
曹	七	八
郑	二　渠弥杀昭公。	郑子亹元年　齐杀子亹,昭公弟。
燕	三	四
吴		

693	692
四　周公欲杀王而立子克,王诛周公,克奔燕。	五
鲁庄公同元年	二
五	六
十四	十五
五	六
四十八	四十九
十八	十九
四	五
七	陈宣公杵臼元年　杵臼,庄公弟。
二	三
九	十
郑子婴元年　子亹之弟。	二
五	六

	691	690
周	六	七
鲁	三	四
齐	七	八　伐纪,去其都邑。
晋	十六	十七
秦	七	八
楚	五十	五十一　王伐随,告夫人心动,王卒军中。
宋	宋潜公捷元年	二
卫	六	七
陈	二	三
蔡	四	五
曹	十一	十二
郑	三	四
燕	七	燕庄公元年
吴		

689	688
八	九
五　与齐伐卫,纳惠公。	六
九	十
十八	十九
九	十
楚文王赀元年　始都郢。	二　伐申,过邓,邓甥曰楚可取,邓侯不许。
三	四
八	九
四	五
六	七
十三	十四
五	六
二	三

	687	686
	甲午	
周	十	十一
鲁	七　星陨如雨,与雨偕。	八　子纠来奔,与管仲俱避毋知乱。
齐	十一	十二　毋知杀君自立。
晋	二十	二十一
秦	十一	十二
楚	三	四
宋	五	六
卫	十　齐立惠公,黔年奔周。	卫惠公朔复入。十四年
陈	六	七
蔡	八	九
曹	十五	十六
郑	七	八
燕	四	五
吴		

685	684
十二	十三
九　鲁欲与纠入,后小白,齐距鲁,使生致管仲。	十　齐伐我,为纠故。
齐桓公小白元年　春,齐杀毋知。	二
二十二	二十三
十三	十四
五	六　息夫人,陈女,过蔡,蔡不礼,恶之。楚伐蔡,获哀侯以归。
七	八
十五	十六
八	九
十	十一　楚虏我侯。
十七	十八
九	十
六	七

	683	682
周	十四	十五
鲁	十一 臧文仲吊宋水。	十二
齐	三	四
晋	二十四	二十五
秦	十五	十六
楚	七	八
宋	九 宋大水,公自罪。鲁使臧文仲来吊。	十 万杀君,仇牧有义。
卫	十七	十八
陈	十	十一
蔡	十二	十三
曹	十九	二十
郑	十一	十二
燕	八	九
吴		

681	680
釐王元年	二
十三　曹沫劫桓公。反所亡地。	十四
五　与鲁人会柯。	六
二十六	二十七
十七	十八
九	十
宋桓公御说元年　庄公子。	二
十九	二十
十二	十三
十四	十五
二十一	二十二
十三	十四
十	十一

679

周	三
鲁	十五
齐	七　始霸，会诸侯于鄄。
晋	二十八　曲沃武公灭晋侯湣，以宝献周，周命武公为晋君，并其地。
秦	十九
楚	十一
宋	三
卫	二十一
陈	十四
蔡	十六
曹	二十三
郑	郑厉公元年　厉公亡后十七岁复入。
燕	十二
吴	

678	677
	甲辰
四	五
十六	十七
八	九
晋武公称并晋,已立三十八年,不更元,因其元年。	三十九　武公卒,子诡诸立,为献公。
二十　葬雍,初以人从死。	秦德公元年　武公弟。
十二　伐邓,灭之。	十三
四	五
二十二	二十三
十五	十六
十七	十八
二十四	二十五
二　诸侯伐我。	三
十三	十四

676

周	惠王元年　取陈后。
鲁	十八
齐	十
晋	晋献公诡诸元年
秦	二　初作伏,祠社,磔狗邑四门。
楚	楚堵敖囏【集解】徐广曰:"一作'动'。"【索隐】楚杜敖囏。音艰。系家作"庄敖",刘音壮,此作"杜敖"。刘氏云亦作"堵"。堵、杜声相近,与系家乖,不详其由也。元年
宋	六
卫	二十四
陈	十七
蔡	十九
曹	二十六
郑	四
燕	十五
吴	

675	674
二　燕、卫伐王,王奔温,立子穨。	三
十九	二十
十一	十二
二	三
秦宣公元年	二
二	三
七　取卫女。文公弟。	八
二十五	二十六
十八	十九
二十	蔡穆侯肸元年
二十七	二十八
六	
十六　伐王,王奔温,立子穨。	十七　郑执我仲父。

	673	672
周	四　诛颓,入惠王。	五　太子母早死。惠后生叔带。
鲁	二十一	二十二
齐	十三	十四　陈完自陈来奔,田常始此也。【正义】齐桓公十四年,陈宣公二十一年,周惠王之五年。
秦	四	五　伐骊戎,得姬。
晋	三	四　作密畤。
楚	四	五　弟恽杀堵敖自立。
宋	九	十
卫	二十七	二十八
陈	二十	二十一　厉公子完奔齐。
蔡	二	三
曹	二十九	三十
郑	七　救周乱,入王。	郑文公捷元年
燕	十八	十九
吴		

671	670	669
六	七	八
二十三　公如齐观社。	二十四	二十五
十五	十六	十七
六	七	八　尽杀故晋侯群公子。
五	六	七
楚成王恽元年	二	三
十一	十二	十三
二十九	三十	三十一
二十二	二十三	二十四
四	五	六
三十一	曹釐公夷元年	二
二	三	四
二十	二十一	二十二

	668	667	666
		甲寅	
周	九	十　赐齐侯命。	十一
鲁	二十六	二十七	二十八
齐	十八	十九	二十
晋	九　始城绛都。	十	十一
秦	八	九	十
楚	四	五	六
宋	十四	十五	十六
卫	卫懿公赤元年	二	三
陈	二十五	二十六	二十七
蔡	七	八	九
曹	三	四	五
郑	五	六	七
燕	二十三	二十四	二十五
吴			

665	664	663
十二	十三	十四
二十九	三十	三十一
二十一	二十二	二十三　伐山戎，为燕也。
十二　太子申生居曲沃，重耳居蒲城，夷吾居屈。骊姬故。	十三	十四
十一	十二	秦成公元年
七	八	九
十七	十八	十九
四	五	六
二十八	二十九	三十
十	十一	十二
六	七	八
八	九	十
二十六	二十七	二十八

	662	661
周	十五	十六
鲁	三十二　庄公弟叔牙鸩死。〔庆父弒〕子般。季友奔陈,立湣公。	鲁湣公开元年
齐	二十四	二十五
晋	十五	十六　(伐)〔灭〕魏、(取)〔耿〕、霍。始封赵夙耿,毕万魏,始此。
秦	二	三
楚	十	十一
宋	二十	二十一
卫	七	八
陈	三十一	三十二
蔡	十三	十四
曹	九	曹昭公元年
郑	十一	十二
燕	二十九	三十
吴		

660

十七
二　庆父杀湣公。季友自陈立申,为釐公。杀庆父。
二十六
十七　申生将军,君子知其废。
四
十二
二十二
翟伐我。公好鹤,士不战,灭我国。国怨,惠公乱,灭其后,更立黔牟弟。卫戴公元年
三十三
十五
二
十三
三十一

659

周	十八
鲁	鲁釐公申元年 哀姜丧自齐至。
齐	二十七 杀女弟鲁庄公夫人,淫故。
晋	十八
秦	秦穆公任好元年
楚	十三
宋	二十三
卫	卫文公燬元年 戴公弟也。
陈	三十四
蔡	十六
曹	三
郑	十四
燕	三十二
吴	

658	657
	甲子
十九	二十
二	三
二十八　为卫筑楚丘。救戎狄伐。	二十九　与蔡姬共舟,荡公,公怒,归蔡姬。
十九　苟息以币假道于虞以伐虢,灭下阳。	二十
二	三
十四	十五
二十四	二十五
二　齐桓公率诸侯为我城楚丘。	三
三十五	三十六
十七	十八　以女故,齐伐我。
四	五
十五	十六
三十三	燕襄公元年

	656	655
周	二十一	二十二
鲁	四	五
齐	三十　率诸侯伐蔡,蔡溃,遂伐楚,责包茅贡。	三十一
晋	二十一　申生以骊姬谗自杀。重耳奔蒲,夷吾奔屈。	二十二　灭虞、虢。重耳奔狄。
秦	四　迎妇于晋。	五
楚	十六　齐伐我,至陉,使屈完盟。	十七
宋	二十六	二十七
卫	四	五
陈	三十七	三十八
蔡	十九	二十
曹	六	七
郑	十七	十八
燕	二	三
吴		

654	653	652
二十三	二十四	二十五　襄王立,畏太叔。【集解】徐广曰:"皇甫谧云二十四年惠王崩。"
六	七	八
三十二　率诸侯伐郑。	三十三	三十四
二十三　夷吾奔梁。	二十四	二十五　代翟,以重耳故。
六	七	八
十八　伐许,许君肉袒谢,楚从之。	十九	二十
二十八	二十九	三十　公疾,太子兹父让兄目夷贤,公不听。
六	七	八
三十九	四十	四十一
二十一	二十二	二十三
八	九	曹共公元年
十九	二十	二十一
四	五	六

651

周	襄王元年　诸侯立王。
鲁	九　齐率我伐晋乱,至高梁还。
齐	三十五　夏,会诸侯于葵丘。天子使宰孔赐胙,命无拜。
晋	二十六　公卒,立奚齐,里克杀之。及卓子立夷吾。
秦	九　夷吾使郤芮赂,求入。
楚	二十一
宋	三十一　公薨,未葬,齐桓会葵丘。
卫	九
陈	四十二
蔡	二十四
曹	二
郑	二十二
燕	七
吴	

650	649
二	三　戎伐我,太叔带召之。欲诛叔带,叔带奔齐。
十	十一
三十六　使隰朋立晋惠公。	三十七
晋惠公夷吾元年　诛里克,倍秦约。	二
十　丕郑子豹亡来。	十一　救王伐戎,戎去。
二十二	二十三　伐黄。
宋襄公兹父元年　目夷相。	二
十	十一
四十三	四十四
二十五	二十六
三	四
二十三	二十四　有妾梦天与之兰,生穆公兰。
八	九

	648	647
		甲戌
周	四	五
鲁	十二	十三
齐	三十八　使管仲平戎于周，欲以上卿礼，让，受下卿。	三十九　使仲孙请王，言叔带，王怒。
晋	三	四　饥，请粟，秦与我。
秦	十二	十三　丕豹欲无与，公不听，输晋粟，起雍至绛。
楚	二十四	二十五
宋	三	四
卫	十二	十三
陈	四十五	陈穆公款元年
蔡	二十七	二十八
曹	五	六
郑	二十五	二十六
燕	十	十一
吴		

646	645
六	七
十四	十五　五月，日有食之。不书，史官失之。
四十	四十一
五　秦饥，请粟，晋倍之。	六　秦虏惠公，复立之。
十四	十五　以盗食善马士得破晋。
二十六　灭六、英。	二十七
五	六
十四	十五
二	三
二十九	蔡庄侯甲午元年
七	八
二十七	二十八
十二	十三

	644	643
周	八	九
鲁	十六	十七
齐	四十二　王以戎寇告齐,齐征诸侯戍周。	四十三
晋	七　重耳闻管仲死,去翟之齐。	八
秦	十六　为河东置官司。	十七
楚	二十八	二十九
宋	七　陨五石。六鹢退飞,过我都。	八
卫	十六	十七
陈	四	五
蔡	二	三
曹	九	十
郑	二十九	三十
燕	十四	十五
吴		

642	641
十	十一
十八	十九
齐孝公　昭元年	二
九	十
十八	十九　灭梁。梁好城,【索隐】上去声。不居,民罢,【索隐】音皮。相惊,故亡。
三十	三十一
九	十
十八	十九
六	七
四	五
十一	十二
三十一	三十二
十六	十七

	640	639	638
周	十二	十三	十四　叔带复归于周。
鲁	二十	二十一	二十二
齐	三	四	五　归王弟带。
晋	十一	十二	十三　太子圉质【索隐】晋惠公夷吾之子也。圉音御。质音致，又如字也。秦亡归。
秦	二十	二十一	二十二
楚	三十二	三十三　执宋襄公，复归之。	三十四
宋	十一	十二　召楚盟。	十三　泓之战，楚败公。【索隐】《穀梁传》战于泓水之上。系家云十三年宋师大败，公伤股。
卫	二十	二十一	二十二
陈	八	九	十
蔡	六	七	八
曹	十三	十四	十五
郑	三十三	三十四	三十五　君如楚，宋伐我。
燕	十八	十九	二十
吴			

637

甲申
十五
二十三
六　伐宋，以其不同盟。
十四　围立，为怀公。
二十三　迎重耳于楚，厚礼之，妻之女。重耳愿归。
三十五　重耳过，厚礼之。
十四　公疾死泓战。
二十三　重耳从齐过，无礼。
十一
九
十六　重耳过，无礼，僖负羁私善。
三十六　重耳过，无礼，叔詹谏。
二十一

636

周	十六　王奔氾。【索隐】似凡两音。氾，郑地也。
鲁	二十四
齐	七
晋	晋文公元年　诛子圉。魏武子为魏大夫，赵衰为原大夫。咎犯曰："求霸莫如内王。"
秦	二十四　以兵送重耳。
楚	三十六
宋	宋成公王臣元年
卫	二十四
陈	十二
蔡	十
曹	十七
郑	三十七
燕	二十二
吴	

635	634	633
十七 晋纳王。	十八	十九
二十五	二十六	二十七
八	九	十 孝公薨,弟潘因卫公子开方杀孝公子,立潘。
二	三 宋服。	四 救宋,报曹、卫耻。
二十五 欲内王,军河上。	二十六	二十七
三十七	三十八	三十九 使子玉伐宋。
二	三 倍楚亲晋。	四 楚伐我,我告急于晋。
二十五	卫成公郑元年	二
十三	十四	十五
十一	十二	十三
十八	十九	二十
三十八	三十九	四十
二十三	二十四	二十五

632

周	二十　王狩河阳。
鲁	二十八　公如践土会朝。
齐	齐昭公潘元年　会晋败楚,朝周王。
晋	五　侵曹伐卫,取五鹿,执曹伯。诸侯败楚而朝河阳,周命赐公土地。
秦	二十八　会晋伐楚朝周。
楚	四十　晋败子玉于城濮。
宋	五　晋救我,楚兵去。
卫	三　晋伐我,取五鹿。公出奔,立公子瑕。会晋朝,复归(晋)〔卫〕。
陈	十六　会晋伐楚,朝周王。
蔡	十四　会晋伐楚,朝周王。
曹	三十一　晋伐我,执公,复归之。
郑	四十一
燕	二十六
吴	

631	630	629
二十一	二十二	二十三
二十九	三十	三十一
二	三	四
六	七 听周归卫成公。与秦围郑。	八
二十九	三十 围郑,有言即去。	三十一
四十一	四十二	四十三
六	七	八
四 晋以卫与宋。	五 周入成公,复卫。	六
陈共公朔元年	二	三
十五	十六	十七
二十二	二十三	二十四
四十二	四十三 秦、晋围我,以晋故。	四十四
二十七	二十八	二十九

	628	627
		甲午
周	二十四	二十五
鲁	三十二	三十三　僖公薨。
齐	五	六　狄侵我。
晋	九　文公薨。	晋襄公骧元年　破秦于殽。
秦	三十二　将袭郑，蹇叔曰不可。	三十三　袭郑，晋败我殽。
楚	四十四	四十五
宋	九	十
卫	七	八
陈	四	五
蔡	十八	十九
曹	二十五	二十六
郑	四十五　文公薨。	郑穆公兰元年　秦袭我，弦高诈之。
燕	三十	三十一
吴		

626

二十六
鲁文公兴元年
七
二　伐卫,卫伐我。
三十四　败殽将亡归,公复其官。
四十六　王欲杀太子立职,太子恐,与傅潘崇杀王。王欲食熊蹯死,不听。自立为王。
十一
九　晋伐我,我伐晋。
六
二十
二十七
二
三十二

	625	624
周	二十七	二十八
鲁	二	三　公如晋。
齐	八	九
晋	三　秦报我殽,败于汪。	四　秦伐我,取王官,我不出。
秦	三十五　伐晋报殽,败我于汪。	三十六　以孟明等伐晋,晋不敢出。
楚	楚穆王商臣元年　以其太子宅赐崇,为相。	二　晋伐我。
宋	十二	十三
卫	十	十一
陈	七	八
蔡	二十一	二十二
曹	二十八	二十九
郑	三	四
燕	三十三	三十四
吴		

623	622
二十九	三十
四	五
十	十一
五　伐秦，围邧，【索隐】阮音。新城。	六　赵成子、栾贞子、霍伯、臼季皆卒。【索隐】赵成子名衰。栾贞子名枝。霍伯，先且居也，封之霍。臼季，胥臣也。四大夫皆此年卒。
三十七　晋伐我，围邧、新城。	三十八
三　灭江。	四　灭六、蓼。
十四	十五
十二　公如晋。	十三
九	十
二十三	二十四
三十	三十一
五	六
三十五	三十六

621

周	三十一
鲁	六
齐	十二
晋	七　公卒。赵盾为太子少，欲更立君，恐诛，遂立太子为灵公。
秦	三十九　缪公薨。葬殉以人，从死者百七十人，君子讥之，故不言卒。
楚	五
宋	十六
卫	十四
陈	十一
蔡	二十五
曹	三十二
郑	七
燕	三十七
吴	

620

| 三十二 |
| 七 |
| 十三 |
| 晋灵公夷皋【索隐】晋灵公蝎。音亦。系家及《左传》名夷皋，此盖误也。**元年**　赵盾专政。 |
| 秦康公罃【索隐】音乙耕反。**元年** |
| 六 |
| 十七　公孙固杀成公。 |
| 十五 |
| 十二 |
| 二十六 |
| 三十三 |
| 八 |
| 三十八 |

619

周	三十三　襄王崩。
鲁	八　王使卫来求金以葬,非礼。
齐	十四
晋	二　秦伐我,取武城报令狐之战。
秦	二
楚	七
宋	宋昭公杵臼元年　襄公之子。【集解】徐广曰:"一云成公少子。"【索隐】宋昭公杵臼,襄公少子,非也。案:徐广云"一曰成公少子",与系家同,是也。
卫	十六
陈	十三
蔡	二十七
曹	三十四
郑	九
燕	三十九
吴	

618　　　　　　　　　　　617

	甲辰
顷王元年	二
九	十
十五	十六
三　率诸侯救郑。	四　伐秦,拔少梁。秦取我北徵。【索隐】音澄,盖今之澄城也。
三	四　晋伐我,取少梁。我伐晋,取北徵。
八　伐郑,以其服晋。	九
二	三
十七	十八
十四	十五
二十八	二十九
三十五	曹文公寿元年
十　楚伐我。	十一
四十	燕桓公元年
吴	

	616	615	614
周	三	四	五
鲁	十一　败长翟于咸而归，得长翟。	十二	十三
齐	十七	十八	十九
晋	五	六　秦取我羁马。与秦战河曲，秦师遁。	七　得随会。
秦	五	六　伐晋，取羁马。怒，与我大战河曲。	七　晋诈得随会。
楚	十	十一	十二
宋	四　败长翟长丘。	五	六
卫	十九	二十	十一
陈	十六	十七	十八
蔡	三十	三十一	三十二
曹	二	三	四
郑	十二	十三	十四
燕	二	三	四
吴			

613	612	611
六　顷王崩。公卿争政,故不赴。	匡王元年	二
十四　彗星入北斗,周史曰"七年,宋、齐、晋君死"。	十五　六月辛丑,日蚀,齐伐我。	十六
二十　昭公卒。弟商人杀太子自立,是为懿公。	齐懿公商人元年	二　不得民心。
八　赵盾以车八百乘纳捷菑,平王室。	九　我入蔡。	十
八	九	十
楚庄王侣元年	二	三　灭庸。
七	八	九　襄夫人使卫伯杀昭公。弟鲍立。
二十二	二十三	二十四
陈灵公平国元年	二	三
三十三	三十四　晋伐我。庄侯薨。	蔡文侯申元年
五	六　齐入我郛。	七
十五	十六	十七
五	六	七

	610	609
周	三	四
鲁	十七　齐伐我。	十八　襄仲杀嫡,立庶子为宣公。
齐	三　伐鲁。	四　公刖邴歜父而夺阎职妻,二人共杀公,立桓公子惠公。
晋	十一　率诸侯平宋。	十二
秦	十一	十二
楚	四	五
宋	宋文公鲍元年　昭公弟。晋率诸侯平我。	二
卫	二十五	二十六
陈	四	五
蔡	二	三
曹	八	九
郑	十八	十九
燕	八	九
吴		

608	607
	甲寅
五	六　匡王崩。
鲁宣公俀元年　鲁立宣公,不正,公室卑。	二
齐惠公元元年　取鲁济西之田。	二　王子成父败长翟。
十三　赵盾救陈、宋,伐郑。	十四　赵穿杀灵公,赵盾使穿迎公子黑臀于周,立之。赵氏赐公族。
秦共公和元年	二
六　伐宋、陈,以倍我服晋故。	七
三　楚、郑伐我,以我倍楚故也。	四　华元以羊羹故陷于郑。
二十七	二十八
六	七
四	五
十	十一
二十　与楚侵陈,遂侵宋。晋使赵盾伐我,以倍晋故。	二十一　与宋师战,获华元。
十	十一

	606	605
周	定王元年	二
鲁	三	四
齐	三	四
晋	晋成公黑臀元年　伐郑。	二
秦	三	四
楚	八　伐陆浑,至雒,问鼎轻重。	九　若敖氏为乱,灭之。伐郑。
宋	五　赎华元,亡归。围曹。	六
卫	二十九	三十
陈	八	九
蔡	六	七
曹	十二　宋围我。	十三
郑	二十二　华元亡归。	郑灵公夷元年　公子归生以鼋故杀灵公
燕	十二	十三
吴		

604	603
三	四
五	六
五	六
三　中行桓子荀林父救郑,伐陈。	四　与卫侵陈。
五	秦桓公元年
十	十一
七	八
三十一	三十二　与晋侵陈。
十　楚伐郑,与我平。晋中行桓子距楚,救郑,伐我。	十一　晋、卫侵我。
八	九
十四	十五
郑襄公坚元年　灵公庶弟。楚伐我,晋来救。	二
十四	十五

	602	601	600
周	五	六	七
鲁	七	八　七月，日蚀。	九
齐	七	八	九
晋	五	六　与鲁伐秦，获秦谍，杀之绛市，六日而苏。	七　使桓子伐楚。以诸侯师伐陈救郑。成公薨。
秦	二	三　晋伐我，获谍。	四
楚	十二	十三　伐陈，灭舒蓼。	十四　伐郑，晋郤缺救郑，败我。
宋	九	十	十一
卫	三十三	三十四	三十五
陈	十二	十三　楚伐我。	十四
蔡	十	十一	十二
曹	十六	十七	十八
郑	三	四	五　楚伐我，晋来救，败楚师。
燕	十六	燕宣公元年	二
吴			

599	598
八	九
十　四月，日蚀。	十一
十　公卒。崔杼有宠，高、国逐之，奔卫。	齐顷公无野元年
晋景公据元年　与宋伐郑。	二
五	六
十五	十六　率诸侯诛陈夏徵舒，立陈灵公子午。
十二	十三
卫穆公邀元年　齐(高国)〔崔杼〕来奔。	二
十五　夏徵舒以其母辱，杀灵公。	陈成公午元年　灵公太子。
十三	十四
十九	二十
六　晋、宋、楚伐我。	七
三	四

	597	596
	甲子	
周	十	十一
鲁	十二	十三
齐	二	三
晋	三　救郑,为楚所败河上。	四
秦	七	八
楚	十七　围郑,郑伯肉袒谢,释之。	十八
宋	十四　伐陈。	十五
卫	三	四
陈	二	三
蔡	十五	十六
曹	二十一	二十二
郑	八　楚围我,我卑辞以解。	九
燕	五	六
吴		

595	594
十二	十三
十四	十五　初税亩。
四	五
五　伐郑。	六　救宋,执解扬,有使节。秦伐我。
九	十
十九　围宋,为杀使者。	二十　围宋。五月,华元告子反以诚,楚罢。
十六　杀楚使者,楚围我。	十七　华元告楚,楚去。
五	六
四	五
十七	十八
二十三　文公薨。	曹宣公庐元年
十　晋伐我。	十一　佐楚伐宋,执解扬。
七	八

	593	592
周	十四	十五
鲁	十六	十七　日蚀。
齐	六	七　晋使郤克来齐,妇人笑之,克怒,归去。
晋	七　随会灭赤翟。	八　使郤克使齐,妇人笑之,克怒归。
秦	十一	十二
楚	二十一	二十二
宋	十八	十九
卫	七	八
陈	六	七
蔡	十九	二十　文侯薨。
曹	二	三
郑	十二	十三
燕	九	十
吴		

591	590
十六	十七
十八　宣公薨。	鲁成公黑肱元年　春,齐取我隆。
八　晋伐败我。	九
九　伐齐,质子彊,兵罢。	十
十三	十四
二十三　庄王薨。	楚共王审元年
二十	二十一
九	十
八	九
蔡景侯固元年	二
四	五
十四	十五
十一	十二

589

周	十八
鲁	二　与晋伐齐,齐归我汶阳,窃与楚盟。
齐	十　晋郤克败公于鞍,虏逄丑父。
晋	十一　与鲁、曹败齐。
秦	十五
楚	二　秋,申公巫臣窃徵舒母奔晋,以为邢大夫。冬,伐卫、鲁,救齐。
宋	二十二
卫	十一　穆公薨。与诸侯败齐,反侵地。楚伐我。
陈	十
蔡	三
曹	六
郑	十六
燕	十三
吴	

588　　　　　　　　　587

588	587
	甲戌
十九	二十
三　会晋、宋、卫、曹伐郑。	四　公如晋，晋不敬，公欲倍晋合于楚。
十一　顷公如晋，欲王晋，晋不敢受。	十二
十二　始置六卿。率诸侯伐郑。	十三　鲁公来，不敬。
十六	十七
三	四　子反救郑。
宋共公瑕元年	二
卫定公臧元年	二
十一	十二
四	五
七　伐郑。	八
十七　晋率诸侯伐我。	十八　晋栾书取我汜。【索隐】取汜。音凡。襄公蔍。
十四	十五

	586	585
周	二十一　定王崩。	简王元年
鲁	五	六
齐	十三	十四
晋	十四　梁山崩。伯宗隐其人而用其言。	十五　使栾书救郑，遂侵蔡。
秦	十八	十九
楚	五　伐郑，倍我故也。郑悼公来讼。	六
宋	三	四
卫	三	四
陈	十三	十四
蔡	六	七　晋侵我。
曹	九	十
郑	郑悼公费元年　公如楚讼。	二　悼公薨。楚伐我，晋使栾书来救。
燕	燕昭公元年	二
吴		吴寿梦元年

584	583
二	三
七	八
十五	十六
十六　以巫臣始通于吴而谋楚。	十七　复赵武田邑。侵蔡。
二十	二十一
七　伐郑。	八
五	六
五	六
十五	十六
八	九晋　伐我。
十一	十二
郑成公睔【索隐】古困反。**元年**　悼公弟也。楚伐我。	二
三	四
二　巫臣来，谋伐楚。	三

	582	581
周	四	五
鲁	九	十　公如晋送葬,讳之。
齐	十七　顷公薨。	齐灵公环元年
晋	十八　执郑成公,伐郑。秦伐我。	十九
秦	二十二　伐晋。	二十三
楚	九　救郑。冬,与晋成。	十
宋	七	八
卫	七	八
陈	十七	十八
蔡	十	十一
曹	十三	十四
郑	三　与楚盟。公如晋,执公伐我。	四　晋率诸侯伐我。
燕	五	六
吴	四	五

580	579	578
六	七	八
十一	十二	十三 会晋伐秦。
二	三	四 伐秦。
晋厉公寿曼元年	二	三 伐秦至泾,败之,获其将成差。
二十四 与晋侯夹河盟,归,倍盟。	二十五	二十六 晋率诸侯伐我。
十一	十二	十三
九	十	十一 晋率我伐秦。
九	十	十一
十九	二十	二十一
十二	十三	十四
十五	十六	十七 晋率我伐秦。
五	六	七 〔晋率我〕伐秦。
七	八	九
六	七	八

	577	576
	甲申	
周	九	十
鲁	十四	十五　始与吴通,会钟离。
齐	五	六
晋	四	五　三郤谗伯宗,杀之,伯宗好直谏。
秦	二十七	秦景公元年
楚	十四	十五　许畏郑,请徙叶。
宋	十二	十三　(宋)华元奔晋,复还。
卫	十二　定公薨。	卫献公衎元年
陈	二十二	二十三
蔡	十五	十六
曹	曹成公负刍元年	二　晋执我公以归。
郑	八	九
燕	十	十一
吴	九	十　与鲁会钟离。

575	574
十一	十二
十六　宣伯告晋,欲杀季文子,文子得以义脱。	十七
七	八
六　败楚鄢陵。	七
二	三
十六　救郑,不利。子反醉,军败,杀子反归。	十七
宋平公成元年	二
二	三
二十四	二十五
十七	十八
三	四
十　倍晋盟楚,晋伐我,楚来救。	十一
十二	十三　昭公薨。
十一	十二

	573	572
周	十三	十四 简王崩。
鲁	十八　成公薨。	鲁襄公午元年　围宋彭城。
齐	九	十　（我不救郑）晋伐我,使太子光质于晋。
晋	八　栾书、中行偃杀厉公,立襄公〔曾〕孙,为悼公。	晋悼公元年　围宋彭城。
秦	四	五
楚	十八　为鱼石伐宋彭城。	十九　侵宋,救郑。
宋	三　楚伐彭城,封鱼石。	四　楚侵我,取犬丘。晋诛鱼石,归我彭城。
卫	四	五　围宋彭城。
陈	二十六	二十七
蔡	十九	二十
曹	五	六
郑	十二　与楚伐宋。	十三　晋伐败我,兵次洧上,楚来救。
燕	燕武公元年	二
吴	十三	十四

571	570
灵王元年　生有髭。	二
二　会晋城虎牢。	三
十一	十二　（伐吴）
二　率诸侯伐郑,城虎牢。	三　魏绛辱杨干。
六	七
二十	二十一　使子重伐吴,至衡山。使何忌侵陈。
五	六
六	七
二十八	二十九　倍楚盟,楚侵我。
二十一	二十二
七	八
十四　成公薨。晋率诸侯伐我。	郑釐公恽元年
三	四
十五	十六　楚伐我。

	569	568	567
			甲午
周	三	四	五
鲁	四　公如晋。	五　季文子卒。	六
齐	十三	十四	十五
晋	四　魏绛说和戎、狄,狄朝晋。	五	六
秦	八	九	十
楚	二十二　伐陈。	二十三　伐陈。	二十四
宋	七	八	九
卫	八	九	十
陈	三十　楚伐我。成公薨。	陈哀公弱元年	二
蔡	二十三	二十四	二十五
曹	九	十	十一
郑	二	三	四
燕	五	六	七
吴	十七	十八	十九

566	565
六	七
七	八 公如晋。
十六	十七
七	八
十一	十二
二十五 围陈。	二十六 伐郑。
十	十一
十一	十二
三 楚围我，为公亡归。	四
二十六	二十七 郑侵我。
十二	十三
五 子驷使贼夜杀釐公，诈以病卒赴诸侯。	郑简公(喜)〔嘉〕元年 釐公子。
八	九
二十	二十一

564

周	八
鲁	九　与晋伐郑，会河上，问公年十二，可冠，冠于卫。
齐	十八　与晋伐郑。
晋	九　率齐、鲁、宋、卫、曹伐郑。秦伐我。
秦	十三　伐晋，楚为我援。
楚	二十七　伐郑，师于武城，为秦。
宋	十二　晋率我伐郑。
卫	十三　晋率我伐郑。师曹鞭公幸妾。
陈	五
蔡	二十八
曹	十四　晋率我伐郑。
郑	二　诛子驷。晋率诸侯伐我，我与盟。楚怒，伐我。
燕	十
吴	二十二

563	562
九　王叔奔晋。	十
十　楚、郑侵我西鄙。	十一　三桓分为三军,各将军。
十九　令太子光、高厚会诸侯钟离。	二十
十　率诸侯伐郑。荀䓨伐秦。	十一　率诸侯伐郑,秦败我栎。公曰"吾用魏绛九合诸侯",赐之乐。
十四　晋伐我。	十五　我使庶长鲍伐晋救郑,败之栎。
二十八　使子囊救郑。	二十九　(郑晋伐我)〔与郑伐宋〕。
十三　郑伐我,卫来救。	十四　楚、郑伐我。
十四　救宋。	十五　(救)〔伐〕郑。(败晋师栎)
六	七
二十九	三十
十五	十六
三　晋率诸侯伐我,楚来救。子孔作乱,子产攻之。	四　与楚伐宋,晋率诸侯伐我,秦来救。
十一	十二
二十三	二十四

	561	560
周	十一	十二
鲁	十二　公如　晋。	十三
齐	二十一	二十二
晋	十二	十三
秦	十六	十七
楚	三十	三十一　吴伐我,败之。共王蒉。
宋	十五	十六
卫	十六	十七
陈	八	九
蔡	三十一	三十二
曹	十七	十八
郑	五	六
燕	十三	十四
吴	二十五　寿梦卒。	吴诸樊元年　楚败我。

559	558
十三	十四
十四　日蚀。	十五　日蚀。齐伐我。
二十三　卫献公来奔。	二十四　伐鲁。
十四　率诸侯大夫伐秦，败棫林。【索隐】棫音域。	十五　悼公薨。
十八　晋诸侯大夫伐我，败棫林。	十九
楚康王昭【索隐】楚康王略。系家名招。元年　共王太子出奔吴。	二
十七	十八
十八　孙文子攻公，公奔齐，立定公弟狄。	卫殇公狄元年　定公弟。
十	十一
三十三	三十四
十九	二十
七	八
十五	十六
二　季子让位。楚伐我。	三

	557	556
	甲辰	
周	十五	十六
鲁	十六　齐伐我。地震。齐复伐我北鄙。	十七　齐伐我北鄙。
齐	二十五伐鲁。	二十六　伐鲁。
晋	晋平公彪元年　（伐）〔我〕败楚于湛坂。【索隐】地名也。湛音视林反。	二
秦	二十	二十一
楚	三　晋伐我，败湛坂。	四
宋	十九	二十　伐陈。
卫	二	三　伐曹。
陈	十二	十三　宋伐我。
蔡	三十五	三十六
曹	二十一	二十二　（伐卫）〔卫伐我〕。
郑	九	十
燕	十七	十八
吴	四	五

555	554
十七	十八
十八　与晋伐齐。	十九
二十七　晋围临淄。晏婴。	二十八　废光，立子牙为太子。光与崔杼杀牙自立。晋、卫伐我。
三　率鲁、宋、郑、卫围齐，大破之。	四　与卫伐齐。
二十二	二十三
五　伐郑。	六
二十一　晋率我伐齐。	二十二
四	五　晋率我伐齐。
十四	十五
三十七	三十八
二十三　成公蒍。	曹武公胜元年
十一　晋率我围齐。楚伐我。	十二　子产为卿。
十九　武公蒍。	燕文公元年
六	七

	553	552	551
周	十九	二十	二十一
鲁	二十　日蚀。	二十一　公如晋。日再蚀。	二十二　孔子生。
齐	齐庄公元年	二	三　晋栾逞【索隐】栾逞，晋大夫栾盈，此音如字也。来奔，晏婴曰"不如归之"。
晋	五	六　鲁襄公来。杀羊舌虎	七　栾逞奔齐。
秦	二十四	二十五	二十六
楚	七	八	九
宋	二十三	二十四	二十五
卫	六	七	八
陈	十六	十七	十八
蔡	三十九	四十	四十一
曹	二	三	四
郑	十三	十四	十五
燕	二	三	四
吴	八	九	十

550	549
二十二	二十三
二十三	二十四　侵齐。日再蚀。
四　欲遣栾逞入曲沃伐晋,取朝歌。	五　畏晋通楚,晏子谋。
八	九
二十七	二十八
十	十一　与齐通。率陈、蔡伐郑救齐。
二十六	二十七
九　齐伐我。	十
十九	二十　楚率我伐郑。
四十二	四十三　楚率我伐郑。
五	六
十六	十七　(子产曰)范宣子为政。我请伐陈。
五	六
十一	十二

548

周	二十四
鲁	二十五　齐伐我北鄙,以报孝伯之师。
齐	六　晋伐我,报朝歌。崔杼以庄公通其妻,杀之,立其弟,为景公。
晋	十　伐齐至高唐,报太行之役。
秦	二十九　公如晋,盟不结。
楚	十二　吴伐我,以报舟师之役,射杀吴王。
宋	二十八
卫	十一
陈	二十一　郑伐我。
蔡	四十四
曹	七
郑	十八　伐陈,入陈。
燕	燕懿公元年
吴	十三　诸樊伐楚,迫巢门,伤射以薨。

547	546
甲寅	
二十五	二十六
二十六	二十七　日蚀。
齐景公杵臼元年　如晋,请归卫献公。	二　庆封欲专,诛崔氏,杼自杀。
十一　诛卫殇公,复入献公。	十二
三十	三十一
十三　率陈、蔡伐郑。	十四
二十九	三十
十二　齐、晋杀殇公,复内献公。	卫献公衎后元年
二十二　楚率我伐郑。	二十三
四十五	四十六
八	九
十九　楚率陈、蔡伐我。	二十
二	三
吴馀祭元年	二

	545	544
周	二十七	景王元年
鲁	二十八　公如楚。葬康王。	二十九　吴季札来观周乐,尽知乐所为。
齐	三　冬,鲍、高、栾氏谋庆封,发兵攻庆封,庆封奔吴。	四　吴季札来使,与晏婴欢。
晋	十三	十四　吴季札来,曰:"晋政卒归韩、魏、赵。"
秦	三十二	三十三
楚	十五　康王麇。	楚熊郏敖元年
宋	三十一	三十二
卫	二	三
陈	二十四	二十五
蔡	四十七	四十八
曹	十	十一
郑	二十一	二十二　吴季札谓子产曰:"政将归子,子以礼,幸脱于厄矣。"
燕	四　懿公薨。	燕惠公元年　齐高止来奔。
吴	三　齐庆封来奔。	四　守门阍杀馀祭。季札使诸侯。

543	542
二	三
三十	三十一　襄公薨。
五	六
十五	十六
三十四	三十五
二	三　王季父围为令尹。
三十三	三十四
卫襄公恶元年	二
二十六	二十七
四十九　为太子取楚女,公通焉,太子杀公自立。	蔡灵侯班元年
十二	十三
二十三　诸公子争宠相杀,〔又欲杀〕子产,子成止之。	二十四
二	三
五	六

	541	540
周	四	五
鲁	鲁昭公稠元年　昭公年十九,有童心。	二　公如晋,至河,晋谢还之。
齐	七	八　(齐)田无宇送女。
晋	十七　秦后子来奔。	十八　齐田无宇来送女。
秦	三十六　公弟后子奔晋,车千乘。	三十七
楚	四　令尹围杀郏敖,自立为灵王。	楚灵王围元年　共王子,肘玉。
宋	三十五	三十六
卫	三	四
陈	二十八	二十九
蔡	二	三
曹	十四	十五
郑	二十五	二十六
燕	四	五
吴	七	八

539

六
三
九　晏婴使晋，见叔向，曰："齐政归田氏。"叔向曰："晋公室卑。"
十九
三十八
二
三十七
五
三十
四
十六
二十七　夏，如晋。冬，如楚。
六　公欲杀公卿立幸臣，公卿诛幸臣，公恐，出奔齐。
九

	538	537
		甲子
周	七	八
鲁	四　称病不会楚。	五
齐	十	十一
晋	二十	二十一　秦后子归秦。
秦	三十九	四十　公卒。后子自晋归。
楚	三　夏,合诸侯宋地,盟。伐吴朱方,诛庆封。冬,报我,取三城。	四　率诸侯伐吴。
宋	三十八	三十九
卫	六　称病不会楚。	七
陈	三十一	三十二
蔡	五	六
曹	十七　称病不会楚。	十八
郑	二十八　子产曰:"三国不会。"	二十九
燕	七	八
吴	十　楚诛庆封。	十一　楚率诸侯伐我。

536	535
九	十
六	七　季武子卒。日蚀。
十二　公如晋,请伐燕,入其君。	十三　入燕君。
二十二　齐景公来,请伐燕,入其君。	二十三　入燕君。
秦哀公元年	二
五　伐吴,次乾谿。	六　执芊尹亡人入章华。
四十	四十一
八	九　夫人姜氏无子。
三十三	三十四
七	八
十九	二十
三十	三十一
九　齐伐我。	燕悼公元年　惠公归至卒。
十二　楚伐我,次乾谿。	十三

	534	533
周	十一	十二
鲁	八　公如楚,楚留之。贺章华台。	九
齐	十四	十五
晋	二十四	二十五
秦	三	四
楚	七　就章华台,内亡人实之。灭陈。	八　弟弃疾将兵定陈。
宋	四十二	四十三
卫	卫灵公元年	二
陈	三十五　弟招作乱,哀公自杀。	陈惠公吴元年　哀公孙也。楚来定我。
蔡	九	十
曹	二十一	二十二
郑	三十二	三十三
燕	二	三
吴	十四	十五

532	531
十三	十四
十　（四月日蚀）	十一
十六	十七
二十六　春,有星出婺女。(十)〔七〕月,公薨。	晋昭公夷元年
五	六
九	十　醉杀蔡侯,使弃疾围之。弃疾居之,为蔡侯。
四十四　平公薨。	宋元公佐元年
三	四
二	三
十一	十二　灵侯如楚,楚杀之,使弃疾居之,为蔡侯。
二十三	二十四
三十四	三十五
四	五
十六	十七

530

周	十五
鲁	十二　朝晋至河,晋谢之归。
齐	十八　公如晋。
晋	二
秦	七
楚	十一　王伐徐以恐吴,次乾谿。民罢于役,怨王。
宋	二
卫	五　公如晋,朝嗣君。
陈	四
蔡	蔡侯庐元年　景侯子。
曹	二十五
郑	三十六　公如晋。
燕	六
吴	吴馀眛【索隐】音秣。元年

529	528
十六	十七
十三	十四
十九	二十
三	四
八	九
十二　弃疾作乱自立，灵王自杀。复陈、蔡。	楚平王居元年　共王子，抱玉。
三	四
六	七
五　楚平王复陈，立惠公。	六
二　楚平王复我，立景侯子庐。【集解】徐广曰："一本'景侯子虚'。"	三
二十六	二十七
郑定公宁元年	二
七	燕共公元年
二	三

	527	526
	甲戌	
周	十八　后太子卒。	十九
鲁	十五　日蚀。公如晋，晋留之葬，公耻之。	十六
齐	二十一	二十二
晋	五	六　公卒。六卿强，公室卑矣。
秦	十	十一
楚	二　王为太子取秦女，好，自取之。	三
宋	五	六
卫	八	九
陈	七	八
蔡	四	五
曹	曹平公须元年	二
郑	三	四
燕	二	三
吴	四	吴僚元年

525　　　　　　　　524

二十	二十一
十七　五月朔，日蚀。彗星见辰。	十八
二十三	二十四
晋顷公去疾元年	二
十二	十三
四　与吴战。	五
七	八　火。
十	十一　火。
九	十　火。
六	七
三	四　平公薨。
五　火，欲禳之，子产曰："不如修德。"	六　火。
四	五　共公薨。
二　与楚战。	三

	523	522
周	二十二	二十三
鲁	十九　地震。	二十　齐景公与晏子狩，入鲁问礼。
齐	二十五	二十六　猎鲁界，因入鲁。
晋	三	四
秦	十四	十五
楚	六	七　诛伍奢、尚，太子建奔宋，伍胥奔吴。
宋	九	十　公毋信。诈杀〔诸〕公子。楚太子建来奔，见乱。之郑。
卫	十二	十三
陈	十一	十二
蔡	八	九　平侯薨。灵侯孙东国杀平侯子而自立。
曹	曹悼公午元年	二
郑	七	八　楚太子建从宋来奔。
燕	燕平公元年	二
吴	四	五　伍员来奔。

521	520	519
二十四	二十五	敬王元年
二十一 公如晋至河，晋谢之，归。日蚀。	二十二 日蚀。	二十三 地震。
二十七	二十八	二十九
五	六 周室乱,公平乱,立敬王。	七
十六	十七	十八
八 蔡侯来奔。	九	十 吴伐败我。
十一	十二	十三
十四	十五	十六
十三	十四	十五 吴败我,兵取胡、沈。
蔡悼侯东国元年奔楚。	二	三
三	四	五
九	十	十一 楚建作乱,杀之。
三	四	五
六	七	八 公子光败楚。

史记卷十四

	518	517
		甲申
周	二	三
鲁	二十四　鸜鹆来巢。	二十五　公欲诛季氏,三桓氏攻公,公出居郓。【索隐】音运。
齐	三十	三十一
晋	八	九
秦	十九	二十
楚	十一　吴卑梁人争桑,伐取我钟离。	十二
宋	十四	十五
卫	十七	十八
陈	十六	十七
蔡	蔡昭侯申元年　悼侯弟。	二
曹	六	七
郑	十二　公如晋,请内王。	十三
燕	六	七
吴	九	十

516	515
四	五
二十六　齐取我郓以处公。	二十七
三十二　彗星见。晏子曰："田氏有德于齐,可畏。"	三十三
十　知栎、赵鞅内王于王城。	十一
二十一	二十二
十三　欲立子西,子西不肯。秦女子立,为昭王。	楚昭王珍元年　诛无忌以说众。
宋景公头曼【索隐】音万。元年	二
十九	二十
十八	十九
三	四
八	九
十四	十五
八	九
十一	十二　公子光使专诸杀僚,自立。

	514	513
周	六	七
鲁	二十八　公如晋，求入，晋弗听，处之乾侯。	二十九　公自乾侯如郓。齐侯曰"主君"，公耻之，复之乾侯。
齐	三十四	三十五
晋	十二　六卿诛公族，分其邑。各使其子为大夫。	十三
秦	二十三	二十四
楚	二	三
宋	三	四
卫	二十一	二十二
陈	二十	二十一
蔡	五	六
曹	曹襄公元年【集解】徐广曰："一作'声'。"	二
郑	十六	郑献公虿元年
燕	十	十一
吴	吴阖闾元年	二

512	511	510
八	九	十 晋使诸侯为我筑城。
三十	三十一 日蚀。	三十二 公卒乾侯。
三十六	三十七	三十八
十四 顷公薨。	晋定公午元年	二 率诸侯为周筑城。
二十五	二十六	二十七
四 吴三公子来奔,封以扞吴。	五 吴伐我六、潜。	六
五	六	七
二十三	二十四	二十五
二十二	二十三	二十四
七	八	九
三	四	五 平公弟通杀襄公自立。
二	三	四
十二	十三	十四
三 三公子奔楚。	四 伐楚六、潜。	五

	509	508
周	十一	十二
鲁	鲁定公宋元年　昭公丧自乾侯至。	二
齐	三十九	四十
晋	三	四
秦	二十八	二十九
楚	七　囊瓦【索隐】囊瓦,楚大夫子常也。子囊之孙。伐吴,败我豫章。蔡侯来朝。	八
宋	八	九
卫	二十六	二十七
陈	二十五	二十六
蔡	十　朝楚,以裘故留。	十一
曹	曹隐公元年	二
郑	五	六
燕	十五	十六
吴	六　楚伐我,迎击,败之,取楚之居巢。	七

507	506
甲午	
十三	十四　与晋率诸侯侵楚。
三	四
四十一	四十二
五	六　周与我率诸侯侵楚。
三十	三十一　楚包胥请救。
九　蔡昭侯留三岁,得裘,故归。	十　吴、蔡伐我,入郢,昭王亡。伍子胥鞭平王墓。
十	十一
二十八	二十九　与蔡争长。
二十七	二十八
十二　与子常裘,得归,如晋,请伐楚。	十三　与卫争长。楚侵我,吴与我伐楚,〔入〕郢。
三	四
七	八
十七	十八
八	九　与蔡伐楚,入郢。

周	十五
鲁	五　阳虎执季桓子,与盟,释之。日蚀。
齐	四十三
晋	七
秦	三十二
楚	十一　秦救至,吴去,昭王复入。
宋	十二
卫	三十
陈	陈怀公柳元年
蔡	十四
曹	曹靖公路元年
郑	九
燕	十九
吴	十

504	503
十六　王子朝之徒作乱故，王奔晋。	十七　刘子迎王，晋入王。
六	七　齐伐我。
四十四	四十五　侵卫。伐鲁。
八	九　入周敬王。
三十三	三十四
十二　吴伐我番，楚恐，徙郢。【索隐】郢郢，音若。	十三
十三	十四
三十一	三十二　齐侵我。
二	三
十五	十六
二	三
十　鲁侵我。	十一
燕简公元年	二
十一　伐楚取番。	十二

	502	501
周	十八	十九
鲁	八 阳虎欲伐三桓,三桓攻阳虎,虎奔阳关。	九 伐阳虎,虎奔齐。
齐	四十六 鲁伐我。我伐鲁。	四十七 囚阳虎,虎奔晋。
晋	十 伐卫。	十一 阳虎来奔。
秦	三十五	三十六 哀公薨。
楚	十四 子西为民泣,民亦泣,蔡昭侯恐。	十五
宋	十五	十六 阳虎来奔。
卫	三十三 晋、鲁侵伐我。	三十四
陈	四 公如吴,吴留之,因死吴。	陈湣公越元年
蔡	十七	十八
曹	四 靖公薨。	曹伯阳元年
郑	十二	十三 献公薨。
燕	三	四
吴	十三 陈怀公来,留之,死于吴。	十四

500	499
二十	二十一
十　公会齐侯于夹谷。【索隐】司马彪《郡国志》:在祝其县西南。孔子相。齐归我地。	十一
四十八	四十八
十二	十三
秦惠公元年　彗星见。	二　生躁公、【索隐】音灶,秦惠之子。怀公、简公。
十六	十七
十七	十八
三十五	三十六
二	三
十九	二十
二	三　国人有梦众君子立社宫,谋亡曹,振铎请待公孙疆,许之。
郑声公胜元年　郑益弱。	二
五	六
十五	十六

	498	497
		甲辰
周	二十二	二十三
鲁	十二　齐来归女乐,季桓子受之,孔子行。	十三
齐	五十　遗鲁女乐。	五十一
晋	十四	十五　赵鞅伐范、中行。
秦	三	四
楚	十八	十九
宋	十九	二十
卫	三十七　伐曹。	三十八　孔子来,禄之如鲁。
陈	四	五
蔡	二十一	二十二
曹	四　卫伐我。	五
郑	三	四
燕	七	八
吴	十七	十八

496

二十四
十四
五十二
十六
五
二十
二十一
三十九　太子蒯聩出奔。
六　孔子来。
二十三
六　公孙彊好射，献雁，君使为司城，梦者子行。
五　子产卒。
九
十九　伐越，败我，伤阖闾指，以死。

	495	494
周	二十五	二十六
鲁	十五定公薨。日蚀。	鲁哀公将元年
齐	五十三	五十四　伐晋。
晋	十七	十八　赵鞅围范、中行朝歌。齐、卫伐我。
秦	六	七
楚	二十一　灭胡。以吴败，我倍之。	二十二　率诸侯围蔡。
宋	二十二　郑伐我。	二十三
卫	四十	四十一　伐晋。
陈	七	八　吴伐我。
蔡	二十四	二十五　楚伐我，以吴怨故。
曹	七	八
郑	六　伐宋。	七
燕	十	十一
吴	吴王夫差元年	二　伐越。

493	492
二十七	二十八
二	三　地震。
五十五　输范、中行氏粟。	五十六
十九　赵鞅围范、中行,郑来救,我败之。	二十
八	九
二十三	二十四
二十四	二十五　孔子过宋,桓魋恶之。
四十二　灵公薨。蒯聩子辄立。晋纳太子蒯聩于戚。	卫出公辄元年
九	十
二十六　畏楚,私召吴人,乞迁于州来,州来近吴。	二十七
九	十　宋伐我。
八　救范、中行氏,与赵鞅战于铁,败我师。	九
十二	燕献公元年
三	四

	491	490
周	二十九	三十
鲁	四	五
齐	五十七　乞救范氏。	五十八　景公薨。立孺姬子为太子。
晋	二十一　赵鞅拔邯郸、柏人，有之。	二十二　赵鞅败范、中行，中行奔齐。伐卫。
秦	十　惠公薨。	秦悼公元年
楚	二十五	二十六
宋	二十六	二十七
卫	二	三　晋伐我，救范氏故。
陈	十一	十二
蔡	二十八　大夫共诛昭侯。	蔡成侯朔元年
曹	十一	十二
郑	十	十一
燕	二	三
吴	五	六

489	488
三十一	三十二
六	七　公会吴王于缯。吴征百牢,季康子使子贡谢之。
齐晏孺子元年　田乞诈立阳生,杀孺子。	齐悼公阳生元年
二十三	二十四　侵卫。
二	三
二十七　救陈,王死城父。	楚惠王章元年
二十八　伐曹。	二十九　侵郑,围曹。
四	五　晋侵我。
十三　吴伐我,楚来救。	十四
二	三
十三　宋伐我。	十四　宋围我,郑救我。
十二	十三
四	五
七　伐陈。	八　鲁会我缯。

	487	486
	甲寅	
周	三十三	三十四
鲁	八 吴为邾伐我，至城下，盟而去。齐取我三邑。	九
齐	二 伐鲁，取三邑。	三
晋	二十五	二十六
秦	四	五
楚	二 子西召建子胜于吴，为白公。	三 伐陈，陈与吴故。
宋	三十 曹倍我，我灭之。	三十一 郑围我，败之于雍丘。
卫	六	七
陈	十五	十六 倍楚，与吴成。
蔡	四	五
曹	十五 宋灭曹，虏伯阳。	
郑	十四	十五 围宋，败我师雍丘，伐我。
燕	六	七
吴	九 伐鲁。	十

485	484
三十五	三十六
十　与吴伐齐。	十一　齐伐我。冉有言，故迎孔子，孔子归。
四　吴、鲁伐我。（齐）鲍子杀悼公，齐人立其子壬为简公。	齐简公元年　鲁与吴败我。
二十七　使赵鞅伐齐。	二十八
六	七
四　伐陈。	五
三十二　伐郑。	三十三
八　孔子自陈来。	九　孔子归鲁。
十七	十八
六	七
十六	十七
八	九
十一　与鲁伐齐救陈。【索隐】捄陈。上音救。诛五员。	十二　与鲁败齐。

	483	482
周	三十七	三十八
鲁	十二　与吴会橐皋。【索隐】橐音托。皋音高。县名,在寿春也。用田赋。	十三　与吴会黄池。
齐	二	三
晋	二十九	三十　与吴会黄池,争长。
秦	八	九
楚	六　白公胜数请子西伐郑,以父怨故。	七　伐陈。
宋	三十四	三十五　郑败我师。
卫	十　公如晋,与吴会橐皋。	十一
陈	十九	二十
蔡	八	九
曹		
郑	十八　宋伐我。	十九　败宋师。
燕	十	十一
吴	十三　与鲁会橐皋。	十四　与晋会黄池。

481	480
三十九	四十
十四　西狩获麟。卫出公来奔。	十五　子服景伯使齐，子贡为介，齐归我侵地。
四　田常杀简公，立其弟骜，【索隐】五高反，平公也。为平公，常相之，专国权。	齐平公骜元年　景公(子)〔孙〕也。齐自是称田氏。
三十一	三十二
十	十一
八	九
三十六	三十七　荧惑守心，子韦曰"善"。
十二　父蒯聩入，辄出亡。	卫庄公蒯聩元年
二十一	二十二
十	十一
二十	二十一
十二	十三
十五	十六

479

周	四十一
鲁	十六　孔子卒。
齐	二
晋	三十三
秦	十二
楚	十　白公胜杀令尹子西攻惠王。叶公攻白公,白公自杀。惠王复国。
宋	三十八
卫	二
陈	二十三　楚灭陈,杀湣公。
蔡	十二
曹	
郑	二十二
燕	十四
吴	十七

478	477
	甲子
四十二	四十三　敬王崩。【集解】徐广曰:"岁在甲子。"
十七	十八　二十七卒。
三	四　二十五卒。
三十四	三十五　三十七卒。
十三	十四　卒,子厉[共]公立。
十一	十二　五十七卒。
三十九	四十　六十四卒。
三　庄公辱戎州人,戎州人与赵简子攻庄公,出奔。	卫君起元年　石傅逐起【索隐】石傅逐君起。傅音圃,亦作"勇",音敷。出,辄复入。
十三	十四　十九卒。
二十三	二十四　三十八卒。
十五	十六　二十八卒。
十八　越败我。	十九　二十三卒。【索隐】二十三年灭。

【索隐述赞】太史表次,抑有条理。起自共和,终于孔子。十二诸侯,各编年纪。兴亡继及,盛衰臧否。恶不掩过,善必扬美。绝笔获麟,义取同耻。

史记卷十五

六国年表第三

【索隐】六国,魏、韩、赵、楚、燕、齐,并秦凡七国,号曰"七雄"。

太史公读《秦记》,① 至犬戎败幽王,周东徙洛邑,秦襄公始封为诸侯,作西畤用事上帝,僭端见矣。《礼》曰:"天子祭天地,诸侯祭其域内名山大川。"今秦杂戎翟之俗,先暴戾,后仁义,位在藩臣而胪于郊祀,② 君子惧焉。及文公逾陇,攘夷狄,尊陈宝,营岐雍之间,而穆公修政,东竟至河,则与齐桓、晋文中国侯伯侔矣。是后陪臣执政,大夫世禄,六卿擅晋权,征伐会盟,威重于诸侯。及田常杀简公而相齐国,诸侯晏然弗讨,海内争于战功矣。三国终之卒分晋,田和亦灭齐而有之,六国之盛自此始。务在强兵并敌,谋诈用而从衡短长之说起。矫称蜂出,誓盟不信,虽置质剖符犹不能约束也。秦始小国僻远,诸夏宾之,比于戎翟,至献公之后常雄诸侯。论秦之德义不如鲁卫之暴戾者,量秦之兵不如三晋之强也,然卒并天下,非必险固便形执利也,盖若天所助焉。

① 【索隐】即秦国之史记也,故下云"秦烧《诗》《书》,诸侯史记尤甚。独有《秦记》,又不载日月"是也。

② 【索隐】案:胪字训陈也,出《尔雅》文。以言秦是诸侯而陈天子郊祀,实僭也,犹季氏旅于泰山然。 【正义】〔胪作〕"旂",音旅,祭名。又旅,陈也。

或曰"东方物所始生,西方物之成孰"。夫作事者必于东南,收功实者常于西北。故禹兴于西羌,①汤起于亳,②周之王也以丰镐伐殷,秦之帝用雍州兴,汉之兴自蜀汉。

① 【集解】皇甫谧曰:"孟子称禹生石纽,西夷人也。传曰'禹生自西羌'是也。"

【正义】禹生于茂州汶川县,本冄駹国,皆西羌。

②【集解】徐广曰："京兆杜县有亳亭。"

　　秦既得意，烧天下《诗》《书》，诸侯史记尤甚，为其有所刺讥也。《诗》《书》所以复见者，多藏人家，而史记独藏周室，以故灭。惜哉，惜哉！独有《秦记》，又不载日月，其文略不具。然战国之权变亦有可颇采者，何必上古。秦取天下多暴，然世异变，成功大。①传曰"法后王"，何也？以其近己而俗变相类，议卑而易行也。②学者牵于所闻，见秦在帝位日浅，不察其终始，因举而笑之，③不敢道，此与以耳食无异。④悲夫！

①【索隐】以言人君制法，当随时代之异而变易其政，则其成功大。
②【正义】易，以豉反。后王，近代之王。法与己连接世俗之变及相类也，故议卑浅而易识行耳。
③【索隐】举犹皆也。
④【索隐】案：言俗学浅识，举而笑秦，此犹耳食不能知味也。

　　余于是因《秦记》，踵《春秋》之后，起周元王，①表六国时事，讫二世，凡二百七十年，著诸所闻兴坏之端。后有君子，以览观焉。

①【索隐】案：此表起周元王元年，《春秋》迄元王八年。

公元前 476

周元王**元年**【集解】徐广曰："乙丑。"皇甫谧曰："元年癸酉，二十八年庚子崩。" 【索隐】
元王名仁，《系本》名赤，敬王子。八年崩，子定王介立也。

秦厉共公**元年**【索隐】悼公子。三十四年卒，子躁公立。

魏献子卫出公辄后**元年**。【索隐】二十一年，季父黔逐出公而自立，曰悼公也。

韩宣子

赵简子【索隐】案：系家简子名鞅，文子武之孙，景叔成之子也。**四十二**【索隐】案：简子以
顷公九年在位，顷公十四年卒而定公立，定公明年三十七年卒，是四十二为简子在位之年。
又至出公十七年卒，在位六十年也。

楚惠王章**十三年**【集解】徐广曰："亦鲁哀公十九年。" 【索隐】五十七年卒。   吴
伐我。

燕献公**十七年**【索隐】二十八年卒。

齐平公骜**五年**【索隐】二十五年卒。已上当并元王元年。

	475	474	473
周	二	三	四
秦	二　蜀人来赂。	三	四
魏	晋定公卒。【索隐】《系本》定公名午。	晋出公错元年。【索隐】《系本》名凿。	
韩			
赵	四十三	四十四	四十五
楚	十四　越围吴,吴怨。	十五	十六　越灭吴。
燕	十八	十九	二十
齐	六	七　越人始来。	八

472

五
五　楚人来賂。
四十六
十七　蔡景侯卒。【索隐】案："景"字误,合作"成侯"。徐广不辨,即言"或作'成'。"案:景侯即成侯之高祖父也。
二十一
九　晋知伯瑶来伐我。

	471	470
周	六	七
秦	六　义渠来赂。(縣)〔縣〕诸乞援。【集解】《音义》曰:"援一作'爱'。"	七　彗星见。
魏		卫(庄)〔出〕公饮,大夫不解(履)〔袜〕,公怒,即攻公,公奔宋。
韩		
赵	四十七	四十八
楚	十八　蔡声侯元年。【索隐】名产,成侯之子。	十九　王子英奔秦。
燕	二十二	二十三
齐	十	十一

469　　　　468

八	定王元年【集解】徐广曰："癸酉,《左传》尽此。"皇甫谧曰："贞定王元年癸亥,十年壬申崩。"【索隐】名介。二十八年崩。
八	九
四十九	五十
二十	二十一
二十四	二十五
十二	十三

	467	466
周	二	三
秦	十　庶长将兵拔魏城。【集解】《音义》"拔一作'捕'"。彗星见。	十一
魏		
韩		
赵	五十一	五十二
楚	二十二　鲁哀公卒。【索隐】《系本》名蒋。	二十三　鲁悼公元年。三桓胜，鲁如小侯。【索隐】鲁悼公，《系本》名宁。
燕	二十六	二十七
齐	十四	十五

465	464	463
四	五	六
十二	十三	十四　晋人、楚人来賂。
	知伯伐郑，驷桓子如齐求救。	郑声公卒。【索隐】声公名胜，献公子也。三十七年卒，子哀公易立。八年杀，弟丑立为共公。
五十三	五十四　知伯谓简子，欲废太子襄子，襄子怨知伯。	五十五
二十四	二十五	二十六
二十八	燕孝公元年	二
十六	十七　救郑，晋师去。中行文子谓田常："乃今知所以亡。"	十八

	462	461	460	459	458
周	七	八	九	十	十一
秦	十五	十六　堑阿旁。伐大荔。补庞戏城。	十七	十八	十九
魏					
韩	郑哀公元年。				
赵	五十六	五十七	五十八	五十九	六十
楚	二十七	二十八	二十九	三十	三十一
燕	三	四	五	六	七
齐	十九	二十	二十一	二十二	二十三

457

十二
二十　公将师与縣诸战。
襄子【索隐】名无恤。三卿（叛）〔败〕智伯晋阳，分其地，始有三晋也。**元年**　未除服，登夏屋，诱代王，以金斗杀代王。封伯鲁子周为代成君。
三十二　蔡声侯卒。【索隐】子元侯立。
八
二十四

456

周	十三
秦	二十一
魏	晋哀公忌元年。【正义】表云晋出公错十八年,晋哀公忌二年,晋懿公骄立十七年而卒。《世本》云昭公生桓子雍,子雍生忌,忌生懿公骄。世家云晋出公十七年,晋哀公骄十八年,而无懿公。案:出公道死,智伯乃立昭公曾孙骄为晋君,是为哀公。哀公大父雍,晋昭公少子,号戴子,生忌。忌善智伯,欲并晋,未敢,乃立忌子骄为君。据三处不同,未知孰是。
韩	
赵	二
楚	三十三　　蔡元侯元年。
燕	九
齐	二十五

455	454
十四	十五
二十二	二十三
卫悼公黔元年。	
三	四　与智伯分范、中行地。
三十四	三十五
十	十一
齐宣公就匝元年【集解】本作"积"。【索隐】积, 平公子, 立五十一年, 子康公贷立。	二

	453	452
周	十六	十七
秦	二十四	二十五　晋大夫智开率其邑来奔。
魏		魏桓子败智伯于晋阳。【索隐】桓子名驹。
韩		韩康子败智伯于晋阳。【索隐】康子名虎。
赵	五　襄子败智伯晋阳,与魏、韩三分其地。	六
楚	三十六	三十七
燕	十二	十三
齐	三	四

451

十八
二十六　左庶长城南郑。
七
三十八
十四
五　宋景公卒。【集解】徐广曰:"案《左传》景公死至此九十九年。"　【索隐】案:系家景公,元公子,名头曼,已见《十二诸侯表》。徐广云"案《左传》景公卒至此九十九年",谬矣。景公立六十四年卒,公子特杀太子自立,号昭公,与前昭公杵臼又历五君,相去略九十年,故误也。昭公立四十七年,悼公购立。

	450	449
周	十九	二十
秦	二十七	二十八　越人来迎女。
魏	卫敬公元年。【索隐】悼公黔之子也。	
韩		
赵	八	九
楚	三十九　蔡侯齐元年。	四十
燕	十五	燕成公元年
齐	六　宋昭公元年。	七

448	447	446
二十一	二十二	二十三
二十九　晋大夫智宽率其邑人来奔。	三十	三十一
十	十一	十二
四十一	四十二　楚灭蔡。	四十三
二	三	四
八	九	十

	445	444	443
周	二十四	二十五	二十六
秦	三十二	三十三　伐义渠，虏其王。	三十四　日蚀,昼晦。星见。
魏			
韩			
赵	十三	十四	十五
楚	四十四　灭杞。杞,夏之后。	四十五	四十六
燕	五	六	七
齐	十一	十二	十三

442	441	440	439	438
二十七	二十八	考王元年【集解】徐广曰："辛丑。"	二	三
秦躁公元年	二　南郑反。	三	四	五
十六	十七	十八	十九	二十
四十七	四十八	四十九	五十	五十一
八	九	十	十一	十二
十四	十五	十六	十七	十八

	437	436	435	434	433
周	四	五	六	七	八
秦	六	七	八　六月,雨雪。日、月蚀。	九	十
魏	晋幽公柳元年。服韩、魏。				
韩					
赵	二十一	二十二	二十三	二十四	二十五
楚	五十二	五十三	五十四	五十五	五十六
燕	十三	十四	十五	十六	燕湣公元年
齐	十九	二十	二十一	二十二	二十三

432	431	430	429	428
九	十	十一	十二	十三
十一	十二	十三 义渠伐秦，侵至渭阳。	十四	秦怀公元年生灵公。
	卫昭公元年。			
二十六	二十七	二十八	二十九	三十
五十七	楚简王仲元年灭莒。	二	三 鲁悼公卒。	四 鲁元公元年。
二	三	四	五	六
二十四	二十五	二十六	二十七	二十八

	427	426	425
周	十四	十五	威烈王元年【集解】徐广曰:"丙辰。"【索隐】名午,考王子。
秦	二	三	四　庶长晁杀怀公。太子蚤死,大臣立太子之子,为灵公。
魏			卫悼公亹元年。
韩			
赵	三十一	三十二	三十三　襄子卒。
楚	五	六	七
燕	七	八	九
齐	二十九	三十	三十一

424	423
二	三
秦灵公元年　生献公。	二
魏文侯斯元年【索隐】生武侯击也。	二
韩武子元年【索隐】武子启章生景侯虔。	二　郑幽公元年。韩杀之。
赵桓子元年【索隐】桓子嘉，襄子弟也。元年卒，明年国人共立襄子子献侯浣也。	赵献侯元年
八	九
十	十一
三十二	三十三

	422	421	420	419
周	四	五	六	七
秦	三　作上下畤。	四	五	六
魏	三	四	五　魏诛晋幽公,立其弟止。	六　晋烈公止元年。魏城少梁。
韩	三　郑立幽公子,为繻公,元年。	四	五	六
赵	二	三	四	五
楚	十	十一	十二	十三
燕	十二	十三	十四	十五
齐	三十四	三十五	三十六	三十七

418	417	416
八	九	十
七　与魏战少梁。	八　城堑河濒。初以君主妻河。【索隐】谓初以此年取他女为君主，君主犹公主也。妻河，谓嫁之河伯，故魏俗犹为河伯取妇，盖其遗风。殊异其事，故云"初"。	九
七	八　复城少梁。	九
七	八	九
六	七	八
十四	十五	十六
十六	十七	十八
三十八	三十九	四十

415

周	十一
秦	十　补庞，城籍姑。灵公卒，立其季父悼子，是为简公。【索隐】案：庞及籍姑皆城邑之名。补者，修也，谓修庞而城籍姑也。
魏	十
韩	十
赵	九
楚	十七
燕	十九
齐	四十一

414	413	412
十二	十三	十四
秦简公元年	二　与晋战，败郑下。	三
十一　卫慎公元年。	十二	十三　公子击围繁庞，出其民。
十一	十二	十三
十　中山武公初立。【集解】徐广曰："周定王之孙，西周桓公之子。"	十一	十二
十八	十九	二十
二十	二十一	二十二
四十二	四十三　伐晋，毁黄城，围阳狐。	四十四　伐鲁、莒及安阳。

	411	410	409
周	十五	十六	十七
秦	四	五　日蚀。	六　初令吏带剑。
魏	十四	十五	十六　伐秦,筑临晋、元里。
韩	十四	十五	十六
赵	十三　城平邑。	十四	十五
楚	二十一	二十二	二十三
燕	二十三	二十四	二十五
齐	四十五　伐鲁,取都。【集解】徐广曰:"世家云取一城。"	四十六	四十七

408

十八

七　暂洛,城重泉。初租禾。

十七　击(宋)〔守〕中山。伐秦至郑,还筑洛阴、合阳。【集解】徐广曰:"一云击宋中山,置合阳。世家云攻秦,至郑而还,筑雒阴、合阳。"

韩景侯虔元年　伐郑,取雍丘。郑城京。

赵烈侯籍元年　魏使太子伐中山。

二十四　简王卒。

二十六

四十八　取鲁郕。

	407	406	405
周	十九	二十	二十一
秦	八	九	十
魏	十八　文侯受经子夏。过段干木之间常式。	十九	二十　卜相,李克、翟璜争。
韩	二　郑败韩于负黍。	三	四
赵	二	三	四
楚	楚声王当元年　鲁穆公元年。	二	三
燕	二十七	二十八	二十九
齐	四十九　与郑会于西城。伐卫,取毌。【索隐】音馆。	五十	五十一　田会以廪丘反。

404	403	402
二十二	二十三　九鼎震。	二十四
十一	十二	十三
二十一	二十二　初为侯。	二十三
五	六　初为侯。	七
五	六初为侯。	七　烈侯好音，欲赐歌者田，徐越侍以仁义，乃止。
四	五　魏、韩、赵始列为诸侯。	六　盗杀声王。
三十	三十一	燕釐公元年
齐康公贷元年	二　宋悼公元年。	三

	401	400	399
周	安王元年【集解】徐广曰:"庚辰。"	二	三　王子定奔晋。
秦	十四　伐魏,至阳狐。	十五	秦惠公元年【索隐】简公子,史无名。
魏	二十四　秦伐我,至阳狐。	二十五　太子罃生。	二十六　虢山崩,壅河。
韩	八	九　郑围阳翟。	韩烈侯元年【索隐】名取。《系本》作"武侯"也。
赵	八	九	赵武公元年
楚	楚悼王类元年	二　三晋来伐我,至(桑)〔乘〕丘。	三　归榆关于郑。
燕	二	三	四
齐	四	五	六

398	397	396
四	五	六
二	三 日蚀。	四
二十七	二十八	二十九
二 郑杀其相驷子阳。	三 （郑人杀君）三月，盗杀韩相侠累。【集解】徐广曰："一作'法其'。"	四 郑相子阳之徒杀其君繻公。
二	三	四
四 败郑师，围郑。郑人杀子阳。	五	六
五	六	七
七	八	九

	395	394	393	392
周	七	八	九	十
秦	五　伐(繇)〔繇〕诸。	六	七	八
魏	三十	三十一	三十二　伐郑，城酸枣。	三十三　晋孝公倾元年。
韩	五　郑康公元年。	六　救鲁。郑负黍反。	七	八
赵	五	六	七	八
楚	七	八	九　伐韩，取负黍。	十
燕	八	九	十	十一
齐	十　宋休公元年。	十一　伐鲁，取最。	十二	十三

391	390	389	388	387
十一	十二	十三	十四	十五
九　伐韩宜阳,取六邑。	十　与晋战武城。县陕。	十一　太子生。	十二	十三　蜀取我南郑。
三十四	三十五　齐伐取襄陵。	三十六　秦侵阴晋。	三十七	三十八
九　秦伐宜阳,取六邑。	十	十一	十二	十三
九	十	十一	十二	十三
十一	十二	十三	十四	十五
十二	十三	十四	十五	十六
十四	十五　鲁败我平陆。	十六　与晋、卫会浊泽。	十七	十八

	386	385
周	十六	十七
秦	秦出公元年【索隐】惠公子。	二　庶长改迎灵公太子，立为献公。诛出公。
魏	魏武侯【索隐】名击。元年　袭邯郸，败焉。	二　城安邑，王垣。
韩	韩文侯元年	二　伐郑，取阳城。伐宋，到彭城，执宋君。
赵	赵敬侯元年　武公子朝作乱，奔魏。	二
楚	十六	十七
燕	十七	十八
齐	十九　田常曾孙田和始列为诸侯。迁康公海上，食一城。【索隐】和，田常曾孙，二年，亦号太公。	二十　伐鲁，破之。田和卒。

384	383	382	381	380
十八	十九	二十	二十一	二十二
秦献公元年【索隐】名师隰，灵公太子。	二 城栎阳。	三 日蚀，昼晦。	四 孝公生。	五
三	四	五	六	七 伐齐，至桑丘。
三	四	五	六	七 伐齐，至桑丘。郑败晋。
三	四 魏败我兔台。【索隐】兔，土故反。字亦作"菟"。	五	六	七 伐齐，至桑丘。
十八	十九	二十	二十一	楚肃王臧元年
十九	二十	二十一	二十二	二十三
二十一 田和子桓公午立。	二十二	二十三	二十四	二十五 伐燕，取桑丘。

	379	378
周	二十三	二十四
秦	六　初县蒲、蓝田、善明氏。	七
魏	八	九　翟败我浍。伐齐,至灵丘。
韩	八	九　伐齐,至灵丘。
赵	九　袭卫,不克。	九　伐齐,至灵丘。
楚	二	三
燕	二十四	二十五
齐	二十六　康公卒,田氏遂并齐而有之。太公望之后绝祀。	齐威王因(齐)元年　自田常至威王,威王始以齐强天下。

377	376	375	374
二十五	二十六	烈王元年【集解】徐广曰:"丙午。"	二
八	九	十　日蚀。	十一　县栎阳。
十　晋静公俱酒元年。	十一　魏、韩、赵灭晋,绝无后。	十二	十三
十	韩哀侯元年　分晋国。	二　灭郑。康公二十年灭,无后。	三
十	十一　分晋国。	十二	赵成侯元年
四　蜀伐我兹方。	五　鲁共公元年。	六	七
二十六	二十七	二十八	二十九
二	三　三晋灭其君。	四	五

373

周	三
秦	十二
魏	十四
韩	四
赵	二
楚	八
燕	三十　败齐林孤。
齐	六　鲁伐入阳关。晋伐到鲔陵。【索隐】刘氏鲔音属沇反,又音专。

372	371
四	五
十三	十四
十五　卫声公元年。败赵北蔺。	十六　伐楚,取鲁阳。
五	六　韩严杀其君。
三　伐卫,取都鄙七十三。魏败我蔺。	四
九	十　魏取我鲁阳。
燕桓公元年	二
七　宋辟公元年。【索隐】辟音壁。辟公名辟兵,生剔成。案:宋后微弱,君薨未必有谥,辟兵其名也,犹剔成然也。	八

	370	369	368
周	六【集解】徐广曰："齐威王朝周。"	七	显王元年【集解】徐广曰："癸丑。"
秦	十五	十六　民大疫。日蚀。	十七　栎阳雨金,四月至八月。
魏	惠王元年	二　败韩马陵。	三　齐伐我观。
韩	庄侯元年【索隐】系家作"懿侯",《系本》无。	二　魏败我马陵。	三
赵	五　伐齐于甄。魏败我怀。	六　败魏涿泽,围惠王。	七　侵齐,至长城。
楚	十一	楚宣王良夫元年	二
燕	三	四	五
齐	九　赵伐我甄。	十　宋剔成元年。	十一　伐魏,取观。赵侵我长城。

367	366	365
二	三	四
十八	十九　败韩、魏洛阴。	二十
四	五　与韩会宅阳。城武都。	六　伐宋,取仪台。
四	五	六
八	九	十
三	四	五
六	七	八
十二	十三	十四

	364	363
周	五　贺秦。	六
秦	二十一　章蛟【集解】徐广曰:"一云'车骑'。"与晋战石门,【集解】徐广曰:"一作'阿'。"斩首六万,天子贺。	二十二
魏	七	八
韩	七	八
赵	十一	十二
楚	六	七
燕	九	十
齐	十五	十六

362	361
七	八
二十三　与魏战少梁,虏其太子。	秦孝公元年　彗星见西方。
九　与秦战少梁,虏我太子。	十　取赵皮牢。卫成侯元年。
九　魏败我于浍。大雨三月。	十
十三　魏败我于浍。	十四
八	九
十一	燕文公元年
十七	十八

	360	359	358
周	九　致胙于秦。【集解】徐广曰："《纪年》东周惠公杰薨。"	十	十一
秦	二　天子致胙。	三	四
魏	十一	十二　星昼堕，有声。	十三
韩	十一	十二	韩昭侯元年　秦败我西山。
赵	十五	十六	十七
楚	十	十一	十二
燕	二	三	四
齐	十九	二十	二十一　邹忌以鼓琴见威王。

357	356
十二	十三
五	六
十四　与赵会鄗。	十五　鲁、卫、宋、郑侯来。【集解】徐广曰:"《纪年》一曰'鲁共侯来朝。邯郸成侯会燕成侯平安邑。'"
二　宋取我黄池。魏取我朱。	三
十八　赵孟如齐。	十九　与燕会(河)〔阿〕。与齐、宋会平陆。
十三　君尹黑迎女秦。	十四
五	六
二十二　封邹忌为成侯。	二十三　与赵会平陆。

	355	354	353
周	十四	十五	十六
秦	七　与魏王会杜平。	八　与魏战元里，斩首七千，取少梁。	九
魏	十六　与秦孝公会杜平。侵宋黄池，宋复取之。	十七　与秦战元里，秦取我少梁。	十八　邯郸降。齐败我桂陵。
韩	四	五	六　伐东周，取陵观、廪丘。
赵	二十	二十一　魏围我邯郸。	二十二　魏拔邯郸。
楚	十五	十六	十七
燕	七	八	九
齐	二十四　与魏会田于郊。	二十五	二十六　败魏桂陵。

352	351	350
十七	十八	十九
十　卫公孙鞅为大良造,伐安邑,降之。	十一　城商塞。卫鞅围固阳,降之。	十二　初(取)〔聚〕小邑为三十一县,令。为田开阡陌。
十九　诸侯围我襄陵。筑长城,塞固阳。	二十　归赵邯郸。	二十一　与秦遇彤。【索隐】彤,地名,赐商君,死彤地,刘氏云"阡陌道",非也。
七	八　申不害相。	九
二十三	二十四　魏归邯郸,与魏盟漳水上。	二十五
十八　鲁康公元年。	十九	二十
十	十一	十二
二十七	二十八	二十九

	349	348	347
周	二十	二十一	二十二
秦	十三　初为县,有秩史。	十四　初为赋。	十五
魏	二十二	二十三	二十四
韩	十　韩姬弑其君悼公。【索隐】姬,一作"跎",同音怡,韩之大夫姓名。案:韩无悼公,所未详也。	十一　昭侯如秦。	十二
赵	赵肃侯元年【索隐】名语。	二	三　公子范袭邯郸,不胜,死。
楚	二十一	二十二	二十三
燕	十三	十四	十五
齐	三十	三十一	三十二

346	345	344
二十三	二十四	二十五　诸侯会。
十六	十七	十八
二十五	二十六	二十七　丹封名会。丹，魏大臣。
十三	十四	十五
四	五	六
二十四	二十五	二十六
十六	十七	十八
三十三　杀其大夫牟辛。	三十四	三十五　田忌袭齐，不胜。

	343	342
周	二十六　致伯秦。	二十七
秦	十九　城武城。从东方牡丘来归。天子致伯。	二十　诸侯毕贺。会诸侯于泽。【集解】徐广曰："《纪年》作'逢泽'。"朝天子。
魏	二十八	二十九　中山君为相。
韩	十六	十七
赵	七	八
楚	二十七　鲁景公偃元年。	二十八
燕	十九	二十
齐	三十六	齐宣王辟彊元年

341

二十八
二十一　马生人。
三十　齐虏我太子申,杀将军庞涓。
十八
九
二十九
二十一
二　败魏马陵。田忌、田婴、田朌将,孙子为师。【集解】徐广曰:"《楚世家》云田朌者,齐之将,而《齐世家》不说田朌,或者是时三人皆出征乎?"

	340	339	338
周	二十九	三十	三十一
秦	二十二　封大良造商鞅。	二十三　与晋战岸门。	二十四　（秦）大荔围合阳。孝公薨。商君反，死彤地。
魏	三十一　秦商君伐我，虏我公子卬。	三十二　公子赫为太子。	三十三　卫鞅亡归我，我恐，弗内。
韩	十九	二十	二十一
赵	十	十一	十二
楚	三十	楚威王熊商元年	二
燕	二十二	二十三	二十四
齐	三　与赵会，伐魏。	四	五

337	336	335
三十二	三十三　贺秦。	三十四
秦惠文王元年　楚、韩、赵、蜀人来。	二　天子贺。行钱。宋太丘社亡。	三　王冠。拔韩宜阳。
三十四	三十五　孟子来，王问利国，对曰："君不可言利。"	三十六
二十二申不害卒。	二十三	二十四　秦拔我宜阳。
十三	十四	十五
三	四	五
二十五	二十六	二十七
六	七　与魏会平阿南。	八　与魏会于甄。

	334	333
周	三十五	三十六
秦	四　天子致文武胙。魏夫人来。	五　徐晋人犀首为大良造。
魏	魏襄王元年　与诸侯会徐州，以相王。	二　秦败我彫阴。
韩	二十五　旱。作高门，屈宜臼曰："昭侯不出此门。"	二十六　高门成，昭侯卒，不出此门。
赵	十六	十七
楚	六	七　围齐于徐州。
燕	二十八　苏秦说燕。	二十九
齐	九　与魏会徐州，诸侯相王。	十　楚围我徐州。

332	331
三十七	三十八
六　魏以阴晋为和，命曰宁秦。 【集解】徐广曰："今之华阴。"	七　义渠内乱，庶长操将兵定之。
三　伐赵。卫平侯元年。	四
韩宣惠王元年	二
十八　齐、魏伐我，我决河水 浸之。	十九
八	九
燕易王元年	二
十一　与魏伐赵。	十二

	330	329
周	三十九	四十
秦	八　魏入(少梁)河西地于秦。	九　度河,取汾阴、皮氏。围焦,降之。与魏会应。
魏	五　与秦河西地少梁。秦围我焦、曲沃。	六　与秦会应。秦取汾阴、皮氏。
韩	三	四
赵	二十	二十一
楚	十	十一　魏败我陉山。
燕	三	四
齐	十三	十四

328	327	326
四十一	四十二	四十三
十　张仪相。公子桑围蒲阳,降之。魏纳上郡。	十一　义渠君为臣。归魏焦、曲沃。	十二　初腊。会龙门。
七　入上郡于秦。	八　秦归我焦、曲沃。	九
五	六	七
二十二	二十三	二十四
楚怀王槐元年	二	三
五	六	七
十五　宋君偃元年。	十六	十七

	325	324	323
周	四十四	四十五	四十六
秦	十三　四月戊午，君为王。	相张仪将兵取陕。初更元年	二　相张仪与齐楚会啮桑。
魏	十	十一　卫嗣君元年。	十二
韩	八　魏败我韩举。	九	十　君为王。
赵	赵武灵王元年　魏败我赵护。	二　城鄗。	三
楚	四	五	六　败魏襄陵。
燕	八	九	十　君为王。
齐	十八	十九	齐湣王地元年

322	321	320
四十七	四十八	慎靓王元年【集解】徐广曰："辛丑。"
三 张仪免相,相魏。	四	五 王北游戎地,至河上。
十三 秦取曲沃。平周女化为丈夫。	十四	十五
十一	十二	十三
四 与韩会区鼠。	五 取韩女为夫人。	六
七	八	九
十一	十二	燕王哙元年
二	三 封田婴于薛。	四 迎妇于秦。

	319	318	317
周	二	三	四
秦	六	七　五国共击秦，不胜而还。	八　与韩、赵战，斩首八万。张仪复相。
魏	十六	魏哀王元年　击秦不胜。	二　齐败我观泽。
韩	十四　秦来击我，取鄢。	十五　击秦不胜。	十六　秦败我修鱼，得(韩)将军申差。
赵	七	八　击秦不胜。	九　与韩、魏击秦。齐败我观泽。
楚	十　城广陵。	十一　击秦不胜。	十二
燕	二	三　击秦不胜。	四
齐	五	六　宋自立为王。	七　败魏、赵观泽。

316	315	314
五	六	周赧王元年【集解】徐广曰:"丁未。"【索隐】赧音尼简反。宋衷曰:"赧,谥也。"皇甫谧云名诞也。
九 击蜀,灭之。取赵中都、西阳。(安邑)	十	十一 侵义渠,得二十五城。
三	四	五 秦拔我曲沃,归其人。走犀首岸门。
十七	十八	十九
十 秦取我中都、西阳。(安邑)	十一 秦败我将军英。	十二 【集解】徐广曰:"《纪年》云立燕公子职。"
十三	十四	十五 鲁平公元年。
五 君让其臣子之国,顾为臣。	六	七 君哙及太子、相子之皆死。
八	九	十

	313	312
周	二	三
秦	十二　樗里子击蔺阳，虏赵将。公子繇通封蜀。【索隐】繇音由。秦之公子。	十三　庶长章击楚，斩首八万。
魏	六　秦来立公子政为太子。与秦王会临晋。	七　击齐，虏声子于濮。与秦击燕。
韩	二十	二十一　(秦)〔我〕助(我)〔秦〕攻楚，围景座。
赵	十三　秦拔我蔺，虏将赵庄。	十四
楚	十六　张仪来相。	十七　秦败我将屈匄。【索隐】匄音盖。楚大夫。
燕	八	九　燕人共立公子平。
齐	十一	十二

311	310	309
四	五	六
十四　蜀相杀蜀侯。	秦武王元年　诛蜀相壮。张仪、魏章皆（死于）〔出之〕魏。	二　初置丞相,樗里子、甘茂为丞相。
八　围卫。	九　与秦会临晋。	十　张仪死。
韩襄王元年	二	三
十五	十六　吴广入女,生子何,立为惠王后。	十七
十八	十九	二十
燕昭王元年	二	三
十三	十四	十五

	308	307	306
周	七	八	九
秦	三	四　拔宜阳城，斩首六万。涉河，城武遂。	秦昭〔襄〕王元年
魏	十一　与秦会应。【集解】徐广曰："在颍川父城。"	十二　太子往朝秦。	十三　秦击皮氏，未拔而解。
韩	四　与秦会临晋。秦击我宜阳。	五　秦拔我宜阳，斩首六万。	六　秦复与我武遂。
赵	十八	十九　初胡服。	二十
楚	二十一	二十二	二十三
燕	四	五	六
齐	十六	十七	十八

305	304	303
十	十一	十二
二　彗星见。桑君为乱，诛。	三	四　彗星见。
十四　秦武王后来归。	十五	十六　秦拔我蒲坂、晋阳、封陵。
七	八	九　秦取武遂。
二十一	二十二	二十三
二十四　秦来迎妇。	二十五　与秦王会黄棘，秦复归我上庸。	二十六　太子质秦。
七	八	九
十九	二十	二十一

	302	301
周	十三	十四
秦	五　魏王来朝。	六　蜀反，司马错往诛蜀守辉，定蜀。日蚀，昼晦。伐楚。
魏	十七　与秦会临晋，复〔归〕我蒲坂。	十八　与秦击楚。
韩	十　太子婴与秦王会临晋，因至咸阳而归。	十一　秦取我穰。与秦击楚。
赵	二十四	二十五　赵攻中山。惠后卒。
楚	二十七	二十八　秦、韩、魏、齐败我将军唐眛于重丘。
燕	十	十一
齐	二十二	二十三　与秦击楚，使公子将，大有功。

300	299	298
十五	十六	十七
七　樗里疾卒。击楚，斩首三万。魏冄为相。	八　楚王来，因留之。	九
十九	二十　与齐王会于韩。	二十一　与齐、韩共击秦于函谷。河、渭绝一日。
十二	十三　齐、魏王来。立咎为太子。	十四　与齐、魏共击秦。
二十六	二十七	赵惠文王元年　以公子胜为相，封平原君。
二十九　秦取我襄城，杀景缺。	三十　王入秦。秦取我八城。	楚顷襄王元年　秦取我十六城。
十二	十三	十四
二十四　秦使泾阳君来为质。	二十五　泾阳君复归秦。薛文入相秦。	二十六　与魏、韩共击秦。孟尝君归相齐。

	297	296	295
周	十八	十九	二十
秦	十　楚怀王亡之赵,赵弗内。	十一　彗星见。复与魏封陵。	十二　楼缓免。穰侯魏冄为丞相。
魏	二十二	二十三	魏昭王元年　秦尉错来击我襄。
韩	十五	十六　（与齐魏击秦）秦与我武遂和。	韩釐王咎元年
赵	二　楚怀王亡来,弗内。	三	四　围杀主父。与齐、燕共灭中山。
楚	二	三　怀王卒于秦,来归葬。	四　鲁文(侯)〔公〕元年。【集解】徐广曰:"一作'湣'。"
燕	十五	十六	十七
齐	二十七	二十八	二十九　佐赵灭中山。

294	293	292	291
二十一	二十二	二十三	二十四
十三　任鄙为汉中守。	十四　白起击伊阙,斩首二十四万。	十五　魏冉免相。	十六
二　与秦战,(解)〔我〕不利。	三　佐韩击秦,秦败我兵伊阙。	四	五
二	三　秦败我伊阙,〔斩首〕二十四万,虏将喜。	四	五　秦拔我宛城。
五	六	七	八
五	六	七　迎妇秦。	八
十八	十九	二十	二十一
三十　田甲劫王,相薛文走。	三十一	三十二	三十三

	290	289	288
周	二十五	二十六	二十七
秦	十七　魏入河东四百里。	十八　客卿错击魏，至轵，取城大小六十一。	十九　十月为帝，十二月复为王。任鄙卒。
魏	六　芒卯以诈见重。	七　秦击我。取城大小六十一。	八
韩	六　与秦武遂地方二百里。	七	八
赵	九	十	十一　秦拔我桂阳。【集解】徐广曰："一作'梗'。"
楚	九	十	十一
燕	二十二	二十三	二十四
齐	三十四	三十五	三十六　为东帝二月，复为王。

287	286	285
二十八	二十九	三十
二十	二十一　魏纳安邑及河内。	二十二　蒙武击齐。
九　秦拔我新垣、曲阳之城。	十　宋王死我温。	十一
九	十　秦败我兵夏山。	十一
十二	十三	十四　与秦会中阳。
十二	十三	十四　与秦会宛。
二十五	二十六	二十七
三十七	三十八　齐灭宋。	三十九　秦拔我列城九。

	284	283	282
周	三十一	三十二	三十三
秦	二十三　尉斯离与韩、魏、燕、赵共击齐,破之。	二十四　与楚会穰。	二十五
魏	十二　与秦击齐济西。与秦王会西周。	十三　秦拔我安城,兵至大梁而还。	十四　大水。卫怀君元年。
韩	十二　与秦击齐济西。与秦王会西周。	十三	十四　与秦会两周间。
赵	十五　取齐昔阳。	十六	十七　秦拔我两城。
楚	十五　取齐淮北。	十六　与秦王会穰。	十七
燕	二十八　与秦、三晋击齐,燕独入至临菑,取其宝器。	二十九	三十
齐	四十　五国共击湣王,王走莒。	齐襄王法章元年	二

281	280	279	278
三十四	三十五	三十六	三十七
三十六　魏冉复为丞相。	二十七　击赵，斩首三万。地动,坏城。	二十八	二十九　白起击楚,拔郢,更东至竟陵,以为南郡。
十五	十六	十七	十八
十五	十六	十七	十八
十八　秦拔我石城。	十九　秦败我军,斩首三万。	二十　与秦会黾池,蔺相如从。	二十一
十八	十九　秦击我,与秦汉北及上庸地。	二十　秦拔鄢、西陵。	二十一　秦拔我郢,烧夷陵,王亡走陈。
三十一	三十二	三十三	燕惠王元年
三	四	五　杀燕骑劫。	六

	277	276	275
周	三十八	三十九	四十
秦	三十　白起封为武安君。	三十一	三十二
魏	十九	魏安釐王元年　秦拔我两城。封弟公子无忌为信陵君。	二　秦拔我两城,军大梁下,韩来救,与秦温以和。
韩	十九	二十	二十一　暴鸢救魏,为秦所败,走开封。
赵	二十二	二十三	二十四
楚	二十二　秦拔我巫、黔中。	二十三　秦所拔我江旁反秦。	二十四
燕	二	三	四
齐	七	八	九

274	273	272
四十一	四十二	四十三
三十三	三十四　白起击魏华阳军,芒卯走,得三晋将,斩首十五万。	三十五
三　秦拔我四城,斩首四万。	四　与秦南阳以和。	五　击燕。
二十二	二十三	韩桓惠王元年
二十五	二十六	二十七
二十五	二十六	二十七　击燕。鲁顷公元年。
五	六	七
十	十一	十二

	271	270	269	268
周	四十四	四十五	四十六	四十七
秦	三十六	三十七	三十八	三十九
魏	六	七	八	九　秦拔我怀城。
韩	二	三　秦击我阏与城，不拔。	四	五
赵	二十八　蔺相如攻齐，至平邑。	二十九　秦(拔我)〔攻韩〕阏与。赵奢将击秦，大败之，赐号曰马服。	三十	三十一
楚	二十八	二十九	三十	三十一
燕	燕武成王元年	二	三	四
齐	十三	十四　秦、楚击我刚寿。	十五	十六

267	266	265
四十八	四十九	五十
四十 太子质于魏者死，归葬芷阳。	四十一	四十二 宣太后薨。安国君为太子。
十	十一 秦拔我廪丘。 【集解】徐广曰："或作'邢丘'。"	十二
六	七	八
三十二	三十三	赵孝成王元年秦拔我三城。平原君相。
三十二	三十三	三十四
五	六	七 齐田单拔中阳。
十七	十八	十九

	264	263	262
周	五十一	五十二	五十三
秦	四十三	四十四 （秦）攻韩，取南阳。【集解】徐广曰："一作'郡'。"	四十五 （秦）攻韩，取十城。
魏	十三	十四	十五
韩	九 秦拔我陉。城汾旁。	十 秦击我太行。	十一
赵	二	三	四
楚	三十五	三十六	楚考烈王元年 秦取我州。黄歇为相。
燕	八	九	十
齐	齐王建元年	二	三

261	260	259	258
五十四	五十五	五十六	五十七
四十六　　王之南郑。	四十七　　白起破赵长平，杀卒四十五万。	四十八	四十九
十六	十七	十八	十九
十二	十三	十四	十五
五　　使廉颇拒秦于长平。	六　　使赵括代廉颇将。白起破括四十五万。	七	八
二	三	四	五
十一	十二	十三	十四
四	五	六	七

	257	256	255
周	五十八	五十九 【集解】徐广曰："乙巳"。赧王卒。	
秦	五十 王齕、郑安平围邯郸,及齕还军,拔新中。	五十一	五十二 【集解】徐广曰:"丙午。"取西周。(王)王稽弃市。
魏	二十 公子无忌救邯郸,秦兵解去。	二十一 韩、魏、楚救赵新中,秦兵罢。	二十二
韩	十六	十七 秦击我阳城,救赵新中。	十八
赵	九 秦围我邯郸,楚、魏救我。	十	十一
楚	六 春申君救赵。	七 救赵新中。	八 取鲁,鲁君封于莒。
燕	燕孝王元年	二	三
齐	八	九	十

254	253	252	251
五十三	五十四	五十五	五十六
二十三	二十四	二十五　卫元君元年。	二十六
十九	二十	二十一	二十二
十二	十三	十四	十五　平原君卒。
九	十　徙于钜阳。	十一	十二　柱国景伯死。
燕王喜元年	二	三	四　伐赵,赵破我军,杀栗腹。【索隐】人姓字,燕相也。
十一	十二	十三	十四

	250	249
周		
秦	秦孝文王元年【集解】徐广曰："辛亥。文王后曰华阳后,生庄襄王子楚,母曰夏太后。"	秦庄襄王楚元年【集解】徐广曰："壬子。"蒙骜取成皋、荥阳。初置三川郡。吕不韦相。取东周。
魏	二十七	二十八
韩	二十三	二十四　秦拔我成皋、荥阳。
赵	十六	十七
楚	十三	十四　楚灭鲁,顷公迁下,为家人,绝祀。
燕	五	六
齐	十五	十六

248

二	蒙骜击赵榆次、新城、狼孟,得三十七城。日蚀。
二十九	
二十五	
十八	
十五	春申君徙封于吴。
七	
十七	

247

周	
秦	三　王齮击上党。【集解】徐广曰："齮，一作'齕'。"初置太原郡。魏公子无忌率五国却我军河外，蒙骜解去。
魏	三十　无忌率五国兵败秦军河外。
韩	二十六　秦拔我上党。
赵	十九
楚	十六
燕	八
齐	十八

246	245	244	243
始皇帝元年【集解】徐广曰："乙卯。"击取晋阳，作郑国渠。	二	三　蒙骜击韩，取十三城。王齮死。	四　七月，蝗蔽天下。百姓纳粟千石，拜爵一级。
三十一	三十二	三十三	三十四　信陵君死。
二十七	二十八	二十九　秦拔我十三城。	三十
二十　秦拔我晋阳。	二十一	赵悼襄王偃元年	二　太子从质秦归。
十七	十八	十九	二十
九	十	十一	十二　赵拔我武遂、方城。
十九	二十	二十一	二十二

	242	241	240	239
秦	五　蒙骜取魏酸枣二十城。初置东郡。	六　五国共击秦。	七　彗星见北方西方。夏太后薨。蒙骜死。	八　嫪毒封长信侯。
魏	魏景湣王元年秦拔我二十城。	二　秦拔我朝歌。卫从濮阳徙野王。	三　秦拔我汲。	四
韩	三十一	三十二	三十三	三十四
赵	三　赵相、魏相会(鲁)柯,盟。	四	五	六
楚	二十一	二十二　王东徙寿春,命曰郢。	二十三	二十四
燕	十三　剧辛死于赵。	十四	十五	十六
齐	二十三	二十四	二十五	二十六

238	237	236
九 彗星见，竟天。嫪毐为乱，迁其舍人于蜀。彗星复见。	十 相国吕不韦免。齐、赵来，置酒。太后入咸阳。大索。	十一 吕不韦之河南。王翦击邺、阏与，取九城。
五 秦拔我垣、蒲阳、衍。	六	七
韩王安元年	二	三
七	八 入秦，置酒。	九 秦拔我阏与、邺，取九城。
二十五 李园杀春申君。	楚幽王悼元年	二
十七	十八	十九
二十七	二十八 入秦，置酒。	二十九

	235	234	233
秦	十二　发四郡兵助魏击楚。吕不韦卒。复嫪毐舍人迁蜀者。	十三　桓齮击平阳，杀赵扈辄，斩首十万，因东击赵。王之河南。彗星见。	十四　桓齮定平阳、武城、宜安。韩使非来，我杀非。韩王请为臣。
魏	八　秦助我击楚。	九	十
韩	四	五	六
赵	赵王迁元年【集解】徐广曰："幽愍元年。"	二　秦拔我平阳，败扈辄，【索隐】扈辄，赵将，汉别有扈辄也。斩首十万。	三　秦拔我宜安。
楚	三　秦、魏击我。	四	五
燕	二十	二十一	二十二
齐	三十	三十一	三十二

232	231	230
十五 兴军至邺。军至太原。取狼孟。	十六 置丽邑。发卒受韩南阳。	十七 内史(胜)〔腾〕击得韩王安,尽取其地,置颍川郡。华阳太后薨。
十一	十二 献城秦。	十三
七	八 秦来受地。	九 秦虏王安,秦灭韩。
四 秦拔我狼孟、鄗吾,【索隐】鄗音婆,又音盘,县名,在常山。军邺。	五 地大动。	六
六	七	八
二十三 太子丹质于秦,亡来归。	二十四	二十五
三十三	三十四	三十五

	229	228	227
秦	十八	十九　王翦拔赵，虏王迁(之)邯郸。帝太后薨。	二十　燕太子使荆轲刺王，觉之。王翦将击燕。
魏	十四　卫君角元年。	十五	魏王假元年
韩			
赵	七	八　秦王翦虏王迁邯郸。公子嘉自立为代王。	代王嘉元年
楚	九	十　幽王卒，弟郝立，为哀王。三月，负刍杀哀王。	楚王负刍元年负刍，哀王庶兄。
燕	二十六	二十七	二十八　太子丹使荆轲刺秦王，秦伐我。
齐	三十六	三十七	三十八

226	225	224	223
二十一　王贲击楚。	二十二　王贲击魏，得其王假，尽取其地。	二十三　王翦、蒙武击破楚军，杀其将项燕。	二十四　王翦、蒙武破楚，虏其王负刍。
二	三　秦虏王假。		
二	三	四	五
二　秦大破我，取十城。	三	四　秦破我将项燕。	五　秦虏王负刍。秦灭楚。
二十九　秦拔我蓟，得太子丹。王徙辽东。	三十	三十一	三十二
三十九	四十	四十一	四十二

	222	221
秦	二十五　王贲击燕,虏王喜。又击得代王嘉。五月,天下大酺。	二十六　王贲击齐,虏王建。初并天下,立为皇帝。
魏		
韩		
赵	六　秦将王贲虏王嘉,秦灭赵。	
楚		
燕	三十三　秦虏王喜,拔辽东,秦灭燕。	
齐	四十三	四十四　秦虏王建。秦灭齐。

220	二十七　更命河为'德水'。为金人十二。命民曰'黔首'。同天下书。分为三十六郡。
219	二十八　为阿房宫。之衡山。治驰道。帝之琅邪,道南郡入。为太极庙。赐户三十,爵一级。
218	二十九　郡县大索十日。帝之琅邪,道上党入。
217	三十
216	三十一　更命腊曰'嘉平'。赐黔首里六石米二羊,以嘉平。大索二十日。
215	三十二　帝之碣石,道上郡入。
214	三十三　遣诸逋亡及贾人赘婿略取陆梁,为桂林、南海、象郡,以適戍。西北取戎为(四)〔三〕十四县。【集解】徐广曰:'一云四十四县是也。又云二十四县。'筑长城河上,蒙恬将三十万。

秦		
	213	三十四　適治狱不直者筑长城。(及)〔取〕南方越地。覆狱故失。
	212	三十五　为直道,道九原,通甘泉。
	211	三十六　徙民于北河、榆中,耐徙三处,【集解】徐广曰:'一作"家"。'拜爵一级。石昼下东郡,有文言'地分'。
	210	三十七　十月,帝之会稽、琅邪,还至沙丘崩。子胡亥立,为二世皇帝。杀蒙恬。道九原入。复行钱。
	209	二世元年　十月戊寅,大赦罪人。十一月,为兔园。十二月,就阿房宫。其九月,郡县皆反。楚兵至戏,章邯击却之。出卫君角为庶人。
	208	二　将军章邯、长史司马欣、都尉董翳追楚兵至河。诛丞相斯、去疾,将军冯劫。
	207	三　赵高反,二世自杀,高立二世兄子婴。子婴立,刺杀高,夷三族。诸侯入秦,婴降,为项羽所杀。寻诛羽,天下属汉。

【索隐述赞】春秋之后,王室益卑。楚强南服,秦霸西垂。三卿分晋,八代与妫。递主盟会,互为雄雌。二周前灭,六国后隳。壮哉嬴氏,吞并若斯。

史记卷十六

秦楚之际月表第四

【索隐】张晏曰:"时天下未定,参错变易,不可以年记,故列其月。"今案:秦楚之际,扰攘僭篡,运数又促,故以月纪事名表也。

太史公读秦楚之际,曰:初作难,发于陈涉;虐戾灭秦,自项氏;拨乱诛暴,平定海内,卒践帝祚,成于汉家。五年之间,号令三嬗,① 自生民以来,未始有受命若斯之亟② 也。

①【集解】音善。 【索隐】古"禅"字,音市战反。三嬗,谓陈涉、项氏、汉高祖也。

②【索隐】音已力反。亟训急也。

昔虞、夏之兴,积善累功数十年,德洽百姓,摄行政事,考之于天,① 然后在位。汤、武之王,乃由契、后稷修仁行义十馀世,不期而会孟津八百诸侯,犹以为未可,其后乃放弑。② 秦起襄公,章于文、缪、献、孝之后,稍以蚕食六国,百有馀载,至始皇乃能并冠带之伦。以德若彼,③ 用力如此,④ 盖一统若斯之难也。

①【集解】韦昭曰:"谓舜受禅,在璇玑玉衡以齐七政。"

②【索隐】后乃放杀。杀音弑,谓汤放桀,武王讨纣也。

③【索隐】即契、后稷及秦襄公、文公、穆公也。

④【索隐】谓汤、武及始皇。

秦既称帝,患兵革不休,以有诸侯也,于是无尺土之封,堕坏名城,销锋镝,① 钼豪桀,维万世② 之安。然王迹之兴,起于闾巷,合从讨伐,轶于三代,乡秦之禁,适足以资贤者③ 为驱除难耳。故愤发其所为天下雄,④ 安在无土不王。⑤ 此乃传之所谓大圣乎?⑥ 岂非天哉,岂非天哉!

非大圣孰能当此受命而帝者乎？

①【集解】徐广曰："一作'锃'。"【索隐】镝音的。注"锃"字亦音的。案：秦销
锋镝，作金人十二，以弱天下之兵也。

②【索隐】维训度，谓计度令万代安也。

③【索隐】乡秦之禁适足资贤者。乡音向，许亮反。谓秦前时之禁兵及不封树
诸侯，适足以资后之贤者，即高帝也。言驱除患难耳。

④【索隐】指汉高祖。

⑤【集解】《白虎通》曰："圣人无土不王，使舜不遭尧，当如夫子老于阙里也。"

⑥【索隐】言高祖起布衣，卒传之天位，实所谓大圣。

公元前 209

秦	**二世元年** 【集解】徐广曰:"壬辰。" 【正义】七月,陈涉起陈。八月,武臣起赵。九月,项梁起吴,田儋起齐,沛公初起,韩广起燕。十二月,魏咎起魏,陈王立之。二年六月,韩成起韩,项梁立之也。
楚	
项	
赵	
齐	
汉	
燕	
魏	
韩	

七月	八月
楚隐王陈涉起兵入秦。【索隐】二月,葛婴立襄彊,涉之二月也。至戏,葛婴杀彊。五月,周文死。六月,陈涉死。然涉起凡六月,当二世元年十二月也。	二　葛婴为涉徇九江,立襄彊为楚王。
	武臣始至邯郸,自立为赵王,始。【索隐】凡四月,为李良所杀,当二世元年八月也。

九月	楚兵至戏。

三	周文兵至戏,败。而(陈)〔葛〕婴闻涉王,即杀疆。

项梁号武信君。【索隐】二世元年九月立,至二年九月,章邯杀梁于定陶。

二

齐王田儋始。儋,狄人。诸田宗强。从弟荣,荣弟横。【索隐】二世二年六月,章邯杀儋。儋立十月死。齐立田假。二世二年八月,田荣立儋子市为王。项羽又立市为胶东王,封田都为临淄王,安为济北王。田荣杀田市、田安,自立为王。羽击荣,平原人杀之。田横立荣子广为王也。

沛公初起。【索隐】凡十四月,怀王封沛公为武安侯,将砀郡兵。

韩广为赵略地至蓟,自立为燕王始。【索隐】二世三年十月,(破)〔使〕臧荼救赵,封荼为燕王,徙广封辽东王,后臧荼杀韩广。

魏王咎始。咎在陈,不得归国。【集解】徐广曰:"魏咎、曹咎字皆作'咎',音臼。"【索隐】四月,咎自陈归,立。二年六月,咎自杀。九月,弟豹自立,都平阳。后豹归汉,寻叛,韩信虏豹。

208

二年十月	十一月	十二月
四　诛葛婴。	五　周文死。	六　陈涉死。
二	三	四
三	四　李良杀武臣,张耳、陈馀走。	
二　儋之起,杀狄令自王。	三	四
二　击胡陵、方与,破秦监军。	三　杀泗水守。【集解】徐广曰:"泗水属东海。"拔薛西。周市东略地丰沛间。	四　雍齿叛沛公,以丰降魏。沛公还攻丰,不能下。
二	三	四
二	三　齐、赵共立周市,市不肯,曰"必立魏咎"云。	四　咎自陈归,立。

端月　【索隐】二世二年正月也。秦讳正,故云端月也。	二月
楚王景驹始,秦嘉立之。【索隐】八月,项梁杀之。	二　嘉为上将军。
五　涉将召平矫拜项梁为楚柱国,急西击秦。	六　梁渡江,陈婴、黥布皆属。
赵王歇始,张耳、陈馀立之。【索隐】张耳、陈馀,项羽立为代王。后汉灭歇,立张耳也。	二
五　让景驹以擅自王不请我。	六　景驹使公孙庆让齐,诛庆。
五　沛公闻景驹王在留,往从,与击秦军砀西。【集解】徐广曰:“一作‘萧’。”	六　攻下砀,收得兵六千,与故凡九千人。
五	六
五　章邯已破涉,围咎临济。	六

三月	四月	五月
三	四	
七	八　梁击杀景驹、秦嘉，遂入薛，兵十餘万众。	九
三	四	五
七	八	九
七　攻拔下邑，遂击丰，丰不拔。闻项梁兵众，往请击丰。	八　沛公如薛见项梁，梁益沛公卒五千，击丰，拔之。雍齿奔魏。	九
七	八	九
七	八　临济急，周市如齐、楚请救。	九

六月 【索隐】二世二年六月也。
楚怀王始,都盱台,故怀王孙,梁立之。【索隐】故怀王之孙名心也。项梁之起,诸侯尊为义帝,项羽徙而杀之。
十　梁求楚怀王孙,得之民间,立为楚王。
六
十　儋救临济,章邯杀田儋。荣走东阿。
十　沛公如薛,共立楚怀王。
十
十　咎自杀,临济降秦。
韩王成始。【索隐】韩王成立,项羽更王之,不使就封,数月杀之,立郑昌为韩王,降汉。汉封韩信为王。

七月	八月
二　陈婴为柱国。	三
十一　天大雨,三月不见星。	十二　救东阿,破秦军,乘胜至定陶,项梁有骄色。
七	八
齐立田假为王,秦急围东阿。	楚救荣,得解归,逐田假,立儋子市为齐王,始。
十一　沛公与项羽北救东阿,破秦军濮阳,东屠城阳。	十二　沛公与项羽西略地,斩三川守李由于雍丘。
十一	十二
咎弟豹走东阿。	
二	三

九月	后九月 【集解】徐广曰："应闰建酉。"
四　徙都彭城。	五　拜宋义为上将军。
十三　章邯破杀项梁于定陶，项羽恐，还军彭城。	怀王封项羽于鲁，为次将，属宋义，北救赵。
九	十　秦军围歇钜鹿，陈馀出(救)〔收〕兵。
二　田假走楚，楚趋齐救赵。田荣以假故，不肯，谓"楚杀假乃出兵"。项羽怒田荣。	三
十三　沛公闻项梁死，还军，从怀王，军于砀。	十四　怀王封沛公为武安侯，将砀郡兵西，约先至咸阳王之。
十三	十四
魏豹自立为魏王，都平阳，始。	二
四	五

207

三年十月	十一月
六	七　拜籍上将军。
二	三　羽矫杀宋义,将其兵渡河救钜鹿。
十一　章邯破邯郸,徙其民于河内。	十二
四　齐将田都叛荣,往助项羽救赵。	五
十五　攻破东郡尉及王离军于成武南。	十六
十五　使将臧荼救赵。	十六
三	四
六	七

十二月	端月	二月
八	九	十
四　大破秦军钜鹿下，诸侯将皆属项羽。	五　虏秦将王离。	六　攻破章邯，章邯军却。
十三　楚救至，秦围解。	十四　张耳怒陈馀，弃将印去。	十五
六　故齐王建孙田安下济北，从项羽救赵。	七	八
十七　（救赵）至栗得皇䜣、武蒲军。与秦军战，破之。	十八	十九　得彭越军昌邑，袭陈留。用郦食其策，军得积粟。
十七	十八	十九
五　豹救赵。	六	七
八	九	十

三月	四月	五月
十一	十二	二年一月
七	八　楚急攻章邯,章邯恐,使长史欣归秦请兵,赵高让之。	九　赵高欲诛欣,欣恐,亡走,告章邯谋叛秦。
十六	十七	十八
九	十	十一
二十　攻开封,破秦将杨熊,熊走荥阳,秦斩熊以徇。	二十一　攻颍阳,略韩地,北绝河津。	二十二
二十	二十一	二十二
八	九	十
十一	十二	十三

六月	七月
二	三
十　章邯与楚约降,未定,项羽许而击之。	十一　项羽与章邯期殷虚,章邯等已降,与盟,以邯为雍王。
十九	二十
十二	十三
二十三　攻南阳守齮,破之阳城郭东。【集解】徐广曰:"阳城在南阳。"	二十四　降下南阳,封其守齮。
二十三	二十四
十一	十二
十四	十五　申阳下河南,降楚。

八月　赵高杀二世。	九月　子婴为王。
四	五
十二　以秦降都尉翳、长史欣为上将,将秦降军。	十三
二十一　赵王歇留国。陈馀亡居南皮。	二十二
十四	十五
二十五　攻武关,破之。	二十六　攻下峣及蓝田。以留侯策,不战皆降。
二十五	二十六
十三	十四
十六	十七

206

十月　【集解】徐广曰:"岁在乙未。"【索隐】高祖至霸上,称元年。徐广云岁在乙未。	十一月
六	七
十四　项羽将诸侯兵四十餘万,行略地,西至于河南。	十五　羽诈坑杀秦降卒二十万人于新安。
二十三　张耳从楚西入秦。	二十四
十六	十七
二十七　汉元年,秦王子婴降。沛公入破咸阳,平秦,还军霸上,待诸侯约。	二十八　沛公出令三章,秦民大悦。
二十七	二十八
十五　从项羽略地,遂入关。	十六
十八	十九

十二月
八 分楚为四。【索隐】西楚、衡山、临江、九江也。
十六 至关中,诛秦王子婴,屠烧咸阳。分天下,立诸侯。
二十五 分赵为代国。
十八 项羽怨荣,(杀之)分齐为三国。【索隐】临淄、济北、胶东。
二十九 与项羽有郤,见之戏下,讲解。羽倍约,分关中为四国。【索隐】汉、雍、塞、翟。
二十九 臧荼从入,分燕为二国。【索隐】燕、辽东也。
十七 分魏为殷国。
二十 分韩为河南国。

楚	义帝元年诸侯尊怀王为义帝。【索隐】项羽徙之于郴,至十月,项籍使九江王布杀义帝,汉王为举哀也。
项	九　项籍自立为西楚霸王。
	分为衡山。
	分为临江。
	分为九江。
赵	二十六　更名为常山。
	分为代。
齐	十九　更名为临菑。
	分为济北。
	分为胶东。
汉	正月　【索隐】高祖及十二诸侯受封之月,《汉书·异姓王表》云一月,故应劭云:"诸侯王始受封之月,十三王同时称一月。以非元正,故云一月。高祖十月至霸上改元,至此月汉四月。"分关中为汉。
	分关中为雍。
	分关中为塞。
	分关中为翟。
燕	三十　燕
	分为辽东。
魏	十八　更为西魏
	分为殷。
韩	二十一　韩
	分为河南。

二	徙都江南郴。
	西楚主伯，项籍始，为天下主命，立十八王。
	王吴芮始，故番君。
	王共敖始，故楚柱国。
	王英布始，故楚将。
	王张耳始，故楚将。【索隐】故赵相。
二十七	【索隐】赵歇前为赵王已二十六月，今徙王代之二月，故云二十七月。其胶东王市之前为齐王十九月，韩广、魏豹、韩成五人并先为王已经多月，故因旧月而数也。**王赵歇始，故赵王。**
	王田都始，故齐将。
	王田安始，故齐将。
二十	王田市始，故齐王。
二月	【索隐】应劭云："诸王始都国之月，十三王同时称二月。"汉王始，故沛公。
	王章邯始，故秦将。
	王司马欣始，故秦将。【索隐】故秦长史。
	王董翳始，故秦将。【索隐】故秦都尉。
	王臧荼始，故燕将。
三十一	王韩广始，故燕王。
十九	王魏豹始，故魏王。
	王司马卬始，故赵将。
二十二	王韩成始，故韩将。【索隐】故韩王。
	王申阳始，故楚将。

楚	三
西楚	二　都彭城。
衡山	二　都邾。
临江	二　都江陵。
九江	二　都六。
常山	二　都襄国。
代	二十八　都代。
临菑	二　都临菑。
济北	二　都博阳。
胶东	二十一　都即墨。
汉	三月　都南郑。
雍	二　都废丘。
塞	二　都栎阳。
翟	二　都高奴。
燕	二　都蓟。
辽东	三十二　都无终。
西魏	二十　都平阳。【索隐】豹从汉又叛，韩信虏之。汉四年，周苛杀豹也。
殷	二　都朝歌。
韩	二十三　都阳翟。【索隐】姚氏云："韩成是项梁所立，不与十七国封。此云十八王，并项羽所命，不细区别。"又《高纪》云项羽与成至彭城，废为侯，又杀之。是不令就国，当以阳翟为都而不之国。
河南	二　都洛阳。

四	五	六
三　诸侯罢戏下兵,皆之国。	四	五
三	四	五
三	四	五
三	四	五
三	四	五
二十九	三十	三十一
三	四　田荣击都,都降楚。	齐王田荣始,故齐相。
三	四	五
二十二	二十三	二十四　田荣击杀市。
四月	五月	六月
三	四	五
三	四	五
三	四	五
三	四	五
三十三	三十四	三十五
二十一	二十二	二十三
三	四	五
二十四	二十五	二十六
三	四	五

七	八	九
六	七	八
六	七	八
六	七	八
六	七	八
六	七	八
三十二	三十三	三十四
二	三	四
六　田荣击杀安。	属齐。	
属齐。		
七月	八月	九月
六	七　邯守废丘，汉围之。	八
六	七　欣降汉，国除。	属汉，为渭南、河上郡。
六	七　翳降汉，国除。	属汉，为上郡。
六	七	八
三十六	三十七　臧荼击广无终，灭之。	属燕。
二十四	二十五	二十六
六	七	八
二十七　项羽诛成。	韩王郑昌始，项羽立之。	二
六	七	八

205

十　项羽灭义帝。	
九	十
九	十
九	十
九	十
九　耳降汉。	
三十五　歇复王赵。	三十六
五	六
十月　王至陕。【集解】徐广曰:"弘农陕县。"	十一月
九	十　汉拔我陇西。
九	十
二十七	二十八
九	十
三	韩王信始,汉立之。
九	属汉,为河南郡。

十一	十二
十一	十二
十一	十二
十一	十二
歇以陈馀为代王,(号)〔故〕成安君。	二
三十七	三十八
七	八　项籍击荣,走平原,平原民杀之。
十二月	正月
十一	十二　汉拔我北地。
十一	十二
二十九	三十
十一	十二
二	三

二年一月	二
二年一月	二
十三	十四
二年一月	二
三	四
三十九	四十
项籍立故齐王田假为齐王。	二　田荣弟横反城阳，击假，走楚，楚杀假。
二月	三月　王击殷。
二年一月	二
二年一月	二
三十一	三十二　降汉。(为废王)
十三	十四　降汉，印废。
四	五

三　项羽以兵三万破汉兵五十六万。	四
三	四
十五	十六
三	四
五	六
四十一	四十二
齐王田广始。广,荣子,横立之。	二
四月　王伐楚至彭城,坏走。	五月　王走荥阳。
三	四
三	四
三十三　从汉伐楚。	三十四　豹归,叛汉。
为河内郡,属汉。	
六　从汉伐楚。	七

五	六
五	六
十七	十八
五	六
七	八
四十三	四十四
三	四
六月　王入关,立太子。复如荥阳。	七月
五　汉杀邯废丘。	属汉,为陇西、北地、中地郡。
五	六
三十五	三十六
八	九

七	八	九
七	八	九
十九	二十	二十一
七	八	九
九	十	十一
四十五	四十六	四十七
五	六	七
八月	九月	后九月 【集解】徐广曰:"应闰建巳。"
七	八	九
三十七	三十八 汉将信虏豹。	属汉,为河东、上党郡。
十	十一	十二

204

十	十一
十	十一
二十二	二十三
十	十一
十二　汉将韩信斩陈馀。	属汉,为太原郡。
四十八　汉灭歇。	属汉,为郡。
八	九
三年十月	十一月
十	十一
二年一月	二

十二	三年一月	二	三
十二	三年一月	二	三
二十四	二十五	二十六	二十七
十二　布身降汉,地属项籍。			
十	十一	十二	十三
十二月	正月	二月	三月
十二	三年一月	二	三
三	四	五	六

四	五	六	七
四	五	六	七
二十八	二十九	三十	三十一　王敖薨。
十四	十五	十六	十七
四月　楚围王荥阳。	五月	六月	七月　王出荥阳。【集解】徐广曰:"《项羽》、《高纪》七月出荥阳。"
四	五	六	七
七	八	九	十

八	九
八	九
临江王骄【索隐】共敖之子,汉虏之,亦在四年十二月。始,敖子。	二
十八	十九
八月　周苛、枞公杀魏豹。	九月
八	九
十一	十二

203

十	十一　汉将韩信破杀龙且。	十二
十	十一	十二
三	四	五
	赵王张耳始,汉立之。	二
二十	二十一　汉将韩信击杀广。	属汉,为郡。
四年十月	十一月	十二月
十	十一	十二
三年一月	二	三

四年一月	二	三　汉御史周苛入楚,〔死〕。
四年一月	二	三
六	七	八
三	四	五
	齐王韩信始,汉立之。	二
正月	二月　立信王齐。	三月　周苛入楚。
四年一月	二	三
四	五	六

四	五	六
四	五	六
九	十	十一
六	七	八
三	四	五
四月　王出荥阳。豹死。【集解】徐广曰:"《项羽纪》曰王出成皋。"	五月	六月
四	五	六
七	八	九

七	八	九	十
七	八	九	十
十二	十三	十四	十五
淮南王英布始，汉立之。	二	三	四
九	十	十一	十二
六	七	八	九
七月立布为淮南王。	八月	九月太公、吕后归自楚。	五年十月
七	八	九	十
十	十一	十二	四年一月

十一	十二　诛籍。【索隐】汉诛项籍在四年十二月。
十一	十二
十六	十七　汉虏骦。
五	六
二年一月	二
十	十一
十一月	十二月
十一	十二
二	三

齐王韩信徙楚王。
十三　徙王长沙。
属汉,为南郡。
七　淮南国
三　赵国
十二　徙王楚,属汉,为四郡。
正月　【索隐】汉王更号皇帝,即位于定陶也。杀项籍,天下平,诸侯臣属汉。
五年一月　燕国
复置梁国。
四　韩王信徙王代,都马邑。
分临江为长沙国。

二	三	四	五
属淮南国。			
八	九	十	十一
四	五	六	七
二月　甲午,王更号,即皇帝位于定陶。	三月	四月	五月
二	三	四	五
梁王彭越始。	二	三	四
五	六	七	八
衡山王吴芮为长沙王。【索隐】吴芮始,改封也。	二	三	四

六	七	八
十二	二年一月	二
八	九　耳薨,谥景王。	赵王张敖(立)〔始〕,耳子。
六月　帝入关。	七月	八月　帝自将诛燕。
六	七	八
五	六	七
九	十	十一
五	六　薨,谥文王。	长沙成王臣始,芮子。

九	王得故项羽将锺离昧,斩之以闻。
三	
二	
九月	
九	反汉,虏茶。【索隐】虏臧荼。《汉书》作四年九月,误也。
八	
十二	
二	

十
四
三
后九月　【集解】徐广曰："应闰建寅。"
燕王卢绾始，汉太尉。
九
五年一月
三

【索隐述赞】秦失其鹿,群雄竞逐。狐鸣楚祠,龙兴沛谷。武臣自王,魏豹必复。田儋据齐,英布居六。项王主命,义帝见戮。以月系年,道悠运速。汹汹天下,瞻乌谁屋? 真人霸上,卒享天禄。

史记卷十七

汉兴以来诸侯王年表第五

【索隐】应劭云：“虽名为王，其实如古之诸侯。”

太史公曰：殷以前尚矣。周封五等：公，侯，伯，子，男。然封伯禽、康叔于鲁、卫，地各四百里，亲亲之义，褒有德也；太公于齐，兼五侯地，尊勤劳也。武王、成、康所封数百，而同姓五十五，①地上不过百里，下三十里，以辅卫王室。管、蔡、康叔、曹、郑，或过或损。厉、幽之后，王室缺，侯伯强国兴焉，天子微，弗能正。非德不纯，形势弱也。②

①【索隐】案：《汉书》封国八百，同姓五十馀。顾氏据《左传》魏子谓成鱄云“武王克商，光有天下，兄弟之国十有五人，姬姓之国四十人”是也。

②【索隐】纯，善也，亦云纯一。言周王非德不纯一，形势弱也。

汉兴，序二等。①高祖末年，非刘氏而王者，若无功上所不置②而侯者，天下共诛之。高祖子弟同姓为王者九国，③唯独长沙异姓，而功臣侯者百有馀人。自雁门、太原以东至辽阳，④为燕、代国；常山以南，大行左转，度河、济，阿、甄以东薄海，为齐、赵国；自陈以西，南至九疑，东带江、淮、穀、泗，⑤薄会稽，为梁、楚、淮南、长沙国：皆外接于胡、越。而内地北距山以东尽诸侯地，大者或五六郡，连城数十，置百官宫观，僭于天子。汉独有三河、东郡、颍川、南阳，自江陵以西至蜀，北自云中至陇西，与内史⑥凡十五郡，而公主列侯颇食邑其中。何者？天下初定，骨肉同姓少，故广强庶孽，以镇抚四海，用承卫天子也。

①【集解】韦昭曰：“汉封功臣，大者王，小者侯也。”

②【集解】徐广曰：“一云‘非有功上所置’。”

③【集解】徐广曰：“齐、楚、荆、淮南、燕、赵、梁、代、淮阳。” 【索隐】徐氏九国

不数吴,盖以荆绝乃封吴故也。仍以淮阳为九。今案:下文所列有十国者,以长沙异姓,故言九国也。

④【集解】韦昭曰:"辽东辽阳县。"

⑤【集解】徐广曰:"穀水在沛。"

⑥【正义】京兆也。

汉定百年之间,亲属益疏,诸侯或骄奢,忕邪臣①计谋为淫乱,大者叛逆,小者不轨于法,以危其命,殒身亡国。天子观于上古,然后加惠,使诸侯得推恩分子弟②国邑,故齐分为七,③赵分为六,④梁分为五,⑤淮南分三,⑥及天子支庶子为王,王子支庶为侯,百有馀焉。吴楚时,前后诸侯或以适削地,⑦是以燕、代无北边郡,吴、淮南、长沙无南边郡,⑧齐、赵、梁、楚支郡名山陂海咸纳于汉。诸侯稍微,大国不过十馀城,小侯不过数十里,上足以奉贡职,下足以供养祭祀,以蕃辅京师。而汉郡八九十,形错诸侯间,犬牙相临,⑨秉其阨塞地利,强本干,弱枝叶之势,尊卑明而万事各得其所矣。

①【索隐】忕音誓。忕训习。言习于邪臣之谋计,故《尔雅》云"忕犹狃"也。狃亦训习。

②【索隐】案:武帝用主父偃言而下推恩之令也。

③【集解】徐广曰:"城阳、济北、济南、菑川、胶西、胶东,是分为七。"

④【集解】徐广曰:"河间、广川、中山、常山、清河。"

⑤【集解】徐广曰:"济阴、济川、济东、山阳也。"

⑥【集解】徐广曰:"庐江、衡山。"

⑦【索隐】适音宅。或作"过"。

⑧【集解】如淳曰:"长沙之南更置郡,燕、代以北更置缘边郡,其所有饶利兵马器械,三国皆失之也。"【正义】景帝时,汉境北至燕、代,燕、代之北未列为郡。吴、长沙之国,南至岭南;岭南、越未平,亦无南边郡。

⑨【索隐】错音七各反。错谓交错。相衔如犬牙,故云犬牙相制,言犬牙参差也。

臣迁谨记高祖以来至太初诸侯,谱其下益损之时,令后世得览。形势虽强,要之以仁义为本。

公元前 206

	高祖元年
楚	楚　【索隐】高祖五年,封韩信。六年,王弟交也。
齐	齐　【索隐】四年,封韩信。六年,封子肥。
荆	荆　【索隐】六年,封刘贾。十一年,贾为英布所杀。其年立吴国,封兄子濞也。
淮南	淮南　【索隐】四年,封英布。十一年反,诛。立子长。
燕	燕　【索隐】五年,封卢绾。十一年,亡入匈奴。十二年,立子建也。
赵	赵　【索隐】四年,封张耳。其年薨。明年,子敖立。八年,废为宣平侯。九年,立子如意也。
梁	梁　【索隐】五年,封彭越。十一年反,诛。十二年,立子恢。
淮阳	淮阳　【索隐】十一年,封子友。后二年,为郡。高后元年,复为国,封惠帝子彊。
代	代　【索隐】二年,封韩王信。五年,降匈奴。十一年,立子恒也。
长沙	长沙　【索隐】五年,吴芮薨。六年,子成王臣立。

205

二
都彭城。
都临菑。
都吴。
都寿春。
都蓟。
都邯郸。
都淮阳。
都陈。
十一月,初王韩信元年。都马邑。【集解】徐广曰:本纪及表高祖起五年始徙信。故韩王孙。

	204	203	202
	三	四	五
楚			齐王信徙为楚王元年。反，废。
齐		初王信元年。故相国。	二　徙楚。
荆			
淮南		十月乙丑，初王(武王)英布元年。	二
燕			〔后〕九月壬子，初王卢绾元年。
赵		初王张耳元年。薨。	王敖元年。敖，耳子。
梁			初王彭越元年
代	二	三	四　降匈奴，国除为郡。
长沙			二月乙未，初王文王吴芮元年。薨。

201	200	199
六	七	八
正月丙午,初王交元年。交,高祖弟。	二	三
正月甲子,初王悼惠王肥元年。肥,高祖子。	二	三
正月丙午,初王刘贾元年。	二	三
三	四	五
二	三	四
二	三	四　废。
二	三	四
成王臣元年	二	三

	198	197
	九	十
楚	四　来朝。	五　来朝。
齐	四　来朝。	五　来朝。
荆	四	五　来朝。
淮南	六　来朝。	七　来朝。反,诛。
燕	五	六　来朝。
赵	初王隐王如意元年。如意,高祖子。	二
梁	五　来朝。	六　来朝。反,诛。
淮阳		
代		复置代,都中都。
长沙	四	五　来朝。

196

十一
六
六
六　为英布所杀,国除为郡。
十二月庚午,厉王长元年。长,高祖子。
七　【集解】徐广曰:"一云十月亡入于匈奴。"
三
二月丙午,初王恢元年。恢,高祖子。
三月丙寅,初王友元年。友,高祖子。(徙赵)
正月丙子,初王元年。
六

195

	十二
楚	七
齐	七
荆	更为吴国。十月辛丑,初王濞元年。濞,高祖兄仲子,故沛侯。
淮南	二
燕	(三)〔二〕月甲午,初王灵王建元年。建,高祖子。
赵	四　死。
梁	二
淮阳	二
代	二
长沙	七

194	193	192
孝惠元年	二	三
八	九　来朝。	十
八	九　来朝。	十
二	三	四
三	四	五
二	三	四
淮阳王徙于赵，名友，元年。是为幽王。	二	三
三	四	五
为郡。		
	四	五
	哀王回元年	二

	191	190	189	188
	四	五	六	七
楚	十一　来朝。	十二	十三	十四　来朝。
鲁				初置鲁国。
齐	十一　来朝。	十二	十三　薨。	哀王襄元年
荆	五	六　来朝。	七	八　来朝。
淮南	六　来朝。	七	八	九　来朝。
燕	五	六　来朝。	七	八　来朝。
赵	四　来朝。	五	六	七　来朝。
常山				初置常山国。
梁	六	七	八	九　来朝。
				初置吕国。
淮阳				复置淮阳国。
代	六	七	八	九
长沙	三	四	五	六

187

高后元年
十五
四月　（元）〔初〕王张偃元年。偃，高后外孙，故赵王敖子。
二
九
十
九
八
四月辛卯，哀王不疑元年。薨。
十
四月辛卯，吕王台元年。薨。
四月辛卯，初王怀王彊元年。彊，惠帝子。
十
七

186

	二
楚	十六
鲁	二
齐	三
吴	十
淮南	十一
燕	十
赵	九
常山	七月癸巳,初王义元年。(皇子)哀王弟。义,孝惠子,故襄城侯,〔后〕立为帝。
梁	十一
吕	十一月癸亥,王吕嘉元年。嘉,肃王子。
淮阳	二
代	十一
长沙	恭王右元年

185	184
三	四
十七	十八
三	四
四　来朝。	五
十一	十二
十二	十三
十一	十二
十	十一
二	五月丙辰,初王朝元年。朝,惠帝子,故轵侯。【索隐】轵音章是反。轵县在河内。后文帝以封舅薄昭。
十二	十三
二	三
三	四
十二	十三
二　来朝。	三

	183	182
	五	六
楚	十九	二十
鲁	五	六
齐	六	七
琅邪	初置琅邪国。	
吴	十三	十四
淮南	十四　来朝。	十五
燕	十三	十四
赵	十二	十三
常山	二	三
梁	十四	十五
吕	四	嘉废。七月丙辰吕产元年。产，肃王弟，故洨侯。【索隐】洨音交。洨水所出，县名，在沛。又音□也。
淮阳	五无嗣。	初王武元年。武，孝惠帝子，故壶关侯。
代	十四	十五
长沙	四	五

181

七
二十一
七
八
王泽元年。故营陵侯。【索隐】营陵,县名,属北海。
十五
十六
十五　　绝。
（十四　楚吕产徙梁元年）
四
（十六）徙王赵,自杀。王吕产元年。
吕产徙王梁。(七)〔二〕月丁巳,王太元年。惠帝子。【索隐】吕太,故昌平侯。县名,属上谷也。
二
十六
六

180

	八
楚	二十二
鲁	八
齐	九
城阳	
济北	
琅邪	二
吴	十六
淮南	十七
燕	十月辛丑,初王吕通元年。肃王子,故东平侯。九月诛,国除。【索隐】东平,县,属梁国。
赵	初王吕禄元年。吕后兄子,胡陵侯。诛,国除。【索隐】胡陵,县名,属山阳也。
河间	
常山	五　非子,诛,国除为郡。
梁	二　有罪,诛,为郡。
吕	二
淮阳	三　武诛,国除。
代	十七
长沙	七

179

孝文（前）元年
二十三
九　废为侯。
十　薨。
初置城阳郡。
初置济北。
三　徙燕。
十七
十八
十月庚戌，琅邪王泽徙燕元年。是为敬王。
十月庚戌，赵王遂元年。幽王子。
分为河间，都乐成。
初置太原，都晋阳。
复置梁国。
十八　为文帝。
八

178

	二
楚	夷王郢元年
齐	文王则元年
城阳	二月乙卯,景王章元年。章,悼惠王子,故朱虚侯。【索隐】朱虚,县名,属琅琊。
济北	二月乙卯,王兴居元年。兴居,悼惠王子,故东牟侯。【索隐】县名,属东莱。
琅邪	国除为郡。
吴	十八
淮南	十九
燕	二　薨。
赵	二
河间	二月乙卯,初王文王辟彊元年。辟彊,赵幽王子。【索隐】辟音璧。
太原	二月乙卯,初王参元年。参,文帝子。
梁	二月乙卯,初王怀王胜元年。胜,文帝子。
淮阳	
代	二月乙卯,初王武元年。武,文帝子。
长沙	九

177	176
三	四
二	三
二	
二	共王喜元年。
为郡。	
十九　来朝。	二十
二十　来朝。	二十一
康王嘉元年	二
三	四
二	三
二	三　更为代王。
二	三
复置淮阳国。	代王武徙淮阳三年。
二　徙淮阳。	三　太原王参更号为代王三年,实居太原,是为孝王。
靖王著元年	二

	175	174	173
	五	六	七
楚	四薨。	王戊元年	二
齐	四	五	六
城阳	二	三	四
吴	二十一	二十二	二十三
淮南	二十二	二十三　王无道,迁蜀,死雍,为郡。	
燕	三	四	五
赵	五	六	七　来朝。
河间	四	五	六
太原			
梁	四	五	六　来朝。
淮阳	四	五	六　来朝。
代	四	五	六　来朝。
长沙	三	四	五

172	171	170	169
八	九	十	十一
三	四	五	六
七 来朝。	八	九	十
五	六 来朝。	七	八 徙淮南。为郡,属齐。
二十四	二十五	二十六	二十七
六 来朝。	七	八	九
八	九	十	十一
七 来朝。	八	九	十
七	八	九	十 来朝。薨,无后。
七	八 来朝。	九	十 来朝。徙梁。为郡。
七	八	九	十 来朝。
六	七	八 来朝。	九

	168		167	166
	十二		十三	十四
楚	七		八　来朝。	九
衡山				
齐	十一　来朝。		十二	十三
城阳				
济北				
济南				
菑川				
胶西				
胶乐				
吴	二十八		二十九	三十
淮南	城阳王喜徙淮南元年		二	三
燕	十		十一	十二　来朝。
赵	十二　来朝。		十三	十四
河间	十一　来朝。		十二	十三　薨。
庐江				
梁	十一　淮阳王武徙梁年,是为孝王。		十二	十三
代	十一		十二	十三
长沙	十		十一	十二

165

十五
十
初置衡山。
十四　薨。无后。
复置城阳国。
复置济北国。
分为济南国。
分为菑川，都剧。
分为胶西，都宛。【集解】徐广曰："乐安有宛县。"
分为胶东，都即墨。
三十一
四　徙城阳。
十三　来朝。
十五
哀王福元年。薨，无后，国除为郡。
初置庐江国。
十四　来朝。
十四
十三

164

	十六
楚	十一
衡山	四月丙寅,王勃元年。淮南厉王子,故安阳侯。
齐	四月丙寅,孝王将闾元年。齐悼惠王子,故阳虚侯。
城阳	淮南王喜徙城阳十三年。
济北	四月丙寅,初王志元年。齐悼惠王子,故安都侯。
济南	四月丙寅,初王辟光元年。齐悼惠王子,故扐侯。
菑川	四月丙寅,初王贤元年。齐悼惠王子,故武城侯。
胶西	四月丙寅,初王卬元年。齐悼惠王子,故平昌侯。
胶东	四月丙寅,初王雄渠元年。齐悼惠王子,故白石侯。
吴	三十二
淮南	四月丙寅,王安元年。淮南厉王子,故阜陵侯。
燕	十四
赵	十六
庐江	四月丙寅,王赐元年。淮南厉王子,故阳周侯。
梁	十五
代	十五
长沙	十四

163	162	161	160
后元年	二	三	四
十二	十三	十四	十五
二	三	四	五
二	三	四　来朝。	五
十四	十五	十六	十七
二	三	四　来朝。	五　来朝。
二	三	四　来朝。	五
二	三	四	五
二	三	四	五
二	三	四	五
三十三	三十四	三十五	三十六
二	三	四	五
十五	十六	十七	十八　来朝。
十七	十八	十九	二十　来朝。
二	三	四	五
十六	十七	十八　来朝。	十九
十六	十七　薨。	恭王登元年	二
十五	十六	十七	十八

	159	158	157
	五	六	七
楚	十六　来朝。	十七	十八
衡山	六	七	八
齐	六	七	八
城阳	十八　来朝。	十九	二十
济北	六	七	八
济南	六　来朝。	七	八
菑川	六	七	八
胶西	六　来朝。	七	八
胶东	六	七	八
吴	三十七	三十八	三十九
淮南	六	七　来朝。	八
燕	十九	二十	二十一
赵	二十一	二十二	二十三
河间			
广川			
中山			
庐江	六	七	八
梁	二十	二十一　来朝。	二十二
代	三	四	五
长沙	十九	二十　来朝。	二十一　来朝。薨,无后,国除。

156	155
孝景(前)元年	二
十九	二十　来朝。
	分楚复置鲁国。
九	十
九	十
二十一	二十二
九	十　来朝。
九	十
九	十
九	十
九	十
四十	四十一
九	十
二十二	二十三
二十四	二十五　来朝。
复置河间国。	三月甲寅,初王献王德元年。景帝子。
初置广川,都信都。	三月甲寅,王彭祖元年。景帝子。
	初置中山,都卢奴。
九	十
二十三	二十四　来朝。
初置临江,都江(都)〔陵。〕	三月甲寅,初王阏于元年。景帝子。【索隐】阏音遏。
初置汝南国。	三月甲寅,初王非元年。景帝子。
(初)〔复〕置淮阳国。	三月甲寅,初王馀元年。景帝子。
六	七
复置长沙国。	三月甲寅,定王发元年。景帝子。

154

	三
楚	二十一　反,诛。
鲁	六月乙亥淮阳王徙鲁元年。是为恭王。
衡山	十一
齐	十一
城阳	二十三
济北	十一　徙菑川。
济南	十一　反,诛。为郡。
菑川	十一　反,诛。济北王志徙菑川十一年。是为懿王。
胶西	十一　反,诛。六月乙亥,于王端元年。景帝子。【索隐】《谥法》能优其德曰于。
胶东	十一　反,诛。
吴	四十二　反,诛。
淮南	十一
燕	二十四
赵	二十六　反,诛。为郡。
河间	二　来朝。
广川	二　来朝。
中山	六月乙亥,靖王胜元年。景帝子。
庐江	十一
梁	二十五　来朝。
临江	二
汝南	二
淮阳	徙鲁。为郡。
代	八
长沙	二

153

四　四月己巳立太子
文王礼元年。元王子,故平陆侯。
二　来朝。
十二　徙济北。庐江王赐徙衡山(王)元年。
懿王寿元年
二十四
衡山王勃徙济北十二年。是为贞王。
十二
二
四月己巳,初王元年。是为孝武帝。
初置江都。六月乙亥,汝南王非为江都王元年。是为易王。【索隐】《谥法》好更故旧为易也。
十二
二十五
三
三
二
十二　徙衡山,国除为郡。
二十六
三　薨,无后,国除为郡。
三　徙江都。
九
三

152

	五
楚	二
鲁	三
衡山	二
齐	二　来朝。
城阳	二十五
济北	十三　薨。
菑川	十三
胶西	三
胶东	二
江都	二
淮南	十三　来朝。
燕	二十六　薨。
赵	广川王彭祖徙赵四年。是为敬肃王。
河间	四
广川	四　徙赵，国除为信都郡。
中山	三
梁	二十七
临江	
代	十
长沙	四

151	150
六	七　十一月乙丑太子废
三　来朝。薨。	安王道元年
四	五
三	四
三	四
二十六	二十七
武王胡元年	二
十四	十五
四	五
三	四　四月丁巳,为太子。
三	四
十四	十五
王定国元年	二
五	六
五	六
四	五　来朝。
二十八	二十九　来朝。
复置临江国。	十一月乙丑,初王闵王荣元年。景帝太子,废。
十一	十二
五　来朝。	六　来朝。

	149	148
	中元年	二
楚	二　来朝。	三
鲁	六　来朝。	七
衡山	五	六
齐	五	六
城阳	二十八	二十九　来朝。
济北	三	四
菑川	十六　来朝。	十七　来朝。
胶西	六　来朝。	七
胶东	复置胶东国。	四月乙巳,初王康王寄元年。景帝子。
江都	五	六
淮南	十六	十七
燕	三	四
赵	七	八　来朝。
河间	七	八　来朝。
广川	复置广川国。	四月乙巳,惠王越元年。景帝子。
中山	六	七
清河		初置清河,都(济)〔清〕阳。
梁	三十	三十一　来朝。
临江	二	三
代	十三	十四
长沙	七	八

147

三
四
八
七　来朝。
七
三十
五
十八
八
二
七
十八
五　来朝。
九
九
二
八
三月丁巳,哀王乘元年。景帝子。
三十二
四　坐侵庙壖垣为宫,自杀。国除为南郡。【索隐】壖音儒缘反。壖垣,庙境外之墟。壖,边也。
十五　来朝。
九

	146	145
	四	五
楚	五	六　来朝。
鲁	九	十
衡山	八	九
齐	八	九
城阳	三十一	三十二
济北	六	七
菑川	十九	二十
胶西	九	十
胶东	三	四　来朝。
江都	八	九
淮南	十九　来朝。	二十
燕	六	七
赵	十	十一
河间	十	十一
广川	三	四
中山	九　来朝。	十
清河	二	三
常山	复置常山国。	(三)〔四〕月丁巳,初王宪王舜元年。孝景子。
梁	三十三	三十四
济川		分为济川国。
济东		分为济东国。
山阳		分为山阳国。
济阴		分为济阴国。
代	十六	十七
长沙	十　来朝。	十一　来朝。

144

六
七
十一
十
十
三十三　　薨。
八
二十一
十一
五
十
二十一
八
十二
十二
五
十一
四
二
三十五　　来朝。薨。
五月丙戌,初王明元年。梁孝王子。
五月丙戌,初王彭离元年。梁孝王子。
五月丙戌,初王定元年。梁孝王子。
五月丙戌,初王不识元年。梁孝王子。
十八
十二

	143	142	141
	后元年	二	三
楚	八	九	十
鲁	十二	十三	十四
衡山	十一	十二	十三
齐	十一	十二　来朝。	十三
城阳	项王延元年　【索隐】项音倾。城阳王子。	二	三
济北	九	十　来朝。	十一
菑川	二十二　来朝。	二十三	二十四
胶西	十二	十三	十四
胶东	六	七	八　来朝。
江都	十一	十二	十三
淮南	二十二	二十三	二十四
燕	九　来朝。	十　来朝。	十一
赵	十三　来朝。	十四	十五
河间	十三　来朝。	十四	十五
广川	六	七	八
中山	十二	十三	十四
清河	五	六	七
常山	三	四	五
梁	恭王买元年。孝王子。	二	三
济川	二	三	四
济东	二	三	四
山阳	二	三	四
济阴	二　薨,无后,国除。		
代	十九	二十	二十一
长沙	十三	十四	十五

140	139	138
孝武建元元年	二	三
十一	十二 来朝。	十三
十五	十六 来朝。	十七
十四	十五	十六
十四	十五	十六
四	五	六
十二	十三	十四
二十五	二十六	二十七
十五	十六	十七
九	十	十一
十四	十五	十六
二十五	二十六 来朝。	二十七
十二	十三	十四
十六	十七	十八
十六	十七	十八
九	十	十一
十五	十六	十七 来朝。
八	九 来朝。	十
六	七	八
四	五	六
五	六	七 明杀中傅。废迁房陵。【集解】徐广曰:"一作'太傅'。"
五	六	七
五	六	七
二十二	二十三	二十四 来朝。
十六	十七	十八 来朝。

	137	136
	四	**五**
楚	十四	十五
鲁	十八	十九
衡山	十七	十八
齐	十七	十八
城阳	七	八
济北	十五	十六
菑川	二十八	二十九
胶西	十八	十九
胶东	十二	十三
江都	十七　来朝。	十八
淮南	二十八	二十九
燕	十五	十六
赵	十九	二十
河间	十九	二十
广川	十二	**缪王元年**　【集解】徐广曰："齐立四十五年,以征和元年乙丑有罪病死,谥曰缪。"【索隐】广川惠王子。《谥法》名与实乖曰缪。
中山	十八	十九
清河	十一	十二　薨,无后,国除为郡。
常山	九　来朝。	十
梁	七　薨。	平王襄元年
济川	为郡。	
济东	八	九
山阳	八	九　薨,无后,国除为郡。
代	二十五	二十六
长沙	十九	二十

135	134	133
六	元光元年	二
十六	十七	十八　来朝。
二十	二十一	二十二
十九	二十	二十一
十九	二十	二十一
九	十　来朝。	十一
十七	十八	十九
三十	三十一	三十二
二十　来朝。	二十一	二十二
十四	十五　来朝。	十六
十九	二十	二十一
三十	三十一	三十二
十七	十八　来朝。	十九
二十一　来朝。	二十二	二十三
二十一	二十二	二十三
二	三	四
二十	二十一	二十二　来朝。
十一	十二	十三
二	三	四
十	十一	十二
二十七	二十八	二十九
二十一	二十二	二十三　来朝。

	132	131	130
	三	四	五
楚	十九　来朝。	二十	二十一
鲁	二十三	二十四	二十五
衡山	二十二	二十三	二十四
齐	二十二　卒。	厉王次昌元年	二
城阳	十二	十三	十四　来朝。
济北	二十	二十一	二十二
菑川	三十三	三十四	三十五　薨。
胶西	二十三	二十四	二十五
胶东	十七	十八	十九
江都	二十二	二十三	二十四
淮南	三十三	三十四	三十五
燕	二十	二十一	二十二
赵	二十四	二十五	二十六
河间	二十四	二十五	二十六　来朝。
广川	五	六	七
中山	二十三　来朝。	二十四	二十五
常山	十四	十五	十六
梁	五	六	七
济东	十三	十四　来朝。	十五
代	王义元年	二	三
长沙	二十四　来朝。	二十五	二十六

129	128
六	元朔元年
二十二　薨。	襄王注元年
二十六　薨。	安王光元年
二十五	二十六
三	四
十五	十六
二十三	二十四　来朝。
靖王建元年	二
二十六	二十七
二十	二十一
二十五	二十六
三十六	三十七
二十三	二十四　坐禽兽行自杀。国除为郡。
二十七　来朝。	二十八
恭王不害元年	二
八	九
二十六	二十七
十七	十八
八	九
十六	十七
四	五
二十七	康王庸元年

	127	126	125
	二	三	四
楚	二	三	四　来朝。
鲁	二	三	四
衡山	二十七	二十八	二十九
齐	五　薨,无后,国除为郡。		
城阳	十七	十八	十九
济北	二十五	二十六	二十七
菑川	三	四	五
胶西	二十八　来朝。	二十九	三十
胶东	二十二	二十三	二十四
江都	王建元年	二	三
淮南	三十八	三十九	四十
赵	二十九	三十	三十一
河间	三	四　薨。	刚王堪元年
广川	十	十一	十二
中山	二十八	二十九　来朝。	三十
常山	十九	二十	二十一
梁	十　来朝。	十一	十二
济东	十八	十九	二十　来朝。
代	六	七	八
长沙	二	三	四

124	123	122
五	六	元狩元年
五	六	七
五	六	七
三十	三十一	三十二　反,自杀,国除。
二十	二十一　来朝。	二十二
二十八	二十九	三十
六	七	八
三十一	三十二	三十三
二十五　来朝。	二十六	二十七
四	五	六
四十一　安有罪,削国二县。	四十二	四十三　反,自杀。
三十二	三十三	三十四　来朝。
二	三	四
十三	十四　来朝。	十五
三十一	三十二	三十三
二十二　来朝。	二十三	二十四
十三	十四	十五
二十一	二十二	二十三
九	十	十一
五	六	七

121

	二
楚	八
鲁	八　来朝。
齐	
城阳	二十三
济北	三十一
菑川	九
胶西	三十四
胶东	二十八
江都	七　反,自杀,国除为广陵郡。
淮南	置六安国,以故陈为都。七月丙子。【集解】徐广曰:"一云壬子。"初王恭王庆元年。胶东王子。
燕	
赵	三十五
河间	五
广川	十六
中山	三十四
常山	二十五
梁	十六
济东	二十四
代	十二　来朝。
长沙	八　来朝。

120	119	118
三	四	五
九	十　来朝。	十一
九	十	十一
		复置齐国。
二十四	二十五	二十六　来朝。薨。
三十二　来朝。	三十三	三十四
十	十一	十二　来朝。
三十五	三十六	三十七
哀王贤元年	二	三
		更为广陵国。
二	三	四
		复置燕国。
三十六	三十七	三十八
六	七	八
十七	十八	十九
三十五　来朝。	三十六	三十七
二十六	二十七	二十八
十七	十八	十九
二十五	二十六　来朝。	二十七
十三	十四	十五
九	十	十一

117

	六
楚	十二
鲁	十二
齐	四月乙巳,初王怀王闳元年。武帝子。
城阳	敬王义元年
济北	三十五
菑川	十三
胶西	三十八
胶东	四
广陵	四月乙巳,初王胥元年。武帝子。
六安	五
燕	四月乙巳,初王刺王旦元年。武帝子。【索隐】《谥法》暴慢无亲曰刺。
赵	三十九
河间	九　来朝。
广川	二十
中山	三十八
常山	二十九　来朝。
梁	二十
济东	二十八
代	十六
长沙	十二

116	115
元鼎元年	二
十三	十四　薨。
十三	十四　来朝。
二	三
二	三
三十六	三十七
十四	十五
三十九	四十
五	六
二	三
六	七
二	三
四十	四十一
十	十一
二十一　来朝。	二十二
三十九	四十
三十	三十一
二十一	二十二
二十九　剽攻杀人,迁上庸,国为大河郡。	
十七	十八　来朝。
十三	十四

114

	三
楚	节王纯元年
鲁	十五
泗水	初置泗水,都郯。【集解】徐广曰:"泗水属东海。"
齐	四
城阳	四
济北	三十八
菑川	十六
胶西	四十一
胶东	七
广陵	四
六安	八
燕	四
赵	四十二
河间	十二　薨。
广川	二十三
中山	四十一　来朝。
清河	复置清河国。
常山	三十二　薨,子为王。
梁	二十三
代	十九　徙清河。为太原郡。
长沙	十五　来朝。

113	112
四	五
二	三
十六	十七
思王商元年　【集解】徐广曰："一云勤王商元年。"商，常山宪王子。	二
五	六
五	六
三十九	四十
十七	十八
四十二	四十三
八	九
五	六
九	十
五	六
四十三	四十四
顷王授元年	二
二十四	二十五　来朝。
四十二　薨。	哀王昌元年。即年薨。
二十　代王义徙清河年。是为刚王。	二十一
更为真定国。顷王平元年。常山宪王子。	二
二十四	二十五
十六	十七

111

	六
楚	四
鲁	十八
泗水	三
齐	七
城阳	七
济北	四十一　　来朝。
菑川	十九
胶西	四十四
胶东	十
广陵	七
六安	十一　　来朝。
燕	七
赵	四十五
河间	三
广川	二十六
中山	康王昆侈元年　【索隐】按：萧该云《谥法》好乐怠政曰康。《汉书》作"穅"。昆侈，名。
清河	二十二
真定	三
梁	二十六
长沙	十八

110	109
元封元年	二
五	六
十九	二十
四	五
八　薨,无后,国除为郡。	
八　来朝。	九　薨。
四十二	四十三
二十	项王遗元年 【索隐】济南王辟光之孙也。
四十五	四十六
十一	十二
八	九
十二	十三
八	九
四十六	四十七
四	五
二十七	二十八
二	三
二十三	二十四
四　来朝。	五
二十七	二十八
十九	二十

	108	107	106
	三	四	五
楚	七	八	九
鲁	二十一　来朝。	二十二	二十三　朝泰山。
泗水	六	七	八
城阳	慧王武元年	二	三
济北	四十四	四十五	四十六　朝泰山。
菑川	二	三	四
胶西	四十七　薨，无后，国除。		
胶东	十三	十四	戴王通平元年
广陵	十	十一	十二
六安	十四	十五	十六
燕	十	十一	十二
赵	四十八	四十九	五十
河间	六	七	八
广川	二十九	三十	三十一
中山	四	五	六
清河	二十五　来朝。	二十六	二十七
真定	六	七	八
梁	二十九	三十	三十一
长沙	二十一	二十二	二十三

105	104	103
六	太初元年	二
十	十一	十二
二十四	二十五	二十六
九	十　薨。	哀王安世元年。即戴王贺元年。安世子。【索隐】广川惠王子也。
四	五	六
四十七	四十八	四十九
五	六	七
二	三	四
十三	十四	十五
十七	十八　来朝。	十九
十三	十四	十五
五十一	五十二	五十三
九	十	十一
三十二	三十三	三十四
七	八	九　来朝。
二十八	二十九	三十
九　来朝。	十	十一
三十二	三十三	三十四
二十四	二十五	二十六

102	101	100
三	四	
楚	十三	十四
鲁	二十七	二十八
泗水	二	三
城阳	七　（薨）	（荒王贺元年）
济北	五十	五十一
菑川	八	九
胶东	五	六
广陵	十六	十七
六安	二十	二十一
燕	十六	十七
赵	五十四	五十五
河间	十二	十三
广川	三十五	三十六
中山	十	十一
清河	三十一	三十二
真定	十二	十三
梁	三十五	三十六　来朝。
长沙	二十七	二十八　来朝。

徐广曰：孝武太始二年，广陵、中山、真定王来朝。孝宣本始元年，赵来朝。二年，广川来朝。四年，清河来朝。孝宣地节元年，梁来朝。二年，河间来朝。三年，济北分平原、太山二郡。

【索隐述赞】汉有天下，爰览兴亡。始誓河岳，言峻宠章。淮阴就楚，彭越封梁。荆燕懿戚，齐赵棣棠。犬牙相制，麟趾有光。降及文景，代有英王。鲁恭、梁孝，济北、城阳。仁贤足纪，忠烈斯彰。

史记卷十八

高祖功臣侯者年表第六

【正义】高祖初定天下,表明有功之臣而侯之,若萧、曹等。

太史公曰:古者人臣功有五品,以德立宗庙定社稷曰勋,以言曰劳,用力曰功,明其等曰伐,积日曰阅。封爵之誓曰:"使河如带,泰山若厉。①国以永宁,爰及苗裔。"始未尝不欲固其根本,而枝叶稍陵夷衰微也。

①【集解】应劭曰:"封爵之誓,国家欲使功臣传祚无穷。带,衣带也;厉,砥石也。河当何时如衣带,山当何时如厉石,言如带厉,国乃绝耳。"

余读高祖侯功臣,察其首封,所以失之者,曰:异哉所闻!《书》曰"协和万国",迁于夏商,或数千岁。盖周封八百,幽厉之后,见于《春秋》。《尚书》有唐虞之侯伯,历三代千有馀载,自全以蕃卫天子,岂非笃于仁义,奉上法哉?汉兴,功臣受封者百有馀人。①天下初定,故大城名都散亡,户口可得而数者十二三,②是以大侯不过万家,小者五六百户。后数世,民咸归乡里,户益息,萧、曹、绛、灌之属或至四万,小侯自倍,③富厚如之。子孙骄溢,忘其先,淫嬖。至太初百年之间,见侯五,④馀皆坐法陨命亡国,耗矣。罔亦少密焉,然皆身无兢兢于当世之禁云。

①【索隐】案:下文高祖功臣百三十七人;兼外戚及王子,凡一百四十三人。

②【索隐】言十分才二、三在耳。

③【索隐】倍其初封时户数也。

④【正义】谓平阳侯曹宗、曲周侯郦终根、阳阿侯齐仁、戴侯秘蒙、穀陵侯冯偃也。

居今之世,志古之道,所以自镜也,①未必尽同。帝王者各殊礼而异务,要以成功为统纪,岂可绲乎? 观所以得尊宠及所以废辱,亦当世得失之林也,②何必旧闻? 于是谨其终始,表其文,颇有所不尽本末;著其明,疑者阙之。后有君子,欲推而列之,得以览焉。

①【索隐】言居今之代,志识古之道,得以自镜当代之存亡也。

②【索隐】言观今人臣所以得尊宠者必由忠厚,被废辱者亦由骄淫,是言见在兴废亦当代得失之林也。

国名【正义】此国名匡左行一道,咸是诸侯所封国名也。
侯功
高祖十二
孝惠七
高后八
孝文二十三
孝景十六
建元至元封六年三十六,太初元年尽后元二年十八。
侯第　【索隐】姚氏曰:"萧何第一,曹参二,张敖三,周勃四,樊哙五,郦商六,奚涓七,夏侯婴八,灌婴九,傅宽十,靳歙十一,王陵十二,陈武十三,王吸十四,薛欧十五,周昌十六,丁复十七,蛊逢十八。《史记》与《汉表》同。而《楚汉春秋》则不同者,陆贾记事在高祖、惠帝时。《汉书》是后定功臣等列,及陈平受吕后命而定,或已改邑号,故人名亦别。且高祖初定唯十八侯,吕后令陈平终竟以下列侯第录,凡一百四十三人也。"

平阳 【索隐】案:《汉书·地理志》平阳县属河东。

以中涓【集解】如淳曰:"谒主通书,谓出纳君命。石奋为谒中涓,受陈平谒是也。《春秋传》曰涓人畴,《汉仪注》,天子有中涓如黄门,皆中官也。"从起沛,至霸上,侯。以将军入汉,以左丞相出征齐、魏,以右丞相为平阳侯,万六百户。

七　六年十二月甲申,懿侯曹参元年。【索隐】懿,谥也。

五　其二年为相国。
二　六年十月,靖侯窋元年。

八

十九
四　后四年,简侯奇元年。

三
十三　四年,夷侯时【索隐】夷侯時。音止,又音市。案:《曹参系家》作"时",今表可作"時"。案《汉书·卫青传》平阳侯曹寿尚阳信公主,即此人,当是字讹。元年。

十
十六　元光五年,恭侯襄元年。元鼎三年,今侯宗元年。

二　【集解】《汉书音义》曰:"曹参位第二而表在首,以前后故。"　【索隐】《汉书音义》曰:"曹参位第二而表在首,萧何位第一而表在十三者,以封先后故也。又案:封参在六年十二月,封何在六年正月,高祖十月因秦改元,故十二月在正月前也。"《汉表》具记位次,而亦依封前后录也。

信武【索隐】案:《地理志》无信武县,当是后废故也。	清阳　【索隐】《汉表》"清河。"《地理志》清阳县属清河郡。
以中涓从起宛、朐,入汉,以骑都尉定三秦,击项羽,别定江陵,侯,五千三百户。以车骑将军攻黥布、陈豨。	以中涓从起丰,至霸上,为骑郎将,入汉,以将军击项羽功,侯,三千一百户。
七　六年十二月甲申,肃侯靳歙元年。【索隐】靳,姓也,音纪觐反;歙音摄,又音吸。	七　六年十二月甲申,定侯王吸元年。【索隐】《楚汉春秋》作"清阳侯王隆。"
七	七
五 三　六年,夷侯亭元年。	八
十八　后三年,侯亭坐事国人过律,夺侯,国除。	七　元年,哀侯彊元年。【索隐】彊,其良反。 十六　八年,孝侯伉元年。【索隐】伉,苦浪反。
	四 十二　五年,哀侯不害元年。
	七　元光二年,侯不害薨,无后,国除。
十一	十四

汝阴 【索隐】汝阴县属汝南。凡县名皆据《地理志》，不言者，从省文也。	阳陵 【索隐】阳陵县属冯翊。《楚汉春秋》作"阴陵"。
以令史从降沛，为太仆，常奉车，为滕公，竟定天下，入汉中，全孝惠、鲁元，侯，六千九百户。常为太仆。	以舍人从起横阳，至霸上，为(魏)〔骑〕将，入汉，定三秦，属淮阴，定齐，为齐丞相，侯，二千六百户。
七　六年十二月甲申，文侯夏侯婴元年。	七　六年十二月甲申，景侯傅宽元年。
七	五 二　六年，(随)顷侯靖元年。
八	八
八 七　九年，夷侯灶元年。 八　十六年，恭侯赐元年。	十四 九　十五年，恭侯则元年。
十六	三 十三　前四年，侯偃元年。
七　元光二年，侯颇元年。 十九　元鼎二年，侯颇坐尚公主，与父御婢奸罪自杀，国除。	十八　元狩元年，偃坐与淮南王谋反，国除。
八	十

广严　【索隐】《晋书·地道记》，广县在东莞。严，谥也。下又云"壮"，班马二史并误也。	广平　【索隐】县名，属临淮。
以中涓从起沛，至霸上，为连敖，入汉，以骑将定燕、赵，得将军，侯，二千二百户。	以舍人从起丰，至霸上，为郎中，入汉，以将军击项羽、锺离眛功，侯，四千五百户。
七　六年十二月甲申，壮侯召欧元年。【索隐】欧，乌后反。	七　六年十二月甲申，敬侯薛欧元年。
七	七
八	八　元年，靖侯山元年。
十九　二年，戴侯胜元年。 十三　十一年，恭侯嘉元年。至后七年嘉薨，无后，国除。	十八 五　后三年，侯泽元年。
	八　中二年，有罪，绝。 平棘　五　中五年，复封节侯泽元年。
	十五　其十年，为丞相。 三　元朔四年，侯穰元年。元狩元年，穰受淮南王财物，称臣，在赦前，诏问谩罪，国除。
二十八	十五

博阳【索隐】博阳县在汝南。	曲逆【索隐】县名,属中山,章帝改曰蒲阴也。
以舍人从起砀,以刺客将,入汉,以都尉击项羽荥阳,绝甬道,击杀追卒功,侯。	以故楚都尉,汉王二年初从修武为都尉,迁为护军中尉;出六奇计,定天下,侯,五千户。
七　六年十二月甲申,壮侯陈濞元年。【索隐】《楚汉春秋》名渍。	七　六年十二月甲申,献侯陈平元年。
七	七　其五年,为左丞相。
八	八　其元年,徙为右丞相;后专为丞相,相孝文二年。
十八 五　后三年,侯始元年。	二 二　三年,恭侯买元年。 十九　五年,简侯恹元年。
四　前五年,侯始有罪,国除。 塞　二　中五年,复封始。【索隐】塞在桃林也。后元年,始有罪,国除。	四 十二　五年,侯何元年。
	十　元光五年,侯何坐略人妻,弃市,国除。
十九	四十七

堂邑【索隐】县名,属临淮也。

以自定东阳,为将,属项梁,为楚柱国。四岁,项羽死,属汉,定豫章、浙江,都浙自立为王壮息,侯,千八百户。复相楚元王十一年。【索隐】案:《汉表》作"定浙江都浙自立为王壮息,侯。玄孙融,以公主子改封隆虑。"音林庐也。

七　六年十二月甲申,安侯陈婴元年。

七

四
四　五年,恭侯禄元年。

二
二十一　三年,夷侯午元年。

十六

十一
十三　元光六年,季须元年。元鼎元年,侯须坐母长公主卒,未除服奸,兄弟争财,当死,自杀。国除。

八十六

周吕【索隐】应劭云:"周吕国也。"案:"周"及"吕"皆国名。济阴有吕都县。

以吕后兄初起以客从,入汉为侯。还定三秦,将兵先入砀。汉王之解彭城,往从之,复发兵佐高祖定天下,功侯。

三　六年正月丙戌,令武侯吕泽元年。【索隐】令武,谥也。一云"令,邑;武谥也"。又改封令,令,县名,在荥阳,出《晋地道记》。
四　九年,子台封郦侯元年。【索隐】郦音历。一作"鄜",音敷,皆县名。

七

建成【索隐】县名，属沛郡。

以吕后兄初起以客从，击三秦。汉王入汉，而释之还丰沛，奉卫吕宣王、太上皇。天下已平，封释之为建成侯。【索隐】吕宣王，吕公谥也。

七　六年正月丙戌，康侯释之元年。

二
五　三年，侯则元年。有罪。

胡陵　七　元年，五月丙寅，封则弟大中大夫吕禄元年。
(八)〔七〕年，禄为赵王，国除。追尊康侯为昭王。禄以赵王谋为不善，大臣诛禄，遂灭吕。

留 【索隐】韦昭云："留，今在彭城。"	射阳 【索隐】县名，属临淮。射，一作"贳"。
以厩将从起下邳，以韩申徒下韩国，言上张旗志，秦王恐，降，解上与项羽之郄，为汉王请汉中地，常计谋平天下，侯，万户。	兵初起，与诸侯共击秦，为楚左令尹，汉王与项羽有郄于鸿门，项伯缠解难，以破羽缠尝有功，封射阳侯。
七　六年正月丙午，文成侯张良【索隐】《汉表》"文平"。案：《良传》谥"文成"也。元年。	七　六年正月丙午，侯项缠元年。赐姓刘氏。【索隐】项伯也。
七	二　三年，侯缠卒。嗣子睢有罪，国除。
二 六　三年，不疑元年。	
四　五年，侯不疑坐与门大夫谋杀故楚内史，当死，赎为城旦，国除。	
六十二	

酇【索隐】酇音赞，县名，在沛。刘氏云"以何子禄嗣，无后，国除；吕后封何夫人于南阳酇"，恐非也。

以客初起从入汉，为丞相，备守蜀及关中，给军食，佐上定诸侯，为法令，立宗庙，侯，八千户。

七　六年正月丙午，文终侯萧何元年。　元年，为丞相；九年，为相国。

二
五　三年，哀侯禄元年。

一
七　二年，懿侯同元年。同，禄弟。

筑阳　十九　元年，同有罪，封何小子延元年。【索隐】筑音逐，县名。
一　后四年，炀侯遗元年。
三　后五年，侯则元年。

一　有罪。
武阳　七　前二年，封炀侯弟幽侯嘉元年。
八　中二年，侯胜元年。

十三　元朔二年，侯胜坐不敬，绝。
酇　三　元狩三年，封何〔曾〕孙恭侯庆元年。
十　元狩六年，侯寿成元年。元封四年，寿成为太常，牺牲不如令，国除。

一

曲周【索隐】县名,属广平。坚绍封。
以将军从起岐,攻长社以南,别定汉中及蜀,定三秦,击项羽,侯,四千八百户。
七　六年正月丙午,景侯郦商元年。
七
八
二十三　元年,侯寄元年。
九　有罪。 缪　七　中三年,封商他子靖侯坚元年。
九 五　元光四年,康侯遂元年。 十一　元朔三年,侯宗元年。 二十八　元鼎二年,侯终根元年。后元二年,侯终根坐咒诅诛,国除。
六

绛【索隐】县名,属河东。子亚夫为条侯。	舞阳【索隐】县名,属颍川。
以中涓从起沛,至霸上,为侯。定三秦,食邑,为将军。入汉,定陇西,击项羽,守峣关,定泗水、东海。八千一百户。	以舍人起沛,从至霸上,为侯。入汉,定三秦,为将军,击项籍,再益封。从破燕,执韩信,侯,五千户。
七　六年正月丙午,武侯周勃元年。	七　六年正月丙午,武侯樊哙元年。其七年,为将军、相国三月。
七	六 一　七年,侯伉元年。吕须子。
八　其四年为太尉。	八　坐吕氏诛,族。
十一　元年,为右丞相,三年,免。复为丞相。 六　十二年,侯胜之元年。 条　六　后二年,封勃子亚夫元年。	二十三　元年,封樊哙子荒侯市人元年。
十三　其三年,为太尉;七〔年〕,为丞相。有罪,国除。 平曲　三　后元年,封勃子恭侯坚元年。	六 六　七年,侯它广元年。中(五)〔六〕年,侯它广非市人子,国除。
十六 十二　元朔五年,侯建德元年。元鼎五年,侯建德坐酎金,国除。	
四	五

颍阴【索隐】县名,属颍川。

以中涓从起砀,至霸上,为昌文君。入汉,定三秦,食邑。以车骑将军属淮阴,定齐、淮南及下邑,杀项籍,侯,五千户。

七　六年正月丙午,懿侯灌婴元年。

七

八

四　其一,为太尉;三,为丞相。
十九　五年,平侯何元年。

九
七　中三年,侯彊元年。

六　有罪,绝。
九　元光二年,封婴孙贤为临汝侯。侯贤元年。元朔五年,侯贤行赇罪,国除。

九

汾阴【索隐】县名,属河东。	梁邹【索隐】县名,属济南。
初起以职志击破秦,入汉,出关,以内史坚守敖仓,以御史大夫定诸侯,比清阳侯,二千八百户。【索隐】如淳云:"职志,官名,主幡旗。"	兵初起,以谒者从击破秦,入汉,以将军击定诸侯功,比博阳侯,二千八百户。
七　六年正月丙午,悼侯周昌元年。	七　六年正月丙午,孝侯武儒元年。【索隐】《汉表》儒作"虎"。
三 建平　四　四年,哀侯开方元年。	四 三　五年,侯最元年。
八	八
四　前五年,侯意元年。 十三　有罪,绝。	二十三
安阳　八　中二年,封昌孙左车。	十六
建元元年,有罪,国除。	六 三　元光元年,顷侯婴齐元年。 二十　元光四年,侯山柎元年。【索隐】柎音夫也。元鼎五年,侯山柎坐酎金,国除。
十六	二十

成【索隐】县名,属涿郡。
兵初起,以舍人从击秦,为都尉;入汉,定三秦。出关,以将军定诸侯功,比厌次侯,二千八百户。
七　六年正月丙午,敬侯董渫元年。【索隐】渫音息列反。子赤,封节氏侯。
七　元年,康侯赤元年。
八
八
六　有罪,绝。 节氏　五　中五年,复封康侯赤元年。【索隐】节氏,县名。
三 五　建元四年,恭侯(霸)〔罢〕军元年。 十二　元光三年,侯朝元年。元狩三年,侯朝为济南太守,与成阳王女通,不敬,国除。
二十五

蓼【索隐】县名,属六安。

以执盾前元年从起砀,以左司马入汉,为将军,三以都尉击项羽,属韩信,功侯。【索隐】即汉五年围羽垓下,淮阴侯将四十万自当之,孔将军居左,费将军居右是也。费将军即下费侯陈贺也。

七　六年正月丙午,侯孔藂元年。【索隐】姚氏案:《孔子家语》云"子武生子鱼及子文,文生取,字子产。"《说文》以"取"为"积聚"字,此作"藂",不同。

七

八

八
十五　九年,侯臧元年。

十六

十四　元朔三年,侯臧坐为太常,南陵桥坏,衣冠车不得度,国除。【索隐】案孔藂云"臧历位九卿,为御史大夫,辞曰:'臣经学,乞为太常典礼。臣家业与安国,纲纪古训。'武帝难违其意,遂拜太常典礼,赐如三公。臧子琳位至诸侯,琳子璜失侯爵。"此云臧国除,当是后更封其子也。

三十

费【索隐】费音秘，一音扶未反。县名，属东海。	阳夏【索隐】县名，属淮阴。
以舍人前元年从起砀，以左司马入汉，用都尉属韩信，击项羽有功，为将军，定会稽、浙江、湖阳，侯。	以特将将卒五百人，前元年从起宛、朐，至霸上，为侯，以游击将军别定代，已破臧荼，封豨为阳夏侯。【索隐】豨音虚纪反。
七　六年正月丙午，圉侯陈贺元年。【集解】徐广曰："圉，或作'幽'。"	五　六年，正月丙午，侯陈豨元年。十年，八月，豨以赵相国将兵守代。汉使召豨，豨反，以其兵与王黄等略代，自立为（燕）〔王〕。汉杀豨灵丘。
七	
八	
二十三元年，共侯常元年。	
一 八　二年，侯偃元年。中二年，有罪，绝。 巢　四　中六年，封贺子侯最元年。后三年，最薨，无后，国除。	

隆虑【索隐】县名，属河内。音林闾。隆，避殇帝讳改也。	阳都【索隐】《汉志》阙，《晋书·地道记》属琅邪。
以卒从起砀，以连敖【索隐】徐广以连敖为典客官也。入汉，以长铍都尉【索隐】案：以长铍为官名。《说文》云"铍者，剑刀装也。"铍音敷皮反。《汉表》作"钘"，音丕也。击项羽，有功，侯。	以赵将从起邺，至霸上，为楼烦将，入汉，定三秦，别降翟王，属悼武王，杀龙且彭城，为大司马；破羽军叶，拜为将军，忠臣，侯，七千八百户。
七　六年正月丁未，哀侯周灶元年。【索隐】哀，《汉表》作"克"也。	七　六年正月戊申，敬侯丁复元年。【索隐】复音伏。
七	七
八	五 三　六年，趬侯宵元年。
十七 六　后二年，侯通元年。	九 十四　十年，侯安成元年。
七　中元年，侯通有罪，国除。	一　二年，侯安成有罪，国除。
三十四	十七

新阳【索隐】《汉表》作"阳信。"县名，属汝南。	东武【索隐】县名，属琅邪郡。
以汉五年用左令尹初从，功比堂邑侯，千户。	以户卫【集解】徐广曰："一云'从'。"起薛，属悼武王，破秦军杠里，杨熊军曲遇，入汉为越【集解】徐广曰："一作'城'。"将军，定三秦，以都尉坚守敖仓，为将军，破籍军，功侯，二千户。
七 六年正月壬子，胡侯吕清元年。	七 六年正月戊午，贞侯郭蒙元年。
三 四 四年，顷侯(世)〔臣〕元年。	七
八	五 三 六年，侯它元年。
六 二 七年，怀侯义元年。 十五 九年，惠侯它元年。	二十三
四 五 五年，恭侯善元年。 七 中三年，侯谭元年。	五 六年，侯它弃市，国除。
二十八 元鼎五年，侯谭坐酎金，国除。	
八十一	四十一

汁方【集解】如淳曰："汁音什。邡音方。"【索隐】什邡。县名,属广汉。音十方。汁,又如字。	棘蒲【索隐】《汉志》阙。
以赵将前三年从定诸侯,侯,二千五百户,功比平定侯。齿故沛豪,有力,与上有郄,故晚从。	以将军前元年率将二千五百人起薛,别救东阿,至霸上,二岁十月入汉,击齐历下军田既,功侯。
七　六年三月戊子,肃侯雍齿元年。	七　六年三月丙申,刚侯陈武元年。
二五　三年,荒侯臣元年。	七
八	八
二十三	十六　后元年,侯武薨。嗣子奇反,不得置后,国除。
二十四　三年,侯野元年。中六年,终侯桓元年。	
二十八　元鼎五年,终侯桓坐酎金,国除。	
五十七	十三

都昌【索隐】《汉志》阙。	武彊【索隐】《汉志》阙。
以舍人前元年从起沛,以骑队(卒)〔率〕先降翟王,虏章邯,功侯。	以舍人从至霸上,以骑将入汉。还击项羽,属丞相宵,功侯,用将军击黥布,侯。
七 六年三月庚子,庄侯朱轸元年。	七 六年三月庚子,庄侯庄不识元年。
七	七
八 元年,刚侯率元年。	六 二 七年,简侯婴元年。
七 十六 八年,夷侯诎元年。	十七 六 后二年,侯青翟元年。
二 元年,恭侯偃元年。 五 三年,侯辟彊元年。 中元年,辟彊薨,无后,国除。	十六
	二十五 元鼎二年,侯青翟坐为丞相与长史朱买臣等逮御史大夫汤不直,国除。
二十三	三十三

贳【索隐】县名,属钜鹿。贳音世,一音时夜反。

以越户将从破秦,入汉,定三秦,以都尉击项羽,千六百户,功比台侯。

二　六年三月庚子,齐侯吕元年。【集解】徐广曰:"吕,一作'台'。"　【索隐】齐侯吕博国。《谥法》:"执心克庄曰齐。"
五　八年,恭侯方山元年。

七

八

二　元年,炀侯赤元年。
十二　十二年,康侯遗元年。

十六

十六
八　元朔五年,侯倩【索隐】青练反,又七净反也。元年。元鼎元年,侯倩坐杀人弃市,国除。

三十六

海阳【索隐】海阳,亦南越县。《地理志》阙。	南安【索隐】县名,属犍为。建安亦有此县。
以越队将从破秦,入汉定三秦,以都尉击项羽,侯,千八百户。	以河南将军汉王三年降晋阳,以亚将破臧荼,侯,九百户。【索隐】亚将,《汉表》作"连将"也。
七　六年三月庚子,齐信侯摇毋馀【索隐】案:毋馀,东越之族也。元年。	七　六年三月庚子,庄侯宣虎元年。
二 五　三年,哀侯招攘元年。【索隐】《汉表》作"昭襄"也。	七
四 四　五年,康侯建元年。	八
二十三	八 十一　九年,共侯戎元年。 四　后四年,侯千秋元年。
三 十　四年,哀侯省元年。中六年,侯省薨,无后,国除。	七　中元年,千秋坐伤人免。
三十七	六十三

肥如【索隐】县名,属辽西。应劭云:"肥子奔燕,燕封于此。肥,国也;如,往也:因以为县也。"

以魏太仆三年初从,以车骑都尉破龙且及彭城,侯,千户。

七　六年三月庚子,敬侯蔡寅元年。

七

八

二
十四　三年,庄侯成元年。
七　后元年,侯奴元年。

元年,侯奴薨,无后,国除。

六十六

曲城【索隐】曲成县，《汉志》阙，表在涿郡。

以曲城户将卒三十七人初从起砀，至霸上，为执珪，为二队将，属悼武王，入汉，定三秦，以都尉破项羽军陈下，功侯，四千户。为将军，击燕、代，拔之。

七　六年三月庚子，围侯蛊逢元年。【索隐】曲城围侯蛊达。蛊音如字。《楚汉春秋》云"夜侯虫达"，盖改封也。夜县属东莱。又《谥法》："威德强武曰围。"子恭侯捷封垣，故位次曰"夜侯垣"，亦误。

七

八

八　元年，侯捷元年。有罪，绝。
五　后三年，复封恭侯捷元年。

十三　有罪，绝。
垣　五　中五年，复封恭侯捷元年。

一
二十五　建元二年，侯皋柔元年。元鼎三年，侯皋柔坐为汝南太守知民不用赤侧钱为赋，【索隐】不用赤侧为赋。案：时用赤侧钱，而汝南不以为赋也。国除。

十八

河阳【索隐】县名,属河内。	淮阴【索隐】县名,属临淮。
以卒前元年起砀从,以二队将入汉,击项羽,身得郎将处,功侯。以丞相定齐地。	兵初起,以卒从项梁,梁死属项羽为郎中,至咸阳,亡从入汉,为连敖典客,萧何言为大将军,别定魏、齐,为王,徙楚,坐擅发兵,废为淮阴侯。【索隐】典客,《汉表》作"粟客",盖字误。传作"治粟都尉",或先为连敖典客也。
七　六年三月庚子,庄侯陈涓元年。	五　六年四月,侯韩信元年。十一年,信谋反关中,吕后诛信,夷三族,国除。
七	
八	
三　元年,侯信元年。四年,侯信坐不偿人责过六月,夺侯,国除。	
二十九	

芒【索隐】县名,属沛。

以门尉前元年初起砀,至霸上,为武定君,入汉,还定三秦,以都尉击项羽,侯。

三　六年,侯昭元年。【集解】徐广曰:"昭,一作'起',《汉书》年表云芒侯耏跖。"【索隐】耏跖音而只二音;耏,又音人才反。《字林》以多须发曰耏。耏,姓也,《左传》宋有耏班。九年,侯昭有罪,国除。

张　十一　孝景三年,昭以故芒侯将兵从太尉亚夫击吴楚有功,复侯。
三　后元年三月,侯申元年。

十七　元朔六年,侯申坐尚南宫公主【索隐】南宫公主,景帝女。初,南宫侯张坐尚之,有罪,后张侯耏申尚之也。不敬,国除。

故市【索隐】县名,属河南。	柳丘【索隐】县名,属渤海。
以执盾初起,入汉,为河上守,迁为假相,击项羽,侯,千户,功比平定侯。	以连敖从起薛,以二队将入汉,定三秦,以都尉破项籍军,为将军,侯,千户。
三　六年四月癸未,侯阎泽赤元年。 四　九年,夷侯毋害元年。	七　六年六月丁亥,齐侯戎赐元年。
七	七
八	四 四　五年,定侯安国元年。
十九 四　后四年,戴侯续元年。	二十三
四 十二　孝景五年,侯縠嗣。	三 十　四年,敬侯嘉成元年。后元年,侯角嗣,有罪,国除。
二十八　元鼎五年,侯縠坐酎金,国除。	
五十五	二十六

魏其【索隐】县名,属琅邪。	祁【索隐】县名,属太原。
以舍人从沛,以郎中入汉,为周信侯,定三秦,迁为郎中骑将,破籍东城,侯,千户。	以执盾汉王三年初起从晋阳,以连敖击项籍,汉王败走,贺方将军击楚,追骑以故不得进。汉王顾谓贺:(祁)"子留彭城,(军)〔用〕执圭东击羽,急绝其近壁。"侯,千四百户。【集解】徐广曰:"战彭城,为尉败斩将。"又云:"汉王顾叹贺祁,战彭城斩将。"
七 六年六月丁亥,庄侯周定元年。	七 六年六月丁亥,縠侯缯贺元年。【索隐】《谥法》:"行见中外曰縠。"
七	七
四 四 五年,侯间元年。	八
二十三	十一 十二 十二年,顷侯湖元年。
二 前三年,侯间反,国除。	五 十一 六年,侯它元年。
	八 元光二年,侯它坐从射擅罢,不敬,国除。【集解】徐广曰:"射,一作'酎'。"
四十四	五十一

平【索隐】县名,属河南。	鲁【索隐】县名,属鲁国。
兵初起,以舍人从击秦,以郎中入汉,以将军定诸侯,守洛阳,功侯,比费侯贺,千三百户。	以舍人从起沛,至咸阳为郎中,入汉,以将军从定诸侯,侯,四千八百户,功比舞阳侯。死事,母代侯。【集解】徐广曰:"《汉书》云鲁侯涓,涓死无子,封母疵。"【索隐】涓无子,封(中)母侯疵也。
六　六年六月丁亥,悼侯沛嘉元年。 一　十二年,靖侯奴元年。	七　六年中,母侯疵元年。
七	七
八	四　五年,母侯疵薨,无后,国除。
十五 八　十六年,侯执元年。	
十一　中五年,侯执有罪,国除。	
三十二	七

故城【索隐】《汉表》作"城父",属沛郡。	任【索隐】县名,属广平。
兵初起,以谒者从,入汉,以将军击诸侯,以右丞相备守淮阳功,比厌次侯,二千户。	以骑都尉汉五年从起东垣,击燕、代,属雍齿,有功,侯。为车骑将军。
七 六年中,庄侯尹恢元年。	七 六年,侯张越【索隐】任侯张(成)〔戊〕。《汉表》作"张越"。元年。
二 五 三年,侯开方元年。	七
二 三年,侯方夺侯,为关内侯。	二 三年,侯越坐匿死罪,免为庶人,国除。
二十六	

棘丘【索隐】《汉志》棘丘地阙。	阿陵【索隐】县名,属涿郡。
以执盾队史前元年从起砀,破秦,以治粟内史入汉,以上郡守击定西魏地,功侯。	以连敖前元年从起单父,以塞疏入汉。【集解】徐广曰:"一云'塞路',一云'以众入汉中'。"【索隐】起单父塞路入汉,一云"塞疏",一云"以众疏入汉。"案:"塞路"字误为"疏"。小颜云"主遮塞要路也。"
七　六年,侯襄【索隐】襄,名也。史失姓及谥。元年。	七　六年七月庚寅,顷侯郭亭元年。
七	七
四　四年,侯襄夺侯,为士伍,国除。	八
	二 二十一　三年,惠侯欧元年。
	一 八　前二年,侯胜客元年。有罪,绝。 南　四　中六年,靖侯延居元年。
	十一　元光六年,侯则元年。 十七　元鼎五年,侯则坐酎金,国除。
	二十七

昌武【索隐】《汉志》昌武阙。	高苑【索隐】高宛,县名,属千乘。
初起以舍人从,以郎中入汉,定三秦,以郎中将击诸侯,侯,九百八十户,比魏其侯。	初起以舍人从,入汉,定三秦,以中尉破籍,侯,千六百户,比斥丘侯。
七　六年七月庚寅,靖信侯单宁元年。【索隐】单宁音善佞。	七　六年七月戊戌,制侯丙倩元年。【索隐】倩音七净反。
五 二　六年,夷侯如意元年。	七　元年,简侯得元年。
八	八
二十三	十五 八　十六年,孝侯武元年。
十 六　中四年,康侯贾成元年。	十六
十 四　元光五年,侯得元年。元朔三年,侯得坐伤人二旬内死,弃市,国除。	二　建元元年,侯信元年。建元三年,侯信坐出入属车间,夺侯,国除。
四十五	四十一

宣曲【索隐】《汉志》阙。	绛阳【索隐】《汉志》阙,《汉表》作"终陵"也。
以卒从起留,以骑将入汉,定三秦,破籍军荥阳,为郎骑〔将〕,破锺离眜军固陵,侯,六百七十户。	以越将从起留,入汉,定三秦,击臧荼,侯,七百四十户。从攻马邑及布。
七　六年七月戊戌,齐侯丁义元年。	七　六年七月戊戌,齐侯华无害元年。
七	七
八	八
十 十三　十一年,侯通元年。	三 十六　四年,恭侯勃齐元年。 四　后四年,侯禄元年。
四　有罪,除。 发娄　中五年,复封侯通元年。 中六年,侯通有罪,国除。	三　(前)四年,侯禄坐出界,有罪,国除。
四十三	四十六

东茅【索隐】《汉志》阙。一作"柔"也。	斥丘【索隐】县名,属魏郡。
以舍人从〔起〕砀,至霸上,以二队入汉,定三秦,以都尉击项羽,破臧荼,侯。捕韩信,为将军,益邑千户。	以舍人从起丰,以左司马入汉,以亚将攻籍,克敌,为东郡都尉,击破籍武城,〔侯〕,为汉中尉,击布,为斥丘侯,【集解】徐广曰:"一云'城武'。"【索隐】破籍武城,初为武城侯;后击布,改封斥丘。千户。
七 六年八月丙辰,敬侯刘钊元年。	七 六年八月丙辰,懿侯唐厉元年。
七	七
八	八
二 三年,侯吉元年。 十三 十六年,侯吉夺爵,国除。	八 十三 九年,恭侯晁元年。 二 后六年,侯贤元年。
	十六
	二十五 三 元鼎二年,侯尊元年。元鼎五年,侯尊坐酎金,国除。
四十八	四十

台【索隐】案:临淄郡有台乡县。	安国【索隐】县名,属中山。
以舍人从起砀,用队率入汉,以都尉击籍,籍死,转击临江,属将军贾,功侯。以将军击燕。	以客从起丰,以厩将别定东郡、南阳,从至霸上。入汉,守丰。上东,因从战不利,奉孝惠、鲁元出(淮)〔睢〕水中,及坚守丰,(于)〔封〕雍侯,五千户。
七　六年八月甲子,定侯戴野元年。	七　六年八月甲子,武侯王陵元年。定侯安国。
七	七　其六年,为右丞相。
八	七 一　八年,哀侯忌元年。
三 二十　四年,侯才元年。	二十三　元年,终侯游元年。【集解】徐广曰:"游,一作'昭'。"
二　三年,侯才反,国除。	十六
	二十　建元元年三月,安侯辟方元年。 八　元狩三年,侯定元年。元鼎五年,侯定坐酎金,国除。
三十五	十二

乐成【索隐】《汉志》阙。	辟阳【索隐】县名,属信都。	安平【索隐】县名,属涿郡。
以中涓骑从起砀中,为骑将,入汉,定三秦,侯。以都尉击籍,属灌婴,杀龙且,更为乐成侯,千户。	以舍人初起,侍吕后、孝惠沛三岁十月,吕后入楚,食其从一岁,侯。	以谒者汉王三年初从,定诸侯,有功(秋)〔秋〕,举萧何,功侯,二千户。
七　六年八月甲子,节侯丁礼元年。	七　六年八月甲子,幽侯审食其元年。	七　六年八月甲子,敬侯谔千秋元年。
七	七	二 五　孝惠三年,简侯嘉元年。
八	八	七 一　八年,顷侯应元年。
四 十八　五年,夷侯马从元年。 一　后七年,武侯客元年。	三 二十　四年,侯平元年。	十三 十　十四年,炀侯寄元年。
十六	二　三年,平坐反,国除。	十五 一　后三年,侯但元年。
二十五　元鼎二年,侯义元年。 三　元鼎五年,侯义坐言五利侯不道,弃市,国除。		十八　元狩元年,坐与淮南王女陵通,遗淮南书称臣尽力,弃市,国除。
四十二	五十九	六十一

蒯成【索隐】《汉志》阙,《晋书地道记》属北地。案:缫封池阳,后定封蒯成。音苦坏反。小颜音普肯反。

以舍人从起沛,至霸上,侯。入汉,定三秦,食邑池阳。击项羽军荥阳,绝甬道,从出,度平阴,遇淮阴侯军襄国。楚汉约分鸿沟,以缫为信,战不利,不敢离上,侯,三千三百户。

七　六年八月甲子,尊侯周缫元年。
　　十二年十月乙未,定蒯成。

七

八

五　缫薨,子昌代。有罪,绝,国除。

郸　一　中元年,封缫子康侯应元年。【索隐】缫子绍封郸。案:《汉志》属沛郡,如淳引阚骃《州志》音多。
八　中二年,侯中居元年。【索隐】中音仲。

二十六　元鼎三年,居坐为太常有罪,国除。

二十一

北平【索隐】县名,属中山。	高 胡【索 隐】《汉志》阙。	厌次【索隐】《汉志》阙;《晋书地道记》属平原,后乃属乐陵国也。
以客从起阳武,至霸上,为常山守,得陈馀,为代相,徙赵相,侯。为计相四岁,淮南相十四岁。千三百户。	以卒从起杠里,入汉,以都尉击籍,以都尉定燕,侯,千户。	以慎将前元年从起留,入汉,以都尉守广武,功侯。
七　六年八月丁丑,文侯张仓元年。	七　六年中,侯陈夫乞元年。	七　六年中,侯元顷元年。【集解】徐广曰:"《汉书》作'爰类'。"
七	七	七
八	八	八
二十三　其四为丞相。【索隐】为计相也。五岁罢。	四　五年,殇侯程嗣。薨,无后,国除。	五　元年,侯贺元年。六年,侯贺谋反,国除。
五 八　六年,康侯奉元年。 三　后元年,侯预元年。		
四　建元五年,侯预坐临诸侯丧后,不敬,国除。		
六十五	八十二	二十四

平皋【索隐】县名,属河内。	复阳【索隐】县名,属南阳。复音伏。应劭云:"在桐柏山下,复水之阳也。"
项它,汉六年以砀郡长初从,赐姓为刘氏;功比戴侯彭祖,五百八十户。	以卒从起薛,以将军入汉,以右司马击项籍,侯,千户。
六　七年十月癸亥,炀侯刘它元年。	六　七年十月甲子,刚侯陈胥元年。
四 三　五年,恭侯远元年。	七
八	八
二十三	十 十三　十一年,恭侯嘉元年。
十六　元年,节侯光元年。	五 十一　六年,康侯拾元年。
二十八　建元元年,侯胜元年。元鼎五年,侯胜坐酎金,国除。	十二 七　元朔元年,侯彊元年。元狩二年,坐父拾非嘉子,国除。
百二十一	四十九

阳河【索隐】县名,属上党。	朝阳【索隐】县名,属南阳。
以中谒者从入汉,以郎中骑从定诸侯,侯,五百户,功比高胡侯。	以舍人从起薛,以连敖入汉,以都尉击项羽,后攻韩王信,侯,千户。
三　七年十月甲子,齐哀侯元年。【索隐】阳河齐侯卞䜣;《汉表》作“其石”。 三　十年,侯安国元年。	六　七年三月(丙)〔壬〕寅,齐侯华寄元年。
七	七
八	八　元年,文侯要元年。
二十三	十三 十　十四年,侯当元年。
十 六　中四年,侯午元年。中绝。	十六
二十七 三　元鼎四年,恭侯章元年。【索隐】坤音卑。 坤山　二十　元封元年,侯仁元年。征和三年十月,仁与母坐祝诅,大逆无道,国除。	十三　元朔二年,侯当坐教人上书枉法罪,国除。
八十三	六十九

棘阳【索隐】棘音纪力反，县名，属南阳。	涅阳【索隐】县名，属南阳。	平棘【索隐】县名，属常山。
以卒从起胡陵，入汉以郎将迎左丞相军以击(诸侯)〔项籍〕，侯，千户。	以骑士汉王二年从出关，以郎将击斩项羽，侯，千五百户，比杜衍侯。	以客从起亢父，斩章邯所署蜀守，用燕相侯，千户。
六　七年七月丙(辰)〔申〕，庄侯【索隐】壮侯。杜得臣元年。	六　七年中，庄侯【索隐】壮侯。案：五侯斩项籍，皆谥“壮”。《汉表》以为“庄”，皆避讳改作“严”，误也。吕胜元年。	六　七年中，懿侯执元年。【集解】徐广曰：“《汉表》作‘林挚’。”
七	七	七
八	八	七一　八年，侯辟彊元年。
五十八　六年，质侯但元年。	四　五年，庄侯子成实非子，不当为侯，国除。	五　六年，侯辟彊有罪，〔为〕鬼薪，国除。
十六		
九七　元光四年，怀侯武元年。元朔五年，侯武薨，无后，国除。		
八十一	百四	六十四

羹颉	深泽【索隐】县名,属中山。
以高祖兄子从军,击反韩王信,为郎中将。信母尝有罪高祖微时,太上怜之,故封为羹颉侯。	以赵将汉王三年降,属淮阴侯,定赵、齐、楚,以击平城,侯,七百户。
六　七年中,侯刘信元年。	五　八年十月癸丑,齐侯赵将夜元年。【索隐】《汉表》作"将夕"。
七	七
元年,信有罪,削爵一级,为关内侯。	夺,绝。 一　三年复封,一年绝。
	四　十四年,复封将夜元年。 六　后二年,戴侯头元年。
	二 七　三年,侯循元年。罪,绝。 更　五　中五年,封头子夷侯胡元年。
	十六　元朔五年,夷侯胡薨,无后,国除。
	九十八

柏至【索隐】《汉志》阙。	

以骈怜从起昌邑，以说卫入汉，以中尉击籍，侯，千户。【集解】《汉表》师古曰："二马曰骈怜，谓骈两骑为军翼也。说，读曰税。说卫谓军行止舍主为卫也。"【索隐】姚氏怜邻声相近，骈邻犹比邻也。说卫者，说，税也，税卫谓军行初税之时，主为卫也。

六	七年(七)〔十〕月戊辰，靖侯许温元年。【索隐】《汉表》作"许盎"。

七

一　二年，有罪，绝。
六　三年，复封温如故。

十四　元年，简侯禄元年。
九　十五年，哀侯昌元年。

十六

七
十三　元光二年，共侯(如安)〔安如〕元年。
五　元狩三年，侯福元年。元鼎二年，侯福有罪，国除。

五十八

中水【索隐】县名,属涿郡。应劭云:"易、滱二水之中。"	杜衍【索隐】县名,属南阳。
以郎中骑将汉王元年从起好畤,以司马击龙且,(后)〔复〕共斩项羽,侯,千五百户。	以郎中骑汉王三年从起下邳,属淮阴,从灌婴共斩项羽,侯,千七百户。
六　七年正月己酉,庄侯【索隐】壮侯。吕马童元年。	六　七年正月己酉。庄侯王翳元年。【索隐】《汉表》作"王翥"也。
七	七
八	五 三　六年,共侯福元年。
九 三　十年,夷侯假元年。 十一　十三年,共侯青肩元年。	四 七　五年,侯市臣元年。 十二　十二年,侯翁元年。
十六	十二　有罪,绝。 三　后元年,复封翳子彊侯郢人元年。【集解】徐广曰:"彊,一作'景'。"
五 一　建元六年,靖侯德元年。 二十三　元光元年,侯宜成元年。元鼎五年,宜成坐酎金,国除。	九 十二　元光四年,侯定国元年。元狩四年,侯定国有罪,国除。
百一	百二

赤泉【索隐】《汉志》阙。	枸【索隐】县名,属扶风,音荀,故周文王封其子之邑。河东亦有郇城也。
以郎中骑汉王二年从起杜,属淮阴,后从灌婴共斩项羽,侯,千九百户。	以燕将军汉王四年从曹咎军,为燕相,告燕王荼反,侯,以燕相国定卢奴,千九百户。
六　七年正月己酉,庄侯杨喜元年。	五　八年十月丙辰,顷侯温疥元年。
七	七
元年,夺,绝。 七　二年,复封。	八
十一 十二　十二年,定侯殷元年。	五 十七　六年,文侯仁元年。 一　后七年,侯河元年。
三 六　四年,侯无害元年。有罪,绝。 临汝　五　中五年,复封侯无害元年。	十　中四年,侯河有罪,国除。
七　元光二年,侯无害有罪,国除。	
百三	九十一

武原【索隐】《汉志》阙。	磨【索隐】磨,《汉志》阙,表作"历"。历县在信都。刘氏依字读,言天下地名多,既无定证,且依字是不决之词,地之与邑并无"磨",误也。
汉七年,以梁将军初从击韩信、陈豨、黥布功,侯,二千八百户,功比高陵。	以赵卫将军汉王三年从起卢奴,击项羽敖仓下,为将军,攻臧荼有功,侯,千户。
五　八年十二月丁未,靖侯卫肰元年。【索隐】《汉表》肰作"胅",音协,又音怯。	五　八年七月癸酉,简侯程黑元年。
三 四　四年,共侯寄元年。	七
八	二 六　三年,孝侯釐元年。
二十三	十六 七　后元年,侯灶元年。
三 十三　四年,侯不害元年。后二年,不害坐葬过律,国除。	七　中元年,灶有罪,国除。
九十三	九十二

橐【索隐】《汉志》橐县属山阳也。
高帝七年，为将军，从击代陈豨有功，侯，六百户。
五　八年十二月丁未，祇侯陈错元年。【索隐】《汉表》作"锴"，音楷。《三仓》云："九江人名铁曰'锴'。"
二 五　三年，怀侯婴元年。
八
六 十四　七年，共侯应元年。 三　后五年，侯安元年。
十六
十二 七　元朔元年，侯不得，千秋父。　【集解】徐广曰："千秋父以元朔元年立。" 九　元狩二年，侯千秋元年。元鼎五年，侯千秋坐酎金，国除。
百二十四

宋子【索隐】《汉志》宋子县属钜鹿也。

以汉三年以赵羽林将初从,击定诸侯,功比磨侯,五百四十户。

四　八年十二月丁卯,惠侯许瘛元年。【集解】瘛音充志反。　【索隐】音尺制反。郭璞音胡计反。亦作"瘛",《字林》音巨月反。
一　十二年,共侯不疑元年。

七

八

九
十四　十年,侯九元年。

八　中二年,侯九坐买塞外禁物罪,国除。

九十九

猗氏【索隐】县名,属河东。	清【索隐】县名,属东郡。
以舍人从起丰,入汉,以都尉击项羽,侯,二千四百户。	以弩将初起,从入汉,以都尉击项羽、代,侯,比彭侯,千户。
五　八年三月丙戌,敬侯陈遬元年。【索隐】遬音速。	五　八年三月丙戌,简侯空中元年。【集解】徐广曰:"空,一作'窒'。"【索隐】清简侯空中同。空,一作"窒",窒中,姓,见《风俗通》。
六 一　七年,靖侯交元年。	七　元年,顷侯圣元年。
八	八
二十三	七 十六　八年,康侯鲋元年。
二　三年,顷侯差元年。薨,无后,国除。	十六
	二十 七　元狩三年,恭侯石元年。 一　元鼎四年,侯生元年。元鼎五年,生坐酎金,国除。
五十	七十一

彊【索隐】《汉志》彊阙。	彭【索隐】《汉表》属东海郡。
以客吏初起,从入汉,以都尉击项羽、代,侯,比彭侯,千户。	以卒从起薛,以弩将入汉,以都尉击项羽、代,侯,千户。
三　八年三月丙戌,简侯留胜元年。 二　十一年,戴侯章元年。	五　八年三月丙戌,简侯秦同元年。
七	七
八	八
十二 二　十三年,侯服元年。十五年,侯服有罪,国除。	二 二十一　三年,戴侯执元年。
	二 十一　三年,侯武元年。后元年,侯武有罪,国除。
七十二	七十

吴房【索隐】县名,属汝南。	甯【索隐】《汉表》甯阳属济南也。
以郎中骑将汉王元年从〔起〕下邳、击阳夏,以都尉斩项羽,有功,侯,七百户。	以舍人从起砀,入汉,以都尉击臧荼功,侯,千户。
五　八年三月辛(巳)〔卯〕,庄侯杨武元年。	五　八年四月辛(卯)〔酉〕,庄侯魏选元年。
七	七
八	八
十二 十一　十三年,侯去疾元年。	十五 八　十六年,恭侯连元年。
十四　　后元年,去疾有罪,国除。	三　元年,侯指元年。　四年,侯指坐出国界,有罪,国除。
九十四	七十八

昌【索隐】县名,属琅邪。	共【索隐】县名,属河内。
以齐将汉王四年从淮阴侯起无盐,定齐,击籍及韩王信于代,侯,千户。	以齐将汉王四年从淮阴侯起临淄,击籍及韩王信于平城,有功,侯,千二百户。
五 八年六月戊申,围侯卢卿元年。【索隐】《汉表》姓“旅”,旅即“卢”,古“旅弓”字亦然也。	五 八年六月壬子,庄侯卢罢师元年。
七	七
八	八
十四 九 十五年,侯通元年。	六 八 七年,惠侯党元年。 五 十五年,怀侯商元年。后四年,侯商薨,无后,国除。
二 三年,侯通反,国除。	
百九	百十四

阏氏【索隐】县名,属安定。	安丘【索隐】安丘,县名,属北海也。
以代太尉汉王三年降,为雁门守,以特将平代反寇,侯,千户。【索隐】《汉表》太尉作"大与"。大与,爵名,音泰也。	以卒从起方与,属魏豹,二岁五月,以执钺入汉,以司马击籍,以将军定代,侯,三千户。
四　八年六月壬子,节侯冯解敢元年。 一　十二年,恭侯它元年。薨,无后,绝。	五　八年七月癸酉,懿侯张说【索隐】音悦。元年。
	七
	八
十四　二年,封恭侯遗腹子文侯遗元年。 八　十六年,恭侯胜之元年。	十二 十一　十三年,恭侯奴元年。
五 十一　前六年,侯平元年。	二 一　三年,敬侯执元年。 十三　四年,康侯诉元年。
二十八　元鼎五年,侯平坐酎金,国除。	十八 九　元狩元年,侯指元年。元鼎四年,侯指坐入上林谋盗鹿,国除。
百	六十七

合阳【索隐】合阳属冯翊。	襄平【索隐】县名,属临淮。
高祖兄。兵初起,侍太公守丰,天下已平,以六年正月立仲为代王。高祖八年,匈奴攻代,王弃国亡,废为合阳侯。	兵初起,纪成以将军从击破秦,入汉,定三秦,功(定平)〔比平定〕侯。战好畤,死事。子通袭成功,侯。
五　八年九月丙子,侯刘仲元年。【集解】徐广曰:"一名'嘉'。"【索隐】仲名嘉,高祖弟。	五　八年〔后〕九月丙午,侯纪通元年。
二　仲子濞,为吴王。以子吴王故,尊仲谥为代顷侯。	七
	八
	二十三
	九 七　中三年,康侯相夫元年。
	十二 十九　元朔元年,侯夷吾元年。元封元年,夷吾薨,无后,国除。

龙【索隐】庐江有龙舒县，盖其地也。	繁【索隐】《地理志》有繁阳。恐别有繁县，志阙。
以卒从，汉王元年起霸上，以谒者击籍，斩曹咎，侯，千户。	以赵骑将从，汉三年，从击诸侯，侯，比吴房侯，千五百户。
五　八年后九月己未，敬侯陈署元年。	四　九年十一月壬寅，庄侯彊瞻元年。【索隐】《汉表》作"平严侯张瞻"，此作"强瞻"。
七	四 三　五年，康侯昫独元年。【集解】一云"侯悍"。
六 二　七年，侯坚元年。	八
十六　后元年，侯坚夺侯，国除。	二十三
	三 六　四年，侯寄元年。 七　中三年，侯安国元年。
	十八　元狩元年，安国为人所杀，国除。
八十四	九十五

陆梁【索隐】陆量。如淳据《始皇纪》所谓"陆量地"。案今在江南也。	高京【集解】徐广曰："一作'景'。"【索隐】《汉志》阙。
诏以为列侯，自置吏，受令长沙王。	周苛起兵，以内史从，击破秦，为御史大夫，入汉，围取诸侯，坚守荥阳，功比辟阳。苛以御史大夫死事。子成为后，袭侯。
三　九年三月丙辰，侯须毋元年。【索隐】《汉表》作"须无。" 一　十二年，共侯桑元年。	四　九年四月(丙)〔戊〕寅，侯周成元年。
七	七
八	八
十八 五　后三年，康侯庆忌元年。	二十　后五年，坐谋反，系死，国除，绝。
十六　元年，侯冉元年。	绳　中元年，封成孙应元年。 侯平嗣，不得元。
二十八　元鼎五年，侯冉坐酎金，国除。	元狩四年，平坐为太常不缮治园陵，不敬，国除。
百三十七	六十

离【索隐】《汉志》阙。	义陵【集解】徐广曰:"一作'义阳'。"【索隐】义阳,在汝南。
失此侯始所起及所绝。【索隐】案:《楚汉春秋》亦阙。《汉表》成帝时光禄大夫滑堪日旁占验,曰"邓弱以长沙将兵侯",是所起也。	以长沙柱国侯,千五百户。
九年四月戊寅,邓弱元年。	四　九年九月丙子,侯吴程元年。
	三 四　四年,侯种元年。
	六　七年,侯种薨,无后,国除。皆失谥。
	百三十四

宣平【索隐】《楚汉春秋》"南宫侯张耳",此作宣平侯敖。敖,耳子。陈平录第时,耳已薨故也。

兵初起,张耳诛秦,为相,合诸侯兵钜鹿,破秦定赵,为常山王。陈馀反,袭耳,弃国,与大臣归汉,汉定赵,为王。卒,子敖嗣。其臣贯高不善,废为侯。

四　九年四月,武侯张敖元年。

七

六　信平薨,子偃为鲁王,国除。【集解】徐广曰:"改封信平。"

十五　元年,以故鲁王为南宫侯。
八　十六年,哀侯欧元年。

九
七　中三年,侯生元年。

七　罪,绝。
睢阳　十八　元光三年,封偃孙侯广元年。
十三　元鼎二年,侯昌元年。太初三年,侯昌为太常,乏祠,国除。

三

东阳　【索隐】县名，属临淮。	开封　【索隐】县名，属河南。
高祖六年，为中大夫，以河间守击陈豨力战功，侯，千三百户。	以右司马汉王五年初从，以中尉击燕，定代，侯，比共侯，二千户。
二　十一年十二月癸巳，武侯张相如元年。	一　十一年十二月丙辰，闵侯陶舍元年。 一　十二年，夷侯青元年。
七	七
八	八
十五 五　十六年，共侯殷元年。 三　后五年，戴侯安国元年。	二十三
三 十三　四年，哀侯彊元年。	九　景帝时，为丞相。 七　中三年，节侯偃元年。
建元元年，侯彊薨，无后，国除。	十 十八　元光五年，侯睢元年。元鼎五年，侯睢坐酎金，国除。
百十八	百十五

沛【索隐】县名，属沛郡。	慎阳【索隐】慎阳，属汝南。如淳曰："音震。"阚骃云："合作'滇阳'，永平五年，失印更刻，遂误以'水'为'心'。《续汉书》作'滇阳'也。"
高祖兄合阳侯刘仲子，侯。	为淮阴舍人，告淮阴侯信反，侯，二千户。
一　十一年十二月癸巳，侯刘濞元年。十二年十月辛丑，侯濞为吴王，国除。	二　十一年十二月甲寅，侯栾说元年。【索隐】《汉表》作"乐说"。
	七
	八
	二十二
	十二 四　中六年，靖侯愿之元年。
	二十二　建元元年，侯买之元年。元狩五年，侯买之坐铸白金弃市，国除。
	百三十一

禾成【索隐】《汉志》阙。	堂阳【索隐】县名,属钜鹿。
以卒汉（二）〔五〕年初从,以郎中击代,斩陈豨,侯,千九百户。	以中涓从起沛,以郎入汉,以将军击籍,为惠侯。坐守荥阳降楚免,后复来,以郎击籍,为上党守,击豨,侯,八百户。
二　十一年正月己未,孝侯公孙耳元年。【索隐】《汉表》"耳"作"昔"。	二　十一年正月己未,哀侯孙赤元年。
七	七
八	八　元年,侯德元年。
四 九　五年,怀侯渐元年。十四年,侯渐薨,无后,国除。	二十三
	十二　中六年,侯德有罪,国除。
百十七	七十七

祝阿【索隐】县名,属平原。	长修【索隐】县名,属河东。
以客从起啮桑,以上队将入汉,以将军定魏太原,破井陉,属淮阴侯,以觚度军击籍及攻豨,侯,八百户。	以汉二年用御史初从出关,以内史击诸侯,功比须昌侯,以廷尉死事,千九百户。
二　十一年正月己未,孝侯高邑元年。	二　十一年正月丙辰,平侯杜恬元年。【集解】一云"杜恰"。　【索隐】案位次曰"信平侯"。
七	二 五　三年,怀侯中元年。
八	八
四 十四　五年,侯成元年。后三年,侯成坐事国人过律,国除。	四 十九　五年,侯喜元年。
	八　罪绝。 阳平　五　中五年,复封;侯相夫元年。
	三十三　元封四年,侯相夫坐为太常与乐令无可当郑舞人擅繇不如令,阑出函谷关,国除。
七十四	百八

江邑【索隐】《汉志》阙。	营陵【索隐】县名,属北海。
以汉五年为御史,用奇计徙御史大夫周昌为赵相而(伐)〔代之从击〕陈豨,功侯,六百户。	以〔汉〕三年为郎中,击项羽,以将军击陈豨,得王黄,为侯。与高祖疏属刘氏,世为卫尉。万二千户。
二　十一年正月辛未,侯赵尧元年。	二　十一年,侯刘泽元年。
七	七
元年,侯尧有罪,国除。	五　六年,侯泽为琅邪王,国除。
	八十八

土军【索隐】包恺云:"《地理志》,西河有土军县。"	广阿【索隐】县名,属钜鹿。
高祖六年为中地守,以廷尉击陈豨,侯,千二百户。就国,后为燕相。	以客从起沛,为御史,守丰二岁,击籍,为上党守,陈豨反,坚守,侯,千八百户。后迁御史大夫。
二　十一年二月丁亥,武侯宣义元年。【索隐】案位次曰"信成侯"也。	二　十一年二月丁亥,懿侯任敖元年。
五 二　六年,孝侯莫如元年。	七
八	八
二十三	二 一　三年,夷侯竟元年。 二十　四年,敬侯但元年。
二 十四　三年,康侯平元年。	十六
五 八　建元六年,侯生元年。元朔二年,生坐与人妻奸罪,国除。	四 二十一　建元五年,侯越元年。元鼎二年,侯越坐为太常庙酒酸,不敬,国除。
百一十二	八十九

须昌【索隐】县名,属东郡。	临辕【索隐】《汉志》阙。
以谒者汉王元年初起汉中,雍军塞陈,谒上,上计欲还,衍言从他道,道通,后为河间守,陈豨反,诛都尉相如,功侯,千四百户。	初起从为郎,以都尉守蕲城,以中尉侯,五百户。
二　十一年二月己酉,贞侯赵衍元年。	二　十一年二月乙酉,坚侯戚鳃元年。
七	四 三　五年,夷侯触龙元年。
八	八
十五 四　十六年,戴侯福元年。 四　后四年,侯不害元年。	二十三
四　五年,侯不害有罪,国除。	三 十三　四年,共侯忠元年。
	三 二十五　建元四年,侯贤元年。元鼎五年,侯贤坐酎金,国除。
百七	百十六

汲【索隐】《汉表》作"伋"。伋与汲并县名，属河内。	宁陵【索隐】县名，属陈留。
高祖六年为太仆，击代豨，有功，侯，千二百户。为赵太傅。	以舍人从陈留，以郎入汉，破曹咎成皋，为上解随马，〔以〕都尉击陈豨，功侯，千户。
二　十一年二月己巳，终侯公上不害元年。【索隐】公上，姓；不害，名也。	二　十一年二月辛亥，夷侯吕臣元年。
一 六　二年，夷侯武元年。	七
八	八
十三 十　十四年，康侯通元年。	十 十三　十一年，戴侯射元年。
十六	三 一　四年，惠侯始元年。五年，侯始薨，无后，国除。
一 九　建元二年，侯广德元年。元光五年，广德坐妻精大逆罪，颇连广德，弃市，国除。	
百二十三	七十三

汾阳【索隐】县名,属太原。	
以郎中骑千人前二年从起阳夏,击项羽,以中尉破锺离眜,功侯。	
二　十一年二月辛亥,侯靳彊元年。【索隐】壮侯靳彊。	
七	
二 六　三年,共侯解元年。	
二十三	
四 十二　五年,康侯胡元年。绝。	
江邹　十九　元鼎五年,侯石元年。 　太始四年五月丁卯,侯石坐为太常,行太仆事,治啬夫可年,益纵年,国除。	
九十六	

戴【索隐】戴,地名,音再。应劭云:"章帝改曰考城,在故留县也。"

以卒从起沛,以卒开沛城门,为太公仆;以中〔厩〕令击豨,侯,千二百户。

二　十一年三月癸酉,敬侯彭祖元年。【索隐】戴敬侯秋彭祖,《汉表》作"秘",音辔;又韦昭音符蔑反。今检《史记》诸本并作"秋"。今见有姓秋氏。

七

二
六　三年,共侯悼元年。

七
十六　八年,夷侯安国元年。

十六

十六
十二　元朔五年,侯安期元年。
二十五　元鼎五年,侯蒙元年。后元元年五月甲戌,坐祝诅,无道,国除。

百二十六

衍【索隐】《汉志》阙。	平州【索隐】《汉志》阙。《晋书·地道记》属巴郡。
以汉二年为燕令,以都尉下楚九城,坚守燕,侯,九百户。	汉王四年,以燕相从击籍,还击荼,以故二千石将为列侯,千户。
二　十一年七月乙巳,简侯翟盰【索隐】况于反。元年。	二　十一年八月甲辰,共侯昭涉掉尾元年。【索隐】昭涉,姓;掉尾,名也。
七	七
三 二　四年,祗侯山元年。 三　六年,节侯嘉元年。	八
二十三	一 三　二年,戴侯福元年。 四　五年,怀侯它人元年。 十五　九年,孝侯马童元年。
十六	十四 二　后二年,侯昧元年。
二 十　建元三年,侯不疑元年。元朔元年,不疑坐挟诏书论罪,国除。	三十三　元狩五年,侯昧坐行驰道中更呵驰去罪,国除。
百三十	百十一

中牟【索隐】县名,属河南。	邔【集解】《汉书音义》曰:"音巨已反。"【索隐】邔,县名,属南郡。《汉书音义》音其已反。周成《杂字解诂》云:"邔音跽。"
以卒从起沛,入汉以郎中击布,功侯,二千三百户。始高祖微时,有急,给高祖一马,故得侯。	以故群盗长〔为〕临江将,已而为汉击临江王及诸侯,破布,功侯,千户。
一　十二年十月乙未,共侯单父圣元年。【索隐】《汉表》作"单父左车。"	十二年十月戊戌,庄侯黄极中元年。
七	七
八	八
七 五　八年,敬侯缯元年。 十一　十三年,戴侯终根元年。	十一 九　十二年,庆侯荣盛元年。 三　后五年,共侯明元年。
十六	十六
十 十八　元光五年,侯舜元年。元鼎五年,侯舜坐酎金,国除。	十六 八　元朔五年,侯遂元年。元鼎元年,遂坐卖宅县官故贵,国除。
百二十五	百十三

博阳【索隐】县名,属彭城。	阳义【集解】徐广曰:"一作'羡'。"【索隐】《汉表》"义"作"羡"也。阳羡,县属丹阳。
以卒从起丰,以队卒入汉,击籍成皋,有功,为将军,布反,定吴郡,侯,千四百户。	以荆令尹汉王五年初从,击锺离眜及陈公利几,破之,徙为汉大夫,从至陈,取韩信,还为中尉,从击布,功侯,二千户。
一　十二年十(一)月辛丑,节侯周聚元年。	一　十二年十月壬寅,定侯灵常元年。
七	七
八	六 二　七年,共侯贺元年。
八 十五　九年,侯遬元年。	六 六　七年,哀侯胜元年。十二年,侯胜薨,无后,国除。
十一　中五年,侯遬夺爵一级,国除。	
五十三	百十九

下相【索隐】县名，属临淮。	德【索隐】《汉志》阙；表在济南。
以客从起沛，用兵从击破齐田解军，以楚丞相坚守彭城，距布军，功侯，二千户。	以代项王子侯。项王，吴王濞父也；广，濞之弟也。
一　十二年十月(乙)〔己〕酉，庄侯冷耳元年。	一　十二年十一月庚辰，哀侯刘广元年。
七	七
八	二 六　三年，顷侯通元年。
二 二十一　三年侯慎元年。	二十三
二　三年三月，侯慎反，国除。	五 十一　六年，侯龁元年。
	二十七 一　元鼎四年，侯何元年。元鼎五年，侯何坐酎金，国除。
八十五	百二十七

高陵【索隐】高陵,县,志属琅邪也。	期思【索隐】县名,属汝南。
以骑司马汉王元年从起废丘,以都尉破田横、龙且,追籍至东城,以将军击布,九百户。	淮南王布中大夫,有郄,上书告布反,侯,二千户。布尽杀其宗族。
一　十二年十(一)〔二〕月丁亥,围侯王周元年。【索隐】《汉表》作“王虞人”。	一　十二年十二月癸卯,康侯贲赫元年。【索隐】贲,姓。音肥,又如字。
七	七
二 六　三年,惠侯并弓元年。	八
十二 十一　十三年,侯行元年。	十三　十四年,赫薨,无后,国除。
二　三年,反,国除。	
九十二	百三十二

縠陵【索隐】《汉志》阙。	戚【索隐】《汉志》阙。《晋·地道记》属东海。
以卒从，前二年起柘，击籍，定代，为将军，功侯。	以都尉汉二年初起栎阳，攻废丘，破之，因击项籍，别属(丞)韩信破齐军，攻臧荼，迁为将军，击信，侯，(合)千户。
一　十二年正月乙丑，定侯冯谿元年。【索隐】表也"冯谿"。	一　十二年十二月癸卯，圉侯季必元年。【索隐】案：《灌婴传》，重泉人；作"李"，误也。
七	七
八	八
六 十七　七年，共侯熊元年。	三 二十　四年，齐侯班元年。
二 二　三年，隐侯卯元年。 十二　五年，献侯解元年。	十六
三　建元四年，侯偃元年。	二 二十　建元三年，侯信成元年。元狩五年，侯信成坐为太常，纵丞相侵神道壖，不敬，国除。
百五	九十

壮【集解】徐广曰：“一作‘庄’。”【索隐】徐广云一作“庄”。《汉表》作“严”。	成阳【索隐】县名，属汝南。
以楚将汉王三年降，起临济，以郎中击籍、陈狶，功侯，六百户。	以魏郎汉王二年从起阳武，击籍，属魏豹，豹反，属相国彭越，以太原尉定代，侯，六百户。
一　十二年正月乙丑，敬侯许倩元年。【索隐】壮敬侯许猜。猜音偲。	一　十二年正月乙酉，定侯意【索隐】成阳定侯奚意。元年。
七	七
八	八
二十三	十 十三　十一年，侯信元年。
十五　二年，共侯恢元年。	十六
一 九　建元二年，殇侯则元年。 十五　元光五年，侯广宗元年。元鼎元年，侯广宗坐酎金，国除。	建元元年，侯信罪鬼薪，国除。
百十二	百一十

桃【索隐】县名,属信都。	高梁【索隐】《汉志》阙。
以客从汉王二年从起定陶,以大谒者击布,侯,千户。为淮阴守。项氏亲也,赐姓。	食其,兵起以客从击破秦,以列侯入汉,还定诸侯,常使约和诸侯列辛兵聚,侯,功比平侯嘉;以死事,子疥袭食其功侯,九百户。
一　十二年(二)〔三〕月丁巳,安侯刘襄元年。	一　十二年三月丙寅,共侯郦疥元年。
七	七
一　夺,绝。 七　二年,复封襄。	八
九 十四　十年,哀侯舍元年。	二十三
十六　景帝时,为丞相。	十六
十三　建元元年,厉侯申元年。 十五　元朔二年,侯自为元年。元鼎五年,侯自为坐酎金,国除。	八 十　元光三年,侯勃元年。元狩元年,坐诈诏衡山王取金,当死,病死,国除。
百三十五	六十六

纪(信)【索隐】《汉志》阙。	甘泉【集解】徐广曰:“一作‘景。’”【索隐】案:志甘泉阙,疑甘泉是甘水。《汉表》作“景侯”也。
以中涓从起丰,以骑将入汉,以将军击籍,后攻卢绾,侯,七百户。	以车司马汉王元年初从起高陵,属刘贾,以都尉从军,侯。
一　十二年六月壬辰,匡侯陈仓元年。	一　十二年六月壬辰,侯王竞【索隐】壮侯王竞。元年。
七	六 一　七年,戴侯莫摇元年。
二 六　三年,夷侯开元年。	八
十七 六　后二年,(六月)侯阳元年。	十 十三　十一年,侯嫖【索隐】匹妙反。《汉书》作“嬼”,许孕反。《说文》:“嬼,悦也。”元年。
二　三年,阳反,国除。	九　十年,侯嫖有罪,国除。
八十	百六

煮枣【索隐】徐广云：“在宛句。”	张【索隐】县名，属广平。
以越连敖从起丰，别以郎将入汉，击诸侯，以都尉侯，九百户。	以中涓骑从起丰，以郎将入汉，从击诸侯，七百户。
一　十二年六月壬辰，靖侯赤【索隐】煮枣端侯棘朱。《汉表》作“端侯革朱”，革音棘，亦作“柬”，误也。棘，姓，盖子成之后也。元年。	一　十二年六月壬辰，节侯毛泽元年。【索隐】毛泽之，亦作“释之”也。
七	七
八	八
一二十二　二年，赤子康侯武元年。	十二　十一年，夷侯庆元年。十一　十三年，侯舜元年。
八三　中二年，侯昌元年。中四年，有罪，国除。	十二　中六年，侯舜有罪，国除。
七十五	七十九

鄢陵【索隐】县名,属颍川。	菌【集解】徐广曰:"一作'卤'。"【索隐】《汉志》阙。菌音求陨反。徐作"卤",音鲁。又作"齿"。
以卒从起丰,入汉,以都尉击籍、荼,侯,七百户。	以中涓前元年从起单父,不入关,以击籍、布、燕王绾,得南阳,侯,二千七百户。
一　十二年中,庄侯朱濞元年。	一　十二年,(六月)庄侯张平元年。
七	七
三 五　四年,恭侯庆元年。	四 四　五年,侯胜元年。
六　七年,恭侯庆薨,无后,国除。	三　四年,侯胜有罪,国除。
五十二	四十八

【索隐述赞】圣贤影响，风云潜契。高祖膺箓，功臣命世。起沛入秦，凭谋仗计。纪勋书爵，河盟山誓。萧曹轻重，绛灌权势。咸就封国，或萌罪戾。仁贤者祀，昏虐者替。永监前修，良惭固蒂。